本书利用一种专利防伪印刷技术印刷，旨在防止未经授权擅自复制。纸张为灰色，而不
复印或扫描本书页面时，背景中隐藏的警告信息就会显示出来。这种安全措施旨在阻
本书的非法复制或伪造企图。

项目管理知识体系指南
（PMBOK®指南）
第六版

[美] Project Management Institute 著

电子工业出版社
Publishing House of Electronics Industry
北京·BEIJING

A Guide to the Project Management Body of Knowledge (PMBOK® Guide), Sixth Edition
ISBN: 978-1-62825-184-5 © 2017 Project Management Institute, Inc. All rights reserved.
项目管理知识体系指南（PMBOK®指南）第六版 © 2018 Project Management Institute, Inc. All rights reserved.
《项目管理知识体系指南（PMBOK®指南）第六版》（简称《PMBOK®指南》）是 A Guide to the Project Management Body of Knowledge (PMBOK® Guide) Sixth Edition（简称 PMBOK® Guide）的中文简体字翻译版，由 Project Management Institute, Inc.(PMI) 授权翻译、出版、发行。未经许可，严禁复印。

致读者

《PMBOK®指南》是 PMBOK® Guide 的中文简体字翻译版，PMBOK® Guide 由 PMI 出版于美国并受美国以及国际上现行的版权法保护。电子工业出版社已得到 PMI 的授权在中国大陆出版发行《PMBOK®指南》。《PMBOK®指南》中的文字和图的局部或全部，严禁擅自复制。购买《PMBOK®指南》的读者被自动视为接受《PMBOK®指南》所包含的文、图、信息。PMI 不对《PMBOK®指南》的准确性进行担保。若使用《PMBOK®指南》的信息，读者自行承担此类使用的风险，PMI、电子工业出版社及其董事会、附属公司、继承人、雇员、代理人、代表等均不对此类使用行为造成的侵害进行赔偿。

Notice to Readers

This publication is a translation of the English Language publication, *A Guide to the Project Management Body of Knowledge (PMBOK® Guide)* (*Sixth Edition*), which is published in the United States of America by the Project Management Institute, Inc. (PMI) and is protected by all applicable copyright laws in the United States and Internationally. This publication includes the text of *A Guide to the Project Management Body of Knowledge* (*PMBOK® Guide*) (*Sixth Edition*) in its entirety, and Publishing House of Electronics Industry (PHEI), with the permission of PMI, has reproduced it. Any unauthorized reproduction of this material is strictly prohibited. All such information, content and related graphics, which are provided herein are being provided to the reader in an "as is" condition. Further, PMI makes no warranty, guarantee or representation, implied or expressed, as to the accuracy or content of the translation. Anyone using the information contained in this translation does so at his/her own risk and shall be deemed to indemnify PMI, or Publishing House of Electronics Industry (PHEI), their boards, affiliates, successors, employees, agents, representatives, and members from any and all injury of any kind arising from such use.

商标提示

"PMI"、PMI 的标志、"PMP"、"CAPM"、"PMBOK"、"OPM3" 和 Quarter Globe Design 是 PMI 的商标或注册商标，已在美国等国家注册。欲知更多有关 PMI 的商标，请联系 PMI 的法律部门。

Trademark Notice

"PMI", the PMI logo, "PMP", "CAPM", "PMBOK", "OPM3" and the Quarter Globe Design are marks or registered marks of the Project Management Institute, Inc. in the United States and other nations. For a comprehensive list of PMI marks, contact the PMI Legal Department.

版权贸易合同登记号　图字：01-2018-1228

图书在版编目（CIP）数据

项目管理知识体系指南（PMBOK®指南）：第 6 版 / 美国项目管理协会（Project Management Institute）著. —北京：电子工业出版社，2018.4
书名原文：A Guide to the Project Management Body of Knowledge (PMBOK® Guide), Sixth Edition
ISBN 978-7-121-33637-9

Ⅰ.①项… Ⅱ.①美… Ⅲ.①项目管理－知识体系－指南 Ⅳ.①F224.5-62

中国版本图书馆 CIP 数据核字(2018)第 023315 号

责任编辑：付豫波
印　　刷：北京盛通印刷股份有限公司
装　　订：北京盛通印刷股份有限公司
出版发行：电子工业出版社
　　　　　北京市海淀区万寿路 173 信箱　邮编 100036
开　　本：880×1230　1/16　印张：50.5　字数：1050 千字
版　　次：2005 年 1 月第 1 版（原著第 3 版）
　　　　　2018 年 4 月第 4 版（原著第 6 版）
印　　次：2020 年 10 月第12次印刷
定　　价：228.00 元

凡所购买电子工业出版社图书有缺损问题，请向购买书店调换。若书店售缺，请与本社发行部联系，联系及邮购电话：(010)88254888，88258888。
质量投诉请发邮件至 zlts@phei.com.cn，盗版侵权举报请发邮件至 dbqq@phei.com.cn。
本书咨询联系方式：(010) 88254199，sjb@phei.com.cn。

声明

作为项目管理协会（PMI）的标准和指南，本指南是通过相关人员的自愿参与和共同协商而开发的。其开发过程汇集了一批志愿者，并广泛收集了对本指南内容感兴趣的人士的观点。PMI管理该开发过程并制定规则以促进协商的公平性，但并没有直接参与写作，也没有独立测试、评估或核实本指南所含任何信息的准确性、完整性或本指南所含任何判断的有效性。

因本指南或对本指南的应用或依赖而直接或间接造成的任何人身伤害、财产或其他损失，PMI不承担任何责任，无论特殊、间接、因果还是补偿性的责任。PMI不明示或暗示地保证或担保本指南所含信息的准确性与完整性，也不保证本指南所含信息能满足你的特殊目的或需要。PMI不为任何使用本标准或指南的制造商或供应商的产品或服务提供担保。

PMI出版和发行本指南，既不代表向任何个人或团体提供专业或其他服务，也不为任何个人或团体履行对他人的任何义务。在处理任何具体情况时，本指南的使用者都应依据自身的独立判断，或在必要时向资深专业人士寻求建议。与本指南议题相关的信息或标准亦可从其他途径获得。

读者可以从这些途径获取本指南未包含的观点或信息。PMI无权也不会监督或强迫他人遵循本指南的内容，不会为安全或健康原因对产品、设计或安装进行认证、测试或检查。本指南中关于符合健康或安全要求的任何证明或声明，都不是PMI做出的，而应由认证者或声明者承担全部责任。

目录

第一部分
项目管理知识体系指南(PMBOK® 指南)

1. 引论 1
   1.1 指南概述和目的 1
      1.1.1 项目管理标准 2
      1.1.2 通用词汇 3
      1.1.3 道德与专业行为规范 3
   1.2 基本要素 4
      1.2.1 项目 4
      1.2.2 项目管理的重要性 10
      1.2.3 项目、项目集、项目组合以及运营管理之间的关系 11
      1.2.4 指南的组成部分 17
      1.2.5 裁剪 28
      1.2.6 项目管理商业文件 29

2. 项目运行环境 37
   2.1 概述 37
   2.2 事业环境因素 38
      2.2.1 组织内部的事业环境因素 38
      2.2.2 组织外部的事业环境因素 39

- 2.3 组织过程资产 39
  - 2.3.1 过程、政策和程序 40
  - 2.3.2 组织知识库 41
- 2.4 组织系统 41
  - 2.4.1 概述 42
  - 2.4.2 组织治理框架 43
  - 2.4.3 管理要素 44
  - 2.4.4 组织结构类型 45

3. 项目经理的角色 51
- 3.1 概述 51
- 3.2 项目经理的定义 52
- 3.3 项目经理的影响力范围 52
  - 3.3.1 概述 52
  - 3.3.2 项目 53
  - 3.3.3 组织 54
  - 3.3.4 行业 55
  - 3.3.5 专业学科 56
  - 3.3.6 跨领域 56
- 3.4 项目经理的能力 56
  - 3.4.1 概述 56
  - 3.4.2 技术项目管理技能 58
  - 3.4.3 战略和商务管理技能 58
  - 3.4.4 领导力技能 60
  - 3.4.5 领导力与管理之比较 64
- 3.5 执行整合 66
  - 3.5.1 在过程层面执行整合 67
  - 3.5.2 认知层面的整合 67
  - 3.5.3 背景层面的整合 67
  - 3.5.4 整合与复杂性 68

4. 项目整合管理 69
4.1 制定项目章程 75
4.1.1 制定项目章程：输入 77
4.1.2 制定项目章程：工具与技术 79
4.1.3 制定项目章程：输出 81
4.2 制定项目管理计划 82
4.2.1 制定项目管理计划：输入 83
4.2.2 制定项目管理计划：工具与技术 85
4.2.3 制定项目管理计划：输出 86
4.3 指导与管理项目工作 90
4.3.1 指导与管理项目工作：输入 92
4.3.2 指导与管理项目工作：工具与技术 94
4.3.3 指导与管理项目工作：输出 95
4.4 管理项目知识 98
4.4.1 管理项目知识：输入 100
4.4.2 管理项目知识：工具与技术 102
4.4.3 管理项目知识：输出 104
4.5 监控项目工作 105
4.5.1 监控项目工作：输入 107
4.5.2 监控项目工作：工具与技术 110
4.5.3 监控项目工作：输出 112
4.6 实施整体变更控制 113
4.6.1 实施整体变更控制：输入 116
4.6.2 实施整体变更控制：工具与技术 118
4.6.3 实施整体变更控制：输出 120
4.7 结束项目或阶段 121
4.7.1 结束项目或阶段：输入 124
4.7.2 结束项目或阶段：工具与技术 126
4.7.3 结束项目或阶段：输出 127

5. 项目范围管理 129
5.1 规划范围管理 134
5.1.1 规划范围管理：输入 135
5.1.2 规划范围管理：工具与技术 136
5.1.3 规划范围管理：输出 137
5.2 收集需求 138
5.2.1 收集需求：输入 140
5.2.2 收集需求：工具与技术 142
5.2.3 收集需求：输出 147
5.3 定义范围 150
5.3.1 定义范围：输入 152
5.3.2 定义范围：工具与技术 153
5.3.3 定义范围：输出 154
5.4 创建 WBS 156
5.4.1 创建 WBS：输入 157
5.4.2 创建 WBS：工具与技术 158
5.4.3 创建 WBS：输出 161
5.5 确认范围 163
5.5.1 确认范围：输入 165
5.5.2 确认范围：工具与技术 166
5.5.3 确认范围：输出 166
5.6 控制范围 167
5.6.1 控制范围：输入 169
5.6.2 控制范围：工具与技术 170
5.6.3 控制范围：输出 170

6. 项目进度管理 173
6.1 规划进度管理 179
6.1.1 规划进度管理：输入 180
6.1.2 规划进度管理：工具与技术 181
6.1.3 规划进度管理：输出 181
6.2 定义活动 183
6.2.1 定义活动：输入 184

- 6.2.2 定义活动：工具与技术 ... 184
- 6.2.3 定义活动：输出 ... 185
- 6.3 排列活动顺序 ... 187
  - 6.3.1 排列活动顺序：输入 ... 188
  - 6.3.2 排列活动顺序：工具与技术 ... 189
  - 6.3.3 排列活动顺序：输出 ... 194
- 6.4 估算活动持续时间 ... 195
  - 6.4.1 估算活动持续时间：输入 ... 198
  - 6.4.2 估算活动持续时间：工具与技术 ... 200
  - 6.4.3 估算活动持续时间：输出 ... 203
- 6.5 制定进度计划 ... 205
  - 6.5.1 制定进度计划：输入 ... 207
  - 6.5.2 制定进度计划：工具与技术 ... 209
  - 6.5.3 制定进度计划：输出 ... 217
- 6.6 控制进度 ... 222
  - 6.6.1 控制进度：输入 ... 224
  - 6.6.2 控制进度：工具与技术 ... 226
  - 6.6.3 控制进度：输出 ... 228
- 7. 项目成本管理 ... 231
  - 7.1 规划成本管理 ... 235
    - 7.1.1 规划成本管理：输入 ... 236
    - 7.1.2 规划成本管理：工具与技术 ... 237
    - 7.1.3 规划成本管理：输出 ... 238
  - 7.2 估算成本 ... 240
    - 7.2.1 估算成本：输入 ... 241
    - 7.2.2 估算成本：工具与技术 ... 243
    - 7.2.3 估算成本：输出 ... 246
  - 7.3 制定预算 ... 248
    - 7.3.1 制定预算：输入 ... 250
    - 7.3.2 制定预算：工具与技术 ... 252
    - 7.3.3 制定预算：输出 ... 254

7.4 控制成本 257
7.4.1 控制成本：输入 259
7.4.2 控制成本：工具与技术 260
7.4.3 控制成本：输出 268

8. 项目质量管理 271
8.1 规划质量管理 277
8.1.1 规划质量管理：输入 279
8.1.2 规划质量管理：工具与技术 281
8.1.3 规划质量管理：输出 286
8.2 管理质量 288
8.2.1 管理质量：输入 290
8.2.2 管理质量：工具与技术 292
8.2.3 管理质量：输出 296
8.3 控制质量 298
8.3.1 控制质量：输入 300
8.3.2 控制质量：工具与技术 302
8.3.3 控制质量：输出 305

9. 项目资源管理 307
9.1 规划资源管理 312
9.1.1 规划资源管理：输入 314
9.1.2 规划资源管理：工具与技术 315
9.1.3 规划资源管理：输出 318
9.2 估算活动资源 320
9.2.1 估算活动资源：输入 322
9.2.2 估算活动资源：工具与技术 324
9.2.3 估算活动资源：输出 325
9.3 获取资源 328
9.3.1 获取资源：输入 330
9.3.2 获取资源：工具与技术 332
9.3.3 获取资源：输出 333

9.4 建设团队 336
9.4.1 建设团队：输入 339
9.4.2 建设团队：工具与技术 340
9.4.3 建设团队：输出 343
9.5 管理团队 345
9.5.1 管理团队：输入 347
9.5.2 管理团队：工具与技术 348
9.5.3 管理团队：输出 350
9.6 控制资源 352
9.6.1 控制资源：输入 354
9.6.2 控制资源：工具与技术 356
9.6.3 控制资源：输出 357

10. 项目沟通管理 359
10.1 规划沟通管理 366
10.1.1 规划沟通管理：输入 368
10.1.2 规划沟通管理：工具与技术 369
10.1.3 规划沟通管理：输出 377
10.2 管理沟通 379
10.2.1 管理沟通：输入 381
10.2.2 管理沟通：工具与技术 383
10.2.3 管理沟通：输出 387
10.3 监督沟通 388
10.3.1 监督沟通：输入 390
10.3.2 监督沟通：工具与技术 391
10.3.3 监督沟通：输出 392

11. 项目风险管理 395
11.1 规划风险管理 401
11.1.1 规划风险管理：输入 402
11.1.2 规划风险管理：工具与技术 404
11.1.3 规划风险管理：输出 405

11.2 识别风险 409
11.2.1 识别风险：输入 411
11.2.2 识别风险：工具与技术 414
11.2.3 识别风险：输出 417
11.3 实施定性风险分析 419
11.3.1 实施定性风险分析：输入 421
11.3.2 实施定性风险分析：工具与技术 422
11.3.3 实施定性风险分析：输出 427
11.4 实施定量风险分析 428
11.4.1 实施定量风险分析：输入 430
11.4.2 实施定量风险分析：工具与技术 431
11.4.3 实施定量风险分析：输出 436
11.5 规划风险应对 437
11.5.1 规划风险应对：输入 439
11.5.2 规划风险应对：工具与技术 441
11.5.3 规划风险应对：输出 447
11.6 实施风险应对 449
11.6.1 实施风险应对：输入 450
11.6.2 实施风险应对：工具与技术 451
11.6.3 实施风险应对：输出 451
11.7 监督风险 453
11.7.1 监督风险：输入 455
11.7.2 监督风险：工具与技术 456
11.7.3 监督风险：输出 457
12. 项目采购管理 459
12.1 规划采购管理 466
12.1.1 规划采购管理：输入 468
12.1.2 规划采购管理：工具与技术 472
12.1.3 规划采购管理：输出 475

12.2 实施采购 482
12.2.1 实施采购：输入 484
12.2.2 实施采购：工具与技术 487
12.2.3 实施采购：输出 488
12.3 控制采购 492
12.3.1 控制采购：输入 495
12.3.2 控制采购：工具与技术 497
12.3.3 控制采购：输出 499

13. 项目相关方管理 503
13.1 识别相关方 507
13.1.1 识别相关方：输入 509
13.1.2 识别相关方：工具与技术 511
13.1.3 识别相关方：输出 514
13.2 规划相关方参与 516
13.2.1 规划相关方参与：输入 518
13.2.2 规划相关方参与：工具与技术 520
13.2.3 规划相关方参与：输出 522
13.3 管理相关方参与 523
13.3.1 管理相关方参与：输入 525
13.3.2 管理相关方参与：工具与技术 526
13.3.3 管理相关方参与：输出 528
13.4 监督相关方参与 530
13.4.1 监督相关方参与：输入 532
13.4.2 监督相关方参与：工具与技术 533
13.4.3 监督相关方参与：输出 535

参考文献 537

第二部分
项目管理标准

1. 引论 541
1.1 项目和项目管理 542
1.2 项目组合、项目集和项目之间的关系 543
1.3 组织治理与项目治理之间的联系 545
1.4 项目成功与效益管理 546
1.5 项目生命周期 547
1.6 项目相关方 550
1.7 项目经理的角色 552
1.8 项目管理知识领域 553
1.9 项目管理过程组 554
1.10 事业环境因素和组织过程资产 557
1.11 裁剪项目工件 558

2. 启动过程组 561
2.1 制定项目章程 563
2.2 识别相关方 563
2.2.1 项目管理计划组件 564
2.2.2 项目文件示例 564
2.2.3 项目管理计划更新 564
2.2.4 项目文件更新 564

3. 规划过程组 565
3.1 制定项目管理计划 567
3.2 规划范围管理 567
3.2.1 项目管理计划组件 568
3.3 收集需求 568
3.3.1 项目管理计划组件 568
3.3.2 项目文件示例 569

3.4 定义范围 569
3.4.1 项目管理计划组件 569
3.4.2 项目文件示例 569
3.4.3 项目文件更新 570
3.5 创建 WBS 570
3.5.1 项目管理计划组件 570
3.5.2 项目文件示例 571
3.5.3 项目文件更新 571
3.6 规划进度管理 571
3.6.1 项目管理计划组件 572
3.7 定义活动 572
3.7.1 项目管理计划组件 572
3.7.2 项目管理计划更新 572
3.8 排列活动顺序 573
3.8.1 项目管理计划组件 573
3.8.2 项目文件示例 573
3.8.3 项目文件更新 573
3.9 估算活动持续时间 574
3.9.1 项目管理计划组件 574
3.9.2 项目文件示例 574
3.9.3 项目文件更新 575
3.10 制定进度计划 575
3.10.1 项目管理计划组件 575
3.10.2 项目文件示例 576
3.10.3 项目管理计划更新 576
3.10.4 项目文件更新 576
3.11 规划成本管理 577
3.11.1 项目管理计划组件 577

3.12 估算成本 ... 577
3.12.1 项目管理计划组件 ... 578
3.12.2 项目文件示例 ... 578
3.12.3 项目文件更新 ... 578
3.13 制定预算 ... 578
3.13.1 项目管理计划组件 ... 579
3.13.2 项目文件示例 ... 579
3.13.3 项目文件更新 ... 579
3.14 规划质量管理 ... 580
3.14.1 项目管理计划组件 ... 580
3.14.2 项目文件示例 ... 580
3.14.3 项目管理计划更新 ... 581
3.14.4 项目文件更新 ... 581
3.15 规划资源管理 ... 581
3.15.1 项目管理计划组件 ... 582
3.15.2 项目文件 ... 582
3.15.3 项目文件更新 ... 582
3.16 估算活动资源 ... 582
3.16.1 项目管理计划组件 ... 583
3.16.2 项目文件示例 ... 583
3.16.3 项目文件更新 ... 583
3.17 规划沟通管理 ... 584
3.17.1 项目管理计划组件 ... 584
3.17.2 项目文件示例 ... 584
3.17.3 项目管理计划更新 ... 584
3.17.4 项目文件更新 ... 585
3.18 规划风险管理 ... 585
3.18.1 项目管理计划组件 ... 585
3.18.2 项目文件示例 ... 585

3.19 识别风险 586
3.19.1 项目管理计划组件 586
3.19.2 项目文件示例 587
3.19.3 项目文件更新 587
3.20 实施定性风险分析 588
3.20.1 项目管理计划组件 588
3.20.2 项目文件示例 588
3.20.3 项目文件更新 589
3.21 实施定量风险分析 589
3.21.1 项目管理计划组件 589
3.21.2 项目文件示例 590
3.21.3 项目文件更新 590
3.22 规划风险应对 590
3.22.1 项目管理计划组件 591
3.22.2 项目文件示例 591
3.22.3 项目管理计划更新 591
3.22.4 项目文件更新 592
3.23 规划采购管理 592
3.23.1 项目管理计划组件 593
3.23.2 项目文件示例 593
3.23.3 项目文件更新 593
3.24 规划相关方参与 594
3.24.1 项目管理计划组件 594
3.24.2 项目文件示例 594

4. 执行过程组 595
4.1 指导与管理项目工作 597
4.1.1 项目管理计划组件 597
4.1.2 项目文件示例 597
4.1.3 项目管理计划更新 598
4.1.4 项目文件更新 598

4.2 管理项目知识 598
4.2.1 项目管理计划组件 599
4.2.2 项目文件 599
4.2.3 项目管理计划更新 599
4.3 管理质量 599
4.3.1 项目管理计划组件 600
4.3.2 项目文件示例 600
4.3.3 项目管理计划更新 600
4.3.4 项目文件更新 600
4.4 获取资源 601
4.4.1 项目管理计划组件 601
4.4.2 项目文件示例 601
4.4.3 项目管理计划更新 602
4.4.4 项目文件更新 602
4.5 建设团队 602
4.5.1 项目管理计划组件 603
4.5.2 项目文件示例 603
4.5.3 项目管理计划更新 603
4.5.4 项目文件更新 603
4.6 管理团队 604
4.6.1 项目管理计划组件 604
4.6.2 项目文件示例 604
4.6.3 项目管理计划更新 605
4.6.4 项目文件更新 605
4.7 管理沟通 605
4.7.1 项目管理计划组件 606
4.7.2 项目文件示例 606
4.7.3 项目管理计划更新 606
4.7.4 项目文件更新 606

- 4.8 实施风险应对 ... 607
  - 4.8.1 项目管理计划组件 ... 607
  - 4.8.2 项目文件示例 ... 607
  - 4.8.3 项目文件更新 ... 607
- 4.9 实施采购 ... 608
  - 4.9.1 项目管理计划组件 ... 608
  - 4.9.2 项目文件示例 ... 609
  - 4.9.3 项目管理计划更新 ... 609
  - 4.9.4 项目文件更新 ... 609
- 4.10 管理相关方参与 ... 610
  - 4.10.1 项目管理计划组件 ... 610
  - 4.10.2 项目文件示例 ... 610
  - 4.10.3 项目管理计划更新 ... 611
  - 4.10.4 项目文件更新 ... 611

5. 监控过程组 ... 613

- 5.1 监控项目工作 ... 615
  - 5.1.1 项目管理计划组件 ... 615
  - 5.1.2 项目文件示例 ... 615
  - 5.1.3 项目管理计划更新 ... 616
  - 5.1.4 项目文件更新 ... 616
- 5.2 实施整体变更控制 ... 616
  - 5.2.1 项目管理计划组件 ... 617
  - 5.2.2 项目文件示例 ... 617
  - 5.2.3 项目管理计划更新 ... 617
  - 5.2.4 项目文件更新 ... 617
- 5.3 确认范围 ... 618
  - 5.3.1 项目管理计划组件 ... 618
  - 5.3.2 项目文件示例 ... 618
  - 5.3.3 项目文件更新 ... 619

5.4 控制范围 ... 619
5.4.1 项目管理计划组件 ... 619
5.4.2 项目文件示例 ... 620
5.4.3 项目管理计划更新 ... 620
5.4.4 项目文件更新 ... 620

5.5 控制进度 ... 621
5.5.1 项目管理计划组件 ... 621
5.5.2 项目文件示例 ... 621
5.5.3 项目管理计划更新 ... 622
5.5.4 项目文件更新 ... 622

5.6 控制成本 ... 622
5.6.1 项目管理计划组件 ... 623
5.6.2 项目文件示例 ... 623
5.6.3 项目管理计划更新 ... 623
5.6.4 项目文件更新 ... 623

5.7 控制质量 ... 624
5.7.1 项目管理计划组件 ... 624
5.7.2 项目文件示例 ... 624
5.7.3 项目管理计划更新 ... 625
5.7.4 项目文件更新 ... 625

5.8 控制资源 ... 625
5.8.1 项目管理计划组件 ... 626
5.8.2 项目文件示例 ... 626
5.8.3 项目管理计划更新 ... 626
5.8.4 项目文件更新 ... 626

5.9 监督沟通 ... 627
5.9.1 项目管理计划组件 ... 627
5.9.2 项目文件示例 ... 627
5.9.3 项目管理计划更新 ... 628
5.9.4 项目文件更新 ... 628

- 5.10 监督风险 628
  - 5.10.1 项目管理计划组件 629
  - 5.10.2 项目文件示例 629
  - 5.10.3 项目管理计划更新 629
  - 5.10.4 项目文件更新 629
- 5.11 控制采购 629
  - 5.11.1 项目管理计划组件 630
  - 5.11.2 项目文件示例 630
  - 5.11.3 项目管理计划更新 631
  - 5.11.4 项目文件更新 631
- 5.12 监督相关方参与 631
  - 5.12.1 项目管理计划组件 632
  - 5.12.2 项目文件示例 632
  - 5.12.3 项目管理计划更新 632
  - 5.12.4 项目文件更新 632
- 6. 收尾过程组 633
  - 6.1 结束项目或阶段 634
    - 6.1.1 项目管理计划组件 634
    - 6.1.2 项目文件示例 635
    - 6.1.3 项目文件更新 635

第三部分
附录、术语表、索引

附录 X1 第六版更新	639
附录 X2 第六版《PMBOK® 指南》编审人员	651
附录 X3 敏捷型、迭代型、适应型和混合型项目环境	665
附录 X4 知识领域关键概念总结	673
附录 X5 知识领域裁剪考虑因素总结	679
附录 X6 工具与技术	685
术语表（英文排序）	695

图表目录

第一部分
项目管理知识体系指南(PMBOK® 指南)

图 1-1	组织通过项目进行状态转换	6
图 1-2	项目启动背景	8
图 1-3	项目组合、项目集、项目和运营	12
图 1-4	组织项目管理	17
图 1-5	《PMBOK® 指南》关键组成部分在项目中的相互关系	18
图 1-6	过程示例：输入、工具与技术和输出	22
图 1-7	项目数据、信息和报告流向	27
图 1-8	需求评估与关键业务/项目文件的相互关系	30
图 2-1	项目影响	37
图 3-1	项目经理的影响力范围示例	53
图 3-2	PMI 人才三角®	57
图 4-1	项目整合管理概述	71
图 4-2	制定项目章程：输入、工具与技术和输出	75
图 4-3	制定项目章程：数据流向图	76
图 4-4	制定项目管理计划：输入、工具与技术和输出	82

图 4-5	制定项目管理计划：数据流向图	82
图 4-6	指导与管理项目工作：输入、工具与技术和输出	90
图 4-7	指导与管理项目工作：数据流向图	91
图 4-8	管理项目知识：输入、工具与技术和输出	98
图 4-9	管理项目知识：数据流向图	99
图 4-10	监控项目工作：输入、工具与技术和输出	105
图 4-11	监控项目工作：数据流向图	106
图 4-12	实施整体变更控制：输入、工具与技术和输出	113
图 4-13	实施整体变更控制：数据流向图	114
图 4-14	结束项目或阶段：输入、工具与技术和输出	121
图 4-15	结束项目或阶段：数据流向图	122
图 5-1	项目范围管理概述	130
图 5-2	规划范围管理：输入、工具与技术和输出	134
图 5-3	规划范围管理：数据流向图	134
图 5-4	收集需求：输入、工具与技术和输出	138
图 5-5	收集需求：数据流向图	139
图 5-6	系统交互图	146
图 5-7	需求跟踪矩阵示例	149
图 5-8	定义范围：输入、工具与技术和输出	150
图 5-9	定义范围：数据流向图	151
图 5-10	创建 WBS：输入、工具与技术和输出	156
图 5-11	创建 WBS：数据流向图	156
图 5-12	分解到工作包的 WBS 示例	158
图 5-13	WBS 示例：以阶段作为第二层	159
图 5-14	WBS 示例：以主要可交付成果作为第二层	160

图 5-15	确认范围：输入、工具与技术和输出	163
图 5-16	确认范围：数据流向图	164
图 5-17	控制范围：输入、工具与技术和输出	167
图 5-18	控制范围：数据流向图	168
图 6-1	项目进度管理概述	174
图 6-2	进度规划工作概述	176
图 6-3	规划进度管理：输入、工具与技术和输出	179
图 6-4	规划进度管理：数据流向图	179
图 6-5	定义活动：输入、工具与技术和输出	183
图 6-6	定义活动：数据流向图	183
图 6-7	排列活动顺序：输入、工具与技术和输出	187
图 6-8	排列活动顺序：数据流向图	187
图 6-9	紧前关系绘图法（PDM）的活动关系类型	190
图 6-10	提前量和滞后量示例	192
图 6-11	项目进度网络图	193
图 6-12	估算活动持续时间：输入、工具与技术和输出	195
图 6-13	估算活动持续时间：数据流向图	196
图 6-14	制定进度计划：输入、工具与技术和输出	205
图 6-15	制定进度计划：数据流向图	206
图 6-16	关键路径法示例	211
图 6-17	资源平衡	212
图 6-18	目标里程碑的概率分布示例	214
图 6-19	进度压缩技术的比较	215
图 6-20	产品愿景、发布规划和迭代计划之间的关系	216
图 6-21	项目进度计划示例	219

图 6-22	控制进度：输入、工具与技术和输出	222
图 6-23	控制进度：数据流向图	223
图 6-24	迭代燃尽图	226
图 7-1	项目成本管理概述	232
图 7-2	规划成本管理：输入、工具与技术和输出	235
图 7-3	规划成本管理：数据流向图	235
图 7-4	估算成本：输入、工具与技术和输出	240
图 7-5	估算成本：数据流向图	240
图 7-6	制定预算：输入、工具与技术和输出	248
图 7-7	制定预算：数据流向图	249
图 7-8	项目预算的组成	255
图 7-9	成本基准、支出与资金需求	255
图 7-10	控制成本：输入、工具与技术和输出	257
图 7-11	控制成本：数据流向图	258
图 7-12	挣值、计划价值和实际成本	264
图 7-13	完工尚需绩效指数（TCPI）	268
图 8-1	项目质量管理概述	272
图 8-2	主要项目质量管理过程的相互关系	273
图 8-3	规划质量管理：输入、工具与技术和输出	277
图 8-4	规划质量管理：数据流向图	278
图 8-5	质量成本	283
图 8-6	SIPOC 模型	285
图 8-7	管理质量：输入、工具与技术和输出	288
图 8-8	管理质量：数据流向图	289
图 8-9	因果图	294
图 8-10	控制质量：输入、工具与技术和输出	298

图 8-11	控制质量：数据流向图	299
图 8-12	核查表	302
图 9-1	项目资源管理概述	308
图 9-2	规划资源管理：输入、工具与技术和输出	312
图 9-3	规划资源管理：数据流向图	313
图 9-4	RACI 矩阵示例	317
图 9-5	估算活动资源：输入、工具与技术和输出	321
图 9-6	估算活动资源：数据流向图	321
图 9-7	资源分解结构示例	327
图 9-8	获取资源：输入、工具与技术和输出	328
图 9-9	获取资源：数据流向图	329
图 9-10	建设团队：输入、工具与技术和输出	336
图 9-11	建设团队：数据流向图	337
图 9-12	管理团队：输入、工具与技术和输出	345
图 9-13	管理团队：数据流向图	346
图 9-14	控制资源：输入、工具与技术和输出	352
图 9-15	控制资源：数据流向图	353
图 10-1	项目沟通管理概述	360
图 10-2	规划沟通管理：输入、工具与技术和输出	366
图 10-3	规划沟通管理：数据流向图	367
图 10-4	适用于跨文化沟通的沟通模型	373
图 10-5	管理沟通：输入、工具与技术和输出	379
图 10-6	管理沟通：数据流向图	380
图 10-7	监督沟通：输入、工具与技术和输出	388
图 10-8	监督沟通：数据流向图	389
图 11-1	项目风险管理概述	396

图 11-2	规划风险管理：输入、工具与技术和输出	401
图 11-3	规划风险管理：数据流向图	402
图 11-4	风险分解结构（RBS）示例	406
图 11-5	概率和影响矩阵示例（有评分方法）	408
图 11-6	识别风险：输入、工具与技术和输出	409
图 11-7	识别风险：数据流向图	410
图 11-8	实施定性风险分析：输入、工具与技术和输出	419
图 11-9	实施定性风险分析：数据流向图	420
图 11-10	列出可监测性、邻近性和影响值的气泡图示例	426
图 11-11	实施定量风险分析：输入、工具与技术和输出	428
图 11-12	实施定量风险分析：数据流向图	429
图 11-13	定量成本风险分析 S 曲线示例	433
图 11-14	龙卷风图示例	434
图 11-15	决策树示例	435
图 11-16	规划风险应对：输入、工具与技术和输出	437
图 11-17	规划风险应对：数据流向图	438
图 11-18	实施风险应对：输入、工具与技术和输出	449
图 11-19	实施风险应对：数据流向图	449
图 11-20	监督风险：输入、工具与技术和输出	453
图 11-21	监督风险：数据流向图	454
图 12-1	项目采购管理概述	460
图 12-2	规划采购：输入、工具与技术和输出	466
图 12-3	规划采购管理：数据流向图	467
图 12-4	实施采购：输入、工具与技术和输出	482
图 12-5	实施采购：数据流向图	483

图 12-6	控制采购：输入、工具与技术和输出	492
图 12-7	控制采购：数据流向图	493
图 13-1	项目相关方管理概述	504
图 13-2	识别相关方：输入、工具与技术和输出	507
图 13-3	识别相关方：数据流向图	508
图 13-4	规划相关方参与：输入、工具与技术和输出	516
图 13-5	规划相关方参与：数据流向图	517
图 13-6	相关方参与度评估矩阵	522
图 13-7	管理相关方参与：输入、工具与技术和输出	523
图 13-8	管理相关方参与：数据流向图	524
图 13-9	监督相关方参与：输入、工具与技术和输出	530
图 13-10	监督相关方参与：数据流向图	531

表 1-1	促成项目创建的因素示例	9
表 1-2	项目、项目集、项目组合管理的比较概述	13
表 1-3	《PMBOK® 指南》关键组成部分的描述	18
表 1-4	项目管理过程组与知识领域	25
表 1-5	项目商业文件	29
表 2-1	组织结构对项目的影响	47
表 3-1	团队管理与团队领导力之比较	64
表 4-1	项目管理计划和项目文件	89
表 5-1	项目章程与项目范围说明书的内容	155
表 7-1	挣值计算汇总表	267
表 11-1	概率和影响定义示例	407
表 12-1	采购文件比较	481

第二部分
项目管理标准

图 1-1	项目组合、项目集与项目管理间的关系示例	544
图 1-2	项目生命周期的通用结构	548
图 1-3	随时间而变化的变量影响	549
图 1-4	项目相关方示例	551
图 1-5	项目或阶段中的过程组相互作用示例	555
图 2-1	项目边界	562
图 2-2	启动过程组	562
图 2-3	制定项目章程：输入和输出	563
图 2-4	识别相关方：输入和输出	563
图 3-1	规划过程组	566
图 3-2	制定项目管理计划：输入和输出	567
图 3-3	规划范围管理：输入和输出	567
图 3-4	收集需求：输入和输出	568
图 3-5	定义范围：输入和输出	569
图 3-6	创建 WBS：输入和输出	570
图 3-7	规划进度管理：输入和输出	571
图 3-8	定义活动：输入和输出	572
图 3-9	排列活动顺序：输入和输出	573
图 3-10	估算活动持续时间：输入和输出	574
图 3-11	制定进度计划：输入和输出	575
图 3-12	规划成本管理：输入和输出	577
图 3-13	估算成本：输入和输出	577
图 3-14	制定预算：输入和输出	579

图 3-15	规划质量管理：输入和输出	580
图 3-16	规划资源管理：输入和输出	581
图 3-17	估算活动资源：输入和输出	583
图 3-18	规划沟通管理：输入和输出	584
图 3-19	规划风险管理：输入和输出	585
图 3-20	识别风险：输入和输出	586
图 3-21	实施定性风险分析：输入和输出	588
图 3-22	实施定量风险分析：输入和输出	589
图 3-23	规划风险应对：输入和输出	590
图 3-24	规划采购：输入和输出	592
图 3-25	规划相关方参与：输入和输出	594
图 4-1	执行过程组	596
图 4-2	指导与管理项目工作：输入和输出	597
图 4-3	管理项目知识：输入和输出	598
图 4-4	管理质量：输入和输出	599
图 4-5	获取资源：输入和输出	601
图 4-6	建设团队：输入和输出	602
图 4-7	管理团队：输入和输出	604
图 4-8	管理沟通：输入和输出	605
图 4-9	实施风险应对：输入和输出	607
图 4-10	实施采购：输入和输出	608
图 4-11	管理相关方参与：输入和输出	610
图 5-1	监控过程组	614
图 5-2	监控项目工作：输入和输出	615
图 5-3	实施整体变更控制：输入和输出	616

图 5-4	确认范围：输入和输出	618
图 5-5	控制范围：输入和输出	619
图 5-6	控制进度：输入和输出	621
图 5-7	控制成本：输入和输出	622
图 5-8	控制质量：输入和输出	624
图 5-9	控制资源：输入和输出	625
图 5-10	监督沟通：输入和输出	627
图 5-11	监督风险：输入和输出	628
图 5-12	控制采购：输入和输出	630
图 5-13	监督相关方参与：输入和输出	631
图 6-1	收尾过程组	633
图 6-2	结束项目或阶段：输入和输出	634

表 1-1	项目管理过程组与知识领域	556
表 1-2	项目管理计划和项目文件	559

第三部分
附录、术语表、索引

图 X3-1	项目生命周期的连续区间	666
图 X3-2	跨迭代周期的过程组重复开展所需的投入水平	667
图 X3-3	持续阶段中的过程组关系	668

表 X1-1	第 4 章变更	645
表 X1-2	第 6 章变更	646
表 X1-3	第 8 章变更	646
表 X1-4	第 9 章变更	647
表 X1-5	第 10 章变更	648
表 X1-6	第 11 章变更	648
表 X1-7	第 12 章变更	649
表 X1-8	第 13 章变更	650
表 X6-1	工具与技术分类和索引	686

第一部分

项目管理知识体系指南

（PMBOK® 指南）

1

引论

1.1 指南概述和目的

项目管理并非新概念，它已存在数百年之久。项目成果的例子包括：

- 吉萨金字塔；
- 奥林匹克运动会；
- 中国长城；
- 泰姬陵；
- 儿童读物的出版；
- 巴拿马运河；
- 商用喷气式飞机的发明；
- 脊髓灰质炎疫苗；
- 人类登陆月球；
- 商业软件应用程序；
- 使用全球定位系统(GPS)的便携式设备；
- 地球轨道上的国际空间站。

这些项目成果是领导者和项目经理在工作中应用项目管理实践、原则、过程、工具和技术的结果。这些项目经理运用一系列关键技能和知识来满足客户和参与项目或受项目影响的其他人的要求。二十世纪中期，项目经理开始致力于将项目管理确立为一种职业，其中一个方面就是对知识体系（BOK）的内容，即项目管理达成一致意见。这一知识体系后来称为"项目管理知识体系"（PMBOK）。项目管理协会（PMI）制定了一套有关项目管理知识体系的图表和词汇基准。项目经理很快意识到，并非一本书就可以包含项目管理知识体系的所有内容。因此，PMI 制定并发布了《项目管理知识体系指南》（简称《PMBOK® 指南》）。

PMI 将项目管理知识体系（PMBOK）定义为描述项目管理专业范围内知识的术语。项目管理知识体系包括已被验证并广泛应用的传统做法，以及本专业新近涌现的创新做法。

知识体系(BOK)包括已发布和未发布的材料。这一知识体系仍在不断演变发展。本《PMBOK®指南》收录项目管理知识体系中被普遍认可为"良好实践"的那一部分。

◆ 所谓"普遍认可"，是指这些知识和做法在大多数时候适用于大多数项目，并且其价值和有效性已获得一致认可。

◆ 所谓"良好实践"，则指人们普遍认为，在项目管理过程中使用这些知识、技能、工具和技术，能够达成预期的商业价值和成果，从而提高很多项目成功的可能性。

项目经理与项目团队和其他相关方携手合作，共同确定并采用适用于各个项目且被普遍认可的良好实践。确定过程、输入、工具、技术、输出和生命周期阶段的恰当组合以管理项目的过程，即指本指南所述知识的"裁剪"应用。

本《PMBOK®指南》与方法论有所不同。方法论是由专门的从业人员所采用的实践、技术、程序和规则所组成的体系。而本《PMBOK® 指南》是组织制定实践项目管理所需方法论、政策、程序、规则、工具、技术和生命周期阶段的基础。

1.1.1 项目管理标准

本指南基于《项目管理标准》[1]。标准是基于权威、惯例或共识而建立并用作模式或范例的文件。作为美国国家标准协会（ANSI）的标准，《项目管理标准》根据协商一致、开放公开、程序公正和各方平衡等概念予以制定。《项目管理标准》是PMI项目管理专业发展计划和项目管理实践的基本参考资料。由于项目管理需要根据项目需求进行调整，标准和指南均基于描述性实践，而不是规范性实践。因此，标准确认了在大多时候都被大多数项目视作良好实践的过程。另外，标准还确认了通常与这些过程相关的输入和输出。标准不要求执行任何特定过程或实践。《项目管理标准》是《项目管理知识体系指南》（《PMBOK® 指南》）的第二部分。

《PMBOK®指南》更详细地说明了核心概念、新兴趋势、裁剪项目管理过程时应考虑的因素，以及如何将工具和技术应用于项目中。项目经理可以采用一种或多种方法论执行本标准所描述的项目管理过程。

本指南的范围仅限于项目管理领域，而不涉及任何项目组合、项目集和多个项目的领域；仅在与项目有关时才会提及项目组合和项目集。PMI 还发布了针对项目组合和项目集的两部标准：

◆ 《项目组合管理标准》[2]；
◆ 《项目集管理标准》[3]。

1.1.2 通用词汇

通用词汇是专业学科的基本要素。《PMI 项目管理术语词典》（简称《术语词典》）[4] 收录了基本的专业词汇，供组织、项目组合、项目集和项目经理及其他项目相关方统一使用。《术语词典》会随着时间的推移而更改。本指南的词汇表包含了《术语词典》中的词汇以及其他定义。项目可能会采用由行业文献定义的相关行业特定的术语。

1.1.3 道德与专业行为规范

PMI 发布了《道德与专业行为规范》[5]，为项目管理专业人员增强了信心并帮助个人做出明智的决策，尤其是在面对被要求违背正直诚信或价值观的困境时。全球项目管理业界定义的最重要的价值观是责任、尊重、公正和诚实。《道德与专业行为规范》确立了这四个价值观的基础地位。

《道德与专业行为规范》包括期望标准和强制标准。期望标准描述了身为 PMI 会员、证书持有者或志愿者的从业者力求遵循的行为规范。尽管对期望标准的遵循情况进行衡量并非易事，依照这些标准行事仍是对从业人员专业性的期待，并非可有可无的要求。强制标准做出了硬性要求，在某些情况下限制或禁止从业者的某些行为。身为 PMI 会员、证书持有者或志愿者的从业者，如果不依照这些标准行事，将受到 PMI 道德审查委员会的纪律处罚。

1.2 基本要素

本节描述了从事项目管理和了解项目管理领域所需的基本要素。

1.2.1 项目

项目是为创造独特的产品、服务或成果而进行的临时性工作。

- ◆ **独特的产品、服务或成果。**开展项目是为了通过可交付成果达成目标。目标指的是工作所指向的结果、要达到的战略地位、要达到的目的、要取得的成果、要生产的产品，或者准备提供的服务。可交付成果指的是在某一过程、阶段或项目完成时，必须产出的任何独特并可核实的产品、成果或服务能力。可交付成果可能是有形的，也可能是无形的。

实现项目目标可能会产生以下一个或多个可交付成果：

- 一个独特的产品，可能是其他产品的组成部分、某个产品的升级版或修正版，也可能其本身就是新的最终产品（例如一个最终产品缺陷的修正）；
- 一种独特的服务或提供某种服务的能力（如支持生产或配送的业务职能）；
- 一项独特的成果，例如某个结果或文件（如某研究项目所创造的知识，可据此判断某种趋势是否存在，或判断某个新过程是否有益于社会）；
- 一个或多个产品、服务或成果的独特组合（例如一个软件应用程序及其相关文件和帮助中心服务）。

某些项目可交付成果和活动中可能存在重复的元素，但这种重复并不会改变项目工作本质上的独特性。例如，即便采用相同或相似的材料，由相同或不同的团队来建设，但每个建筑项目仍具备独特性（例如位置、设计、环境、情况、参与项目的人员）。

项目可以在组织的任何层面上开展。一个项目可能只涉及一个人，也可能涉及一组人；可能只涉及一个组织单元，也可能涉及多个组织的多个单元。

项目的例子包括（但不限于）：

- 为市场开发新的复方药；
- 扩展导游服务；
- 合并两家组织；
- 改进组织内的业务流程；
- 为组织采购和安装新的计算机硬件系统；
- 一个地区的石油勘探；
- 修改组织内使用的计算机软件；
- 开展研究以开发新的制造过程；
- 建造一座大楼。

◆ **临时性工作。** 项目的"临时性"是指项目有明确的起点和终点。"临时性"并不一定意味着项目的持续时间短。在以下一种或多种情况下，项目即宣告结束：

- 达成项目目标；
- 不会或不能达到目标；
- 资金耗尽或再无可分配给项目的资金；
- 项目需求不复存在（例如，客户不再要求完成项目，战略或优先级的变更致使项目终止，组织管理层下达终止项目的指示）；
- 无法获得所需人力或物力资源；
- 出于法律或便利原因而终止项目。

虽然项目是临时性工作，但其可交付成果可能会在项目终止后依然存在。项目可能产生与社会、经济、物质或环境相关的可交付成果。例如，国家纪念碑建设项目就是要创造一个流传百世的可交付成果。

◆ **项目驱动变革。**项目驱动组织进行变革。从商业角度来看,项目旨在推动组织从一个状态转到另一个状态,从而达成特定目标(见图 1-1)。在项目开始之前,通常将此时的组织描述为"当前状态"。项目驱动变革是为了获得期望的结果,即"将来状态"。

有些项目可能会创造一个过渡状态,即由多个步骤组成的连续区间,以过渡到将来状态。通过成功完成项目,组织可以实现将来状态并达成特定目标。关于项目管理和变革的更多信息,请参见《组织变革管理实践指南》[6]。

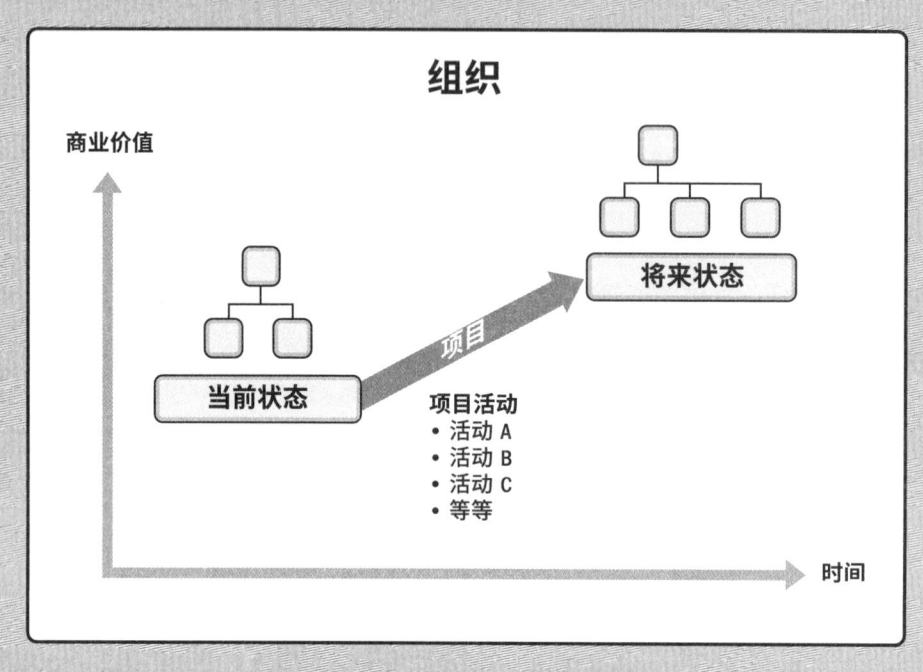

图 1-1 组织通过项目进行状态转换

- **项目创造商业价值。** PMI将商业价值定义为从商业运作中获得的可量化净效益。效益可以是有形的、无形的或两者兼有之。在商业分析中,商业价值被视为回报,即以某种投入换取时间、资金、货物或无形的回报(参见《商业分析实践指南》,第185页[7])。

  项目的商业价值指特定项目的成果能够为相关方带来的效益。项目带来的效益可以是有形的、无形的或两者兼有之。

  有形效益的例子包括:

  - 货币资产;
  - 股东权益;
  - 公共事业;
  - 固定设施;
  - 工具;
  - 市场份额。

  无形效益的例子包括:

  - 商誉;
  - 品牌认知度;
  - 公共利益;
  - 商标;
  - 战略一致性;
  - 声誉。

- **项目启动背景。** 组织领导者启动项目是为了应对影响该组织的因素。这些基本因素说明了项目背景,大致分为四类(见图1-2):

  - 符合法规、法律或社会要求;
  - 满足相关方的要求或需求;
  - 执行、变更业务或技术战略;
  - 创造、改进或修复产品、过程或服务。

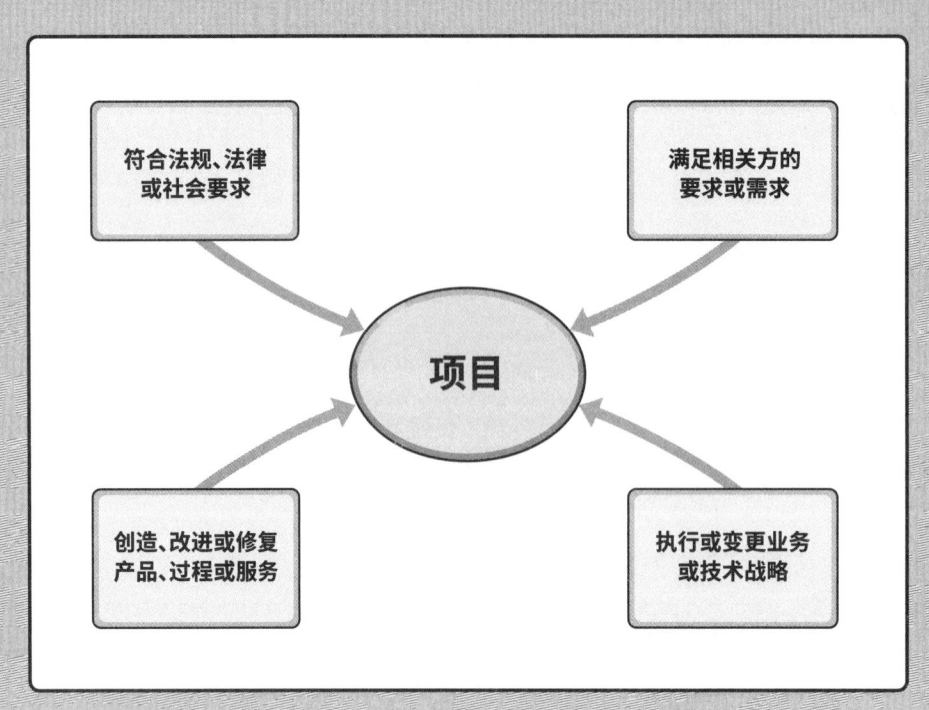

图1-2项目启动背景

这些因素会影响组织的持续运营和业务战略。领导者应对这些因素，以便组织持续运营。组织提供了一个有效的途径，使其能够成功做出应对这些因素所需的变更。这些因素最终应与组织的战略目标以及各个项目的商业价值相关联。

表1-1展示了如何将示例因素归入一个或多个基本因素类别。

表1-1 促成项目创建的因素示例

特定因素	特定因素示例	符合法规、法律或社会要求	满足相关方的要求或需求	创造、改进或修复产品、过程或服务	执行或变更业务或技术战略
新技术	某电子公司批准一个新项目,在计算机内存和电子技术发展基础上,开发一种高速、廉价的小型笔记本电脑			X	X
竞争力	为保持竞争力,产品价格要低于竞争对手产品价格,需要降低生产成本				X
材料问题	某市政桥梁的一些支承构件出现裂缝,因此需要实施一个项目来解决问题	X		X	
政治变革	在某新当选官员促动下,当前某项目经费发生变更				X
市场需求	为应对汽油紧缺,某汽车公司批准一个低油耗车型的研发项目		X	X	X
经济变革	经济滑坡导致某当前项目优先级发生变更				X
客户要求	为了给新工业园区供电,某电力公司批准一个新变电站建设项目		X	X	
相关方需求	某相关方要求组织进行新的输出		X		
法律要求	某化工制造商批准一个项目,为妥善处理一种新的有毒材料制定指南	X			
业务过程改进	某组织实施一个运用精益六西格玛价值流图的项目			X	
战略机会或业务需求	为增加收入,某培训公司批准一个项目,开发一门新课程			X	X
社会需要	为应对传染病频发,某发展中国家的非政府组织批准一个项目,为社区建设饮用水系统和公共厕所,并开展卫生教育		X		
环境考虑	为减少污染,某上市公司批准一个项目,开创电动汽车共享服务			X	X

1.2.2 项目管理的重要性

项目管理就是将知识、技能、工具与技术应用于项目活动，以满足项目的要求。项目管理通过合理运用与整合特定项目所需的项目管理过程得以实现。项目管理使组织能够有效且高效地开展项目。

有效的项目管理能够帮助个人、群体以及公共和私人组织：

- 达成业务目标；
- 满足相关方的期望；
- 提高可预测性；
- 提高成功的概率；
- 在适当的时间交付正确的产品；
- 解决问题和争议；
- 及时应对风险；
- 优化组织资源的使用；
- 识别、挽救或终止失败项目；
- 管理制约因素（例如范围、质量、进度、成本、资源）；
- 平衡制约因素对项目的影响（例如范围扩大可能会增加成本或延长进度）；
- 以更好的方式管理变更。

项目管理不善或缺乏项目管理可能会导致：

- 超过时限；
- 成本超支；
- 质量低劣；
- 返工；
- 项目范围扩大失控；
- 组织声誉受损；
- 相关方不满意；
- 正在实施的项目无法达成目标。

项目是组织创造价值和效益的主要方式。在当今商业环境下，组织领导者需要应对预算紧缩、时间缩短、资源稀缺以及技术快速变化的情况。商业环境动荡不定，变化越来越快。为了在全球经济中保持竞争力，公司日益广泛利用项目管理，来持续创造商业价值。

有效和高效的项目管理应被视为组织的战略能力。它使组织能够：

◆ 将项目成果与业务目标联系起来；
◆ 更有效地展开市场竞争；
◆ 实现可持续发展；
◆ 通过适当调整项目管理计划，以应对商业环境改变给项目带来的影响（见4.2节）。

1.2.3 项目、项目集、项目组合以及运营管理之间的关系

1.2.3.1 概述

项目管理过程、工具和技术的运用为组织达成目的和目标奠定了坚实的基础。一个项目可以采用三种不同的模式进行管理：作为一个独立项目（不包括在项目组合或项目集中）、在项目集内或在项目组合内。如果在项目组合或项目集内管理某个项目，则项目经理需要与项目集和项目组合经理互动合作。例如，为达成组织的一系列目的和目标，可能需要实施多个项目。在这种情况下，项目可能被归入项目集中。项目集是一组相互关联且被协调管理的项目、子项目集和项目集活动，以便获得分别管理所无法获得的利益。项目集不是大项目。规模特别大的项目称为"大型项目"。一般定义，大型项目通常需要10亿美元或以上的成本，可影响上百万人，并且将持续数年。

有些组织可能会采用项目组合，以有效管理在任何特定的时间内同时进行的多个项目集和项目。项目组合是指为实现战略目标而组合在一起管理的项目、项目集、子项目组合和运营工作。图1-3展示了项目组合、项目集、项目和运营在特定情况下是如何关联的。

项目集管理和项目组合管理的生命周期、活动、目标、重点和效益都与项目管理不同；但是，项目组合、项目集、项目和运营通常都涉及相同的相关方，还可能需要使用同样的资源（见图1-3），而这可能会导致组织内出现冲突。这种情况促使组织增强内部协调，通过项目组合、项目集和项目管理达成组织内部的有效平衡。

图 1-3 所示的项目组合结构示例表明了项目集、项目、共享资源和相关方之间的关系。将项目组合组成部分合为一组能够促进这项工作的有效治理和管理，从而有助于实现组织战略和相关优先级。在开展组织和项目组合规划时，要基于风险、资金和其他考虑因素对项目组合组件排列优先级。项目组合方法有利于组织了解战略目标在项目组合中的实施情况，还能促进适当项目组合、项目集和项目治理的实施和协调。这种协调治理方式可为实现预期绩效和效益而分配人力、财力和实物资源。

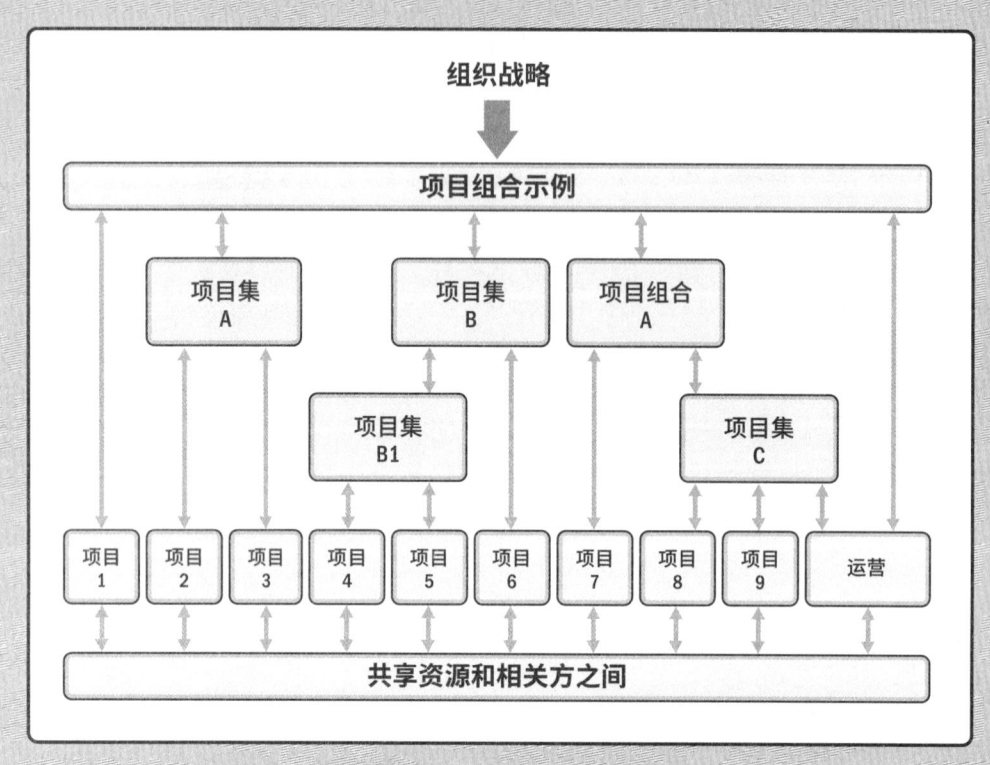

图1-3 项目组合、项目集、项目和运营

从组织的角度来看项目、项目集和项目组合管理：
◆ 项目集和项目管理的重点在于以"正确"的方式开展项目集和项目；
◆ 项目组合管理则注重于开展"正确"的项目集和项目。

表1-2概述了项目组合、项目集与项目管理的比较。

表 1-2 项目、项目集、项目组合管理的比较概述

组织项目管理			
	项目	项目集	项目组合
定义	项目是为创造独特的产品、服务或成果而进行的临时性工作	项目集是一组相互关联且被协调管理的项目、子项目集和项目集活动,以便获得分别管理所无法获得的效益	项目组合是为实现战略目标而组合在一起管理的项目、项目集、子项目组合和运营工作的集合
范围	项目具有明确的目标。范围在整个项目生命周期中是渐进明细的	项目集的范围包括其项目集组件的范围。项目集通过确保各项目集组件的输出和成果协调互补,为组织带来效益	项目组合的组织范围随着组织战略目标的变化而变化
变更	项目经理对变更和实施过程做出预期,实现对变更的管理和控制	项目集的管理方法是,随着项目集各组件成果和/或输出的交付,在必要时接受和适应变更,优化效益实现	项目组合经理持续监督更广泛内外部环境的变更
规划	在整个项目生命周期中,项目经理渐进明细高层级信息,将其转化为详细的计划	项目集的管理利用高层级计划,跟踪项目集组件的依赖关系和进展。项目集计划也用于在组件层级指导规划	项目组合经理建立并维护与总体项目组合有关的必要过程和沟通
管理	项目经理为实现项目目标而管理项目团队	项目集由项目集经理管理,其通过协调项目集组件的活动,确保项目集效益按预期实现	项目组合经理可管理或协调项目组合管理人员或对总体项目组合负有报告职责的项目集和项目人员
监督	项目经理监控项目开展中生产产品、提供服务或成果的工作	项目集经理监督项目集组件的进展,确保整体目标、进度计划、预算和项目集效益的实现	项目组合经理监督战略变更以及总体资源分配、绩效成果和项目组合风险
成功	成功通过产品和项目的质量、时间表、预算的依从性以及客户满意度水平进行衡量	项目集的成功通过项目集向组织交付预期效益的能力以及项目集交付所述效益的效率和效果进行衡量	成功通过项目组合的总体投资效果和实现的效益进行衡量

1.2.3.2 项目集管理

项目集管理指在项目集中应用知识、技能与原则来实现项目集的目标，获得分别管理项目集组成部分所无法实现的利益和控制。项目集组成部分指项目集中的项目和其他项目集。项目管理注重项目内部的相互依赖关系，以确定管理项目的最佳方法。项目集管理注重项目与项目以及项目与项目集之间的依赖关系，以确定管理这些项目的最佳方法。项目集和项目间依赖关系的具体管理措施可能包括：

- ◆ 调整对项目集和项目的目的和目标有影响的组织或战略方向；
- ◆ 将项目集范围分配到项目集组成部分；
- ◆ 管理项目集组成部分之间的依赖关系，从而以最佳方式实施项目集；
- ◆ 管理可能影响项目集内多个项目的项目集风险；
- ◆ 解决影响项目集内多个项目的制约因素和冲突；
- ◆ 解决作为组成部分的项目与项目集之间的问题；
- ◆ 在同一个治理框架内管理变更请求；
- ◆ 将预算分配到项目集内的多个项目；
- ◆ 确保项目集及其包含的项目能够实现效益。

建立一个新的通信卫星系统就是项目集的一个实例，其所辖项目包括卫星与地面站的设计和建造、卫星发射以及系统整合。

关于项目集管理的更多信息，请参见《项目集管理标准》[3]。

1.2.3.3 项目组合管理

项目组合是指为实现战略目标而组合在一起管理的项目、项目集、子项目组合和运营工作。

项目组合管理是指为了实现战略目标而对一个或多个项目组合进行的集中管理。项目组合中的项目集或项目不一定彼此依赖或直接相关。

项目组合管理的目的是：

◆ 指导组织的投资决策。

◆ 选择项目集与项目的最佳组合方式，以达成战略目标。

◆ 提供决策透明度。

◆ 确定团队和实物资源分配的优先顺序。

◆ 提高实现预期投资回报的可能性。

◆ 实现对所有组成部分的综合风险的集中式管理。

此外，项目组合管理还可确定项目组合是否符合组织战略。

要实现项目组合价值的最大化，需要精心检查项目组合的组成部分。确定组成部分的优先顺序，使最有利于组织战略目标的组成部分拥有所需的财力、人力和实物资源。

例如，以"投资回报最大化"为战略目标的某基础设施公司，可以把油气、供电、供水、道路、铁路和机场等项目归并成一个项目组合。在这些归并的项目中，组织又可以把相互关联的项目作为项目组合来管理。所有供电项目归类成供电项目组合，同理，所有供水项目归类成供水项目组合。然而，如果组织的项目是设计和建造发电站并运营发电站，这些相互关联的项目可以归类成一个项目集。这样的话，供电项目集和类似的供水项目集就是该基础设施公司项目组合中的基本组成部分。

关于项目组合管理的更多信息，请参见《项目组合管理标准》[2]。

1.2.3.4 运营管理

运营管理是另外一个领域，超出了本指南所描述的规范的项目管理范围。

运营管理关注产品的持续生产和（或）服务的持续运作。它使用最优资源满足客户要求，来保证业务运作的持续高效。它重点管理那些把各种输入（如材料、零件、能源和劳力）转变为输出（如产品、商品和/或服务）的过程。

1.2.3.5 运营与项目管理

业务或组织运营的改变也许就是某个项目的关注焦点，尤其当项目交付的新产品或新服务将导致业务运营有实质性改变时。持续运营不属于项目的范畴，但是它们之间存在交叉。

项目与运营会在产品生命周期的不同时点交叉，例如：

- ◆ 在新产品开发、产品升级或提高产量时；
- ◆ 在改进运营或产品开发流程时；
- ◆ 在产品生命周期结束阶段；
- ◆ 在每个收尾阶段。

在每个交叉点，可交付成果及知识在项目与运营之间转移，以完成工作交接。在这一过程中，将转移项目资源或知识到运营中，或转移运营资源到项目中。

1.2.3.6 组织级项目管理 (OPM) 和战略

项目组合、项目集和项目均需符合组织战略，或由组织战略驱动，并以不同的方式服务于战略目标的实现：

- ◆ 项目组合管理通过选择适当的项目集或项目，对工作进行优先排序，以及提供所需资源，使项目组合与组织战略保持一致。
- ◆ 项目集管理对其组成部分进行协调，对它们之间的依赖关系进行控制，从而实现既定收益。
- ◆ 项目管理使组织的目的和目标得以实现。

作为项目组合或项目集的组成部分，项目是实现组织目的和目标的一种手段。组织往往用战略规划引导项目投资，明确项目对实现组织目的和目标的作用。通过组织级项目管理(OPM)，对项目组合、项目集和项目进行系统化管理，确保它们符合组织的战略业务目标。OPM指为实现战略目标而整合项目组合、项目集和项目管理与组织驱动因素的框架。

OPM 旨在确保组织开展正确的项目并合适地分配关键资源。OPM 有助于确保组织的各个层级都了解组织的战略愿景、支持愿景的举措、目标以及可交付成果。图 1-4 展示了战略、项目组合、项目集、项目和运营相互作用的组织环境。

关于 OPM 的更多信息，请参见《组织级项目管理实践指南》[8]。

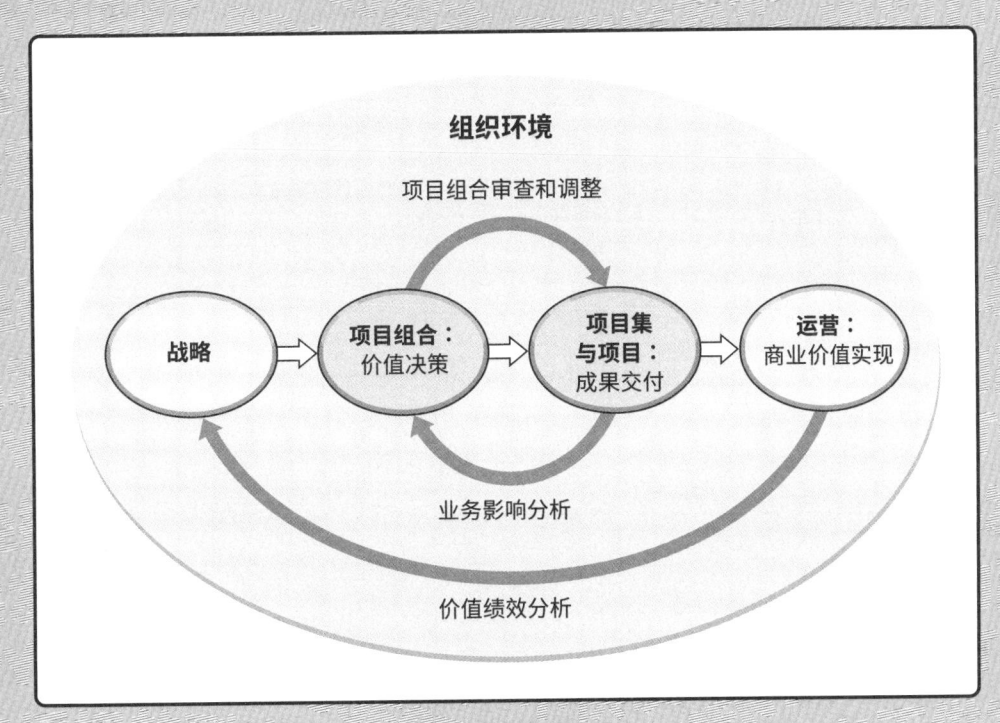

图 1-4 组织项目管理

1.2.4 指南的组成部分

项目包含几个关键组成部分，如果有效管理这些组成部分，项目才能成功完成。本指南识别并阐述了这些组成部分，各个组成部分在项目管理期间相互关联。

表 1-3 简单描述了关键组成部分。之后的章节会对这些组成部分详细描述。

表 1-3 《PMBOK® 指南》关键组成部分的描述

PMBOK®指南　关键组成部分	简介
项目生命周期(见 1.2.4.1 节)	项目从开始到结束所经历的一系列阶段
项目阶段(见 1.2.4.2 节)	一组具有逻辑关系的项目活动的集合,通常以一个或多个可交付成果的完成为结束
阶段关口(见 1.2.4.3 节)	为做出进入下个阶段、进行整改或结束项目集或项目的决定,而开展的阶段末审查
项目管理过程(见 1.2.4.4 节)	旨在创造最终结果的系统化的系列活动,以便对一个或多个输入进行加工,生成一个或多个输出
项目管理过程组(见 1.2.4.5 节)	项目管理输入、工具和技术以及输出的逻辑组合。项目管理过程组包括启动、规划、执行、监控和收尾。项目管理过程组不同于项目阶段
项目管理知识领域(见 1.2.4.6 节)	按所需知识内容来定义的项目管理领域,并用其所含过程、做法、输入、输出、工具和技术进行描述

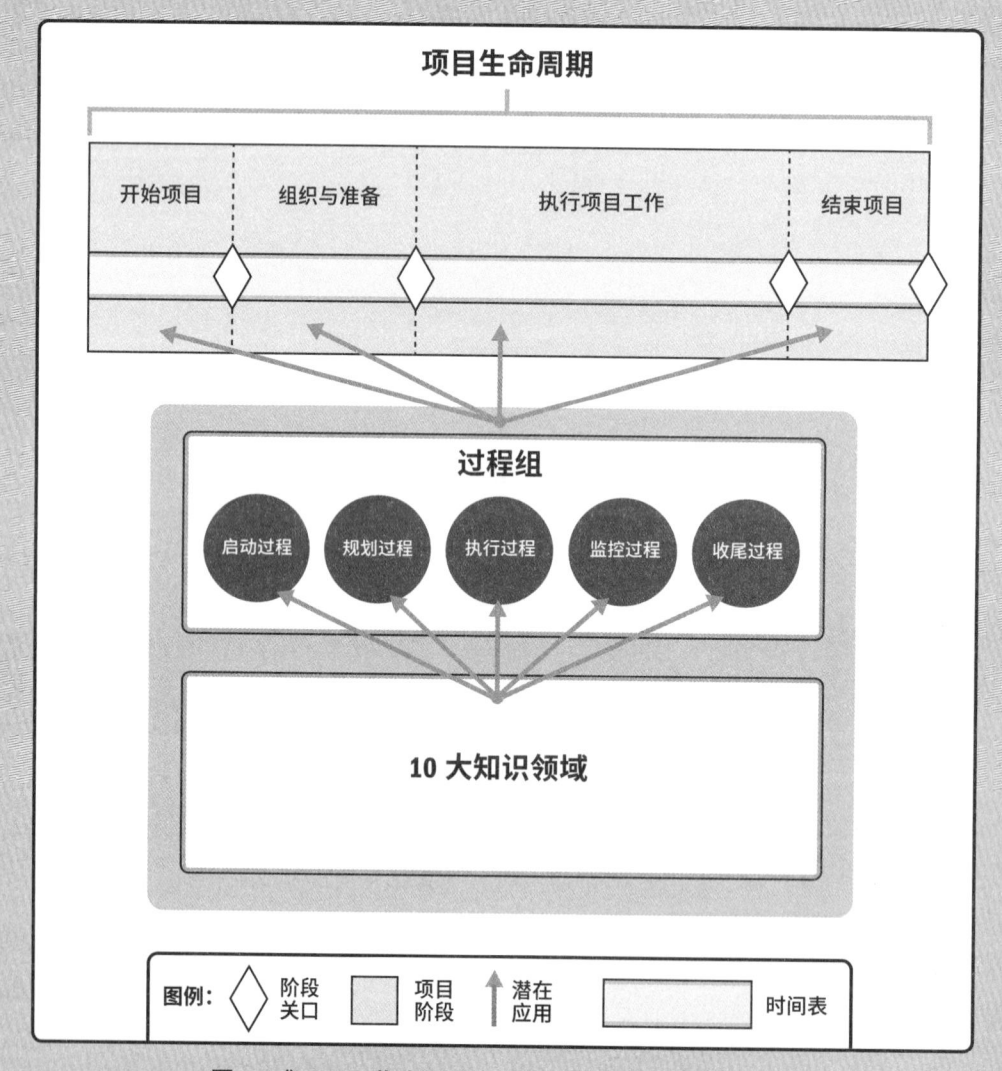

图 1-5 《PMBOK® 指南》关键组成部分在项目中的相互关系

1.2.4.1 项目和开发生命周期

项目生命周期指项目从启动到完成开始到结束所经历的一系列阶段。它为项目管理提供了一个基本框架。不论项目涉及的具体工作是什么，这个基本框架都适用。这些阶段之间的关系可以顺序、迭代或交叠进行。所有项目都呈现图1-5所示的通用的生命周期。

项目生命周期可以是预测型或适应型。项目生命周期内通常有一个或多个阶段与产品、服务或成果的开发相关，这些阶段称为开发生命周期。开发生命周期可以是预测型、迭代型、增量型、适应型或混合型的模式：

- 预测型生命周期，在生命周期的早期阶段确定项目范围、时间和成本。对任何范围的变更都要进行仔细管理。预测型生命周期也称为瀑布型生命周期。

- 迭代型生命周期，项目范围通常于项目生命周期的早期确定，但时间及成本估算将随着项目团队对产品理解的不断深入而定期修改。迭代方法是通过一系列重复的循环活动来开发产品，而增量方法是渐进地增加产品的功能。

- 增量型生命周期是通过在预定的时间区间内渐进增加产品功能的一系列迭代来产出可交付成果。只有在最后一次迭代之后，可交付成果具有了必要和足够的能力，才能被视为完整的。

- 适应型生命周期属于敏捷型、迭代型或增量型。详细范围在迭代开始之前就得到了定义和批准。适应型生命周期也称为敏捷或变更驱动型生命周期。请参见附录X3。

- 混合型生命周期是预测型生命周期和适应型生命周期的组合。充分了解或有确定需求的项目要素遵循预测型开发生命周期，而仍在发展中的要素遵循适应型开发生命周期。

由项目管理团队确定各个项目最适合的生命周期。项目生命周期需要足够灵活，能够应对项目包含的各种因素。可以通过以下方法实现生命周期的灵活性：

- 确定需要在各个阶段实施的一个或多个过程；

- 在合适的阶段实施确定的一个或多个过程；

- 调整阶段的各种属性（例如名称、持续时间、退出标准和准入标准）。

项目生命周期与产品生命周期相互独立，后者可能由项目产生。产品生命周期指一个产品从概念、交付、成长、成熟到衰退的整个演变过程的一系列阶段。

1.2.4.2 项目阶段

项目阶段是一组具有逻辑关系的项目活动的集合，通常以一个或多个可交付成果的完成为结束。生命周期的各个阶段可以通过各种不同的属性来描述。对于特定阶段，属性是可测量且独特的。属性可能包括（但不限于）：

- 名称（例如阶段 A、阶段 B、阶段 1、阶段 2、提案阶段）；
- 数量（例如项目的三个阶段、项目的五个阶段）；
- 持续时间（例如一个星期、一个月、一个季度）；
- 资源需求（例如人力、建筑、设备）；
- 项目进入某一阶段的准入标准（例如已获得特定批准文件、已完成特定文件）；
- 项目完成某一阶段的退出标准（例如已获得批准文件、已完成文件、已达成可交付成果）。

项目可以分解为不同的阶段或子组件，这些阶段或子组件的名称通常说明了该阶段完成的工作类型。阶段名称的例子包括（但不限于）：

- 概念开发；
- 可行性研究；
- 客户要求；
- 解决方案开发；
- 设计；
- 原型法；
- 建造；
- 测试；
- 移交；
- 试运行；
- 里程碑审查；
- 经验教训总结。

项目阶段可基于各种因素而建立，其中包括（但不限于）：

◆ 管理需求；

◆ 项目性质；

◆ 组织、行业或技术的独特性；

◆ 项目的组成要素，包括但不限于技术、工程、业务、过程或法律；

◆ 决策点（例如资金、继续/终止项目，里程碑审查）。

分为多个阶段的方式有助于更好地掌控项目管理，同时还提供了评估项目绩效并在后续阶段采取必要的纠正或预防措施的机会。项目阶段的其中一个关键组成部分是阶段审查（见1.2.4.3节）。

1.2.4.3 阶段关口

阶段关口设立在阶段结束点。在该时点，把项目的绩效及进展与各种项目文件及业务文件进行比较。这些文件包括(但不限于)：

◆ 项目商业论证（见1.2.6.1节）；

◆ 项目章程（见4.1节）；

◆ 项目管理计划（见4.2节）；

◆ 效益管理计划（见1.2.6.2节）。

根据比较结果做出决定（例如继续/终止的决定），以便：

◆ 进入下个阶段；

◆ 整改后进入下个阶段；

◆ 结束项目；

◆ 停留在当前阶段；

◆ 重复阶段或某个要素。

在不同的组织、行业或工作类型中，阶段关口可能被称为阶段审查、阶段门、关键决策点和阶段入口或阶段出口。组织可以通过这些审查来检查本指南范围之外的其他相关项，例如产品相关文件或模型。

1.2.4.4 项目管理过程

项目生命周期是通过一系列项目管理活动进行的，即项目管理过程。每个项目管理过程通过合适的项目管理工具和技术将一个或多个输入转化成一个或多个输出。输出可以是可交付成果或结果。结果是过程的最终成果。项目管理过程适用于全球各个行业。

各项目管理过程通过它们所产生的输出建立逻辑联系。过程可能包含了在整个项目期间相互重叠的活动。一个过程的输出通常成为以下二者之一：

◆ 另一个过程的输入；

◆ 项目或项目阶段的可交付成果。

图 1-6 的示例说明了一个过程的输入、工具、技术和输出的关系以及与其他过程的关系。

输入	工具与技术	输出
.1 输入 H .2 输入 J	.1 技术 A .2 工具 C	.1 项目输出 A .2 项目输出 B

图 1-6 过程示例：输入、工具与技术和输出

过程迭代的次数和过程间的相互作用因具体项目的需求而不同。过程通常分为三类：

◆ **仅开展一次或仅在项目预定义点开展的过程**。例如制定项目章程以及结束项目或阶段。

◆ **根据需要定期开展的过程**。例如在需要资源时开展获取资源过程，在需要使用采购品之前开展实施采购过程。

◆ **在整个项目期间持续开展的过程**。例如，可能需要在整个项目生命周期中持续开展定义活动过程，特别是当项目使用滚动式规划或适应型开发方法时。从项目开始到项目结束需要持续开展许多监控过程。

项目管理通过合理运用与整合按逻辑分组的项目管理过程而得以实现。过程分类方法有很多种，但《PMBOK® 指南》把过程归纳为五大类，即五大过程组。

1.2.4.5 项目管理过程组

项目管理过程组指对项目管理过程进行逻辑分组，以达成项目的特定目标。过程组不同于项目阶段。项目管理过程可分为以下五个项目管理过程组：

- **启动过程组**定义一个新项目或现有项目的一个新阶段，授权开始该项目或阶段的一组过程。
- **规划过程组**明确项目范围，优化目标，为实现目标制定行动方案的一组过程。
- **执行过程组**完成项目管理计划中确定的工作，以满足项目要求的一组过程。
- **监控过程组**跟踪、审查和调整项目进展与绩效，识别必要的计划变更并启动相应变更的一组过程。
- **收尾过程组**正式完成或结束项目、阶段或合同所执行的过程。

本指南采用流程图。项目管理过程通过具体的输入和输出相互联系，即一个过程的成果或结果可能成为另一个过程（不一定在同一过程组）的输入。请注意，过程组与项目阶段不同（见 1.2.4.2 节）。

1.2.4.6 项目管理知识领域

除了过程组，过程还可以按知识领域进行分类。知识领域指按所需知识内容来定义的项目管理领域，并用其所含过程、实践、输入、输出、工具和技术进行描述。

虽然知识领域相互联系，但从项目管理的角度来看，它们是分别定义的。本指南确定了大多数情况下大部分项目通常使用的十个知识领域。本指南描述的十个知识领域包括：

- **项目整合管理**包括为识别、定义、组合、统一和协调各项目管理过程组的各个过程和活动而开展的过程与活动。
- **项目范围管理**包括确保项目做且只做所需的全部工作以成功完成项目的各个过程。

- ◆ **项目进度管理**包括为管理项目按时完成所需的各个过程。
- ◆ **项目成本管理**包括为使项目在批准的预算内完成而对成本进行规划、估算、预算、融资、筹资、管理和控制的各个过程。
- ◆ **项目质量管理**包括把组织的质量政策应用于规划、管理、控制项目和产品质量要求，以满足相关方的期望的各个过程。
- ◆ **项目资源管理**包括识别、获取和管理所需资源以成功完成项目的各个过程。
- ◆ **项目沟通管理**包括为确保项目信息及时且恰当地规划、收集、生成、发布、存储、检索、管理、控制、监督和最终处置所需的各个过程。
- ◆ **项目风险管理**包括规划风险管理、识别风险、开展风险分析、规划风险应对、实施风险应对和监督风险的各个过程。
- ◆ **项目采购管理**包括从项目团队外部采购或获取所需产品、服务或成果的各个过程。
- ◆ **项目相关方管理**包括用于开展下列工作的各个过程：识别影响或受项目影响的人员、团队或组织，分析相关方对项目的期望和影响，制定合适的管理策略来有效调动相关方参与项目决策和执行。

某些项目可能需要一个或多个其他的知识领域，例如，建筑施工项目可能需要财务管理或安全与健康管理。表 1-4 列出了项目管理过程组和知识领域。第 4 章至第 13 章详细说明了各个知识领域。该表格概述了第 4 章至第 13 章所描述的基本过程。

表1-4 项目管理过程组与知识领域

知识领域	项目管理过程组				
^	启动过程组	规划过程组	执行过程组	监控过程组	收尾过程组
4. 项目整合管理	4.1 制定项目章程	4.2 制定项目管理计划	4.3 指导与管理项目工作 4.4 管理项目知识	4.5 监控项目工作 4.6 实施整体变更控制	4.7 结束项目或阶段
5. 项目范围管理		5.1 规划范围管理 5.2 收集需求 5.3 定义范围 5.4 创建 WBS		5.5 确认范围 5.6 控制范围	
6. 项目进度管理		6.1 规划进度管理 6.2 定义活动 6.3 排列活动顺序 6.4 估算活动持续时间 6.5 制定进度计划		6.6 控制进度	
7. 项目成本管理		7.1 规划成本管理 7.2 估算成本 7.3 制定预算		7.4 控制成本	
8. 项目质量管理		8.1 规划质量管理	8.2 管理质量	8.3 控制质量	
9. 项目资源管理		9.1 规划资源管理 9.2 估算活动资源	9.3 获取资源 9.4 建设团队 9.5 管理团队	9.6 控制资源	
10. 项目沟通管理		10.1 规划沟通管理	10.2 管理沟通	10.3 监督沟通	
11. 项目风险管理		11.1 规划风险管理 11.2 识别风险 11.3 实施定性风险分析 11.4 实施定量风险分析 11.5 规划风险应对	11.6 实施风险应对	11.7 监督风险	
12. 项目采购管理		12.1 规划采购管理	12.2 实施采购	12.3 控制采购	
13. 项目相关方管理	13.1 识别相关方	13.2 规划相关方参与	13.3 管理相关方参与	13.4 监督相关方参与	

1.2.4.7 项目管理数据和信息

在整个项目生命周期需要收集、分析和转化大量的数据。从各个过程收集项目数据，并在项目团队内共享。在各个过程中所收集的数据经过结合相关背景的分析、汇总，转化成项目信息。信息通过口头形式进行传达，或以各种格式的报告存储和分发。关于这一主题的更多信息，请参见 4.3 节。

在整个项目生命周期中需要定期收集和分析项目数据。关于项目数据和信息的主要术语定义如下：

◆ **工作绩效数据**。在执行项目工作的过程中，从每个正在执行的活动中收集到的原始观察结果和测量值。例如工作完成百分比、质量和技术绩效测量结果、进度计划活动的开始和结束日期、变更请求的数量、缺陷的数量、实际成本和实际持续时间等。项目数据通常记录在项目管理信息系统 (PMIS)（见 4.3.2.2 节）和项目文件中。

◆ **工作绩效信息**。从各控制过程收集，并结合相关背景和跨领域关系进行整合分析而得到的绩效数据。绩效信息的例子包括可交付成果的状态、变更请求的落实情况及预测的完工尚需估算。

◆ **工作绩效报告**。为制定决策、提出问题、采取行动或引起关注，而汇编工作绩效信息所形成的实物或电子项目文件。例如状况报告、备忘录、论证报告、信息札记、电子仪表盘、推荐意见和情况更新。

图 1-7 展示了项目管理各个过程中的项目信息流。

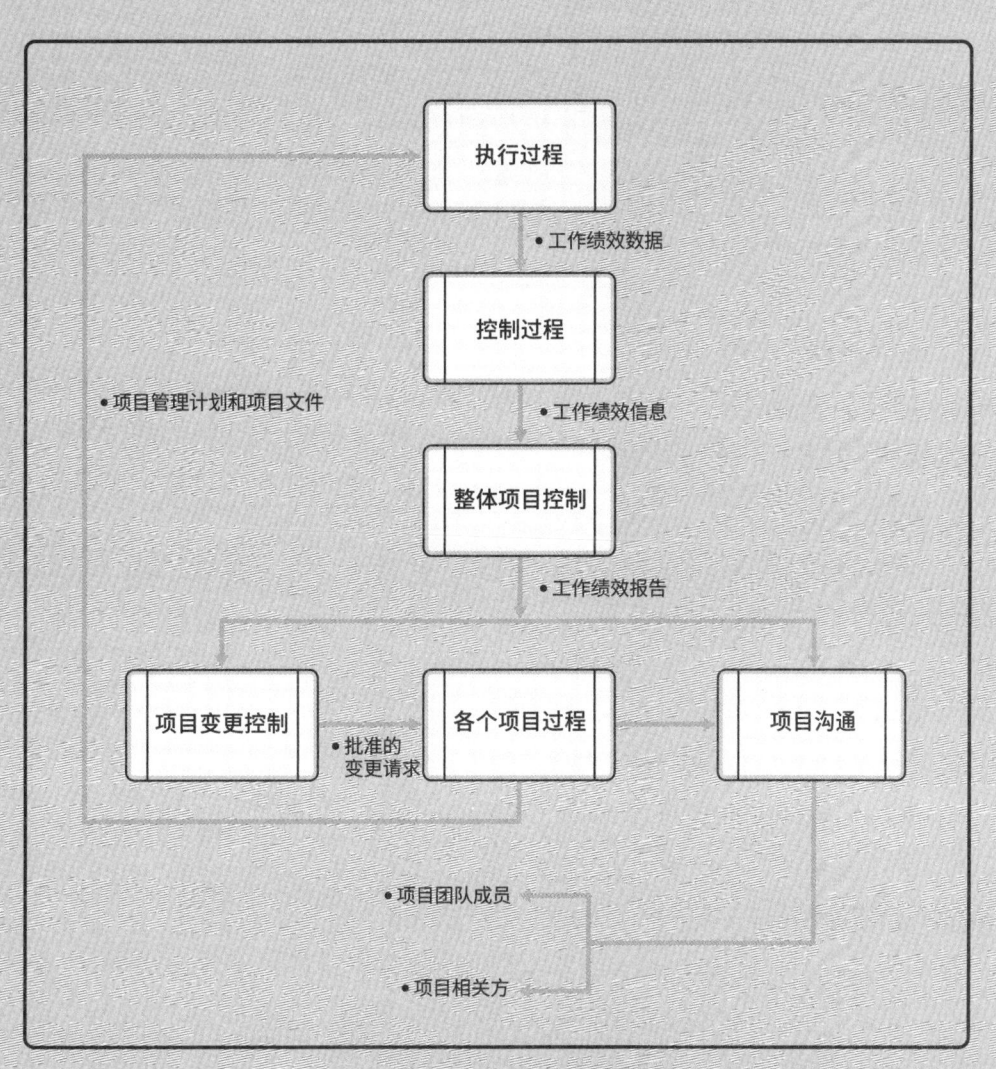

图1-7项目数据、信息和报告流向

1.2.5 裁剪

项目经理通常将项目管理方法论应用于工作。方法论是由专门的从业人员所采用的实践、技术、程序和规则所组成的体系。根据这一定义，本指南本身并不是方法论。

建议在裁剪时参考本指南和《项目管理标准》[1]，因为描述了项目管理知识体系中被普遍认可为"良好实践"的那一部分。"良好实践"并不意味着这些知识总是一成不变地应用于所有项目。本指南不讨论具体的方法论。

项目管理方法论可能：

- ◆ 由组织内的专家开发；
- ◆ 从供应商采购而来；
- ◆ 从专业协会获取；
- ◆ 从政府机构获取。

应选择恰当的项目管理过程、输入、工具、技术、输出和生命周期阶段以管理项目。这一选择活动即为把项目管理裁剪成适合于特定项目。项目经理与项目团队、发起人或组织管理层合作进行裁剪。在某些情况下，组织可能要求采用特定的项目管理方法论。

由于每个项目都是独特的，所以有必要进行裁剪；并非每个项目都需要《PMBOK® 指南》所确定的每个过程、工具、技术、输入或输出。裁剪应处理关于范围、进度、成本、资源、质量和风险的相互竞争的制约因素。各个制约因素对不同项目的重要性不一样，项目经理应根据项目环境、组织文化、相关方需求和其他变量裁剪管理这些制约因素的方法。

在裁剪项目管理时，项目经理还应考虑运行项目所需的各个治理层级，并考虑组织文化。此外，项目的客户是来自组织内部或外部，也可能影响裁剪决定。

合理的项目管理方法论需要考虑项目的独特性，允许项目经理做出一定程度的裁剪。不过，对某一特定项目而言，方法论中的裁剪法本身可能也需要进行裁剪。

1.2.6 项目管理商业文件

项目经理需要确保项目管理方法紧扣商业文件的意图。表1-5列出了这些文件的定义。在整个项目生命周期中，这两种文件相互依赖并需迭代开发和维护。

表1-5项目商业文件

项目商业文件	定义
项目商业论证	文档化的经济可行性研究报告，用来对尚缺乏充分定义的所选方案的收益进行有效性论证，是启动后续项目管理活动的依据。
项目效益管理计划	对创造、提高和保持项目效益的过程进行定义的书面文件。

项目发起人通常负责项目商业论证文件的制定和维护。项目经理负责提供建议和见解，使项目商业论证、项目管理计划、项目章程和项目效益管理计划中的成功标准相一致，并与组织的目的和目标保持一致。

项目经理应适当地为项目裁剪上述项目管理文件。某些组织会维护项目集层面的商业论证和效益管理计划。项目经理应与相应的项目集经理合作，确保项目管理文件与项目集文件保持一致。图1-8 说明了这些关键项目管理商业文件与需求评估之间的相互关系。图 1-8 展示了项目生命周期内各种文件大概的生命周期。

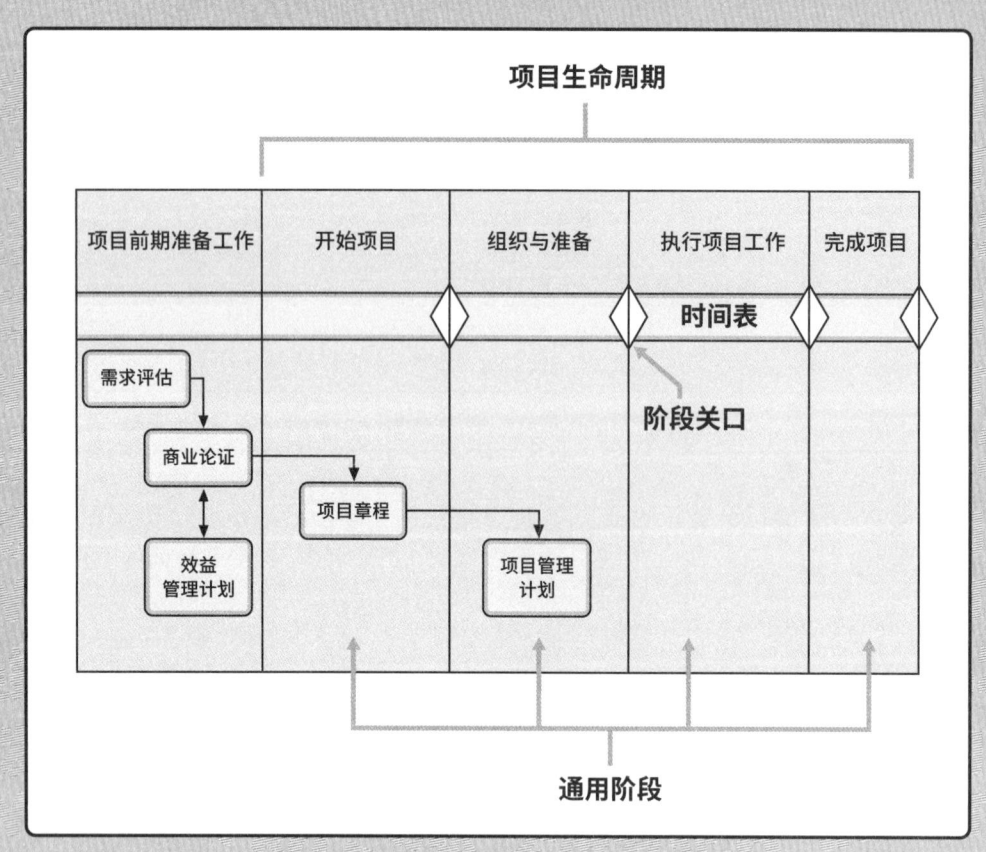

图1-8 需求评估与关键业务/项目文件的相互关系

1.2.6.1 项目商业论证

项目商业论证指文档化的经济可行性研究报告，用来对尚缺乏充分定义的所选方案的收益进行有效性论证，是启动后续项目管理活动的依据。商业论证列出了项目启动的目标和理由。它有助于在项目结束时根据项目目标衡量项目是否成功。商业论证是一种项目商业文件，可在整个项目生命周期中使用。在项目启动之前通过商业论证，可能会做出继续/终止项目的决策。

需求评估通常是在商业论证之前进行，包括了解业务目的和目标、问题及机会，并提出处理建议。需求评估结果可能会在商业论证文件中进行总结。

定义业务需要、分析形势、提出建议和定义评估标准的过程，适用于任何组织的项目。商业论证可能包括（但不限于）记录以下内容：

- ◆ 业务需要：
    - 确定促进采取行动的动机；
    - 情况说明，记录了待处理的业务问题或机会，包括能够为组织创造的价值；
    - 确定受影响的相关方；
    - 确定范围。
- ◆ 形势分析：
    - 确定组织战略、目的和目标；
    - 确定问题的根本原因或机会的触发因素；
    - 分析项目所需能力与组织现有能力之间的差距；
    - 识别已知风险；
    - 识别成功的关键因素；
    - 确定可能用于评估各种行动方案的决策准则。

  用于形势分析的准则可分为：

    - *必需*。必须践行的准则，可处理问题或机会。
    - *预期*。希望践行的准则，可处理问题或机会。
    - *可选*。非必要的准则。这一准则的践行情况可能成为区分备选行动方案的因素。

  - 建立一些可选方案，用以处理业务问题或机会。可选方案指组织可能采取的备选行动方案。可选方案也可称为商业场景。例如，商业论证可提供以下三种可选方案。
    - *不采取任何行动*。亦称为"一切照常"方案。选择这种方案会使项目未被授权。
    - *尽最小的努力处理问题或机会*。最小的努力可能指确定一系列对处理问题或机会而言极为关键的既定准则。
    - *以超过最低限度的努力处理问题或机会*。这一方案可满足最低限度的准则以及一些或所有其他在案准则。商业论证可能会提供上述多个方案。

- ◆ 推荐：
  - ■ 对所推荐方案的说明；
  - ■ 说明书的内容可能包括（但不限于）：
    - ○ 潜在方案的分析结果；
    - ○ 潜在方案的制约因素、假设、风险和依赖关系；
    - ○ 成功标准（见 1.2.6.4 节）。
  - ■ 一种实施方法，可能包括（但不限于）：
    - ○ 里程碑；
    - ○ 依赖关系；
    - ○ 角色与职责。
- ◆ 评估：
  - ■ 对如何测量项目所交付的效益的说明。其中应该说明项目实施完成之后的持续运营安排。

通过将成果与目标和确定的成功标准进行比较，商业论证文件为衡量整个项目生命周期的成功和进展奠定了基础。请参见《从业者商业分析：实践指南》[7]。

1.2.6.2 项目效益管理计划

项目效益管理计划描述了项目实现效益的方式和时间，以及应制定的效益衡量机制。项目效益指为发起组织和项目预期受益方创造价值的行动、行为、产品、服务或成果的结果。项目生命周期早期应确定目标效益，并据此制定效益管理计划。它描述了效益的关键要素，可能包括（但不限于）记录以下内容：

- **目标效益**（例如预计通过项目实施可以创造的有形价值和无形价值；财务价值体现为净现值）；
- **战略一致性**（例如项目效益与组织业务战略的一致程度）；
- **实现效益的时限**（例如阶段效益、短期效益、长期效益和持续效益）；
- **效益责任人**（例如在计划确定的整个时限内负责监督、记录和报告已实现效益的负责人）；
- **测量指标**（例如用于显示已实现效益的直接测量值和间接测量值）；
- **假设**（例如预计存在或显而易见的因素）；
- **风险**（例如实现效益的风险）。

制定效益管理计划需要使用商业论证和需求评估中的数据和信息，例如，成本效益分析数据。在成本效益分析中已经把成本估算与项目拟实现的效益进行了比较。效益管理计划和项目管理计划描述了项目创造的商业价值如何能够成为组织持续运营的一部分，包括使用的测量指标。测量指标可核实商业价值并确认项目成功与否。

项目效益管理计划的制定和维护是一项迭代活动。它是商业论证、项目章程和项目管理计划的补充性文件。项目经理与发起人共同确保项目章程、项目管理计划和效益管理计划在整个项目生命周期内始终保持一致。请参见《商业分析实践指南》[7]、《项目集管理标准》[3]和《项目组合管理标准》[2]。

1.2.6.3 项目章程和项目管理计划

项目章程是由项目发起人发布的，正式批准项目成立，并授权项目经理动用组织资源开展项目活动的文件。

项目管理计划是描述如何执行、监督和控制项目的一份文件。

关于项目章程和项目管理计划的更多信息，请参见第 4 章项目整合管理。

1.2.6.4 项目成功标准

确定项目是否成功是项目管理中最常见的挑战之一。

时间、成本、范围和质量等项目管理测量指标历来被视为确定项目是否成功的最重要的因素。最近，从业者和学者提出，确定项目是否成功还应考虑项目目标的实现情况。

关于项目成功的定义和最重要的因素，项目相关方可能有不同的看法。明确记录项目目标并选择可测量的目标是项目成功的关键。主要相关方和项目经理应思考以下三个问题：

- 怎样才是项目成功？
- 如何评估项目成功？
- 哪些因素会影响项目成功？

主要相关方和项目经理应就这些问题达成共识并予以记录。

项目成功可能涉及与组织战略和业务成果交付有关的其他标准。这些项目目标可能包括（但不限于）：

- 完成项目效益管理计划。
- 达到商业论证中记录的已商定的财务测量指标。这些财务测量指标可能包括（但不限于）：
    - 净现值 (NPV)；
    - 投资回报率 (ROI)；
    - 内部报酬率 (IRR)；
    - 回收期 (PBP)；
    - 效益成本比率 (BCR)。

- ◆ 达到商业论证的非财务目标。
- ◆ 完成组织从"当前状态"转到"将来状态"。
- ◆ 履行合同条款和条件。
- ◆ 达到组织战略、目的和目标。
- ◆ 使相关方满意。
- ◆ 可接受的客户/最终用户的采纳度。
- ◆ 将可交付成果整合到组织的运营环境中。
- ◆ 满足商定的交付质量。
- ◆ 遵循治理规则。
- ◆ 满足商定的其他成功标准或准则(例如过程产出率)。

为了取得项目成功,项目团队必须能够正确评估项目状况,平衡项目要求,并与相关方保持积极主动的沟通。

但在业务环境中,如果项目能够与组织的战略方向持续保持一致,那么项目成功的概率就会显著提高。

有可能一个项目从范围/进度/预算来看是成功的,但从商业角度来看并不成功。这是因为业务需要和市场环境在项目完成之前发生了变化。

2

项目运行环境

2.1 概述

项目所处的环境可能对项目的开展产生有利或不利的影响。这些影响的两大主要来源为事业环境因素 (EEF) 和组织过程资产 (OPA)。

事业环境因素源于项目外部（往往是企业外部）的环境，事业环境因素可能对整个企业、项目组合、项目集或项目产生影响。关于事业环境因素的更多信息，请参见 2.2 节。

组织过程资产源于组织内部，可能来自组织自身、项目组合、项目集、其他项目或这些的组合。图 2-1 将运行环境对项目的影响分解成了事业环境因素和组织过程资产。关于组织过程资产的更多信息，请参见 2.3 节。

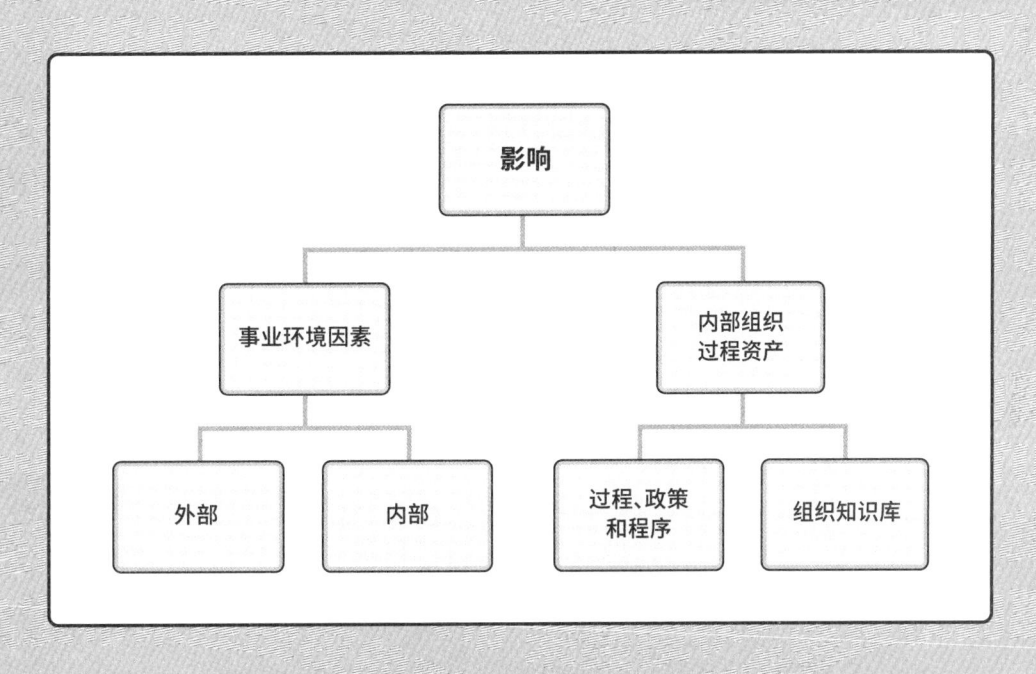

图 2-1 项目影响

除了事业环境因素和组织过程资产，组织系统也对项目的生命周期有重要影响。本章 2.4 节将进一步讨论会影响组织系统内部人员的权力、影响力、利益、技能和政治能力的系统因素。

2.2 事业环境因素

事业环境因素（EEFs）是指项目团队不能控制的，将对项目产生影响、限制或指令作用的各种条件。这些条件可能来自于组织的内部和（或）外部。事业环境因素是很多项目管理过程，尤其是大多数规划过程的输入。这些因素可能会提高或限制项目管理的灵活性，并可能对项目结果产生积极或消极的影响。

从性质或类型上讲，事业环境因素是多种多样的。有效开展项目，就必须考虑这些因素。事业环境因素包括（但不限于）第 2.2.1 节和 2.2.2 节所描述的因素。

2.2.1 组织内部的事业环境因素

以下是组织内部的事业环境因素：

- **组织文化、结构和治理**。例如，愿景、使命、价值观、信念、文化规范、领导风格、等级制度和职权关系、组织风格、道德和行为规范。
- **设施和资源的地理分布**。例如，工厂位置、虚拟团队、共享系统和云计算。
- **基础设施**。例如，现有设施、设备、组织通讯渠道和信息技术硬件的可用性和功能。
- **信息技术软件**。例如，进度计划软件工具、配置管理系统、进入其他在线自动化系统的网络界面和工作授权系统。
- **资源可用性**。例如，合同和采购制约因素、经批准的供应商和分包商以及合作协议。
- **员工能力**。例如，现有人力资源的专业知识、技能、胜任力和特定知识。

2.2.2 组织外部的事业环境因素

以下是组织外部的事业环境因素：

- **市场条件**。例如，竞争对手、市场份额、品牌认知度和商标。
- **社会和文化影响与问题**。例如，政治氛围、行为规范、道德和观念。
- **法律限制**。例如，与安全、数据保护、商业行为、雇佣和采购有关的国家或地方法律法规。
- **商业数据库**。例如，标杆对照成果、标准化的成本估算数据、行业风险研究资料和风险数据库。
- **学术研究**。例如，行业研究、出版物和标杆对照成果。
- **政府或行业标准**。例如，与产品、生产、环境、质量和工艺有关的监管机构条例和标准。
- **财务考虑因素**。例如，货币汇率、利率、通货膨胀率、关税和地理位置。
- **物理环境要素**。例如，工作环境、天气和制约因素。

2.3 组织过程资产

组织过程资产是执行组织所特有并使用的计划、过程、政策、程序和知识库，会影响对具体项目的管理。

组织过程资产包括来自任何（或所有）项目执行组织的，可用于执行或治理项目的任何工件、实践或知识，还包括来自组织以往项目的经验教训和历史信息。组织过程资产可能还包括完成的进度计划、风险数据和挣值数据。组织过程资产是许多项目管理过程的输入。由于组织过程资产存在于组织内部，在整个项目期间，项目团队成员可对组织过程资产进行必要的更新和增补。组织过程资产可分成以下两大类：

- 过程、政策和程序；
- 组织知识库。

第一类资产的更新通常不是项目工作的一部分，而是由项目管理办公室(PMO)或项目以外的其他职能部门完成。更新工作仅需遵循与过程、政策和程序更新相关的组织政策。有些组织鼓励团队裁剪项目的模板、生命周期和核对单。在这种情况下，项目管理团队应根据项目需求裁剪这些资产。

第二类资产是在整个项目期间结合项目信息而更新的。例如，整个项目期间会持续更新与财务绩效、经验教训、绩效指标和问题以及缺陷相关的信息。

2.3.1 过程、政策和程序

组织用于执行项目工作的流程与程序，包括（但不限于）：

- **启动和规划**
  - 指南和标准，用于裁剪组织标准流程和程序以满足项目的特定要求；
  - 特定的组织标准，例如政策（如人力资源政策、健康与安全政策、安保与保密政策、质量政策、采购政策和环境政策）；
  - 产品和项目生命周期，以及方法和程序（如项目管理方法、评估指标、过程审计、改进目标、核对单、组织内使用的标准化的过程定义）；
  - 模板（如项目管理计划、项目文件、项目登记册、报告格式、合同模板、风险分类、风险描述模板、概率与影响的定义、概率和影响矩阵，以及相关方登记册模板）；
  - 预先批准的供应商清单和各种合同协议类型（如总价合同、成本补偿合同和工料合同）。

- **执行和监控:**
  - 变更控制程序，包括修改组织标准、政策、计划和程序（或任何项目文件）所须遵循的步骤，以及如何批准和确认变更；
  - 跟踪矩阵；
  - 财务控制程序（如定期报告、必需的费用与支付审查、会计编码及标准合同条款等）；

- 问题与缺陷管理程序（如定义问题和缺陷控制、识别与解决问题和缺陷，以及跟踪行动方案）；
- 资源的可用性控制和分配管理；
- 组织对沟通的要求（如可用的沟通技术、许可的沟通媒介、记录保存政策、视频会议、协同工具和安全要求）；
- 确定工作优先顺序、批准工作与签发工作授权的程序；
- 模板（如风险登记册、问题日志和变更日志）；
- 标准化的指南、工作指示、建议书评价准则和绩效测量准则；
- 产品、服务或成果的核实和确认程序。

◆ 收尾：
- 项目收尾指南或要求（如项目终期审计、项目评价、可交付成果验收、合同收尾、资源分配，以及向生产和/或运营部门转移知识）。

2.3.2 组织知识库

组织用来存取信息的知识库，包括（但不限于）：

◆ 配置管理知识库，包括软件和硬件组件版本以及所有执行组织的标准、政策、程序和任何项目文件的基准；

◆ 财务数据库，包括人工时、实际成本、预算和成本超支等方面的信息；

◆ 历史信息与经验教训知识库（如项目记录与文件、完整的项目收尾信息与文件、关于以往项目选择决策的结果及以往项目绩效的信息，以及从风险管理活动中获取的信息）；

◆ 问题与缺陷管理数据库，包括问题与缺陷的状态、控制信息、解决方案以及相关行动的结果；

◆ 测量指标数据库，用来收集与提供过程和产品的测量数据；

◆ 以往项目的项目档案（如范围、成本、进度与绩效测量基准，项目日历，项目进度网络图，风险登记册，风险报告以及相关方登记册）。

2.4 组织系统

2.4.1 概述

运行项目时需要应对组织结构和治理框架带来的制约因素。为有效且高效地开展项目，项目经理需要了解组织内的职责、终责和职权的分配情况。这有助于项目经理有效地利用其权力、影响力、能力、领导力和政治能力成功完成项目。

单个组织内多种因素的交互影响创造出一个独特的系统，会对在该系统内运行的项目造成影响。这种组织系统决定了组织系统内部人员的权力、影响力、利益、能力和政治能力。系统因素包括（但不限于）：

- 管理要素；
- 治理框架；
- 组织结构类型。

组织系统因素的完整信息和说明，以及这些因素组合对项目的影响方式并不在本指南范围之内。本指南并不像有些与文献、方法论和实践相关的学科那样深入地探索这些因素，只是在本节概述了这些因素及其相互关系。

本概述先简要介绍一下系统。系统是各种组件的集合，可以实现单个组件无法实现的成果。组件是项目或组织内的可识别要素，提供了某种特定功能或一组相关的功能。各种系统组件的相互作用创造出组织文化和能力。以下是关于系统的几个原则：

- 系统是动态的；
- 系统是能优化的；
- 系统组件是能优化的；
- 系统及其组件不能同时优化；
- 系统呈现非线性响应（输入的变更并不会产生可预测的输出）。

系统内部以及系统与其环境之间可能会发生多个变更。出现这些变更时，各组件内部发生的适应性行为反过来会增加系统的动态特性。这种特性取决于组件之间的联系和依赖关系的相互作用。

系统通常由组织管理层负责。组织管理层检查组件与系统之间的优化权衡，以便采取合适的措施为组织实现最佳结果。这一检查工作的结果将对相应的项目造成影响。因此，项目经理在确定如何达成项目目标时务必要考虑这些结果。此外，项目经理应考虑到组织的治理框架。

2.4.2 组织治理框架

PMI近期的相关研究表明，治理是在组织各个层级上的组织性或结构性安排，旨在决定和影响组织成员的行为[9]。研究结果表明，治理是多维度概念，并且：

- 包括考虑人员、角色、结构和政策；
- 要求通过数据和反馈提供指导和监督。

2.4.2.1 治理框架

治理是在组织内行使职权的框架，其内容包括（但不限于）：

- 规则；
- 政策；
- 程序；
- 规范；
- 关系；
- 系统；
- 过程。

这个框架会影响：

- 组织目标的设定和实现方式；
- 风险监控和评估方式；
- 绩效优化方式。

2.4.2.2 项目组合、项目集和项目治理

《项目组合、项目集和项目治理：实践指南》[10]描述了协调组织级项目管理 (OPM) 与项目组合、项目集和项目管理的常见治理框架，涉及四个治理领域：一致性、风险、绩效和沟通。各个领域都具备以下职能部门：监督、控制、整合与决策。各个职能部门都可针对独立项目或项目组合/项目集中的项目的支持过程与活动进行治理。

项目治理是指用于指导项目管理活动的框架、功能和过程，从而创造独特的产品、服务或结果以满足组织、战略和运营目标。不存在一种治理框架适用于所有组织。组织应根据组织文化、项目类型和组织需求裁剪治理框架，才能发挥其作用。

关于项目治理及其实施的更多信息，请参见《项目组合、项目集和项目治理：实践指南》[10]。

2.4.3 管理要素

管理要素是组织中的关键职能或一般管理原则。组织根据其选择的治理框架和组织结构类型来确定一般的管理要素。

关键职能或管理原则包括(但不限于)：

◆ 基于专业技能及其可用性的工作分工；

◆ 组织授予的工作职权；

◆ 工作职责，开展组织根据技能和经验等属性合理分派的工作任务；

◆ 行动纪律，例如，尊重领导、员工和规则；

◆ 统一命令，例如，对于一项行动或活动，仅由一个人向另一个人发布指示；

◆ 统一方向，例如，对服务于同一目标的一组活动，只能有一份计划或一个领导人；

◆ 组织的总体目标优先于个人目标；

◆ 支付合理的薪酬；

- ◆ 资源的优化使用；
- ◆ 畅通的沟通渠道；
- ◆ 在正确的时间让正确的人使用正确的材料做正确的事情；
- ◆ 公正、平等地对待所有员工；
- ◆ 明确的工作职位保障；
- ◆ 员工在工作场所的安全；
- ◆ 允许任何员工参与计划和实施；
- ◆ 保持员工士气。

组织会将这些管理要素分配给相应的员工负责落实。他们可以在不同的组织结构中落实这些管理要素。例如，在层级式组织结构中，员工之间存在横向关系和纵向关系。纵向关系从一线管理层一直向上延伸到高级管理层。分配给所在层级的职责、终责和职权，决定着员工将如何在特定的组织结构之内落实相应的管理要素。

2.4.4 组织结构类型

组织需要权衡两个关键变量之后才可确定合适的组织结构类型。这两个变量指可以采用的组织结构类型以及针对特定组织如何优化组织结构类型的方式。不存在一种结构类型适用于任何特定组织。因要考虑各种可变因素，特定组织的最终结构是独特的。2.4.4.1 节和 2.4.4.2 节描述了在权衡这两个变量时应考虑的一些因素。2.4.4.3 节讨论了项目管理中常见的一种组织结构。

2.4.4.1 组织结构类型

组织结构的形式或类型是多种多样的。表 2-1 比较了几种组织结构类型及其对项目的影响。

2.4.4.2 组织结构选择的考虑因素

在确定组织结构时，每个组织都需要考虑大量的因素。在最终分析中，每个因素的重要性也各不相同。综合考虑因素及其价值和相对重要性为组织决策者提供了正确的信息，以便进行分析。

选择组织结构时应考虑的因素包括（但不限于）：

◆ 与组织目标的一致性；

◆ 专业能力；

◆ 控制的幅度、效率与效果；

◆ 明确的决策升级渠道；

◆ 明确的职权线和范围；

◆ 授权方面的能力；

◆ 终责分配；

◆ 职责分配；

◆ 设计的灵活性；

◆ 设计的简单性；

◆ 实施效率；

◆ 成本考虑；

◆ 物理位置（例如集中办公、区域办公和虚拟远程办公）；

◆ 清晰的沟通（例如政策、工作状态和组织愿景）。

表 2-1 组织结构对项目的影响

组织结构类型	项目特征					
	工作组安排方式	项目经理的职权	项目经理的角色	资源可用性	项目预算管理者是谁？	项目管理人员
有机型或简约型	灵活；人员并肩工作	极少或无	兼职；工作角色（如协调员）指定与否不限	极少或无	负责人或操作员	极少或无
职能（集中式）	所需开展的工作（如工程、制造）	极少或无	兼职；工作角色（如协调员）指定与否不限	极少或无	职能经理	兼职
多部门（各部门的职能可交叉，仅有很低程度的集中管控）	其中之一：产品；生产过程；项目组合；项目集；地理区域；客户类型	极少或无	兼职；工作角色（如协调员）指定与否不限	极少或无	职能经理	兼职
矩阵－强	按工作职能，项目经理作为一个职能	中到高	全职；指定工作角色	中到高	项目经理	全职
矩阵－弱	工作职能	低	兼职；作为另一项工作的组成部分，并非指定工作角色，如协调员	低	职能经理	兼职
矩阵－均衡	工作职能	低到中	兼职；作为一种技能嵌入相关职能，也许不是指定的工作角色，如协调员	低到中	混合	兼职
项目导向（复合、混合）	项目	高到几乎全权	全职；指定的工作角色	高到几乎全部	项目经理	全职
虚拟	网络架构，带有与他人联系的节点	低到中	全职或兼职	低到中	混合	可为全职或兼职
混合型	其他类型的混合	混合	混合	混合	混合	混合
PMO*	其他类型的混合	高到几乎全权	全职；指定的工作角色	高到几乎全部	项目经理	全职

*PMO 是指项目组合、项目集或者项目管理办公室或组织。

47

2.4.4.3 项目管理办公室

项目管理办公室 (PMO) 是对与项目相关的治理过程进行标准化，并促进资源、方法论、工具和技术共享的一种组织结构。PMO 的职责范围可大可小，从提供项目管理支持服务，到直接管理一个或多个项目。

PMO 有几种不同类型，它们对项目的控制和影响程度各不相同，例如：

- **支持型**。支持型 PMO 担当顾问的角色，向项目提供模板、最佳实践、培训、信息通道，以及来自其他项目的经验教训。这种类型的 PMO 其实就是一个项目资源库，对项目的控制程度很低。

- **控制型**。控制型 PMO 不仅给项目提供支持，而且通过各种手段要求项目服从，这种类型的 PMO 对项目的控制程度属于中等。它可能要求项目：
  - 采用项目管理框架或方法论；
  - 使用特定的模板、格式和工具；
  - 遵从治理框架。

- **指令型**。指令型 PMO 直接管理和控制项目。项目经理由 PMO 指定并向其报告。这种类型的 PMO 对项目的控制程度很高。

项目管理办公室可能会承担整个组织范围的职责，在支持战略调整和创造组织价值方面发挥重要的作用。PMO 从组织战略项目中获取数据和信息，进行综合分析，评估高层战略目标的实现情况。PMO 在组织的项目组合、项目集、项目与组织考评体系（如平衡计分卡）之间建立联系。

除了被集中管理以外，PMO 所支持或管理的项目不一定彼此关联。PMO 的具体形式、职能和结构取决于所在组织的需要。

为了保证项目符合组织的业务目标，PMO可能有权在每个项目的生命周期中充当重要相关方和关键决策者。PMO 可以：

- ◆ 提出建议；
- ◆ 领导知识传递；
- ◆ 终止项目；
- ◆ 根据需要采取其他行动。

PMO 的一个主要职能是通过各种方式向项目经理提供支持，这些方式包括（但不限于）：

- ◆ 对 PMO 所辖的全部项目的共享资源进行管理；
- ◆ 识别和制定项目管理方法、最佳实践和标准；
- ◆ 指导、辅导、培训和监督；
- ◆ 通过项目审计，监督对项目管理标准、政策、程序和模板的遵守程度；
- ◆ 制定和管理项目政策、程序、模板和其他共享的文件（组织过程资产）；
- ◆ 对跨项目的沟通进行协调。

3

项目经理的角色

3.1 概述

项目经理在领导项目团队达成项目目标方面发挥至关重要的作用。在整个项目期间，这个角色的作用非常明显。很多项目经理从项目启动时开始参与项目，直到项目结束。不过，在某些组织内，项目经理可能会在项目启动之前就参与评估和分析活动。这些活动可能包括管理层和业务部门领导者的想法，以推进战略目标的实现、提高组织绩效，或满足客户需求。某些组织可能还要求项目经理管理或协助项目商业分析、商业论证以及项目组合管理事宜。项目经理还可能参与后续跟进活动，以实现项目的商业效益。不同组织对项目经理的角色有不同的定义，但本质上它们如同项目管理过程需要符合项目需求一般。

下面将大型项目的项目经理与大型管弦乐队的指挥作比较，以帮助理解项目经理的角色：

- **成员与角色**。大型项目和管弦乐队都包含了很多成员，每个成员都扮演着不同的角色。一个大型管弦乐队可能包括由一位指挥带领的上百位演奏者。这些演奏者需要演奏 25 种不同的乐器，组成了多个主要乐器组，例如弦乐器、木管乐器、铜管乐器和打击乐器。类似地，一个大型项目可能包括由一位项目经理领导的上百位项目成员。这些团队成员需要承担各种不同的角色，例如设计、制造和设施管理。与乐队的主要乐器组一样，项目团队成员也组成了多个业务单元或小组。演奏者和项目成员都会形成由一位领导带领的团队。
- **在团队中的职责**。项目经理和指挥都需要为团队的成果负责，分别是项目成果和交响音乐会。这两个领导者都需要从整体的角度来看待团队成果，以便进行规划、协调和完成这些成果。首先，应审查各自组织的愿景、使命和目标，确保成果与之保持一致。然后解释与成功完成成果相关的愿景、使命和目标。最后向团队沟通自己的想法，激励团队成功完成目标。

◆ **知识和技能：**

- 指挥不需要掌握每种乐器，但应具备音乐知识、理解能力和经验。指挥通过沟通领导乐队并进行规划和协调，采用乐谱和排练计划作为书面沟通形式，还通过指挥棒和其他肢体语言与团队进行实时沟通。
- 项目经理无须承担项目中的每个角色，但应具备项目管理知识、技术知识、理解和经验。项目经理通过沟通领导项目团队进行规划和协调。项目经理采用书面沟通（如文档计划和进度计划），还通过会议和口头或非口头形式与团队进行实时沟通。

本章接下来的部分讨论项目经理角色的主要方面。关于这个话题有数以千计书籍和文章，但本章不涵盖全部内容，而是旨在通过概述让从业者对这个话题有个基本的认识，为深入研究文中提及的各个方面做好准备。

3.2 项目经理的定义

项目经理的角色不同于职能经理或运营经理。一般而言，职能经理专注于对某个职能领域或业务部门的管理监督。运营经理负责保证业务运营的高效性。项目经理是由执行组织委派，领导团队实现项目目标的个人。

3.3 项目经理的影响力范围

3.3.1 概述

项目经理在其影响力范围内担任多种角色。这些角色反映了项目经理的能力，体现了项目经理这一职业的价值和作用。本节将重点讲述项目经理在图 3-1 所示的各种影响力范围内的角色。

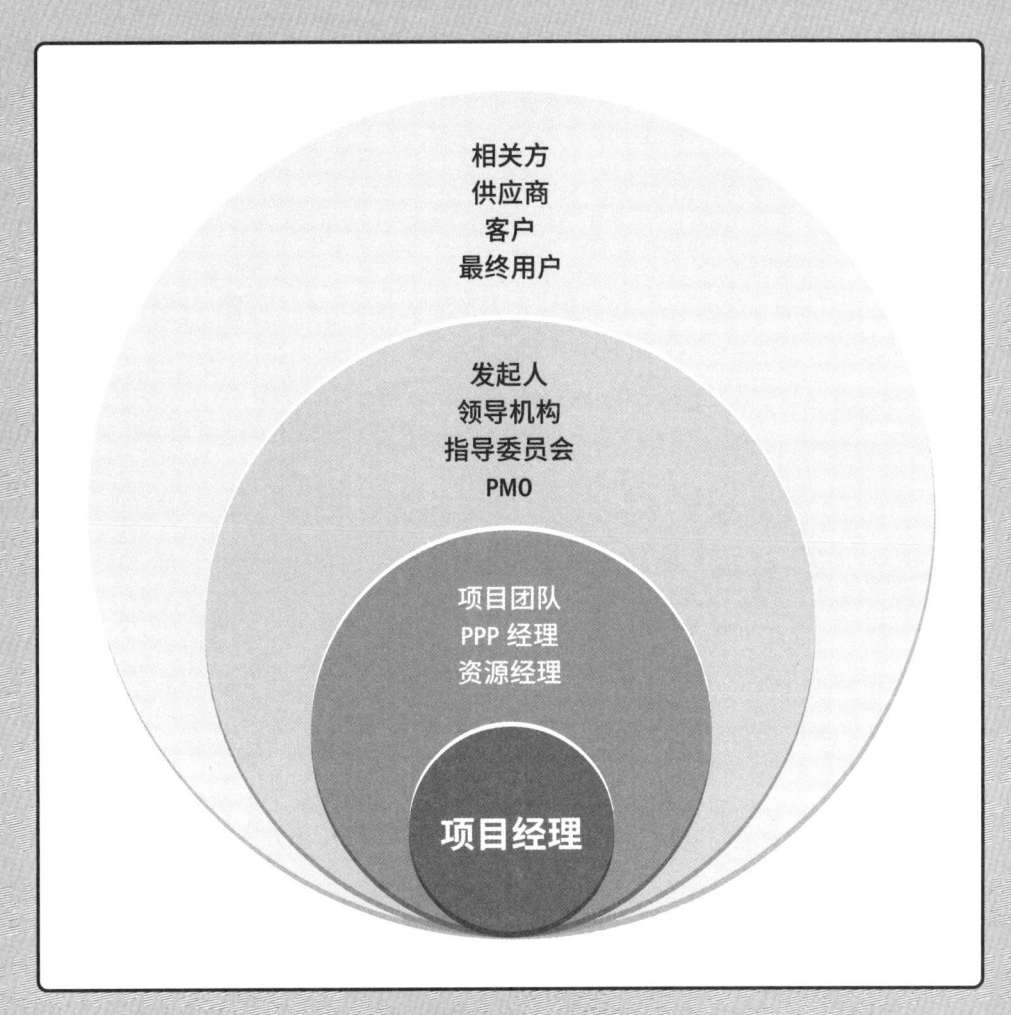

图 3-1 项目经理的影响力范围示例

3.3.2 项目

项目经理领导项目团队实现项目目标和相关方的期望。项目经理利用可用资源，以平衡相互竞争的项目制约因素。

项目经理还充当项目发起人、团队成员与其他相关方之间的沟通者，包括提供指导和展示项目成功的愿景。项目经理使用软技能（例如人际关系技能和人员管理技能）来平衡项目相关方之间相互冲突和竞争的目标，以达成共识。这种情况下的共识指即便不是100%赞同，相关方还会支持项目决定和行动。

研究表明，成功的项目经理可以持续和有效地使用某些基本技能。研究指出，在由上级和团队成员指定的项目经理中，排名前 2% 的项目经理之所以脱颖而出，是因为他们展现出了超凡的人际关系和沟通技能以及积极的态度[12]。

与团队和发起人等相关方沟通的能力适用于项目的各个方面,包括(但不限于)以下各个方面:

- ◆ 通过多种方法(例如口头、书面和非口头)培养完善的技能;
- ◆ 创建、维护和遵循沟通计划和进度计划;
- ◆ 以可预见且一致的方式进行沟通;
- ◆ 寻求了解项目相关方的沟通需求(沟通可能是某些相关方在最终产品或服务完成之前获取信息的唯一渠道);
- ◆ 以简练、清晰、完整、简单、相关和经过裁剪的方式进行沟通;
- ◆ 包含重要的正面和负面消息;
- ◆ 合并反馈渠道;
- ◆ 人际关系技能,即通过项目经理的影响力范围拓展广泛的人际网络。这些人际网络包括正式的人际网络,例如组织架构图;但项目经理发展、维护和培养的非正式人际网络更加重要。非正式人际网络包括与主题专家和具有影响力的领导者建立的个人人际关系。通过这些正式和非正式的人际网络,项目经理可以让很多人参与解决问题并探询项目中遇到的官僚主义障碍。

3.3.3 组织

项目经理需要积极地与其他项目经理互动。其他独立项目或同一项目集的其他项目可能会对项目造成影响,原因包括(但不限于):

- ◆ 对相同资源的需求;
- ◆ 资金分配的优先顺序;
- ◆ 可交付成果的接受或发布;
- ◆ 项目与组织的目的和目标的一致性。

与其他项目经理互动有助于产生积极的影响,以满足项目的各种需求。这些需求可能是团队为完成项目而需要的人力、技术或财力资源和可交付成果。项目经理需要寻求各种方法来培养人际关系,从而帮助团队实现项目目的和目标。

此外，项目经理在组织内部充当着扮演强有力的倡导者的角色。在项目进行期间过程中，项目经理积极地与组织中的各位经理互动。此外，项目经理应与项目发起人合作处理内部的政治和战略问题，这些问题可能会影响团队或项目的可行性或质量。

项目经理可以致力于提高自己在组织内的总体项目管理能力和技能，并参与隐性和显性知识的转移或整合计划（见 4.4 节的管理项目知识）。项目经理还应致力于：

◆ 展现项目管理的价值；

◆ 提高组织对项目管理的接受度；

◆ 提高组织内现有 PMO 的效率。

基于组织结构，项目经理可能向职能经理报告。而在其他情况下，项目经理可能与其他项目经理一起，向 PMO、项目组合或项目集经理报告。PMO、项目组合或项目集经理对整个组织范围内的一个或多个项目承担最终责任。为了实现项目目标，项目经理需要与所有相关经理紧密合作，确保项目管理计划符合所在项目组合或项目集的计划。项目经理还需与其他角色紧密协作，如组织经理、主题专家以及商业分析人员。在某些情况下，项目经理可以是临时被委任管理角色的外部顾问。

3.3.4 行业

项目经理应时刻关注行业的最新发展趋势，获得并思考这一信息对当前项目是否有影响或可用。这些趋势包括（但不限于）：

◆ 产品和技术开发；

◆ 新兴且正在变化的市场空间；

◆ 标准（例如项目管理标准、质量管理标准、信息安全管理标准）；

◆ 技术支持工具；

◆ 影响当前项目的经济力量；

◆ 影响项目管理学科的各种力量；

◆ 过程改进和可持续发展战略。

3.3.5 专业学科

对项目经理而言，持续的知识传递和整合非常重要。项目管理专业和项目经理担任主题专家的其他领域都在持续推进相应的专业发展。知识传递和整合包括（但不限于）：

- 在当地、全国和全球层面（例如实践社区、国际组织）向其他专业人员分享知识和专业技能。
- 参与培训、继续教育和发展：
  - 项目管理专业（例如大学、PMI）；
  - 相关专业（例如系统工程、配置管理）；
  - 其他专业（例如信息技术、航空航天）。

3.3.6 跨学科领域

专业的项目经理可以选择指导和教育其他专业人员了解项目管理方法对组织的价值。项目经理还可以担任非正式的宣传大使，让组织了解项目管理在及时性、质量、创新和资源管理方面的优势。

3.4 项目经理的胜任力

3.4.1 概述

近期的 PMI 研究通过 PMI 人才三角（见图3-2）指出了项目经理根据《项目经理能力发展 (PMCD) 框架》需要具备的技能。人才三角重点关注三个关键技能组合：

- **技术项目管理。** 与项目、项目集和项目组合管理特定领域相关的知识、技能和行为，即角色履行的技术方面。
- **领导力。** 指导、激励和带领团队所需的知识、技能和行为，可帮助组织达成业务目标。
- **战略和商务管理。** 关于行业和组织的知识和专业技能，有助于提高绩效并取得更好的业务成果。

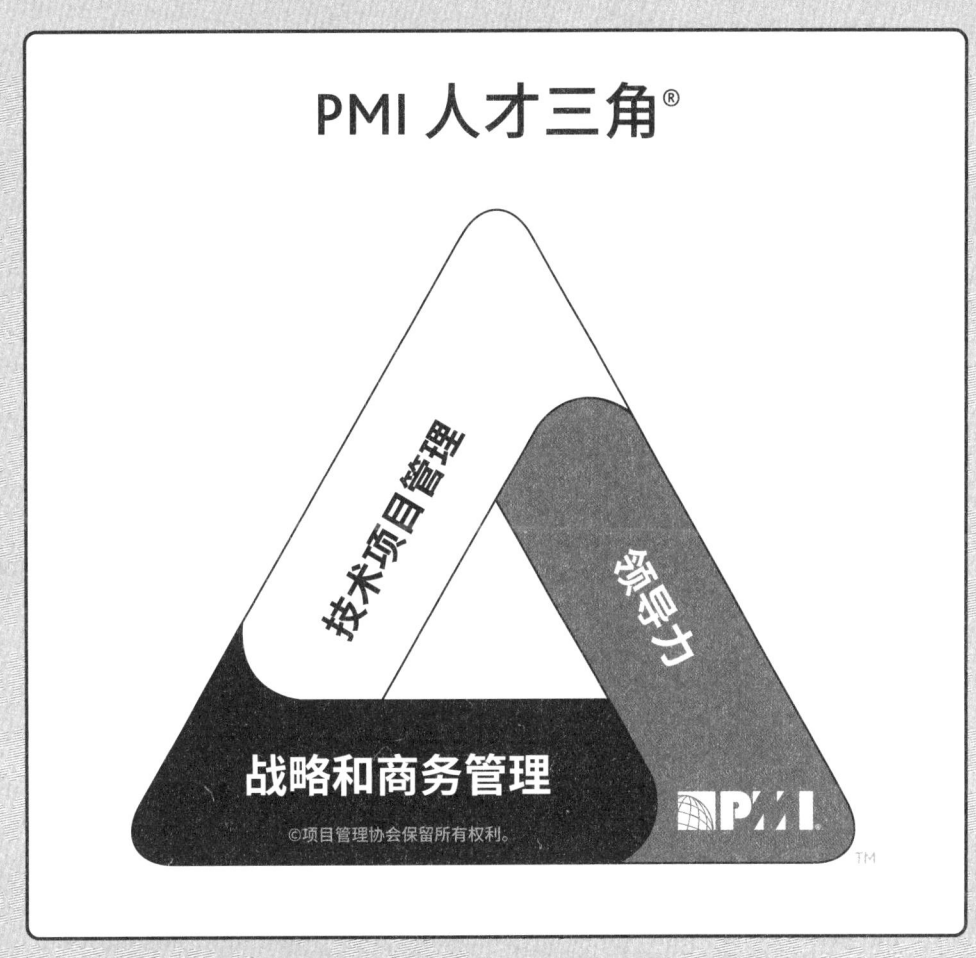

图 3-2 PMI 人才三角®

虽然技术项目管理技能是项目集和项目管理的核心，但 PMI 研究指出，当今全球市场越来越复杂，竞争也越来越激烈，只有技术项目管理技能是不够的。各个组织正在寻求其他有关领导力和商业智慧技能。来自不同组织的成员均提出，这些能力可以有助于支持更长远的战略目标，以实现赢利。为了最有效地开展工作，项目经理需要平衡这三种技能。

3.4.2 技术项目管理技能

技术项目管理技能指有效运用项目管理知识实现项目集或项目的预期成果的能力。有很多技术项目管理技能。本指南的知识领域部分描述了很多必要的项目管理技能。项目经理经常会依赖专家判断来有效开展工作。要获得成功，重要的是项目经理必须了解个人专长以及如何找到具备所需专长的其他人员。

研究表明，顶尖的项目经理会具备几种关键技能，包括（但不限于）：

- 重点关注所管理的各个项目的关键技术项目管理要素。简单来说，就是随时准备好合适的资料。最主要的是：
  - 项目成功的关键因素；
  - 进度计划；
  - 指定的财务报告；
  - 问题日志。
- 针对每个项目裁剪传统和敏捷工具、技术和方法。
- 花时间制定完整的计划并谨慎排定优先顺序。
- 管理项目要素，包括（但不限于）进度、成本、资源和风险。

3.4.3 战略和商务管理技能

战略和商务管理技能包括纵览组织概况并有效协商和执行有利于战略调整和创新的决策和行动的能力。这项能力可能涉及其他职能部门的工作知识，例如财务部、市场部和运营部。战略和商务管理技能可能还包括发展和运用相关的产品和行业专业知识。这种业务知识也被称为领域知识。项目经理应掌握足够的业务知识，以便能够：

- 向其他人解释关于项目的必要商业信息；
- 与项目发起人、团队和主题专家合作制定合适的项目交付策略；
- 以实现项目商业价值最大化的方式执行策略。

为制定关于项目成功交付的最佳决策，项目经理应咨询具备关于组织运营的专业知识的运营经理。这些经理应了解组织的工作以及项目计划会对工作造成的影响。对项目经理而言，对项目主题的了解越多越好，至少应能够向其他人说明关于组织的以下方面：

- 战略；
- 使命；
- 目的和目标；
- 产品和服务；
- 运营（例如位置、类型、技术）；
- 市场和市场条件，例如客户、市场状况（发展或萎缩）和上市时间因素等；
- 竞争（例如竞争什么、与谁竞争、市场地位）。

为确保一致性，项目经理应将以下关于组织的知识和信息运用到项目中：

- 战略；
- 使命；
- 目的和目标；
- 优先级；
- 策略；
- 产品或服务（例如可交付成果）。

战略和商业技能有助于项目经理确定应为其项目考虑哪些商业因素。项目经理应确定这些商业和战略因素会对项目造成的影响，同时了解项目与组织之间的相互关系。这些因素包括（但不限于）：

- ◆ 风险和问题；
- ◆ 财务影响；
- ◆ 成本效益分析（例如净现值、投资回报率），包括各种可选方案；
- ◆ 商业价值；
- ◆ 效益预期实现情况和战略；
- ◆ 范围、预算、进度和质量。

通过运用这些商务知识，项目经理能够为项目提出合适的决策和建议。随着条件的变化，项目经理应与项目发起人持续合作，使业务战略和项目策略保持一致。

3.4.4 领导力技能

领导力技能包括指导、激励和带领团队的能力。这些技能可能包括协商、抗压、沟通、解决问题、批判性思考和人际关系技能等基本能力。随着越来越多的公司通过项目执行战略，项目变得越来越复杂。项目管理不仅仅涉及数字、模板、图表、图形和计算机系统方面的工作。人是所有项目中的共同点。人可以计数，但不仅仅是数字。

3.4.4.1 人际交往

人际交往占据项目经理工作的很大一部分。项目经理应研究人的行为和动机，应尽力成为一个好的领导者，因为领导力对组织项目是否成功至关重要。项目经理需要运用领导力技能和品质与所有项目相关方合作，包括项目团队、团队指导和项目发起人。

3.4.4.2 领导者的品质和技能

研究显示，领导者的品质和技能包括（但不限于）：

◆ 有远见（例如帮助描述项目的产品、目的和目标；能够构建梦想并向他人诠释愿景）。

◆ 积极乐观。

◆ 乐于合作。

◆ 通过以下方式管理关系和冲突：
- 建立信任；
- 解决顾虑；
- 寻求共识；
- 平衡相互竞争和对立的目标；
- 运用说服、协商、妥协和解决冲突的技能；
- 发展和培养个人及专业网络；
- 以长远的眼光把人际关系看成与项目本身同样重要；
- 持续发展和运用政治敏锐性。

◆ 通过以下方式进行沟通：
- 花大量的时间沟通（研究显示，顶尖的项目经理约有 90% 的时间花在沟通上）；
- 管理期望；
- 诚恳地接受反馈；
- 提出建设性的反馈；
- 询问和倾听。

◆ 尊重他人（帮助他人保持独立自主），谦恭有礼，友善待人，诚实可信，忠诚可靠，遵守职业道德。

◆ 展现出诚信正直和文化敏感性，果断、勇敢，能够解决问题。

◆ 适时称赞他人。

◆ 终身学习，以结果和行动为导向。

- 关注重要的事情，包括：
  - 通过必要的审查和调整，不断调整工作优先级；
  - 寻求并采用适用于团队和项目的优先级排序方法；
  - 区分高层级战略优先级，尤其是与项目成功的关键因素相关的事项；
  - 对项目的主要制约因素保持警惕；
  - 在战术优先级上保持灵活；
  - 能够从大量信息中筛选出最重要的信息。
- 以整体和系统的角度来看待项目，同等对待内部和外部因素。
- 能够运用批判性思维（例如运用分析方法来制定决策）并将自己视为变革推动者。
- 能够创建高效的团队，以服务为导向，展现出幽默的一面，与团队成员有效地分享乐趣。

3.4.4.3 政治、权力和办好事情

领导和管理的最终目的是办好事情。这些技能和品质有助于项目经理实现项目目的和目标。很多技能和品质归根结底就是处理政治的能力。政治涉及影响、谈判、自主和权力。

政治及其相关要素不局限于"好"与"不好"以及"正面"与"负面"之分。项目经理对组织运行方式的了解越多，就越有可能获得成功。项目经理应观察并收集有关项目和组织概况的数据，然后从项目、相关人员、组织以及整个环境出发来审查这些数据，从而得出计划和执行大多数行动所需的信息和知识。这些行动是项目经理运用适当的权力影响他人和进行协商之后的成果。有了权力就有了职责，项目经理应体察并尊重他人。项目经理的有效行动保持相关人员的独立自主。项目经理的行动成果就是让合适的人执行必要的活动来实现项目目标。

权力可能体现个人或组织的特征。权力往往需要人们对领导者的看法来配合。因此，项目经理应注意自己与他人的关系是非常重要的。借助人际关系可以让项目相关事项得到落实。行使权力的方式有很多，项目经理可自行决定。由于权力的性质以及影响项目的各种因素，权力及其运用变得非常复杂。权力的种类包括（但不限于）：

◆ 地位（有时称为正式的、权威的、合法权力的，例如组织或团队授予的正式职位）；

◆ 信息（例如对信息收集或分发的控制）；

◆ 参考（例如因为他人的尊重和赞赏，获得的信任）；

◆ 情境（例如在特别危机等特殊情况下获得的权力）；

◆ 个性或魅力（例如魅力、吸引力）；

◆ 关系（例如参与人际交往、联系和结盟）；

◆ 专家（例如拥有的技能和信息、经验、培训、教育、证书）；

◆ 奖励相关的（例如能够给予表扬、金钱或其他奖励）；

◆ 处罚或强制力（例如给予纪律处分或施加负面后果的能力）；

◆ 迎合（例如运用奉承或其他常用手段赢得青睐或合作）；

◆ 施加压力（例如限制选择或活动自由，以符合预期的行动）；

◆ 愧疚（例如强加的义务或责任感）；

◆ 说服力（例如能够提供论据，使他人执行预期的行动方案）；

◆ 回避（例如拒绝参与）。

在权力方面，顶尖的项目经理积极主动且目的明确。这些项目经理会在组织政策、协议和程序许可的范围内主动寻求所需的权力和职权，而不是坐等组织授权。

3.4.5 领导力与管理之比较

"领导力"和"管理"这两个词经常被互换使用,但它们并不是同义词。"管理"更接近于指挥一个人采取已知的预期行动从一个位置到另一个位置。相反,"领导力"指通过讨论或辩论与他人合作,带领他们从一个位置到另一个位置。

项目经理所选择的方法体现了他们在行为、自我认知和项目角色方面的显著差异。表 3-1 从几个重要的层面对管理和领导力进行比较。

为获得成功,项目经理必须同时采用领导力和管理这两种方式。技巧在于如何针对各种情况找到恰当的平衡点。项目经理的领导风格通常体现了他们所采用的管理和领导力力方式。

表 3-1团队管理与团队领导力之比较

管理	领导
直接利用职位权力	利用关系权力来指导、影响和合作
维护	发展
管理	创新
关注系统和架构	关注人际关系
依赖控制	激发信任
关注近期目标	关注长期愿景
了解方式和时间	了解情况和原因
关注赢利	关注前景
接受现状	挑战现状
正确地做事	做正确的事情
关注操作层面的问题及其解决	关注愿景、一致性、动力和激励

3.4.5.1 领导力风格

项目经理领导团队的方式可以分为很多种。项目经理可能会出于个人偏好或在综合考虑了与项目有关的多个因素之后选择领导力风格。根据作用因素的不同，项目经理可能会随时改变风格。要考虑的主要因素包括（但不限于）：

- 领导者的特点（例如态度、心情、需求、价值观、道德观）；
- 团队成员的特点（例如态度、心情、需求、价值观、道德观）；
- 组织的特点（例如目标、结构、工作类型）；
- 环境特点（例如社会形势、经济状况和政治因素）。

研究显示项目经理可以采用多种领导力风格。在这些风格中，最常见的包括（但不限于）：

- 放任型领导（例如，允许团队自主决策和设定目标，又被称为"甩手型"）；
- 交易型领导（例如，根据目标、反馈和成就给予奖励，例外管理）；
- 服务型领导（例如，做出服务承诺，处处先为他人着想；关注他人的成长、学习、发展、自主性和福祉；关注人际关系、社区与合作；服务优先于领导）；
- 变革型领导（例如，通过理想化特质和行为、鼓舞性激励、促进创新和创造，以及个人关怀提高追随者的能力）；
- 魅力型领导（例如，能够激励他人；精神饱满，热情洋溢，充满自信；说服力强）；
- 交互型领导（例如，结合了交易型、变革型和魅力型领导的特点）。

3.4.5.2 个性

个性指人与人之间在思维、情感和行为的特征模式方面的差异。个人性格特点或特征可能包括（但不限于）：

- 真诚（例如，接受他人不同的个性，表现出包容的态度）；
- 谦恭（例如，能够举止得体、有礼貌）；
- 创造力（例如，抽象思维、不同看法、创新的能力）；
- 文化（例如，具备对其他文化的敏感性，包括价值观、规范和信仰）；
- 情绪（例如，能够感知情绪及其包含的信息并管理情绪，衡量人际关系技能）；
- 智力（例如，以多元智能理论测出的智商）；
- 管理（例如，管理实践和潜力）；
- 政治（例如，政治智商和把事办好的衡量）；
- 以服务为导向（例如，展现出愿意服务他人的态度）；
- 社会（例如，能够理解和管理他人）；
- 系统化（例如，了解和构建系统的驱动力）。

高效的项目经理在上述各个方面都具备一定程度的能力。每个项目、组织和情况都要求项目经理重视个性的不同方面。

3.5 执行整合

执行项目整合时，项目经理承担双重角色：

- 项目经理扮演重要角色，与项目发起人携手合作，来理解战略目标，并确保项目目标和成果与项目组合、项目集以及业务领域保持一致。项目经理以这种方式帮助实现战略层面的整合与执行。
- 在项目层面上，项目经理负责指导团队关注真正重要的事务并协同工作。为此，项目经理需要整合过程、知识和人员。

整合是项目经理的一项关键技能。本指南的项目整合管理知识领域对整合更深入地进行了探讨。3.5.1 节至 3.5.4 节重点关注以下三个不同层面发生的整合：过程层面、认知层面和背景层面。3.5.4 节以复杂性与整合结尾。

3.5.1 在过程层面执行整合

项目管理可被看作为实现项目目标而采取的一系列过程和活动。有些过程可能只发生一次（例如项目章程的初始创建），但很多过程在整个项目期间会相互重叠并重复发生多次。这种重叠和多次出现的过程，比如需求变更，它会影响范围、进度或预算，并需要提出变更请求。控制范围过程和实施整体变更控制等若干项目管理过程可包括变更请求。在整个项目期间实施整体变更控制过程是为了整合变更请求。

虽然对项目过程的整合方式没有明确的定义，但如果项目经理无法整合相互作用的项目过程，那么实现项目目标的机会将会很小。

3.5.2 认知层面的整合

管理项目的方法有很多，而方法的选择通常取决于项目的具体特点，包括规模、项目或组织的复杂性，以及执行组织的文化。显然，项目经理的人际关系技能和能力与其管理项目的方式有紧密的关系。

项目经理应尽量掌握所有项目管理知识领域。熟练掌握这些知识领域之后，项目经理可以将经验、见解、领导力、技术以及商业管理技能运用到项目管理中。最后，项目经理需要整合这些知识领域所涵盖的过程才有可能实现预期的项目结果。

3.5.3 背景层面的整合

与几十年前相比，当今企业和项目所处的环境有了很大的变化。新技术不断涌现。社交网络、多元文化、虚拟团队和新的价值观都是项目所要面临的全新现实。例如，开展一个涉及多个组织的大型跨职能项目，就需要整合许多的知识和人员。项目经理在指导项目团队进行沟通规划和知识管理时需要考虑这个背景所产生的影响。

在管理整合时，项目经理需要充分认识项目背景和这些新因素，然后项目经理可以决定如何在项目中最好地利用这些新环境因素，以获得项目成功。

3.5.4 整合与复杂性

有些项目可能非常复杂，难以管理。简单来说，"复杂"一词通常被用来描述难以理解或错综复杂的事物。

项目的复杂性来源于组织的系统行为、人类行为以及组织或环境中的不确定性。《项目复杂性管理：实践指南》[13]将复杂性的三个维度定义为：

◆ **系统行为**。组成部分与系统之间的依赖关系。

◆ **人类行为**。不同个体和群体之间的相互作用。

◆ **模糊性**。出现问题、缺乏理解或困惑引发的不确定性。

复杂性本身指个体基于自身经验、观察和技能的一种感知，更准确的描述应该是项目包含复杂性的要素，而不是项目本身复杂。项目组合、项目集和项目可能包含复杂性的要素。

项目整合之前，项目经理应考虑项目内外的要素。项目经理应检查项目的特征或属性。作为项目的一种特征或属性，复杂性通常被定义为：

◆ 包含多个部分；

◆ 不同部分之间存在一系列连接；

◆ 不同部分之间有动态交互作用；

◆ 这些交互作用所产生的行为远远大于各部分简单的相加（例如突发性行为）。

认真审查致使项目复杂性提高的各种因素，有助于项目经理在规划、管理和控制项目时可以识别关键领域，确保完成整合。

4

项目整合管理

项目整合管理包括对隶属于项目管理过程组的各种过程和项目管理活动进行识别、定义、组合、统一和协调的各个过程。在项目管理中，整合兼具统一、合并、沟通和建立联系的性质，这些行动应该贯穿项目始终。项目整合管理包括进行以下选择：

- ◆ 资源分配；
- ◆ 平衡竞争性需求；
- ◆ 研究各种备选方法；
- ◆ 为实现项目目标而裁剪过程；
- ◆ 管理各个项目管理知识领域之间的依赖关系。

项目整合管理过程包括：

4.1 制定项目章程 —— 编写一份正式批准项目并授权项目经理在项目活动中使用组织资源的文件的过程。

4.2 制定项目管理计划 —— 定义、准备和协调项目计划的所有组成部分，并把它们整合为一份综合项目管理计划的过程。

4.3 指导与管理项目工作 —— 为实现项目目标而领导和执行项目管理计划中所确定的工作，并实施已批准变更的过程。

4.4 管理项目知识 —— 使用现有知识并生成新知识，以实现项目目标，并且帮助组织学习的过程。

4.5 监控项目工作 —— 跟踪、审查和报告整体项目进展，以实现项目管理计划中确定的绩效目标的过程。

4.6 实施整体变更控制 —— 审查所有变更请求，批准变更，管理对可交付成果、组织过程资产、项目文件和项目管理计划的变更，并对变更处理结果进行沟通的过程。

4.7 结束项目或阶段 —— 终结项目、阶段或合同的所有活动的过程。

图 4-1 概述了项目整合管理的各个过程。虽然在本《PMBOK® 指南》中，各项目整合管理过程以界限分明和相互独立的形式出现，但在实践中它们会以本指南无法全面详述的方式相互交叠和相互作用。

项目整合管理概述

4.1 制定项目章程
.1 输入
　.1 商业文件
　.2 协议
　.3 事业环境因素
　.4 组织过程资产
.2 工具与技术
　.1 专家判断
　.2 数据收集
　.3 人际关系与团队技能
　.4 会议
.3 输出
　.1 项目章程
　.2 假设日志

4.2 制定项目管理计划
.1 输入
　.1 项目章程
　.2 其他过程的输出
　.3 事业环境因素
　.4 组织过程资产
.2 工具与技术
　.1 专家判断
　.2 数据收集
　.3 人际关系与团队技能
　.4 会议
.3 输出
　.1 项目管理计划

4.3 指导与管理项目工作
.1 输入
　.1 项目管理计划
　.2 项目文件
　.3 批准的变更请求
　.4 事业环境因素
　.5 组织过程资产
.2 工具与技术
　.1 专家判断
　.2 项目管理信息系统
　.3 会议
.3 输出
　.1 可交付成果
　.2 工作绩效数据
　.3 问题日志
　.4 变更请求
　.5 项目管理计划更新
　.6 项目文件更新
　.7 组织过程资产更新

4.4 管理项目知识
.1 输入
　.1 项目管理计划
　.2 项目文件
　.3 可交付成果
　.4 事业环境因素
　.5 组织过程资产
.2 工具与技术
　.1 专家判断
　.2 知识管理
　.3 信息管理
　.4 人际关系与团队技能
.3 输出
　.1 经验教训登记册
　.2 项目管理计划更新
　.3 组织过程资产更新

4.5 监控项目工作
.1 输入
　.1 项目管理计划
　.2 项目文件
　.3 工作绩效信息
　.4 协议
　.5 事业环境因素
　.6 组织过程资产
.2 工具与技术
　.1 专家判断
　.2 数据分析
　.3 决策
　.4 会议
.3 输出
　.1 工作绩效报告
　.2 变更请求
　.3 项目管理计划更新
　.4 项目文件更新

4.6 实施整体变更控制
.1 输入
　.1 项目管理计划
　.2 项目文件
　.3 工作绩效报告
　.4 变更请求
　.5 事业环境因素
　.6 组织过程资产
.2 工具与技术
　.1 专家判断
　.2 变更控制工具
　.3 数据分析
　.4 决策
　.5 会议
.3 输出
　.1 批准的变更请求
　.2 项目管理计划更新
　.3 项目文件更新

4.7 结束项目或阶段
.1 输入
　.1 项目章程
　.2 项目管理计划
　.3 项目文件
　.4 验收的可交付成果
　.5 商业文件
　.6 协议
　.7 采购文档
　.8 组织过程资产
.2 工具与技术
　.1 专家判断
　.2 数据分析
　.3 会议
.3 输出
　.1 项目文件更新
　.2 最终产品、服务或成果移交
　.3 最终报告
　.4 组织过程资产更新

图 4-1 项目整合管理概述

项目整合管理的核心概念

项目整合管理由项目经理负责。虽然其他知识领域可以由相关专家（如成本分析专家、进度规划专家、风险管理专家）管理，但是项目整合管理的责任不能被授权或转移。只能由项目经理负责整合所有其他知识领域的成果，并掌握项目总体情况。项目经理必须对整个项目承担最终责任。

项目与项目管理本质上具有整合性质，例如，为应急计划制定成本估算时，就需要整合项目成本管理、项目进度管理和项目风险管理知识领域中的相关过程。在识别出与各种人员配备方案有关的额外风险时，可能需要再次进行上述某个或某几个过程。

项目管理过程组的各个过程之间经常反复发生联系。例如，在项目早期，规划过程组为执行过程组提供书面的项目管理计划；然后，随着项目的进展，规划过程组还将根据变更情况，更新项目管理计划。

项目整合管理指的是：

◆ 确保产品、服务或成果的交付日期，项目生命周期以及效益管理计划这些方面保持一致；
◆ 编制项目管理计划以实现项目目标；
◆ 确保创造合适的知识并运用到项目中，并从项目中获取必要的知识；
◆ 管理项目管理计划中活动的绩效和变更；
◆ 做出针对影响项目的关键变更的综合决策；
◆ 测量和监督项目进展，并采取适当措施以实现项目目标；
◆ 收集关于已实现的成果的数据，分析数据以获取信息，并与相关方分享信息；
◆ 完成全部项目工作，正式关闭各个阶段、合同以及整个项目；
◆ 管理可能需要的阶段过渡。

项目越复杂，相关方的期望越多样化，就需要越全面的整合方法。

项目整合管理的发展趋势和新兴实践

项目整合管理知识领域要求整合所有其他知识领域的成果。与整合管理过程相关的发展趋势包括（但不限于）：

- **使用自动化工具。** 项目经理需要整合大量的数据和信息，因此有必要使用项目管理信息系统(PMIS)和自动化工具来收集、分析和使用信息，以实现项目目标和项目效益。
- **使用可视化管理工具。** 有些项目团队使用可视化管理工具，而不是书面计划和其他文档，来获取和监督关键的项目要素。这样，就便于整个团队直观地看到项目的实时状态，促进知识转移，并提高团队成员和其他相关方识别和解决问题的能力。
- **项目知识管理。** 项目人员的流动性和不稳定性越来越高，就要求采用更严格的过程，在整个项目生命周期中积累知识并传达给目标受众，以防止知识流失。
- **增加项目经理的职责。** 项目经理被要求介入启动和结束项目，例如开展项目商业论证和效益管理。按照以往的惯例，这些事务均由管理层和项目管理办公室负责。现在，项目经理需要频繁地与他们合作处理这些事务，以便更好地实现项目目标以及交付项目效益。项目经理也需要更全面地识别相关方，并引导他们参与项目，包括管理项目经理与各职能部门、运营部门和高级管理人员之间的接口。
- **混合型方法。** 经实践检验的新做法会不断地融入项目管理方法，例如，采用敏捷或其他迭代做法，为开展需求管理而采用商业分析技术，为分析项目复杂性而采用相关工具，以及为在组织中应用项目成果而采用组织变革管理方法。

裁剪时需要考虑的因素

因为每个项目都是独特的，所以项目经理可能需要裁剪项目整合管理过程。裁剪时应考虑的因素包括（但不限于）：

- **项目生命周期。**什么是合适的项目生命周期？项目生命周期应包括哪些阶段？
- **开发生命周期。**对特定产品、服务或成果而言，什么是合适的开发生命周期和开发方法？预测型或适应型方法是否适当？如果是适应型，开发产品是该采用增量还是迭代的方式？混合型方法是否为最佳选择？
- **管理方法。**考虑到组织文化和项目的复杂性，哪种管理过程最有效？
- **知识管理。**在项目中如何管理知识以营造合作的工作氛围？
- **变更。**在项目中如何管理变更？
- **治理。**有哪些监控机构、委员会和其他相关方该参与项目治理？对项目状态报告的要求是什么？
- **经验教训。**在项目期间及项目结束时，应收集哪些信息？历史信息和经验教训是否适用于未来的项目？
- **效益。**应该在何时以何方式报告效益，在项目结束时还是在每次迭代或阶段结束时？

在敏捷或适应型环境中需要考虑的因素

迭代和敏捷方法能够促进团队成员以相关领域专家的身份参与整合管理。团队成员自行决定计划及其组件的整合方式。

在适应型环境下，"整合管理的核心概念"中所述的对项目经理的期望保持不变，但把对具体产品的规划和交付授权给团队来控制。项目经理的关注点在于营造一个合作型的决策氛围，并确保团队有能力应对变更。如果团队成员具备广泛的技能基础而不局限于某个狭窄的专业领域，那么这种合作型方法就会更加有效。

4.1 制定项目章程

制定项目章程是编写一份正式批准项目并授权项目经理在项目活动中使用组织资源的文件的过程。本过程的主要作用是，明确项目与组织战略目标之间的直接联系，确立项目的正式地位，并展示组织对项目的承诺。本过程仅开展一次或仅在项目的预定义点开展。图 4-2 描述本过程的输入、工具与技术和输出。图4-3是本过程的数据流向图。

制定项目章程

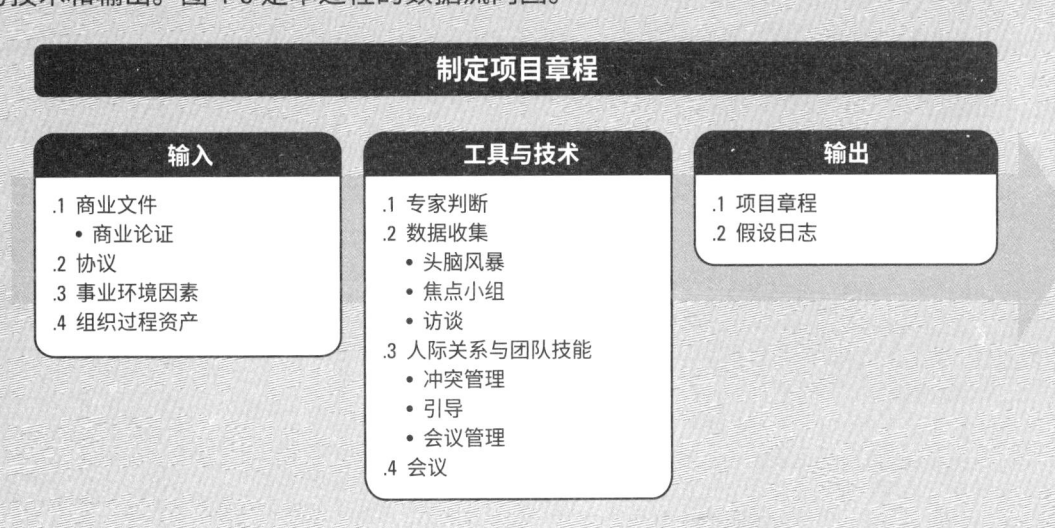

输入	工具与技术	输出
.1 商业文件 • 商业论证 .2 协议 .3 事业环境因素 .4 组织过程资产	.1 专家判断 .2 数据收集 • 头脑风暴 • 焦点小组 • 访谈 .3 人际关系与团队技能 • 冲突管理 • 引导 • 会议管理 .4 会议	.1 项目章程 .2 假设日志

图 4-2 制定项目章程：输入、工具与技术和输出

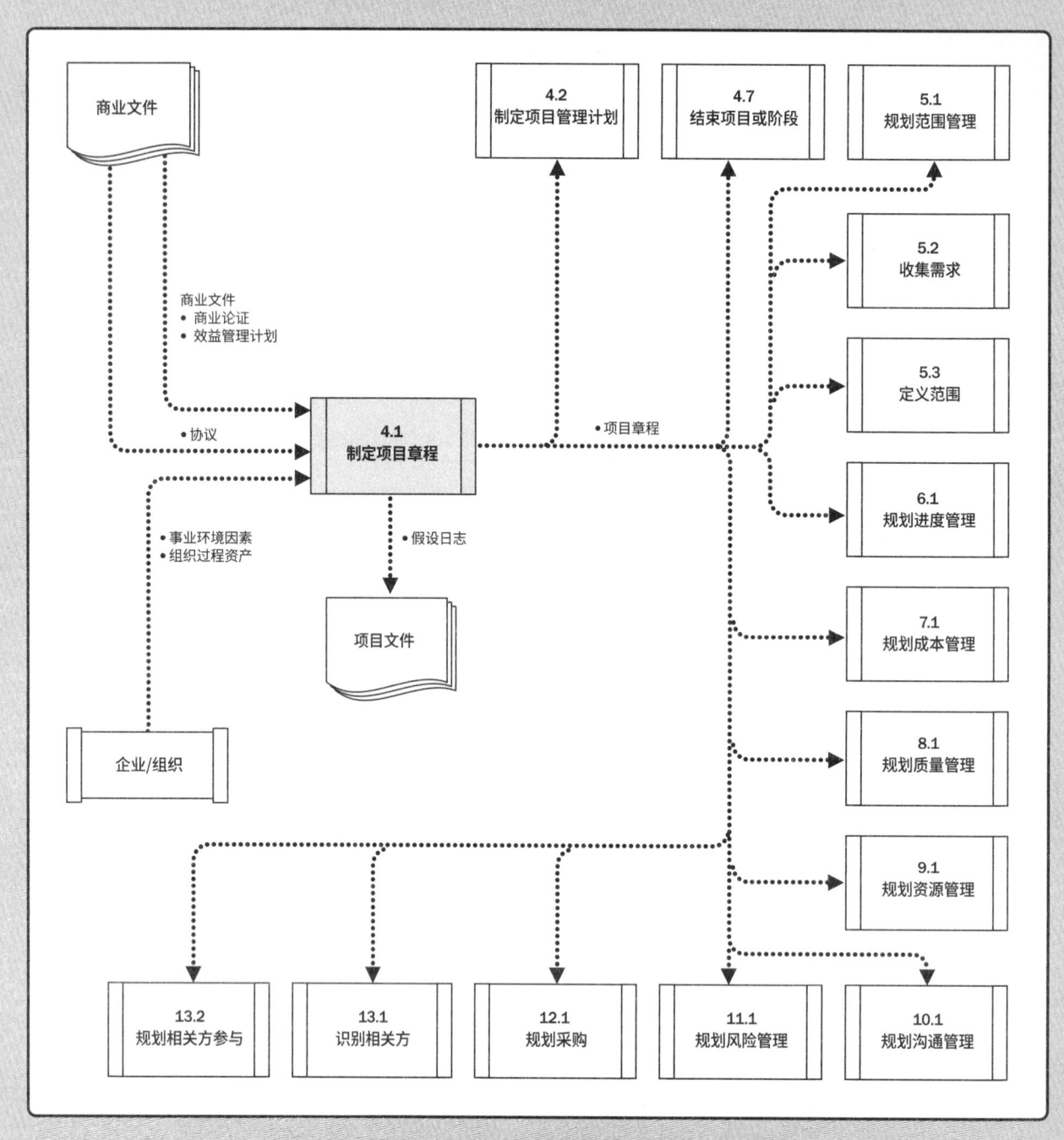

图 4-3 制定项目章程：数据流向图

项目章程在项目执行组织与需求组织之间建立起伙伴关系。在执行外部项目时，通常需要用正式的合同来达成合作协议。这种情况下，可能仍要用项目章程来建立组织内部的合作关系，以确保正确交付合同内容。项目章程一旦被批准，就标志着项目的正式启动。在项目中，应尽早确认并任命项目经理，最好在制定项目章程时就任命，且总应在规划开始之前任命。项目章程可由发起人编制，或者由项目经理与发起机构合作编制。通过这种合作，项目经理可以更好地了解项目目的、目标和预期效益，以便更有效地向项目活动分配资源。项目章程授权项目经理规划、执行和控制项目。

项目由项目以外的机构来启动，如发起人、项目集或项目管理办公室（PMO）、项目组合治理委员会主席或其授权代表。项目启动者或发起人应该具有一定的职权，能为项目获取资金并提供资源。项目可能因内部经营需要或外部影响而启动，故通常需要编制需求分析、可行性研究、商业论证或有待项目处理的情况的描述。通过编制项目章程，来确认项目符合组织战略和日常运营的需要。不要把项目章程看作合同，因为其中未承诺报酬或金钱或用于交换的对价。

4.1.1 制定项目章程：输入

4.1.1.1 商业文件

在商业论证（见 1.2.6.1 节）和效益管理计划（见 1.2.6.2 节）中，可以找到关于项目目标以及项目对业务目标的贡献的相关信息。虽然商业文件是在项目之前制定的，但需要定期审核。

◆ **商业论证**。经批准的商业论证或类似文件是最常用于制定项目章程的商业文件。商业论证从商业视角描述必要的信息，并且据此决定项目的期望结果是否值得所需投资。高于项目级别的经理和高管们通常使用该文件作为决策的依据。一般情况下，商业论证会包含商业需求和成本效益分析，以论证项目的合理性并确定项目边界。关于商业论证的更多信息，请见 1.2.6.1 节。商业论证的编制可由以下一个或多个因素引发：

- *市场需求*（例如，为应对汽油紧缺，某汽车制造商批准一个低油耗车型的研发项目）；
- *组织需要*（例如，因为管理费用太高，公司决定合并一些职能并优化流程以降低成本）；
- *客户要求*（例如，为了给新工业园区供电，某电力公司批准一个新变电站建设项目）；
- *技术进步*（例如，基于技术进步，某航空公司批准了一个新项目，来开发电子机票以取代纸质机票）；
- *法律要求*（例如，某油漆制品厂批准一个项目，来编写有毒物质处理指南）；
- *生态影响*（例如，某公司批准一个项目，来降低对环境的影响）；
- *社会需要*（例如，为应对霍乱频发，某发展中国家的非政府组织批准一个项目，为社区建设饮用水系统和公共厕所，并开展卫生教育）。

项目章程包含来源于商业文件中的相关项目信息。既然商业文件不是项目文件，项目经理就不可以对它们进行更新或修改，只可以提出相关建议。

4.1.1.2 协议

见12.2.3.2节。协议用于定义启动项目的初衷。协议有多种形式，包括合同、谅解备忘录（MOUs）、服务水平协议（SLA）、协议书、意向书、口头协议、电子邮件或其他书面协议。为外部客户做项目时，通常就以合同的形式出现。

4.1.1.3 事业环境因素

能够影响制定项目章程过程的事业环境因素包括（但不限于）：

- 政府或行业标准（如产品标准、质量标准、安全标准和工艺标准）；
- 法律法规要求和（或）制约因素；
- 市场条件；
- 组织文化和政治氛围；
- 组织治理框架（通过安排人员、制定政策和确定过程，以结构化的方式实施控制、指导和协调，以实现组织的战略和运营目标）；
- 相关方的期望和风险临界值。

4.1.1.4 组织过程资产

能够影响制定项目章程过程的组织过程资产包括（但不限于）：

- 组织的标准政策、流程和程序；
- 项目组合、项目集和项目的治理框架（用于提供指导和制定决策的治理职能和过程）；
- 监督和报告方法；
- 模板（如项目章程模板）；
- 历史信息与经验教训知识库（如项目记录与文件、关于以往项目选择决策的结果及以往项目绩效的信息）。

4.1.2 制定项目章程：工具与技术

4.1.2.1 专家判断

专家判断是指基于某应用领域、知识领域、学科和行业等的专业知识而做出的，关于当前活动的合理判断，这些专业知识可来自具有专业学历、知识、技能、经验或培训经历的任何小组或个人。

本过程应该就以下主题，考虑具备相关专业知识或接受过相关培训的个人或小组的意见：

- 组织战略；
- 效益管理；
- 关于项目所在的行业以及项目关注的领域的技术知识；
- 持续时间和成本估算；
- 风险识别。

4.1.2.2 数据收集

可用于本过程的数据收集技术包括（但不限于）：

- **头脑风暴**。本技术用于在短时间内获得大量创意，适用于团队环境，需要引导者进行引导。头脑风暴由两个部分构成：创意产生和创意分析。制定项目章程时可通过头脑风暴向相关方、主题专家和团队成员收集数据、解决方案或创意。

- **焦点小组**。见 5.2.2.2 节。焦点小组召集相关方和主题专家讨论项目风险、成功标准和其他议题，比一对一访谈更有利于互动交流。

- **访谈**。见 5.2.2.2 节。访谈是指通过与相关方直接交谈来了解高层级需求、假设条件、制约因素、审批标准以及其他信息。

4.1.2.3 人际关系与团队技能

可用于本过程的人际关系与团队技能包括（但不限于）：

- **冲突管理**。见 9.5.2.1 节。冲突管理有助于相关方就目标、成功标准、高层级需求、项目描述、总体里程碑和其他内容达成一致意见。

- **引导**。引导是指有效引导团队活动成功以达成决定、解决方案或结论的能力。引导者确保参与者有效参与，互相理解，考虑所有意见，按既定决策流程全力支持得到的结论或结果，以及所达成的行动计划和协议在之后得到合理执行。

- **会议管理**。见 10.2.2.6 节。会议管理包括准备议程、确保邀请每个关键相关方群体的代表，以及准备和发送后续的会议纪要和行动计划。

4.1.2.4 会议

在本过程中，与关键相关方举行会议的目的是识别项目目标、成功标准、主要可交付成果、高层级需求、总体里程碑和其他概述信息。

4.1.3 制定项目章程：输出

4.1.3.1 项目章程

项目章程是由项目启动者或发起人发布的，正式批准项目成立，并授权项目经理使用组织资源开展项目活动的文件。它记录了关于项目和项目预期交付的产品、服务或成果的高层级信息，例如：

- ◆ 项目目的；
- ◆ 可测量的项目目标和相关的成功标准；
- ◆ 高层级需求；
- ◆ 高层级项目描述、边界定义以及主要可交付成果；
- ◆ 整体项目风险；
- ◆ 总体里程碑进度计划；
- ◆ 预先批准的财务资源；
- ◆ 关键相关方名单；
- ◆ 项目审批要求（例如，用什么标准评价项目成功，由谁对项目成功下结论，由谁来签署项目结束）；
- ◆ 项目退出标准（例如，在何种条件下才能关闭或取消项目或阶段）；
- ◆ 委派的项目经理及其职责和职权；
- ◆ 发起人或其他批准项目章程的人员的姓名和职权。

项目章程确保相关方在总体上就主要可交付成果、里程碑以及每个项目参与者的角色和职责达成共识。

4.1.3.2 假设日志

通常，在项目启动之前编制商业论证时，识别高层级的战略和运营假设条件与制约因素。这些假设条件与制约因素应纳入项目章程。较低层级的活动和任务假设条件在项目期间随着诸如定义技术规范、估算、进度和风险等活动的开展而生成。假设日志用于记录整个项目生命周期中的所有假设条件和制约因素。

4.2 制定项目管理计划

制定项目管理计划是定义、准备和协调项目计划的所有组成部分，并把它们整合为一份综合项目管理计划的过程。本过程的主要作用是，生成一份综合文件，用于确定所有项目工作的基础及其执行方式，它仅开展一次或仅在项目的预定义点开展。图 4-4 描述本过程的输入、工具与技术和输出。图 4-5 是本过程的数据流向图。

制定项目管理计划

输入	工具与技术	输出
.1 项目章程 .2 其他过程的输出 .3 事业环境因素 .4 组织过程资产	.1 专家判断 .2 数据收集 • 头脑风暴 • 核对单 • 焦点小组 • 访谈 .3 人际关系与团队技能 • 冲突管理 • 引导 • 会议管理 .4 会议	.1 项目管理计划

图 4-4 制定项目管理计划：输入、工具与技术和输出

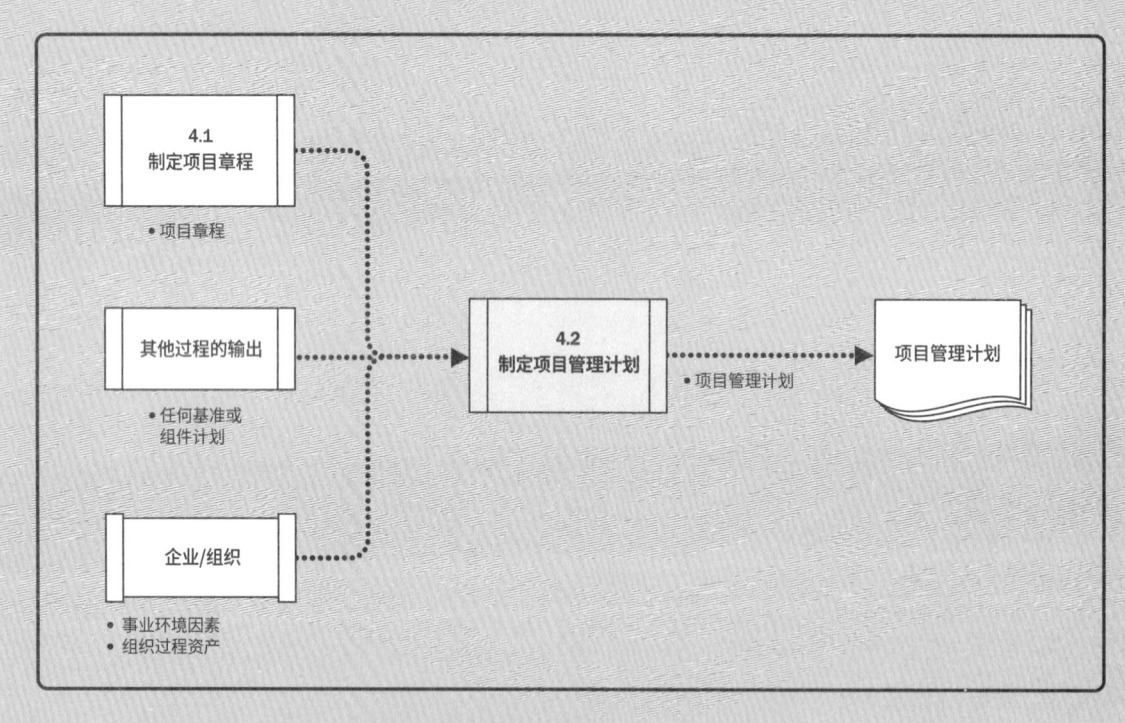

图 4-5 制定项目管理计划：数据流向图

项目管理计划确定项目的执行、监控和收尾方式，其内容会因项目所在的应用领域和复杂程度而异。

项目管理计划可以是概括或详细的，而每个组成部分的详细程度取决于具体项目的要求。项目管理计划应足够强大，可以应对不断变化的项目环境。这种敏捷性有利于随项目进展产出更准确的信息。

项目管理计划应基准化，即至少应规定项目的范围、时间和成本方面的基准，以便据此考核项目执行情况和管理项目绩效。在确定基准之前，可能要对项目管理计划进行多次更新，且这些更新无需遵循正式流程。但是，一旦确定了基准，就只能通过实施整体变更控制过程进行更新。在这种情况下，如果需要进行变更，应提出变更请求以待决定。这一过程将形成一份项目管理计划。在项目收尾之前，该计划需要通过不断更新来渐进明细，并且这些更新需要得到控制和批准。

对隶属于项目集或项目组合的项目，则应该制定与项目集或项目组合管理计划相一致的项目管理计划。例如，项目集管理计划中要求超过某一特定成本的所有变更都需要上报变更控制委员会（CCB）审查，在项目管理计划中就应该对审查流程和成本临界值做出相应规定。

4.2.1 制定项目管理计划：输入

4.2.1.1 项目章程

见 4.1.3.1 节。项目团队把项目章程作为初始项目规划的起始点。项目章程所包含的信息种类和数量因项目的复杂程度和已知的信息而异。在项目章程中至少应该定义项目的高层级信息，供将来在项目管理计划的各个组成部分中进一步细化。

4.2.1.2 其他过程的输出

创建项目管理计划需要整合诸多过程（如第 5 章至第 13 章所述）的输出。其他规划过程所输出的子计划和基准都是本过程的输入。此外，对这些子计划和基准的变更都可能导致对项目管理计划的相应更新。

4.2.1.3 事业环境因素

能够影响制定项目管理计划过程的事业环境因素包括（但不限于）：

- 政府或行业标准（如产品标准、质量标准、安全标准和工艺标准）；
- 法律法规要求和（或）制约因素；
- 垂直市场（如建筑）和（或）专门领域（如环境、安全、风险或敏捷软件开发）的项目管理知识体系；
- 组织的结构、文化、管理实践和可持续性；
- 组织治理框架（通过安排人员、制定政策和确定过程，以结构化的方式实施控制、指导和协调，以实现组织的战略和运营目标）；
- 基础设施（如现有的设施和固定资产）。

4.2.1.4 组织过程资产

能够影响制定项目管理计划过程的组织过程资产包括（但不限于）：

- 组织的标准政策、流程和程序。
- 项目管理计划模板，包括：
  - 根据项目的特定要求而裁剪组织的标准流程的指南和标准；
  - 项目收尾指南或要求，如产品确认及验收标准。
- 变更控制程序，包括修改正式的组织标准、政策、计划、程序或项目文件，以及批准和确认变更所须遵循的步骤。
- 监督和报告方法、风险控制程序，以及沟通要求。
- 以往类似项目的相关信息（如范围、成本、进度与绩效测量基准、项目日历、项目进度网络图和风险登记册）。
- 历史信息和经验教训知识库。

4.2.2 制定项目管理计划：工具与技术

4.2.2.1 专家判断

见 4.1.2.1 节。应该就以下主题，考虑具备相关专业知识或接受过相关培训的个人或小组的意见：

- 根据项目需要裁剪项目管理过程，包括这些过程间的依赖关系和相互影响，以及这些过程的主要输入和输出；
- 根据需要制定项目管理计划的附加组成部分；
- 确定这些过程所需的工具与技术；
- 编制应包括在项目管理计划中的技术与管理细节；
- 确定项目所需的资源与技能水平；
- 定义项目的配置管理级别；
- 确定哪些项目文件受制于正式的变更控制过程；
- 确定项目工作的优先级，确保把项目资源在合适的时间分配到合适的工作。

4.2.2.2 数据收集

可用于本过程的数据收集技术包括（但不限于）：

- **头脑风暴**。见 4.1.2.2 节。制定项目管理计划时，经常以头脑风暴的形式来收集关于项目方法的创意和解决方案。参会者包括项目团队成员，其他主题专家 (SME) 或相关方也可以参与。
- **核对单**。见 11.2.2.2 节。很多组织基于自身经验制定了标准化的核对单，或者采用所在行业的核对单。核对单可以指导项目经理制定计划或帮助检查项目管理计划是否包含所需全部信息。
- **焦点小组**。见 5.2.2.2 节。焦点小组召集相关方讨论项目管理方法以及项目管理计划各个组成部分的整合方式。
- **访谈**。见 5.2.2.2 节。访谈用于从相关方获取特定信息，用以制定项目管理计划、任何子计划或项目文件。

4.2.2.3 人际关系与团队技能

制定项目管理计划时需要的人际关系与团队技能包括:

- **冲突管理**。见 9.5.2.1 节。必要时可以通过冲突管理让具有差异性的相关方就项目管理计划的所有方面达成共识。
- **引导**。见 4.1.2.3 节。引导者确保参与者有效参与,互相理解,考虑所有意见,按既定决策流程全力支持得到的结论或结果。
- **会议管理**。见 10.2.2.6 节。有必要采用会议管理来确保有效召开多次会议,以便制定、统一和商定项目管理计划。

4.2.2.4 会议

在本过程中,可以通过会议讨论项目方法,确定为达成项目目标而采用的工作执行方式,以及制定项目监控方式。

项目开工会议通常意味着规划阶段结束和执行阶段开始,旨在传达项目目标、获得团队对项目的承诺,以及阐明每个相关方的角色和职责。开工会议可能在不同时间点举行,具体取决于项目的特征:

- 对于小型项目,通常由同一个团队开展项目规划和执行。这种情况下,项目在启动之后很快就会开工(规划过程组),因为执行团队参与了规划。
- 对于大型项目,通常由项目管理团队开展大部分规划工作。在初始规划工作完成、开发(执行)阶段开始时,项目团队其他成员才参与进来。这种情况下,将随同执行过程组的相关过程召开开工会议。

对于多阶段项目,通常在每个阶段开始时都要举行一次开工会议。

4.2.3 制定项目管理计划:输出

4.2.3.1 项目管理计划

项目管理计划是说明项目执行、监控和收尾方式的一份文件,它整合并综合了所有子管理计划和基准,以及管理项目所需的其他信息。究竟需要哪些项目管理计划组件,取决于具体项目的需求。

项目管理计划组件包括（但不限于）：

◆ **子管理计划：**
- *范围管理计划*。见 5.1.3.1 节。确定如何定义、制定、监督、控制和确认项目范围。
- *需求管理计划*。见 5.1.3.2 节。确定如何分析、记录和管理需求。
- *进度管理计划*。见 6.1.3.1 节。为编制、监督和控制项目进度建立准则并确定活动。
- *成本管理计划*。见 7.1.3.1 节。确定如何规划、安排和控制成本。
- *质量管理计划*。见 8.1.3.1 节。确定在项目中如何实施组织的质量政策、方法和标准。
- *资源管理计划*。见 9.1.3.1 节。指导如何对项目资源进行分类、分配、管理和释放。
- *沟通管理计划*。见 10.1.3.1 节。确定项目信息将如何、何时、由谁来进行管理和传播。
- *风险管理计划*。见 11.1.3.1 节。确定如何安排与实施风险管理活动。
- *采购管理计划*。见 12.1.3.1 节。确定项目团队将如何从执行组织外部获取货物和服务。
- *相关方参与计划*。见 13.2.3.1 节。确定如何根据相关方的需求、利益和影响让他们参与项目决策和执行。

◆ **基准：**
- *范围基准*。见 5.4.3.1 节。经过批准的范围说明书、工作分解结构 (WBS) 和相应的 WBS 词典，用作比较依据。
- *进度基准*。见 6.5.3.1 节。经过批准的进度模型，用作与实际结果进行比较的依据。
- *成本基准*。见 7.3.3.1 节。经过批准的、按时间段分配的项目预算，用作与实际结果进行比较的依据。

- ◆ **其他组件**。大多数项目管理计划组件都来自于其他过程，虽然有些组件是在本过程生成的。虽然在本过程生成的组件会因项目而异，但是通常包括（但不限于）：
    - *变更管理计划*。描述在整个项目期间如何正式审批和采纳变更请求。
    - *配置管理计划*。描述如何记录和更新项目的特定信息，以及该记录和更新哪些信息，以保持产品、服务或成果的一致性和（或）有效性。
    - *绩效测量基准*。经过整合的项目范围、进度和成本计划，用作项目执行的比较依据，以测量和管理项目绩效。
    - *项目生命周期*。描述项目从开始到结束所经历的一系列阶段。
    - *开发方法*。描述产品、服务或成果的开发方法，例如预测、迭代、敏捷或混合型模式。
    - *管理审查*。确定项目经理和有关相关方审查项目进展的时间点，以考核绩效是否符合预期，或者确定是否有必要采取预防或纠正措施。

项目管理计划是用于管理项目的主要文件之一。管理项目时还会使用其他项目文件。这些其他文件不属于项目管理计划，但它们也是实现高效管理所必需的文件。表 4-1 列出了主要的项目管理计划组件和项目文件。

表 4-1 项目管理计划和项目文件

项目管理计划	项目文件	
1. 范围管理计划	1. 活动属性	19. 质量控制测量结果
2. 需求管理计划	2. 活动清单	20. 质量测量指标
3. 进度管理计划	3. 假设日志	21. 质量报告
4. 成本管理计划	4. 估算依据	22. 需求文件
5. 质量管理计划	5. 变更日志	23. 需求跟踪矩阵
6. 资源管理计划	6. 成本估算	24. 资源分解结构
7. 沟通管理计划	7. 成本预测	25. 资源日历
8. 风险管理计划	8. 持续时间估算	26. 资源需求
9. 采购管理计划	9. 问题日志	27. 风险登记册
10. 相关方参与计划	10. 经验教训登记册	28. 风险报告
11. 变更管理计划	11. 里程碑清单	29. 进度数据
12. 配置管理计划	12. 实物资源分配单	30. 进度预测
13. 范围基准	13. 项目日历	31. 相关方登记册
14. 进度基准	14. 项目沟通记录	32. 团队章程
15. 成本基准	15. 项目进度计划	33. 测试与评估文件
16. 绩效测量基准	16. 项目进度网络图	
17. 项目生命周期描述	17. 项目范围说明书	
18. 开发方法	18. 项目团队派工单	

4.3 指导与管理项目工作

指导与管理项目工作是为实现项目目标而领导和执行项目管理计划中所确定的工作，并实施已批准变更的过程。本过程的主要作用是，对项目工作和可交付成果开展综合管理，以提高项目成功的可能性。本过程需要在整个项目期间开展。图 4-6 描述本过程的输入、工具与技术和输出。图 4-7 是本过程的数据流向图。

```
指导与管理项目工作

输入
.1 项目管理计划
   • 任何组件
.2 项目文件
   • 变更日志
   • 经验教训登记册
   • 里程碑清单
   • 项目沟通记录
   • 项目进度计划
   • 需求跟踪矩阵
   • 风险登记册
   • 风险报告
.3 批准的变更请求
.4 事业环境因素
.5 组织过程资产

工具与技术
.1 专家判断
.2 项目管理信息系统
.3 会议

输出
.1 可交付成果
.2 工作绩效数据
.3 问题日志
.4 变更请求
.5 项目管理计划更新
   • 任何组件
.6 项目文件更新
   • 活动清单
   • 假设日志
   • 经验教训登记册
   • 需求文件
   • 风险登记册
   • 相关方登记册
.7 组织过程资产更新
```

图 4-6 指导与管理项目工作：输入、工具与技术和输出

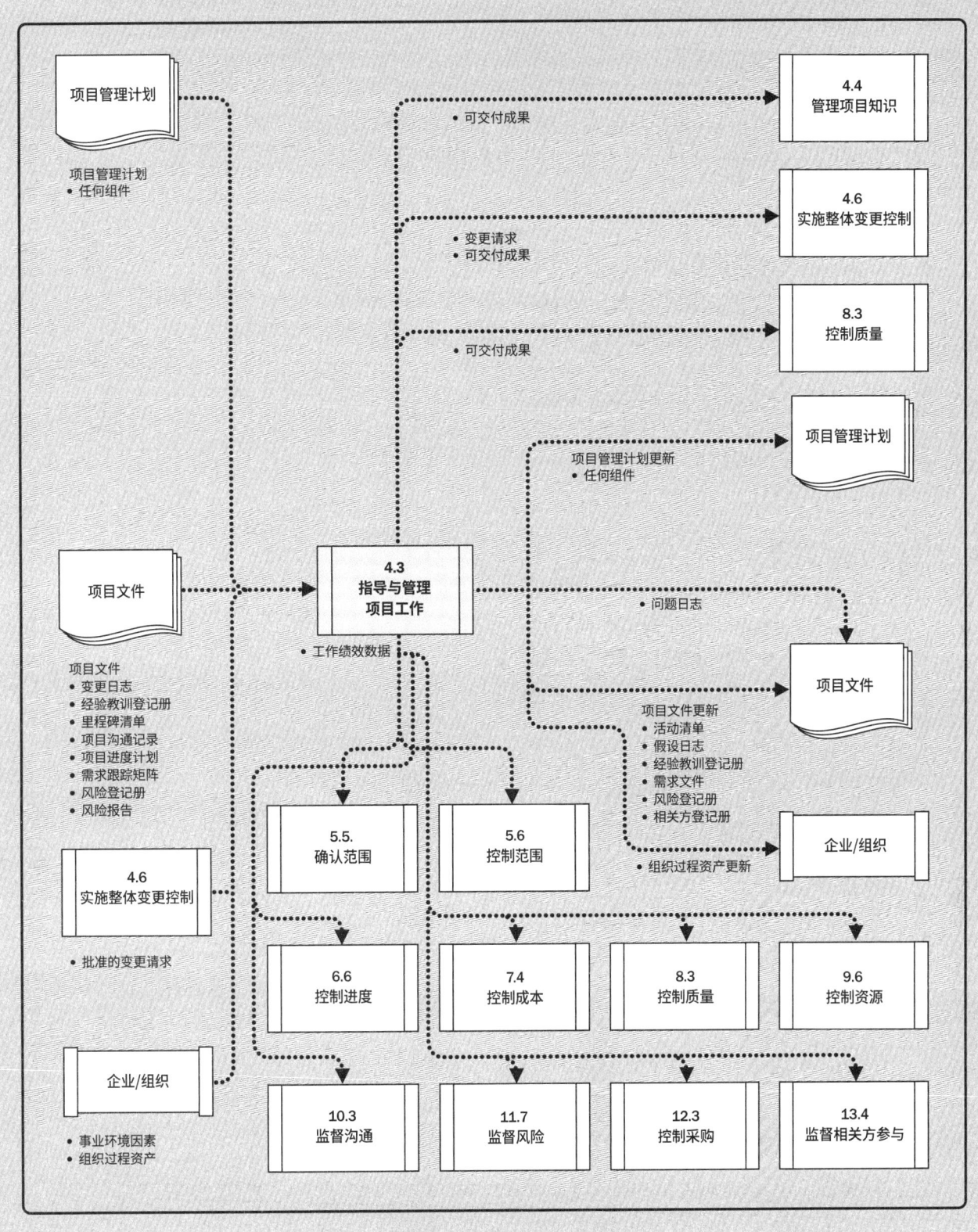

图 4-7 指导与管理项目工作：数据流向图

指导与管理项目工作包括执行计划的项目活动，以完成项目可交付成果并达成既定目标。本过程需要分配可用资源并管理其有效使用，也需要执行因分析工作绩效数据和信息而提出的项目计划变更。指导与管理项目工作过程会受项目所在应用领域的直接影响，按项目管理计划中的规定，开展相关过程，完成项目工作，并产出可交付成果。

项目经理与项目管理团队一起指导实施已计划好的项目活动，并管理项目内的各种技术接口和组织接口。指导与管理项目工作还要求回顾所有项目变更的影响，并实施已批准的变更，包括纠正措施、预防措施和（或）缺陷补救。

在项目执行过程中，收集工作绩效数据并传达给合适的控制过程做进一步分析。通过分析工作绩效数据，得到关于可交付成果的完成情况以及与项目绩效相关的其他细节，工作绩效数据也用作监控过程组的输入，并可作为反馈输入到经验教训库，以改善未来工作包的绩效。

4.3.1 指导与管理项目工作：输入

4.3.1.1 项目管理计划

见 4.2.3.1 节。项目管理计划的任何组件都可用作本过程的输入。

4.3.1.2 项目文件

可作为本过程输入的项目文件包括（但不限于）：

- **变更日志**。见 4.6.3.3 节。变更日志记录所有变更请求的状态。
- **经验教训登记册**。见 4.4.3.1 节。经验教训用于改进项目绩效，以免重犯错误。登记册有助于确定针对哪些方面设定规则或指南，以使团队行动保持一致。
- **里程碑清单**。见 6.2.3.3 节。里程碑清单列出特定里程碑的计划实现日期。
- **项目沟通记录**。见 10.2.3.1 节。项目沟通记录包含绩效报告、可交付成果的状态，以及项目生成的其他信息。

- **项目进度计划。**见 6.5.3.2 节。进度计划至少包含工作活动清单、持续时间、资源，以及计划的开始与完成日期。
- **需求跟踪矩阵。**见 5.2.3.2 节。需求跟踪矩阵把产品需求连接到相应的可交付成果，有助于把关注点放在最终结果上。
- **风险登记册。**见 11.2.3.1 节。风险登记册提供可能影响项目执行的各种威胁和机会的信息。
- **风险报告。**见 11.2.3.2 节。风险报告提供关于整体项目风险来源的信息，以及关于已识别单个项目风险的概括信息。

4.3.1.3 批准的变更请求

见 4.6.3.1 节。批准的变更请求是实施整体变更控制过程的输出，包括经项目经理或变更控制委员会 (CCB)（必要时）审查和批准的变更请求。批准的变更请求可能是纠正措施、预防措施或缺陷补救，并由项目团队纳入项目进度计划付诸实施。批准的变更请求可能对项目或项目管理计划的任一领域产生影响，还可能导致修改正式受控的项目管理计划组件或项目文件。

4.3.1.4 事业环境因素

能够影响指导与管理项目工作过程的事业环境因素包括（但不限于）：

- 组织的结构、文化、管理实践和可持续性；
- 基础设施（如现有的设施和固定资产）；
- 相关方的风险临界值（如允许的成本超支百分比）。

4.3.1.5 组织过程资产

能够影响指导与管理项目工作过程的组织过程资产包括（但不限于）：

- 组织的标准政策、流程和程序；
- 问题与缺陷管理程序，用于定义问题与缺陷控制、问题与缺陷识别及其解决，以及行动事项跟踪；
- 问题与缺陷管理数据库，包括历史问题与缺陷状态、问题和缺陷解决情况，以及行动事项的结果；
- 绩效测量数据库，用来收集与提供过程和产品的测量数据；
- 变更控制和风险控制程序；
- 以往项目的项目信息（如范围、成本、进度与绩效测量基准，项目日历，项目进度网络图，风险登记册，风险报告以及经验教训知识库）。

4.3.2 指导与管理项目工作：工具与技术

4.3.2.1 专家判断

见4.1.2.1节。应该就以下主题，考虑具备相关专业知识或接受过相关培训的个人或小组的意见：

- 关于项目所在的行业以及项目关注的领域的技术知识；
- 成本和预算管理；
- 法规与采购；
- 法律法规；
- 组织治理。

4.3.2.2 项目管理信息系统 (PMIS)

PMIS 提供信息技术 (IT) 软件工具，例如进度计划软件工具、工作授权系统、配置管理系统、信息收集与发布系统，以及进入其他在线自动化系统（如公司知识库）的界面。自动收集和报告关键绩效指标（KPI）可以是本系统的一项功能。

4.3.2.3 会议

在指导与管理项目工作时，可以通过会议来讨论和解决项目的相关事项。参会者可包括项目经理、项目团队成员，以及与所讨论事项相关或会受该事项影响的相关方。应该明确每个参会者的角色，确保有效参会。会议类型包括（但不限于）：开工会议、技术会议、敏捷或迭代规划会议、每日站会、指导小组会议、问题解决会议、进展跟进会议以及回顾会议。

4.3.3 指导与管理项目工作：输出

4.3.3.1 可交付成果

可交付成果是在某一过程、阶段或项目完成时，必须产出的任何独特并可核实的产品、成果或服务能力。它通常是项目结果，并可包括项目管理计划的组成部分。

一旦完成了可交付成果的第一个版本，就应该执行变更控制。用配置管理工具和程序来支持对可交付成果（如文件、软件和构件）的多个版本的控制。

4.3.3.2 工作绩效数据

工作绩效数据是在执行项目工作的过程中，从每个正在执行的活动中收集到的原始观察结果和测量值。数据通常是最低层次的细节，将交由其他过程从中提炼出信息。在工作执行过程中收集数据，再交由控制过程做进一步分析。

例如，工作绩效数据包括已完成的工作、关键绩效指标(KPI)、技术绩效测量结果、进度活动的实际开始日期和完成日期、已完成的故事点、可交付成果状态、进度进展情况、变更请求的数量、缺陷的数量、实际发生的成本、实际持续时间等。

4.3.3.3 问题日志

在整个项目生命周期中，项目经理通常会遇到问题、差距、不一致或意外冲突。项目经理需要采取某些行动加以处理，以免影响项目绩效。问题日志是一种记录和跟进所有问题的项目文件，所需记录和跟进的内容可能包括：

- ◆ 问题类型；
- ◆ 问题提出者和提出时间；
- ◆ 问题描述；
- ◆ 问题优先级；
- ◆ 由谁负责解决问题；
- ◆ 目标解决日期；
- ◆ 问题状态；
- ◆ 最终解决情况。

问题日志可以帮助项目经理有效跟进和管理问题，确保它们得到调查和解决。作为本过程的输出，问题日志被首次创建，尽管在项目期间任何时候都可能发生问题。在整个项目生命周期应该随同监控活动更新问题日志。

4.3.3.4 变更请求

变更请求是关于修改任何文件、可交付成果或基准的正式提议。如果在开展项目工作时发现问题，就可提出变更请求，对项目政策或程序、项目或产品范围、项目成本或预算、项目进度计划、项目或成果质量进行修改。其他变更请求包括必要的预防措施或纠正措施，用来防止以后的不利后果。任何项目相关方都可以提出变更请求，应该通过实施整体变更控制过程（见 4.6 节）对变更请求进行审查和处理。变更请求源自项目内部或外部，是可选或由法律（合同）强制的。变更请求可能包括：

- ◆ **纠正措施**。为使项目工作绩效重新与项目管理计划一致，而进行的有目的的活动。
- ◆ **预防措施**。为确保项目工作的未来绩效符合项目管理计划，而进行的有目的的活动。
- ◆ **缺陷补救**。为了修正不一致产品或产品组件的有目的的活动。
- ◆ **更新**。对正式受控的项目文件或计划等进行的变更，以反映修改或增加的意见或内容。

4.3.3.5 项目管理计划更新

项目管理计划的任何变更都以变更请求的形式提出，且通过组织的变更控制过程进行处理。项目管理计划的任一组成部分都可在本过程中通过变更请求加以更新。

4.3.3.6 项目文件更新

可在本过程更新的项目文件包括（但不限于）：

◆ **活动清单**。见 6.2.3.1 节。为完成项目工作，可以通过增加或修改活动来更新活动清单。

◆ **假设日志**。见 4.1.3.2 节。可以增加新的假设条件和制约因素，也可以更新或关闭已有的假设条件和制约因素。

◆ **经验教训登记册**。见 4.4.3.1 节。任何有助于提高当前或未来项目绩效的经验教训都应得到及时记录。

◆ **需求文件**。见 5.2.3.1 节。在本过程中可以识别新的需求，也可以适时更新需求的实现情况。

◆ **风险登记册**。见 11.2.3.1 节。在本过程中可以识别新的风险，也可以更新现有风险。风险登记册用于在风险管理过程中记录风险。

◆ **相关方登记册**。见 13.1.3.1 节。如果在本过程中收集到了现有或新相关方的更多信息，则记录到相关方登记册中。

4.3.3.7 组织过程资产更新

可在本过程更新任何组织过程资产。

4.4 管理项目知识

管理项目知识是使用现有知识并生成新知识,以实现项目目标,并且帮助组织学习的过程。本过程的主要作用是,利用已有的组织知识来创造或改进项目成果,并且使当前项目创造的知识可用于支持组织运营和未来的项目或阶段。本过程需要在整个项目期间开展。图 4-8 描述本过程的输入、工具以及技术和输出。图 4-9 是本过程的数据流向图。

管理项目知识		
输入	**工具与技术**	**输出**
.1 项目管理计划 • 所有组件 .2 项目文件 • 经验教训登记册 • 项目团队派工单 • 资源分解结构 • 相关方登记册 .3 可交付成果 .4 事业环境因素 .5 组织过程资产	.1 专家判断 .2 知识管理 .3 信息管理 .4 人际关系与团队技能 • 积极倾听 • 引导 • 领导力 • 人际交往 • 政治意识	.1 经验教训登记册 .2 项目管理计划更新 • 任何组件 .3 组织过程资产更新

图 4-8 管理项目知识:输入、工具与技术和输出

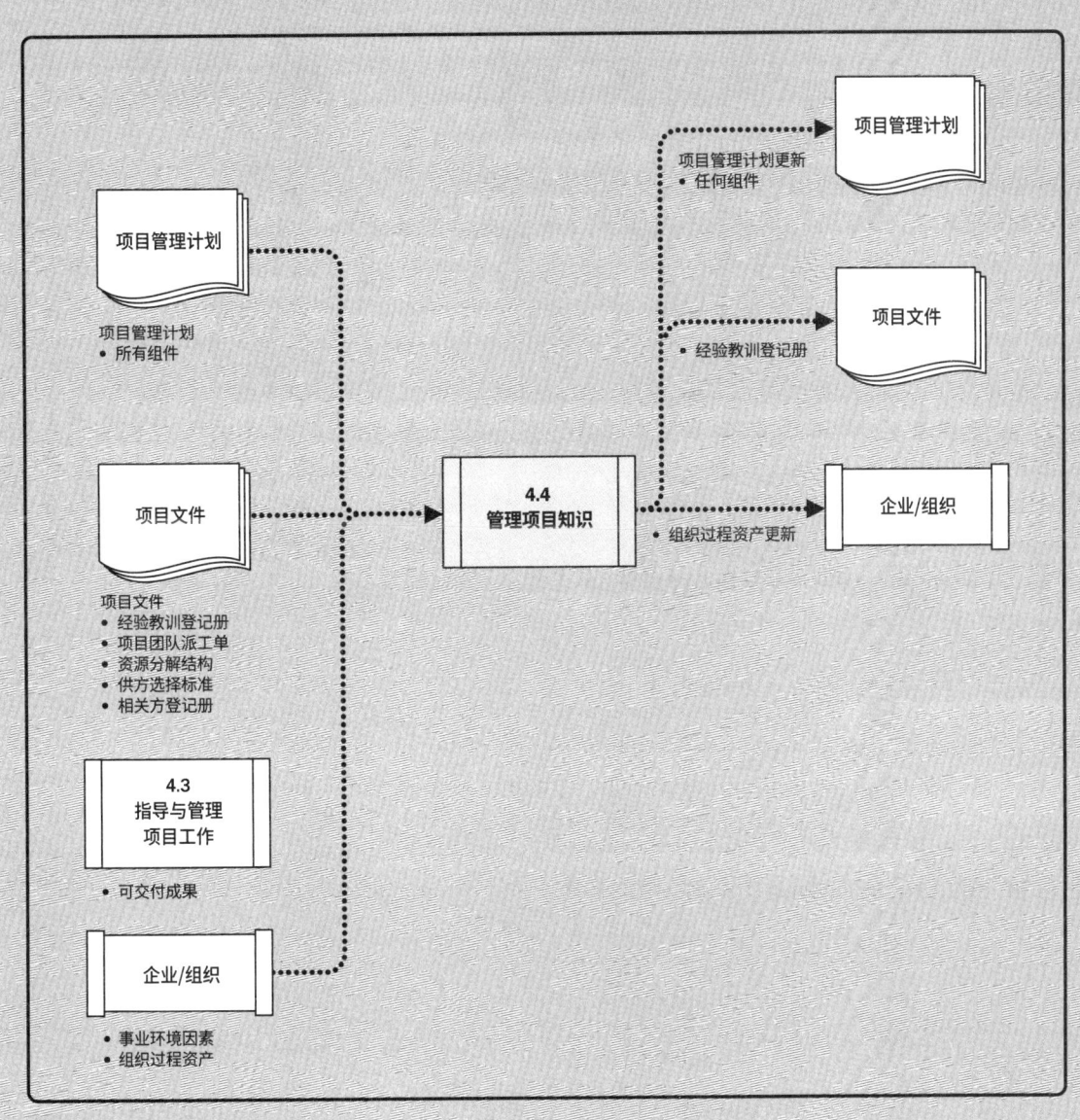

图 4-9 管理项目知识：数据流向图

知识通常分为"显性知识"（易使用文字、图片和数字进行编撰的知识）和"隐性知识"（个体知识以及难以明确表达的知识，如信念、洞察力、经验和"诀窍"）两种。知识管理指管理显性和隐性知识，旨在重复使用现有知识并生成新知识。有助于达成这两个目的的关键活动是知识分享和知识集成（不同领域的知识、情境知识和项目管理知识）。

一个常见误解是，知识管理只是将知识记录下来用于分享；另一种常见误解是，知识管理只是在项目结束时总结经验教训，以供未来项目使用。这样的话，只有经编撰的显性知识可以得到分享。因为显性知识缺乏情境，可作不同解读，所以，虽易分享，但无法确保正确理解或应用。隐性知识虽蕴含情境，却很难编撰。它存在于专家个人的思想中，或者存在于社会团体和情境中，通常经由人际交流和互动来分享。

从组织的角度来看，知识管理指的是确保项目团队和其他相关方的技能、经验和专业知识在项目开始之前、开展期间和结束之后得到运用。因为知识存在于人们的思想中，且无法强迫人们分享自己的知识或关注他人的知识，所以，知识管理最重要的环节就是营造一种相互信任的氛围，激励人们分享知识或关注他人的知识。如果不激励人们分享知识或关注他人的知识，即便最好的知识管理工具和技术也无法发挥作用。在实践中，联合使用知识管理工具和技术（用于人际互动）以及信息管理工具和技术（用于编撰显性知识）来分享知识。

4.4.1 管理项目知识：输入

4.4.1.1 项目管理计划

见 4.2.3.1 节。项目管理计划的所有组成部分均为本过程的输入。

4.4.1.2 项目文件

可作为本过程输入的项目文件包括（但不限于）：

- **经验教训登记册**。见 4.4.3.1 节。经验教训登记册提供了有效的知识管理实践。
- **项目团队派工单**。见 9.3.3.1 节。项目团队派工单说明了项目已具有的能力和经验以及可能缺乏的知识。
- **资源分解结构**。见 9.2.3.3 节。资源分解结构包含有关团队组成的信息，有助于了解团队拥有和缺乏的知识。
- **相关方登记册**。见 13.1.3.1 节。相关方登记册包含已识别的相关方的详细情况，有助于了解他们可能拥有的知识。

4.4.1.3 可交付成果

可交付成果是在某一过程、阶段或项目完成时，必须产出的任何独特并可核实的产品、成果或服务能力。它通常是为实现项目目标而完成的有形的组成部分，并可包括项目管理计划的组成部分。

4.4.1.4 事业环境因素

能够影响管理项目知识过程的事业环境因素包括（但不限于）：

- **组织文化、相关方文化和客户文化**。相互信任的工作关系和互不指责的文化对知识管理尤其重要。其他因素则包括赋予学习的价值和社会行为规范。
- **设施和资源的地理分布**。团队成员所在的位置有助于确定收集和分享知识的方法。
- **组织中的知识专家**。有些组织拥有专门从事知识管理的团队或员工。
- **法律法规要求和（或）制约因素**。包括对项目信息的保密性要求。

4.4.1.5 组织过程资产

与项目管理有关的知识往往内嵌于工作过程和例行工作中。能够影响管理项目知识过程的组织过程资产包括（但不限于）：

- **组织的标准政策、流程和程序。** 可能包括：信息的保密性和获取渠道、安全与数据保护、记录保留政策、版权信息的使用、机密信息的销毁、文件格式和最大篇幅、注册数据和元数据、授权使用的技术和社交媒体等。
- **人事管理制度。** 包括员工发展与培训记录以及关于知识分享行为的能力框架。
- **组织对沟通的要求。** 正式且严格的沟通要求有利于信息分享。对于生成新知识和整合不同相关方群体的知识，非正式沟通更加有效。
- **正式的知识分享和信息分享程序。** 包括项目和项目阶段开始之前、开展期间和结束之后的学习回顾，例如识别、吸取和分享从当前项目和其他项目获得的经验教训。

4.4.2 管理项目知识：工具与技术

4.4.2.1 专家判断

见 4.1.2.1 节。应该就以下主题，考虑具备相关专业知识或接受过相关培训的个人或小组的意见：

- 知识管理；
- 信息管理；
- 组织学习；
- 知识和信息管理工具；
- 来自其他项目的相关信息。

4.4.2.2 知识管理

知识管理工具和技术将员工联系起来，使他们能够合作生成新知识、分享隐性知识，以及集成不同团队成员所拥有的知识。适用于项目的工具和技术取决于项目的性质，尤其是创新程度、项目复杂性，以及团队的多元化（包括学科背景多元化）程度。

工具和技术包括（但不限于）：

- 人际交往，包括非正式的社交和在线社交。可以进行开放式提问（如"谁知道……？"）的在线论坛有助于与专家进行知识分享对话；
- 实践社区（有时称为"兴趣社区"或"社区"）和特别兴趣小组；
- 会议，包括使用通信技术进行互动的虚拟会议；
- 工作跟随和跟随指导；
- 讨论论坛，如焦点小组；
- 知识分享活动，如专题讲座和会议；
- 研讨会，包括问题解决会议和经验教训总结会议；
- 讲故事；
- 创造力和创意管理技术；
- 知识展会和茶座；
- 交互式培训。

可以通过面对面和（或）虚拟方式来应用所有这些工具和技术。通常，面对面互动最有利于建立知识管理所需的信任关系。一旦信任关系建立，可以用虚拟互动来维护这种信任关系。

4.4.2.3 信息管理

信息管理工具和技术用于创造信息并建立人们与信息之间的联系。它们可用于有效分享简单、明确并经编撰的显性知识，包括(但不限于)：

- 编撰显性知识的方法，例如，如何确定经验教训登记册的条目；
- 经验教训登记册；
- 图书馆服务；
- 信息收集，例如搜索网络和阅读已发表的文章；
- 项目管理信息系统 (PMIS)。见 4.3.2.2 节。项目管理信息系统通常包括文档管理系统。

通过增加互动要素，如"与我联系"的功能，使用户能够与经验教训发帖者联系，并向其寻求与特定项目和情境有关的建议。这样一来，就能够强化信息管理工具和技术的使用。

互动和支持也有助于人们找到相关信息。相比搜索关键词，直接询问通常是一种更轻松快捷的方式。搜索关键词经常难以使用，因为人们可能不知道选择什么样的关键词或关键短语才能找到所需的信息。

知识和信息管理工具与技术应与项目过程和过程责任人相对应。例如，实践社区和主题专家(SME)可以提供见解，帮助改善控制过程；而设置内部发起人可以确保改善措施得到执行。可以分析经验教训登记册的条目来识别通过项目程序变更能够解决的常见问题。

4.4.2.4 人际关系与团队技能

可用于本过程的人际关系与团队技能包括（但不限于）：

- **积极倾听**。见 10.2.2.6 节。积极倾听有助于减少误解并促进沟通和知识分享。
- **引导**。见 4.1.2.3 节。引导有助于有效指引团队成功地达成决定、解决方案或结论。
- **领导力**。见 3.4.4 节。领导力可帮助沟通愿景并鼓舞项目团队关注合适的知识和知识目标。
- **人际交往**。见 10.2.2.6 节。人际交往促使项目相关方之间建立非正式的联系和关系，为显性和隐性知识的分享创造条件。
- **政治意识**。见 10.1.2.6 节。政治意识有助于项目经理根据项目环境和组织的政治环境规划沟通。

4.4.3 管理项目知识：输出

4.4.3.1 经验教训登记册

经验教训登记册可以包含情况的类别和描述，经验教训登记册还可包括与情况相关的影响、建议和行动方案。经验教训登记册可以记录遇到的挑战、问题、意识到的风险和机会，或其他适用的内容。

经验教训登记册在项目早期创建，作为本过程的输出。因此，在整个项目期间，它可以作为很多过程的输入，也可以作为输出而不断更新。参与工作的个人和团队也参与记录经验教训。可以通过视频、图片、音频或其他合适的方式记录知识，确保有效吸取经验教训。

在项目或阶段结束时，把相关信息归入经验教训知识库，成为组织过程资产的一部分。

4.4.3.2 项目管理计划更新

项目管理计划的任何变更都以变更请求的形式提出，且通过组织的变更控制过程进行处理。项目管理计划的任一组成部分都可在本过程中更新。

4.4.3.3 组织过程资产更新

所有项目都会生成新知识。通过管理项目知识过程，某些新知识被编撰，被嵌入可交付成果，或者被用于改进过程和程序。在本过程中，也可以首次编撰或使用现有知识，例如，关于新程序的现有想法在本项目中试用并获得成功。

可在本过程更新任一组织过程资产。

4.5 监控项目工作

监控项目工作是跟踪、审查和报告整体项目进展，以实现项目管理计划中确定的绩效目标的过程。本过程的主要作用是，让相关方了解项目的当前状态并认可为处理绩效问题而采取的行动，以及通过成本和进度预测，让相关方了解未来项目状态。本过程需要在整个项目期间开展。图 4-10 描述本过程的输入、工具与技术和输出。图 4-11 是本过程的数据流向图。

输入	工具与技术	输出
.1 项目管理计划 　• 任何组件 .2 项目文件 　• 假设日志 　• 估算依据 　• 成本预测 　• 问题日志 　• 经验教训登记册 　• 里程碑清单 　• 质量报告 　• 风险登记册 　• 风险报告 　• 进度预测 .3 工作绩效信息 .4 协议 .5 事业环境因素 .6 组织过程资产	.1 专家判断 .2 数据分析 　• 备选方案分析 　• 成本效益分析 　• 挣值分析 　• 根本原因分析 　• 趋势分析 　• 偏差分析 .3 决策 .4 会议	.1 工作绩效报告 .2 变更请求 .3 项目管理计划更新 　• 任何组件 .4 项目文件更新 　• 成本预测 　• 问题日志 　• 经验教训登记册 　• 风险登记册 　• 进度预测

图 4-10 监控项目工作：输入、工具与技术和输出

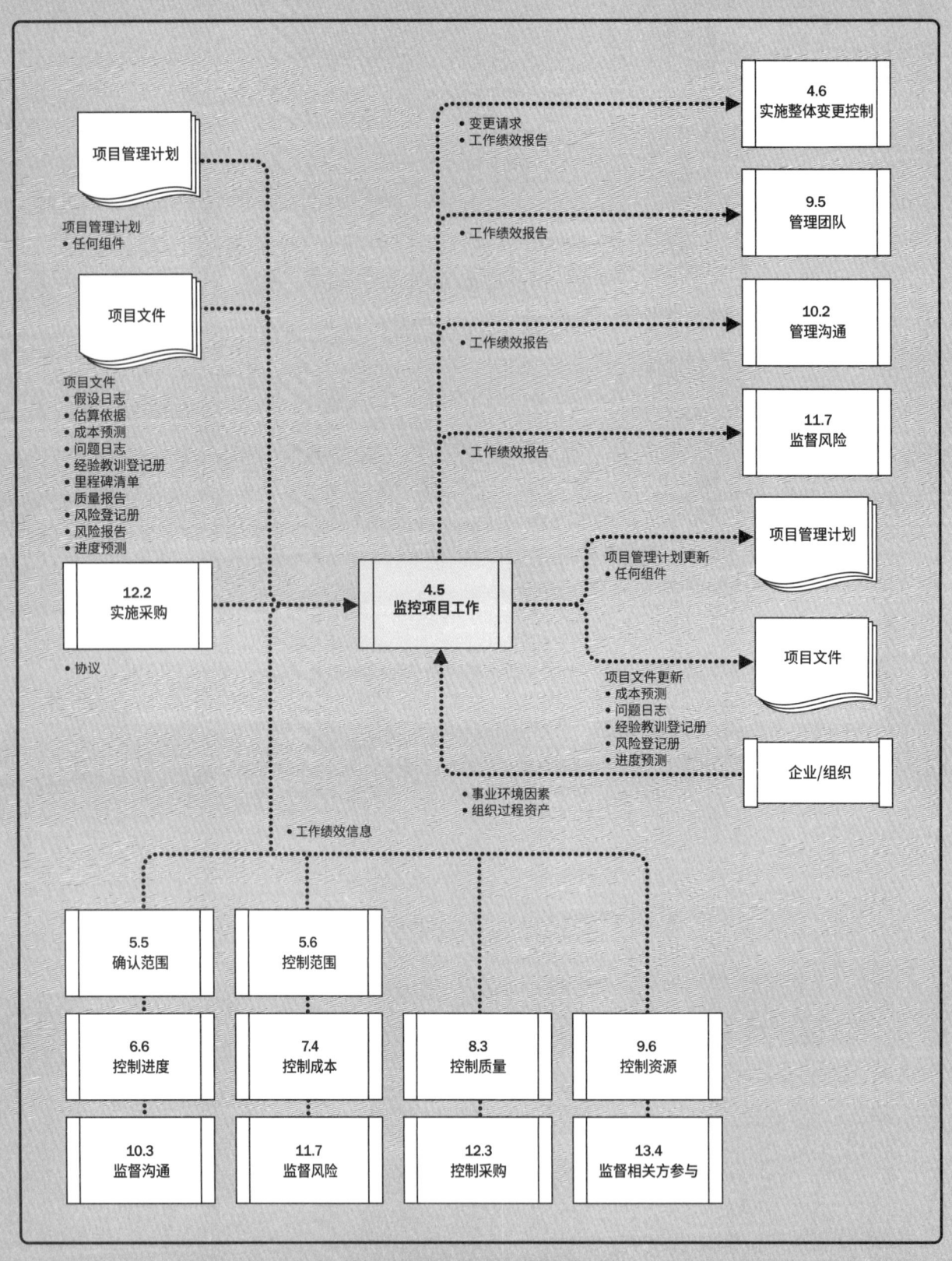

图 4-11 监控项目工作：数据流向图

监督是贯穿于整个项目的项目管理活动之一，包括收集、测量和分析测量结果，以及预测趋势，以便推动过程改进。持续的监督使项目管理团队能洞察项目的健康状况，并识别须特别关注的任何方面。控制包括制定纠正或预防措施或重新规划，并跟踪行动计划的实施过程，以确定它们能否有效解决问题。监控项目工作过程关注：

◆ 把项目的实际绩效与项目管理计划进行比较；

◆ 定期评估项目绩效，决定是否需要采取纠正或预防措施，并推荐必要的措施；

◆ 检查单个项目风险的状态；

◆ 在整个项目期间，维护一个准确且及时更新的信息库，以反映项目产品及相关文件的情况；

◆ 为状态报告、进展测量和预测提供信息；

◆ 做出预测，以更新当前的成本与进度信息；

◆ 监督已批准变更的实施情况；

◆ 如果项目是项目集的一部分，还应向项目集管理层报告项目进展和状态；

◆ 确保项目与商业需求保持一致。

4.5.1 监控项目工作：输入

4.5.1.1 项目管理计划

见 4.2.3.1 节。监控项目工作包括查看项目的各个方面。项目管理计划的任一组成部分都可作为本过程的输入。

4.5.1.2 项目文件

可用于本过程输入的项目文件包括（但不限于）：

- **假设日志**。见 4.1.3.2 节。假设日志包含会影响项目的假设条件和制约因素的信息。

- **估算依据**。见 6.4.3.2 节和 7.2.3.2 节。估算依据说明不同估算是如何得出的，用于决定如何应对偏差。

- **成本预测**。见 7.4.3.2 节。成本预测基于项目以往的绩效，用于确定项目是否仍处于预算的公差区间内，并识别任何必要的变更。

- **问题日志**。见 4.3.3.3 节。问题日志用于记录和监督由谁负责在目标日期内解决特定问题。

- **经验教训登记册**。见 4.4.3.1 节。经验教训登记册可能包含应对偏差的有效方式以及纠正措施和预防措施。

- **里程碑清单**。见 6.2.3.3 节。里程碑清单列出特定里程碑的实现日期，用于检查是否达到计划的里程碑。

- **质量报告**。见 8.2.3.1 节。质量报告包含质量管理问题，针对过程、项目和产品的改善建议，纠正措施建议（包括返工、缺陷或漏洞补救、100% 检查等），以及在控制质量过程中发现的情况的概述。

- **风险登记册**。见 11.2.3.1 节。风险登记册提供在项目执行过程中发生的各种威胁和机会的相关信息。

- **风险报告**。见 11.2.3.2 节。风险报告提供关于整体项目风险和单个风险的信息。

- **进度预测**。见 6.6.3.2 节。进度预测基于项目以往的绩效，用于确定项目是否仍处于进度的公差区间内，并识别任何必要的变更。

4.5.1.3 工作绩效信息

在工作执行过程中收集工作绩效数据，再交由控制过程做进一步分析。将工作绩效数据与项目管理计划组件、项目文件和其他项目变量比较之后生成工作绩效信息。通过这种比较可以了解项目的执行情况。

在项目开始时，就在项目管理计划中规定关于范围、进度、预算和质量的具体工作绩效测量指标。项目期间通过控制过程收集绩效数据，与计划和其他变量比较，为工作绩效提供背景。

例如，关于成本的工作绩效数据可能包含已支出的资金，但必须与预算、已执行的工作、用于完成工作的资源以及资金使用计划比较之后才能有用。这些附加信息为确定项目是否符合预算或是否存在偏差提供了相应的情境，并有助于了解偏差的严重程度。通过与项目管理计划中的偏差临界值进行比较，就可以确定是否需要采取预防或纠正措施。对工作绩效数据和附加信息进行综合分析，可以为项目决策提供可靠的基础。

4.5.1.4 协议

见 12.2.3.2 节。采购协议中包括条款和条件，也可包括其他条目，如买方就卖方应实施的工作或应交付的产品所做的规定。如果项目将部分工作外包出去，项目经理需要监督承包商的工作，确保所有协议都符合项目的特定要求，以及组织的采购政策。

4.5.1.5 事业环境因素

能够影响监控项目工作过程的事业环境因素包括（但不限于）：

- ◆ 项目管理信息系统，例如进度、成本、资源工具、绩效指标、数据库、项目记录和财务数据；
- ◆ 基础设施（如现有设施、设备、组织通讯渠道）；
- ◆ 相关方的期望和风险临界值；
- ◆ 政府或行业标准（如监管机构条例、产品标准、质量标准和工艺标准）。

4.5.1.6 组织过程资产

能够影响监控项目工作过程的组织过程资产包括（但不限于）：

- ◆ 组织的标准政策、流程和程序；
- ◆ 财务控制程序（如必需的费用与支付审查、会计编码及标准合同条款等）；
- ◆ 监督和报告方法；
- ◆ 问题管理程序，用于定义问题控制、问题识别及其解决，以及行动事项跟踪；
- ◆ 缺陷管理程序，用于定义缺陷控制、缺陷识别及其解决，以及行动事项跟踪；
- ◆ 组织知识库，尤其是过程测量和经验教训知识库。

4.5.2 监控项目工作：工具与技术

4.5.2.1 专家判断

见 4.1.2.1 节。应该就以下主题，考虑具备相关专业知识或接受过相关培训的个人或小组的意见：

- ◆ 挣值分析；
- ◆ 数据的解释和情境化；
- ◆ 持续时间和成本的估算技术；
- ◆ 趋势分析；
- ◆ 关于项目所在的行业以及项目关注的领域的技术知识；
- ◆ 风险管理；
- ◆ 合同管理。

4.5.2.2 数据分析

可用于本过程的数据分析技术包括（但不限于）：

- **备选方案分析**。备选方案分析用于在出现偏差时选择要执行的纠正措施或纠正措施和预防措施的组合。
- **成本效益分析**。见 8.1.2.3 节。成本效益分析有助于在项目出现偏差时确定最节约成本的纠正措施。
- **挣值分析**。见 7.4.2.2 节。挣值分析对范围、进度和成本绩效进行了综合分析。
- **根本原因分析**。见 8.2.2.2 节。根本原因分析关注识别问题的主要原因，它可用于识别出现偏差的原因以及项目经理为达成项目目标应重点关注的领域。
- **趋势分析**。趋势分析根据以往结果预测未来绩效，它可以预测项目的进度延误，提前让项目经理意识到，按照既定趋势发展，后期进度可能出现的问题。应该在足够早的项目时间进行趋势分析，使项目团队有时间分析和纠正任何异常。可以根据趋势分析的结果，提出必要的预防措施建议。
- **偏差分析**。偏差分析审查目标绩效与实际绩效之间的差异（或偏差），可涉及持续时间估算、成本估算、资源使用、资源费率、技术绩效和其他测量指标。

可以在每个知识领域，针对特定变量，开展偏差分析。在监控项目工作过程中，通过偏差分析对成本、时间、技术和资源偏差进行综合分析，以了解项目的总体偏差情况。这样就便于采取合适的预防或纠正措施。

4.5.2.3 决策

可用于本过程的决策技术包括（但不限于）投票。如 5.2.2.4 所述，投票可以包括用下列方法进行决策：一致同意、大多数同意或相对多数原则。

4.5.2.4 会议

会议可以是面对面或虚拟会议，正式或非正式会议。参会者可以包括项目团队成员和其他合适的项目相关方；会议的类型包括（但不限于）用户小组会议和用户审查会议。

4.5.3 监控项目工作：输出

4.5.3.1 工作绩效报告

工作绩效信息可以用实体或电子形式加以合并、记录和分发。基于工作绩效信息，以实体或电子形式编制工作绩效报告，以制定决策、采取行动或引起关注。根据项目沟通管理计划，通过沟通过程向项目相关方发送工作绩效报告。

工作绩效报告的示例包括状态报告和进展报告。工作绩效报告可以包含挣值图表和信息、趋势线和预测、储备燃尽图、缺陷直方图、合同绩效信息和风险情况概述。可以表现为有助于引起关注、制定决策和采取行动的仪表指示图、热点报告、信号灯图或其他形式。

4.5.3.2 变更请求

见 4.3.3.4 节。通过比较实际情况与计划要求，可能需要提出变更请求，来扩大、调整或缩小项目范围与产品范围，或者提高、调整或降低质量要求和进度或成本基准。变更请求可能导致需要收集和记录新的需求。变更可能会影响项目管理计划、项目文件或产品可交付成果。应该通过实施整体变更控制过程（见 4.6 节）对变更请求进行审查和处理。变更可能包括（但不限于）：

- **纠正措施**。为使项目工作绩效重新与项目管理计划一致，而进行的有目的的活动。
- **预防措施**。为确保项目工作的未来绩效符合项目管理计划，而进行的有目的的活动。
- **缺陷补救**。为了修正不一致产品或产品组件而进行的有目的的活动。

4.5.3.3 项目管理计划更新

项目管理计划的任何变更都以变更请求的形式提出，且通过组织的变更控制过程进行处理。在监控项目工作过程中提出的变更可能会影响整体项目管理计划。

4.5.3.4 项目文件更新

可在本过程更新的项目文件包括（但不限于）：

- **成本预测**。见 7.4.3.2 节。本过程引起的成本预测的变更应通过成本管理过程进行记录。
- **问题日志**。见 4.3.3.3 节。在本过程中产生的新问题应该记录到问题日志中。
- **经验教训登记册**。见 4.4.3.1 节。更新经验教训登记册，记录应对偏差的有效方式以及纠正措施和预防措施。
- **风险登记册**。见 11.2.3.1 节。在本过程中识别的新风险应记录在风险登记册中，并通过风险管理过程进行管理。
- **进度预测**。见 6.6.3.2 节。本过程引起的进度预测的变更应通过进度管理过程进行记录。

4.6 实施整体变更控制

实施整体变更控制是审查所有变更请求、批准变更，管理对可交付成果、项目文件和项目管理计划的变更，并对变更处理结果进行沟通的过程。本过程审查对项目文件、可交付成果或项目管理计划的所有变更请求，并决定对变更请求的处置方案。本过程的主要作用是确保对项目中已记录在案的变更做综合评审。如果不考虑变更对整体项目目标或计划的影响就开展变更，往往会加剧整体项目风险。本过程需要在整个项目期间开展。图 4-12 描述本过程的输入、工具与技术和输出。图 4-13 是本过程的数据流向图。

实施整体变更控制

输入	工具与技术	输出
.1 项目管理计划 • 变更管理计划 • 配置管理计划 • 范围基准 • 进度基准 • 成本基准 .2 项目文件 • 估算依据 • 需求跟踪矩阵 • 风险报告 .3 工作绩效报告 .4 变更请求 .5 事业环境因素 .6 组织过程资产	.1 专家判断 .2 变更控制工具 .3 数据分析 • 备选方案分析 • 成本效益分析 .4 决策 • 投票 • 独裁型决策制定 • 多标准决策分析 .5 会议	.1 批准的变更请求 .2 项目管理计划更新 • 任何组件 .3 项目文件更新 • 变更日志

图 4-12 实施整体变更控制：输入、工具与技术和输出

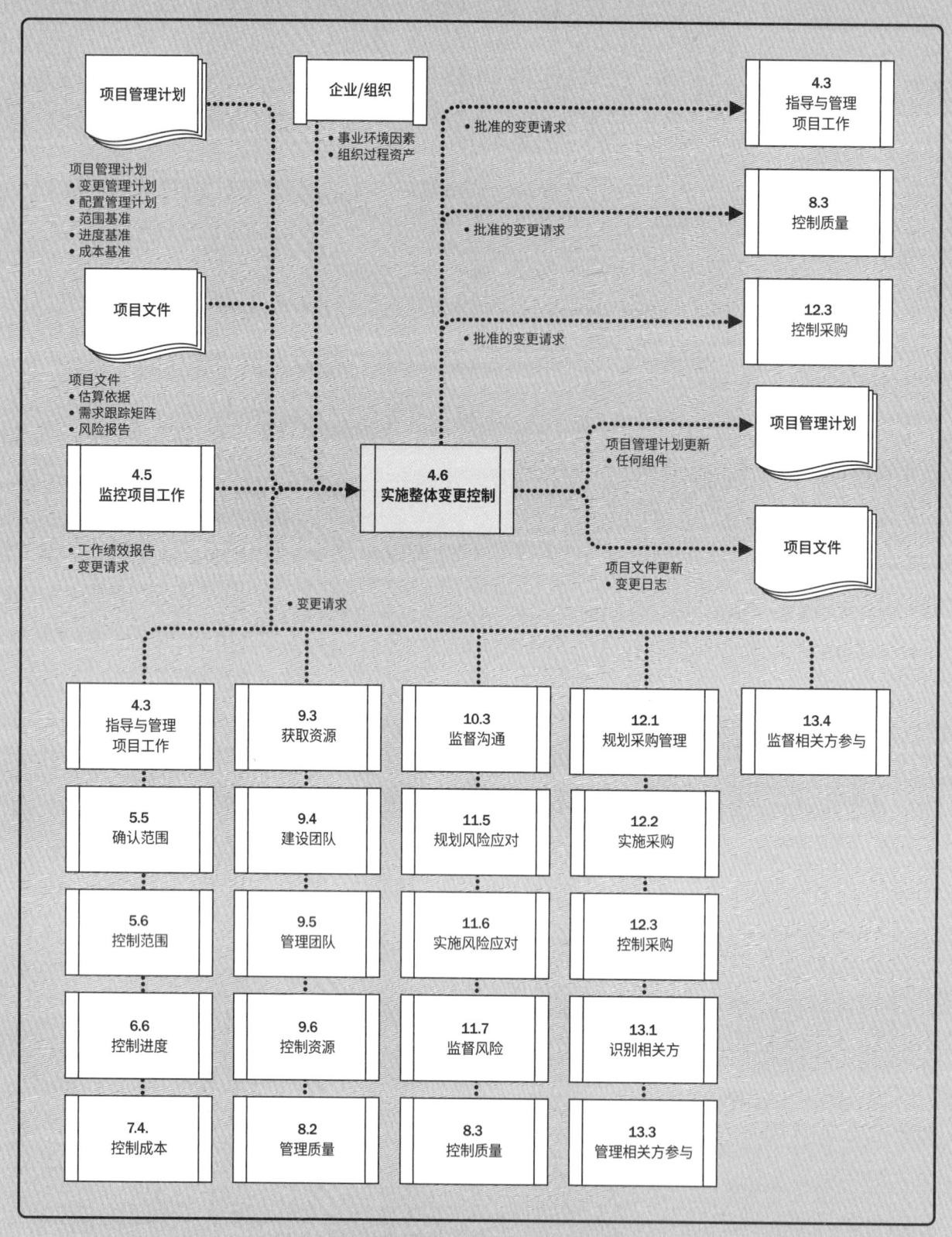

图 4-13 实施整体变更控制：数据流向图

实施整体变更控制过程贯穿项目始终，项目经理对此承担最终责任。变更请求可能影响项目范围、产品范围以及任一项目管理计划组件或任一项目文件。在整个项目生命周期的任何时间，参与项目的任何相关方都可以提出变更请求。变更控制的实施程度，取决于项目所在应用领域、项目复杂程度、合同要求，以及项目所处的背景与环境。

在基准确定之前，变更无需正式受控于实施整体变更控制过程。一旦确定了项目基准，就必须通过本过程来处理变更请求。依照常规，每个项目的配置管理计划应规定哪些项目工件受控于配置控制程序。对配置要素的任何变更都应该提出变更请求，并经过正式控制。

尽管也可以口头提出，但所有变更请求都必须以书面形式记录，并纳入变更管理和（或）配置管理系统中。在批准变更之前，可能需要了解变更对进度的影响和对成本的影响。在变更请求可能影响任一项目基准的情况下，都需要开展正式的整体变更控制过程。每项记录在案的变更请求都必须由一位责任人批准、推迟或否决，这个责任人通常是项目发起人或项目经理。应该在项目管理计划或组织程序中指定这位责任人，必要时，应该由变更控制委员会（CCB）来开展实施整体变更控制过程。CCB是一个正式组成的团体，负责审查、评价、批准、推迟或否决项目变更，以及记录和传达变更处理决定。

变更请求得到批准后，可能需要新编（或修订）成本估算、活动排序、进度日期、资源需求和（或）风险应对方案分析，这些变更可能要求调整项目管理计划和其他项目文件。某些特定的变更请求，在 CCB 批准之后，可能还需要得到客户或发起人的批准，除非他们本身就是 CCB 的成员。

4.6.1 实施整体变更控制：输入

4.6.1.1 项目管理计划

见 4.2.3.1 节。项目管理计划组件包括（但不限于）：

- **变更管理计划**。见 4.2.3.1 节。变更管理计划为管理变更控制过程提供指导，并记录变更控制委员会（CCB）的角色和职责。
- **配置管理计划**。见 4.2.3.1 节。配置管理计划描述项目的配置项、识别应记录和更新的配置项，以便保持项目产品的一致性和有效性。
- **范围基准**。见 5.4.3.1 节。范围基准提供项目和产品定义。
- **进度基准**。见 6.5.3.1 节。进度基准用于评估变更对项目进度的影响。
- **成本基准**。见 7.3.3.1 节。成本基准用于评估变更对项目成本的影响。

4.6.1.2 项目文件

可用于本过程输入的项目文件包括（但不限于）：

- **估算依据**。见 6.4.3.2 节。估算依据指出了持续时间、成本和资源估算是如何得出的，可用于计算变更对时间、预算和资源的影响。
- **需求跟踪矩阵**。见 5.2.3.2 节。需求跟踪矩阵有助于评估变更对项目范围的影响。
- **风险报告**。见 11.2.3.2 节。风险报告提供了与变更请求有关的整体和单个项目风险的来源的信息。

4.6.1.3 工作绩效报告

见 4.5.3.1 节。对实施整体变更控制过程特别有用的工作绩效报告包括：资源可用情况、进度和成本数据、挣值报告、燃烧图或燃尽图。

4.6.1.4 变更请求

很多过程都会输出变更请求。变更请求（见 4.3.3.4 节）可能包含纠正措施、预防措施、缺陷补救，以及对正式受控的项目文件或可交付成果的更新，以反映修改或增加的意见或内容。变更可能影响或不影响项目基准——有时，仅在项目基准之内产生影响。变更决定通常由项目经理做出。

对于会影响项目基准的变更，通常应该在变更请求中说明执行变更的成本、所需的计划日期修改、资源需求以及相关的风险。这种变更应由 CCB（如有）和客户或发起人审批，除非他们本身就是 CCB 的成员。只有经批准的变更才能纳入修改后的基准。

4.6.1.5 事业环境因素

能够影响实施整体变更控制过程的事业环境因素包括（但不限于）：

◆ 法律限制，例如国家或地区法规；
◆ 政府或行业标准（如产品标准、质量标准、安全标准和工艺标准）；
◆ 法律法规要求和（或）制约因素；
◆ 组织治理框架（通过安排人员、制定政策和确定过程，以结构化的方式实施控制、指导和协调，以实现组织的战略和运营目标）；
◆ 合同和采购制约因素。

4.6.1.6 组织过程资产

能够影响实施整体变更控制过程的组织过程资产包括（但不限于）：

◆ 变更控制程序，包括修改组织标准、政策、计划和程序或任一项目文件所须遵循的步骤，以及如何批准和确认变更；
◆ 批准与签发变更的程序；
◆ 配置管理知识库，包括组织标准、政策、程序和项目文件的各种版本及基准。

4.6.2 实施整体变更控制：工具与技术

4.6.2.1 专家判断

见 4.1.2.1 节。应该就以下主题，考虑具备以下相关专业知识或接受过相关培训的个人或小组的意见：

- ◆ 关于项目所在的行业以及项目关注的领域的技术知识；
- ◆ 法律法规；
- ◆ 法规与采购；
- ◆ 配置管理；
- ◆ 风险管理。

4.6.2.2 变更控制工具

为了便于开展配置和变更管理，可以使用一些手动或自动化的工具。配置控制重点关注可交付成果及各个过程的技术规范，而变更控制则着眼于识别、记录、批准或否决对项目文件、可交付成果或基准的变更。

工具的选择应基于项目相关方的需要，包括考虑组织和环境情况和（或）制约因素。工具应支持以下配置管理活动：

- ◆ **识别配置项**。识别与选择配置项，从而为定义与核实产品配置、标记产品和文件、管理变更和明确责任提供基础。
- ◆ **记录并报告配置项状态**。关于各个配置项的信息记录和报告。
- ◆ **进行配置项核实与审计**。通过配置核实与审计，确保项目的配置项组成的正确性，以及相应的变更都被登记、评估、批准、跟踪和正确实施，从而确保配置文件所规定的功能要求都已实现。

工具还应支持以下变更管理活动：

- **识别变更**。识别并选择过程或项目文件的变更项。
- **记录变更**。将变更记录为合适的变更请求。
- **做出变更决定**。审查变更，批准、否决、推迟对项目文件、可交付成果或基准的变更或做出其他决定。
- **跟踪变更**。确认变更被登记、评估、批准、跟踪并向相关方传达最终结果。

也可以使用工具来管理变更请求和后续的决策，同时还要格外关注沟通，以帮助变更控制委员会的成员履行职责，以及向相关方传达决定。

4.6.2.3 数据分析

可用于本过程的数据分析技术包括（但不限于）：

- **备选方案分析**。见 9.2.2.5 节。该技术用于评估变更请求，并决定哪些请求可接受、应否决或需修改。
- **成本效益分析**。见 8.1.2.3 节。该分析有助于确定变更请求是否值得投入相关成本。

4.6.2.4 决策

可用于本过程的决策技术包括（但不限于）：

- **投票**。见 5.2.2.4 节。投票可以采取一致同意、大多数同意或相对多数原则的方式，以决定是否接受、推迟或否决变更请求。
- **独裁型决策制定**。采用这种决策技术，将由一个人负责为整个集体制定决策。
- **多标准决策分析**。见 8.1.2.4 节。该技术借助决策矩阵，根据一系列预定义的准则，用系统分析方法评估变更请求。

4.6.2.5 会议

与变更控制委员会（CCB）一起召开变更控制会。变更控制委员会负责审查变更请求，并做出批准、否决或推迟的决定。大部分变更会对时间、成本、资源或风险产生一定的影响，因此，评估变更的影响也是会议的基本工作。此外，会议上可能还要讨论并提议所请求变更的备选方案。最后，将会议决定传达给提出变更请求的责任人或小组。

CCB 也可以审查配置管理活动。应该明确规定变更控制委员会的角色和职责，并经相关方一致同意后，记录在变更管理计划中。CCB 的决定都应记录在案，并向相关方传达，以便其知晓并采取后续行动。

4.6.3 实施整体变更控制：输出

4.6.3.1 批准的变更请求

由项目经理、CCB或指定的团队成员，根据变更管理计划处理变更请求（见 4.3.3.4 节），做出批准、推迟或否决的决定。批准的变更请求应通过指导与管理项目工作过程加以实施。对于推迟或否决的变更请求，应通知提出变更请求的个人或小组。

以项目文件更新的形式，在变更日志中记录所有变更请求的处理情况。

4.6.3.2 项目管理计划更新

项目管理计划的任一正式受控的组成部分，都可通过本过程进行变更。对基准的变更，只能基于最新版本的基准且针对将来的情况，而不能变更以往的绩效。这有助于保护基准和历史绩效数据的严肃性和完整性。

4.6.3.3 项目文件更新

正式受控的任一项目文件都可在本过程变更。通常在本过程更新的一种项目文件是变更日志。变更日志用于记录项目期间发生的变更。

4.7 结束项目或阶段

结束项目或阶段是终结项目、阶段或合同的所有活动的过程。本过程的主要作用是，存档项目或阶段信息，完成计划的工作，释放组织团队资源以展开新的工作。它仅开展一次或仅在项目的预定义点开展。图 4-14 描述本过程的输入、工具与技术和输出。图 4-15 是本过程的数据流向图。

结束项目或阶段

输入	工具与技术	输出
.1 项目章程 .2 项目管理计划 • 所有组件 .3 项目文件 • 假设日志 • 估算依据 • 变更日志 • 问题日志 • 经验教训登记册 • 里程碑清单 • 项目沟通记录 • 质量控制测量结果 • 质量报告 • 需求文件 • 风险登记册 • 风险报告 .4 验收的可交付成果 .5 商业文件 • 商业论证 • 效益管理计划 .6 协议 .7 采购文档 .8 组织过程资产	.1 专家判断 .2 数据分析 • 文件分析 • 回归分析 • 趋势分析 • 偏差分析 .3 会议	.1 项目文件更新 • 经验教训登记册 .2 最终产品、服务或成果移交 .3 最终报告 .4 组织过程资产更新

图 4-14 结束项目或阶段：输入、工具与技术和输出

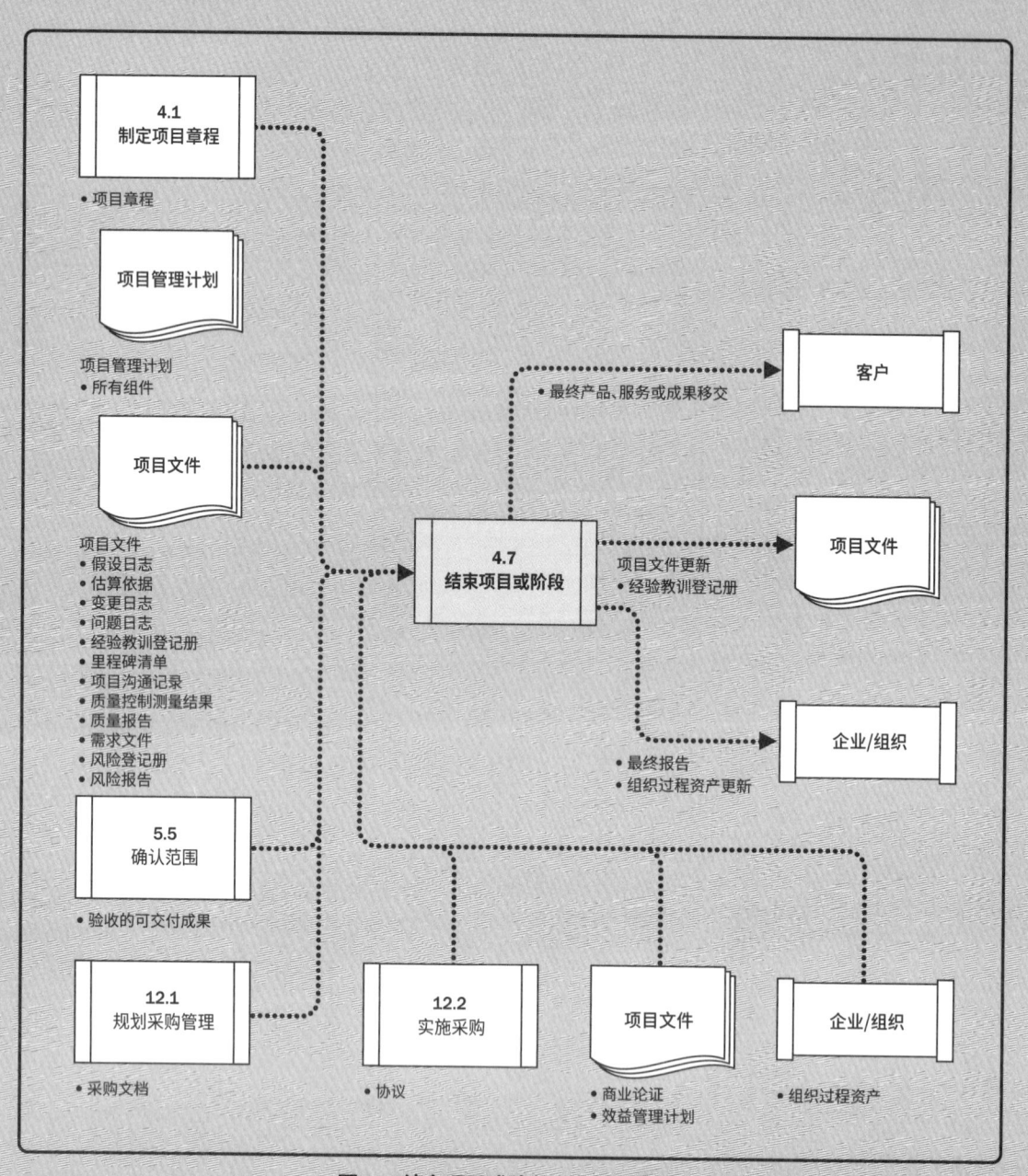

图 4-15 结束项目或阶段：数据流向图

在结束项目时,项目经理需要回顾项目管理计划,确保所有项目工作都已完成以及项目目标均已实现。项目或阶段行政收尾所需的必要活动包括(但不限于):

◆ 为达到阶段或项目的完工或退出标准所必须的行动和活动,例如:
- 确保所有文件和可交付成果都已是最新版本,且所有问题都已得到解决;
- 确认可交付成果已交付给客户并已获得客户的正式验收;
- 确保所有成本都已记入项目成本账;
- 关闭项目账户;
- 重新分配人员;
- 处理多余的项目材料;
- 重新分配项目设施、设备和其他资源;
- 根据组织政策编制详尽的最终项目报告。

◆ 为关闭项目合同协议或项目阶段合同协议所必须开展的活动,例如:
- 确认卖方的工作已通过正式验收;
- 最终处置未决索赔;
- 更新记录以反映最后的结果;
- 存档相关信息供未来使用。

◆ 为完成下列工作所必须开展的活动:
- 收集项目或阶段记录;
- 审计项目成败;
- 管理知识分享和传递;
- 总结经验教训;
- 存档项目信息以供组织未来使用。

◆ 为向下一个阶段,或者向生产和(或)运营部门移交项目的产品、服务或成果所必须开展的行动和活动。

◆ 收集关于改进或更新组织政策和程序的建议,并将它们发送给相应的组织部门。

◆ 测量相关方的满意程度。

如果项目在完工前就提前终止,结束项目或阶段过程还需要制定程序,来调查和记录提前终止的原因。为了实现上述目的,项目经理应该引导所有合适的相关方参与本过程。

4.7.1 结束项目或阶段：输入

4.7.1.1 项目章程

见 4.1.3.1 节。项目章程记录了项目成功标准、审批要求，以及由谁来签署项目结束。

4.7.1.2 项目管理计划

见 4.2.3.1 节。项目管理计划的所有组成部分均为本过程的输入。

4.7.1.3 项目文件

可用于本过程输入的项目文件包括（但不限于）：

- **假设日志**。见 4.1.3.2 节。假设日志记录了与技术规范、估算、进度和风险等有关的全部假设条件和制约因素。
- **估算依据**。见 6.4.3.2 节和 7.2.3.2 节。估算依据用于根据实际结果来评估持续时间、成本和资源估算，以及成本控制。
- **变更日志**。见 4.6.3.3 节。变更日志包含了整个项目或阶段期间的所有变更请求的状态。
- **问题日志**。见 4.3.3.3 节。问题日志用于确认没有未决问题。
- **经验教训登记册**。见 4.3.3.1 节。在归入经验教训知识库之前，完成对阶段或项目经验教训的总结。
- **里程碑清单**。见 6.2.3.3 节。里程碑清单列出了完成项目里程碑的最终日期。
- **项目沟通记录**。见 10.2.3.1 节。项目沟通记录包含整个项目期间所有的沟通。
- **质量控制测量结果**。见 8.3.3.1 节。质量控制测量结果记录了控制质量活动的结果，证明符合质量要求。
- **质量报告**。见 8.2.3.1 节。质量报告的内容可包括由团队管理或需上报的全部质量保证事项、改进建议，以及在控制质量过程中发现的情况的概述。
- **需求文件**。见 5.2.3.1 节。需求文件用于证明符合项目范围。

- **风险登记册**。见 11.2.3.1 节。风险登记册提供了有关项目期间发生的风险的信息。
- **风险报告**。见 11.2.3.2 节。风险报告提供了有关风险状态的信息，用于确认项目结束时没有未关闭的风险。

4.7.1.4 验收的可交付成果

见 5.5.3.1 节。验收的可交付成果可包括批准的产品规范、交货收据和工作绩效文件。对于分阶段实施的项目或提前取消的项目，还可能包括部分完成或中间的可交付成果。

4.7.1.5 商业文件

见 1.2.6 节。商业文件包括（但不限于）：

- **商业论证**。商业论证记录了作为项目依据的商业需求和成本效益分析。
- **效益管理计划**。效益管理计划概述了项目的目标效益。

商业论证用于确定项目是否达到了经济可行性研究的预期结果。效益管理计划用于测量项目是否达到了计划的效益。

4.7.1.6 协议

见 12.2.3.2 节。通常在合同条款和条件中定义对正式关闭采购的要求，并包括在采购管理计划中。在复杂项目中，可能需要同时或先后管理多个合同。

4.7.1.7 采购文档

见 12.3.1.4 节。为关闭合同，需收集全部采购文档，并建立索引和加以归档。有关合同进度、范围、质量和成本绩效的信息，以及全部合同变更文档、支付记录和检查结果，都要归类收录。在项目结束时，应将"实际执行的"计划（图纸）或"初始编制的"文档、手册、故障排除文档和其他技术文档视为采购文件的组成部分。这些信息可用于总结经验教训，并为签署以后的合同而用作评价承包商的基础。

4.7.1.8 组织过程资产

能够影响结束项目或阶段过程的组织过程资产包括（但不限于）：

- 项目或阶段收尾指南或要求（如经验教训、项目终期审计、项目评价、产品确认、验收标准、合同收尾、资源重新分配、团队绩效评估，以及知识传递）；
- 配置管理知识库，包括组织标准、政策、程序和项目文件的各种版本及基准。

4.7.2 结束项目或阶段：工具与技术

4.7.2.1 专家判断

见 4.1.2.1 节。应该就以下主题，考虑具备相关专业知识或接受过相关培训的个人或小组的意见：

- 管理控制；
- 审计；
- 法规与采购；
- 法律法规。

4.7.2.2 数据分析

可用于项目收尾的数据分析技术包括（但不限于）：

- **文件分析**。见 5.2.2.3 节。评估现有文件有助于总结经验教训和分享知识，以改进未来项目和组织资产。
- **回归分析**。该技术分析作用于项目结果的不同项目变量之间的相互关系，以提高未来项目的绩效。
- **趋势分析**。见 4.5.2.2 节。趋势分析可用于确认组织所用模式的有效性，并且为了未来项目而进行相应的模式调整。
- **偏差分析**。见 4.5.2.2 节。偏差分析可通过比较最初计划目标与最终结果来改进组织的测量指标。

4.7.2.3 会议

会议用于确认可交付成果已通过验收，确定已达到退出标准，正式关闭合同，评估相关方满意度，收集经验教训，传递项目知识和信息，以及庆祝成功。参会者可包括项目团队成员，以及参与项目或受项目影响的其他相关方。会议可以是面对面或虚拟会议，正式或非正式会议。会议的类型包括（但不限于）：收尾报告会、客户总结会、经验教训总结会，以及庆祝会。

4.7.3 结束项目或阶段：输出

4.7.3.1 项目文件更新

可在本过程更新所有项目文件，并标记为最终版本。特别值得注意的是，经验教训登记册的最终版本要包含阶段或项目收尾的最终信息。最终版本的经验教训登记册可包含关于以下事项的信息：效益管理、商业论证的准确性、项目和开发生命周期、风险和问题管理、相关方参与，以及其他项目管理过程。

4.7.3.2 最终产品、服务或成果移交

项目交付的产品、服务或成果可转交给另一团队或组织，并由其在整个生命周期中进行运营、维护和支持。

本输出所指的正是把项目交付的最终产品、服务或成果（对于阶段收尾，则是所在阶段的中间产品、服务或成果）从一个团队转交到另一个团队。

4.7.3.3 最终报告

用最终报告总结项目绩效，其中可包含诸如以下信息：

◆ 项目或阶段的概述；
◆ 范围目标、范围的评估标准，以及证明达到完工标准的证据；
◆ 质量目标、项目和产品质量的评估标准、相关核实信息和实际里程碑交付日期以及偏差原因；
◆ 成本目标，包括可接受的成本区间、实际成本，以及产生任何偏差的原因；
◆ 最终产品、服务或成果的确认信息的总结。

◆ 进度计划目标包括成果是否实现项目所预期的效益。如果在项目结束时未能实现效益，则指出效益实现程度并预计未来实现情况。

◆ 关于最终产品、服务或成果如何满足商业计划所述业务需求的概述。如果在项目结束时未能满足业务需求，则指出需求满足程度并预计业务需求何时能够得到满足。

◆ 关于项目过程中发生的风险或问题及其解决情况的概述。

4.7.3.4 组织过程资产更新

需要更新的组织过程资产包括（但不限于）：

◆ **项目文件**。在项目活动中产生的各种文件，例如项目管理计划，范围文件、成本文件、进度文件和项目日历，以及变更管理文件。

◆ **运营和支持文件**。组织维护、运营和支持项目交付的产品或服务时所需的文件。可以是新生成的文件，或对已有文件的更新。

◆ **项目或阶段收尾文件**。项目或阶段收尾文件包括表明项目或阶段完工的正式文件，以及用来将完成的项目或阶段可交付成果移交给他人（如运营部门或下一阶段）的正式文件。在项目收尾期间，项目经理应该回顾以往的阶段文件，确认范围过程（见 5.5 节）所产生的客户验收文件，以及合同协议（如果有的话），以确保在达到全部项目要求之后才正式关闭项目。如果项目在完工前提前终止，则需要在正式的收尾文件中说明项目终止的原因，并规定正式程序，把该项目的已完成和未完成的可交付成果移交他人。

◆ **经验教训知识库**。将在整个项目期间获得的经验教训和知识归入经验教训知识库，供未来项目使用。

5

项目范围管理

项目范围管理包括确保项目做且只做所需的全部工作，以成功完成项目的各个过程。管理项目范围主要在于定义和控制哪些工作应该包括在项目内，哪些不应该包括在项目内。

项目范围管理过程包括：

5.1 规划范围管理 —— 为记录如何定义、确认和控制项目范围及产品范围，而创建范围管理计划的过程。

5.2 收集需求 —— 为实现项目目标而确定、记录并管理相关方的需要和需求的过程。

5.3 定义范围 —— 制定项目和产品详细描述的过程。

5.4 创建 WBS —— 将项目可交付成果和项目工作分解为较小的、更易于管理的组件的过程。

5.5 确认范围 —— 正式验收已完成的项目可交付成果的过程。

5.6 控制范围 —— 监督项目和产品的范围状态，管理范围基准变更的过程。

图 5-1 概括了项目范围管理的各个过程。虽然各项目范围管理过程以界限分明、相互独立的形式出现，但在实践中它们会以《PMBOK® 指南》无法全面叙述的方式相互交叠、相互作用。

```
                          ┌─────────────────────────┐
                          │      项目范围管理概述      │
                          └─────────────────────────┘
```

5.1 规划范围管理

.1 输入
　.1 项目章程
　.2 项目管理计划
　.3 事业环境因素
　.4 组织过程资产
.2 工具与技术
　.1 专家判断
　.2 数据分析
　.3 会议
.3 输出
　.1 范围管理计划
　.2 需求管理计划

5.2 收集需求

.1 输入
　.1 项目章程
　.2 项目管理计划
　.3 项目文件
　.4 商业文件
　.5 协议
　.6 事业环境因素
　.7 组织过程资产
.2 工具与技术
　.1 专家判断
　.2 数据收集
　.3 数据分析
　.4 决策
　.5 数据表现
　.6 人际关系与团队技能
　.7 系统交互图
　.8 原型法
.3 输出
　.1 需求文件
　.2 需求跟踪矩阵

5.3 定义范围

.1 输入
　.1 项目章程
　.2 项目管理计划
　.3 项目文件
　.4 事业环境因素
　.5 组织过程资产
.2 工具与技术
　.1 专家判断
　.2 数据分析
　.3 决策
　.4 人际关系与团队技能
　.5 产品分析
.3 输出
　.1 项目范围说明书
　.2 项目文件更新

5.4 创建 WBS

.1 输入
　.1 项目管理计划
　.2 项目文件
　.3 事业环境因素
　.4 组织过程资产
.2 工具与技术
　.1 专家判断
　.2 分解
.3 输出
　.1 范围基准
　.2 项目文件更新

5.5 确认范围

.1 输入
　.1 项目管理计划
　.2 项目文件
　.3 核实的可交付成果
　.4 工作绩效数据
.2 工具与技术
　.1 检查
　.2 决策
.3 输出
　.1 验收的可交付成果
　.2 工作绩效信息
　.3 变更请求
　.4 项目文件更新

5.6 控制范围

.1 输入
　.1 项目管理计划
　.2 项目文件
　.3 工作绩效数据
　.4 组织过程资产
.2 工具与技术
　.1 数据分析
.3 输出
　.1 工作绩效信息
　.2 变更请求
　.3 项目管理计划更新
　.4 项目文件更新

图 5-1 项目范围管理概述

项目范围管理的核心概念

在项目环境中,"范围"这一术语有两种含义:

◆ **产品范围**。某项产品、服务或成果所具有的特征和功能。

◆ **项目范围** 。为交付具有规定特性与功能的产品、服务或成果而必须完成的工作。项目范围有时也包括产品范围。

从预测型方法到适应型或敏捷型方法,项目生命周期可以处于这个连续区间内的任何位置。在预测型生命周期中,在项目开始时就对项目可交付成果进行定义,对任何范围变化都要进行渐进管理。而在适应型或敏捷型生命周期中,通过多次迭代来开发可交付成果,并在每次迭代开始时定义和批准详细的范围。

采用适应型生命周期,旨在应对大量变更,需要相关方持续参与项目;因此,应将适应型项目的整体范围分解为一系列拟实现的需求和拟执行的工作(有时称为产品未完项)。在一个迭代开始时,团队将努力确定产品未完项中,哪些最优先项应在下一次迭代中交付。在每次迭代中,都会重复开展三个过程:收集需求、定义范围和创建 WBS。相反,在预测型项目中,这些过程在项目开始时开展,并在必要时通过实施整体变更控制过程进行更新。

在适应型或敏捷型生命周期中,发起人和客户代表应该持续参与项目,随同可交付成果的创建提供反馈意见,并确保产品未完项反映他们的当前需求。在每次迭代中,都会重复开展两个过程:确认范围和控制范围。相反,在预测型项目中,确认范围在每个可交付成果生成时或者在阶段审查点开展,而控制范围则是一个持续性的过程。

在预测型项目中,经过批准的项目范围说明书、工作分解结构(WBS)和相应的 WBS 词典构成项目范围基准。只有通过正式变更控制程序,才能进行基准变更。在开展确认范围、控制范围及其他控制过程时,基准被用作比较的基础。而采用适应型生命周期的项目,则使用未完项(包括产品需求和用户故事)反映当前需求。

项目范围的完成情况是根据项目管理计划来衡量的,而产品范围的完成情况是根据产品需求来衡量的。在这里,"需求"是指根据特定协议或其他强制性规范,产品、服务或成果必须具备的条件或能力。

确认范围是正式验收已完成的项目可交付成果的过程。从控制质量过程输出的核实的可交付成果是确认范围过程的输入,而验收的可交付成果是确认范围过程的输出之一,由获得授权的相关方正式签字批准。因此,相关方需要在规划阶段早期介入(有时需要在启动阶段就介入),对可交付成果的质量提出意见,以便控制质量过程能够据此评估绩效并提出必要的变更建议。

项目范围管理的核心概念

项目范围管理的发展趋势和新兴实践

需求一直是项目管理所关注的，并且还将继续得到项目管理从业者的更多关注。随着全球环境变得日益复杂，组织开始认识到如何运用商业分析，通过定义、管理和控制需求活动来提高竞争优势。商业分析活动可在项目启动和项目经理任命之前就开始。根据《需求管理：实践指南》[14]，需求管理过程始于需要评估，而需要评估又可能始于项目组合规划、项目集规划或单个项目。

在项目范围管理过程中，收集、记录和管理相关方需求。项目范围管理的发展趋势和新兴实践包括（但不限于）注重与商业分析专业人士的合作，以便：

◆ 确定问题并识别商业需要；

◆ 识别并推荐能够满足这些需要的可行解决方案；

◆ 收集、记录并管理相关方需求，以满足商业和项目目标；

◆ 推动项目集或项目的产品、服务或最终成果的成功应用[7]。

需求管理过程结束于需求关闭，即把产品、服务或成果移交给接收方，以便长期测量、监控、实现和维持效益。

应该将商业分析的角色连同职责分配给具有足够商业分析技能和专业知识的人员。如果项目已配备商业分析师，那么，与需求管理相关的活动便是该角色的职责。而项目经理则负责确保这些活动在项目管理计划中有所安排，并且在预算内按时完成，同时能够创造价值。

项目经理与商业分析师之间应该是伙伴式合作关系。如果项目经理和商业分析师能够理解彼此在促进项目目标实现过程中的角色和职责，项目成功的可能性就更大。

裁剪时需要考虑的因素

因为每个项目都是独特的，所以项目经理需要裁剪项目范围管理过程。裁剪时应考虑的因素包括（但不限于）：

◆ **知识和需求管理**。组织是否拥有正式或非正式的知识和需求管理体系？为了在未来项目中重复使用需求，项目经理应建立哪些指南？

◆ **确认和控制**。组织是否拥有正式或非正式的与确认和控制相关的政策、程序和指南？

◆ **开发方法**。组织是否采用敏捷方法管理项目？开发方法属于迭代型还是增量型？是否采用预测型方法？混合型方法是否有效？

◆ **需求的稳定性**。项目中是否存在需求不稳定的领域？是否有必要采用精益、敏捷或其他适应型技术来处理不稳定的需求，直至需求稳定且定义明确？

◆ **治理**。组织是否拥有正式或非正式的审计和治理政策、程序和指南？

在敏捷或适应型环境中需要考虑的因素

对于需求不断变化、风险大或不确定性高的项目，在项目开始时通常无法明确项目的范围，而需要在项目期间逐渐明确。敏捷方法特意在项目早期缩短定义和协商范围的时间，并为持续探索和明确范围而延长创建相应过程的时间。在许多情况下，不断涌现的需求往往导致真实的业务需求与最初所述的业务需求之间存在差异。因此，敏捷方法有目的地构建和审查原型，并通过发布多个版本来明确需求。这样一来，范围会在整个项目期间被定义和再定义。在敏捷方法中，把需求列入未完项。

5.1 规划范围管理

规划范围管理是为记录如何定义、确认和控制项目范围及产品范围，而创建范围管理计划的过程。本过程的主要作用是，在整个项目期间对如何管理范围提供指南和方向。本过程仅开展一次或仅在项目的预定义点开展。图 5-2 描述本过程的输入、工具与技术和输出。图 5-3 是本过程的数据流向图。

规划范围管理

输入
- .1 项目章程
- .2 项目管理计划
  - 质量管理计划
  - 项目生命周期描述
  - 开发方法
- .3 事业环境因素
- .4 组织过程资产

工具与技术
- .1 专家判断
- .2 数据分析
  - 备选方案分析
- .3 会议

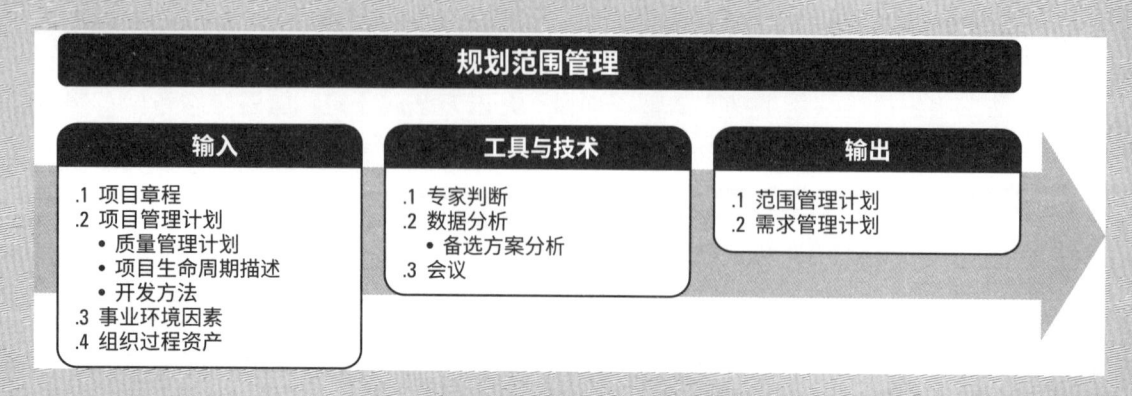

输出
- .1 范围管理计划
- .2 需求管理计划

图 5-2 规划范围管理：输入、工具与技术和输出

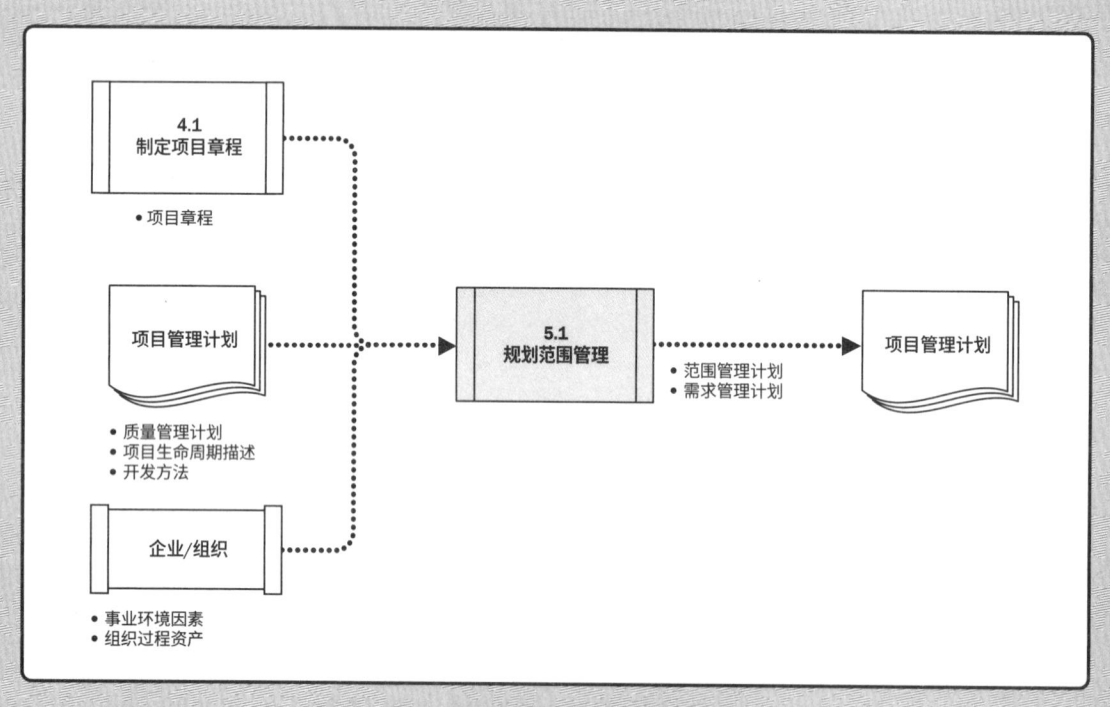

图 5-3 规划范围管理：数据流向图

范围管理计划是项目或项目集管理计划的组成部分，描述将如何定义、制定、监督、控制和确认项目范围。制定范围管理计划和细化项目范围始于对下列信息的分析：项目章程（见 4.1.3.1 节）中的信息、项目管理计划（见 4.2.3.1 节）中已批准的子计划、组织过程资产（见 2.3 节）中的历史信息和相关事业环境因素（见 2.2 节）。

5.1.1 规划范围管理：输入

5.1.1.1 项目章程

见 4.1.3.1 节。项目章程记录项目目的、项目概述、假设条件、制约因素，以及项目意图实现的高层级需求。

5.1.1.2 项目管理计划

见 4.2.3.1 节。项目管理计划组件包括（但不限于）：

- **质量管理计划**。见 8.1.3.1 节。在项目中实施组织的质量政策、方法和标准的方式会影响管理项目和产品范围的方式。
- **项目生命周期描述**。项目生命周期定义了项目从开始到完成所经历的一系列阶段。
- **开发方法**。开发方法定义了项目是采用瀑布式、迭代型、适应型、敏捷型还是混合型开发方法。

5.1.1.3 事业环境因素

能够影响规划范围管理过程的事业环境因素包括（但不限于）：

- 组织文化；
- 基础设施；
- 人事管理制度；
- 市场条件。

5.1.1.4 组织过程资产

能够影响规划范围管理过程的组织过程资产包括（但不限于）：

- ◆ 政策和程序；
- ◆ 历史信息和经验教训知识库。

5.1.2 规划范围管理：工具与技术

5.1.2.1 专家判断

见 4.1.2.1 节。应该就以下主题，考虑具备相关专业知识或接受过相关培训的个人或小组的意见：

- ◆ 以往类似项目；
- ◆ 特定行业、学科和应用领域的信息。

5.1.2.2 数据分析

适用于本过程的数据分析技术包括（但不限于）备选方案分析。本技术用于评估收集需求、详述项目和产品范围、创造产品、确认范围和控制范围的各种方法。

5.1.2.3 会议

项目团队可以参加项目会议来制定范围管理计划。参会者可能包括项目经理、项目发起人、选定的项目团队成员、选定的相关方、范围管理各过程的负责人，以及其他必要人员。

5.1.3 规划范围管理：输出

5.1.3.1 范围管理计划

范围管理计划是项目管理计划的组成部分，描述将如何定义、制定、监督、控制和确认项目范围。范围管理计划要对将用于下列工作的管理过程做出规定：

- ◆ 制定项目范围说明书；
- ◆ 根据详细项目范围说明书创建 WBS；
- ◆ 确定如何审批和维护范围基准；
- ◆ 正式验收已完成的项目可交付成果。

根据项目需要，范围管理计划可以是正式或非正式的，非常详细或高度概括的。

5.1.3.2 需求管理计划

需求管理计划是项目管理计划的组成部分，描述将如何分析、记录和管理项目和产品需求。根据《从业者商业分析：实践指南》[7]，有些组织称之为"商业分析计划"。需求管理计划的主要内容包括（但不限于）：

- ◆ 如何规划、跟踪和报告各种需求活动；
- ◆ 配置管理活动，例如，如何启动变更，如何分析其影响，如何进行追溯、跟踪和报告，以及变更审批权限；
- ◆ 需求优先级排序过程；
- ◆ 测量指标及使用这些指标的理由；
- ◆ 反映哪些需求属性将被列入跟踪矩阵的跟踪结构。

5.2 收集需求

收集需求是为实现目标而确定、记录并管理相关方的需要和需求的过程。本过程的主要作用是,为定义产品范围和项目范围奠定基础,且仅开展一次或仅在项目的预定义点开展。图 5-4 描述本过程的输入、工具与技术和输出。图 5-5 是本过程的数据流向图。

收集需求

输入	工具与技术	输出
.1 项目章程 .2 项目管理计划 　• 范围管理计划 　• 需求管理计划 　• 相关方参与计划 .3 项目文件 　• 假设日志 　• 经验教训登记册 　• 相关方登记册 .4 商业文件 　• 商业论证 .5 协议 .6 事业环境因素 .7 组织过程资产	.1 专家判断 .2 数据收集 　• 头脑风暴 　• 访谈 　• 焦点小组 　• 问卷调查 　• 标杆对照 .3 数据分析 　• 文件分析 .4 决策 　• 投票 　• 多标准决策分析 .5 数据表现 　• 亲和图 　• 思维导图 .6 人际关系与团队技能 　• 名义小组技术 　• 观察/交谈 　• 引导 .7 系统交互图 .8 原型法	.1 需求文件 .2 需求跟踪矩阵

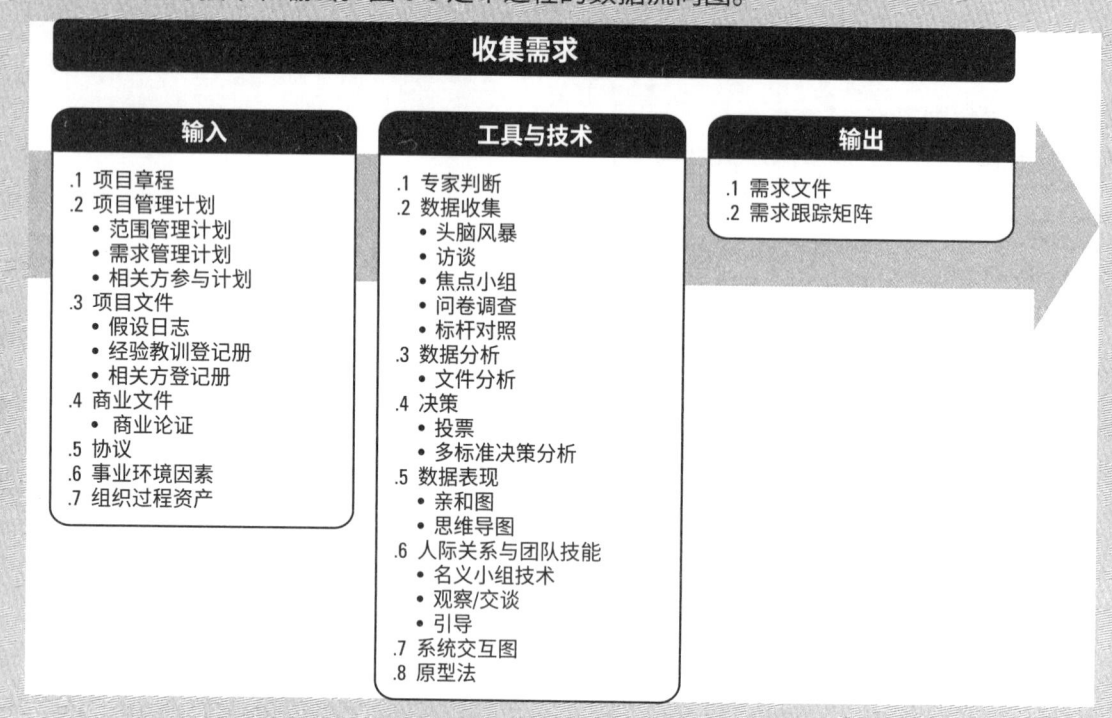

图 5-4 收集需求:输入、工具与技术和输出

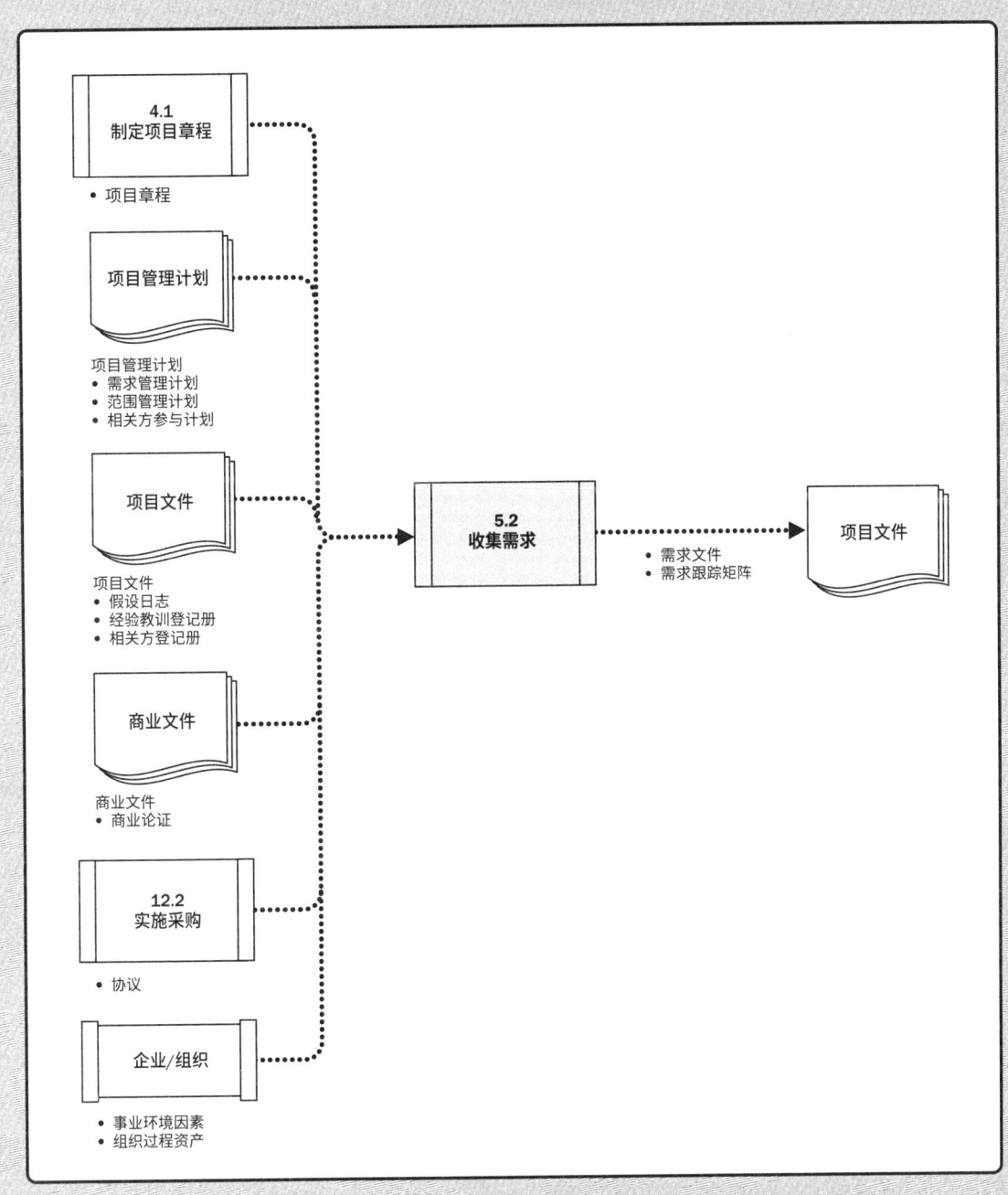

```
   ┌─────────┐
   │  4.1    │
   │制定项目章程│
   └─────────┘
   • 项目章程

   ┌─────────┐
   │项目管理计划│
   └─────────┘
   项目管理计划
   • 需求管理计划
   • 范围管理计划
   • 相关方参与计划

   ┌─────────┐                ┌─────────┐                 ┌─────────┐
   │ 项目文件 │                │   5.2   │                 │ 项目文件 │
   └─────────┘ ·············> │ 收集需求 │ ──────────────> └─────────┘
   项目文件                   └─────────┘   • 需求文件
   • 假设日志                                • 需求跟踪矩阵
   • 经验教训登记册
   • 相关方登记册

   ┌─────────┐
   │ 商业文件 │
   └─────────┘
   商业文件
   • 商业论证

   ┌─────────┐
   │  12.2   │
   │ 实施采购 │
   └─────────┘
   • 协议

   ┌─────────┐
   │企业/组织 │
   └─────────┘
   • 事业环境因素
   • 组织过程资产
```

图 5-5 收集需求：数据流向图

《PMBOK® 指南》并没有专门讨论产品需求，因为产品需求因行业而异。《从业者商业分析：实践指南》[7] 提供了有关产品需求的更深入信息。相关方积极参与需求的探索和分解工作（分解成项目和产品需求），并仔细确定、记录和管理对产品、服务或成果的需求，能直接促进项目成功。需求是指根据特定协议或其他强制性规范，产品、服务或成果必须具备的条件或能力。它包括发起人、客户和其他相关方的已量化且书面记录的需要和期望。应该足够详细地探明、分析和记录这些需求，将其包含在范围基准中，并在项目执行开始后对其进行测量。需求将成为工作分解结构（WBS）的基础，也将成为成本、进度、质量和采购规划的基础。

5.2.1 收集需求：输入

5.2.1.1 项目章程

见 4.1.3.1 节。项目章程记录了项目概述以及将用于制定详细需求的高层级需求。

5.2.1.2 项目管理计划

见 4.2.3.1 节。项目管理计划组件包括（但不限于）：

◆ **范围管理计划**。见 5.1.3.1 节。范围管理计划包含如何定义和制定项目范围的信息。

◆ **需求管理计划**。见 5.1.3.2 节。需求管理计划包含如何收集、分析和记录项目需求的信息。

◆ **相关方参与计划**。见 13.2.3.1 节。从相关方参与计划中了解相关方的沟通需求和参与程度，以便评估并适应相关方对需求活动的参与程度。

5.2.1.3 项目文件

可作为本过程输入的项目文件包括（但不限于）：

- **假设日志**。见 4.1.3.2 节。假设日志识别了有关产品、项目、环境、相关方以及会影响需求的其他因素的假设条件。
- **经验教训登记册**。见 4.4.3.1 节。经验教训登记册提供了有效的需求收集技术，尤其针对使用迭代型或适应型产品开发方法的项目。
- **相关方登记册**。见13.1.3.1 节。相关方登记册用于了解哪些相关方能够提供需求方面的信息，及记录相关方对项目的需求和期望。

5.2.1.4 商业文件

见 1.2.6 节。会影响收集需求过程的商业文件是商业论证，它描述了为满足业务需要而应该达到的必要、期望及可选标准。

5.2.1.5 协议

见 12.2.3.2 节。协议会包含项目和产品需求。

5.2.1.6 事业环境因素

会影响收集需求过程的事业环境因素包括（但不限于）：

- 组织文化；
- 基础设施；
- 人事管理制度；
- 市场条件。

5.2.1.7 组织过程资产

会影响收集需求过程的组织过程资产包括（但不限于）：

- 政策和程序；
- 包含以往项目信息的历史信息和经验教训知识库。

5.2.2 收集需求：工具与技术

5.2.2.1 专家判断

见 4.1.2.1 节。应该就以下主题，考虑具备相关专业知识或接受过相关培训的个人或小组的意见：

- 商业分析；
- 需求获取；
- 需求分析；
- 需求文件；
- 以往类似项目的项目需求；
- 图解技术；
- 引导；
- 冲突管理。

5.2.2.2 数据收集

可用于本过程的数据收集技术包括（但不限于）：

- **头脑风暴**。见 4.1.2.2 节。头脑风暴是一种用来产生和收集对项目需求与产品需求的多种创意的技术。
- **访谈**。访谈是通过与相关方直接交谈，来获取信息的正式或非正式的方法。访谈的典型做法是向被访者提出预设和即兴的问题，并记录他们的回答。访谈经常是一个访谈者和一个被访者之间的"一对一"谈话，但也可以包括多个访谈者和/或多个被访者。访谈有经验的项目参与者、发起人和其他高管，以及主题专家，有助于识别和定义所需产品可交付成果的特征和功能。访谈也可用于获取机密信息。
- **焦点小组**。焦点小组是召集预定的相关方和主题专家，了解他们对所讨论的产品、服务或成果的期望和态度。由一位受过训练的主持人引导大家进行互动式讨论。焦点小组往往比"一对一"的访谈更热烈。

- **问卷调查。**问卷调查是指设计一系列书面问题，向众多受访者快速收集信息。问卷调查方法最适用于以下情况：受众多样化，需要快速完成调查，受访者地理位置分散，并且适合开展统计分析。
- **标杆对照。**见 8.1.2.2 节。标杆对照将实际或计划的产品、过程和实践，与其他可比组织的实践进行比较，以便识别最佳实践，形成改进意见，并为绩效考核提供依据。标杆对照所采用的可比组织可以是内部的，也可以是外部的。

5.2.2.3 数据分析

见 4.5.2.2 节。可用于本过程的数据分析技术包括（但不限于）文件分析。文件分析包括审核和评估任何相关的文件信息。在此过程中，文件分析用于通过分析现有文件，识别与需求相关的信息来获取需求。有助于获取相关需求的文件很多。可供分析的文件包括（但不限于）：

- 协议；
- 商业计划；
- 业务流程或接口文档；
- 业务规则库；
- 现行流程；
- 市场文献；
- 问题日志；
- 政策和程序；
- 法规文件，如法律、准则、法令等；
- 建议邀请书；
- 用例。

5.2.2.4 决策

适用于收集需求过程的决策技术包括（但不限于）：

- **投票**。投票是一种为达成某种期望结果，而对多个未来行动方案进行评估的集体决策技术和过程。本技术用于生成、归类和排序产品需求。投票技术示例包括：

    - *一致同意*。每个人都同意某个行动方案。
    - *大多数同意*。获得群体中超过 50% 人员的支持，就能做出决策。把参与决策的小组人数定为奇数，可防止因平局而无法达成决策。
    - *相对多数同意*。根据群体中相对多数人的意见做出决策，即便未能获得大多数人的支持。通常在候选项超过两个时使用。

- **独裁型决策制定**。采用这种方法，将由一个人负责为整个集体制定决策。
- **多标准决策分析**。该技术借助决策矩阵，用系统分析方法建立诸如风险水平、不确定性和价值收益等多种标准，以对众多创意进行评估和排序。

5.2.2.5 数据表现

可用于本过程的数据表现技术包括（但不限于）：

- **亲和图**。用来对大量创意进行分组的技术，以便进一步审查和分析。
- **思维导图**。把从头脑风暴中获得的创意整合成一张图，用以反映创意之间的共性与差异，激发新创意。

5.2.2.6 人际关系与团队技能

见 4.1.2.3 节。可用于本过程的人际关系与团队技能包括（但不限于）：

- **名义小组技术**。名义小组技术是用于促进头脑风暴的一种技术，通过投票排列最有用的创意，以便进一步开展头脑风暴或优先排序。名义小组技术是一种结构化的头脑风暴形式，由四个步骤组成：

- 向小组提出一个问题或难题。每个人在沉思后写出自己的想法。
- 主持人在活动挂图上记录所有人的想法。
- 集体讨论各个想法，直到全体成员清晰理解。
- 个人私下投票决出各种想法的优先排序，通常采用 5 分制，1 分最低，5 分最高。为减少想法数量、集中关注想法，可进行数轮投票。每轮投票后，都将清点选票，选出得分靠前的那些想法。

◆ **观察和交谈**。观察和交谈是指直接察看个人在各自的环境中如何执行工作（或任务）和实施流程。当产品使用者难以或不愿清晰说明他们的需求时，就特别需要通过观察来了解他们的工作细节。观察，也称为"工作跟随"，通常由旁站观察者观察业务专家如何执行工作，但也可以由"参与观察者"来观察，通过实际执行一个流程或程序，来体验该流程或程序是如何实施的，以便挖掘隐藏的需求。

◆ **引导**。见 4.1.2.3 节。引导与主题研讨会结合使用，把主要相关方召集在一起定义产品需求。研讨会可用于快速定义跨职能需求并协调相关方的需求差异。因为具有群体互动的特点，有效引导的研讨会有助于参与者之间建立信任、改进关系、改善沟通，从而有利于相关方达成一致意见。此外，与分别召开会议相比，研讨会能够更早发现并更快解决问题。

适合采用引导技能的情境包括（但不限于）：

- **联合应用设计或开发 (JAD)**。JAD 会议适用于软件开发行业。这种研讨会注重把业务主题专家和开发团队集中在一起，以收集需求和改进软件开发过程。
- **质量功能展开 (QFD)**。制造行业则采用 QFD 这种引导技能来帮助确定新产品的关键特征。QFD从收集客户需要（又称"客户声音"）开始，然后客观地对这些需要进行分类和排序，并为实现这些需要而设定目标。
- **用户故事**。用户故事是对所需功能的简短文字描述，经常产生于需求研讨会。用户故事描述哪个相关方将从功能中受益（角色），他需要实现什么（目标），以及他期望获得什么利益（动机）。

5.2.2.7 系统交互图

系统交互图是范围模型的一个例子，它是对产品范围的可视化描绘，显示业务系统（过程、设备、计算机系统等）及其与人和其他系统（行动者）之间的交互方式（见图 5-6）。系统交互图显示了业务系统的输入、输入提供者、业务系统的输出和输出接收者。

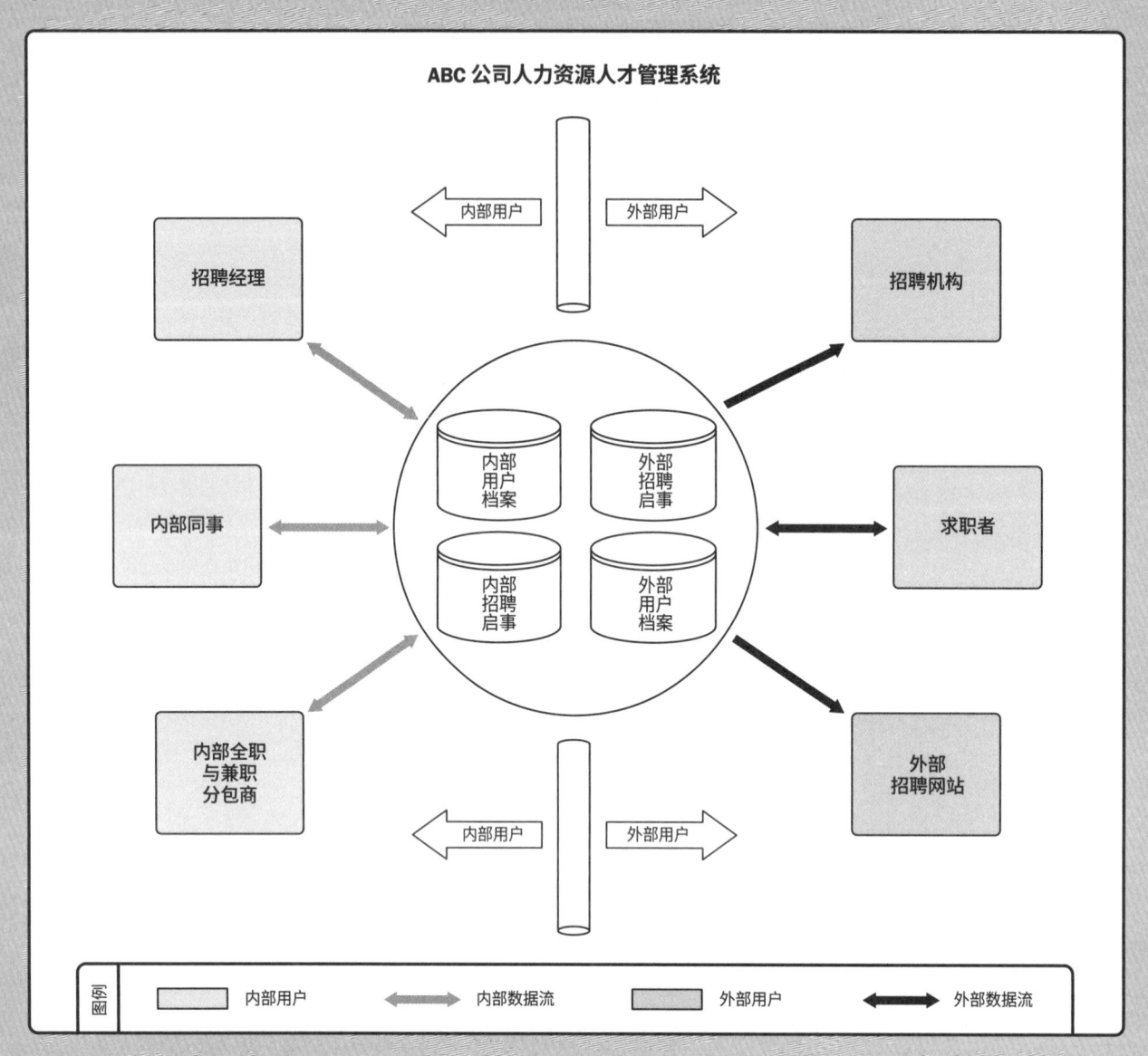

图 5-6 系统交互图

5.2.2.8 原型法

原型法是指在实际制造预期产品之前，先造出该产品的模型，并据此征求对需求的早期反馈。原型包括微缩产品、计算机生成的二维和三维模型、实体模型或模拟。因为原型是有形的实物，它使得相关方可以体验最终产品的模型，而不是仅限于讨论抽象的需求描述。原型法支持渐进明细的理念，需要经历从模型创建、用户体验、反馈收集到原型修改的反复循环过程。在经过足够的反馈循环之后，就可以通过原型获得足够的需求信息，从而进入设计或制造阶段。

故事板是一种原型技术，通过一系列的图像或图示来展示顺序或导航路径。故事板用于各种行业的各种项目中，如电影、广告、教学设计，以及敏捷和其他软件开发项目中。在软件开发中，故事板使用实体模型来展示网页、屏幕或其他用户界面的导航路径。

5.2.3 收集需求：输出

5.2.3.1 需求文件

需求文件描述各种单一需求将如何满足与项目相关的业务需求。一开始可能只有高层级的需求，然后随着有关需求信息的增加而逐步细化。只有明确的（可测量和可测试的）、可跟踪的、完整的、相互协调的，且主要相关方愿意认可的需求，才能作为基准。需求文件的格式多种多样，既可以是一份按相关方和优先级分类列出全部需求的简单文件，也可以是一份包括内容提要、细节描述和附件等的详细文件。

许多组织把需求分为不同的种类，如业务解决方案和技术解决方案。前者是相关方的需要，后者是指如何实现这些需要。把需求分成不同的类别，有利于对需求进行进一步完善和细化。需求的类别包括：

- **业务需求**。整个组织的高层级需要，例如，解决业务问题或抓住业务机会，以及实施项目的原因。

- **相关方需求**。相关方或相关方群体的需要。

- **解决方案需求**。为满足业务需求和相关方需求，产品、服务或成果必须具备的特性、功能和特征。解决方案需求又进一步分为功能需求和非功能需求：
  - **功能需求**。功能需求描述产品应具备的功能，例如，产品应该执行的行动、流程、数据和交互。
  - **非功能需求**。非功能需求是对功能需求的补充，是产品正常运行所需的环境条件或质量要求，例如，可靠性、保密性、性能、安全性、服务水平、可支持性、保留或清除等。

- **过渡和就绪需求**。这些需求描述了从"当前状态"过渡到"将来状态"所需的临时能力，如数据转换和培训需求。

- **项目需求**。项目需要满足的行动、过程或其他条件，例如里程碑日期、合同责任、制约因素等。

- **质量需求**。用于确认项目可交付成果的成功完成或其他项目需求的实现的任何条件或标准，例如测试、认证、确认等。

5.2.3.2 需求跟踪矩阵

需求跟踪矩阵是把产品需求从其来源连接到能满足需求的可交付成果的一种表格。使用需求跟踪矩阵，把每个需求与业务目标或项目目标联系起来，有助于确保每个需求都具有商业价值。需求跟踪矩阵提供了在整个项目生命周期中跟踪需求的一种方法，有助于确保需求文件中被批准的每项需求在项目结束的时候都能交付。最后，需求跟踪矩阵还为管理产品范围变更提供了框架。

跟踪需求包括（但不限于）：

◆ 业务需要、机会、目的和目标；

◆ 项目目标；

◆ 项目范围和 WBS 可交付成果；

◆ 产品设计；

◆ 产品开发；

◆ 测试策略和测试场景；

◆ 高层级需求到详细需求。

应在需求跟踪矩阵中记录每个需求的相关属性，这些属性有助于明确每个需求的关键信息。需求跟踪矩阵中记录的典型属性包括唯一标识、需求的文字描述、收录该需求的理由、所有者、来源、优先级别、版本、当前状态（如进行中、已取消、已推迟、新增加、已批准、被分配和已完成）和状态日期。为确保相关方满意，可能需要增加一些补充属性，如稳定性、复杂性和验收标准。图 5-7 是需求跟踪矩阵示例，其中列有相关的需求属性。

需求跟踪矩阵

项目名称:								
成本中心:								
项目描述:								
标识	关联标识	需求描述	业务需要、机会、目的和目标	项目目标	WBS 可交付成果	产品设计	产品开发	测试案例
001	1.0							
	1.1							
	1.2							
	1.2.1							
002	2.0							
	2.1							
	2.1.1							
003	3.0							
	3.1							
	3.2							
004	4.0							
005	5.0							

图 5-7 需求跟踪矩阵示例

5.3 定义范围

定义范围是制定项目和产品详细描述的过程。本过程的主要作用是，描述产品、服务或成果的边界和验收标准。图 5-8 描述本过程的输入、工具与技术和输出。图 5-9 是本过程的数据流向图。

定义范围

输入	工具与技术	输出
.1 项目章程 .2 项目管理计划 　• 范围管理计划 .3 项目文件 　• 假设日志 　• 需求文件 　• 风险登记册 .4 事业环境因素 .5 组织过程资产	.1 专家判断 .2 数据分析 　• 备选方案分析 .3 决策 　• 多标准决策分析 .4 人际关系与团队技能 　• 引导 .5 产品分析	.1 项目范围说明书 .2 项目文件更新 　• 假设日志 　• 需求文件 　• 需求跟踪矩阵 　• 相关方登记册

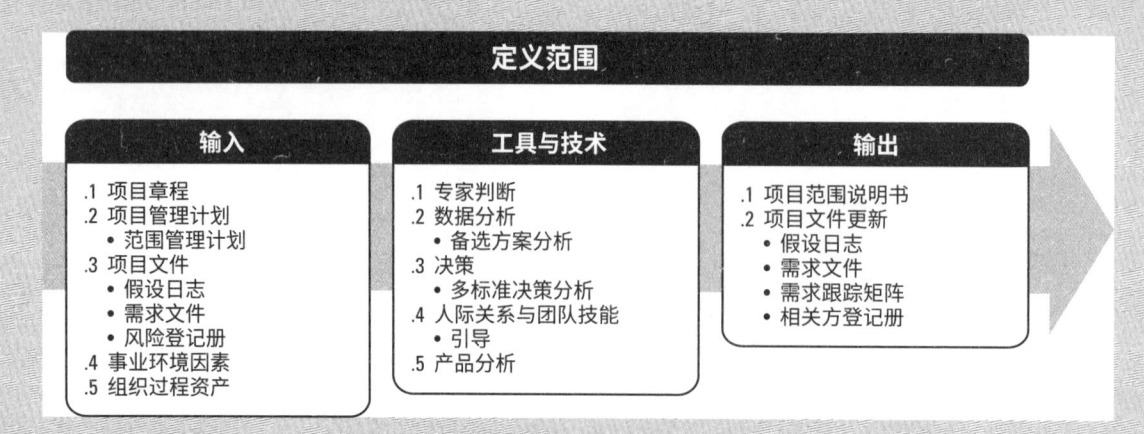

图 5-8 定义范围：输入、工具与技术和输出

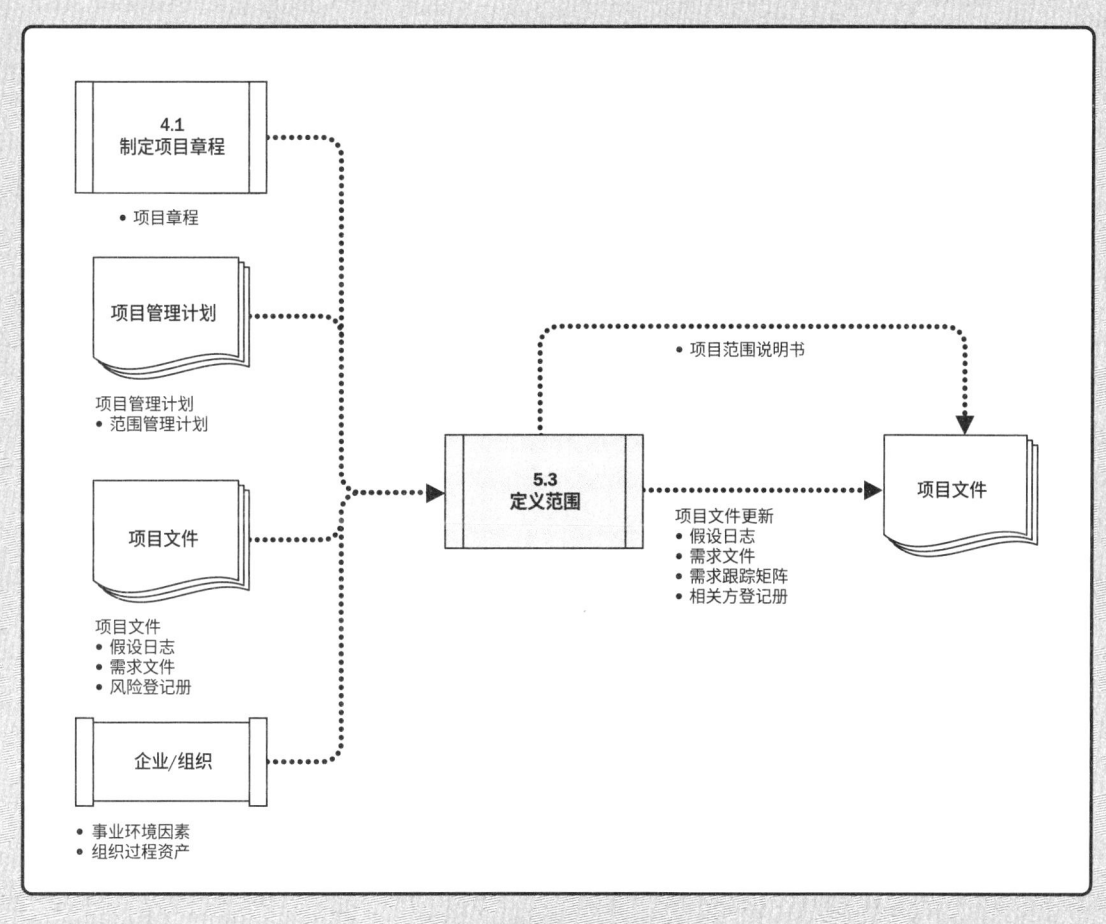

图 5-9 定义范围：数据流向图

由于在收集需求过程中识别出的所有需求未必都包含在项目中，所以定义范围过程就要从需求文件（收集需求过程的输出）中选取最终的项目需求，然后制定出关于项目及其产品、服务或成果的详细描述。

应根据项目启动过程中记载的主要可交付成果、假设条件和制约因素来编制详细的项目范围说明书。在项目规划过程中，随着对项目信息的更多了解，应该更加详细具体地定义和描述项目范围。此外，还需要分析现有风险、假设条件和制约因素的完整性，并做必要的增补或更新。需要多次反复开展定义范围过程：在迭代型生命周期的项目中，先为整个项目确定一个高层级的愿景，再一次针对一个迭代期明确详细范围。通常，随着当前迭代期的项目范围和可交付成果的进展，而详细规划下一个迭代期的工作。

5.3.1 定义范围：输入

5.3.1.1 项目章程

见 4.1.3.1 节。项目章程中包含对项目的高层级描述、产品特征和审批要求。

5.3.1.2 项目管理计划

见 4.2.3.1 节。项目管理计划组件包括（但不限于）范围管理计划（见 5.1.3.1 节），其中记录了如何定义、确认和控制项目范围。

5.3.1.3 项目文件

可作为本过程输入的项目文件包括（但不限于）：

- **假设日志**。见 4.1.3.2 节。假设日志识别了有关产品、项目、环境、相关方以及会影响项目和产品范围的其他因素的假设条件和制约因素。
- **需求文件**。见 5.2.3.1 节。需求文件识别了应纳入范围的需求。
- **风险登记册**。见 11.2.3.1 节。风险登记册包含了可能影响项目范围的应对策略，例如缩小或改变项目和产品范围，以规避或缓解风险。

5.3.1.4 事业环境因素

会影响定义范围过程的事业环境因素包括（但不限于）：

- 组织文化；
- 基础设施；
- 人事管理制度；
- 市场条件。

5.3.1.5 组织过程资产

能够影响定义范围过程的组织过程资产包括（但不限于）：

- 用于制定项目范围说明书的政策、程序和模板；
- 以往项目的项目档案；
- 以往阶段或项目的经验教训。

5.3.2 定义范围:工具与技术

5.3.2.1 专家判断

见 4.1.2.1 节。应征求具备类似项目的知识或经验的个人或小组的意见。

5.3.2.2 数据分析

可用于本过程的数据分析技术包括(但不限于)备选方案分析。备选方案分析可用于评估实现项目章程中所述的需求和目标的各种方法。

5.3.2.3 决策

见 5.1.2.2 节。可用于本过程的决策技术包括(但不限于)多标准决策分析。如 8.1.2.4 节所述,多标准决策分析是一种借助决策矩阵来使用系统分析方法的技术,目的是建立诸如需求、进度、预算和资源等多种标准来完善项目和产品范围。

5.3.2.4 人际关系与团队技能

见 4.1.2.3 节。人际关系与团队技能的一个示例是引导。在研讨会和座谈会中使用引导技能来协调具有不同期望或不同专业背景的关键相关方,使他们就项目可交付成果以及项目和产品边界达成跨职能的共识。

5.3.2.5 产品分析

产品分析可用于定义产品和服务,包括针对产品或服务提问并回答,以描述要交付的产品的用途、特征及其他方面。

每个应用领域都有一种或几种普遍公认的方法,用以把高层级的产品或服务描述转变为有意义的可交付成果。首先获取高层级的需求,然后将其细化到最终产品设计所需的详细程度。产品分析技术包括(但不限于):

- ◆ 产品分解;
- ◆ 需求分析;
- ◆ 系统分析;
- ◆ 系统工程;
- ◆ 价值分析;
- ◆ 价值工程。

5.3.3 定义范围：输出

5.3.3.1 项目范围说明书

项目范围说明书是对项目范围、主要可交付成果、假设条件和制约因素的描述。它记录了整个范围，包括项目和产品范围；详细描述了项目的可交付成果；还代表项目相关方之间就项目范围所达成的共识。为便于管理相关方的期望，项目范围说明书可明确指出哪些工作不属于本项目范围。项目范围说明书使项目团队能进行更详细的规划，在执行过程中指导项目团队的工作，并为评价变更请求或额外工作是否超过项目边界提供基准。

项目范围说明书描述要做和不要做的工作的详细程度，决定着项目管理团队控制整个项目范围的有效程度。详细的项目范围说明书包括以下内容（可能直接列出或参引其他文件）：

- ◆ **产品范围描述**。逐步细化在项目章程和需求文件中所述的产品、服务或成果的特征。
- ◆ **可交付成果**。为完成某一过程、阶段或项目而必须产出的任何独特并可核实的产品、成果或服务能力，可交付成果也包括各种辅助成果，如项目管理报告和文件。对可交付成果的描述可略可详。
- ◆ **验收标准**。可交付成果通过验收前必须满足的一系列条件。
- ◆ **项目的除外责任**。识别排除在项目之外的内容。明确说明哪些内容不属于项目范围，有助于管理相关方的期望及减少范围蔓延。

虽然项目章程和项目范围说明书的内容存在一定程度的重叠，但它们的详细程度完全不同。项目章程包含高层级的信息，而项目范围说明书则是对范围组成部分的详细描述，这些组成部分需要在项目过程中渐进明细。表 5-1 显示了这两个文件的一些关键内容。

表 5-1 项目章程与项目范围说明书的内容

项目章程	项目范围说明书
项目目的	项目范围描述（渐进明细）
可测量的项目目标和相关的成功标准	项目可交付成果
高层级需求	验收标准
高层级项目描述、边界定义以及主要可交付成果	项目的除外责任
整体项目风险	
总体里程碑进度计划	
预先批准的财务资源	
主要相关方名单	
项目审批要求（例如，用什么标准评价成功，由谁对项目成功下结论，由谁来签署项目结束）	
项目退出标准（比如，结束或取消项目或阶段前应满足的的条件）	
委派的项目经理及其职责和职权	
发起人或其他批准项目章程的人员的姓名和职权	

5.3.3.2 项目文件更新

可在本过程更新的项目文件包括（但不限于）：

◆ **假设日志**。见 4.1.3.2 节。随同本过程识别出更多的假设条件或制约因素而更新假设日志。

◆ **需求文件**。见 5.2.3.1 节。可以通过增加或修改需求而更新需求文件。

◆ **需求跟踪矩阵**。见 5.2.3.2 节。应该随同需求文件的更新而更新需求跟踪矩阵。

◆ **相关方登记册**。见 13.1.3.1 节。如果在本过程中收集到了现有或新相关方的更多信息，则记录到相关方登记册中。

5.4 创建 WBS

创建工作分解结构（WBS）是把项目可交付成果和项目工作分解成较小、更易于管理的组件的过程。本过程的主要作用是，为所要交付的内容提供架构，它仅开展一次或仅在项目的预定义点开展。图 5-10 描述本过程的输入、工具与技术和输出。图 5-11 是本过程的数据流向图。

创建 WBS

输入	工具与技术	输出
.1 项目管理计划 　• 范围管理计划 .2 项目文件 　• 项目范围说明书 　• 需求文件 .3 事业环境因素 .4 组织过程资产	.1 专家判断 .2 分解	.1 范围基准 .2 项目文件更新 　• 假设日志 　• 需求文件

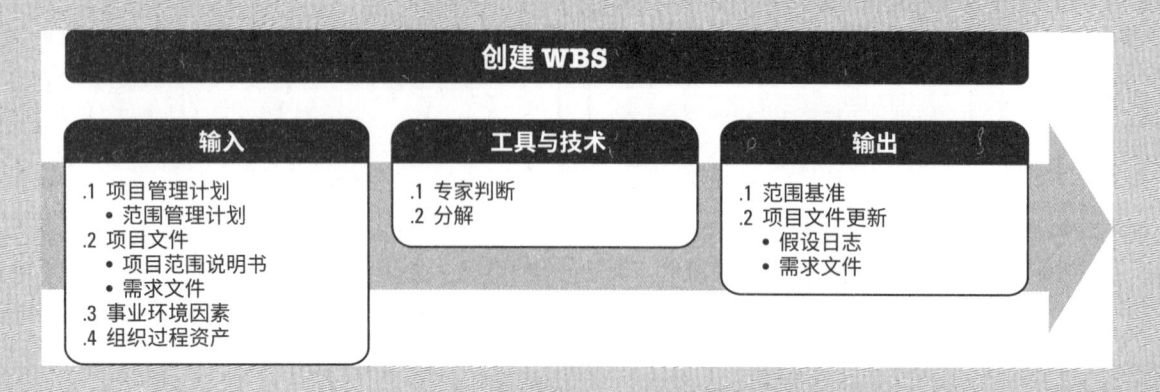

图 5-10 创建 WBS：输入、工具与技术和输出

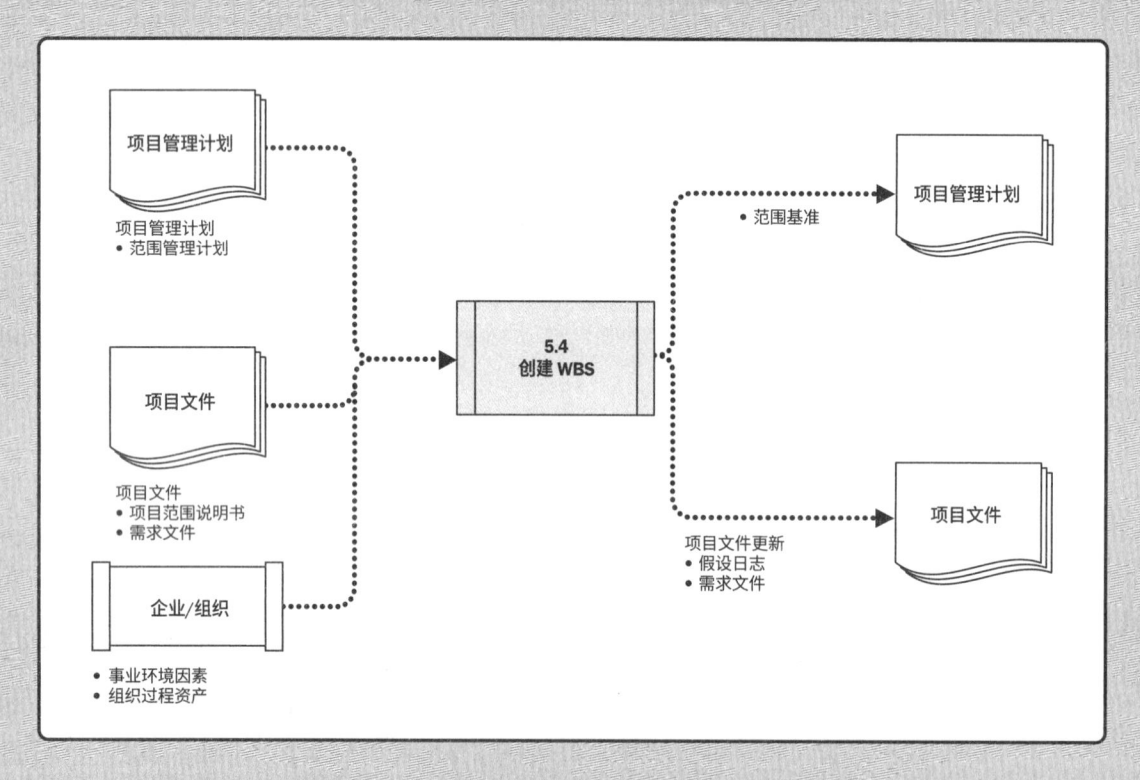

图 5-11 创建 WBS：数据流向图

156　　第一部分 - 指南

WBS是对项目团队为实现项目目标、创建所需可交付成果而需要实施的全部工作范围的层级分解。WBS 组织并定义了项目的总范围，代表着经批准的当前项目范围说明书中所规定的工作。

WBS 最低层的组成部分称为工作包，其中包括计划的工作。工作包对相关活动进行归类，以便对工作安排进度、进行估算、开展监督与控制。在"工作分解结构"这个词语中，"工作"是指作为活动结果的工作产品或可交付成果，而不是活动本身。

5.4.1 创建 WBS：输入

5.4.1.1 项目管理计划

项目管理计划组件包括（但不限于）范围管理计划。见 5.1.3.1 节，范围管理计划定义了如何根据项目范围说明书创建 WBS。

5.4.1.2 项目文件

可作为本过程输入的项目文件包括（但不限于）：

◆ **项目范围说明书**。见 5.3.3.1 节。项目范围说明书描述了需要实施的工作及不包含在项目中的工作。
◆ **需求文件**。见 5.2.3.1 节。需求文件详细描述了各种单一需求如何满足项目的业务需要。

5.4.1.3 事业环境因素

会影响创建 WBS 过程的事业环境因素包括（但不限于）项目所在行业的 WBS 标准，这些标准可以作为创建 WBS 的外部参考资料。

5.4.1.4 组织过程资产

能够影响创建 WBS 过程的组织过程资产包括（但不限于）：

◆ 用于创建 WBS 的政策、程序和模板；
◆ 以往项目的项目档案；
◆ 以往项目的经验教训。

5.4.2 创建 WBS：工具与技术

5.4.2.1 专家判断

见 4.1.2.1 节。应征求具备类似项目知识或经验的个人或小组的意见。

5.4.2.2 分解

分解是一种把项目范围和项目可交付成果逐步划分为更小、更便于管理的组成部分的技术；工作包是 WBS 最低层的工作，可对其成本和持续时间进行估算和管理。分解的程度取决于所需的控制程度，以实现对项目的高效管理；工作包的详细程度则因项目规模和复杂程度而异。要把整个项目工作分解为工作包，通常需要开展以下活动：

- ◆ 识别和分析可交付成果及相关工作；
- ◆ 确定 WBS 的结构和编排方法；
- ◆ 自上而下逐层细化分解；
- ◆ 为 WBS 组成部分制定和分配标识编码；
- ◆ 核实可交付成果分解的程度是否恰当。

图 5-12 显示了某工作分解结构的一部分，其中若干分支已经向下分解到工作包层次。

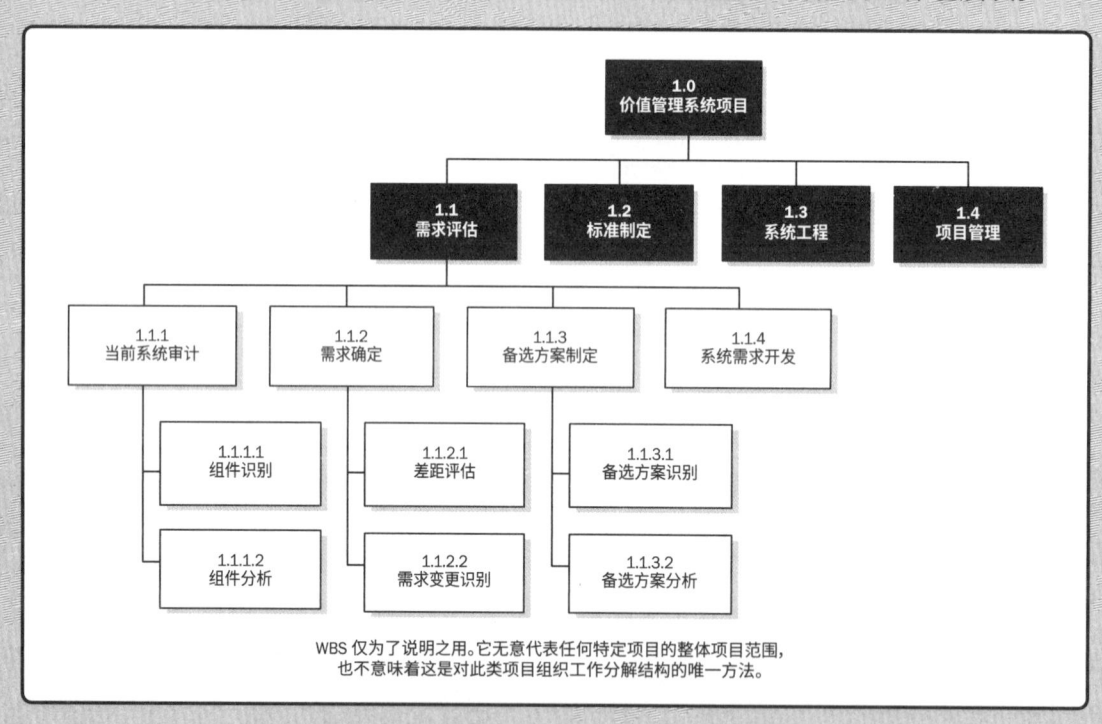

图 5-12 分解到工作包的 WBS 示例

创建 WBS 的方法多种多样，常用的方法包括自上而下的方法、使用组织特定的指南和使用 WBS 模板。自下而上的方法可用于归并较低层次组件。WBS 的结构可以采用多种形式，例如：

◆ 以项目生命周期的各阶段作为分解的第二层，把产品和项目可交付成果放在第三层，如图 5-13 所示；

◆ 以主要可交付成果作为分解的第二层，如图 5-14 所示；

◆ 纳入由项目团队以外的组织开发的各种较低层次组件（如外包工作）。随后，作为外包工作的一部分，卖方须制定相应的合同 WBS。

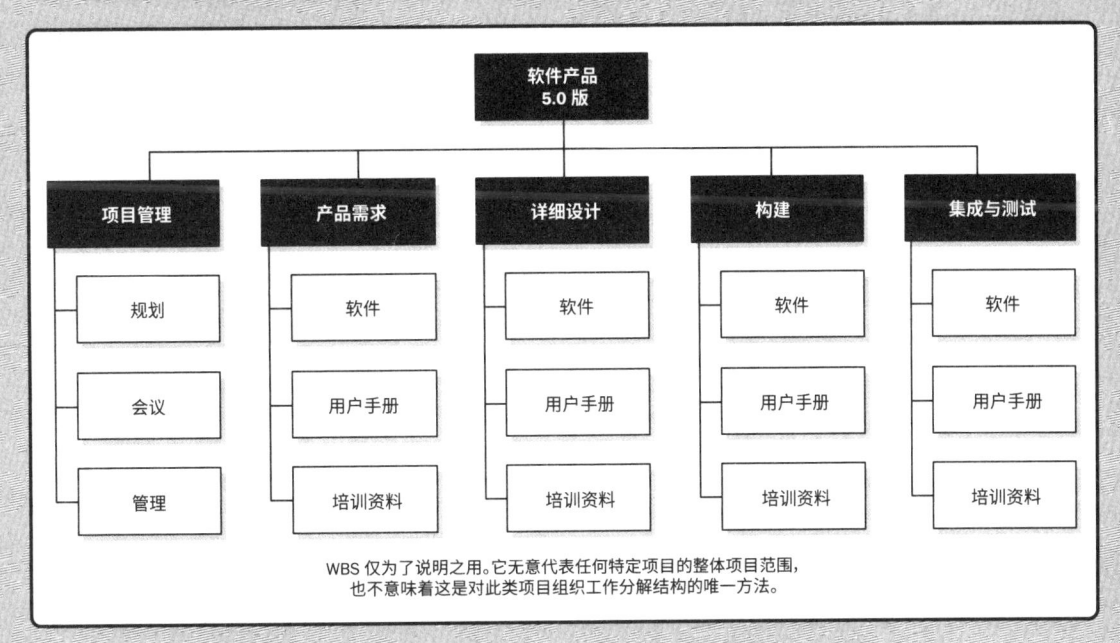

图 5-13 WBS 示例：以阶段作为第二层

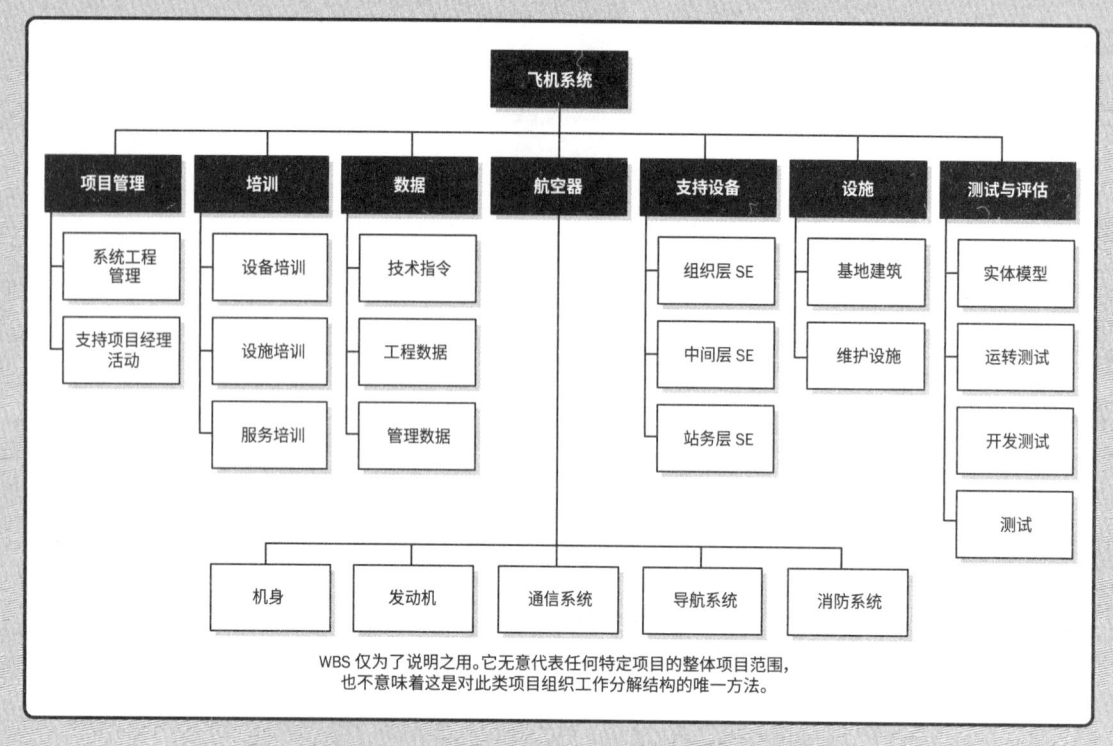

图 5-14 WBS 示例：以主要可交付成果作为第二层

对 WBS 较高层组件进行分解，就是要把每个可交付成果或组件分解为最基本的组成部分，即可核实的产品、服务或成果。如果采用敏捷方法，可以将长篇故事分解成用户故事。WBS 可以采用提纲式、组织结构图或能说明层级结构的其他形式。通过确认 WBS 较低层组件是完成上层相应可交付成果的必要且充分的工作，来核实分解的正确性。不同的可交付成果可以分解到不同的层次。某些可交付成果只需分解到下一层，即可到达工作包的层次，而另一些则须分解更多层。工作分解得越细致，对工作的规划、管理和控制就越有力。但是，过细的分解会造成管理努力的无效耗费、资源使用效率低下、工作实施效率降低，同时造成 WBS 各层级的数据汇总困难。

要在未来远期才完成的可交付成果或组件，当前可能无法分解。项目管理团队因而通常需要等待对该可交付成果或组成部分达成一致意见，才能够制定出 WBS 中的相应细节。这种技术有时称做滚动式规划。

WBS 包含了全部的产品和项目工作，包括项目管理工作。通过把 WBS 底层的所有工作逐层向上汇总，来确保既没有遗漏的工作，也没有多余的工作。这有时被称为 100% 规则。

关于 WBS 的详细信息，可参考《工作分解结构实践标准》（第 2 版）[15]。该标准列举了一些具体行业的 WBS 模板，可以在裁剪后应用于特定领域的具体项目。

5.4.3 创建 WBS：输出

5.4.3.1 范围基准

范围基准是经过批准的范围说明书、WBS 和相应的 WBS 词典，只有通过正式的变更控制程序才能进行变更，它被用作比较的基础。范围基准是项目管理计划的组成部分，包括：

- **项目范围说明书**。项目范围说明书包括对项目范围、主要可交付成果、假设条件和制约因素的描述（见 5.3.3.1 节）。
- **WBS**。WBS 是项目团队为实现项目目标、创建所需可交付成果而需要实施的全部工作范围的层级分解。工作分解结构每向下分解一层，代表对项目工作更详细的定义。
- **工作包**。WBS 的最低层级是带有独特标识号的工作包。这些标识号为进行成本、进度和资源信息的逐层汇总提供了层级结构，构成账户编码。每个工作包都是控制账户的一部分，而控制账户则是一个管理控制点。在该控制点上，把范围、预算和进度加以整合，并与挣值相比较，以测量绩效。控制账户拥有两个或更多工作包，但每个工作包只与一个控制账户关联。
- **规划包**。一个控制账户可以包含一个或多个规划包，其是一种低于控制账户而高于工作包的工作分解结构组件，工作内容已知，但详细的进度活动未知。

◆ **WBS 词典**。WBS 词典是针对 WBS 中的每个组件，详细描述可交付成果、活动和进度信息的文件。WBS 词典对 WBS 提供支持，其中大部分信息由其他过程创建，然后在后期添加到词典中。WBS 词典中的内容可能包括（但不限于）：

- 账户编码标识；
- 工作描述；
- 假设条件和制约因素；
- 负责的组织；
- 进度里程碑；
- 相关的进度活动；
- 所需资源；
- 成本估算；
- 质量要求；
- 验收标准；
- 技术参考文献；
- 协议信息。

5.4.3.2 项目文件更新

可在本过程更新的项目文件包括（但不限于）：

- **假设日志**。见 4.1.3.2 节。随同本过程识别出更多的假设条件或制约因素而更新假设日志。
- **需求文件**。见 5.2.3.1 节。可以更新需求文件，以反映在本过程提出并已被批准的变更。

5.5 确认范围

确认范围是正式验收已完成的项目可交付成果的过程。本过程的主要作用是，使验收过程具有客观性；同时通过确认每个可交付成果，来提高最终产品、服务或成果获得验收的可能性。本过程应根据需要在整个项目期间定期开展。图 5-15 描述本过程的输入、工具与技术和输出。图 5-16 是本过程的数据流向图。

确认范围		
输入	**工具与技术**	**输出**
.1 项目管理计划 　• 范围管理计划 　• 需求管理计划 　• 范围基准 .2 项目文件 　• 经验教训登记册 　• 质量报告 　• 需求文件 　• 需求跟踪矩阵 .3 核实的可交付成果 .4 工作绩效数据	.1 检查 .2 决策 　• 投票	.1 验收的可交付成果 .2 工作绩效信息 .3 变更请求 .4 项目文件更新 　• 经验教训登记册 　• 需求文件 　• 需求跟踪矩阵

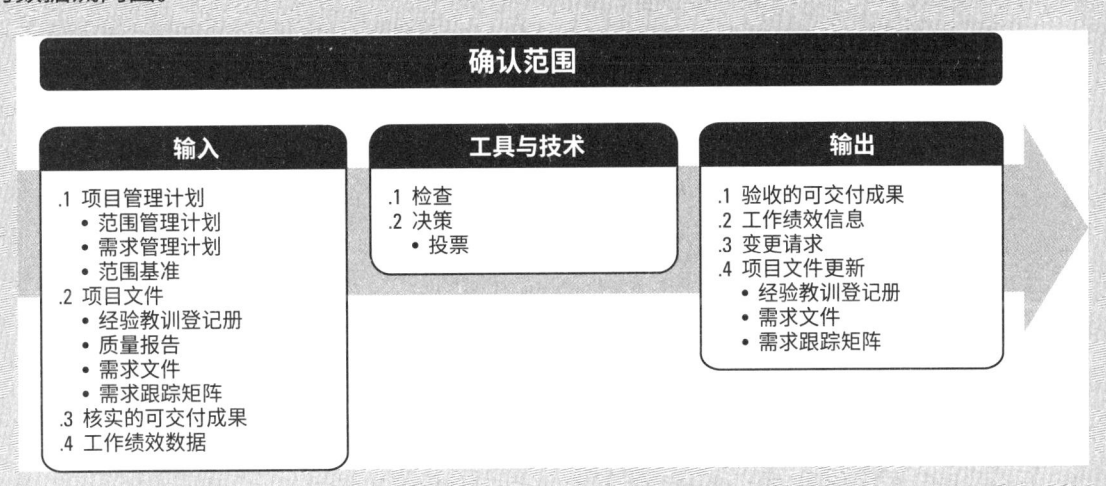

图 5-15 确认范围：输入、工具与技术和输出

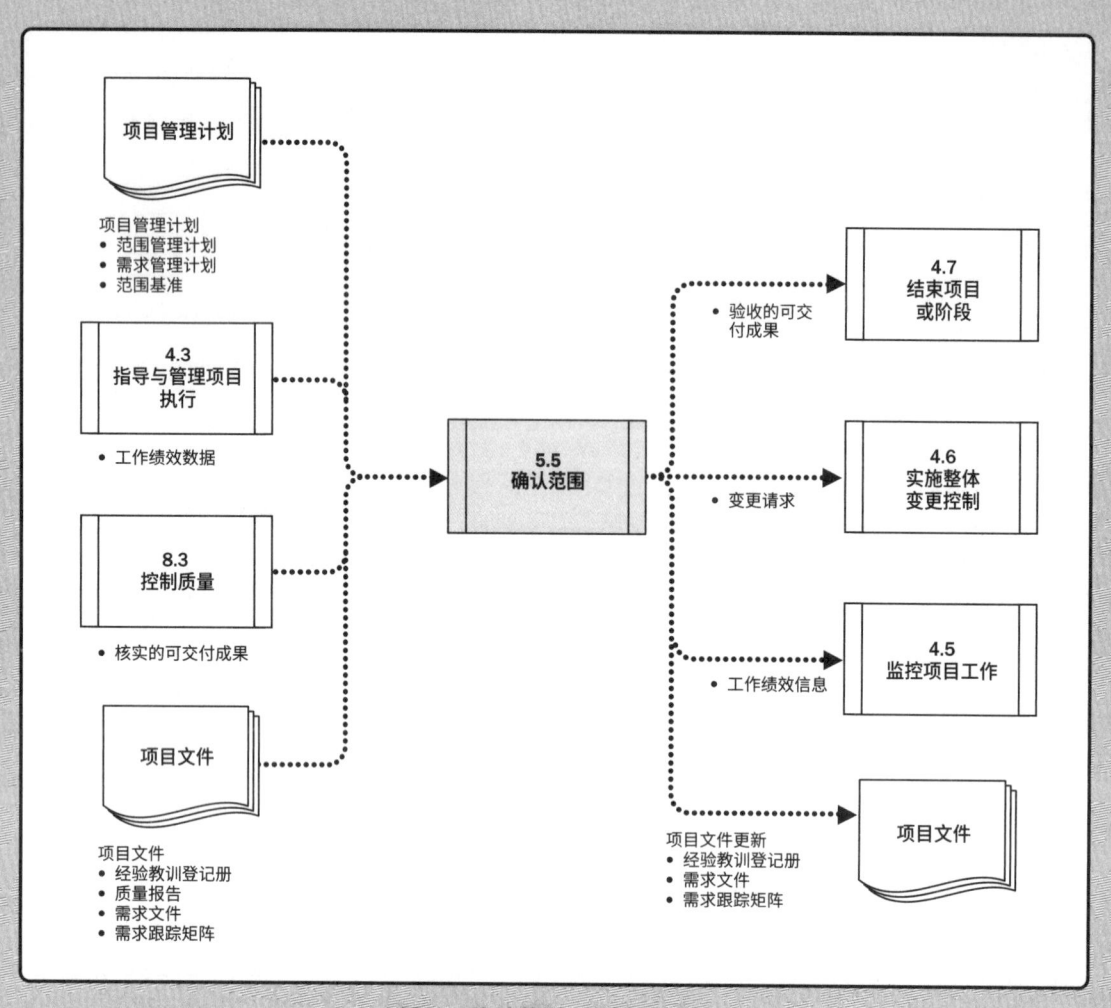

图 5-16 确认范围：数据流向图

由客户或发起人审查从控制质量过程输出的核实的可交付成果，确认这些可交付成果已经圆满完成并通过正式验收。本过程对可交付成果的确认和最终验收，需要依据：从项目范围管理知识领域的各规划过程获得的输出（如需求文件或范围基准），以及从其他知识领域的各执行过程获得的工作绩效数据。

确认范围过程与控制质量过程的不同之处在于，前者关注可交付成果的验收，而后者关注可交付成果的正确性及是否满足质量要求。控制质量过程通常先于确认范围过程，但二者也可同时进行。

5.5.1 确认范围：输入

5.5.1.1 项目管理计划

见 4.2.3.1 节。项目管理计划组件包括（但不限于）：

- **范围管理计划**。见 5.1.3.1 节。范围管理计划定义了如何正式验收已经完成的可交付成果。
- **需求管理计划**。见 5.1.3.2 节。需求管理计划描述了如何确认项目需求。
- **范围基准**。见 5.4.3.1 节。用范围基准与实际结果比较，以决定是否有必要进行变更、采取纠正措施或预防措施。

5.5.1.2 项目文件

可作为本过程输入的项目文件包括（但不限于）：

- **经验教训登记册**。见 4.4.3.1 节。在项目早期获得的经验教训可以运用到后期阶段，以提高验收可交付成果的效率与效果。
- **质量报告**。见 8.2.3.1 节。质量报告的内容可包括由团队管理或需上报的全部质量保证事项、改进建议，以及在控制质量过程中发现的情况的概述。在验收产品之前，需要查看所有这些内容。
- **需求文件**。见 5.2.3.1 节。将需求与实际结果比较，以决定是否有必要进行变更、采取纠正措施或预防措施。
- **需求跟踪矩阵**。见 5.2.3.2 节。需求跟踪矩阵含有与需求相关的信息，包括如何确认需求。

5.5.1.3 核实的可交付成果

核实的可交付成果是指已经完成，并被控制质量过程检查为正确的可交付成果。

5.5.1.4 工作绩效数据

见 4.3.3.2 节。工作绩效数据可能包括符合需求的程度、不一致的数量、不一致的严重性或在某时间段内开展确认的次数。

5.5.2 确认范围：工具与技术

5.5.2.1 检查

见 8.3.2.3 节。检查是指开展测量、审查与确认等活动，来判断工作和可交付成果是否符合需求和产品验收标准。检查有时也被称为审查、产品审查和巡检等。在某些应用领域，这些术语具有独特和具体的含义。

5.5.2.2 决策

见 5.2.2.4 节。可用于本过程的决策技术包括（但不限于）投票。当由项目团队和其他相关方进行验收时，使用投票来形成结论。

5.5.3 确认范围：输出

5.5.3.1 验收的可交付成果

符合验收标准的可交付成果应该由客户或发起人正式签字批准。应该从客户或发起人那里获得正式文件，证明相关方对项目可交付成果的正式验收。这些文件将提交给结束项目或阶段过程（见 4.7 节）。

5.5.3.2 工作绩效信息

工作绩效信息包括项目进展信息，例如，哪些可交付成果已经被验收，哪些未通过验收以及原因。这些信息应该被记录下来（见 10.3.3.1 节）并传递给相关方。

5.5.3.3 变更请求

对已经完成但未通过正式验收的可交付成果及其未通过验收的原因，应该记录在案。可能需要针对这些可交付成果提出变更请求，开展缺陷补救。变更请求（见 4.3.3.4 节）应该由实施整体变更控制过程（见 4.6 节）进行审查与处理。

5.5.3.4 项目文件更新

可在本过程更新的项目文件包括（但不限于）：

- ◆ **经验教训登记册**。见 4.4.3.1 节。更新经验教训登记册，以记录所遇到的挑战、本应如何避免该挑战，以及良好的可交付成果验收方法。
- ◆ **需求文件**。见 5.2.3.1 节。记录实际的验收结果，更新需求文件。需要特别注意实际结果比原定需求更好的情况，或者原定需求已经被放弃的情况。
- ◆ **需求跟踪矩阵**。见 5.2.3.2 节。根据验收结果更新需求跟踪矩阵，包括所采用的验收方法及其使用结果。

5.6 控制范围

控制范围是监督项目和产品的范围状态，管理范围基准变更的过程。本过程的主要作用是，在整个项目期间保持对范围基准的维护，且需要在整个项目期间开展。图 5-17 描述本过程的输入、工具与技术和输出。图 5-18 是本过程的数据流向图。

输入	工具与技术	输出
.1 项目管理计划 • 范围管理计划 • 需求管理计划 • 变更管理计划 • 配置管理计划 • 范围基准 • 绩效测量基准 .2 项目文件 • 经验教训登记册 • 需求文件 • 需求跟踪矩阵 .3 工作绩效数据 .4 组织过程资产	.1 数据分析 • 偏差分析 • 趋势分析	.1 工作绩效信息 .2 变更请求 .3 项目管理计划更新 • 范围管理计划 • 范围基准 • 进度基准 • 成本基准 • 绩效测量基准 .4 项目文件更新 • 经验教训登记册 • 需求文件 • 需求跟踪矩阵

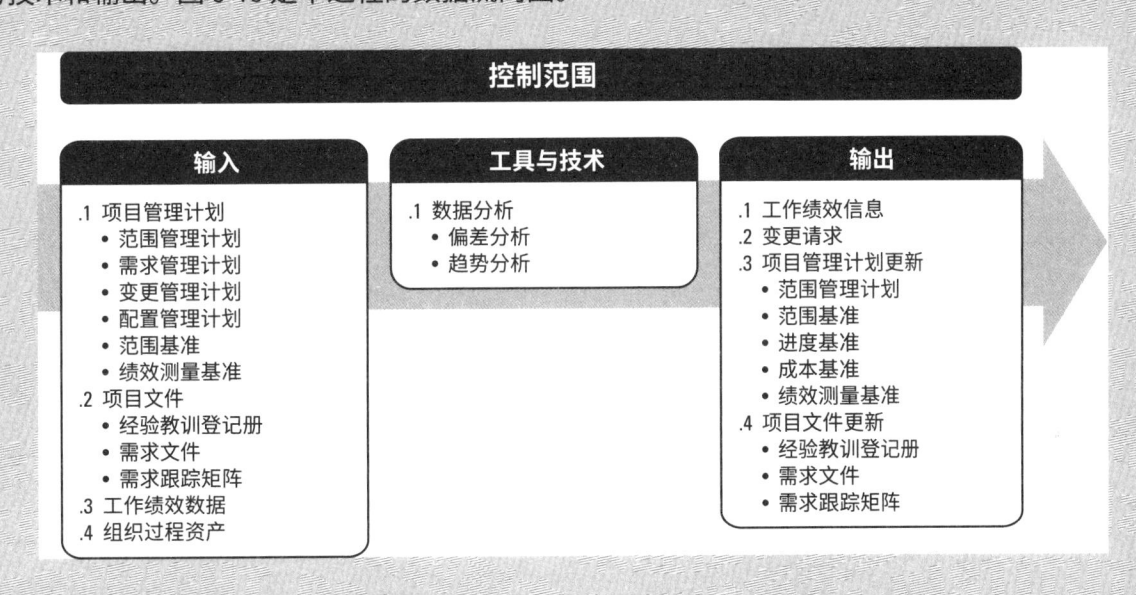

图 5-17 控制范围：输入、工具与技术和输出

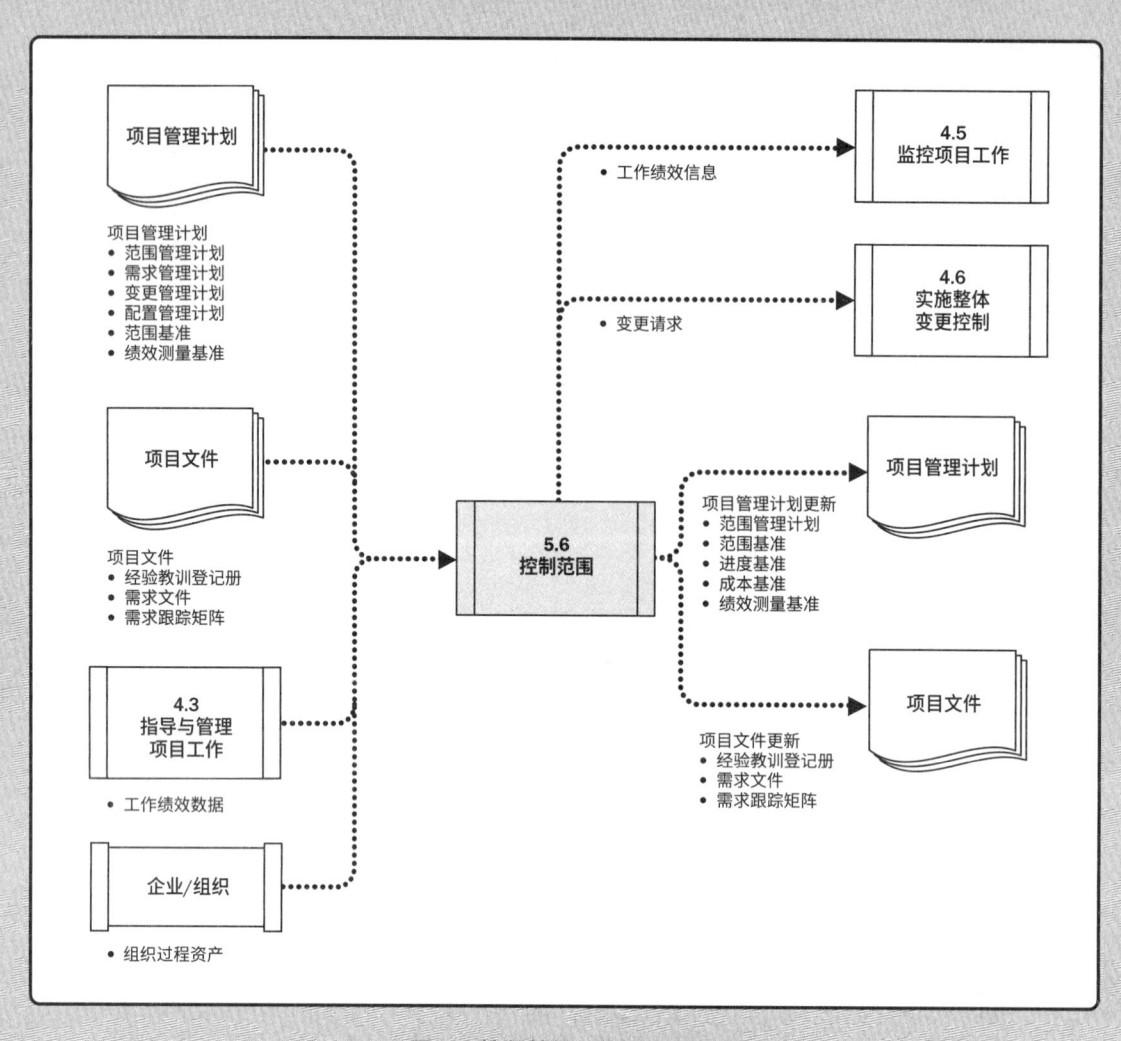

图 5-18 控制范围：数据流向图

控制项目范围确保所有变更请求、推荐的纠正措施或预防措施都通过实施整体变更控制过程（见 4.6 节）进行处理。在变更实际发生时，也要采用控制范围过程来管理这些变更。控制范围过程应该与其他控制过程协调开展。未经控制的产品或项目范围的扩大（未对时间、成本和资源做相应调整）被称为范围蔓延。变更不可避免，因此在每个项目上，都必须强制实施某种形式的变更控制。

5.6.1 控制范围：输入

5.6.1.1 项目管理计划

见 4.2.3.1 节。项目管理计划组件包括（但不限于）：

- **范围管理计划**。见 5.1.3.1 节。范围管理计划记录了如何控制项目和产品范围。
- **需求管理计划**。见 5.1.3.2 节。需求管理计划记录了如何管理项目需求。
- **变更管理计划**。见 4.2.3.1 节。变更管理计划定义了管理项目变更的过程。
- **配置管理计划**。见 4.2.3.1 节。配置管理计划定义了哪些是配置项，哪些配置项需要正式变更控制，以及针对这些配置项的变更控制过程。
- **范围基准**。见 5.4.3.1 节。用范围基准与实际结果比较，以决定是否有必要进行变更、采取纠正措施或预防措施。
- **绩效测量基准**。见 4.2.3.1 节。使用挣值分析时，将绩效测量基准与实际结果比较，以决定是否有必要进行变更、采取纠正措施或预防措施。

5.6.1.2 项目文件

可作为本过程输入的项目文件包括（但不限于）：

- **经验教训登记册**。见 4.4.3.1 节。在项目早期获得的经验教训可以运用到后期阶段，以改进范围控制。
- **需求文件**。见 5.2.3.1 节。需求文件用于发现任何对商定的项目或产品范围的偏离。
- **需求跟踪矩阵**。见 5.2.3.2 节。需求跟踪矩阵有助于探查任何变更或对范围基准的任何偏离对项目目标的影响，它还可以提供受控需求的状态。

5.6.1.3 工作绩效数据

工作绩效数据可能包括收到的变更请求的数量、接受的变更请求的数量，以及核实、确认和完成的可交付成果的数量。

5.6.1.4 组织过程资产

能够影响控制范围过程的组织过程资产包括（但不限于）：

- ◆ 现有的、正式和非正式的，与范围控制相关的政策、程序和指南；
- ◆ 可用的监督和报告的方法与模板。

5.6.2 控制范围：工具与技术

5.6.2.1 数据分析

可用于控制范围过程的数据分析技术包括（但不限于）：

- ◆ **偏差分析**。见 4.5.2.2 节。偏差分析用于将基准与实际结果进行比较，以确定偏差是否处于临界值区间内或是否有必要采取纠正或预防措施。
- ◆ **趋势分析**。见 4.5.2.2 节。趋势分析旨在审查项目绩效随时间的变化情况，以判断绩效是正在改善还是正在恶化。

确定偏离范围基准（见 5.4.3.1 节）的原因和程度，并决定是否需要采取纠正或预防措施，是项目范围控制的重要工作。

5.6.3 控制范围：输出

5.6.3.1 工作绩效信息

本过程产生的工作绩效信息是有关项目和产品范围实施情况（对照范围基准）的、相互关联且与各种背景相结合的信息，包括收到的变更的分类、识别的范围偏差和原因、偏差对进度和成本的影响，以及对将来范围绩效的预测。

5.6.3.2 变更请求

见 4.3.3.4 节。分析项目绩效后，可能会就范围基准和进度基准，或项目管理计划的其他组成部分提出变更请求。变更请求需要经过实施整体变更控制过程（见 4.6 节）的审查和处理。

5.6.3.3 项目管理计划更新

项目管理计划的任何变更都以变更请求的形式提出，且通过组织的变更控制过程进行处理。可能需要变更请求的项目管理计划组成部分包括（但不限于）：

- **范围管理计划**。见 5.1.3.1 节。可以更新范围管理计划，以反映范围管理方式的变更。
- **范围基准**。见 5.4.3.1 节。在针对范围、范围说明书、WBS 或 WBS 词典的变更获得批准后，需要对范围基准做出相应的变更。有时范围偏差太过严重，以至于需要修订范围基准，以便为绩效测量提供现实可行的依据。
- **进度基准**。见 6.5.3.1 节。在针对范围、资源或进度估算的变更获得批准后，需要对进度基准做出相应的变更。有时进度偏差太过严重，以至于需要修订进度基准，以便为绩效测量提供现实可行的依据。
- **成本基准**。见 7.3.3.1 节。在针对范围、资源或成本估算的变更获得批准后，需要对成本基准做出相应的变更。有时成本偏差太过严重，以至于需要修订成本基准，以便为绩效测量提供现实可行的依据。
- **绩效测量基准**。见 4.2.3.1 节。在针对范围、进度绩效或成本估算的变更获得批准后，需要对绩效测量基准做出相应的变更。有时绩效偏差太过严重，需要提出变更请求来修订绩效测量基准，以便为绩效测量提供现实可行的依据。

5.6.3.4 项目文件更新

可在本过程更新的项目文件包括（但不限于）：

- **经验教训登记册**。见 4.4.3.1 节。更新经验教训登记册，以记录控制范围的有效技术，以及造成偏差的原因和选择的纠正措施。
- **需求文件**。见 5.2.3.1 节。可以通过增加或修改需求而更新需求文件。
- **需求跟踪矩阵**。见 5.2.3.2 节。应该随同需求文件的更新而更新需求跟踪矩阵。

6

项目进度管理

项目进度管理包括为管理项目按时完成所需的各个过程。其过程包括：

6.1 规划进度管理 —— 为规划、编制、管理、执行和控制项目进度而制定政策、程序和文档的过程。

6.2 定义活动 —— 识别和记录为完成项目可交付成果而需采取的具体行动的过程。

6.3 排列活动顺序 —— 识别和记录项目活动之间的关系的过程。

6.4 估算活动持续时间 —— 根据资源估算的结果，估算完成单项活动所需工作时段数的过程。

6.5 制定进度计划 —— 分析活动顺序、持续时间、资源需求和进度制约因素，创建项目进度模型，从而落实项目执行和监控的过程。

6.6 控制进度 —— 监督项目状态，以更新项目进度和管理进度基准变更的过程。

图 6-1 概括了项目进度管理的各个过程。虽然在本《PMBOK®指南》中，各项目进度管理过程以界限分明和相互独立的形式出现，但在实践中它们会以本指南无法全面详述的方式相互交叠和相互作用。

项目进度管理概述

6.1 规划进度管理
.1 输入
　.1 项目章程
　.2 项目管理计划
　.3 事业环境因素
　.4 组织过程资产
.2 工具与技术
　.1 专家判断
　.2 数据分析
　.3 会议
.3 输出
　.1 进度管理计划

6.2 定义活动
.1 输入
　.1 项目管理计划
　.2 事业环境因素
　.3 组织过程资产
.2 工具与技术
　.1 专家判断
　.2 分解
　.3 滚动式规划
　.4 会议
.3 输出
　.1 活动清单
　.2 活动属性
　.3 里程碑清单
　.4 变更请求
　.5 项目管理计划更新

6.3 排列活动顺序
.1 输入
　.1 项目管理计划
　.2 项目文件
　.3 事业环境因素
　.4 组织过程资产
.2 工具与技术
　.1 紧前关系绘图法
　.2 确定和整合依赖关系
　.3 提前量和滞后量
　.4 项目管理信息系统
.3 输出
　.1 项目进度网络图
　.2 项目文件更新

6.4 估算活动持续时间
.1 输入
　.1 项目管理计划
　.2 项目文件
　.3 事业环境因素
　.4 组织过程资产
.2 工具与技术
　.1 专家判断
　.2 类比估算
　.3 参数估算
　.4 三点估算
　.5 自下而上估算
　.6 数据分析
　.7 决策
　.8 会议
.3 输出
　.1 持续时间估算
　.2 估算依据
　.3 项目文件更新

6.5 制定进度计划
.1 输入
　.1 项目管理计划
　.2 项目文件
　.3 协议
　.4 事业环境因素
　.5 组织过程资产
.2 工具与技术
　.1 进度网络分析
　.2 关键路径法
　.3 资源优化
　.4 数据分析
　.5 提前量和滞后量
　.6 进度压缩
　.7 项目管理信息系统
　.8 敏捷发布规划
.3 输出
　.1 进度基准
　.2 项目进度计划
　.3 进度数据
　.4 项目日历
　.5 变更请求
　.6 项目管理计划更新
　.7 项目文件更新

6.6 控制进度
.1 输入
　.1 项目管理计划
　.2 项目文件
　.3 工作绩效数据
　.4 组织过程资产
.2 工具与技术
　.1 数据分析
　.2 关键路径法
　.3 项目管理信息系统
　.4 资源优化
　.5 提前量和滞后量
　.6 进度压缩
.3 输出
　.1 工作绩效信息
　.2 进度预测
　.3 变更请求
　.4 项目管理计划更新
　.5 项目文件更新

图 6-1 项目进度管理概述

项目进度管理的核心概念

通过项目进度规划制定详尽的计划，说明项目如何以及何时交付项目范围中定义的产品、服务和成果，并作为一种用于沟通和管理相关方期望的工具，以及报告绩效的基础。

项目管理团队选择进度计划方法，例如关键路径法或敏捷方法。之后，项目管理团队将项目特定数据，如活动、计划日期、持续时间、资源、依赖关系和制约因素等输入进度计划编制工具，以创建项目进度模型。这项工作的成果就是项目进度计划。图 6-2 是进度计划工作的概览，展示如何结合进度计划编制方法、编制工具及项目进度管理各过程的输出来创建进度模型。

在小型项目中，定义活动、排列活动顺序、估算活动持续时间及制定进度模型等过程之间的联系非常密切，以至于可视为一个过程，能够由一个人在较短时间内完成。但本章仍然把这些过程分开介绍，因为每个过程所用的工具和技术各不相同。有关某些过程的更详细的描述，请参见《进度管理实践标准》[2]。

在可能的情况下，应在整个项目期间保持项目详细进度计划的灵活性，使其可以随着知识的获得、对风险理解的加深，以及增值活动的设计而调整。

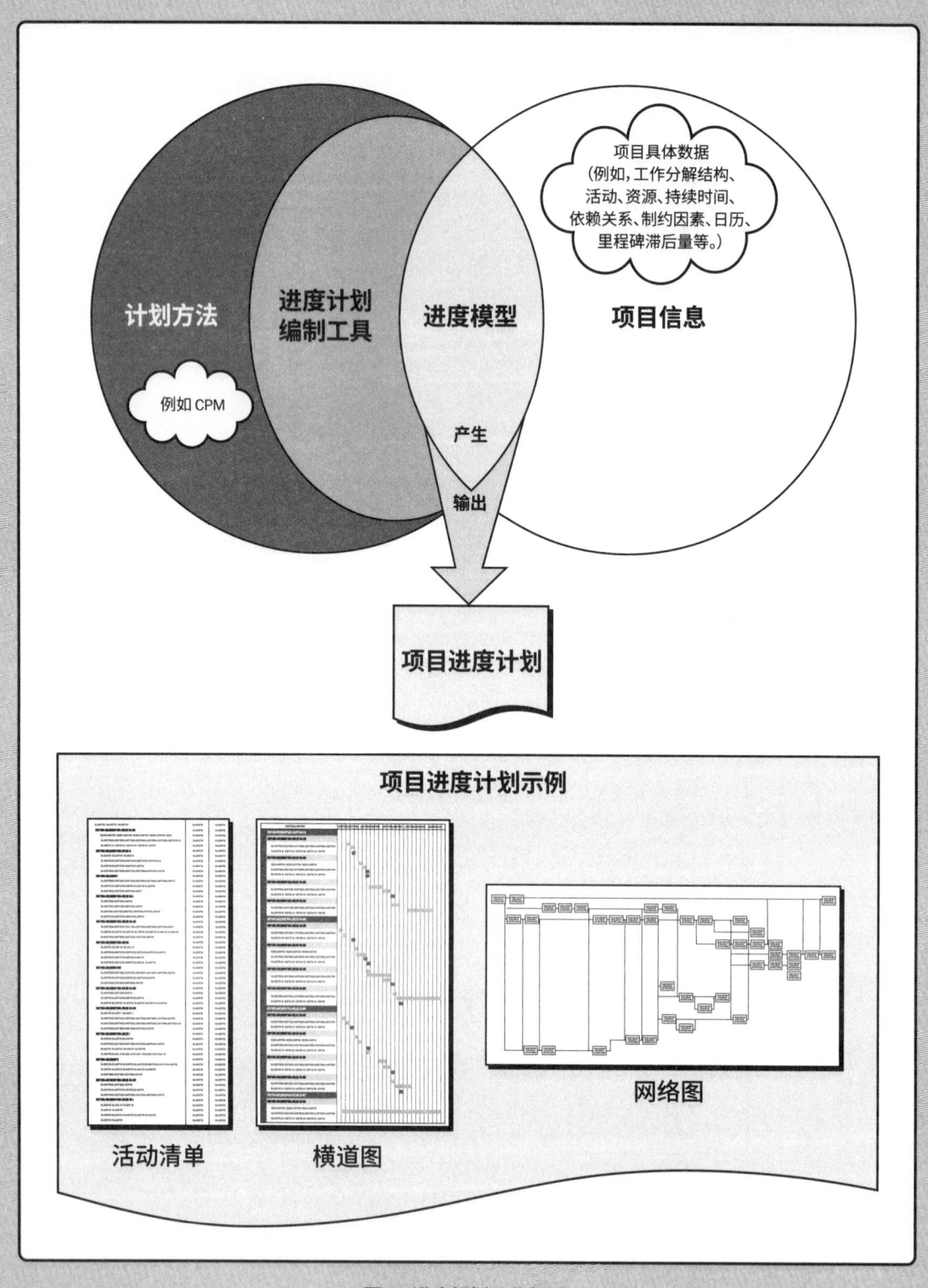

图 6-2 进度规划工作概述

项目进度管理的发展趋势和新兴实践

全球市场瞬息万变，竞争激烈，具有很高的不确定性和不可预测性，很难定义长期范围，因此，为应对环境变化，根据具体情景有效采用和裁剪开发实践就日益重要。适应型规划虽然制定了计划，但也意识到工作开始之后，优先级可能发生改变，需要修改计划以反映新的优先级。

有关项目进度计划方法的新兴实践包括（但不限于）：

◆ **具有未完项的迭代型进度计划**。这是一种基于适应型生命周期的滚动式规划，例如敏捷的产品开发方法。这种方法将需求记录在用户故事中，然后在建造之前按优先级排序并优化用户故事，最后在规定的时间盒内开发产品功能。这一方法通常用于向客户交付增量价值，或多个团队并行开发大量内部关联较小的功能。适应型生命周期在产品开发中的应用越来越普遍，很多项目都采用这种进度计划方法。这种方法的好处在于，它允许在整个开发生命周期期间进行变更。

◆ **按需进度计划**。这种方法通常用于看板体系，基于制约理论和来自精益生产的拉动式进度计划概念，根据团队的交付能力来限制团队正在开展的工作。按需进度计划方法不依赖于以前为产品开发或产品增量制定的进度计划，而是在资源可用时立即从未完项和工作序列中提取出来开展。按需进度计划方法经常用于此类项目：在运营或持续环境中以增量方式研发产品，且任务的规模或范围相对类似，或者，可以按照规模或范围对任务进行组合的项目。

裁剪考虑因素

由于每个项目都是独特的，因此项目经理可能需要裁剪项目进度管理过程。裁剪时应考虑的因素包括（但不限于）：

◆ **生命周期方法**。哪种生命周期方法最适合制定详细的进度计划？

◆ **资源可用性**。影响资源可持续时间的因素是什么（如可用资源与其生产效率之间的相关性）？

◆ **项目维度**。项目复杂性、技术不确定性、产品新颖度、速度或进度跟踪要求（如挣值、完成百分比、"红黄绿"停止信号灯指示）如何影响预期的控制水平？

◆ **技术支持**。是否采用技术来制定、记录、传递、接收和存储项目进度模型的信息以及该技术是否易于获取？

有关进度计划的更多信息，参阅《进度管理实践标准》[16]。

关于敏捷/适应型环境的考虑因素

适应型方法采用短周期来开展工作、审查结果，并在必要时做出调整。这些周期可针对方法和可交付成果的适用性提供快速反馈，通常表现为迭代型进度计划和拉动式按需进度计划，具体参见"项目进度管理的发展趋势和新兴实践"一节。

在大型组织中，可能同时存在小规模项目和大规模举措，需要制定长期路线图，通过规模参数（如团队规模、地理分布、法规合规性、组织复杂性和技术复杂性）来管理这些项目集。为管理大规模的、全企业系统的、完整的交付生命周期，可能需要采用一系列技术，包括预测型方法、适应型方法或两种方法的混合。组织还可能需要结合几种核心方法，或采用已实践过的方法，并采纳来自传统技术的一些原则和实践。

无论是采用预测型开发生命周期来管理项目，还是在适应型环境下管理项目，项目经理的角色都不变。但是，要成功实施适应型方法，项目经理需要了解如何高效使用相关的工具和技术。

6.1 规划进度管理

规划进度管理是为规划、编制、管理、执行和控制项目进度而制定政策、程序和文档的过程。本过程的主要作用是，为如何在整个项目期间管理项目进度提供指南和方向。本过程仅开展一次或仅在项目的预定义点开展。图 6-3 描述本过程的输入、工具与技术和输出。图 6-4 是本过程的数据。

规划进度管理

输入
.1 项目章程
.2 项目管理计划
 • 范围管理计划
 • 开发方法
.3 事业环境因素
.4 组织过程资产

工具与技术
.1 专家判断
.2 数据分析
.3 会议

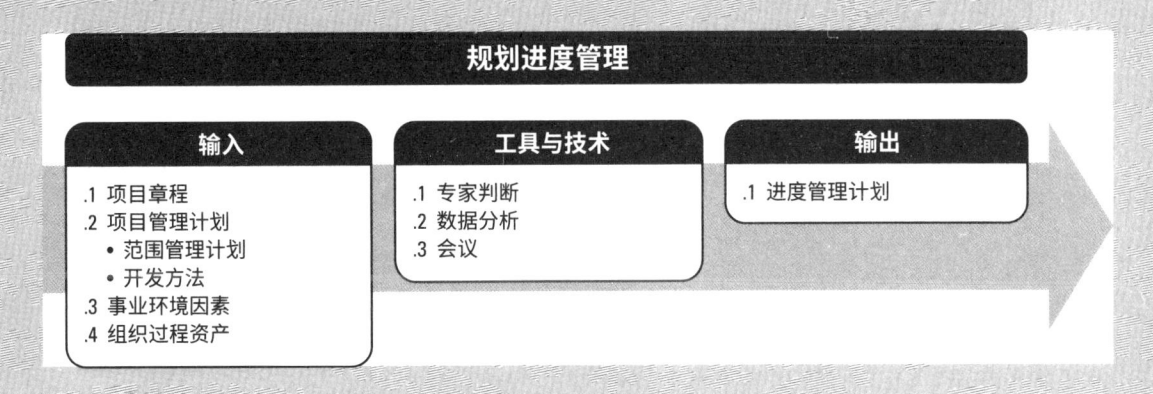

输出
.1 进度管理计划

图 6-3 规划进度管理：输入、工具与技术和输出

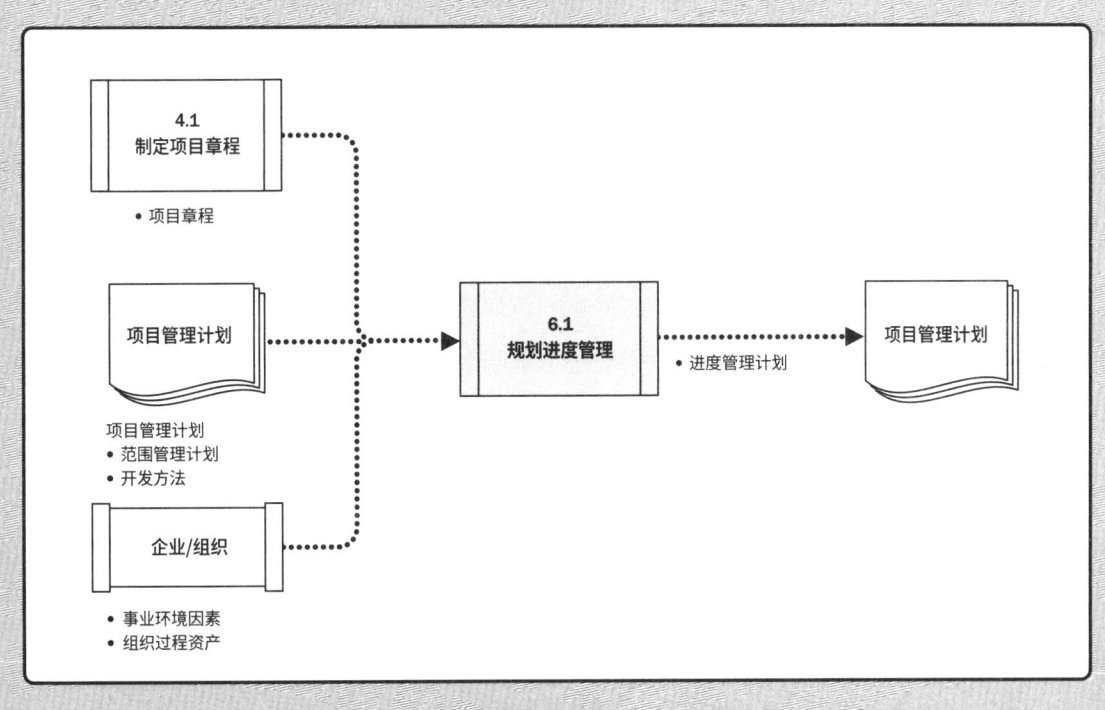

图 6-4 规划进度管理：数据流向图

6.1.1 规划进度管理：输入

6.1.1.1 项目章程

见 4.1.3.1 节。项目章程中规定的总体里程碑进度计划会影响项目的进度管理。

6.1.1.2 项目管理计划

见 4.2.3.1 节。项目管理计划组件包括（但不限于）：

- **范围管理计划**。见 5.1.3.1 节。范围管理计划描述如何定义和制定范围，并提供有关如何制定进度计划的信息。
- **开发方法**。见 4.2.3.1 节。产品开发方法有助于定义进度计划方法、估算技术、进度计划编制工具以及用来控制进度的技术。

6.1.1.3 事业环境因素

能够影响规划进度管理过程的事业环境因素包括（但不限于）：

- 组织文化和结构；
- 团队资源可用性、技能以及物质资源可用性；
- 进度计划软件；
- 指南和标准，用于裁剪组织标准过程和程序以满足项目的特定要求；
- 商业数据库，如标准化的估算数据。

6.1.1.4 组织过程资产

能够影响规划进度管理过程的组织过程资产包括（但不限于）：

- 历史信息和经验教训知识库；
- 现有与制定进度计划以及管理和控制进度相关的正式和非正式的政策、程序和指南；
- 模板和表格；
- 监督和报告工具。

6.1.2 规划进度管理：工具与技术

6.1.2.1 专家判断

见 4.1.2.1 节。应征求具备专业知识或在以往类似项目中接受过相关培训的个人或小组的意见：

- ◆ 进度计划的编制、管理和控制；
- ◆ 进度计划方法（如预测型或适应型生命周期）；
- ◆ 进度计划软件；
- ◆ 项目所在的特定行业。

6.1.2.2 数据分析

适用于本过程的数据分析技术包括（但不限于）备选方案分析。备选方案分析可包括确定采用哪些进度计划方法，以及如何将不同方法整合到项目中；此外，它还可以包括确定进度计划的详细程度、滚动式规划的持续时间，以及审查和更新频率。管理进度所需的计划详细程度与更新计划所需的时间量之间的平衡，应针对各个项目具体而言。

6.1.2.3 会议

项目团队可能举行规划会议来制定进度管理计划。参会人员可能包括项目经理、项目发起人、选定的项目团队成员、选定的相关方、进度计划或执行负责人，以及其他必要人员。

6.1.3 规划进度管理：输出

6.1.3.1 进度管理计划

进度管理计划是项目管理计划的组成部分，为编制、监督和控制项目进度建立准则和明确活动。根据项目需要，进度管理计划可以是正式或非正式的，非常详细或高度概括的，其中应包括合适的控制临界值。

进度管理计划会规定：

◆ **项目进度模型制定**。需要规定用于制定项目进度模型的进度规划方法论和工具。

◆ **进度计划的发布和迭代长度**。使用适应型生命周期时，应指定固定时间的发布时段、阶段和迭代。固定时间段指项目团队稳定地朝着目标前进的持续时间，它可以推动团队先处理基本功能，然后在时间允许的情况下再处理其他功能，从而尽可能减少范围蔓延。

◆ **准确度**。准确度定义了需要规定活动持续时间估算的可接受区间，以及允许的应急储备数量。

◆ **计量单位**。需要规定每种资源的计量单位，例如，用于测量时间的人时数、人天数或周数，用于计量数量的米、升、吨、千米或立方码。

◆ **组织程序链接**。工作分解结构（WBS，见 5.4 节）为进度管理计划提供了框架，保证了与估算及相应进度计划的协调性。

◆ **项目进度模型维护**。需要规定在项目执行期间，将如何在进度模型中更新项目状态，记录项目进展。

◆ **控制临界值**。可能需要规定偏差临界值，用于监督进度绩效。它是在需要采取某种措施前，允许出现的最大差异。临界值通常用偏离基准计划中的参数的某个百分数来表示。

◆ **绩效测量规则**。需要规定用于绩效测量的挣值管理（EVM）规则或其他测量规则。例如，进度管理计划可能规定：

- 确定完成百分比的规则；
- EVM 技术，如基准法、固定公式法、完成百分比法等。更多信息，参阅《挣值管理实践标准》[17]；
- 进度绩效测量指标，如进度偏差（SV）和进度绩效指数（SPI），用来评价偏离原始进度基准的程度。

◆ **报告格式**。需要规定各种进度报告的格式和编制频率。

6.2 定义活动

定义活动是识别和记录为完成项目可交付成果而须采取的具体行动的过程。本过程的主要作用是，将工作包分解为进度活动，作为对项目工作进行进度估算、规划、执行、监督和控制的基础。本过程需要在整个项目期间开展。图 6-5 描述本过程的输入、工具与技术和输出，图 6-6 是本过程的数据流向图。

定义活动

输入	工具与技术	输出
.1 项目管理计划 　• 进度管理计划 　• 范围基准 .2 事业环境因素 .3 组织过程资产	.1 专家判断 .2 分解 .3 滚动式规划 .4 会议	.1 活动清单 .2 活动属性 .3 里程碑清单 .4 变更请求 .5 项目管理计划更新 　• 进度基准 　• 成本基准

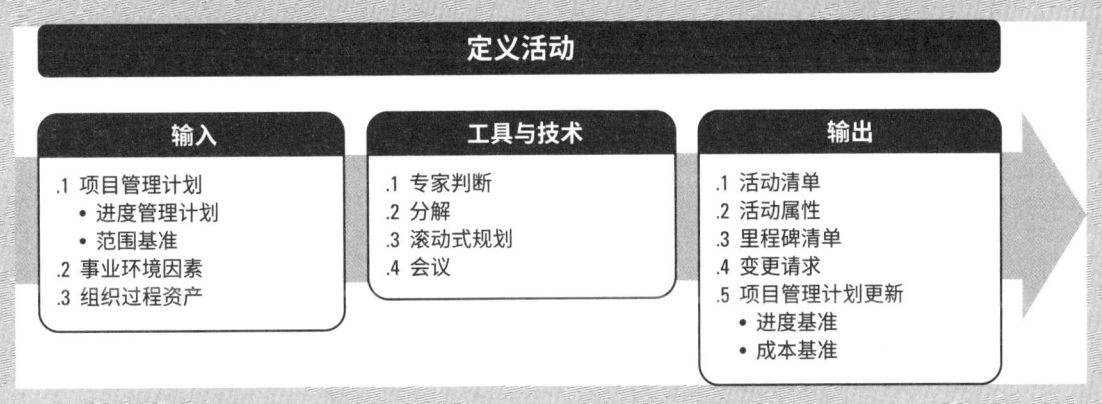

图 6-5 定义活动：输入、工具与技术和输出

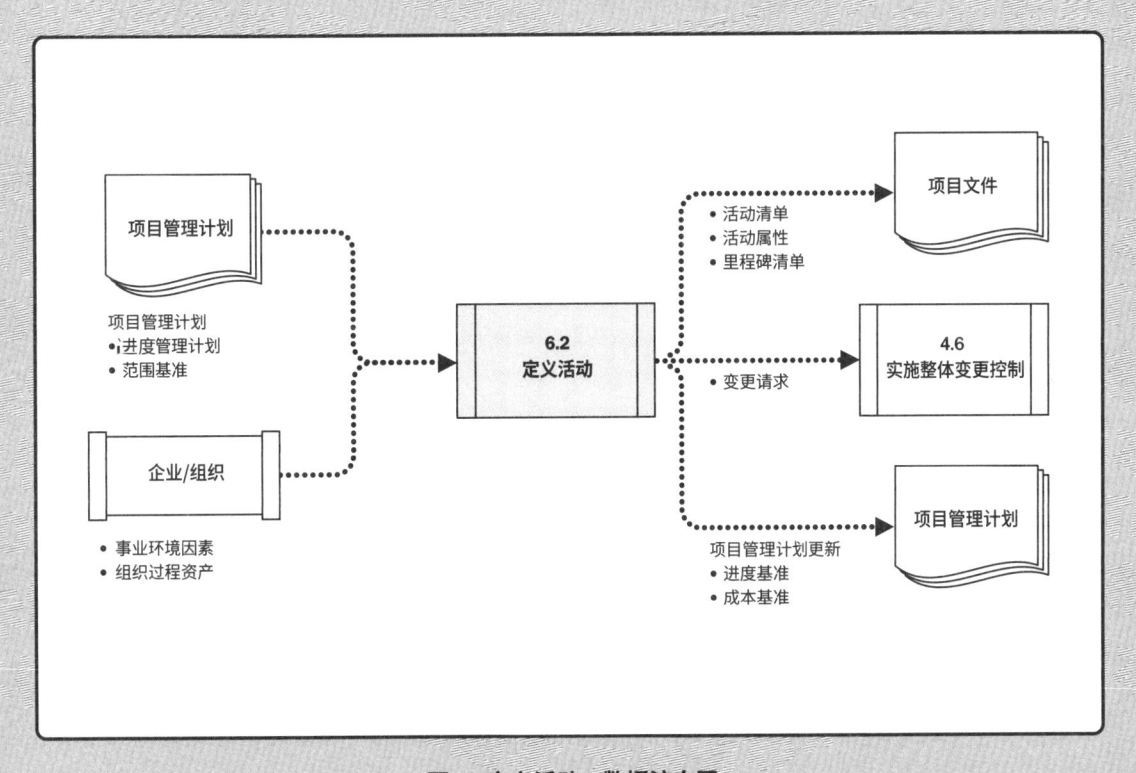

图 6-6 定义活动：数据流向图

6.2.1 定义活动：输入

6.2.1.1 项目管理计划

见 4.2.3.1 节。项目管理计划组件包括（但不限于）：

- **进度管理计划**。见 6.1.3.1 节。进度管理计划定义进度计划方法、滚动式规划的持续时间，以及管理工作所需的详细程度。
- **范围基准**。见 5.4.3.1 节。在定义活动时，需明确考虑范围基准中的项目 WBS、可交付成果、制约因素和假设条件。

6.2.1.2 事业环境因素

影响定义活动过程的事业环境因素包括（但不限于）：

- 组织文化和结构；
- 商业数据库中发布的商业信息；
- 项目管理信息系统 (PMIS)。

6.2.1.3 组织过程资产

能够影响定义活动过程的组织过程资产包括（但不限于）：

- 经验教训知识库，其中包含以往类似项目的活动清单等历史信息；
- 标准化的流程；
- 以往项目中包含标准活动清单或部分活动清单的模板；
- 现有与活动规划相关的正式和非正式的政策、程序和指南，如进度规划方法论，在编制活动定义时应考虑这些因素。

6.2.2 定义活动：工具与技术

6.2.2.1 专家判断

见 4.1.2.1 节。应征求了解以往类似项目和当前项目的个人或小组的专业意见。

6.2.2.2 分解

见 5.4.2.2 节。分解是一种把项目范围和项目可交付成果逐步划分为更小、更便于管理的组成部分的技术。活动表示完成工作包所需的投入。定义活动过程的最终输出是活动而不是可交付成果，可交付成果是创建 WBS 过程（见 5.4 节）的输出。

WBS、WBS 词典和活动清单可依次或同时编制，其中 WBS 和 WBS 词典是制定最终活动清单的基础。WBS 中的每个工作包都需分解成活动，以便通过这些活动来完成相应的可交付成果。让团队成员参与分解过程，有助于得到更好、更准确的结果。

6.2.2.3 滚动式规划

滚动式规划是一种迭代式的规划技术，即详细规划近期要完成的工作，同时在较高层级上粗略规划远期工作。它是一种渐进明细的规划方式，适用于工作包、规划包以及采用敏捷或瀑布式方法的发布规划。因此，在项目生命周期的不同阶段，工作的详细程度会有所不同。在早期的战略规划阶段，信息尚不够明确，工作包只能分解到已知的详细水平；而后，随着了解到更多的信息，近期即将实施的工作包就可以分解到具体的活动。

6.2.2.4 会议

会议可以是面对面或虚拟会议，正式或非正式会议。参会者可以是团队成员或主题专家，目的是定义完成工作所需的活动。

6.2.3 定义活动：输出

6.2.3.1 活动清单

活动清单包含项目所需的进度活动。对于使用滚动式规划或敏捷技术的项目，活动清单会在项目进展过程中得到定期更新。活动清单包括每个活动的标识及工作范围详述，使项目团队成员知道需要完成什么工作。

6.2.3.2 活动属性

活动属性是指每项活动所具有的多重属性，用来扩充对活动的描述。活动属性随时间演进。在项目初始阶段，活动属性包括唯一活动标识(ID)、WBS标识和活动标签或名称；在活动属性编制完成时，活动属性可能包括活动描述、紧前活动、紧后活动、逻辑关系、提前量和滞后量（见 6.3.2.3 节）、资源需求、强制日期、制约因素和假设条件。活动属性可用于识别开展工作的地点、编制开展活动的项目日历，以及相关的活动类型。活动属性还可用于编制进度计划。根据活动属性，可在报告中以各种方式对计划进度活动进行选择、排序和分类。

6.2.3.3 里程碑清单

里程碑是项目中的重要时点或事件，里程碑清单列出了所有项目里程碑，并指明每个里程碑是强制性的（如合同要求的）还是选择性的（如根据历史信息确定的）。里程碑的持续时间为零，因为它们代表的是一个重要时间点或事件。

6.2.3.4 变更请求

见 4.3.3.4 节。一旦定义项目的基准后，在将可交付成果渐进明细为活动的过程中，可能会发现原本不属于项目基准的工作，这样就会提出变更请求。应该通过实施整体变更控制过程（见 4.6 节）对变更请求进行审查和处理。

6.2.3.5 项目管理计划更新

项目管理计划的任何变更都以变更请求的形式提出，且通过组织的变更控制过程进行处理。可能需要变更请求的项目管理计划组成部分包括（但不限于）：

◆ **进度基准**。见 6.5.3.1 节。在整个项目期间，工作包逐渐细化为活动。在这个过程中可能会发现原本不属于项目基准的工作，从而需要修改作为进度基准一部分的交付日期或其他重要的进度里程碑。

◆ **成本基准**。见 7.3.3.1 节。在针对进度活动的变更获得批准后，需要对成本基准做出相应的变更。

6.3 排列活动顺序

排列活动顺序是识别和记录项目活动之间的关系的过程，本过程的主要作用是定义工作之间的逻辑顺序，以便在既定的所有项目制约因素下获得最高的效率。本过程需要在整个项目期间开展。图 6-7 描述本过程的输入、工具与技术和输出，图 6-8 是本过程的数据流向图。

排列活动顺序

输入	工具与技术	输出
.1 项目管理计划 • 进度管理计划 • 范围基准 .2 项目文件 • 活动属性 • 活动清单 • 假设日志 • 里程碑清单 .3 事业环境因素 .4 组织过程资产	.1 紧前关系绘图法 .2 确定和整合依赖关系 .3 提前量和滞后量 .4 项目管理信息系统	.1 项目进度网络图 .2 项目文件更新 • 活动属性 • 活动清单 • 假设日志 • 里程碑清单

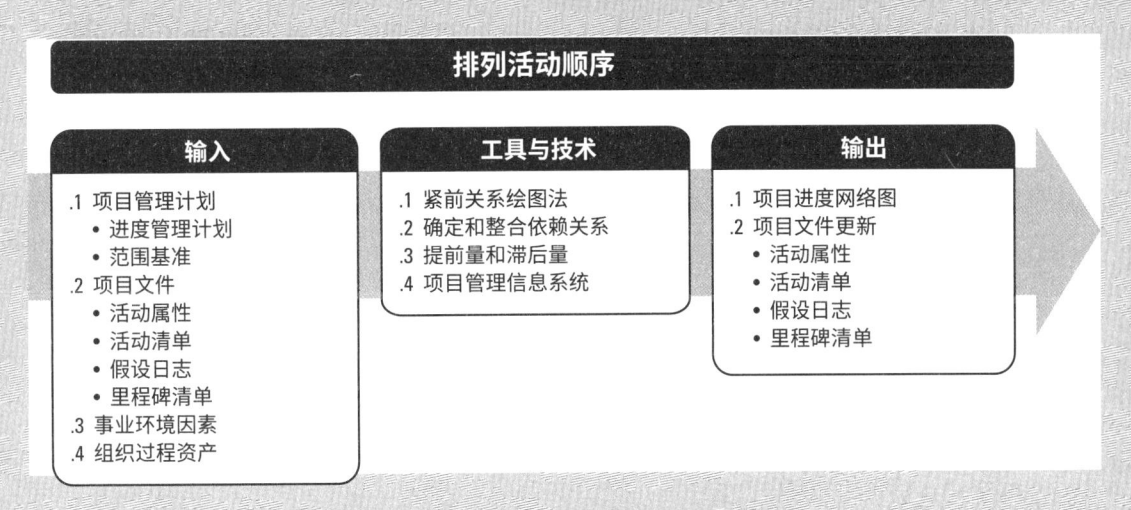

图 6-7 排列活动顺序：输入、工具与技术和输出

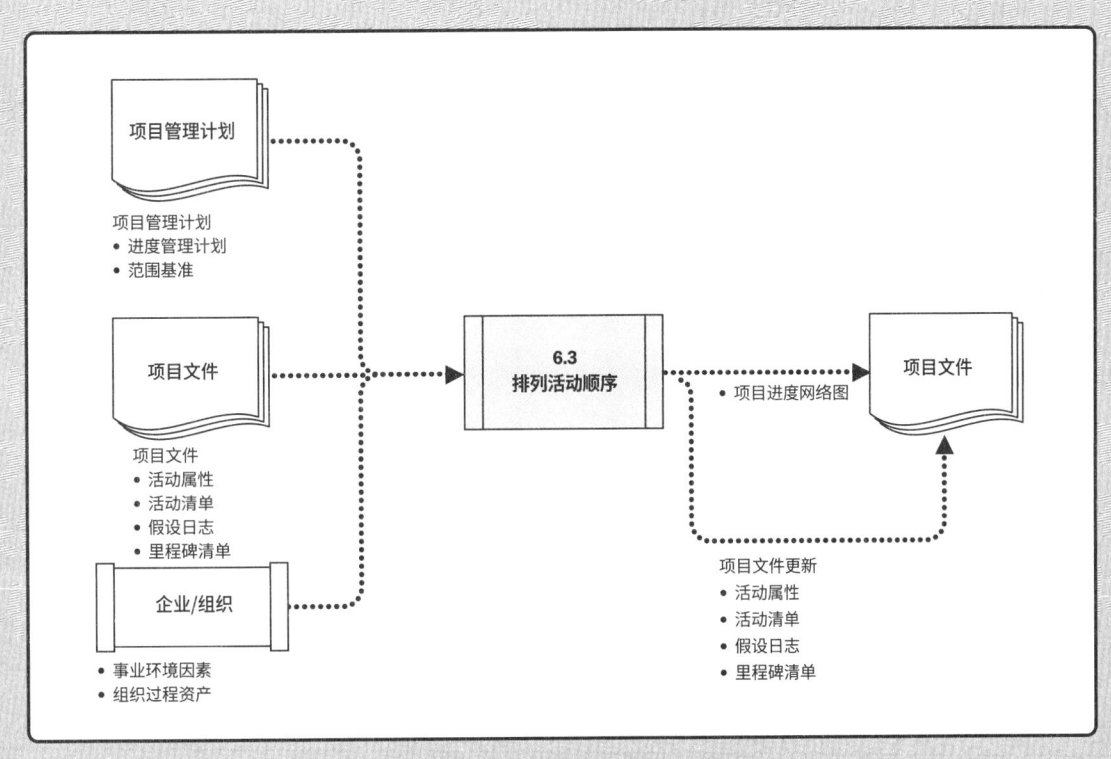

图 6-8 排列活动顺序：数据流向图

除了首尾两项，每项活动都至少有一项紧前活动和一项紧后活动，并且逻辑关系适当。通过设计逻辑关系来创建一个切实的项目进度计划，可能有必要在活动之间使用提前量或滞后量，使项目进度计划更为切实可行；可以使用项目管理软件、手动技术或自动技术，来排列活动顺序。排列活动顺序过程旨在将项目活动列表转化为图表，作为发布进度基准的第一步。

6.3.1 排列活动顺序：输入

6.3.1.1 项目管理计划

见 4.2.3.1 节。项目管理计划组件包括（但不限于）：

- **进度管理计划**。见 6.1.3.1 节。进度管理计划规定了排列活动顺序的方法和准确度，以及所需的其他标准。

- **范围基准**。见 5.4.3.1 节。在排列活动顺序时，需明确考虑范围基准中的项目 WBS、可交付成果、制约因素和假设条件。

6.3.1.2 项目文件

可作为本过程输入的项目文件包括（但不限于）：

- **活动属性**。见 6.2.3.2 节。活动属性中可能描述了事件之间的必然顺序或确定的紧前或紧后关系，以及定义的提前量与滞后量、和活动之间的逻辑关系。

- **活动清单**。见 6.2.3.1 节。活动清单列出了项目所需的、待排序的全部进度活动，这些活动的依赖关系和其他制约因素会对活动排序产生影响。

- **假设日志**。见 4.1.3.2 节。假设日志所记录的假设条件和制约因素可能影响活动排序的方式、活动之间的关系，以及对提前量和滞后量的需求，并且有可能生成一个会影响项目进度的单个项目风险。

- **里程碑清单**。见 6.2.3.3 节。里程碑清单中可能已经列出特定里程碑的计划实现日期，这可能影响活动排序的方式。

6.3.1.3 事业环境因素

能够影响排列活动顺序过程的事业环境因素包括（但不限于）：

- ◆ 政府或行业标准；
- ◆ 项目管理信息系统（PMIS）；
- ◆ 进度规划工具；
- ◆ 组织的工作授权系统。

6.3.1.4 组织过程资产

能够影响排列活动顺序过程的组织过程资产包括（但不限于）：

- ◆ 项目组合与项目集规划，以及项目之间的依赖关系与关联；
- ◆ 现有与活动规划相关的正式和非正式的政策、程序和指南，如进度计划方法论，在确定逻辑关系时应考虑这些因素；
- ◆ 有助于加快项目活动网络图编制的各种模板；模板中也会包括有助于排列活动顺序的，与活动属性有关的信息；
- ◆ 经验教训知识库，其中包含有助于优化排序过程的历史信息。

6.3.2 排列活动顺序：工具与技术

6.3.2.1 紧前关系绘图法

紧前关系绘图法（PDM）是创建进度模型的一种技术，用节点表示活动，用一种或多种逻辑关系连接活动，以显示活动的实施顺序。

PDM 包括四种依赖关系或逻辑关系。紧前活动是在进度计划的逻辑路径中，排在某个活动前面的活动。紧后活动是在进度计划的逻辑路径中，排在某个活动后面的活动。这些关系的定义如下，并如图 6-9 所示：

◆ **完成到开始（FS）**。只有紧前活动完成，紧后活动才能开始的逻辑关系。例如，只有完成装配 PC 硬件（紧前活动），才能开始在 PC 上安装操作系统（紧后活动）。
◆ **完成到完成（FF）**。只有紧前活动完成，紧后活动才能完成的逻辑关系。例如，只有完成文件的编写（紧前活动），才能完成文件的编辑（紧后活动）。
◆ **开始到开始（SS）**。只有紧前活动开始，紧后活动才能开始的逻辑关系。例如，开始地基浇灌（紧前活动）之后，才能开始混凝土的找平（紧后活动）。
◆ **开始到完成（SF）**。只有紧前活动开始，紧后活动才能完成的逻辑关系。例如，只有启动新的应付账款系统（紧前活动），才能关闭旧的应付账款系统（紧后活动）。

在 PDM 图中，FS 是最常用的逻辑关系类型，SF 关系则很少使用。为了保持 PDM 四种逻辑关系类型的完整性，这里也将 SF 列出。

虽然两个活动之间可能同时存在两种逻辑关系（例如 SS 和 FF），但不建议相同的活动之间存在多种关系。因此必须选择一种最有意义的逻辑关系。此外也不建议采用闭环的逻辑关系。

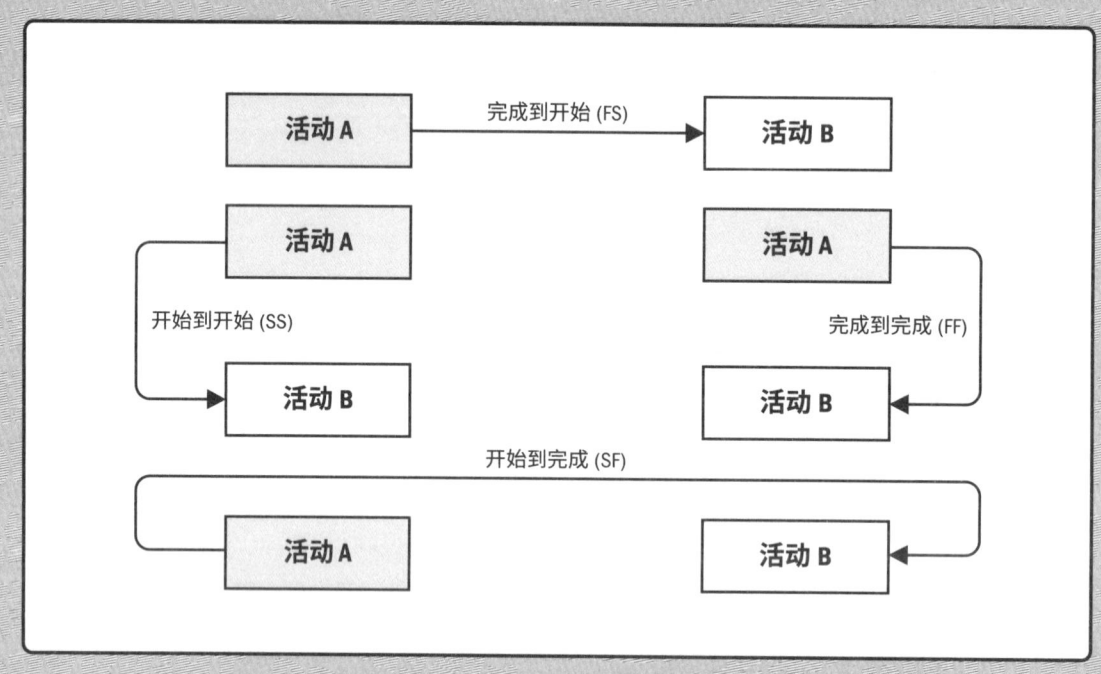

图 6-9 紧前关系绘图法（PDM）的活动关系类型

6.3.2.2 确定和整合依赖关系

如下所述，依赖关系可能是强制或选择的，内部或外部的。这四种依赖关系可以组合成强制性外部依赖关系、强制性内部依赖关系、选择性外部依赖关系或选择性内部依赖关系。

- ◆ **强制性依赖关系**。强制性依赖关系是法律或合同要求的或工作的内在性质决定的依赖关系，强制性依赖关系往往与客观限制有关。例如，在建筑项目中，只有在地基建成后，才能建立地面结构；在电子项目中，必须先把原型制造出来，然后才能对其进行测试。强制性依赖关系又称硬逻辑关系或硬依赖关系。技术性依赖关系并非都是强制性的。在活动排序过程中，项目团队应明确哪些关系是强制性依赖关系，不应把强制性依赖关系和进度计划编制工具中的进度制约因素相混淆。

- ◆ **选择性依赖关系**。选择性依赖关系有时又称首选逻辑关系、优先逻辑关系或软逻辑关系。即便还有其他依赖关系可用，选择性依赖关系应基于具体应用领域的最佳实践或项目的某些特殊性质对活动顺序的要求来创建。例如，根据普遍公认的最佳实践，在建筑施工期间，应该先完成给排水施工，再开始电气施工。 这个顺序并不是强制性的。虽然两项工作可以同时(并行)开展，但是按先后顺序开展可以降低整体项目风险。应该对选择性依赖关系进行全面记录，因为它们会影响总浮动时间，并限制后续的进度安排。如果打算进行快速跟进，则应当审查相应的选择性依赖关系，并考虑是否需要调整或去除。在排列活动顺序过程中，项目团队应明确哪些依赖关系属于选择性依赖关系。

◆ **外部依赖关系**。外部依赖关系是项目活动与非项目活动之间的依赖关系，这些依赖关系往往不在项目团队的控制范围内。例如，软件项目的测试活动取决于外部硬件的到货；建筑项目的现场准备，可能要在政府的环境听证会之后才能开始。在排列活动顺序过程中，项目管理团队应明确哪些依赖关系属于外部依赖关系。

◆ **内部依赖关系**。内部依赖关系是项目活动之间的紧前关系，通常在项目团队的控制之中。例如，只有机器组装完毕，团队才能对其测试，这是一个内部的强制性依赖关系。在排列活动顺序过程中，项目管理团队应明确哪些依赖关系属于内部依赖关系。

6.3.2.3 提前量和滞后量

提前量是相对于紧前活动，紧后活动可以提前的时间量。例如，在新办公大楼建设项目中，绿化施工可以在尾工清单编制完成前 2 周开始，这就是带 2 周提前量的完成到开始的关系，如图 6-10 所示。在进度计划软件中，提前量往往表示为负滞后量。

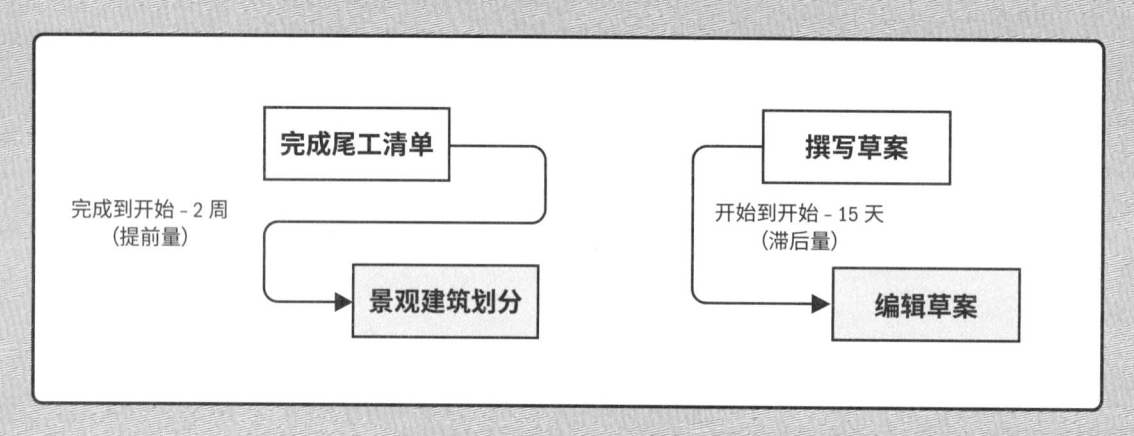

图 6-10 提前量和滞后量示例

滞后量是相对于紧前活动，紧后活动需要推迟的时间量。例如，对于一个大型技术文档，编写小组可以在编写工作开始后 15 天，开始编辑文档草案，这就是带 15 天滞后量的开始到开始关系，如图 6-10 所示。在图 6-11 的项目进度网络图中，活动 H 和活动 I 之间就有滞后量，表示为 SS+10（带 10 天滞后量的开始到开始关系），虽然图中并没有用精确的时间刻度来表示滞后的量值。

项目管理团队应该明确哪些依赖关系中需要加入提前量或滞后量，以便准确地表示活动之间的逻辑关系。提前量和滞后量的使用不能替代进度逻辑关系，而且持续时间估算中不包括任何提前量或滞后量，同时还应该记录各种活动及与之相关的假设条件。

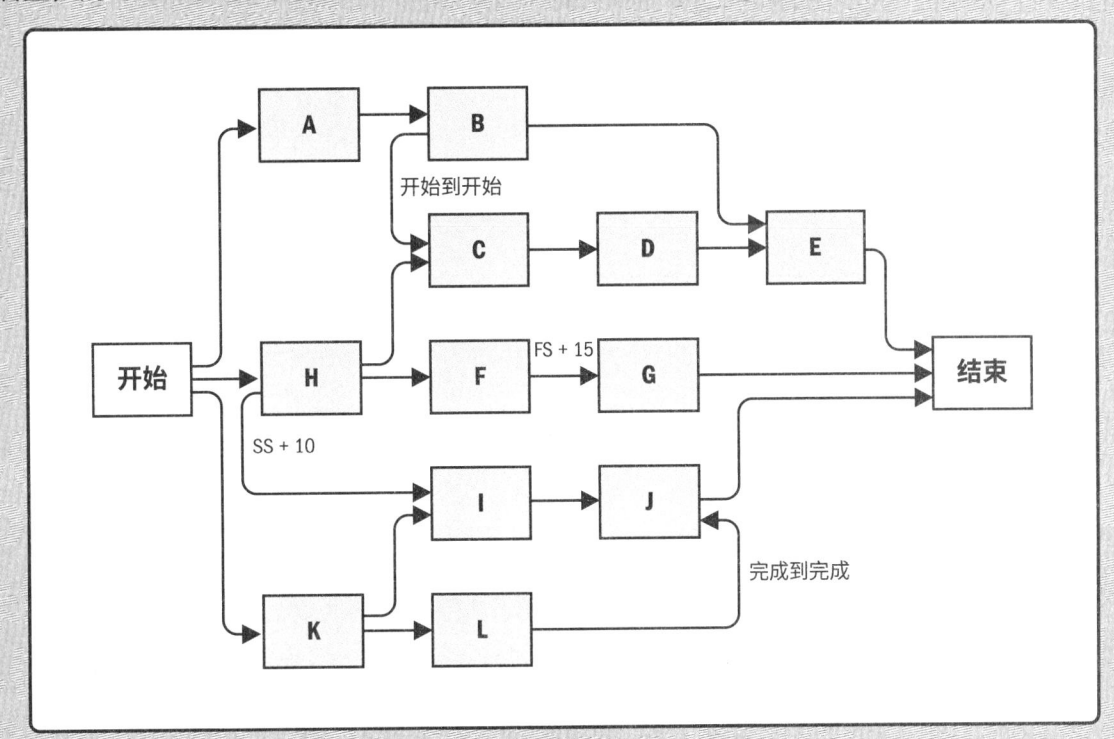

图 6-11 项目进度网络图

6.3.2.4 项目管理信息系统 (PMIS)

见 4.3.2.2 节。项目管理信息系统包括进度计划软件；这些软件有助于规划、组织和调整活动顺序，插入逻辑关系、提前和滞后值，以及区分不同类型的依赖关系。

6.3.3 排列活动顺序：输出

6.3.3.1 项目进度网络图

项目进度网络图是表示项目进度活动之间的逻辑关系（也叫依赖关系）的图形。图 6-11 是项目进度网络图的一个示例。项目进度网络图可手工或借助项目管理软件来绘制，可包括项目的全部细节，也可只列出一项或多项概括性活动。项目进度网络图应附有简要文字描述，说明活动排序所使用的基本方法。在文字描述中，还应该对任何异常的活动序列做详细说明。

带有多个紧前活动的活动代表路径汇聚，而带有多个紧后活动的活动则代表路径分支。带汇聚和分支的活动受到多个活动的影响或能够影响多个活动，因此存在更大的风险。I 活动被称为"路径汇聚"，因为它拥有多个紧前活动；K 活动被称为"路径分支"，因为它拥有多个紧后活动。

6.3.3.2 项目文件更新

可在本过程更新的项目文件包括（但不限于）：

- **活动属性**。见 6.2.3.2 节。活动属性中可能描述了事件之间的必然顺序或确定的紧前或紧后关系，以及定义的提前量与滞后量、和活动之间的逻辑关系。

- **活动清单**。见 6.2.3.1 节。在排列活动顺序时，活动清单可能会受到项目活动关系变更的影响。

- **假设日志**。见 4.1.3.2 节。根据活动的排序、关系确定以及提前量和滞后量，可能需要更新假设日志中的假设条件和制约因素，并且有可能生成一个会影响项目进度的风险。

- **里程碑清单**。见 6.2.3.3 节。在排列活动顺序时，特定里程碑的计划实现日期可能会受到项目活动关系变更的影响。

6.4 估算活动持续时间

估算活动持续时间是根据资源估算的结果，估算完成单项活动所需工作时段数的过程。本过程的主要作用是，确定完成每个活动所需花费的时间量。本过程需要在整个项目期间开展。图 6-12 描述本过程的输入、工具与技术和输出。图 6-13 是本过程的数据流向图。

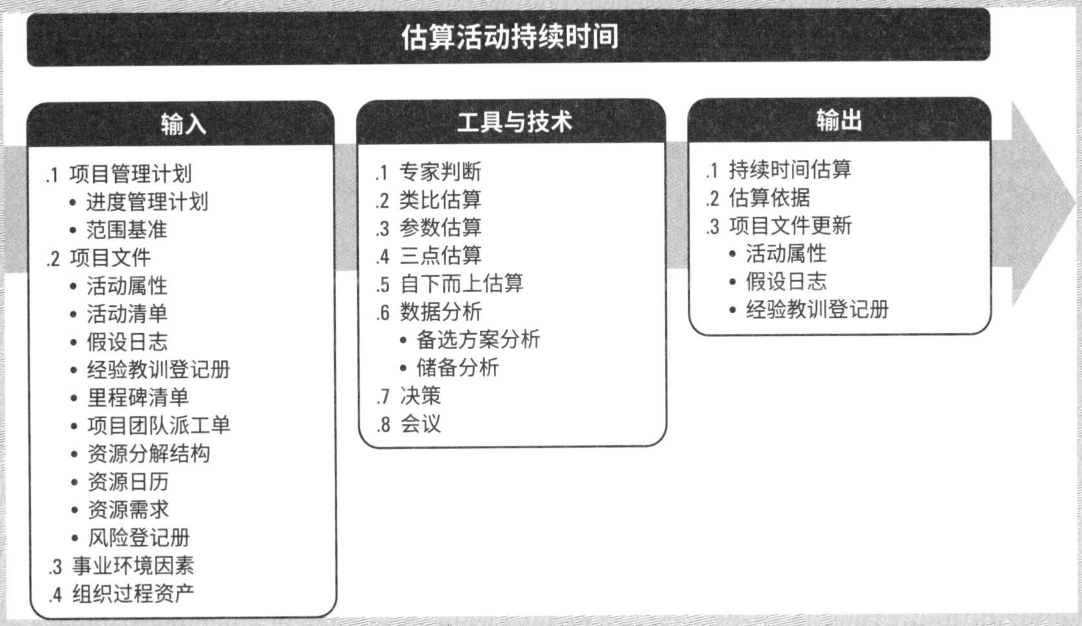

估算活动持续时间

输入
.1 项目管理计划
  • 进度管理计划
  • 范围基准
.2 项目文件
  • 活动属性
  • 活动清单
  • 假设日志
  • 经验教训登记册
  • 里程碑清单
  • 项目团队派工单
  • 资源分解结构
  • 资源日历
  • 资源需求
  • 风险登记册
.3 事业环境因素
.4 组织过程资产

工具与技术
.1 专家判断
.2 类比估算
.3 参数估算
.4 三点估算
.5 自下而上估算
.6 数据分析
  • 备选方案分析
  • 储备分析
.7 决策
.8 会议

输出
.1 持续时间估算
.2 估算依据
.3 项目文件更新
  • 活动属性
  • 假设日志
  • 经验教训登记册

图 6-12估算活动持续时间：输入、工具与技术和输出

195

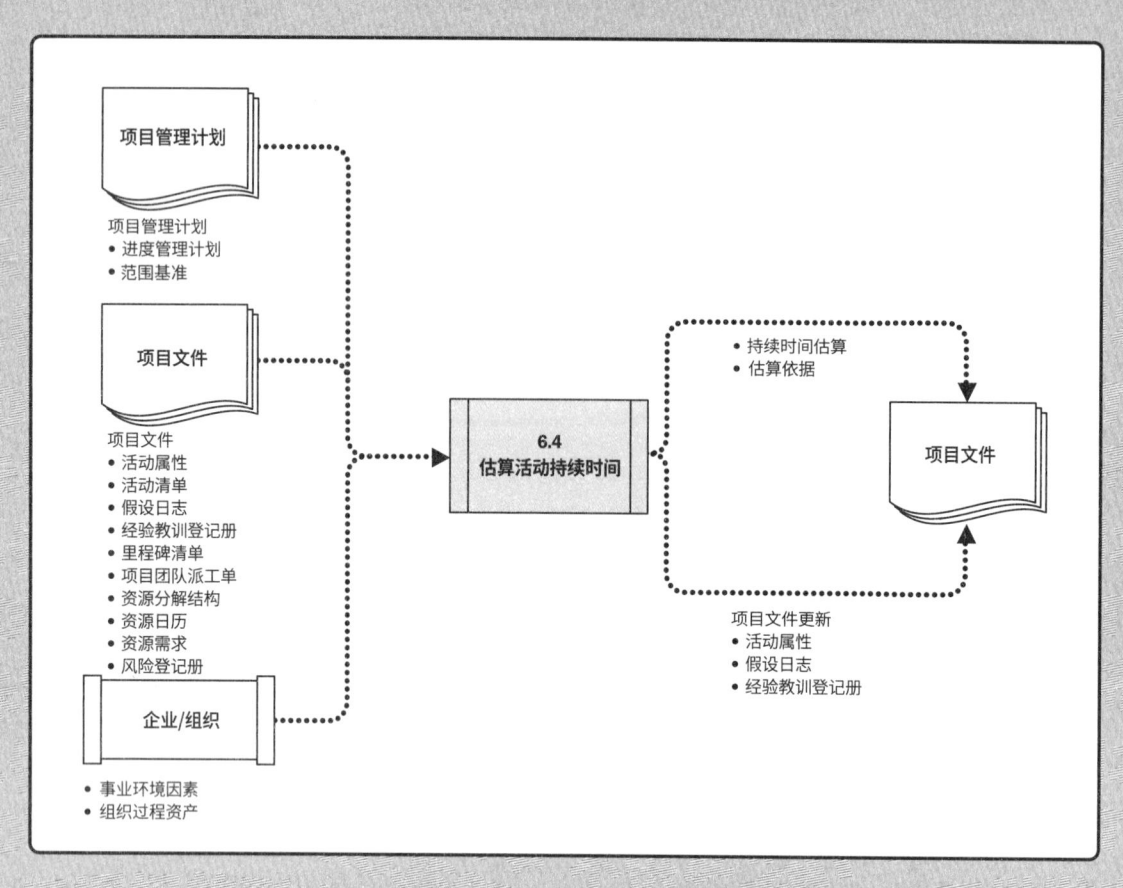

图 6-13 估算活动持续时间：数据流向图

估算活动持续时间依据的信息包括：工作范围、所需资源类型与技能水平、估算的资源数量和资源日历，而可能影响持续时间估算的其他因素包括对持续时间受到的约束、相关人力投入、资源类型（如固定持续时间、固定人力投入或工作、固定资源数量）以及所采用的进度网络分析技术。应该由项目团队中最熟悉具体活动的个人或小组提供持续时间估算所需的各种输入，对持续时间的估算也应该渐进明细，取决于输入数据的数量和质量。例如，在工程与设计项目中，随着数据越来越详细，越来越准确，持续时间估算的准确性和质量也会越来越高。

在本过程中，应该首先估算出完成活动所需的工作量和计划投入该活动的资源数量，然后结合项目日历和资源日历，据此估算出完成活动所需的工作时段数（活动持续时间）。在许多情况下，预计可用的资源数量以及这些资源的技能熟练程度可能会决定活动的持续时间，更改分配到活动的主导性资源通常会影响持续时间，但这不是简单的"直线"或线性关系。有时候，因为工作的特性（即受到持续时间的约束、相关人力投入或资源数量），无论资源分配如何（如 24 小时应力测试），都需要花预定的时间才能完成工作。估算持续时间时需要考虑的其他因素包括：

◆ **收益递减规律**。在保持其他因素不变的情况下，增加一个用于确定单位产出所需投入的因素（如资源）会最终达到一个临界点，在该点之后的产出或输出会随着增加这个因素而递减。

◆ **资源数量**。增加资源数量，使其达到初始数量的两倍不一定能缩短一半的时间，因为这样做可能会因风险而造成持续时间增加；在某些情况下，如果增加太多活动资源，可能会因知识传递、学习曲线、额外合作和其他相关因素而造成持续时间增加。

◆ **技术进步**。在确定持续时间估算时，这个因素也可能发挥重要作用。例如，通过采购最新技术，制造工厂可以提高产量，而这可能会影响持续时间和资源需求。

◆ **员工激励**。项目经理还需要了解"学生综合征"（即拖延症）和帕金森定律，前者指出，人们只有在最后一刻，即快到期限时才会全力以赴；后者指出，只要还有时间，工作就会不断扩展，直到用完所有的时间。

应该把活动持续时间估算所依据的全部数据与假设都记录在案。

6.4.1 估算活动持续时间：输入

6.4.1.1 项目管理计划

见 4.2.3.1 节。项目管理计划组件包括（但不限于）：

- **进度管理计划**。见 6.1.3.1 节。进度管理计划规定了用于估算活动持续时间的方法和准确度，以及所需的其他标准。
- **范围基准**。见 5.4.3.1 节。范围基准包含 WBS 词典，后者包括可能影响人力投入和持续时间估算的技术细节。

6.4.1.2 项目文件

可作为本过程输入的项目文件包括（但不限于）：

- **活动属性**。见 6.2.3.2 节。活动属性可能描述了确定的紧前或紧后关系、定义的提前量与滞后量以及可能影响持续时间估算的活动之间的逻辑关系。
- **活动清单**。见 6.2.3.1 节。活动清单列出了项目所需的、待估算的全部进度活动，这些活动的依赖关系和其他制约因素会对持续时间估算产生影响。
- **假设日志**。见 4.1.3.2 节。假设日志所记录的假设条件和制约因素有可能生成一个会影响项目进度的单个项目风险。
- **经验教训登记册**。见 4.4.3.1 节。项目早期获得的与人力投入和持续时间估算有关的经验教训，可以运用到项目后续阶段，以提高人力投入和持续时间估算的准确性。
- **里程碑清单**。见 6.2.3.3 节。里程碑清单中可能已经列出特定里程碑的计划实现日期，这可能影响持续时间估算。
- **项目团队派工单**。见 9.3.3.1 节。将合适的人员分派到团队，为项目配备人员。
- **资源分解结构**。见 9.2.3.3 节。资源分解结构按照资源类别和资源类型，提供了已识别资源的层级结构。

- **资源日历**。见 9.2.1.2 节。资源日历中的资源可用性、资源类型和资源性质，都会影响进度活动的持续时间。资源日历规定了在项目期间特定的项目资源何时可用及可用多久。
- **资源需求**。见 9.2.3.1 节。估算的活动资源需求会对活动持续时间产生影响。对于大多数活动来说，所分配的资源能否达到要求，将对其持续时间有显著影响。例如，向某个活动新增资源或分配低技能资源，就需要增加沟通、培训和协调工作，从而可能导致活动效率或生产率下降，由此需要估算更长的持续时间。
- **风险登记册**。见 11.2.3.1 节。单个项目风险可能影响资源的选择和可用性。风险登记册的更新包括在项目文件更新中，见"规划风险应对"(11.5.3.2) 一节。

6.4.1.3 事业环境因素

能够影响估算活动持续时间过程的事业环境因素包括（但不限于）：

- 持续时间估算数据库和其他参考数据；
- 生产率测量指标；
- 发布的商业信息；
- 团队成员的所在地。

6.4.1.4 组织过程资产

能够影响估算活动持续时间过程的组织过程资产包括（但不限于）：

- 关于持续时间的历史信息；
- 项目日历；
- 估算政策；
- 进度规划方法论；
- 经验教训知识库。

6.4.2 估算活动持续时间：工具与技术

6.4.2.1 专家判断

见 4.1.2.1 节。应征求具备以下专业知识或接受过相关培训的个人或小组的意见：

- ◆ 进度计划的编制、管理和控制；
- ◆ 有关估算的专业知识；
- ◆ 学科或应用知识。

6.4.2.2 类比估算

类比估算是一种使用相似活动或项目的历史数据，来估算当前活动或项目的持续时间或成本的技术。类比估算以过去类似项目的参数值（如持续时间、预算、规模、重量和复杂性等）为基础，来估算未来项目的同类参数或指标。在估算持续时间时，类比估算技术以过去类似项目的实际持续时间为依据，来估算当前项目的持续时间。这是一种粗略的估算方法，有时需要根据项目复杂性方面的已知差异进行调整，在项目详细信息不足时，就经常使用类比估算来估算项目持续时间。

相对于其他估算技术，类比估算通常成本较低、耗时较少，但准确性也较低。类比估算可以针对整个项目或项目中的某个部分进行，或可以与其他估算方法联合使用。如果以往活动是本质上而不是表面上类似，并且从事估算的项目团队成员具备必要的专业知识，那么类比估算就最为可靠。

6.4.2.3 参数估算

参数估算是一种基于历史数据和项目参数，使用某种算法来计算成本或持续时间的估算技术。它是指利用历史数据之间的统计关系和其他变量（如建筑施工中的平方米），来估算诸如成本、预算和持续时间等活动参数。

把需要实施的工作量乘以完成单位工作量所需的工时，即可计算出持续时间。例如，对于设计项目，将图纸的张数乘以每张图纸所需的工时；或者对于电缆铺设项目，将电缆的长度乘以铺设每米电缆所需的工时。如果所用的资源每小时能够铺设 25 米电缆，那么铺设 1000 米电缆的持续时间是 40 小时（1000 米除以 25 米/小时）。

参数估算的准确性取决于参数模型的成熟度和基础数据的可靠性，且参数进度估算可以针对整个项目或项目中的某个部分，并可以与其他估算方法联合使用。

6.4.2.4 三点估算

通过考虑估算中的不确定性和风险，可以提高持续时间估算的准确性。使用三点估算有助于界定活动持续时间的近似区间：

- **最可能时间** (t_M)。基于最可能获得的资源、最可能取得的资源生产率、对资源可用时间的现实预计、资源对其他参与者的可能依赖关系及可能发生的各种干扰等，所估算的活动持续时间。
- **最乐观时间** (t_O)。基于活动的最好情况所估算的活动持续时间。
- **最悲观时间** (t_P)。基于活动的最差情况所估算的持续时间。

基于持续时间在三种估算值区间内的假定分布情况，可计算期望持续时间 t_E。一个常用公式为三角分布：

$$t_E = (t_O + t_M + t_P) / 3.$$

历史数据不充分或使用判断数据时，使用三角分布，基于三点的假定分布估算出期望持续时间，并说明期望持续时间的不确定区间。

6.4.2.5 自下而上估算

自下而上估算是一种估算项目持续时间或成本的方法，通过从下到上逐层汇总 WBS 组成部分的估算而得到项目估算。如果无法以合理的可信度对活动持续时间进行估算，则应将活动中的工作进一步细化，然后估算具体的持续时间，接着再汇总这些持续时间估算，得到每个活动的持续时间。活动之间可能存在或不存在会影响资源利用的依赖关系；如果存在，就应该对相应的资源使用方式加以说明，并记录在活动资源需求中。

6.4.2.6 数据分析

可用作本过程的数据分析技术包括（但不限于）：

- **备选方案分析**。备选方案分析用于比较不同的资源能力或技能水平、进度压缩技术（见 6.5.2.6 节）、不同工具（手动和自动），以及关于资源的创建、租赁或购买决策。这有助于团队权衡资源、成本和持续时间变量，以确定完成项目工作的最佳方式。

- **储备分析**。储备分析用于确定项目所需的应急储备量和管理储备。在进行持续时间估算时，需考虑应急储备（有时称为"进度储备"），以应对进度方面的不确定性。应急储备是包含在进度基准中的一段持续时间，用来应对已经接受的已识别风险。应急储备与"已知—未知"风险相关，需要加以合理估算，用于完成未知的工作量。应急储备可取活动持续时间估算值的某一百分比或某一固定的时间段，亦可把应急储备从各个活动中剥离出来并汇总。随着项目信息越来越明确，可以动用、减少或取消应急储备，应该在项目进度文件中清楚地列出应急储备。

  也可以估算项目进度管理所需要的管理储备量。管理储备是为管理控制的目的而特别留出的项目预算，用来应对项目范围中不可预见的工作。管理储备用来应对会影响项目的"未知—未知"风险，它不包括在进度基准中，但属于项目总持续时间的一部分。依据合同条款，使用管理储备可能需要变更进度基准。

6.4.2.7 决策

见 5.2.2.4 节。适用于本过程的决策技术包括（但不限于）投票。拳五法是投票的一种形式，经常用于敏捷项目中。采用这种技术时，项目经理会让团队成员针对某个决定示意支持程度，举拳头表示不支持，伸五个手指表示完全支持，伸出三个以下手指的团队成员有机会与团队讨论其反对意见。项目经理会不断进行举手表决，直到整个团队达成共识（所有人都伸出三个以上手指）或同意进入下一个决定。

6.4.2.8 会议

项目团队可能会召开会议来估算活动持续时间。如果采用敏捷方法，则有必要举行冲刺或迭代计划会议，以讨论按优先级排序的产品未完项（用户故事），并决定团队在下一个迭代中会致力于解决哪个未完项。然后团队将用户故事分解为按小时估算的底层级任务，然后根据团队在持续时间（迭代）方面的能力确认估算可行。该会议通常在迭代的第一天举行，参会者包括产品负责人、开发团队和项目经理，会议结果包括迭代未完项、假设条件、关注事项、风险、依赖关系、决定和行动。

6.4.3 估算活动持续时间：输出

6.4.3.1 持续时间估算

持续时间估算是对完成某项活动、阶段或项目所需的工作时段数的定量评估，其中并不包括任何滞后量（见 6.3.2.3 节），但可指出一定的变动区间。例如：

◆ 2 周 ± 2 天，表明活动至少需要 8 天，最多不超过 12 天（假定每周工作 5 天）；

◆ 超过 3 周的概率为 15%，表明该活动将在 3 周内（含 3 周）完工的概率为 85%。

6.4.3.2 估算依据

持续时间估算所需的支持信息的数量和种类，因应用领域而异。不论其详细程度如何，支持性文件都应该清晰、完整地说明持续时间估算是如何得出的。

持续时间估算的支持信息可包括：

- 关于估算依据的文件（如估算是如何编制的）；
- 关于全部假设条件的文件；
- 关于各种已知制约因素的文件；
- 对估算区间的说明（如"±10%"），以指出预期持续时间的所在区间；
- 对最终估算的置信水平的说明；
- 有关影响估算的单个项目风险的文件。

6.4.3.3 项目文件更新

可在本过程更新的项目文件包括（但不限于）：

- **活动属性**。见 6.2.3.2 节。本过程输出的活动持续时间估算将记录在活动属性中。
- **假设日志**。见 4.1.3.2 节。这包括为估算持续时间而制定的假设条件，如资源的技能水平、可用性，以及估算依据，此外还记录了进度计划方法论和进度计划编制工具所带来的制约因素。
- **经验教训登记册**。见 4.4.3.1 节。在更新经验教训登记册时，可以增加能够有效和高效地估算人力投入和持续时间的技术。

6.5 制定进度计划

制定进度计划是分析活动顺序、持续时间、资源需求和进度制约因素，创建进度模型，从而落实项目执行和监控的过程。本过程的主要作用是，为完成项目活动而制定具有计划日期的进度模型。本过程需要在整个项目期间开展。图 6-14 描述本过程的输入、工具与技术和输出，图 6-15 是本过程的数据流向图。

制定进度计划

输入	工具与技术	输出
.1 项目管理计划 • 进度管理计划 • 范围基准 .2 项目文件 • 活动属性 • 活动清单 • 假设日志 • 估算依据 • 持续时间估算 • 经验教训登记册 • 里程碑清单 • 项目进度网络图 • 项目团队派工单 • 资源日历 • 资源需求 • 风险登记册 .3 协议 .4 事业环境因素 .5 组织过程资产	.1 进度网络分析 .2 关键路径法 .3 资源优化 .4 数据分析 • 假设情景分析 • 模拟 .5 提前量和滞后量 .6 进度压缩 .7 项目管理信息系统 .8 敏捷发布规划	.1 进度基准 .2 项目进度计划 .3 进度数据 .4 项目日历 .5 变更请求 .6 项目管理计划更新 • 进度管理计划 • 成本基准 .7 项目文件更新 • 活动属性 • 假设日志 • 持续时间估算 • 经验教训登记册 • 资源需求 • 风险登记册

图 6-14 制定进度计划：输入、工具与技术和输出

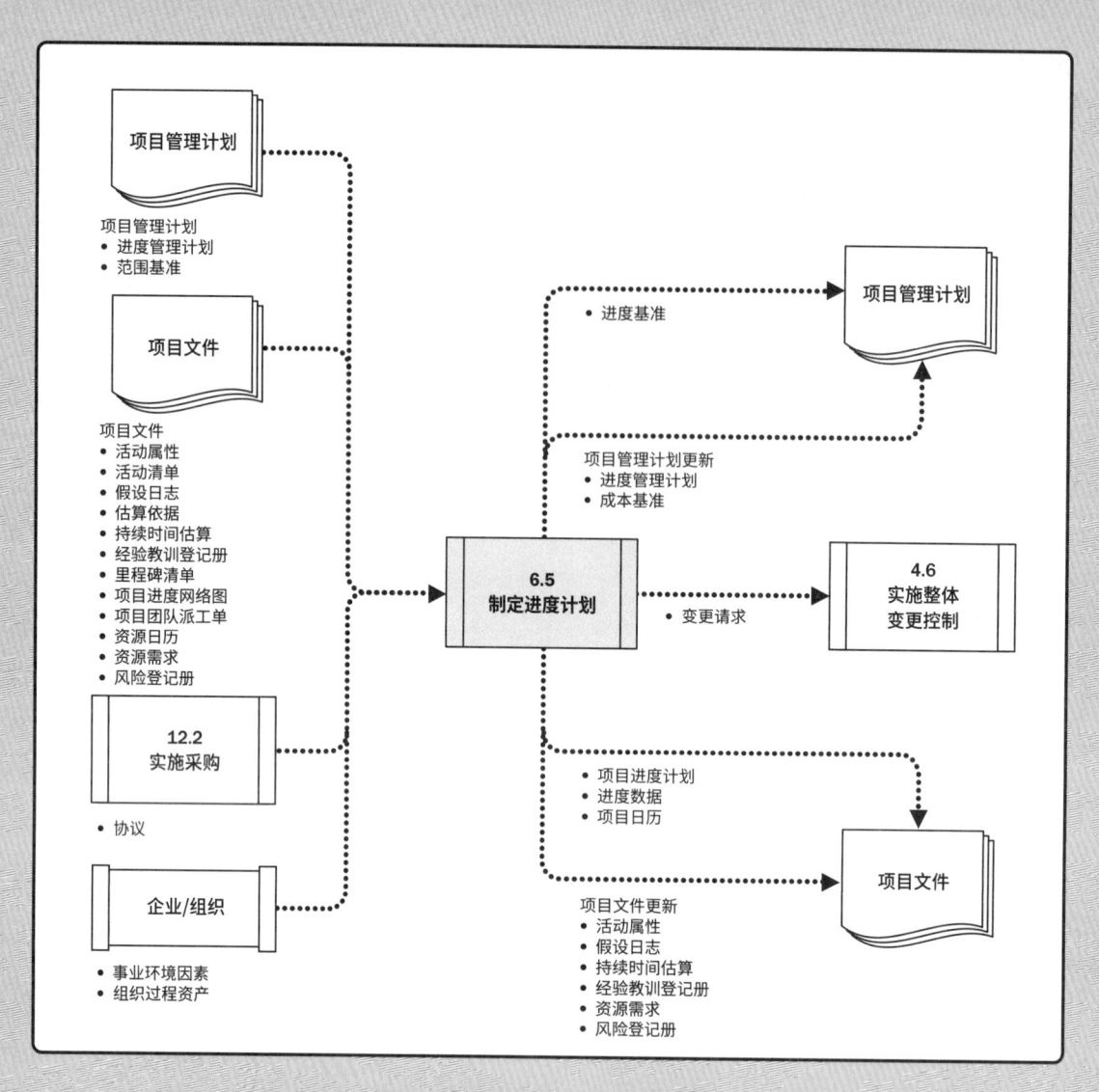

图 6-15 制定进度计划：数据流向图

制定可行的项目进度计划是一个反复进行的过程。基于获取的最佳信息，使用进度模型来确定各项目活动和里程碑的计划开始日期和计划完成日期。编制进度计划时，需要审查和修正持续时间估算、资源估算和进度储备，以制定项目进度计划，并在经批准后作为基准用于跟踪项目进度。关键步骤包括定义项目里程碑、识别活动并排列活动顺序，以及估算持续时间。一旦活动的开始和完成日期得到确定，通常就需要由分配至各个活动的项目人员审查其被分配的活动。之后，项目人员确认开始和完成日期与资源日历没有冲突，也与其他项目或任务没有冲突，从而确认计划日期的有效性。然后要分析进度计划，确定是否存在逻辑关系冲突，以及在批准进度计划并将其作为基准之前是否需要资源平衡。还需要在整个项目期间不断修订和维护项目进度模型，确保进度计划一直切实可行，见 6.7 节。

有关进度规划的更多信息，参阅《进度管理实践标准》。

6.5.1 制定进度计划：输入

6.5.1.1 项目管理计划

见 4.2.3.1 节。项目管理计划组件包括（但不限于）：

- **进度管理计划**。见 6.1.3.1 节。进度管理计划规定了用于制定进度计划的进度计划编制方法和工具，以及推算进度计划的方法。
- **范围基准**。见 5.4.3.1 节。范围说明书、WBS 和 WBS 词典包含了项目可交付成果的详细信息，供创建进度模型时借鉴。

6.5.1.2 项目文件

可作为本过程输入的项目文件包括（但不限于）：

- **活动属性**。见 6.2.3.2 节。活动属性提供了创建进度模型所需的细节信息。
- **活动清单**。见 6.2.3.1 节。活动清单明确了需要在进度模型中包含的活动。
- **假设日志**。见 4.1.3.2 节。假设日志所记录的假设条件和制约因素可能造成影响项目进度的单个项目风险。

- **估算依据**。见 6.4.3.2 节。持续时间估算所需的支持信息的数量和种类，因应用领域而异。不论其详细程度如何，支持性文件都应该清晰、完整地说明持续时间估算是如何得出的。
- **持续时间估算**。见 6.4.3.1 节。持续时间估算包括对完成某项活动所需的工作时段数的定量评估，用于进度计划的推算。
- **经验教训**。见 4.4.3.1 节。在项目早期获得的与创建进度模型有关的经验教训，可以运用到项目后期阶段，以提高进度模型的有效性。
- **里程碑清单**。见 6.2.3.3 节。里程碑清单列出特定里程碑的计划实现日期。
- **项目进度网络图**。见 6.3.3.1 节。项目进度网络图中包含用于推算进度计划的紧前和紧后活动的逻辑关系。
- **项目团队派工单**。见 9.3.3.1 节。项目团队派工单明确了分配到每个活动的资源。
- **资源日历**。见 9.2.1.2 节。资源日历规定了在项目期间的资源可用性。
- **资源需求**。见 9.2.3.1 节。活动资源需求明确了每个活动所需的资源类型和数量，用于创建进度模型。
- **风险登记册**。见 11.2.3.1 节。风险登记册提供了会影响进度模型的全部已识别风险的详细信息及特征。进度储备则通过预期或平均风险影响程度，反映了与进度有关的风险信息。

6.5.1.3 协议

见 12.2.3.2 节。在制定如何执行项目工作以履行合同承诺的详细信息时，供应商为项目进度提供了输入。

6.5.1.4 事业环境因素

能够影响制定进度计划过程的事业环境因素包括（但不限于）：

- ◆ 政府或行业标准；
- ◆ 沟通渠道。

6.5.1.5 组织过程资产

能够影响制定进度计划过程的组织过程资产包括（但不限于）：

- ◆ 进度计划方法论，其中包括制定和维护进度模型时应遵循的政策；
- ◆ 项目日历。

6.5.2 制定进度计划：工具与技术

6.5.2.1 进度网络分析

进度网络分析是创建项目进度模型的一种综合技术，它采用了其他几种技术，例如关键路径法（见 6.5.2.2 节）、资源优化技术（见 6.5.2.3 节）和建模技术（见 6.5.2.4 节）。其他分析包括（但不限于）：

- ◆ 当多个路径在同一时间点汇聚或分叉时，评估汇总进度储备的必要性，以减少出现进度延误的可能性。
- ◆ 审查网络，看看关键路径是否存在高风险活动或具有较多提前量的活动，是否需要使用进度储备或执行风险应对计划来降低关键路径的风险。

进度网络分析是一个反复进行的过程，一直持续到创建出可行的进度模型。

6.5.2.2 关键路径法

关键路径法用于在进度模型中估算项目最短工期，确定逻辑网络路径的进度灵活性大小。这种进度网络分析技术在不考虑任何资源限制的情况下，沿进度网络路径使用顺推与逆推法，计算出所有活动的最早开始、最早结束、最晚开始和最晚完成日期，如图 6-16 所示。在这个例子中，最长的路径包括活动 A、C 和 D，因此，活动序列 A - C - D 就是关键路径。关键路径是项目中时间最长的活动顺序，决定着可能的项目最短工期。最长路径的总浮动时间最少，通常为零。由此得到的最早和最晚的开始和结束日期并不一定就是项目进度计划，而只是把既定的参数（活动持续时间、逻辑关系、提前量、滞后量和其他已知的制约因素）输入进度模型后所得到的一种结果，表明活动可以在该时段内实施。关键路径法用来计算进度模型中的关键路径、总浮动时间和自由浮动时间，或逻辑网络路径的进度灵活性大小。

在任一网络路径上，进度活动可以从最早开始日期推迟或拖延的时间，而不至于延误项目完成日期或违反进度制约因素，就是总浮动时间或进度灵活性。正常情况下，关键路径的总浮动时间为零。在进行紧前关系绘图法排序的过程中，取决于所用的制约因素，关键路径的总浮动时间可能是正值、零或负值。总浮动时间为正值，是由于逆推计算所使用的进度制约因素要晚于顺推计算所得出的最早完成日期；总浮动时间为负值，是由于持续时间和逻辑关系违反了对最晚日期的制约因素。负值浮动时间分析是一种有助于找到推动延迟的进度回到正轨的方法的技术。进度网络图可能有多条次关键路径。许多软件允许用户自行定义用于确定关键路径的参数。为了使网络路径的总浮动时间为零或正值，可能需要调整活动持续时间（可增加资源或缩减范围时）、逻辑关系（针对选择性依赖关系时）、提前量和滞后量，或其他进度制约因素。一旦计算出总浮动时间和自由浮动时间，自由浮动时间就是指在不延误任何紧后活动最早开始日期或不违反进度制约因素的前提下，某进度活动可以推迟的时间量。例如，图 6-16 中，活动 B 的自由浮动时间是 5 天。

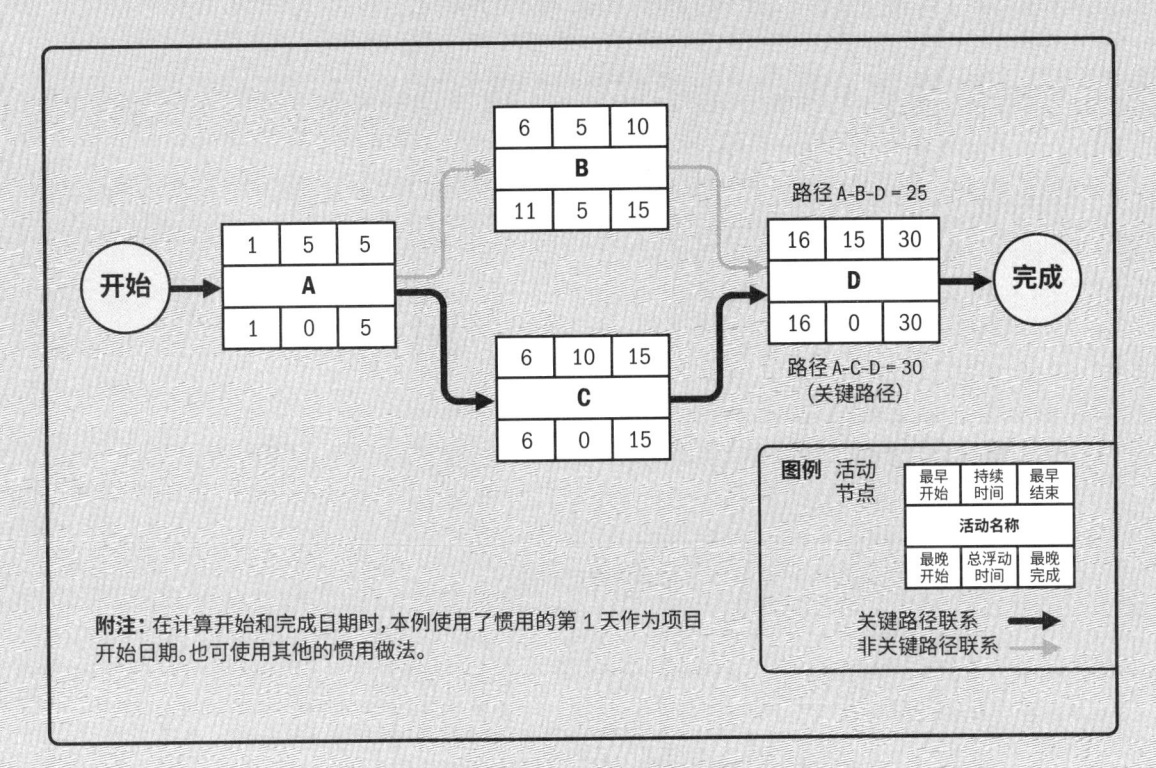

图6-16 关键路径法示例

6.5.2.3 资源优化

资源优化用于调整活动的开始和完成日期，以调整计划使用的资源，使其等于或少于可用的资源。资源优化技术是根据资源供需情况，来调整进度模型的技术，包括（但不限于）：

◆ **资源平衡**。为了在资源需求与资源供给之间取得平衡，根据资源制约因素对开始日期和完成日期进行调整的一种技术。如果共享资源或关键资源只在特定时间可用，数量有限，或被过度分配，如一个资源在同一时段内被分配至两个或多个活动（见图 6-17），就需要进行资源平衡。也可以为保持资源使用量处于均衡水平而进行资源平衡。资源平衡往往导致初始关键路径改变。而可以用浮动时间平衡资源。因此，贯穿项目进度计划的关键路径可能发生变化。

◆ **资源平滑**。对进度模型中的活动进行调整，从而使项目资源需求不超过预定的资源限制的一种技术。相对于资源平衡而言，资源平滑不会改变项目关键路径，完工日期也不会延迟。也就是说，活动只在其自由和总浮动时间内延迟，但资源平滑技术可能无法实现所有资源的优化。

资源平衡前的活动

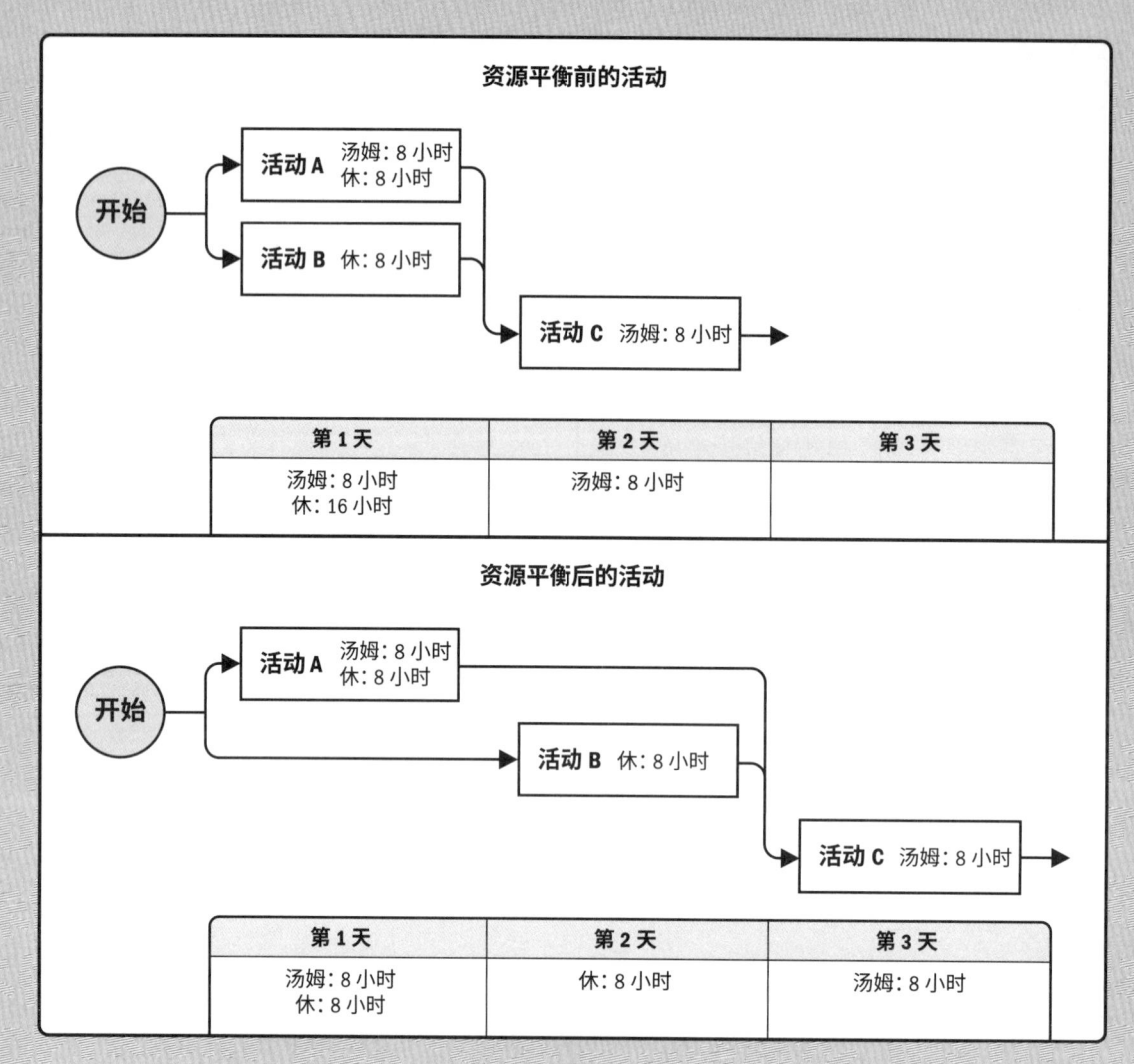

```
开始 ──→ 活动A  汤姆:8小时
              休:8小时
     ──→ 活动B  休:8小时 ──→ 活动C  汤姆:8小时 →
```

第1天	第2天	第3天
汤姆:8小时 休:16小时	汤姆:8小时	

资源平衡后的活动

```
开始 ──→ 活动A  汤姆:8小时
              休:8小时
     ──→ 活动B  休:8小时 ──→ 活动C  汤姆:8小时 →
```

第1天	第2天	第3天
汤姆:8小时 休:8小时	休:8小时	汤姆:8小时

图 6-17 资源平衡

6.5.2.4 数据分析

可用于本过程的数据分析技术包括（但不限于）：

◆ **假设情景分析**。假设情景分析是对各种情景进行评估，预测它们对项目目标的影响（积极或消极的）。假设情景分析就是对"如果情景 X 出现，情况会怎样？"这样的问题进行分析，即基于已有的进度计划，考虑各种各样的情景。例如，推迟某主要部件的交货日期，延长某设计工作的时间，或加入外部因素（如罢工或许可证申请流程变化等）。可以根据假设情景分析的结果，评估项目进度计划在不同条件下的可行性，以及为应对意外情况的影响而编制进度储备和应对计划。

◆ **模拟**。模拟是把单个项目风险和不确定性的其他来源模型化，以评估它们对项目目标的潜在影响。最常见的模拟技术是蒙特卡罗分析（见 11.4.2.5 节），它利用风险和其他不确定性来源计算整个项目可能的进度结果。模拟包括基于多种不同的活动假设、制约因素、风险、问题或情景，使用概率分布和不确定性的其他表现形式（见 11.4.2.4 节），来计算出多种可能的工作包持续时间。图 6-18 显示了一个项目的概率分布，表明实现特定目标日期（即项目完成日期）的可能性。在这个例子中，项目在 5 月 13 日之前完成的概率是 10%，而在 5 月 28 日之前完成的概率是 90%。

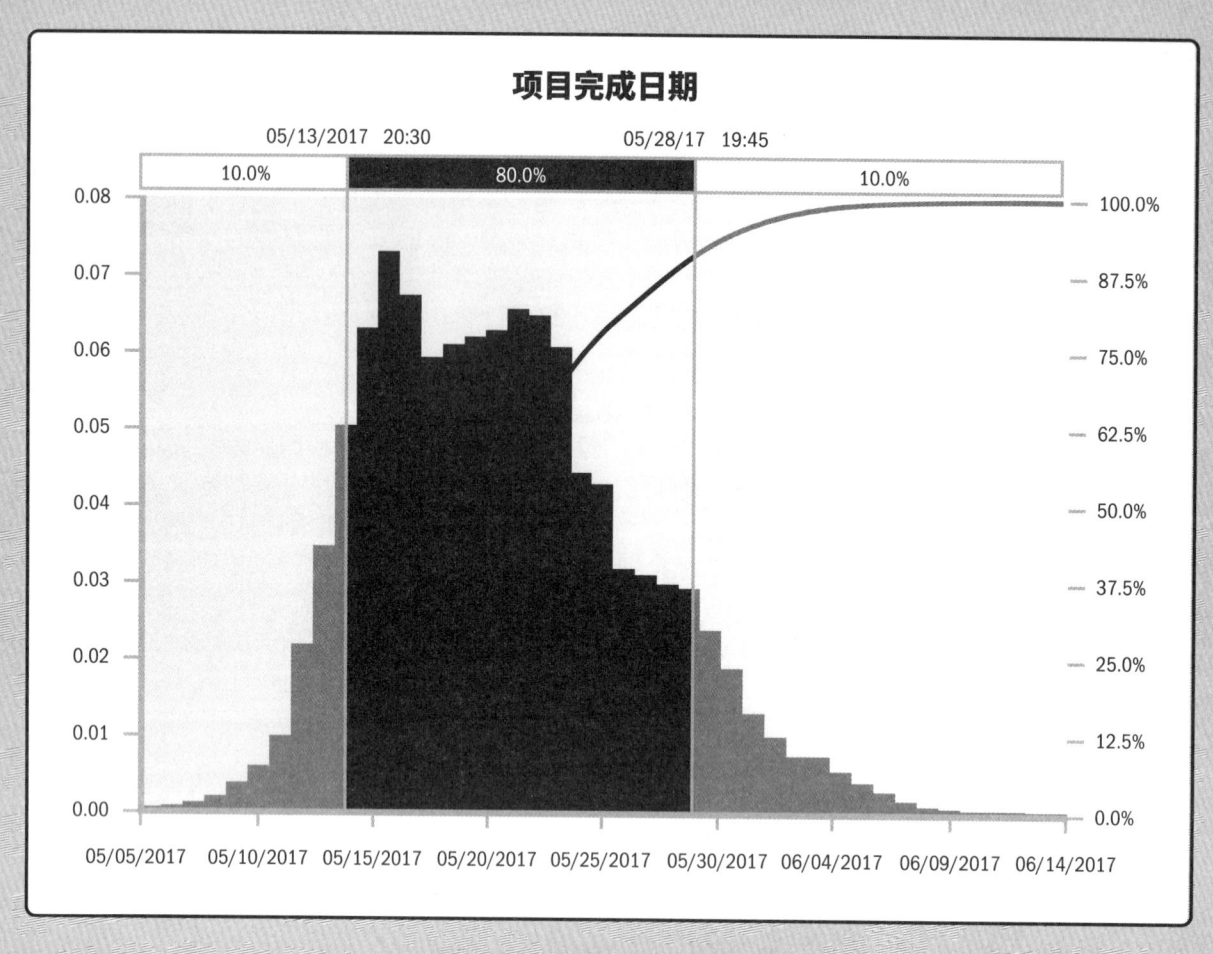

图 6-18 目标里程碑的概率分布示例

有关蒙特卡洛模拟如何用于进度模型的更多信息，请参见《进度管理实践标准》。

6.5.2.5 提前量和滞后量

见 6.3.2.3 节。提前量和滞后量是网络分析中使用的一种调整方法，通过调整紧后活动的开始时间来编制一份切实可行的进度计划。提前量用于在条件许可的情况下提早开始紧后活动；而滞后量是在某些限制条件下，在紧前和紧后活动之间增加一段不需工作或资源的自然时间。

6.5.2.6 进度压缩

进度压缩技术是指在不缩减项目范围的前提下,缩短或加快进度工期,以满足进度制约因素、强制日期或其他进度目标。负值浮动时间分析是一种有用的技术。关键路径是浮动时间最少的路径。在违反制约因素或强制日期时,总浮动时间可能变成负值。图 6-19 比较了多个进度压缩技术,包括:

- **赶工**。通过增加资源,以最小的成本代价来压缩进度工期的一种技术。赶工的例子包括:批准加班、增加额外资源或支付加急费用,来加快关键路径上的活动。赶工只适用于那些通过增加资源就能缩短持续时间的,且位于关键路径上的活动。但赶工并非总是切实可行的,因它可能导致风险和/或成本的增加。
- **快速跟进**。一种进度压缩技术,将正常情况下按顺序进行的活动或阶段改为至少是部分并行开展。例如,在大楼的建筑图纸尚未全部完成前就开始建地基。快速跟进可能造成返工和风险增加,只适用于能够通过并行活动来缩短关键路径上的项目工期的情况。为加快进度而使用提前量通常会增加相关活动之间的协调工作量,并增加质量风险。快速跟进还有可能增加项目成本。

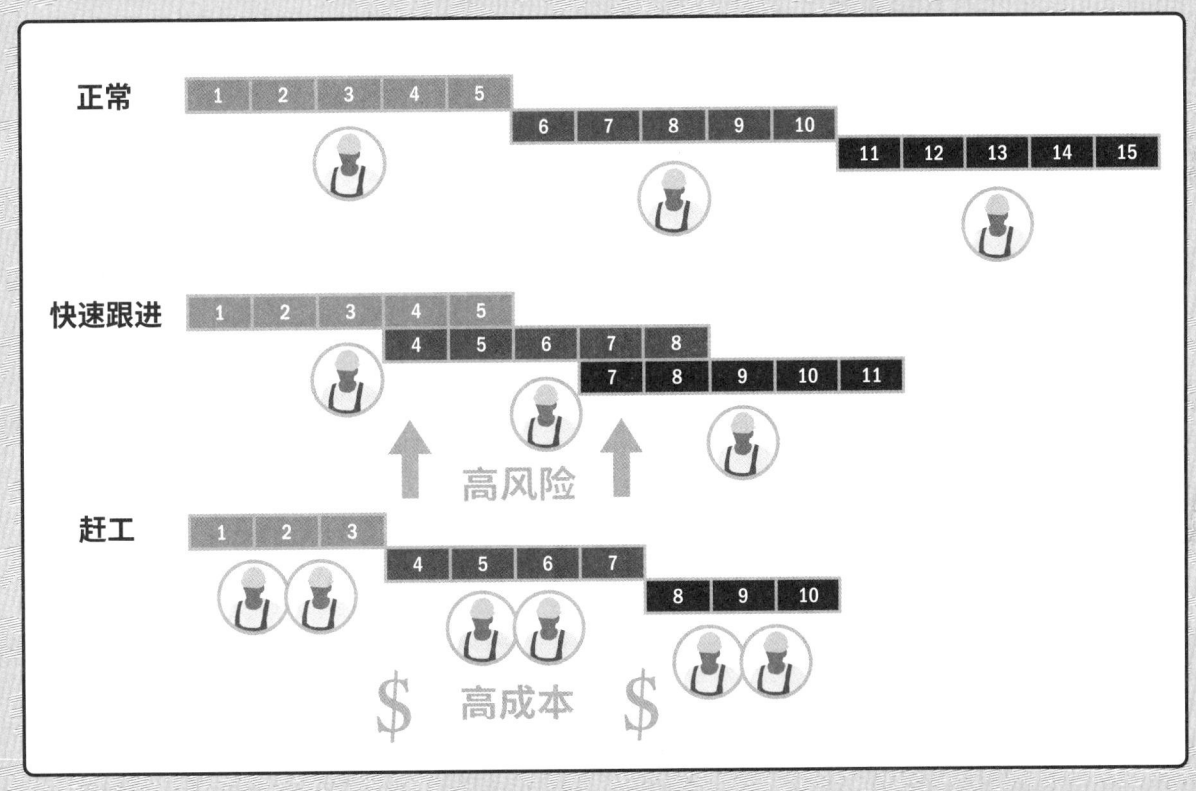

图 6-19 进度压缩技术的比较

6.5.2.7 项目管理信息系统 (PMIS)

见 4.3.2.2 节。项目管理信息系统包括进度计划软件。该软件用活动、网络图、资源需求和活动持续时间等作为输入，自动生成开始和完成日期，从而可加快进度模型的建立过程。

6.5.2.8 敏捷发布规划

敏捷发布规划基于项目路线图和产品发展愿景，提供了高度概括的发布进度时间轴（通常是 3 到 6 个月）。同时，敏捷发布规划还确定了发布的迭代或冲刺次数，使产品负责人和团队能够决定需要开发的内容，并基于业务目标、依赖关系和障碍因素确定达到产品放行所需的时间。

对客户而言，产品功能就是价值，因此，该时间轴定义了每次迭代结束时交付的功能，提供了更易于理解的项目进度计划，而这些就是客户真正需要的信息。

图 6-20 展示了产品愿景、产品路线图、发布规划和迭代计划之间的关系。

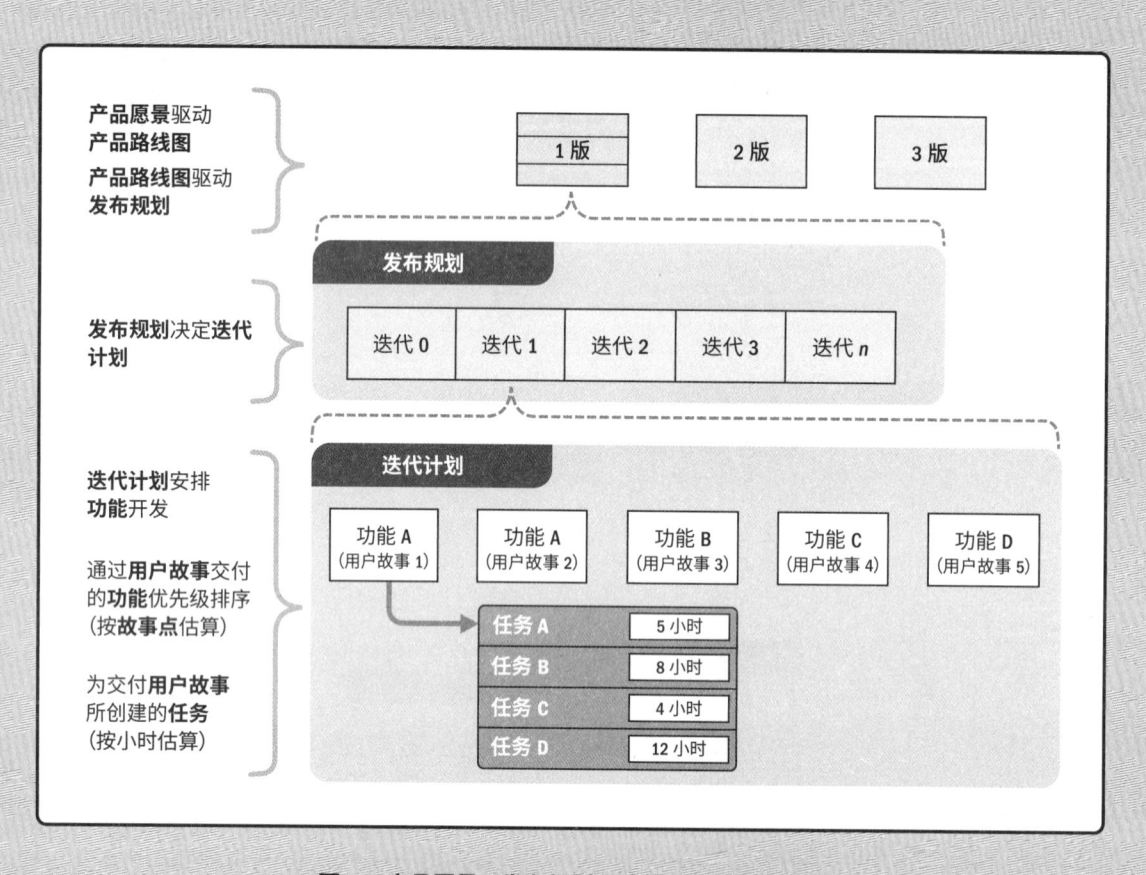

图 6-20 产品愿景、发布规划和迭代计划之间的关系

6.5.3 制定进度计划：输出

6.5.3.1 进度基准

进度基准是经过批准的进度模型，只有通过正式的变更控制程序才能进行变更，用作与实际结果进行比较的依据。经相关方接受和批准，进度基准包含基准开始日期和基准结束日期。在监控过程中，将用实际开始和完成日期与批准的基准日期进行比较，以确定是否存在偏差。进度基准是项目管理计划的组成部分。

6.5.3.2 项目进度计划

项目进度计划是进度模型的输出，为各个相互关联的活动标注了计划日期、持续时间、里程碑和所需资源等信息。项目进度计划中至少要包括每个活动的计划开始日期与计划完成日期。即使在早期阶段就进行了资源规划，但在未确认资源分配和计划开始与完成日期之前，项目进度计划都只是初步的。一般要在项目管理计划（见 4.2.3.1 节）编制完成之前进行这些确认。还可以编制一份目标项目进度模型，规定每个活动的目标开始日期与目标完成日期。项目进度计划可以是概括（有时称为主进度计划或里程碑进度计划）或详细的。虽然项目进度计划可用列表形式，但图形方式更常见。可以采用以下一种或多种图形来呈现：

◆ **横道图**。横道图也称为"甘特图"，是展示进度信息的一种图表方式。在横道图中，纵向列示活动，横向列示日期，用横条表示活动自开始日期至完成日期的持续时间。横道图相对易读，比较常用。它可能会包括浮动时间，也可能不包括，具体取决于受众。为了便于控制，以及与管理层进行沟通，可在里程碑或横跨多个相关联的工作包之间，列出内容更广、更综合的概括性活动，并在横道图报告中显示。见图 6-21 中的"概括性进度计划"部分，它按 WBS 的结构罗列相关活动。

◆ **里程碑图。** 与横道图类似，但仅标示出主要可交付成果和关键外部接口的计划开始或完成日期，见图6-21的"里程碑进度计划"部分。

◆ **项目进度网络图。** 这些图形通常用活动节点法绘制，没有时间刻度，纯粹显示活动及其相互关系，有时也称为"纯逻辑图"，如图 6-11 所示。项目进度网络图也可以是包含时间刻度的进度网络图，有时称为"逻辑横道图"，如图 6-21 中的详细进度计划所示。这些图形中有活动日期，通常会同时展示项目网络逻辑和项目关键路径进度活动。本例子也显示了如何通过一系列相关活动来对每个工作包进行规划。项目进度网络图的另一种呈现形式是"时标逻辑图"，其中包含时间刻度和表示活动持续时间的横条，以及活动之间的逻辑关系。它们用于优化展现活动之间的关系，许多活动都可以按顺序出现在图的同一行中。

图6-21是一个正在执行的示例项目的进度计划，工作进展是通过截止日期或状态日期表示的。针对一个简单的项目，图6-21给出了进度计划的三种形式：（1）里程碑进度计划，也叫里程碑图；（2）概括性进度计划，也叫横道图；（3）详细进度计划，也叫项目进度关联横道图。图 6-21 还直观地显示出项目进度计划不同详细程度的关系。

里程碑进度计划

活动标识	活动描述	日历单位	阶段1	阶段2	阶段3	阶段4	阶段5
1.1.MB	开始新产品Z	0	◇				
1.1.1.M1	完成组件1	0			◇		
1.1.2.M1	完成组件2	0		◇			
1.1.3.M1	完成组件1和2的集成	0				◇	
1.1.3.MF	完成新产品Z	0					◇

← 数据日期

概括性进度计划

活动标识	活动描述	日历单位	阶段1	阶段2	阶段3	阶段4	阶段5
1.1	开发和交付新产品Z	120					
1.1.1	工作包1: 组件1	67					
1.1.2	工作包2: 组件2	53					
1.1.3	工作包3: 集成组件1和2	53					

← 数据日期

详细进度计划

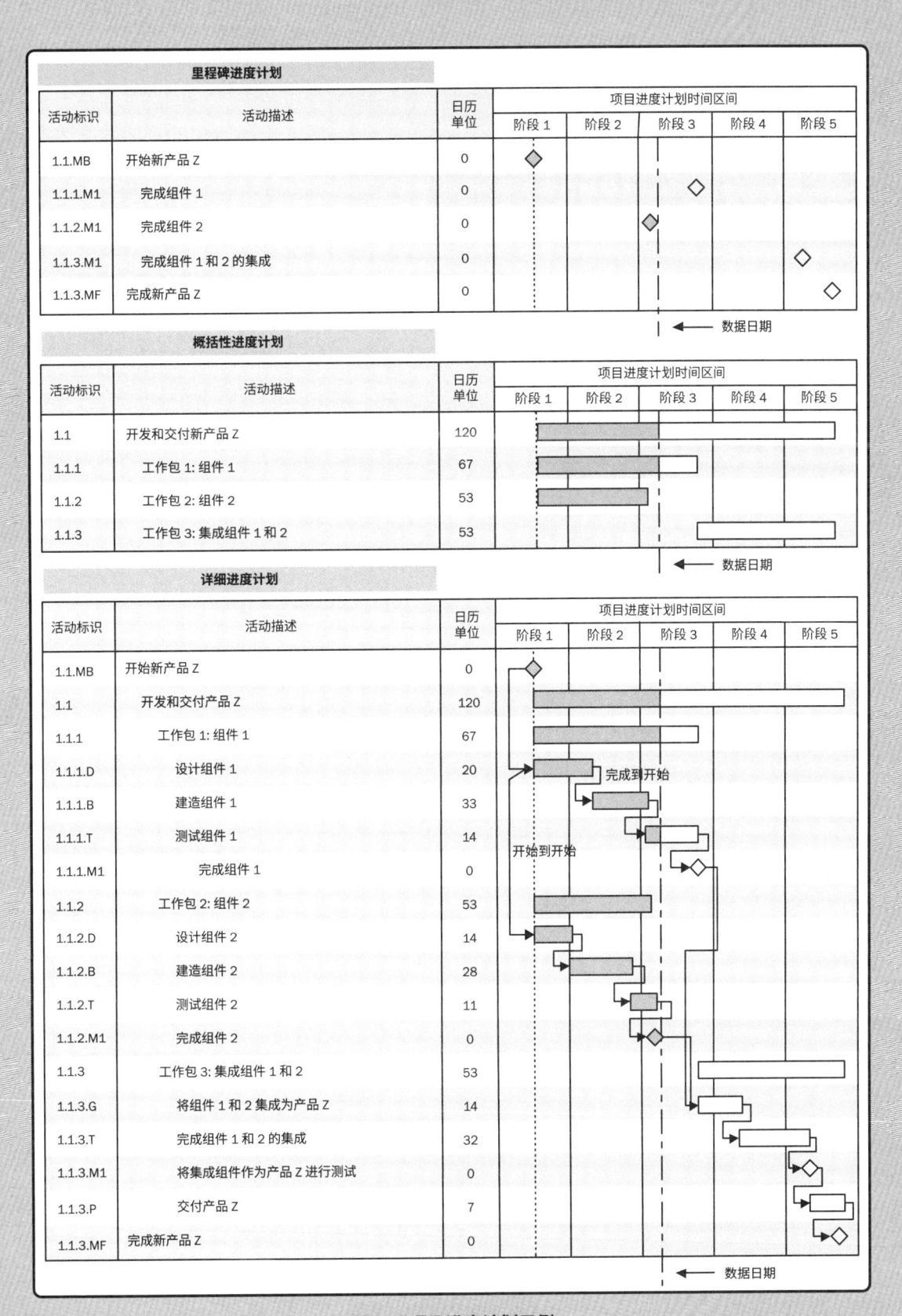

活动标识	活动描述	日历单位	阶段1	阶段2	阶段3	阶段4	阶段5
1.1.MB	开始新产品Z	0	◇				
1.1	开发和交付产品Z	120					
1.1.1	工作包1: 组件1	67					
1.1.1.D	设计组件1	20		完成到开始			
1.1.1.B	建造组件1	33					
1.1.1.T	测试组件1	14	开始到开始				
1.1.1.M1	完成组件1	0					
1.1.2	工作包2: 组件2	53					
1.1.2.D	设计组件2	14					
1.1.2.B	建造组件2	28					
1.1.2.T	测试组件2	11					
1.1.2.M1	完成组件2	0					
1.1.3	工作包3: 集成组件1和2	53					
1.1.3.G	将组件1和2集成为产品Z	14					
1.1.3.T	完成组件1和2的集成	32					
1.1.3.M1	将集成组件作为产品Z进行测试	0					
1.1.3.P	交付产品Z	7					
1.1.3.MF	完成新产品Z	0					

← 数据日期

图 6-21 项目进度计划示例

6.5.3.3 进度数据

项目进度模型中的进度数据是用以描述和控制进度计划的信息集合。进度数据至少包括进度里程碑、进度活动、活动属性,以及已知的全部假设条件与制约因素,而所需的其他数据因应用领域而异。经常可用作支持细节的信息包括(但不限于):

- ◆ 按时段计列的资源需求,往往以资源直方图表示;
- ◆ 备选的进度计划,如最好情况或最坏情况下的进度计划、经资源平衡或未经资源平衡的进度计划、有强制日期或无强制日期的进度计划;
- ◆ 使用的进度储备。

进度数据还可包括资源直方图、现金流预测、订购与交付进度安排或其他相关信息。

6.5.3.4 项目日历

在项目日历中规定可以开展进度活动的可用工作日和工作班次,它把可用于开展进度活动的时间段(按天或更小的时间单位)与不可用的时间段区分开来。在一个进度模型中,可能需要采用不止一个项目日历来编制项目进度计划,因为有些活动需要不同的工作时段。因此,可能需要对项目日历进行更新。

6.5.3.5 变更请求

见 4.3.3.4 节。修改项目范围或项目进度计划之后,可能会对范围基准和/或项目管理计划的其他组成部分提出变更请求,应该通过实施整体变更控制过程(见 4.6 节)对变更请求进行审查和处理。预防措施可包括推荐的变更,以消除或降低不利进度偏差的发生概率。

6.5.3.6 项目管理计划更新

项目管理计划的任何变更都以变更请求的形式提出，且通过组织的变更控制过程进行处理。可能需要变更请求的项目管理计划组成部分包括（但不限于）：

- **进度管理计划**。见 6.1.3.1 节。可能需要更新进度管理计划，以反映制定和管理进度计划的方式的变更。
- **成本基准**。见 7.3.3.1 节。在针对范围、资源或成本估算的变更获得批准后，需要对成本基准做出相应的变更。有时成本偏差太过严重，以至于需要修订成本基准，以便为绩效测量提供现实可行的依据。

6.5.3.7 项目文件更新

可在本过程更新的项目文件包括（但不限于）：

- **活动属性**。见 6.2.3.2 节。更新活动属性以反映在制定进度计划过程中所产生的对资源需求和其他相关内容的修改。
- **假设日志**。见 4.1.3.2 节。可能需要更新假设日志，以反映创建进度模型时发现的有关持续时间、资源使用、排序或其他信息的假设条件的变更。
- **持续时间估算**。见 6.4.3.1 节。资源的数量和可用性以及活动依赖关系可能会引起持续时间估算的变更。如果资源平衡分析改变了资源需求，就可能需要对持续时间估算做出相应的更新。
- **经验教训登记册**。见 4.4.3.1 节。在更新经验教训登记册时，可以增加能够有效和高效制定进度模型的技术。
- **资源需求**。见 9.2.3.1 节。资源平衡可能对所需资源类型与数量的初步估算产生显著影响。如果资源平衡分析改变了资源需求，就需要对资源需求做出相应的更新。
- **风险登记册**。见 11.2.3.1 节。可能需要更新风险登记册，以反映进度假设条件所隐含的机会或威胁。

6.6 控制进度

控制进度是监督项目状态，以更新项目进度和管理进度基准变更的过程。本过程的主要作用是在整个项目期间保持对进度基准的维护，且需要在整个项目期间开展。图 6-22 描述本过程的输入、工具与技术和输出，图 6-23 是本过程的数据流向图。

控制进度

输入	工具与技术	输出
.1 项目管理计划 • 进度管理计划 • 进度基准 • 范围基准 • 绩效测量基准 .2 项目文件 • 经验教训登记册 • 项目日历 • 项目进度计划 • 资源日历 • 进度数据 .3 工作绩效数据 .4 组织过程资产	.1 数据分析 • 挣值分析 • 迭代燃尽图 • 绩效审查 • 趋势分析 • 偏差分析 • 假设情景分析 .2 关键路径法 .3 项目管理信息系统 .4 资源优化 .5 提前量和滞后量 .6 进度压缩	.1 工作绩效信息 .2 进度预测 .3 变更请求 .4 项目管理计划更新 • 进度管理计划 • 进度基准 • 成本基准 • 绩效测量基准 .5 项目文件更新 • 假设日志 • 估算依据 • 经验教训登记册 • 项目进度计划 • 资源日历 • 风险登记册 • 进度数据

图 6-22 控制进度：输入、工具与技术和输出

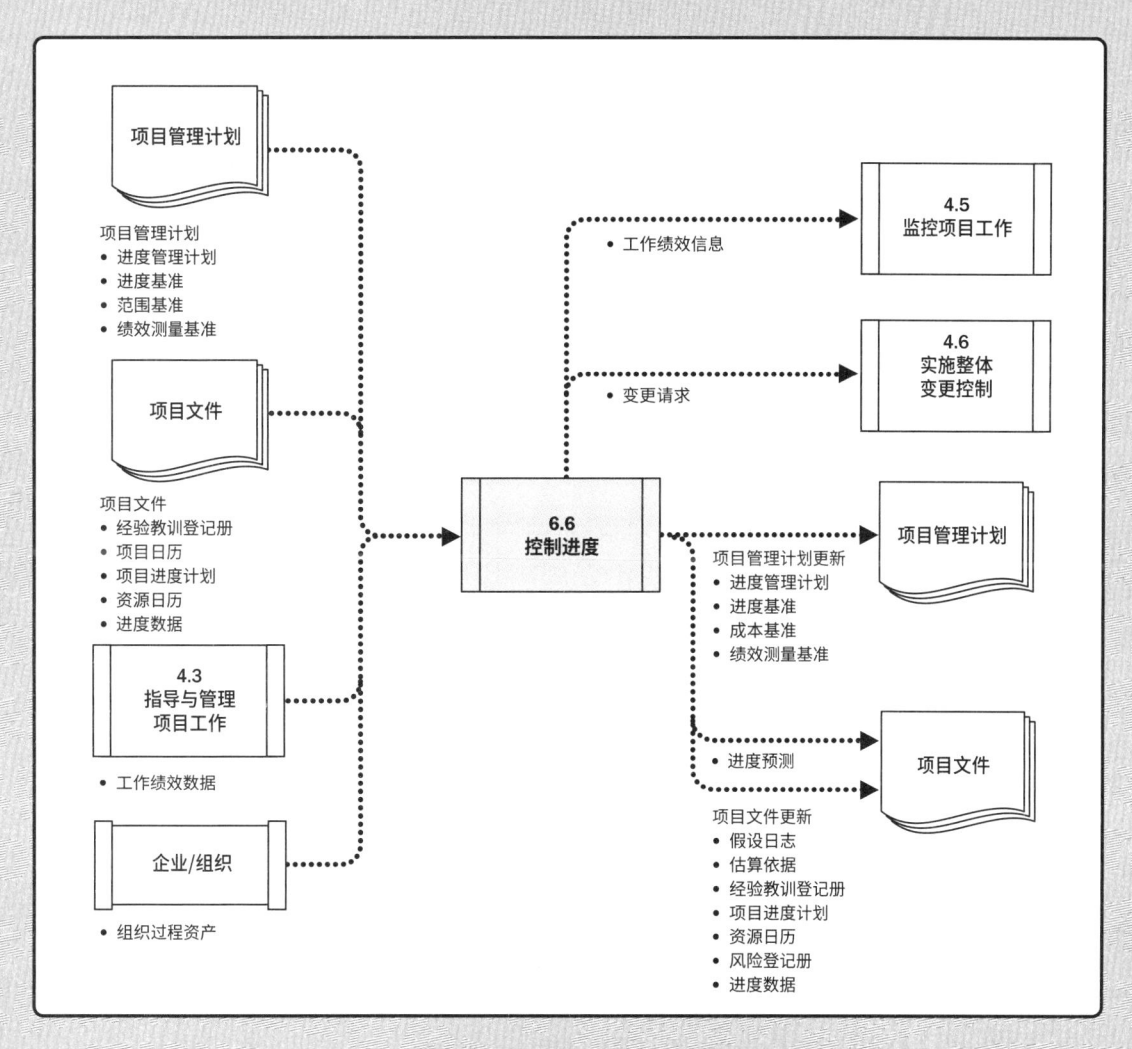

图 6-23 控制进度：数据流向图

要更新进度模型，就需要了解迄今为止的实际绩效。进度基准的任何变更都必须经过实施整体变更控制过程的审批（见 4.6 节）。控制进度作为实施整体变更控制过程的一部分，关注如下内容：

◆ 判断项目进度的当前状态；

◆ 对引起进度变更的因素施加影响；

◆ 重新考虑必要的进度储备；

◆ 判断项目进度是否已经发生变更；

◆ 在变更实际发生时对其进行管理。

223

如果采用敏捷方法，控制进度要关注如下内容：

- 通过比较上一个时间周期中已交付并验收的工作总量与已完成的工作估算值，来判断项目进度的当前状态；
- 实施回顾性审查（定期审查，记录经验教训），以便纠正与改进过程（如果需要的话）；
- 对剩余工作计划（未完项）重新进行优先级排序；
- 确定在每段既定的迭代时间（约定的工作周期持续时间，通常是两周或一个月）内可交付成果的生成、核实和验收的速度；
- 确定项目进度已经发生变更；
- 在变更实际发生时对其进行管理。

将工作外包时，定期向承包商和供应商了解里程碑的状态更新是确保工作按商定进度计划进行的一种途径，有助于确保进度受控。同时，应执行进度状态评审和巡检，确保承包商报告准确且完整。

6.6.1 控制进度：输入

6.6.1.1 项目管理计划

见 4.2.3.1 节。项目管理计划组件包括（但不限于）：

- **进度管理计划**。见 6.1.3.1 节。进度管理计划描述了进度的更新频率、进度储备的使用方式，以及进度的控制方式。
- **进度基准**。见 6.5.3.1 节。把进度基准与实际结果相比，以判断是否需要进行变更或采取纠正或预防措施。
- **范围基准**。见 5.4.3.1 节。在监控进度基准时，需明确考虑范围基准中的项目 WBS、可交付成果、制约因素和假设条件。
- **绩效测量基准**。见 4.2.3.1 节。使用挣值分析时，将绩效测量基准与实际结果比较，以决定是否有必要进行变更、采取纠正措施或预防措施。

6.6.1.2 项目文件

作为本过程输入的项目文件包括（但不限于）：

- **经验教训登记册**。见 4.4.3.1 节。在项目早期获得的经验教训可以运用到后期阶段，以改进进度控制。
- **项目日历**。见 6.5.3.4 节。在一个进度模型中，可能需要不止一个项目日历来预测项目进度，因为有些活动需要不同的工作时段。
- **项目进度计划**。见 6.5.3.2 节。项目进度计划是最新版本的项目进度计划，其中图示了截至指定日期的更新情况、已完活动和已开始活动。
- **资源日历**。见 9.2.1.2 节。资源日历显示了团队和物质资源的可用性。
- **进度数据**。见 6.5.3.3 节。在控制进度过程中需要对进度数据进行审查和更新。

6.6.1.3 工作绩效数据

见 4.3.3.2 节。工作绩效数据包含关于项目状态的数据，例如哪些活动已经开始，它们的进展如何（如实际持续时间、剩余持续时间和实际完成百分比），哪些活动已经完成。

6.6.1.4 组织过程资产

能够影响控制进度过程的组织过程资产包括（但不限于）：

- 现有与进度控制有关的正式和非正式的政策、程序和指南；
- 进度控制工具；
- 可用的监督和报告方法。

6.6.2 控制进度：工具与技术

6.6.2.1 数据分析

可用于本过程的数据分析技术包括（但不限于）：

- **挣值分析**。见 7.4.2.2 节。进度绩效测量指标［如进度偏差（SV）和进度绩效指数（SPI）］用于评价偏离初始进度基准的程度。
- **迭代燃尽图**。这类图用于追踪迭代未完项中尚待完成的工作。它基于迭代规划（见 6.4.2.8 节）中确定的工作，分析与理想燃尽图的偏差。可使用预测趋势线来预测迭代结束时可能出现的偏差，并据此在迭代期间采取合理行动。在燃尽图中，先用对角线表示理想的燃尽情况，再每天画出实际剩余工作，最后基于剩余工作计算出趋势线以预测完成情况。图 6-24 是迭代燃尽图的一个例子。

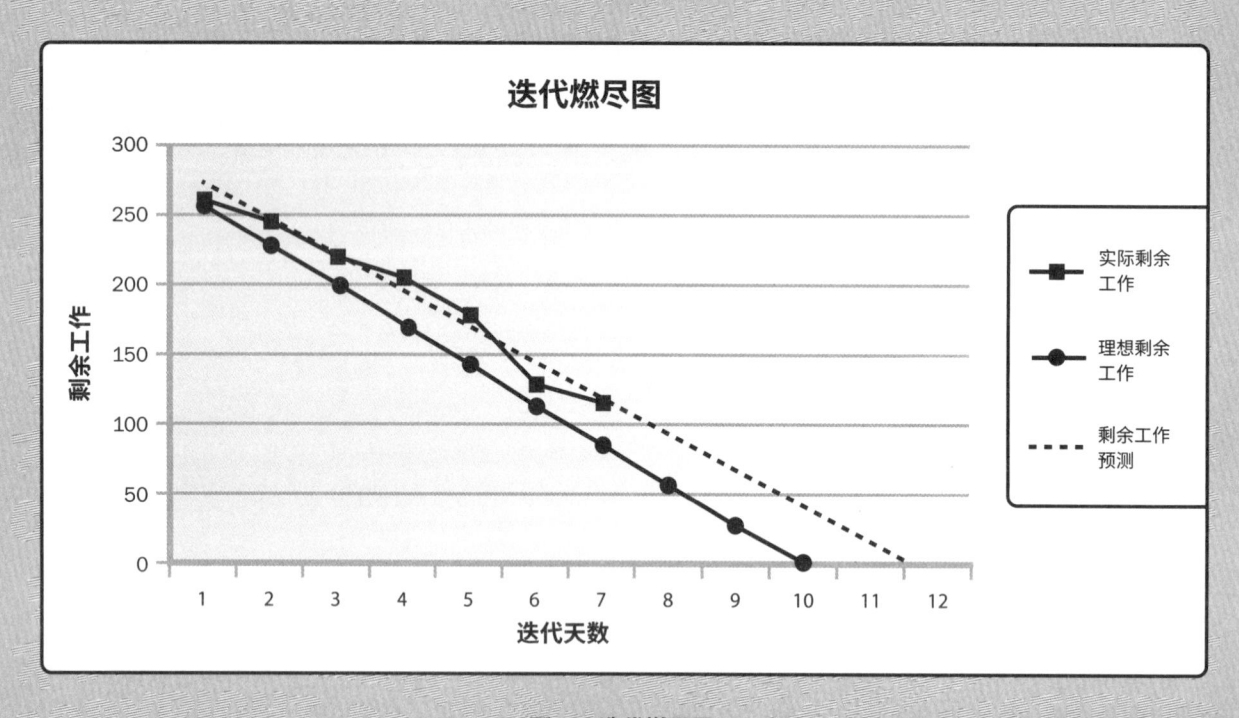

图 6-24 迭代燃尽图

- **绩效审查**。绩效审查是指根据进度基准，测量、对比和分析进度绩效，如实际开始和完成日期、已完成百分比，以及当前工作的剩余持续时间。
- **趋势分析**。见 4.5.2.2 节。趋势分析检查项目绩效随时间的变化情况，以确定绩效是在改善还是在恶化。图形分析技术有助于理解截至目前的绩效，并与未来的绩效目标（表示为完工日期）进行对比。
- **偏差分析**。偏差分析关注实际开始和完成日期与计划的偏离，实际持续时间与计划的差异，以及浮动时间的偏差。它包括确定偏离进度基准（见 6.5.3.1 节）的原因与程度，评估这些偏差对未来工作的影响，以及确定是否需要采取纠正或预防措施。例如，非关键路径上的某个活动发生较长时间的延误，可能不会对整体项目进度产生影响；而某个关键或次关键活动的稍许延误，却可能需要立即采取行动。
- **假设情景分析**。见 6.5.2.4 节。假设情景分析基于项目风险管理过程的输出，对各种不同的情景进行评估，促使进度模型符合项目管理计划和批准的基准。

6.6.2.2 关键路径法

见 6.5.2.2 节。检查关键路径的进展情况有助于确定项目进度状态。关键路径上的偏差将对项目的结束日期产生直接影响。评估次关键路径上的活动的进展情况，有助于识别进度风险。

6.6.2.3 项目管理信息系统 (PMIS)

见 4.3.2.2 节。项目管理信息系统包括进度计划软件。用这种软件对照计划日期跟踪实际日期，对照进度基准报告偏差和进展，以及预测项目进度模型变更的影响。

6.6.2.4 资源优化

见 6.5.2.3 节。资源优化技术是在同时考虑资源可用性和项目时间的情况下，对活动和活动所需资源进行的进度规划。

6.6.2.5 提前量和滞后量

在网络分析中调整提前量与滞后量，设法使进度滞后的项目活动赶上计划。例如，在新办公大楼建设项目中，通过增加活动之间的提前量，把绿化施工调整到大楼外墙装饰完工之前开始；或者，在大型技术文件编写项目中，通过消除或减少滞后量，把草稿编辑工作调整到草稿编写完成之后立即开始。

6.6.2.6 进度压缩

采用进度压缩技术（见 6.5.2.6 节）使进度落后的项目活动赶上计划，可以对剩余工作使用快速跟进或赶工方法。

6.6.3 控制进度：输出

6.6.3.1 工作绩效信息

见 4.5.1.3 节。工作绩效信息包括与进度基准相比较的项目工作执行情况。可以在工作包层级和控制账户层级，计算开始和完成日期的偏差以及持续时间的偏差。对于使用挣值分析的项目，进度偏差 (SV) 和进度绩效指数 (SPI) 将记录在工作绩效报告中（见 4.5.3.1 节）。

6.6.3.2 进度预测

进度更新即进度预测，指根据已有的信息和知识，对项目未来的情况和事件进行的估算或预计。随着项目执行，应该基于工作绩效信息，更新和重新发布预测。这些信息基于项目的过去绩效，并取决于纠正或预防措施所期望的未来绩效，可能包括挣值绩效指数，以及可能在未来对项目造成影响的进度储备信息。

6.6.3.3 变更请求

见 4.3.3.4 节。通过分析进度偏差，审查进展报告、绩效测量结果和项目范围或进度调整情况，可能会对进度基准、范围基准和/或项目管理计划的其他组成部分提出变更请求。应该通过实施整体变更控制过程（见 4.6 节）对变更请求进行审查和处理。预防措施可包括推荐的变更，以消除或降低不利进度偏差的发生概率。

6.6.3.4 项目管理计划更新

项目管理计划的任何变更都以变更请求的形式提出，且通过组织的变更控制过程进行处理。可能需要变更请求的项目管理计划组成部分包括（但不限于）：

- **进度管理计划**。见 6.1.3.1 节。可能需要更新进度管理计划，以反映进度管理方法的变更。
- **进度基准**。见 6.5.3.1 节。在项目范围、活动资源或活动持续时间估算等方面的变更获得批准后，可能需要对进度基准做相应变更。另外，因进度压缩技术或绩效问题造成变更时，也可能需要更新进度基准。
- **成本基准**。见 7.3.3.1 节。在针对范围、资源或成本估算的变更获得批准后，需要对成本基准做出相应的变更。
- **绩效测量基准**。见 4.2.3.1 节。在范围、进度绩效或成本估算的变更获得批准后，需要对绩效测量基准做出相应的变更。有时绩效偏差太过严重，需要提出变更请求来修订绩效测量基准，以便为绩效测量提供现实可行的依据。

6.6.3.5 项目文件更新

可在本过程更新的项目文件包括（但不限于）：

- **假设日志**。见 4.1.3.2 节。进度绩效可能表明需要修改关于活动排序、持续时间和生产效率的假设条件。
- **估算依据**。见 6.4.3.2 节。进度绩效可能表明需要修改持续时间的估算方式。
- **经验教训登记册**。见 4.4.3.1 节。更新经验教训登记册，以记录维护进度的有效技术，以及造成偏差的原因和用于应对进度偏差的纠正措施。
- **项目进度计划**。把更新后的进度数据代入进度模型，生成更新后的项目进度计划（见 6.5.3.2 节），以反映进度变更并有效管理项目。
- **资源日历**。见 9.2.1.2 节。更新资源日历，以反映因资源优化、进度压缩，以及纠正或预防措施而导致的资源日历变更。
- **风险登记册**。见 11.2.3.1 节。采用进度压缩技术可能导致风险，也就可能需要更新风险登记册及其中的风险应对计划。
- **进度数据**。见 6.5.3.3 节。可能需要重新绘制项目进度网络图，以反映经批准的剩余持续时间和经批准的进度计划修改。有时，项目进度延误非常严重，以至于必须重新预测开始与完成日期，编制新的目标进度计划，才能为指导工作、测量绩效和度量进展提供现实的数据。

7

项目成本管理

项目成本管理包括为使项目在批准的预算内完成而对成本进行规划、估算、预算、融资、筹资、管理和控制的各个过程，从而确保项目在批准的预算内完工。项目成本管理过程包括：

7.1 规划成本管理 —— 确定如何估算、预算、管理、监督和控制项目成本的过程。

7.2 估算成本 —— 对完成项目活动所需货币资源进行近似估算的过程。

7.3 制定预算 —— 汇总所有单个活动或工作包的估算成本，建立一个经批准的成本基准的过程。

7.4 控制成本 —— 监督项目状态，以更新项目成本和管理成本基准变更的过程。

图 7-1 概括了项目成本管理的各个过程。虽然在本《PMBOK® 指南》中，各项目成本管理过程以界限分明和相互独立的形式出现，但在实践中它们会以本指南无法全面详述的方式相互交叠和相互作用。这些过程不仅彼此相互作用，而且还与其他知识领域中的过程相互作用。

在某些项目，特别是范围较小的项目中，成本估算和成本预算之间的联系非常紧密，以至于可视为一个过程，由一个人在较短时间内完成。但本章仍然把这两个过程分开来介绍，因为它们所用的工具和技术各不相同。对成本的影响在项目早期最大，因此尽早定义范围就至关重要（见 5.3 节）。

项目成本管理概述

7.1 规划成本管理
.1 输入
　.1 项目章程
　.2 项目管理计划
　.3 事业环境因素
　.4 组织过程资产
.2 工具与技术
　.1 专家判断
　.2 数据分析
　.3 会议
.3 输出
　.1 成本管理计划

7.2 估算成本
.1 输入
　.1 项目管理计划
　.2 项目文件
　.3 事业环境因素
　.4 组织过程资产
.2 工具与技术
　.1 专家判断
　.2 类比估算
　.3 参数估算
　.4 自下而上估算
　.5 三点估算
　.6 数据分析
　.7 项目管理信息系统
　.8 决策
.3 输出
　.1 成本估算
　.2 估算依据
　.3 项目文件更新

7.3 制定预算
.1 输入
　.1 项目管理计划
　.2 项目文件
　.3 商业文件
　.4 协议
　.5 事业环境因素
　.6 组织过程资产
.2 工具与技术
　.1 专家判断
　.2 成本汇总
　.3 数据分析
　.4 历史信息审核
　.5 资金限制平衡
　.6 融资
.3 输出
　.1 成本基准
　.2 项目资金需求
　.3 项目文件更新

7.4 控制成本
.1 输入
　.1 项目管理计划
　.2 项目文件
　.3 项目资金需求
　.4 工作绩效数据
　.5 组织过程资产
.2 工具与技术
　.1 专家判断
　.2 数据分析
　.3 完工尚需绩效指数
　.4 项目管理信息系统
.3 输出
　.1 工作绩效信息
　.2 成本预测
　.3 变更请求
　.4 项目管理计划更新
　.5 项目文件更新

图 7-1 项目成本管理概述

项目成本管理的核心概念

项目成本管理重点关注完成项目活动所需资源的成本，但同时也应考虑项目决策对项目产品、服务或成果的使用成本、维护成本和支持成本的影响。例如，限制设计审查的次数可降低项目成本，但可能增加由此带来的产品运营成本。

成本管理的另一个方面是认识到不同的相关方会在不同的时间，用不同的方法测算项目成本。例如，对于某采购品，可在做出采购决策、下达订单、实际交货、实际成本发生或进行项目会计记账时，测算其成本。在很多组织中，预测和分析项目产品的财务效益是在项目之外进行的，但对于有些项目，如固定资产投资项目，可在项目成本管理中进行这项预测和分析工作。在这种情况下，项目成本管理还需使用其他过程和许多通用财务管理技术，如投资回报率分析、现金流贴现分析和投资回收期分析等。

项目成本管理的趋势和新兴实践

在项目成本管理的实践中，通过对挣值管理(EVM)的扩展，引入挣得进度(ES)这一概念。

ES 是 EVM 理论和实践的延伸。挣得进度理论用 ES 和实际时间 (AT) 替代了传统 EVM 所使用的进度偏差测量指标（挣值 – 计划价值），使用这种替代方法计算进度偏差 ES - AT，如果挣得进度大于 0，则表示项目进度提前了；换句话说，在某个给定的时间点，项目的挣值大于计划价值。使用挣得进度测量指标的进度绩效指数 (SPI) 为 ES 与 AT 之比，表示完成项目的工作效率。此外，挣得进度理论通过挣得进度、实际时间和估算持续时间，提供了预测项目完成日期的计算公式。

裁剪考虑因素

由于每个项目都是独特的，项目经理因此可能需要裁剪项目成本管理过程。裁剪时应考虑的因素包括（但不限于）：

- **知识管理**。组织是否拥有易于使用的、正式的知识管理体系和财务数据库，并要求项目经理使用？
- **估算和预算**。组织是否拥有正式或非正式的，与成本估算和预算相关的政策、程序和指南？
- **挣值管理**。组织是否采用挣值管理来管理项目？
- **敏捷方法的使用**。组织是否采用敏捷方法管理项目？这对成本估算有什么影响？
- **治理**。组织是否拥有正式或非正式的审计和治理政策、程序和指南？

关于敏捷/适应型环境的考虑因素

对易变性高、范围并未完全明确、经常发生变更的项目，详细的成本计算可能没有多大帮助。在这种情况下，可以采用轻量级估算方法快速生成对项目人力成本的高层级预测，在出现变更时容易调整预测；而详细的估算适用于采用准时制的短期规划。

如果易变的项目也遵循严格的预算，通常需要更频繁地更改范围和进度计划，以始终保持在成本制约因素之内。

7.1 规划成本管理

规划成本管理是确定如何估算、预算、管理、监督和控制项目成本的过程。本过程的主要作用是，在整个项目期间为如何管理项目成本提供指南和方向。本过程仅开展一次或仅在项目的预定义点开展。图 7-2 描述本过程的输入、工具与技术和输出，图 7-3 是本过程的数据流向图。

规划成本管理

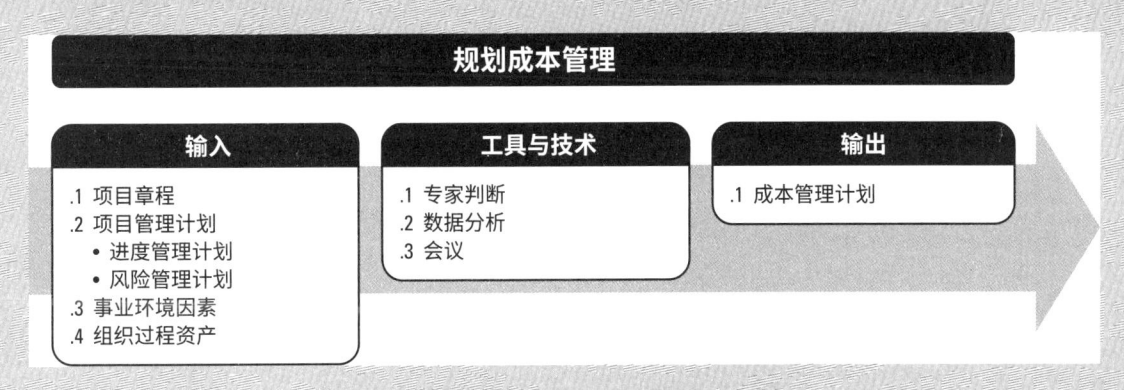

输入	工具与技术	输出
.1 项目章程 .2 项目管理计划 　• 进度管理计划 　• 风险管理计划 .3 事业环境因素 .4 组织过程资产	.1 专家判断 .2 数据分析 .3 会议	.1 成本管理计划

图 7-2 规划成本管理：输入、工具与技术和输出

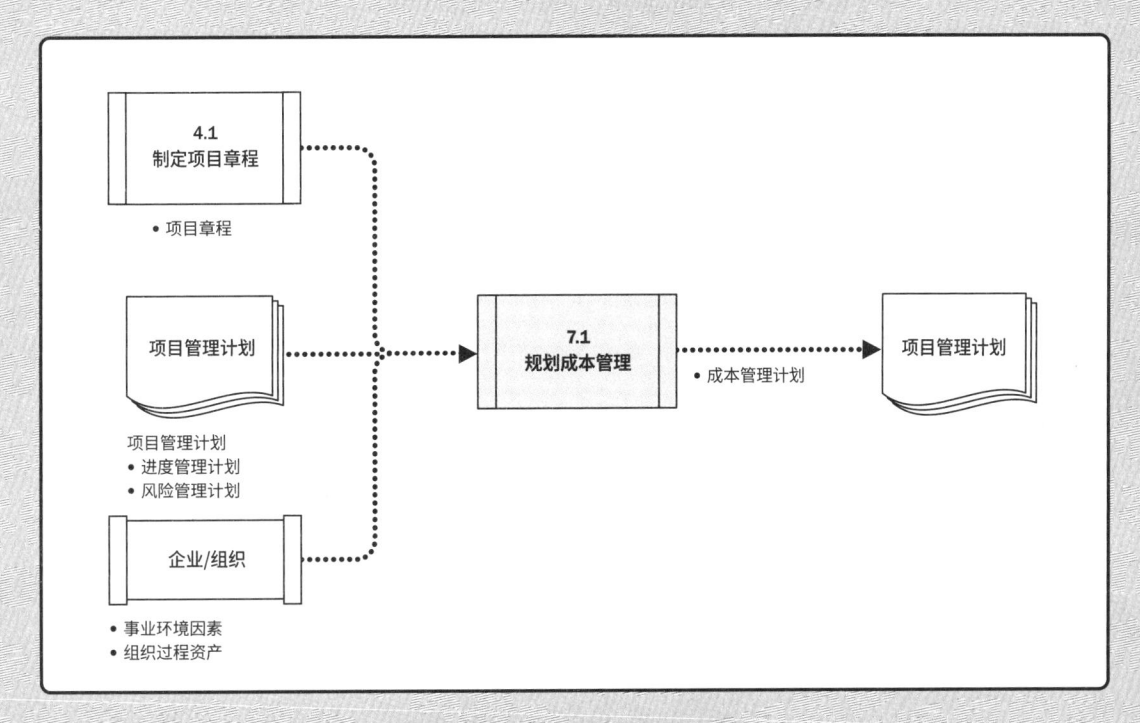

图 7-3 规划成本管理：数据流向图

235

应该在项目规划阶段的早期就对成本管理工作进行规划，建立各成本管理过程的基本框架，以确保各过程的有效性和协调性。成本管理计划是项目管理计划的组成部分，成本管理过程及工具与技术应记录在成本管理计划中。

7.1.1 规划成本管理：输入

7.1.1.1 项目章程

见 4.1.3.1 节。项目章程规定了预先批准的财务资源，可据此确定详细的项目成本。项目章程所规定的项目审批要求，也对项目成本管理有影响。

7.1.1.2 项目管理计划

见 4.2.3.1 节。项目管理计划组件包括（但不限于）：

◆ **进度管理计划**。见 6.1.3.1 节。进度管理计划确定了编制、监督和控制项目进度的准则和活动，同时也提供了影响成本估算和管理的过程及控制方法。

◆ **风险管理计划**。见 11.1.3.1 节。风险管理计划提供了识别、分析和监督风险的方法，同时也提供了影响成本估算和管理的过程及控制方法。

7.1.1.3 事业环境因素

能够影响规划成本管理过程的事业环境因素包括（但不限于）：

◆ 能够影响成本管理的组织文化和组织结构；

◆ 市场条件，决定着在当地及全球市场上可获取哪些产品、服务和成果；

◆ 货币汇率，用于换算发生在多个国家的项目成本；

- 发布的商业信息，经常可以从商业数据库中获取资源成本费率及相关信息，而这些数据库动态跟踪具有相应技能的人力资源的成本数据，也提供材料与设备的标准成本数据。还可以从卖方公布的价格清单中获取相关信息；
- 项目管理信息系统，可为管理成本提供多种方案；
- 不同地区的生产率差异，可能会对项目成本造成巨大影响。

7.1.1.4 组织过程资产

能够影响规划成本管理过程的组织过程资产包括（但不限于）：

- 财务控制程序（如定期报告、必需的费用与支付审查、会计编码及标准合同条款等）；
- 历史信息和经验教训知识库；
- 财务数据库；
- 现有的正式和非正式的与成本估算和预算有关的政策、程序和指南。

7.1.2 规划成本管理：工具与技术

7.1.2.1 专家判断

见 4.1.2.1 节。应征求具备以下专业知识或接受过相关培训的个人或小组的意见：

- 以往类似项目；
- 来自行业、学科和应用领域的信息；
- 成本估算和预算；
- 挣值管理。

7.1.2.2 数据分析

适用于本过程的数据分析技术包括（但不限于）备选方案分析。备选方案分析可包括审查筹资的战略方法，如自筹资金、股权投资、借贷投资等，还可以包括对获取项目资源的方法（如自制、采购、租用或租赁）的考量。

7.1.2.3 会议

项目团队可能举行规划会议来制定成本管理计划。参会者可能包括项目经理、项目发起人、选定的项目团队成员、选定的相关方、项目成本负责人，以及其他必要人员。

7.1.3 规划成本管理：输出

7.1.3.1 成本管理计划

成本管理计划是项目管理计划的组成部分，描述将如何规划、安排和控制项目成本。成本管理过程及其工具与技术应记录在成本管理计划中。

例如，在成本管理计划中规定：

- **计量单位**。需要规定每种资源的计量单位，例如用于测量时间的人时数、人天数或周数，用于计量数量的米、升、吨、千米或立方码，或者用货币表示的总价。

- **精确度**。根据活动范围和项目规模，设定成本估算向上或向下取整的程度（例如 995.59 美元取整为 1 000 美元）。

- **准确度**。为活动成本估算规定一个可接受的区间（如 ±10%），其中可能包括一定数量的应急储备。

- ◆ **组织程序链接**。工作分解结构（见 5.4 节）为成本管理计划提供了框架，以便据此规范地开展成本估算、预算和控制。在项目成本核算中使用的 WBS 组成部分，称为控制账户（CA），每个控制账户都有唯一的编码或账号，直接与执行组织的会计制度相联系。
- ◆ **控制临界值**。可能需要规定偏差临界值，用于监督成本绩效。它是在需要采取某种措施前，允许出现的最大差异，通常用偏离基准计划的百分数来表示。
- ◆ **绩效测量规则**。需要规定用于绩效测量的挣值管理（EVM）规则。例如，成本管理计划应该：
    - 定义 WBS 中用于绩效测量的控制账户；
    - 确定拟用的 EVM 技术（如加权里程碑法、固定公式法、完成百分比法等）；
    - 规定跟踪方法，以及用于计算项目完工估算（EAC）的 EVM 公式，该公式计算出的结果可用于验证通过自下而上方法得出的完工估算。
- ◆ **报告格式**。需要规定各种成本报告的格式和编制频率。
- ◆ **其他细节**。关于成本管理活动的其他细节包括（但不限于）：
    - 对战略筹资方案的说明；
    - 处理汇率波动的程序；
    - 记录项目成本的程序。

关于挣值管理的更多信息，参见《挣值管理实践标准》（第 2 版）[17]。

7.2 估算成本

估算成本是对完成项目工作所需资源成本进行近似估算的过程。本过程的主要作用是，确定项目所需的资金。本过程应根据需要在整个项目期间定期开展。图 7-4 描述本过程的输入、工具与技术和输出，图 7-5 是本过程的数据流向图。

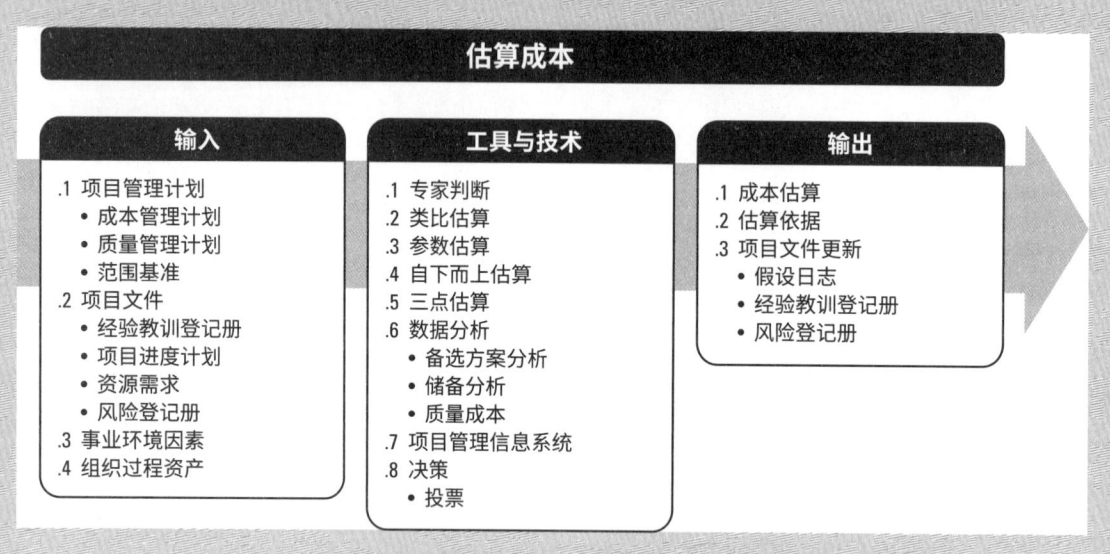

估算成本

输入	工具与技术	输出
.1 项目管理计划 　• 成本管理计划 　• 质量管理计划 　• 范围基准 .2 项目文件 　• 经验教训登记册 　• 项目进度计划 　• 资源需求 　• 风险登记册 .3 事业环境因素 .4 组织过程资产	.1 专家判断 .2 类比估算 .3 参数估算 .4 自下而上估算 .5 三点估算 .6 数据分析 　• 备选方案分析 　• 储备分析 　• 质量成本 .7 项目管理信息系统 .8 决策 　• 投票	.1 成本估算 .2 估算依据 .3 项目文件更新 　• 假设日志 　• 经验教训登记册 　• 风险登记册

图 7-4 估算成本：输入、工具与技术和输出

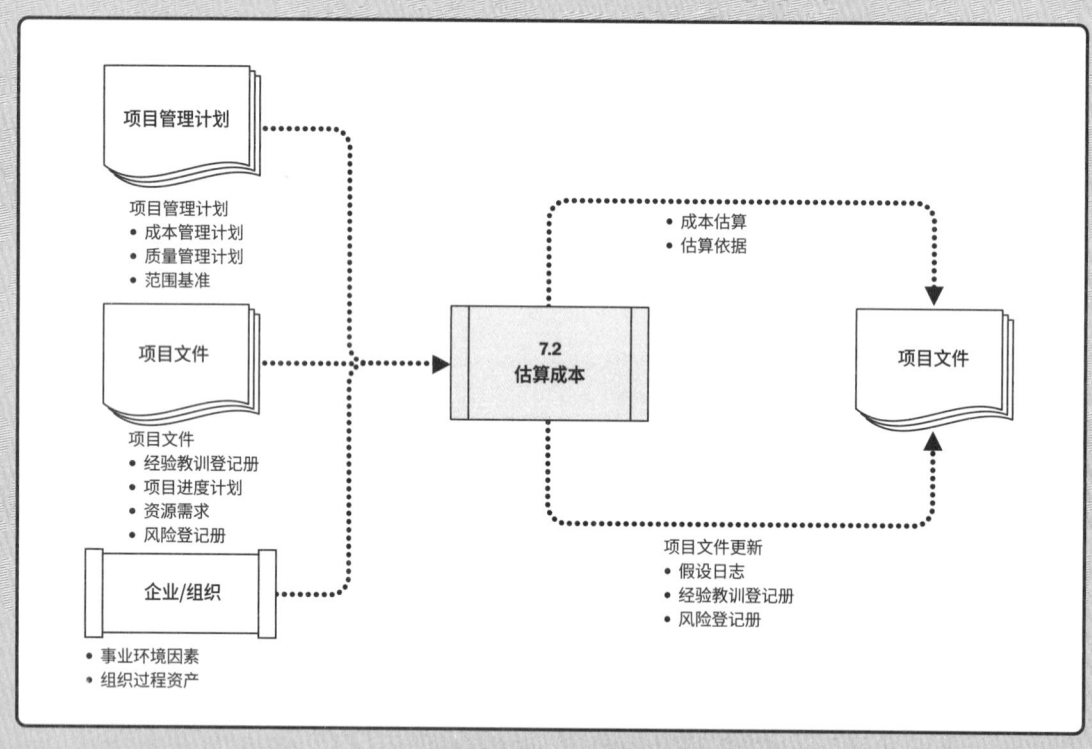

图 7-5 估算成本：数据流向图

成本估算是对完成活动所需资源的可能成本的量化评估，是在某特定时点，根据已知信息所做出的成本预测。在估算成本时，需要识别和分析可用于启动与完成项目的备选成本方案；需要权衡备选成本方案并考虑风险，如比较自制成本与外购成本、购买成本与租赁成本及多种资源共享方案，以优化项目成本。

通常用某种货币单位（如美元、欧元、日元等）进行成本估算，但有时也可采用其他计量单位，如人时数或人天数，以消除通货膨胀的影响，便于成本比较。

在项目过程中，应该随着更详细信息的呈现和假设条件的验证，对成本估算进行审查和优化。在项目生命周期中，项目估算的准确性亦将随着项目的进展而逐步提高。例如，在启动阶段可得出项目的粗略量级估算（Rough Order of Magnitude，ROM），其区间为 –25% 到 +75%；之后，随着信息越来越详细，确定性估算的区间可缩小至 –5% 到 +10%。某些组织已经制定出相应的指南，规定何时进行优化，以及每次优化所要达到的置信度或准确度。

进行成本估算，应该考虑将向项目收费的全部资源，包括（但不限于）人工、材料、设备、服务、设施，以及一些特殊的成本种类，如通货膨胀补贴、融资成本或应急成本。成本估算可在活动层级呈现，也可以汇总形式呈现。

7.2.1 估算成本：输入

7.2.1.1 项目管理计划

见 4.2.3.1 节。项目管理计划组件包括（但不限于）：

- **成本管理计划**。见 7.1.3.1 节。成本管理计划描述了可使用的估算方法以及成本估算需要达到的准确度和精确度。

- **质量管理计划**。见 8.1.3.1 节。质量管理计划描述了项目管理团队为实现一系列项目质量目标所需的活动和资源。

- ◆ **范围基准**。见 5.4.3.1 节。范围基准包括项目范围说明书、WBS 和 WBS 词典:
  - *项目范围说明书*。范围说明书(见 5.3.3.1 节)反映了因项目资金支出的周期而产生的资金制约因素,或其他财务假设条件和制约因素。
  - *工作分解结构*。WBS(见 5.4.3.1 节)指明了项目全部可交付成果及其各组成部分之间的相互关系。
  - *WBS 词典*。在 WBS 词典(见 5.4.3 节)和相关的详细工作说明书中,列明了可交付成果,并描述了为产出可交付成果,WBS 各组成部分所需进行的工作。

7.2.1.2 项目文件

可作为本过程输入的项目文件包括(但不限于):

- ◆ **经验教训登记册**。见 4.4.3.1 节。项目早期与制定成本估算有关的经验教训可以运用到项目后期阶段,以提高成本估算的准确度和精确度。
- ◆ **项目进度计划**。见 6.5.3.2 节。进度计划包括项目可用的团队和实物资源的类型、数量和可用时间长短。如果资源成本取决于使用时间的长短,并且成本出现季节波动,则持续时间估算(见 6.4.3.1 节)会对成本估算产生影响。进度计划还为包含融资成本(包括利息)的项目提供有用信息。
- ◆ **资源需求**。见 9.2.3.1 节。资源需求明确了每个工作包或活动所需的资源类型和数量。
- ◆ **风险登记册**。见 11.2.3.1 节。风险登记册包含了已识别并按优先顺序排列的单个项目风险的详细信息,及针对这些风险采取的应对措施。风险登记册提供了可用于估算成本的详细信息。

7.2.1.3 事业环境因素

会影响估算成本过程的事业环境因素包括（但不限于）：

- **市场条件**。可以从市场上获得什么产品、服务和成果，可以从谁那里、以什么条件获得。地区和/或全球性的供求情况会显著影响资源成本。
- **发布的商业信息**。经常可以从商业数据库中获取资源成本费率及相关信息，而这些数据库动态跟踪具有相应技能的人力资源的成本数据，也提供材料与设备的标准成本数据。还可以从卖方公布的价格清单中获取相关信息。
- **汇率和通货膨胀率**。对于持续多年、涉及多种货币的大规模项目，需要了解汇率波动和通货膨胀，并将其纳入估算成本过程。

7.2.1.4 组织过程资产

会影响估算成本过程的组织过程资产包括（但不限于）：

- 成本估算政策；
- 成本估算模板；
- 历史信息和经验教训知识库。

7.2.2 估算成本：工具与技术

7.2.2.1 专家判断

见 4.1.2.1. 节。应征求具备以下专业知识或接受过相关培训的个人或小组的意见：

- 以往类似项目；
- 来自行业、学科和应用领域的信息；
- 成本估算方法。

7.2.2.2 类比估算

见 6.4.2.2 节。成本类比估算使用以往类似项目的参数值或属性来估算。项目的参数值和属性包括（但不限于）范围、成本、预算、持续时间和规模指标（如尺寸、重量），类比估算以这些项目参数值或属性为基础来估算当前项目的同类参数或指标。

7.2.2.3 参数估算

见 6.4.2.3 节。参数估算是指利用历史数据之间的统计关系和其他变量（如建筑施工中的平方英尺），来进行项目工作的成本估算，参数估算的准确性取决于参数模型的成熟度和基础数据的可靠性。参数估算可以针对整个项目或项目中的某个部分，并可与其他估算方法联合使用。

7.2.2.4 自下而上估算

见 6.4.2.5 节。自下而上估算是对工作组成部分进行估算的一种方法。首先对单个工作包或活动的成本进行最具体、细致的估算，然后把这些细节性成本向上汇总或"滚动"到更高层次，用于后续报告和跟踪。自下而上估算的准确性及其本身所需的成本，通常取决于单个活动或工作包的规模或其他属性。

7.2.2.5 三点估算

见 6.4.2.4 节。通过考虑估算中的不确定性与风险，使用三种估算值来界定活动成本的近似区间，可以提高单点成本估算的准确性：

- **最可能成本** (c_M)。对所需进行的工作和相关费用进行比较现实的估算，所得到的活动成本。
- **最乐观成本** (c_O)。基于活动的最好情况所得到的成本。
- **最悲观成本** (c_P)。基于活动的最差情况所得到的成本。

基于活动成本在三种估算值区间内的假定分布情况，使用公式来计算预期成本（c_E）。两种常用的公式是三角分布和贝塔分布，其计算公式分别为：

- **三角分布**。$c_E = (c_O + c_M + c_P) / 3$
- **贝塔分布**。$c_E = (c_O + 4c_M + c_P) / 6$

基于三点的假定分布计算出期望成本，并说明期望成本的不确定区间。

7.2.2.6 数据分析

适用于估算成本过程的数据分析技术包括（但不限于）：

- **备选方案分析**。备选方案分析是一种对已识别的可选方案进行评估的技术，用来决定选择哪种方案或使用何种方法来执行项目工作。例如评估购买和制造可交付成果分别对成本、进度、资源和质量的影响。

- **储备分析**。为应对成本的不确定性，成本估算中可以包括应急储备（有时称为"应急费用"）。应急储备是包含在成本基准内的一部分预算，用来应对已识别的风险；应急储备往往被看作预算中用来应对会影响项目的"已知－未知"风险的那一部分。例如，可以预知有些项目可交付成果需要返工，却不知道返工的工作量是多少。可以预留应急储备来应对这些未知数量的返工工作。小至某个具体活动，大到整个项目，任何层级都可有其应急储备。应急储备可取成本估算值的某一百分比、某个固定值，或者通过定量分析来确定。

随着项目信息越来越明确，可以动用、减少或取消应急储备。应该在成本文件中清楚地列出应急储备。应急储备是成本基准的一部分，也是项目整体资金需求的一部分。

- **质量成本**。在估算时，可能要用到关于质量成本（见 8.1.2.3 节）的各种假设，这包括对以下情况进行评估：是为达到要求而增加投入，还是承担不符合要求而造成的成本；是寻求短期成本降低，还是承担产品生命周期后期频繁出现问题的后果。

7.2.2.7 项目管理信息系统 (PMIS)

见 4.3.2.2 节。项目管理信息系统可包括电子表单、模拟软件以及统计分析工具，可用来辅助成本估算。这些工具能简化某些成本估算技术的使用，使人们能快速考虑多种成本估算方案。

7.2.2.8 决策

适用于估算成本过程的决策技术包括（但不限于）投票。如 5.2.2.4 节所述，投票是为达成某种期望结果，而对多个未来行动方案进行评估的过程。这些技术可以调动团队成员的参与，提高估算的准确性，并提高对估算结果的责任感。

7.2.3 估算成本：输出

7.2.3.1 成本估算

成本估算包括对完成项目工作可能需要的成本、应对已识别风险的应急储备，以及应对计划外工作的管理储备的量化估算。成本估算可以是汇总的或详细分列的。成本估算应覆盖项目所使用的全部资源，包括（但不限于）直接人工、材料、设备、服务、设施、信息技术，以及一些特殊的成本种类，如融资成本（包括利息）、通货膨胀补贴、汇率或成本应急储备。如果间接成本也包含在项目估算中，则可在活动层次或更高层次上计列间接成本。

7.2.3.2 估算依据

成本估算所需的支持信息的数量和种类，因应用领域而异，不论其详细程度如何，支持性文件都应该清晰、完整地说明成本估算是如何得出的。

成本估算的支持信息可包括：

◆ 关于估算依据的文件（如估算是如何编制的）；

◆ 关于全部假设条件的文件；

◆ 关于各种已知制约因素的文件；

◆ 有关已识别的、在估算成本时应考虑的风险的文件；

◆ 对估算区间的说明（如"10 000美元 ±10%"就说明了预期成本的所在区间）；

◆ 对最终估算的置信水平的说明。

7.2.3.3 项目文件更新

可在本过程更新的项目文件包括（但不限于）：

◆ **假设日志**。见 4.1.3.2 节。在成本估算过程中可能会做出新的假设、识别新的制约因素，或者重新审查和修改已有的假设条件或制约因素。假设日志应根据这些新信息做出相应更新。

◆ **经验教训登记册**。见 4.4.3.1 节。有效和高效地估算成本的技术，需要更新在经验教训登记册中。

◆ **风险登记册**。见 11.2.3.1 节。在估算成本过程中选择和商定风险应对措施时，可能需要更新风险登记册。

7.3 制定预算

制定预算是汇总所有单个活动或工作包的估算成本，建立一个经批准的成本基准的过程。本过程的主要作用是，确定可据以监督和控制项目绩效的成本基准。本过程仅开展一次或仅在项目的预定义点开展。图 7-6 描述本过程的输入、工具与技术和输出，图 7-7 是本过程的数据流向图。

项目预算包括经批准用于执行项目的全部资金，而成本基准是经过批准且按时间段分配的项目预算，包括应急储备，但不包括管理储备。

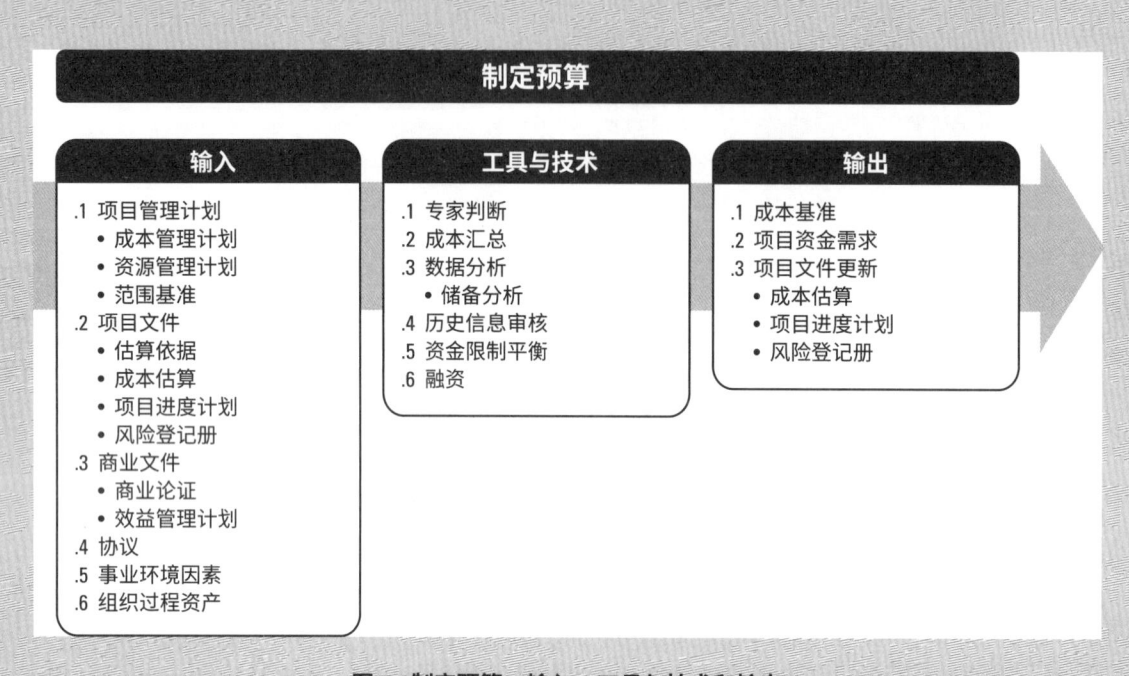

制定预算

输入
- .1 项目管理计划
  - 成本管理计划
  - 资源管理计划
  - 范围基准
- .2 项目文件
  - 估算依据
  - 成本估算
  - 项目进度计划
  - 风险登记册
- .3 商业文件
  - 商业论证
  - 效益管理计划
- .4 协议
- .5 事业环境因素
- .6 组织过程资产

工具与技术
- .1 专家判断
- .2 成本汇总
- .3 数据分析
  - 储备分析
- .4 历史信息审核
- .5 资金限制平衡
- .6 融资

输出
- .1 成本基准
- .2 项目资金需求
- .3 项目文件更新
  - 成本估算
  - 项目进度计划
  - 风险登记册

图 7-6 制定预算：输入、工具与技术和输出

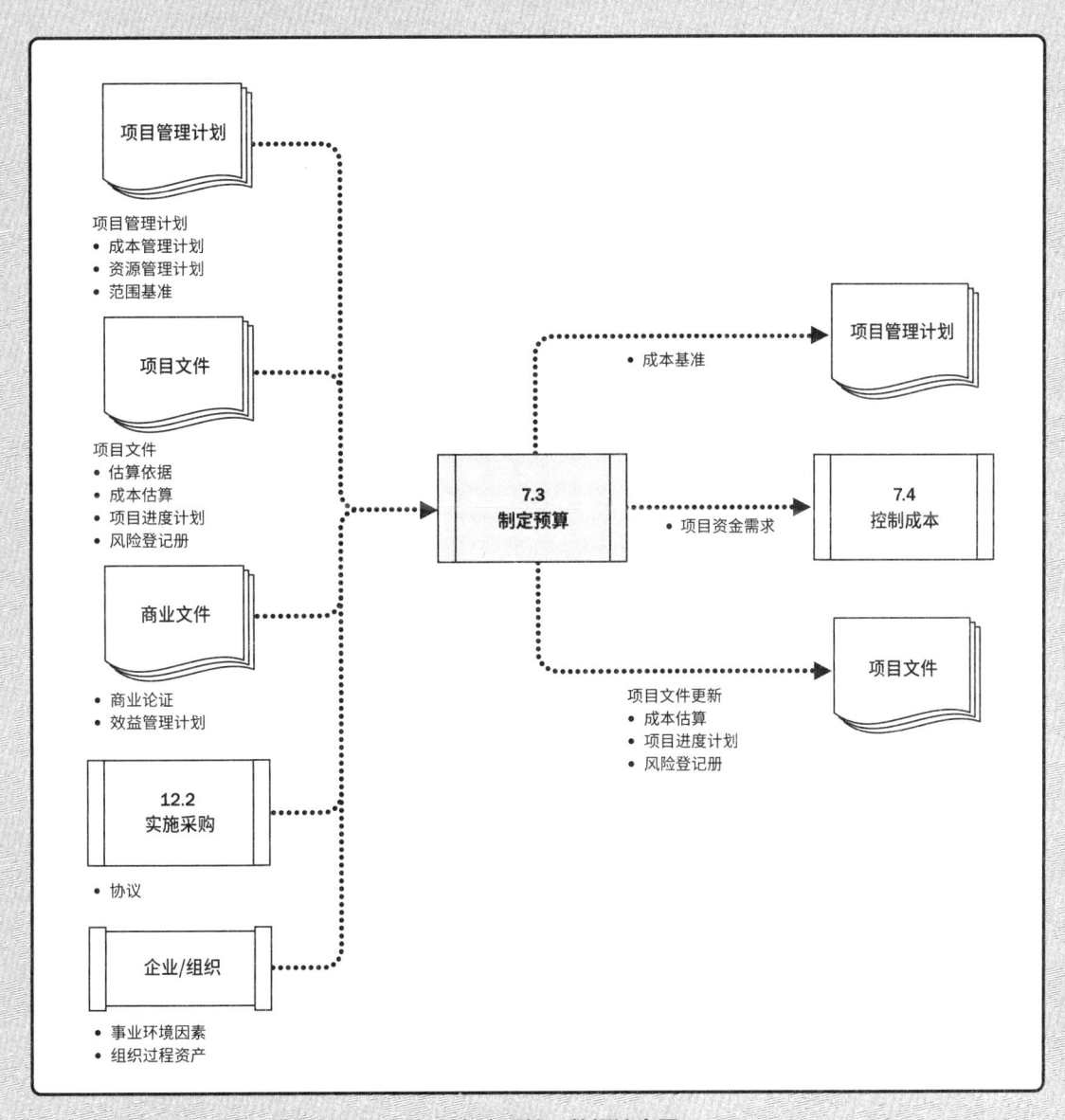

图 7-7 制定预算：数据流向图

7.3.1 制定预算：输入

7.3.1.1 项目管理计划

见 4.2.3.1 节。项目管理计划组件包括（但不限于）：

- **成本管理计划**。见 7.1.3.1 节。成本管理计划描述了如何将项目成本纳入项目预算中。
- **资源管理计划**。见 9.1.3.1 节。资源管理计划提供了有关（人力和其他资源的）费率、差旅成本估算和其他可预见成本的信息，这些信息是估算整个项目预算时必须考虑的因素。
- **范围基准**。见 5.4.3.1 节。范围基准包括项目范围说明书、WBS 和 WBS 词典的详细信息，可用于成本估算和管理。

7.3.1.2 项目文件

可作为本过程输入的项目文件包括（但不限于）：

- **估算依据**。见 6.4.3.2 节。在估算依据中包括基本的假设条件，例如，项目预算中是否应该包含间接成本或其他成本。
- **成本估算**。见 7.2.3.1 节。各工作包内每个活动的成本估算汇总后，即得到各工作包的成本估算。
- **项目进度计划**。见 6.5.3.2 节。项目进度计划包括项目活动、里程碑、工作包和控制账户的计划开始和完成日期。可根据这些信息，把成本汇总到其预计发生的日历时段中。
- **风险登记册**。见 11.2.3.1 节。应该审查风险登记册，以确定如何汇总风险应对成本。风险登记册的更新包含在项目文件更新中，见 11.5.3.3 节。

7.3.1.3 商业文件

见 1.2.6. 节。可作为本过程输入的商业文件包括（但不限于）：

- **商业论证**。商业论证识别了项目成功的关键因素，包括财务成功因素。
- **效益管理计划**。效益管理计划包括目标效益，例如净现值的计算、实现效益的时限，以及与效益有关的测量指标。

7.3.1.4 协议

见 12.2.3.2 节。在制定预算时，需要考虑将要或已经采购的产品、服务或成果的成本，以及适用的协议信息。

7.3.1.5 事业环境因素

会影响估算成本过程的事业环境因素包括（但不限于）汇率。对于持续多年、涉及多种货币的大规模项目，需要了解汇率波动并将其纳入制定预算过程。

7.3.1.6 组织过程资产

会影响制定预算过程的组织过程资产包括（但不限于）：

- 现有的正式和非正式的与成本预算有关的政策、程序和指南；
- 历史信息和经验教训知识库；
- 成本预算工具；
- 报告方法。

7.3.2 制定预算：工具与技术

7.3.2.1 专家判断

见 4.1.2.1 节。应征求具备以下专业知识或接受过相关培训的个人或小组的意见：

- ◆ 以往类似项目；
- ◆ 来自行业、学科和应用领域的信息；
- ◆ 财务原则；
- ◆ 资金需求和来源。

7.3.2.2 成本汇总

先把成本估算汇总到 WBS 中的工作包，再由工作包汇总至 WBS 的更高层次（如控制账户），最终得出整个项目的总成本。

7.3.2.3 数据分析

可用于制定预算过程的数据分析技术包括（但不限于）可以建立项目管理储备的储备分析。管理储备是为了管理控制的目的而特别留出的项目预算，用来应对项目范围中不可预见的工作，目的是用来应对会影响项目的"未知 — 未知"风险。管理储备不包括在成本基准中，但属于项目总预算和资金需求的一部分。当动用管理储备资助不可预见的工作时，就要把动用的管理储备增加到成本基准中，从而导致成本基准变更。

7.3.2.4 历史信息审核

审核历史信息有助于进行参数估算或类比估算。历史信息可包括各种项目特征（参数），它们用于建立数学模型预测项目总成本。这些数学模型可以是简单的（例如，建造住房的总成本取决于单位面积建造成本），也可以是复杂的（例如，软件开发项目的成本模型中有多个变量，且每个变量又受许多因素的影响）。

类比和参数模型的成本及准确性可能差别很大。在以下情况下，它们将最为可靠：

◆ 用来建立模型的历史信息准确；

◆ 模型中的参数易于量化；

◆ 模型可以调整，以便对大项目、小项目和各项目阶段都适用。

7.3.2.5 资金限制平衡

应该根据对项目资金的任何限制，来平衡资金支出。如果发现资金限制与计划支出之间的差异，则可能需要调整工作的进度计划，以平衡资金支出水平。这可以通过在项目进度计划中添加强制日期来实现。

7.3.2.6 融资

融资是指为项目获取资金。长期的基础设施、工业和公共服务项目通常会寻求外部融资。如果项目使用外部资金，出资实体可能会提出一些必须满足的要求。

7.3.3 制定预算：输出

7.3.3.1 成本基准

　　成本基准是经过批准的、按时间段分配的项目预算，不包括任何管理储备，只有通过正式的变更控制程序才能变更，用作与实际结果进行比较的依据。成本基准是不同进度活动经批准的预算的总和。

　　项目预算和成本基准的各个组成部分，如图 7-8 所示。先汇总各项目活动的成本估算及其应急储备（见 7.2.2.6 节），得到相关工作包的成本；然后汇总各工作包的成本估算及其应急储备，得到控制账户的成本；接着再汇总各控制账户的成本，得到成本基准。由于成本基准中的成本估算与进度活动直接关联，因此就可按时间段分配成本基准，得到一条 S 曲线，如图 7-9 所示。对于使用挣值管理的项目，成本基准指的是绩效测量基准。

　　最后，在成本基准之上增加管理储备（见 7.3.2.3 节），得到项目预算。当出现有必要动用管理储备的变更时，则应该在获得变更控制过程的批准之后，把适量的管理储备移入成本基准中。

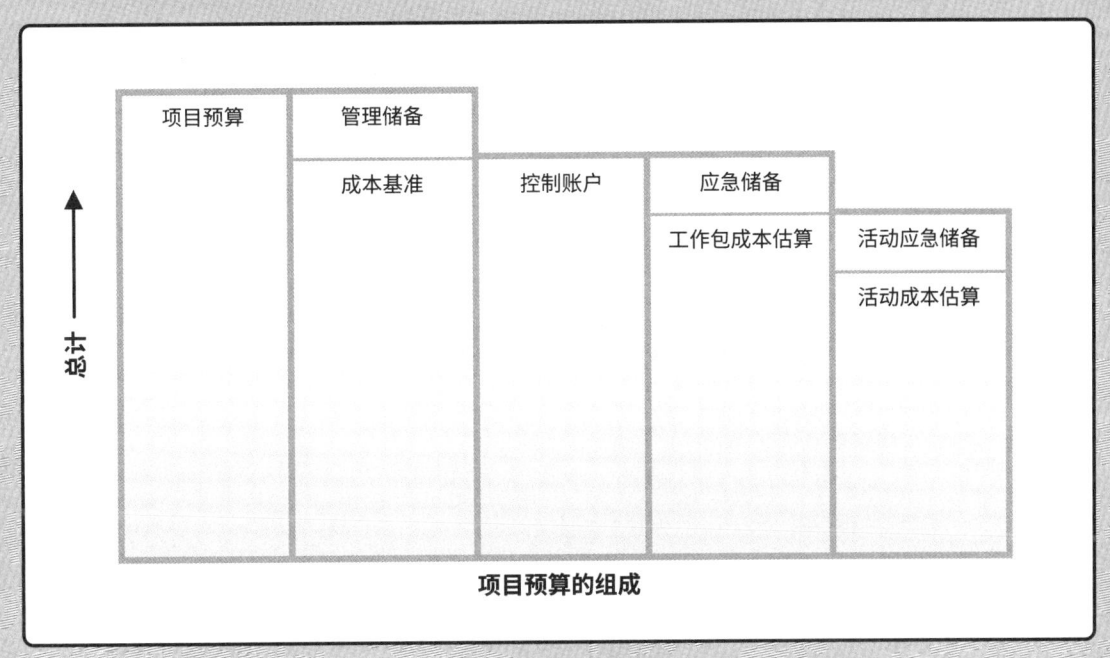

图 7-8 项目预算的组成

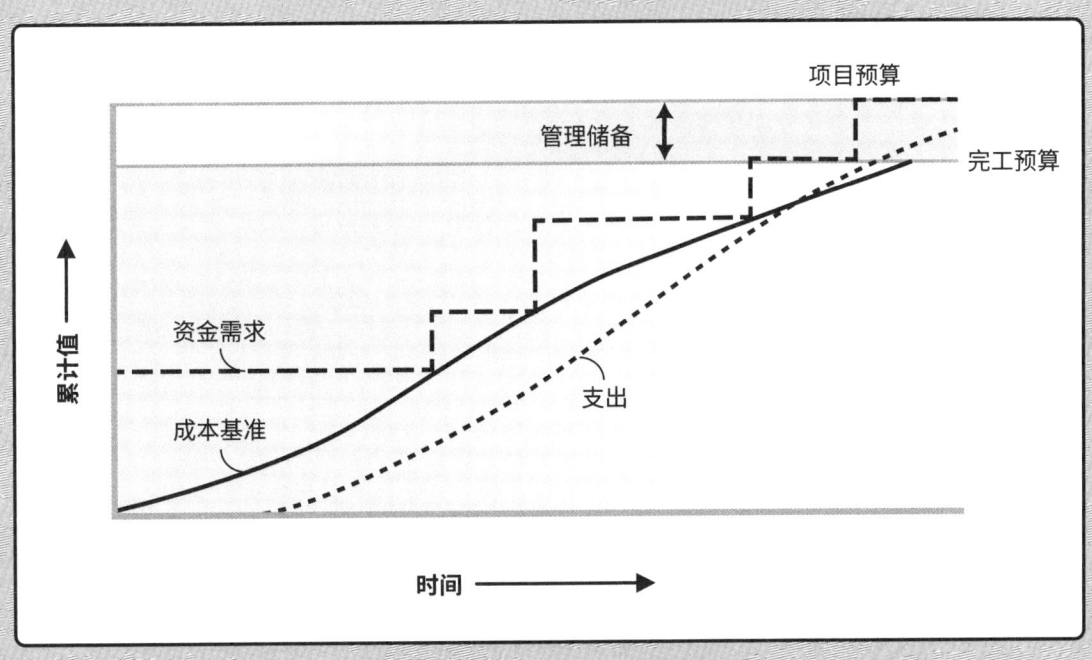

图 7-9 成本基准、支出与资金需求

7.3.3.2 项目资金需求

根据成本基准,确定总资金需求和阶段性(如季度或年度)资金需求。成本基准中既包括预计支出,也包括预计债务。项目资金通常以增量的方式投入,并且可能是非均衡的,呈现出图 7-9 中所示的阶梯状。如果有管理储备,则总资金需求等于成本基准加管理储备。在资金需求文件中,也可说明资金来源。

7.3.3.3 项目文件更新

可在本过程更新的项目文件包括(但不限于):

◆ **成本估算**。见 7.2.3.1 节。更新成本估算,以记录任何额外信息。

◆ **项目进度计划**。见 6.5.3.2 节。项目进度计划可能记录了各项活动的估算成本。

◆ **风险登记册**。见 11.2.3.1 节。在风险登记册中记录在本过程中识别的新风险,并通过风险管理过程进行管理。

7.4 控制成本

控制成本是监督项目状态，以更新项目成本和管理成本基准变更的过程。本过程的主要作用是，在整个项目期间保持对成本基准的维护。本过程需要在整个项目期间开展。图 7-10 描述本过程的输入、工具与技术和输出，图 7-11 是本过程的数据流向图。

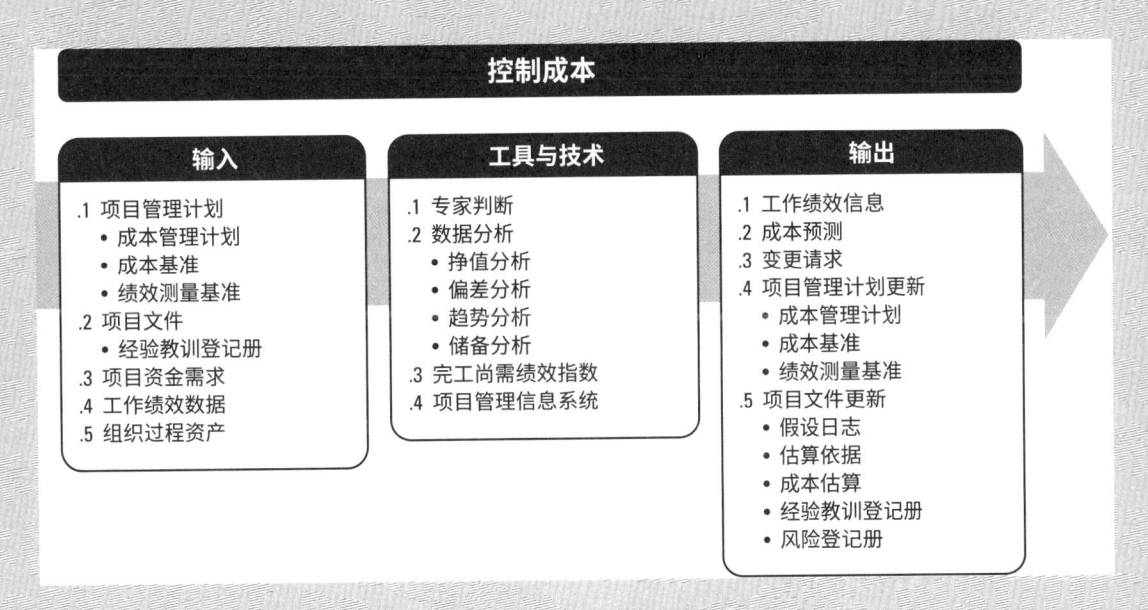

控制成本

输入	工具与技术	输出
.1 项目管理计划 　• 成本管理计划 　• 成本基准 　• 绩效测量基准 .2 项目文件 　• 经验教训登记册 .3 项目资金需求 .4 工作绩效数据 .5 组织过程资产	.1 专家判断 .2 数据分析 　• 挣值分析 　• 偏差分析 　• 趋势分析 　• 储备分析 .3 完工尚需绩效指数 .4 项目管理信息系统	.1 工作绩效信息 .2 成本预测 .3 变更请求 .4 项目管理计划更新 　• 成本管理计划 　• 成本基准 　• 绩效测量基准 .5 项目文件更新 　• 假设日志 　• 估算依据 　• 成本估算 　• 经验教训登记册 　• 风险登记册

图 7-10 控制成本：输入、工具与技术和输出

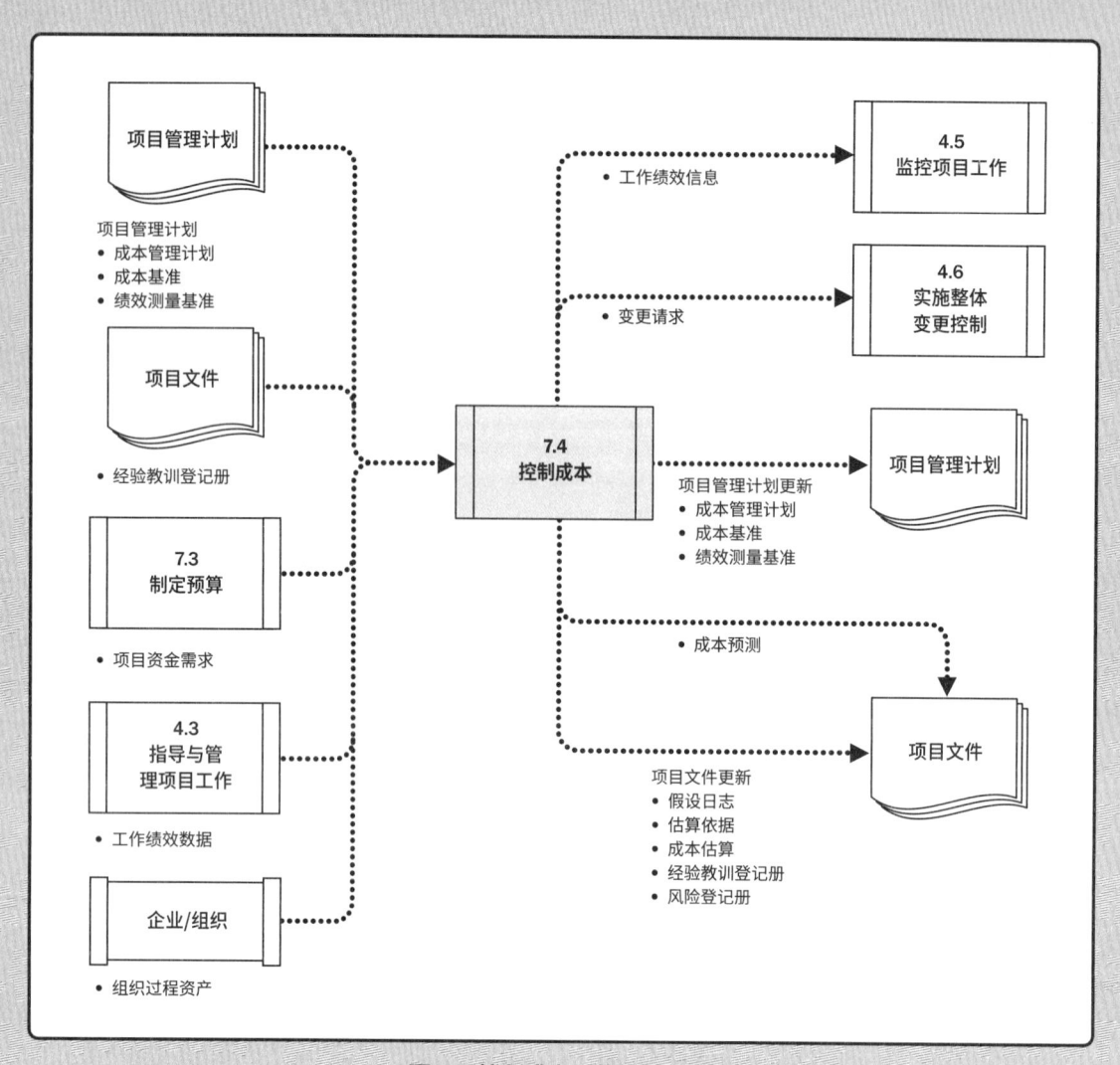

图 7-11 控制成本：数据流向图

要更新预算,就需要了解截至目前的实际成本。只有经过实施整体变更控制过程(见 4.6 节)的批准,才可以增加预算。只监督资金的支出,而不考虑由这些支出所完成的工作的价值,对项目没有什么意义,最多只能跟踪资金流。所以在成本控制中,应重点分析项目资金支出与相应完成的工作之间的关系。有效成本控制的关键在于管理经批准的成本基准。

项目成本控制包括:

◆ 对造成成本基准变更的因素施加影响;

◆ 确保所有变更请求都得到及时处理;

◆ 当变更实际发生时,管理这些变更;

◆ 确保成本支出不超过批准的资金限额,既不超出按时段、按 WBS 组件、按活动分配的限额,也不超出项目总限额;

◆ 监督成本绩效,找出并分析与成本基准间的偏差;

◆ 对照资金支出,监督工作绩效;

◆ 防止在成本或资源使用报告中出现未经批准的变更;

◆ 向相关方报告所有经批准的变更及其相关成本;

◆ 设法把预期的成本超支控制在可接受的范围内。

7.4.1 控制成本:输入

7.4.1.1 项目管理计划

见 4.2.3.1 节。项目管理计划组件包括(但不限于):

◆ **成本管理计划**。见 7.1.3.1 节。成本管理计划描述将如何管理和控制项目成本。

◆ **成本基准**。见 7.3.3.1 节。把成本基准与实际结果相比,以判断是否需要进行变更或采取纠正或预防措施。

◆ **绩效测量基准**。见 4.2.3.1 节。使用挣值分析时,将绩效测量基准与实际结果比较,以决定是否有必要进行变更、采取纠正措施或预防措施。

7.4.1.2. 项目文件

可作为本过程输入的项目文件包括（但不限于）经验教训登记册。见 4.4.3.1 节。在项目早期获得的经验教训可以运用到后期阶段，以改进成本控制。

7.4.1.3 项目资金需求

见 7.3.3.2 节。项目资金需求包括预计支出及预计债务。

7.4.1.4 工作绩效数据

见 4.3.3.2 节。工作绩效数据包含关于项目状态的数据，例如哪些成本已批准、发生、开票和支付。

7.4.1.5 组织过程资产

会影响控制成本过程的组织过程资产包括（但不限于）：

- 现有的正式和非正式的与成本控制相关的政策、程序和指南；
- 成本控制工具；
- 可用的监督和报告方法。

7.4.2 控制成本：工具与技术

7.4.2.1 专家判断

见 4.1.2.1 节。控制成本过程中的专家判断包括（但不限于）：

- 偏差分析；
- 挣值分析；
- 预测；
- 财务分析。

7.4.2.2 数据分析

适用于控制成本过程的数据分析技术包括（但不限于）：

◆ **挣值分析 (EVA)**。挣值分析将实际进度和成本绩效与绩效测量基准进行比较。EVM把范围基准、成本基准和进度基准整合起来，形成绩效测量基准。它针对每个工作包和控制账户，计算并监测以下三个关键指标：

- **计划价值**。计划价值（PV）是为计划工作分配的经批准的预算，它是为完成某活动或工作分解结构（WBS）组成部分而准备的一份经批准的预算，不包括管理储备。应该把该预算分配至项目生命周期的各个阶段。在某个给定的时间点，计划价值代表着应该已经完成的工作。PV 的总和有时被称为绩效测量基准（PMB），项目的总计划价值又被称为完工预算（BAC）。

- **挣值**。挣值（EV）是对已完成工作的测量值，用该工作的批准预算来表示，是已完成工作的经批准的预算。EV 的计算应该与 PMB 相对应，且所得的 EV 值不得大于相应组件的 PV 总预算。EV 常用于计算项目的完成百分比，应该为每个 WBS 组件规定进展测量准则，用于考核正在实施的工作。项目经理既要监测 EV 的增量，以判断当前的状态，又要监测 EV 的累计值，以判断长期的绩效趋势。

- **实际成本**。实际成本（AC）是在给定时段内，执行某活动而实际发生的成本，是为完成与 EV 相对应的工作而发生的总成本。AC 的计算方法必须与 PV 和 EV 的计算方法保持一致（例如，都只计算直接小时数，都只计算直接成本，或都计算包含间接成本在内的全部成本）。AC 没有上限，为实现 EV 所花费的任何成本都要计算进去。

◆ **偏差分析**。见 4.5.2.2 节。在 EVM 中，偏差分析用以解释成本偏差（CV = EV – AC）、进度偏差（SV = EV – PV）和完工偏差（VAC = BAC – EAC）的原因、影响和纠正措施。成本和进度偏差是最需要分析的两种偏差。对于不使用正规挣值分析的项目，可开展类似的偏差分析，通过比较计划成本和实际成本，来识别成本基准与实际项目绩效之间的差异；然后可以实施进一步的分析，以判定偏离进度基准的原因和程度，并决定是否需要采取纠正或预防措施。可通过成本绩效测量来评价偏离原始成本基准的程度。项目成本控制的重要工作包括：判定偏离成本基准（见 7.3.3.1 节）的原因和程度，并决定是否需要采取纠正或预防措施。随着项目工作的逐步完成，偏差的可接受范围（常用百分比表示）将逐步缩小。偏差分析包括（但不限于）：

- **进度偏差**。进度偏差（SV）是测量进度绩效的一种指标，表示为挣值与计划价值之差。它是指在某个给定的时点，项目提前或落后的进度，它是测量项目进度绩效的一种指标，等于挣值（EV）减去计划价值（PV）。EVA 进度偏差是一种有用的指标，可表明项目进度是落后还是提前于进度基准。当项目完工时，全部的计划价值都将实现（即成为挣值），所以 EVA 进度偏差最终将等于零。最好把进度偏差与关键路径法 (CPM) 和风险管理一起使用。公式：SV = EV – PV。

- **成本偏差**。成本偏差（CV）是在某个给定时点的预算亏空或盈余量，表示为挣值与实际成本之差。它是测量项目成本绩效的一种指标，等于挣值（EV）减去实际成本（AC）。项目结束时的成本偏差，就是完工预算（BAC）与实际成本之间的差值。由于成本偏差指明了实际绩效与成本支出之间的关系，所以非常重要。负的 CV 一般都是难以挽回的。公式：CV = EV – AC。

- **进度绩效指数**。进度绩效指数（SPI）是测量进度效率的一种指标，表示为挣值与计划价值之比，反映了项目团队完成工作的效率。有时与成本绩效指数（CPI）一起使用，以预测项目的最终完工估算。当 SPI 小于 1.0 时，说明已完成的工作量未达到计划要求；当 SPI 大于 1.0 时，则说明已完成的工作量超过计划。由于 SPI 测量的是项目的总工作量，所以还需要对关键路径上的绩效进行单独分析，以确认项目是否将比计划完成日期提前或推迟完工。SPI 等于 EV 与 PV 的比值。公式：SPI = EV/PV。
- **成本绩效指数**。成本绩效指数（CPI）是测量预算资源的成本效率的一种指标，表示为挣值与实际成本之比。它是最关键的 EVA 指标，用来测量已完成工作的成本效率。当 CPI 小于 1.0 时，说明已完成工作的成本超支；当 CPI 大于 1.0 时，则说明到目前为止成本有结余。CPI 等于 EV 与 AC 的比值。公式：CPI = EV/AC。

◆ **趋势分析**。见 4.5.2.2 节。趋势分析旨在审查项目绩效随时间的变化情况，以判断绩效是正在改善还是正在恶化。图形分析技术有助于了解截至目前的绩效情况，并把发展趋势与未来的绩效目标进行比较，如 BAC 与EAC、预测完工日期与计划完工日期的比较。趋势分析技术包括（但不限于）：

- **图表**。在挣值分析中，对计划价值、挣值和实际成本这三个参数，既可以分阶段（通常以周或月为单位）进行监督和报告，也可以针对累计值进行监督和报告。图 7-12 以 S 曲线展示了某个项目的 EV 数据，该项目预算超支且进度落后。

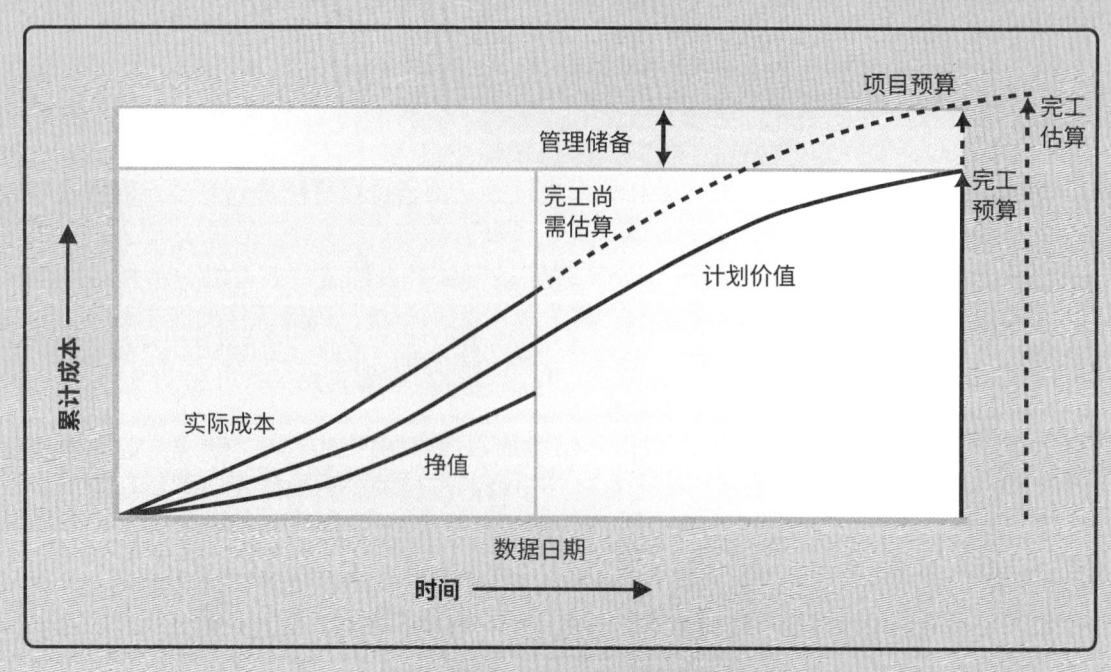

图 7-12 挣值、计划价值和实际成本

- **预测**。随着项目进展,项目团队可根据项目绩效,对完工估算(EAC)进行预测,预测的结果可能与完工预算(BAC)存在差异。如果 BAC 已明显不再可行,则项目经理应考虑对EAC进行预测。预测EAC是根据当前掌握的绩效信息和其他知识,预计项目未来的情况和事件。预测要根据项目执行过程中所提供的工作绩效数据(见 4.3.3.2 节)来产生、更新和重新发布。工作绩效信息包含项目过去的绩效,以及可能在未来对项目产生影响的任何信息。

在计算 EAC 时,通常用已完成工作的实际成本,加上剩余工作的完工尚需估算(ETC)。项目团队要根据已有的经验,考虑实施 ETC 工作可能遇到的各种情况。把挣值分析与手工预测 EAC 方法联合起来使用,效果会更佳。由项目经理和项目团队手工进行的自下而上汇总方法,就是一种最普通的 EAC 预测方法。

项目经理所进行的自下而上的 EAC 估算,就是以已完成工作的实际成本为基础,并根据已积累的经验来为剩余项目工作编制一个新估算。公式:EAC = AC + 自下而上的 ETC。

可以很方便地把项目经理手工估算的 EAC 与计算得出的一系列 EAC 作比较，这些计算得出的 EAC 代表了不同的风险情景。在计算 EAC 值时，经常会使用累计 CPI 和累计 SPI 值。尽管可以用许多方法来计算基于 EVM 数据的 EAC 值，但下面只介绍最常用的三种方法：

- *假设将按预算单价完成 ETC 工作*。这种方法承认以实际成本表示的累计实际项目绩效（不论好坏），并预计未来的全部 ETC 工作都将按预算单价完成。如果目前的实际绩效不好，则只有在进行项目风险分析并取得有力证据后，才能做出"未来绩效将会改进"的假设。公式：EAC = AC +（BAC − EV）。
- *假设以当前 CPI 完成 ETC 工作*。这种方法假设项目将按截至目前的情况继续进行，即 ETC 工作将按项目截至目前的累计成本绩效指数（CPI）实施。公式：EAC = BAC/CPI。
- *假设 SPI 与 CPI 将同时影响 ETC 工作*。在这种预测中，需要计算一个由成本绩效指数与进度绩效指数综合决定的效率指标，并假设 ETC 工作将按该效率指标完成。如果项目进度对 ETC 有重要影响，这种方法最有效。使用这种方法时，还可以根据项目经理的判断，分别给 CPI 和 SPI 赋予不同的权重，如 80/20、50/50 或其他比率。公式：EAC = AC + [（BAC − EV）/（CPI × SPI）]。

◆ **储备分析**。见 7.2.2.6 节。在控制成本过程中，可以采用储备分析来监督项目中应急储备和管理储备的使用情况，从而判断是否还需要这些储备，或者是否需要增加额外的储备。随着项目工作的进展，这些储备可能已按计划用于支付风险或其他应急情况的成本；反之，如果抓住机会节约了成本，节约下来的资金可能会增加到应急储备中，或作为盈利（利润）从项目中剥离。

如果已识别的风险没有发生，就可能要从项目预算中扣除未使用的应急储备，为其他项目或运营腾出资源。同时，在项目中开展进一步风险分析，可能会发现需要为项目预算申请额外的储备。

7.4.2.3 完工尚需绩效指数

完工尚需绩效指数（TCPI）是一种为了实现特定的管理目标，剩余资源的使用必须达到的成本绩效指标，是完成剩余工作所需的成本与剩余预算之比。TCPI 是指为了实现具体的管理目标（如 BAC 或 EAC），剩余工作的实施必须达到的成本绩效指标。如果 BAC 已明显不再可行，则项目经理应考虑使用预测的 EAC。经过批准后，就用 EAC 取代 BAC。基于 BAC 的 TCPI 公式：TCPI =（BAC – EV）/（BAC – AC）。

TCPI 的概念可用图 7-13 表示。其计算公式在图的左下角，用剩余工作（BAC 减去 EV）除以剩余资金（可以是 BAC 减去 AC，或 EAC 减去 AC）。

如果累计 CPI 低于基准（如图 7-13 所示），那么项目的全部剩余工作都应立即按 TCPI（BAC）（图7-13中最高的那条线）执行，才能确保实际总成本不超过批准的BAC。至于所要求的这种绩效水平是否可行，就需要综合考虑多种因素（包括风险、项目剩余时间和技术绩效）后才能判断；如果不可行，就需要把项目未来所需的绩效水平调整为如 TCPI（EAC）线所示。基于 EAC 的 TCPI 公式：TCPI =（BAC – EV）/（EAC – AC）。表 7-1 列出了 EVM 的计算公式。

表 7-1 挣值计算汇总表

挣值分析					
缩写	名称	词汇定义	使用方法	公式	结果说明
PV	计划价值	为计划工作分配的经批准的预算。	某时间点(通常为数据日期或项目完成日期)计划完成的工作的价值。		
EV	挣值	对已完成工作的测量,用该工作的批准预算来表示。	某时间点(通常为数据日期)所有已完成工作的计划价值(挣值),与实际成本无关。	EV = 已完成工作的计划价值之和	
AC	实际成本	在给定时间段内,因执行项目活动而实际发生的成本。	某时间点(通常为数据日期)所有已完成工作的实际成本。		
BAC	完工预算	为将要执行的工作所建立的全部预算的总和。	总计划工作的价值,项目成本基准。		
CV	成本偏差	在某个给定时间点,预算亏空或盈余量,表示为挣值与实际成本之差。	某时间点(通常为数据日期)已完成工作的价值与同一时间点的实际成本之差。	CV = EV – AC	正值 = 低于计划成本 0 = 按计划成本 负值 = 超出计划成本
SV	进度偏差	在某个给定时间点,项目与计划交付日期相比的亏空或盈余量,表示为挣值与计划价值之差。	某时间点(通常为数据日期)已完成的工作与同一时间点计划完成的工作之差。	SV = EV – PV	正值 = 比进度计划提前 0 = 按进度计划进行 负值 = 比进度计划滞后
VAC	完工偏差	对预算亏空量或盈余量的一种预测,是完工预算与完工估算之差。	项目完成时的成本估算差距。	VAC = BAC – EAC	正值 = 低于计划成本 0 = 按计划成本 负值 = 超出计划成本
CPI	成本绩效指数	测量预算资源的成本效率的一种指标,表示为挣值与实际成本之比。	成本绩效指数 (CPI) 为 1.0 意味着项目完全按照预算进行,目前实际完成的工作与成本完全相同。其他值表示已完成工作的成本超出或低于预算的比例。	CPI = EV/AC	大于 1.0 = 低于计划成本 等于 1.0 = 按计划成本进行 小于 1.0 = 超出计划成本
SPI	进度绩效指数	测量进度效率的一种指标,表示为挣值与计划价值之比。	进度绩效指数 (SPI) 为 1.0 意味着项目完全按进度计划进行,目前实际完成的工作与计划完成的工作完全相同。其他值表示计划的工作超出或低于预算成本的比例。	SPI = EV/PV	大于 1.0 = 比进度计划提前 等于 1.0 = 按进度计划进行 小于 1.0 = 比进度计划滞后
EAC	完工估算	完成所有工作所需的预期总成本,等于截至目前的实际成本加上完工尚需估算。	如果预期项目剩余部分的 CPI 不变,完工估算 (EAC) 可利用以下方法进行: 如果未来工作将按计划速度完成,则使用: 如果最初计划不再有效,则使用: 如果 CPI 和 SPI 都会影响剩余工作,则使用:	EAC = BAC/CPI EAC = AC + (BAC – EV) EAC = AC + 自下而上的 ETC EAC = AC + [(BAC – EV)/(CPI x SPI)]	
ETC	完工尚需估算	完成所有剩余项目工作的预计成本。	假设工作继续按计划进行,完成批准的剩余工作的成本可利用以下方法计算: 重新自下而上估算剩余工作。	ETC = EAC – AC ETC = 重新估算	
TCPI	完工尚需绩效指数	为了实现特定的管理目标,剩余资源的使用必须达到的成本绩效指标,是完成剩余工作所需成本与可用预算之比。	为完成计划必须保持的效率。 为完成当前完工估算必须保持的效率。	TCPI = (BAC – EV)/(BAC – AC) TCPI = (BAC – EV)/(EAC – AC)	大于 1.0 = 难以完成 等于 1.0 = 正好完成 小于 1.0 = 轻易完成 大于 1.0 = 难以完成 等于 1.0 = 正好完成 小于 1.0 = 轻易完成

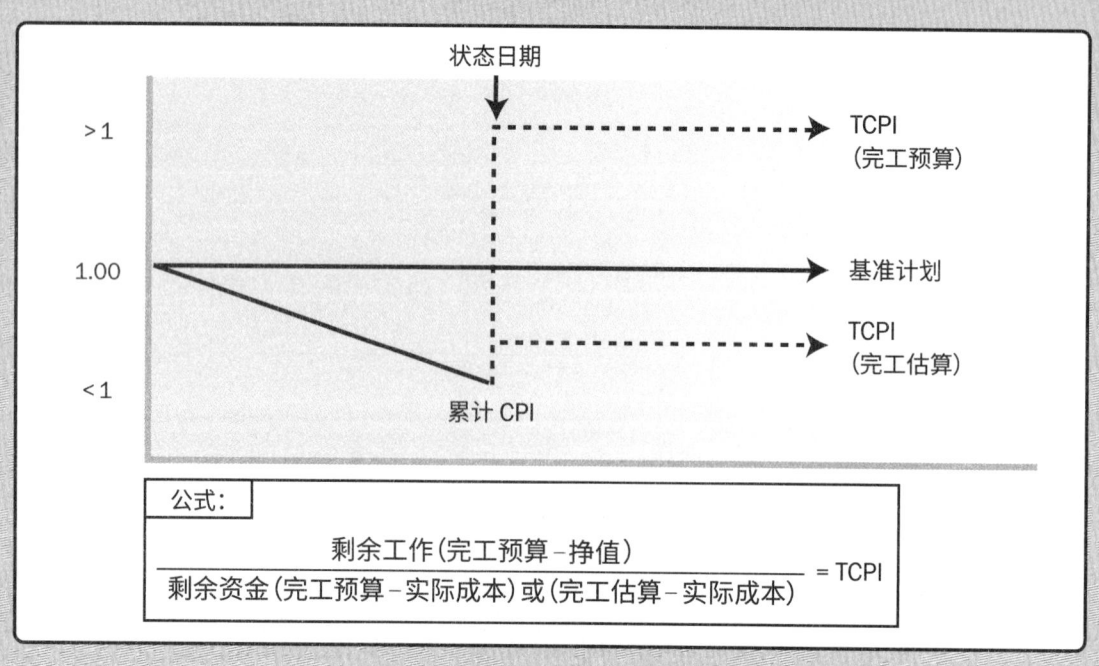

图 7-13 完工尚需绩效指数（TCPI）

7.4.2.4 项目管理信息系统 (PMIS)

见 4.3.2.2 节。项目管理信息系统常用于监测 PV、EV 和 AC 这三个 EVM 指标、绘制趋势图，并预测最终项目结果的可能区间。

7.4.3 控制成本：输出

7.4.3.1 工作绩效信息

见 4.5.1.3 节。工作绩效信息包括有关项目工作实施情况的信息（对照成本基准），可以在工作包层级和控制账户层级上评估已执行的工作和工作成本方面的偏差。对于使用挣值分析的项目，CV、CPI、EAC、VAC 和 TCPI 将记录在工作绩效报告中（见 4.5.3.1 节）。

7.4.3.2 成本预测

无论是计算得出的 EAC 值，还是自下而上估算的 EAC 值，都需要记录下来，并传达给相关方。

7.4.3.3 变更请求

见 4.3.3.4 节。分析项目绩效后，可能会就成本基准和进度基准，或项目管理计划的其他组成部分提出变更请求。应该通过实施整体变更控制过程（见 4.6 节）对变更请求进行审查和处理。

7.4.3.4 项目管理计划更新

项目管理计划的任何变更都以变更请求的形式提出，且通过组织的变更控制过程进行处理。可能需要变更请求的项目管理计划组成部分包括（但不限于）：

- **成本管理计划**。见 7.1.3.1 节。成本管理计划中需要更新的内容包括：用于管理项目成本的控制临界值或所要求的准确度。要根据相关方的反馈意见，对它们进行更新。
- **成本基准**。见 7.3.3.1 节。在针对范围、资源或成本估算的变更获得批准后，需要对成本基准做出相应的变更。在某些情况下，成本偏差可能太过严重，以至于需要修订成本基准，以便为绩效测量提供现实可行的依据。
- **绩效测量基准**。见 4.2.3.1 节。在针对范围、进度绩效或成本估算的变更获得批准后，需要对绩效测量基准做出相应的变更。在某些情况下，绩效偏差可能太过严重，以至于需要提出变更请求来修订绩效测量基准，以便为绩效测量提供现实可行的依据。

7.4.3.5 项目文件更新

可在本过程更新的项目文件包括（但不限于）：

- ◆ **假设日志**。见 4.1.3.2 节。成本绩效可能表明需要重新修订有关资源生产率和其他影响成本绩效的因素的假设条件。

- ◆ **估算依据**。见 6.4.3.2 节。成本绩效可能表明需要重新审查初始估算依据。

- ◆ **成本估算**。见 7.2.3.1 节。可能需要更新成本估算，以反映项目的实际成本效率。

- ◆ **经验教训登记册**。见 4.4.3.1 节。有效维护预算、偏差分析、挣值分析、预测，以及应对成本偏差的纠正措施的相关技术，应当更新在经验教训登记册中。

- ◆ **风险登记册**。见 11.2.3.1 节。如果出现成本偏差，或者成本可能达到临界值，则应更新风险登记册。

8

项目质量管理

项目质量管理包括把组织的质量政策应用于规划、管理、控制项目和产品质量要求，以满足相关方目标的各个过程。此外，项目质量管理以执行组织的名义支持过程的持续改进活动。

项目质量管理过程包括：

8.1 规划质量管理 —— 识别项目及其可交付成果的质量要求和/或标准，并书面描述项目将如何证明符合质量要求和/或标准的过程。

8.2 管理质量 —— 把组织的质量政策应用于项目，并将质量管理计划转化为可执行的质量活动的过程。

8.3 控制质量 —— 为了评估绩效，确保项目输出完整、正确，并满足客户期望，而监督和记录质量管理活动执行结果的过程。

图 8-1 概述了项目质量管理的各个过程。虽然各项目质量管理过程通常以界限分明、相互独立的形式出现，但在实践中它们会以《PMBOK® 指南》无法全面叙述的方式相互交叠、相互作用。此外，不同行业和公司的质量过程可能各不相同。

```
                        ┌──────────────────────┐
                        │   项目质量管理概述    │
                        └──────────┬───────────┘
         ┌─────────────────────────┼─────────────────────────┐
┌────────┴─────────┐    ┌──────────┴────────┐    ┌───────────┴────────┐
│  8.1 规划质量管理 │    │   8.2 管理质量    │    │   8.3 控制质量     │
├──────────────────┤    ├───────────────────┤    ├────────────────────┤
│ .1 输入          │    │ .1 输入           │    │ .1 输入            │
│   .1 项目章程    │    │   .1 项目管理计划 │    │   .1 项目管理计划  │
│   .2 项目管理计划│    │   .2 项目文件     │    │   .2 项目文件      │
│   .3 项目文件    │    │   .3 组织过程资产 │    │   .3 批准的变更请求│
│   .4 事业环境因素│    │ .2 工具与技术     │    │   .4 可交付成果    │
│   .5 组织过程资产│    │   .1 数据收集     │    │   .5 工作绩效数据  │
│ .2 工具与技术    │    │   .2 数据分析     │    │   .6 事业环境因素  │
│   .1 专家判断    │    │   .3 决策         │    │   .7 组织过程资产  │
│   .2 数据收集    │    │   .4 数据表现     │    │ .2 工具与技术      │
│   .3 数据分析    │    │   .5 审计         │    │   .1 数据收集      │
│   .4 决策        │    │   .6 面向 X 的设计│    │   .2 数据分析      │
│   .5 数据表现    │    │   .7 问题解决     │    │   .3 检查          │
│   .6 测试与检查规划│  │   .8 质量改进方法 │    │   .4 测试/产品评估 │
│   .7 会议        │    │ .3 输出           │    │   .5 数据表现      │
│ .3 输出          │    │   .1 质量报告     │    │   .6 会议          │
│   .1 质量管理计划│    │   .2 测试与评估文件│   │ .3 输出            │
│   .2 质量测量指标│    │   .3 变更请求     │    │   .1 质量控制测量结果│
│   .3 项目管理计划更新│ │   .4 项目管理计划更新│ │   .2 核实的可交付成果│
│   .4 项目文件更新│    │   .5 项目文件更新 │    │   .3 工作绩效信息  │
│                  │    │                   │    │   .4 变更请求      │
│                  │    │                   │    │   .5 项目管理计划更新│
│                  │    │                   │    │   .6 项目文件更新  │
└──────────────────┘    └───────────────────┘    └────────────────────┘
```

图 8-1 项目质量管理概述

图 8-2 概述了项目质量管理过程的主要输入和输出以及这些过程在项目质量管理知识领域中的相互关系。规划质量管理过程关注工作需要达到的质量，管理质量则关注管理整个项目期间的质量过程。在管理质量过程期间，把在规划质量管理过程中识别的质量要求转化成测试与评估工具，将用于控制质量过程，以确认项目是否达到这些质量要求。控制质量关注工作成果与质量要求的比较，确保结果可接受。项目质量管理知识领域有两个用于其他知识领域的特定输出，即核实的可交付成果和质量报告。

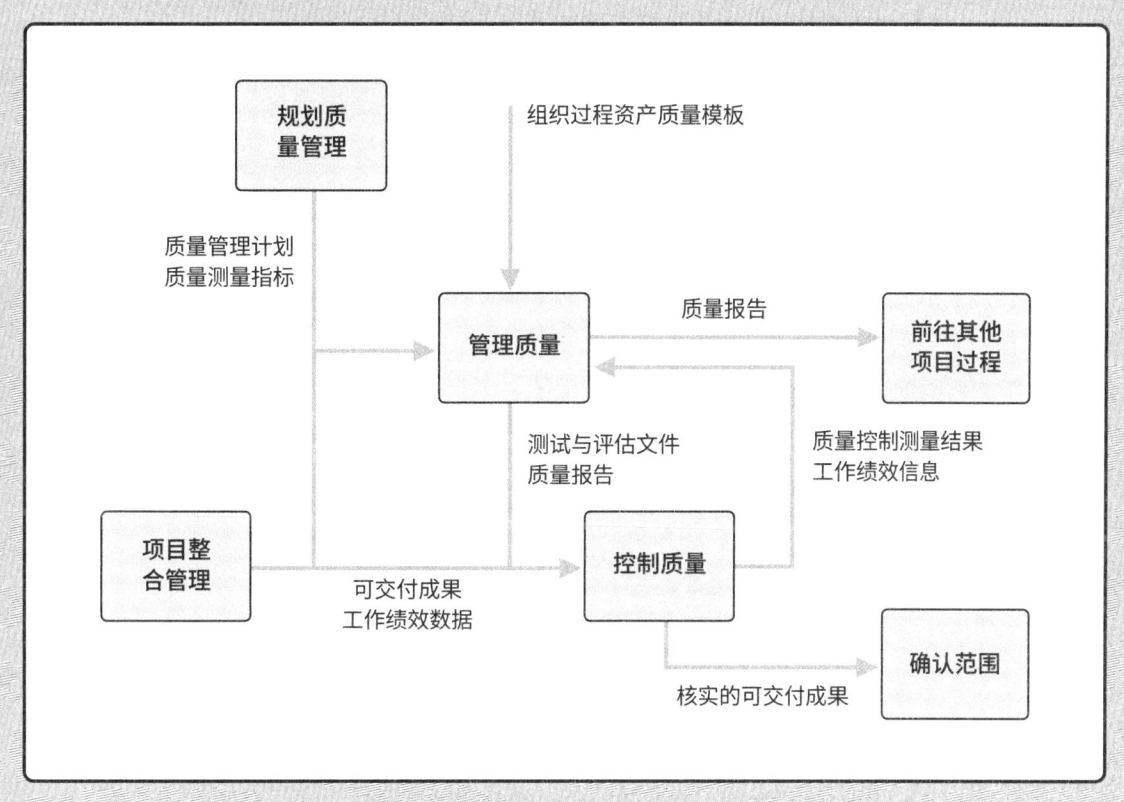

图 8-2 主要项目质量管理过程的相互关系

项目质量管理的核心概念

项目质量管理需要兼顾项目管理与项目可交付成果两个方面,它适用于所有项目,无论项目的可交付成果具有何种特性。质量的测量方法和技术则需专门针对项目所产生的可交付成果类型而定,例如,对于软件与核电站建设的可交付成果,项目质量管理需要采用不同的方法和措施。无论什么项目,若未达到质量要求,都会给某个或全部项目相关方带来严重的负面后果,例如:

- ◆ 为满足客户要求而让项目团队超负荷工作,就可能导致利润下降、整体项目风险增加,以及员工疲劳、出错或返工。
- ◆ 为满足项目进度目标而仓促完成预定的质量检查,就可能造成检验疏漏、利润下降,以及后续风险增加。

"质量"与"等级"不是相同的概念。质量作为实现的性能或成果，是"一系列内在特性满足要求的程度"（ISO 9000）[18]。等级作为设计意图，是对用途相同但技术特性不同的可交付成果的级别分类。项目经理及项目管理团队负责权衡，以便同时达到所要求的质量与等级水平。质量水平未达到质量要求肯定是个问题，而低等级产品不一定是个问题。例如：

◆ 一个低等级（功能有限）产品具备高质量（无明显缺陷），也许不是问题。该产品适合一般使用。

◆ 一个高等级（功能繁多）产品质量低（有许多缺陷），也许是个问题。该产品的功能会因质量低劣而无效和/或低效。

预防胜于检查。最好将质量设计到可交付成果中，而不是在检查时发现质量问题。预防错误的成本通常远低于在检查或使用中发现并纠正错误的成本。

根据不同的项目和行业领域，项目团队可能需要具备统计控制过程方面的实用知识，以便评估控制质量的输出中所包含的数据。项目团队应了解以下术语之间的差别：

◆ "预防"（保证过程中不出现错误）与"检查"（保证错误不落到客户手中）；

◆ "属性抽样"（结果为合格或不合格）与"变量抽样"（在连续的量表上标明结果所处的位置，表明合格的程度）；

◆ "公差"（结果的可接受范围）与"控制界限"（在统计意义上稳定的过程或过程绩效的普通偏差的边界）。

质量成本（COQ）包括在产品生命周期中为预防不符合要求、为评价产品或服务是否符合要求，以及因未达到要求（返工）而发生的所有成本。失败成本通常分为内部（项目团队发现的）和外部（客户发现的）两类。失败成本也称为劣质成本。第 8.1.2.3 节给出了每类质量成本的一些例子。组织选择投资缺陷预防，因为这会使组织在产品生命周期中获益。由于项目的临时性，针对产品生命周期的 COQ 决策，通常是项目集管理、项目组合管理、PMO 或运营的关注点。

按有效性递增排列的五种质量管理水平如下：

◆ 通常，代价最大的方法是让客户发现缺陷。这种方法可能会导致担保问题、召回、商誉受损和返工成本。

◆ 控制质量过程包括先检测和纠正缺陷，再将可交付成果发送给客户。该过程会带来相关成本，主要是评估成本和内部失败成本。

◆ 通过质量保证检查并纠正过程本身，而不仅仅是特殊缺陷。

◆ 将质量融入项目和产品的规划和设计中。

◆ 在整个组织内创建一种关注并致力于实现过程和产品质量的文化。

项目质量管理的趋势和新兴实践

现代质量管理方法力求缩小偏差，交付满足既定相关方要求的成果。项目质量管理的趋势包括（但不限于）：

◆ 客户满意。了解、评估、定义和管理要求，以便满足客户的期望。这就需要把"符合要求"（确保项目产出预定的成果）和"适合使用"（产品或服务必须满足实际需求）结合起来。在敏捷环境中，应该让相关方参与团队工作，确保在整个项目期间始终做到客户满意。

◆ 持续改进。由休哈特提出并经戴明完善的"计划 — 实施 — 检查 — 行动 (PDCA)"循环是质量改进的基础。另外，诸如全面质量管理（TQM）、六西格玛和精益六西格玛等质量改进举措也可以提高项目管理的质量以及最终产品、服务或成果的质量。

◆ 管理层的责任。项目的成功需要项目团队全体成员的参与。管理层在其质量职责内，肩负着为项目提供具有足够能力的资源的相应责任。

◆ 与供应商的互利合作关系。组织与其供应商相互依赖。相对传统的供应商管理而言，与供应商建立合作伙伴关系对组织和供应商都更加有益。组织应着眼于长期关系而不是短期利益。互利合作关系增强了组织和供应商互相为对方创造价值的能力，推动他们共同实现客户的需求和期望，并优化成本和资源。

裁剪考虑因素

每个项目都是独特的,因此项目经理需要裁剪项目质量管理过程。裁剪时应考虑的因素包括(但不限于):

◆ **政策合规与审计**。组织有哪些质量政策和程序?组织使用哪些质量工具、技术和模板?

◆ **标准与法规合规性**。是否存在必须遵守的行业质量标准?需要考虑哪些政府、法律或法规方面的制约因素?

◆ **持续改进**。如何管理项目中的质量改进?是在组织层面还是在单个项目层面进行管理?

◆ **相关方参与**。项目环境是否有利于与相关方及供应商合作?

在敏捷或适应型环境中需要考虑的因素

为引导变更,敏捷方法要求在整个项目期间频繁开展质量与审核步骤,而不是在面临项目结束时才执行。

循环回顾,定期检查质量过程的效果;寻找问题的根本原因,然后建议实施新的质量改进方法;后续回顾会议评估试验过程,确定新方法是否可行,是否应继续使用,是否应该调整,或者直接弃用。

为促进频繁的增量交付,敏捷方法关注于小批量工作,纳入尽可能多的项目可交付成果的要素。小批量系统的目的是在项目生命周期早期(整体变更成本较低)发现不一致和质量问题。

8.1 规划质量管理

规划质量管理是识别项目及其可交付成果的质量要求和（或）标准，并书面描述项目将如何证明符合质量要求和（或）标准的过程。本过程的主要作用是，为在整个项目期间如何管理和核实质量提供指南和方向。本过程仅开展一次或仅在项目的预定义点开展。图 8.3 描述了本过程的输入和输出。图8.4 是本过程的数据流向图。

规划质量管理

输入	工具与技术	输出
.1 项目章程 .2 项目管理计划 　• 需求管理计划 　• 风险管理计划 　• 相关方参与计划 　• 范围基准 .3 项目文件 　• 假设日志 　• 需求文件 　• 需求跟踪矩阵 　• 风险登记册 　• 相关方登记册 .4 事业环境因素 .5 组织过程资产	.1 专家判断 .2 数据收集 　• 标杆对照 　• 头脑风暴 　• 访谈 .3 数据分析 　• 成本效益分析 　• 质量成本 .4 决策 　• 多标准决策分析 .5 数据表现 　• 流程图 　• 逻辑数据模型 　• 矩阵图 　• 思维导图 .6 测试与检查规划 .7 会议	.1 质量管理计划 .2 质量测量指标 .3 项目管理计划更新 　• 风险管理计划 　• 范围基准 .4 项目文件更新 　• 经验教训登记册 　• 需求跟踪矩阵 　• 风险登记册 　• 相关方登记册

图 8-3 规划质量管理：输入、工具与技术和输出

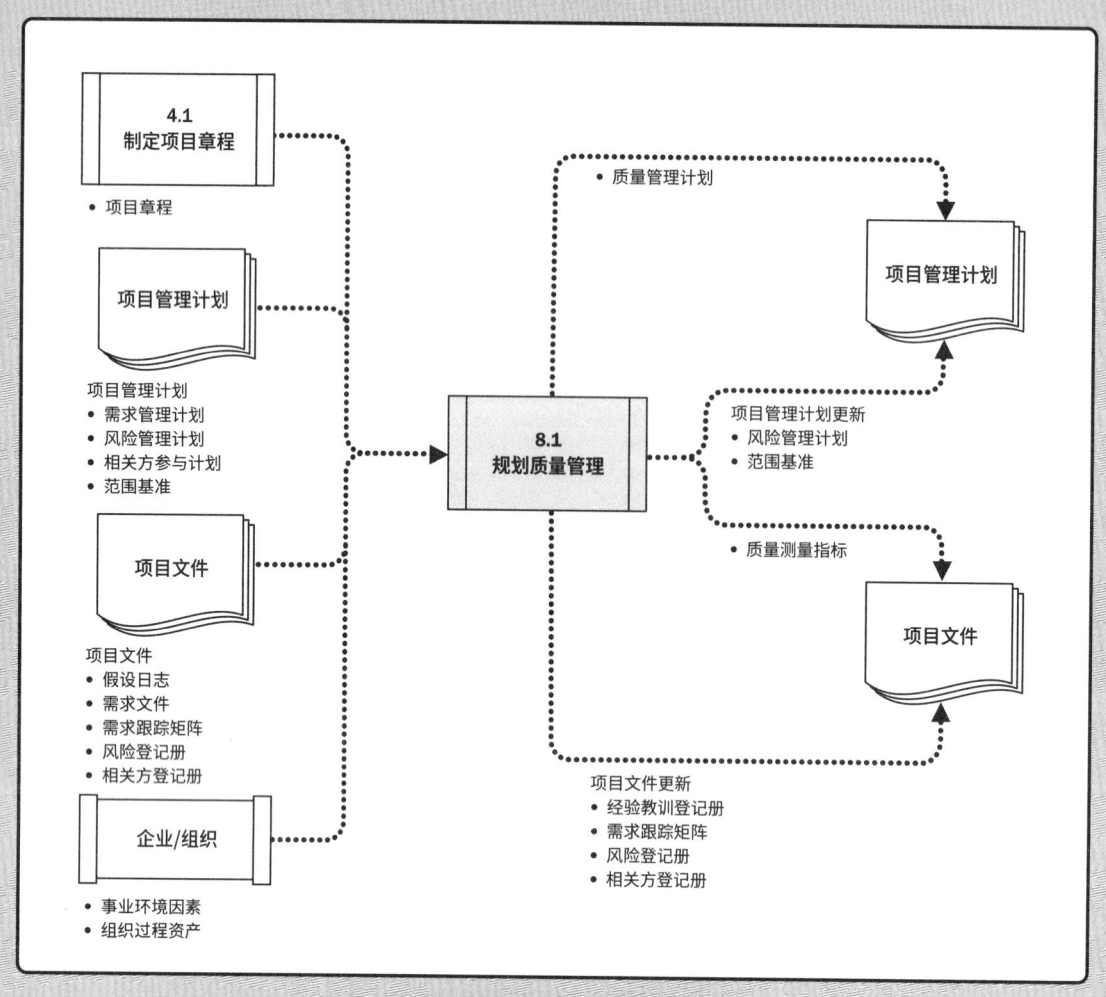

图 8-4 规划质量管理：数据流向图

　　质量规划应与其他规划过程并行开展。例如，为满足既定的质量标准而对可交付成果提出变更，可能需要调整成本或进度计划，并就该变更对相关计划的影响进行详细风险分析。

　　这里仅讨论项目中最常用的质量规划技术，但在特定项目或应用领域中，还可采用许多其他质量规划技术。

8.1.1 规划质量管理：输入

8.1.1.1 项目章程

见 4.1.3.1 节。项目章程中包含对项目和产品特征的高层级描述，还包括可以影响项目质量管理的项目审批要求、可测量的项目目标和相关的成功标准。

8.1.1.2 项目管理计划

见 4.2.3.1 节。项目管理计划组件包括（但不限于）：

◆ **需求管理计划**。见 5.1.3.2 节。需求管理计划提供了识别、分析和管理需求的方法，以供质量管理计划和质量测量指标借鉴。

◆ **风险管理计划**。见 11.1.3.1 节。风险管理计划提供了识别、分析和监督风险的方法。将风险管理计划和质量管理计划的信息相结合，有助于成功交付产品和项目。

◆ **相关方参与计划**。见 13.2.3.1 节。相关方参与计划提供了记录相关方需求和期望的方法，为质量管理奠定了基础。

◆ **范围基准**。见 5.4.3.1 节。在确定适用于项目的质量标准和目标时，以及在确定要求质量审查的项目可交付成果和过程时，需要考虑WBS和项目范围说明书中记录的可交付成果。范围说明书包含可交付成果的验收标准。该标准的界定可能导致质量成本并进而导致项目成本的显著升高或降低。满足所有的验收标准意味着满足相关方的需求。

8.1.1.3 项目文件

可作为本过程输入的项目文件包括（但不限于）：

- **假设日志**。见 4.1.3.2 节。假设日志记录与质量要求和标准合规性有关的所有假设条件和制约因素。
- **需求文件**。见 5.2.3.1 节。需求文件记录项目和产品为满足相关方的期望应达到的要求，它包括（但不限于）针对项目和产品的质量要求。这些需求有助于项目团队规划将如何实施项目质量控制。
- **需求跟踪矩阵**。见 5.2.3.2 节。需求跟踪矩阵将产品需求连接到可交付成果，有助于确保需求文件中的各项需求都得到测试。该矩阵提供了核实需求时所需测试的概述。
- **风险登记册**。见 11.2.3.1 节。风险登记册包含可能影响质量要求的各种威胁和机会的信息。
- **相关方登记册**。见 13.1.3.1 节。相关方登记册有助于识别对质量有特别兴趣或影响的相关方，尤其注重客户和项目发起人的需求和期望。

8.1.1.4 事业环境因素

能够影响规划质量管理过程的事业环境因素包括（但不限于）：

- 政府法规；
- 特定应用领域的相关规则、标准和指南；
- 地理分布；
- 组织结构；
- 市场条件；
- 项目或可交付成果的工作条件或运行条件；
- 文化观念。

8.1.1.5 组织过程资产

能够影响规划质量管理过程的组织过程资产包括（但不限于）：

- ◆ 组织的质量管理体系，包括政策、程序及指南；
- ◆ 质量模板，例如核查表、跟踪矩阵及其他；
- ◆ 历史数据库和经验教训知识库。

8.1.2 规划质量管理：工具与技术

8.1.2.1 专家判断

见 4.1.2.1 节。应征求具备以下专业知识或接受过相关培训的个人或小组的意见：

- ◆ 质量保证；
- ◆ 质量控制；
- ◆ 质量测量结果；
- ◆ 质量改进；
- ◆ 质量体系。

8.1.2.2 数据收集

适用于本过程的数据收集技术包括（但不限于）：

- ◆ **标杆对照**。标杆对照是将实际或计划的项目实践或项目的质量标准与可比项目的实践或标准进行比较，以便识别最佳实践，形成改进意见，并为绩效考核提供依据。作为标杆的项目可以来自执行组织内部或外部，或者来自同一应用领域或其他应用领域。标杆对照也允许用不同应用领域或行业的项目做类比。
- ◆ **头脑风暴**。见 4.1.2.2 节。通过头脑风暴可以向团队成员或主题专家创造性地收集数据，以制定最适合新项目的质量管理计划。

◆ **访谈**。见 5.2.2.2 节。访谈有经验的项目参与者、相关方和主题专家有助于了解他们对项目和产品质量的隐性和显性、正式和非正式的需求和期望。应在信任和保密的环境下开展访谈，以获得真实可信、不带偏见的反馈。

8.1.2.3 数据分析

适用于本过程的数据分析技术包括（但不限于）：

◆ **成本效益分析**。成本效益分析是用来估算备选方案优势和劣势的财务分析工具，以确定可以创造最佳效益的备选方案。成本效益分析可帮助项目经理确定规划的质量活动是否具有成本有效性。达到质量要求的主要效益包括减少返工、提高生产率、降低成本、提升相关方满意度及提升赢利能力。对每个质量活动进行成本效益分析，就是要比较其可能成本与预期效益。

◆ **质量成本**。与项目有关的质量成本 (COQ) 包含以下一种或多种成本（图 8-5 提供了各种成本的例子）：

- **预防成本**。预防特定项目的产品、可交付成果或服务质量低劣所带来的相关成本。
- **评估成本**。评估、测量、审计和测试特定项目的产品、可交付成果或服务所带来的相关成本。
- **失败成本（内部/外部）**。因产品、可交付成果或服务与相关方需求或期望不一致而导致的相关成本。

最优 COQ 能够在预防成本和评估成本之间找到恰当的投资平衡点，以规避失败成本。有关模型表明，最优项目质量成本，指在投资额外的预防/评估成本时，既无益处又不具备成本效益。

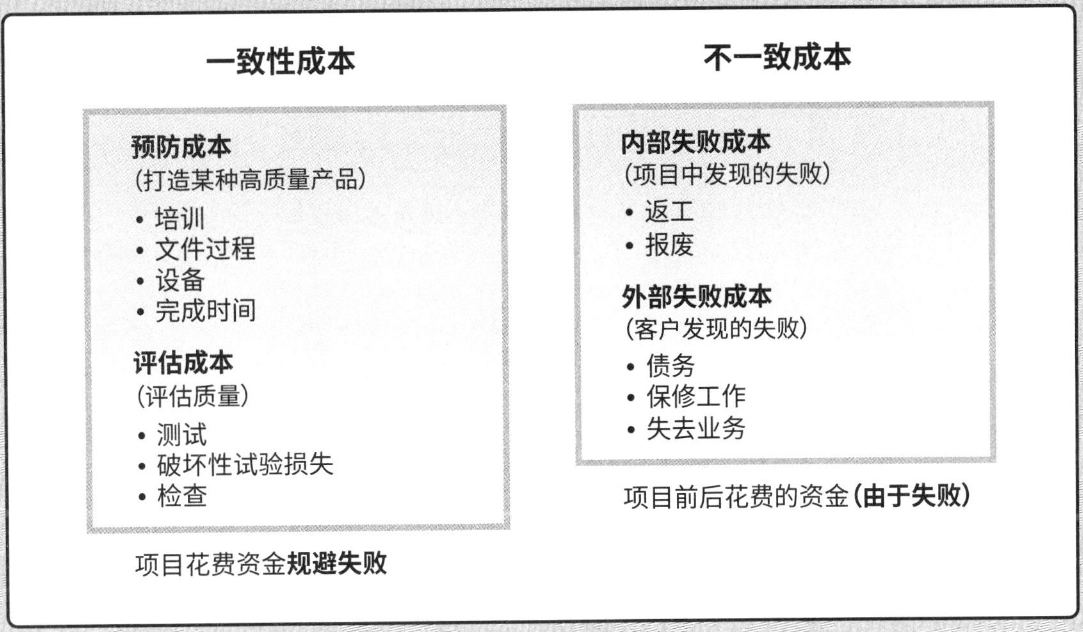

一致性成本	不一致成本
预防成本 (打造某种高质量产品) • 培训 • 文件过程 • 设备 • 完成时间 **评估成本** (评估质量) • 测试 • 破坏性试验损失 • 检查 项目花费资金**规避失败**	**内部失败成本** (项目中发现的失败) • 返工 • 报废 **外部失败成本** (客户发现的失败) • 债务 • 保修工作 • 失去业务 项目前后花费的资金(**由于失败**)

图 8-5 质量成本

8.1.2.4 决策

适用于本过程的决策技术包括（但不限于）多标准决策分析。多标准决策分析工具（如优先矩阵）可用于识别关键事项和合适的备选方案，并对备选方案排出优先顺序，作为供执行的决策。先对标准排序和加权，再应用于所有备选方案，计算出各个备选方案的数学得分，然后根据得分对备选方案排序。在本过程中，它有助于排定质量测量指标的优先顺序。

8.1.2.5 数据表现

适用于本过程的数据表现技术包括（但不限于）：

- **流程图**。流程图，也称过程图，用来显示在一个或多个输入转化成一个或多个输出的过程中，所需要的步骤顺序和可能分支。它通过映射水平价值链的过程细节来显示活动、决策点、分支循环、并行路径及整体处理顺序。图 8-6 展示了一个版本的价值链，即 SIPOC（供应商、输入、过程、输出和客户）模型。流程图可能有助于了解和估算一个过程的质量成本。通过工作流的逻辑分支及其相对频率来估算为交付符合要求的输出而需要开展的一致性工作和非一致性工作的预期货币价值。用于展示过程步骤时，流程图有时又被称为"过程流"或"过程流向图"，可帮助改进过程并识别可能出现质量缺陷或可以纳入质量检查的地方。

- **逻辑数据模型**。逻辑数据模型把组织数据可视化，以商业语言加以描述，不依赖任何特定技术。逻辑数据模型可用于识别会出现数据完整性或其他质量问题的地方。

- **矩阵图**。矩阵图在行列交叉的位置展示因素、原因和目标之间的关系强弱。根据可用来比较因素的数量，项目经理可使用不同形状的矩阵图，如 L 形、T 形、Y 形、X 形、C 形和屋顶形矩阵。在本过程中，它们有助于识别对项目成功至关重要的质量测量指标。

- **思维导图**。见 5.2.2.3 节。思维导图是一种用于可视化组织信息的绘图法。质量思维导图通常是基于单个质量概念创建的，是绘制在空白的页面中央的图像，之后再增加以图像、词汇或词条形式表现的各种主意。思维导图技术可以有助于快速收集项目质量要求、制约因素、依赖关系和联系。

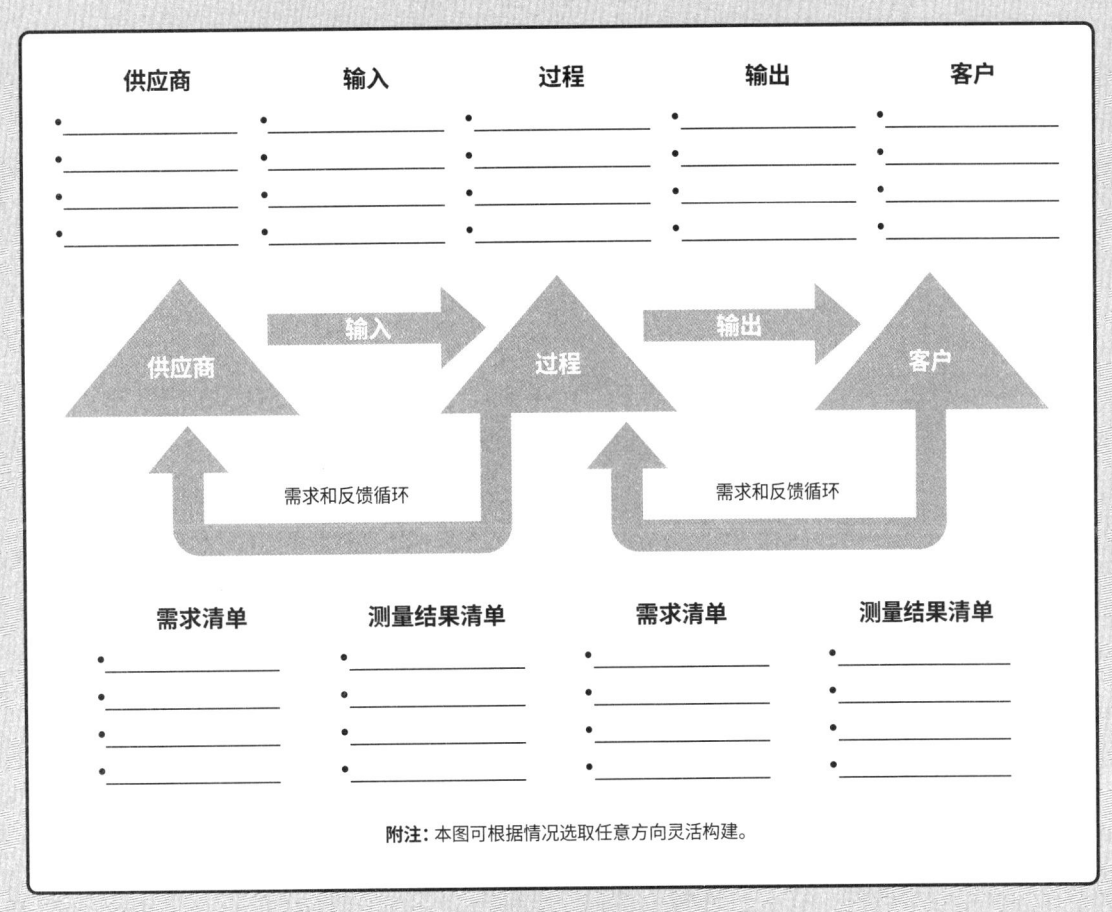

图 8-6 SIPOC 模型

8.1.2.6 测试与检查规划

在规划阶段，项目经理和项目团队决定如何测试或检查产品、可交付成果或服务，以满足相关方的需求和期望，以及如何满足产品的绩效和可靠性目标。不同行业有不同的测试与检查，可能包括软件项目的 α 和 β 测试、建筑项目的强度测试、制造业的现场检查，以及工程行业的实地测试和无损伤测试。

8.1.2.7 会议

项目团队可以召开规划会议来制定质量管理计划。参会者可能包括项目经理、项目发起人、选定的项目团队成员、选定的相关方、项目质量管理活动的负责人,以及其他必要人员。

8.1.3 规划质量管理:输出

8.1.3.1 质量管理计划

质量管理计划是项目管理计划的组成部分,描述如何实施适用的政策、程序和指南以实现质量目标。它描述了项目管理团队为实现一系列项目质量目标所需的活动和资源。质量管理计划可以是正式或非正式的,非常详细或高度概括的,其风格与详细程度取决于项目的具体需要。应该在项目早期就对质量管理计划进行评审,以确保决策是基于准确信息的。这样做的好处是,更加关注项目的价值定位,降低因返工而造成的成本超支金额和进度延误次数。

质量管理计划包括(但不限于)以下组成部分:

◆ 项目将采用的质量标准;

◆ 项目的质量目标;

◆ 质量角色与职责;

◆ 需要质量审查的项目可交付成果和过程;

◆ 为项目规划的质量控制和质量管理活动;

◆ 项目将使用的质量工具;

◆ 与项目有关的主要程序,例如处理不符合要求的情况、纠正措施程序,以及持续改进程序。

8.1.3.2 质量测量指标

质量测量指标专用于描述项目或产品属性，以及控制质量过程将如何验证质量符合测量指标程度。质量测量指标的例子包括按时完成的任务的百分比、以 CPI 测量的成本绩效、故障率、每天发现的缺陷数量、每月总停机时间、每个代码行的错误、客户满意度分数，以及测试计划所涵盖的需求的百分比（即测试覆盖度）。

8.1.3.3 项目管理计划更新

项目管理计划的任何变更都以变更请求的形式提出，且通过组织的变更控制过程进行处理。可能需要变更请求的项目管理计划组成部分包括（但不限于）：

◆ **风险管理计划**。见 11.1.3.1 节。在确定质量管理方法时可能需要更改已商定的项目风险管理方法，这些变更会记录在风险管理计划中。

◆ **范围基准**。见 5.4.3.1 节。如果需要增加特定的质量管理活动，范围基准可能因本过程而变更。WBS 词典记录的质量要求可能需要更新。

8.1.3.4 项目文件更新

可在本过程更新的项目文件包括（但不限于）：

◆ **经验教训登记册**。见 4.4.3.1 节。在质量规划过程中遇到的挑战需要更新在经验教训登记册中。

◆ **需求跟踪矩阵**。见 5.2.3.2 节。本过程指定的质量要求，记录在需求跟踪矩阵中。

◆ **风险登记册**。见 11.2.3.1 节。在本过程中识别的新风险记录在风险登记册中，并通过风险管理过程进行管理。

◆ **相关方登记册**。见 13.1.3.1 节。如果在本过程中收集到有关现有或新相关方的其他信息，则记录到相关方登记册中。

8.2 管理质量

管理质量是把组织的质量政策用于项目，并将质量管理计划转化为可执行的质量活动的过程。本过程的主要作用是，提高实现质量目标的可能性，以及识别无效过程和导致质量低劣的原因。管理质量使用控制质量过程的数据和结果向相关方展示项目的总体质量状态。本过程需要在整个项目期间开展。

图 8-7 描述本过程的输入、工具与技术和输出。图 8-8 是本过程的数据流向图。

管理质量

输入
.1 项目管理计划
  • 质量管理计划
.2 项目文件
  • 经验教训登记册
  • 质量控制测量结果
  • 质量测量指标
  • 风险报告
.3 组织过程资产

工具与技术
.1 数据收集
  • 核对单
.2 数据分析
  • 备选方案分析
  • 文件分析
  • 过程分析
  • 根本原因分析
.3 决策
  • 多标准决策分析
.4 数据表现
  • 亲和图
  • 因果图
  • 流程图
  • 直方图
  • 矩阵图
  • 散点图
.5 审计
.6 面向 X 的设计
.7 问题解决
.8 质量改进方法

输出
.1 质量报告
.2 测试与评估文件
.3 变更请求
.4 项目管理计划更新
  • 质量管理计划
  • 范围基准
  • 进度基准
  • 成本基准
.5 项目文件更新
  • 问题日志
  • 经验教训登记册
  • 风险登记册

图 8-7 管理质量：输入、工具与技术和输出

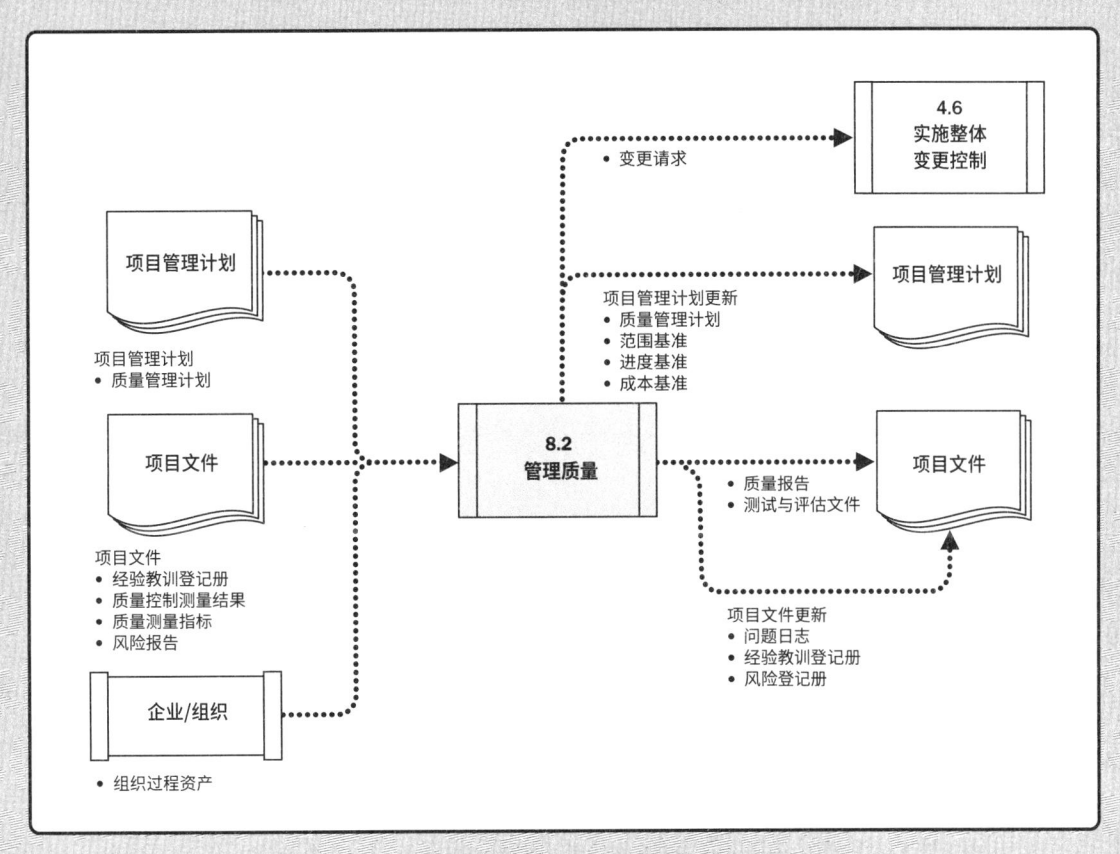

图 8-8 管理质量：数据流向图

管理质量有时被称为"质量保证"，但"管理质量"的定义比"质量保证"更广，因其可用于非项目工作。在项目管理中，质量保证着眼于项目使用的过程，旨在高效地执行项目过程，包括遵守和满足标准，向相关方保证最终产品可以满足他们的需求、期望和要求。管理质量包括所有质量保证活动，还与产品设计和过程改进有关。管理质量的工作属于质量成本框架中的一致性工作。

管理质量过程执行在项目质量管理计划中所定义的一系列有计划、有系统的行动和过程，有助于：

- 通过执行有关产品特定方面的设计准则，设计出最优的成熟产品；
- 建立信心，相信通过质量保证工具和技术（如质量审计和故障分析）可以使未来输出在完工时满足特定的需求和期望；
- 确保使用质量过程并确保其使用能够满足项目的质量目标；
- 提高过程和活动的效率与效果，以获得更好的成果和绩效并提高相关方的满意程度。

项目经理和项目团队可以通过组织的质量保证部门或其他组织职能执行某些管理质量活动，例如故障分析、实验设计和质量改进。质量保证部门在质量工具和技术的使用方面通常拥有跨组织经验，是良好的项目资源。

管理质量被认为是所有人的共同职责，包括项目经理、项目团队、项目发起人、执行组织的管理层，甚至是客户。所有人在管理项目质量方面都扮演一定的角色，尽管这些角色的大小和工作量不同。参与质量管理工作的程度取决于所在行业和项目管理风格。在敏捷项目中，整个项目期间的质量管理由所有团队成员执行；但在传统项目中，质量管理通常是特定团队成员的职责。

8.2.1 管理质量：输入

8.2.1.1 项目管理计划

见 4.2.3.1 节。项目管理计划组件包括（但不限于）质量管理计划。如 8.1.3.1 节所述，质量管理计划定义了项目和产品质量的可接受水平，并描述了如何确保可交付成果和过程达到这一质量水平。质量管理计划还描述了不合格产品的处理方式以及需采取的纠正措施。

8.2.1.2 项目文件

可作为本过程输入的项目文件包括（但不限于）：

- **经验教训登记册**。见 4.4.3.1 节。项目早期获取的与质量管理有关的经验教训，可以运用到项目后期阶段，以提高质量管理的效率与效果。
- **质量控制测量结果**。见 8.3.3.1 节。质量控制测量结果用于分析和评估项目过程和可交付成果的质量是否符合执行组织的标准或特定要求。质量控制测量结果也有助于分析这些测量结果的产生过程，并确定实际测量结果的正确程度。
- **质量测量指标**。见 8.1.3.2 节。核实质量测量指标是控制质量过程的一个环节。管理质量过程依据这些质量测量指标设定对项目及其可交付成果的测试场景，以及实施过程改进举措。
- **风险报告**。见 11.2.3.2 节。管理质量过程使用风险报告识别整体项目风险的来源以及整体风险敞口的最重要的驱动因素。这些来源和因素能够影响项目的质量目标。

8.2.1.3 组织过程资产

能够影响管理质量过程的组织过程资产包括（但不限于）：

- 包括政策、程序及指南的组织质量管理体系；
- 质量模板，例如核查表、跟踪矩阵、测试计划、测试文件及其他模板；
- 以往审计的结果；
- 包含类似项目信息的经验教训知识库。

8.2.2 管理质量：工具与技术

8.2.2.1 数据收集

适用于本过程的数据收集技术包括（但不限于）核对单（见 11.2.2.2 节）。核对单是一种结构化工具，通常列出特定组成部分，用来核实所要求的一系列步骤是否已得到执行或检查需求列表是否已得到满足。基于项目需求和实践，核对单可简可繁。许多组织都有标准化的核对单，用来确保规范地执行经常性任务。在某些应用领域，核对单也可从专业协会或商业性服务机构获取。质量核对单应该涵盖在范围基准中定义的验收标准。

8.2.2.2 数据分析

适用于本过程的数据分析技术包括（但不限于）：

- **备选方案分析**。见 9.2.2.5 节。该技术用于评估已识别的可选方案，以选择那些最合适的质量方案或方法。

- **文件分析**。见 5.2.2.3 节。分析项目控制过程所输出的不同文件，如质量报告、测试报告、绩效报告和偏差分析，可以重点指出可能超出控制范围之外并阻碍项目团队满足特定要求或相关方期望的过程。

- **过程分析**。过程分析可以识别过程改进机会，同时检查在过程期间遇到的问题、制约因素，以及非增值活动。

- **根本原因分析 (RCA)**。根本原因分析是确定引起偏差、缺陷或风险的根本原因的一种分析技术。一项根本原因可能引起多项偏差、缺陷或风险。根本原因分析还可以作为一项技术，用于识别问题的根本原因并解决问题。消除所有根本原因可以杜绝问题再次发生。

8.2.2.3 决策

适用于本过程的决策技术包括（但不限于）多标准决策分析。见 8.1.2.4 节。在讨论影响项目或产品质量的备选方案时，可以使用多标准决策评估多个标准。"项目"决策可以包括在不同执行情景或供应商中加以选择，"产品"决策可以包括评估生命周期成本、进度、相关方的满意程度，以及与解决产品缺陷有关的风险。

8.2.2.4 数据表现

适用于本过程的数据表现技术包括（但不限于）：

- ◆ **亲和图**。见 5.2.2.5 节。亲和图可以对潜在缺陷成因进行分类，展示最应关注的领域。
- ◆ **因果图**。因果图，又称"鱼骨图"、"why-why分析图"或"石川图"，将问题陈述的原因分解为离散的分支，有助于识别问题的主要原因或根本原因。图 8-9 是因果图的一个例子。
- ◆ **流程图**。见 8.1.2.5 节。流程图展示了引发缺陷的一系列步骤。
- ◆ **直方图**。直方图是一种展示数字数据的图形，可以展示每个可交付成果的缺陷数量、缺陷成因的排列、各个过程的不合规次数，或项目或产品缺陷的其他表现形式。
- ◆ **矩阵图**。见 8.1.2.5 节。矩阵图在行列交叉的位置展示因素、原因和目标之间的关系强弱。
- ◆ **散点图**。散点图是一种展示两个变量之间的关系的图形。在散点图中，用一支轴表示过程、环境或活动中的任一要素，另一支轴表示质量缺陷，并展示该要素与质量缺陷之间的关系。

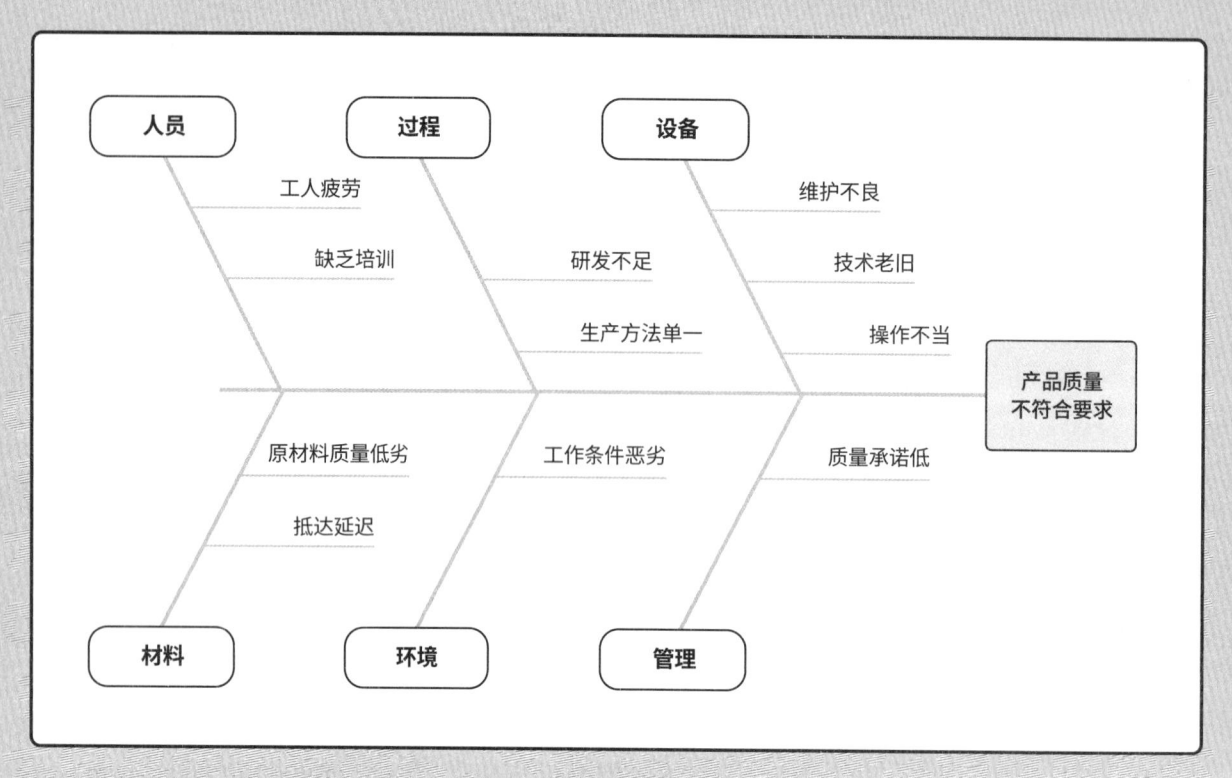

图 8-9 因果图

8.2.2.5 审计

审计是用于确定项目活动是否遵循了组织和项目的政策、过程与程序的一种结构化且独立的过程。质量审计通常由项目外部的团队开展，如组织内部审计部门、项目管理办公室 (PMO) 或组织外部的审计师。质量审计目标可能包括（但不限于）：

◆ 识别全部正在实施的良好及最佳实践；

◆ 识别所有违规做法、差距及不足；

◆ 分享所在组织和/或行业中类似项目的良好实践；

◆ 积极、主动地提供协助，以改进过程的执行，从而帮助团队提高生产效率；

◆ 强调每次审计都应对组织经验教训知识库的积累做出贡献。

采取后续措施纠正问题，可以降低质量成本，并提高发起人或客户对项目产品的接受度。质量审计可事先安排，也可随机进行；可由内部或外部审计师进行。

质量审计还可确认已批准的变更请求（包括更新、纠正措施、缺陷补救和预防措施）的实施情况。

8.2.2.6 面向 X 的设计

面向 X 的设计 (DfX) 是产品设计期间可采用的一系列技术指南，旨在优化设计的特定方面，可以控制或提高产品最终特性。DfX 中的"X"可以是产品开发的不同方面，例如可靠性、调配、装配、制造、成本、服务、可用性、安全性和质量。使用 DfX 可以降低成本、改进质量、提高绩效和客户满意度。

8.2.2.7 问题解决

问题解决是指找到解决问题或应对挑战的解决方案。它包括收集其他信息、具有批判性思维的、创造性的、量化的和/或逻辑性的解决方法。有效和系统化地解决问题是质量保证和质量改进的基本要素。问题可能在控制质量过程或质量审计中发现，也可能与过程或可交付成果有关。使用结构化的问题解决方法有助于消除问题和制定长久有效的解决方案。问题解决方法通常包括以下要素：

◆ 定义问题；

◆ 识别根本原因；

◆ 生成可能的解决方案；

◆ 选择最佳解决方案；

◆ 执行解决方案；

◆ 验证解决方案的有效性。

8.2.2.8 质量改进方法

质量改进的开展，可基于质量控制过程的发现和建议、质量审计的发现，或管理质量过程的问题解决。计划 — 实施 — 检查 — 行动和六西格玛是最常用于分析和评估改进机会的两种质量改进工具。

8.2.3 管理质量：输出

8.2.3.1 质量报告

质量报告可能是图形、数据或定性文件，其中包含的信息可帮助其他过程和部门采取纠正措施，以实现项目质量期望。质量报告的信息可以包含团队上报的全部质量管理问题，针对过程、项目和产品的改善建议，纠正措施建议（包括返工、缺陷/漏洞补救、100% 检查等），以及在控制质量过程中发现的情况的概述。

8.2.3.2 测试与评估文件

可基于行业需求和组织模板创建测试与评估文件。它们是控制质量过程的输入，用于评估质量目标的实现情况。这些文件可能包括专门的核对单和详尽的需求跟踪矩阵。

8.2.3.3 变更请求

见 4.3.3.4 节。如果管理质量过程期间出现了可能影响项目管理计划任何组成部分、项目文件或项目/产品管理过程的变更，项目经理应提交变更请求并遵循 4.6 节定义的实施整体变更控制过程。

8.2.3.4 项目管理计划更新

项目管理计划的任何变更都以变更请求的形式提出，且通过组织的变更控制过程进行处理。可能需要变更请求的项目管理计划组成部分包括（但不限于）：

- ◆ **质量管理计划**。见 8.1.3.1 节。可能需要根据实际结果修改已商定的质量管理方法。
- ◆ **范围基准**。见 5.4.3.1 节。范围基准可能因特定的质量管理活动而变更。
- ◆ **进度基准**。见 6.5.3.1 节。进度基准可能因特定的质量管理活动而变更。
- ◆ **成本基准**。见 7.3.3.1 节。成本基准可能因特定的质量管理活动而变更。

8.2.3.5 项目文件更新

可在本过程更新的项目文件包括（但不限于）：

- ◆ **问题日志**。见 4.3.3.3 节。在本过程中提出的新问题记录到问题日志中。
- ◆ **经验教训登记册**。见 4.4.3.1 节。项目中遇到的挑战、本应可以规避这些挑战的方法，以及良好的质量管理方式，需要记录在经验教训登记册中。
- ◆ **风险登记册**。见 11.2.3.1 节。在本过程中识别的新风险记录在风险登记册中，并通过风险管理过程进行管理。

8.3 控制质量

控制质量是为了评估绩效，确保项目输出完整、正确且满足客户期望，而监督和记录质量管理活动执行结果的过程。本过程的主要作用是，核实项目可交付成果和工作已经达到主要相关方的质量要求，可供最终验收。控制质量过程确定项目输出是否达到预期目的，这些输出需要满足所有适用标准、要求、法规和规范。本过程需要在整个项目期间开展。

图 8-10 描述本过程的输入、工具与技术和输出。图 8-11 是本过程的数据流向图。

控制质量

输入	工具与技术	输出
.1 项目管理计划 • 质量管理计划 .2 项目文件 • 经验教训登记册 • 质量测量指标 • 测试与评估文件 .3 批准的变更请求 .4 可交付成果 .5 工作绩效数据 .6 事业环境因素 .7 组织过程资产	.1 数据收集 • 核对单 • 核查表 • 统计抽样 • 问卷调查 .2 数据分析 • 绩效审查 • 根本原因分析 .3 检查 .4 测试/产品评估 .5 数据表现 • 因果图 • 控制图 • 直方图 • 散点图 .6 会议	.1 质量控制测量结果 .2 核实的可交付成果 .3 工作绩效信息 .4 变更请求 .5 项目管理计划更新 • 质量管理计划 .6 项目文件更新 • 问题日志 • 经验教训登记册 • 风险登记册 • 测试与评估文件

图 8-10 控制质量：输入、工具与技术和输出

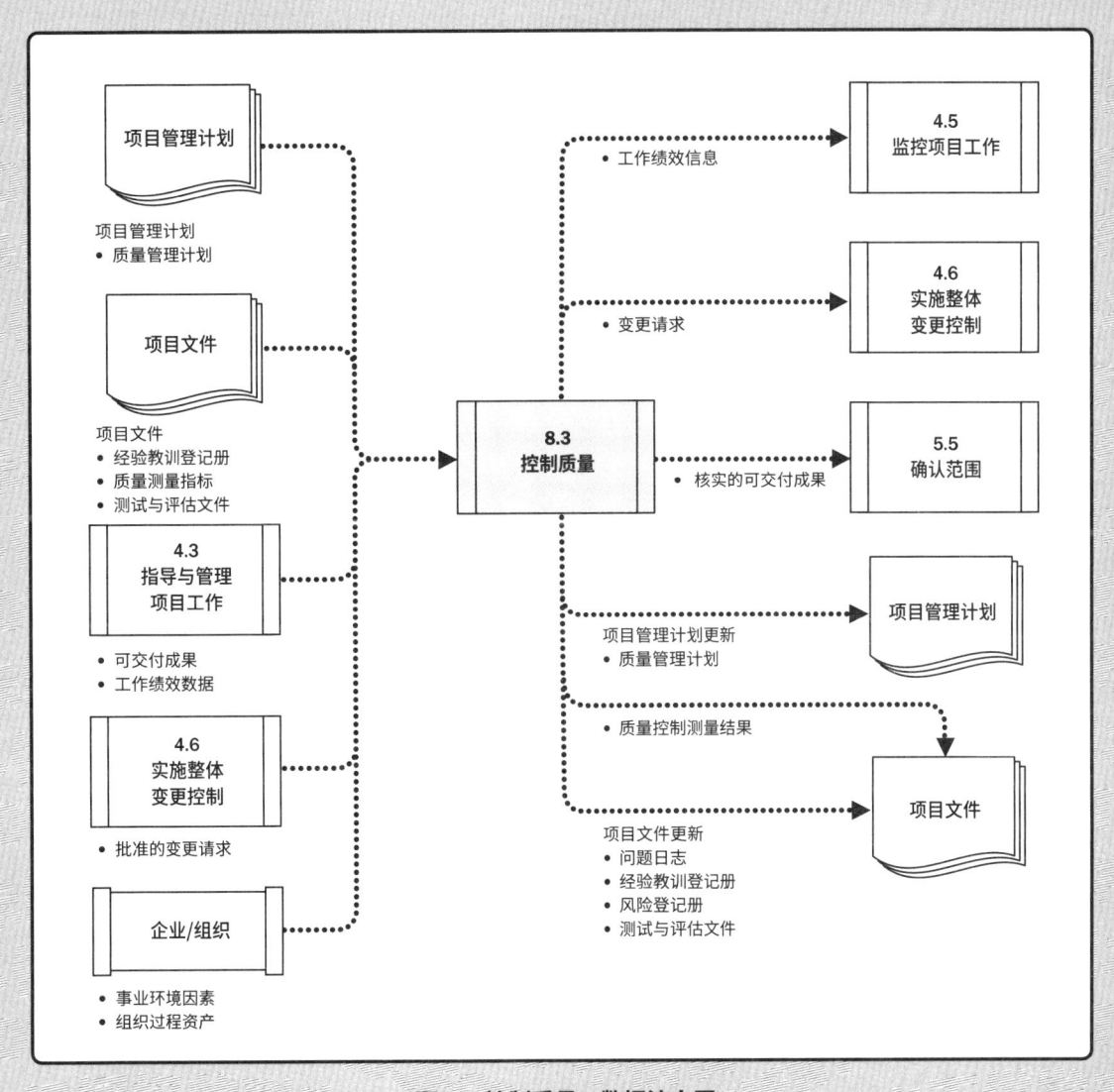

图 8-11 控制质量：数据流向图

控制质量过程的目的是在用户验收和最终交付之前测量产品或服务的完整性、合规性和适用性。本过程通过测量所有步骤、属性和变量，来核实与规划阶段所描述规范的一致性和合规性。

在整个项目期间应执行质量控制，用可靠的数据来证明项目已经达到发起人和/或客户的验收标准。

控制质量所需的努力程度和执行程度可能会因所在行业和项目管理风格而不同。例如，相比其他行业，制药、健康、运输和核能产业可能拥有更加严格的质量控制程序，为满足标准付出的工作也会更广；在敏捷项目中，控制质量活动可能由所有团队成员在整个项目生命周期中执行，而在瀑布式项目中，控制质量活动由特定团队成员在项目或阶段接近完成的特定时间点执行。

8.3.1 控制质量：输入

8.3.1.1 项目管理计划

见 4.2.3.1 节。项目管理计划组件包括（但不限于）质量管理计划（见 8.1.3.1 节）。质量管理计划定义了如何在项目中开展质量控制。

8.3.1.2 项目文件

可作为本过程输入的项目文件包括（但不限于）：

◆ **经验教训登记册**。见 4.4.3.1 节。在项目早期获得的经验教训可以运用到 项目后期阶段，以改进质量控制。

◆ **质量测量指标**。见 8.1.3.2 节。质量测量指标专用于描述项目或产品属性，以及控制质量过程将如何验证符合这些指标的程度。

◆ **测试与评估文件**。见 8.2.3.2 节。测试与评估文件用于评估质量目标的实现程度。

8.3.1.3 批准的变更请求

见 4.6.3.1 节。在实施整体变更控制过程中，通过更新变更日志，显示哪些变更已经得到批准，哪些变更没有得到批准。批准的变更请求可包括各种修正，如缺陷补救、修订的工作方法和修订的进度计划。执行变更不全面，如步骤不完整或不正确，可能会导致不一致和后续延误。批准的变更请求的实施需要核实，并需要确认完整性、正确性，以及是否重新测试。

8.3.1.4 可交付成果

可交付成果指的是在某一过程、阶段或项目完成时，必须产出的任何独特并可核实的产品、成果或服务能力。作为指导与管理项目工作过程的输出的可交付成果将得到检查，并与项目范围说明书定义的验收标准作比较。

8.3.1.5 工作绩效数据

见 4.3.3.2 节。工作绩效数据包括产品状态数据，例如观察结果、质量测量指标、技术绩效测量数据，以及关于进度绩效和成本绩效的项目质量信息。

8.3.1.6 事业环境因素

能够影响控制质量过程的事业环境因素包括（但不限于）：

◆ 项目管理信息系统，质量管理软件可用于跟进过程或可交付成果中的错误和偏差；
◆ 政府法规；
◆ 特定应用领域的相关规则、标准和指南。

8.3.1.7 组织过程资产

能够影响控制质量过程的组织过程资产包括（但不限于）：

- ◆ 质量标准和政策；
- ◆ 质量模板，例如核查表、核对单等；
- ◆ 问题与缺陷报告程序及沟通政策。

8.3.2 控制质量：工具与技术

8.3.2.1 数据收集

适用于本过程的数据收集技术包括（但不限于）：

- ◆ **核对单**。见 11.2.2.2 节。核对单有助于以结构化方式管理控制质量活动。
- ◆ **核查表**。核查表，又称计数表，用于合理排列各种事项，以便有效地收集关于潜在质量问题的有用数据。在开展检查以识别缺陷时，用核查表收集属性数据就特别方便，例如关于缺陷数量或后果的数据。见图 8-12。

缺陷/日期	日期 1	日期 2	日期 3	日期 4	合计
小划痕	1	2	2	2	7
大划痕	0	1	0	0	1
弯曲	3	3	1	2	9
缺少组件	5	0	2	1	8
颜色配错	2	0	1	3	6
标签错误	1	2	1	2	6

图 8-12 核查表

- **统计抽样**。统计抽样是指从目标总体中选取部分样本用于检查（如从 75 张工程图纸中随机抽取 10 张）。样本用于测量控制和确认质量。抽样的频率和规模应在规划质量管理过程中确定。
- **问卷调查**。问卷调查可用于在部署产品或服务之后收集关于客户满意度的数据。在调查中识别的缺陷相关成本可被视为 COQ 模型中的外部失败成本，给组织带来的影响会超出成本本身。

8.3.2.2 数据分析

适用于本过程的数据分析技术包括（但不限于）：

- **绩效审查**。绩效审查针对实际结果，测量、比较和分析规划质量管理过程中定义的质量测量指标。
- **根本原因分析 (RCA)**。见 8.2.2.2 节。根本原因分析用于识别缺陷成因。

8.3.2.3 检查

检查是指检验工作产品，以确定是否符合书面标准。检查的结果通常包括相关的测量数据。检查可在任何层面上进行。可以检查单个活动的成果，也可以检查项目的最终产品。检查也可称为审查、同行审查、审计或巡检。在某些应用领域，这些术语的含义比较狭窄和具体。检查也可用于核实缺陷补救。

8.3.2.4 测试/产品评估

测试是一种有组织的、结构化的调查，旨在根据项目需求提供有关被测产品或服务质量的客观信息。测试的目的是找出产品或服务中存在的错误、缺陷、漏洞或其他不合规问题。用于评估各项需求的测试的类型、数量和程度是项目质量计划的一部分，具体取决于项目的性质、时间、预算或其他制约因素。测试可以贯穿于整个项目，可以随着项目的不同组成部分变得可用时进行，也可以在项目结束（即交付最终可交付成果）时进行。早期测试有助于识别不合规问题，帮助减少修补不合规组件的成本。

不同应用领域需要不同测试。例如，软件测试可能包括单元测试、集成测试、黑盒测试、白盒测试、接口测试、回归测试、α测试等；在建筑项目中，测试可能包括水泥强度测试、混凝土和易性测试、在建筑工地进行的旨在测试硬化混凝土结构的质量的无损伤测试，以及土壤试验；在硬件开发中，测试可能包括环境应力筛选、老化测试、系统测试等。

8.3.2.5 数据表现

适用于本过程的数据表现技术包括（但不限于）：

◆ **因果图**。见 8.2.2.4 节。因果图用于识别质量缺陷和错误可能造成的结果。

◆ **控制图**。控制图用于确定一个过程是否稳定，或者是否具有可预测的绩效。规格上限和下限是根据要求制定的，反映了可允许的最大值和最小值。上下控制界限不同于规格界限。控制界限根据标准的统计原则，通过标准的统计计算确定，代表一个稳定过程的自然波动范围。项目经理和相关方可基于计算出的控制界限，识别须采取纠正措施的检查点，以预防不在控制界限内的绩效。控制图可用于监测各种类型的输出变量。虽然控制图最常用来跟踪批量生产中的重复性活动，但也可用来监测成本与进度偏差、产量、范围变更频率或其他管理工作成果，以便帮助确定项目管理过程是否受控。

◆ **直方图**。见 8.2.2.4 节。直方图可按来源或组成部分展示缺陷数量。

◆ **散点图**。见 8.2.2.4 节。散点图可在一支轴上展示计划的绩效，在另一支轴上展示实际绩效。

8.3.2.6 会议

以下会议可作为控制质量过程的一部分：

- **审查已批准的变更请求。** 对所有已批准的变更请求进行审查，以核实它们是否已按批准的方式实施，确认是否已完成局部变更，以及是否已执行、测试、完成和证实所有部分。
- **回顾/经验教训。** 项目团队举行会议，旨在讨论：
  - 项目/阶段的成功要素；
  - 待改进之处；
  - 当前项目和未来项目可增加的内容；
  - 可增加到组织过程资产中的内容。

8.3.3 控制质量：输出

8.3.3.1 质量控制测量结果

控制质量的测量结果是对质量控制活动的结果的书面记录，应以质量管理计划所确定的格式加以记录。

8.3.3.2 核实的可交付成果

控制质量过程的一个目的就是确定可交付成果的正确性。开展控制质量过程的结果是核实的可交付成果，后者又是确认范围过程的一项输入（见 5.5 节），以便正式验收。如果存在任何与可交付成果有关的变更请求或改进事项，可能会执行变更、开展检查并重新核实。

8.3.3.3 工作绩效信息

见 4.5.1.3 节。工作绩效信息包含有关项目需求实现情况的信息、拒绝的原因、要求的返工、纠正措施建议、核实的可交付成果列表、质量测量指标的状态，以及过程调整需求。

8.3.3.4 变更请求

见 4.3.3.4 节。如果控制质量过程期间出现了可能影响项目管理计划任何组成部分或项目文件的变更，项目经理应提交变更请求，且应该通过实施整体变更控制过程（见 4.6 节）对变更请求进行审查和处理。

8.3.3.5 项目管理计划更新

项目管理计划的任何变更都以变更请求的形式提出，且通过组织的变更控制过程进行处理。可能需要变更请求的项目管理计划组成部分包括（但不限于）质量管理计划，见 8.1.3.1 节。

8.3.3.6 项目文件更新

可在本过程更新的项目文件包括（但不限于）：

- **问题日志**。见 4.3.3.3 节。多次不符合质量要求的可交付成果通常被记录为问题。
- **经验教训登记册**。见 4.4.3.1 节。质量缺陷的来源、本应可以规避它们的方法，以及有效的处理方式，都应该记录到经验教训登记册中。
- **风险登记册**。见 11.2.3.1 节。在本过程中识别的新风险记录在风险登记册中，并通过风险管理过程进行管理。
- **测试与评估文件**。见 8.2.3.2 节。本过程可能导致测试与评估文件修改，使未来的测试更加有效。

9

项目资源管理

项目资源管理包括识别、获取和管理所需资源以成功完成项目的各个过程，这些过程有助于确保项目经理和项目团队在正确的时间和地点使用正确的资源。

项目资源管理过程包括：

9.1 规划资源管理 —— 定义如何估算、获取、管理和利用实物以及团队项目资源的过程。

9.2 估算活动资源 —— 估算执行项目所需的团队资源，以及材料、设备和用品的类型和数量的过程。

9.3 获取资源 —— 获取项目所需的团队成员、设施、设备、材料、用品和其他资源的过程。

9.4 建设团队 —— 提高工作能力，促进团队成员互动，改善团队整体氛围，以提高项目绩效的过程。

9.5 管理团队 —— 跟踪团队成员工作表现，提供反馈，解决问题并管理团队变更，以优化项目绩效的过程。

9.6 控制资源 —— 确保按计划为项目分配实物资源，以及根据资源使用计划监督资源实际使用情况，并采取必要纠正措施的过程。

图 9-1 概括了项目资源管理的各个过程。虽然在本《PMBOK® 指南》中，各项目资源管理过程以界限分明和相互独立的形式出现，但在实践中它们会以本指南无法全面详述的方式相互交叠和相互作用。

项目资源管理概述

9.1 规划资源管理
.1 输入
　.1 项目章程
　.2 项目管理计划
　.3 项目文件
　.4 事业环境因素
　.5 组织过程资产
.2 工具与技术
　.1 专家判断
　.2 数据表现
　.3 组织理论
　.4 会议
.3 输出
　.1 资源管理计划
　.2 团队章程
　.3 项目文件更新

9.2 估算活动资源
.1 输入
　.1 项目管理计划
　.2 项目文件
　.3 事业环境因素
　.4 组织过程资产
.2 工具与技术
　.1 专家判断
　.2 自下而上估算
　.3 类比估算
　.4 参数估算
　.5 数据分析
　.6 项目管理信息系统
　.7 会议
.3 输出
　.1 资源需求
　.2 估算依据
　.3 资源分解结构
　.4 项目文件更新

9.3 获取资源
.1 输入
　.1 项目管理计划
　.2 项目文件
　.3 事业环境因素
　.4 组织过程资产
.2 工具与技术
　.1 决策
　.2 人际关系与团队技能
　.3 预分派
　.4 虚拟团队
.3 输出
　.1 物质资源分配单
　.2 项目团队派工单
　.3 资源日历
　.4 变更请求
　.5 项目管理计划更新
　.6 项目文件更新
　.7 事业环境因素更新
　.8 组织过程资产更新

9.4 建设团队
.1 输入
　.1 项目管理计划
　.2 项目文件
　.3 事业环境因素
　.4 组织过程资产
.2 工具与技术
　.1 集中办公
　.2 虚拟团队
　.3 沟通技术
　.4 人际关系与团队技能
　.5 认可与奖励
　.6 培训
　.7 个人和团队评估
　.8 会议
.3 输出
　.1 团队绩效评价
　.2 变更请求
　.3 项目管理计划更新
　.4 项目文件更新
　.5 事业环境因素更新
　.6 组织过程资产更新

9.5 管理团队
1 输入
　.1 项目管理计划
　.2 项目文件
　.3 工作绩效报告
　.4 团队绩效评价
　.5 事业环境因素
　.6 组织过程资产
.2 工具与技术
　.1 人际关系与团队技能
　.2 项目管理信息系统
.3 输出
　.1 变更请求
　.2 项目管理计划更新
　.3 项目文件更新
　.4 事业环境因素更新

9.6 控制资源
.1 输入
　.1 项目管理计划
　.2 项目文件
　.3 工作绩效数据
　.4 协议
　.5 组织过程资产
.2 工具与技术
　.1 数据分析
　.2 问题解决
　.3 人际关系与团队技能
　.4 项目管理信息系统
.3 输出
　.1 工作绩效信息
　.2 变更请求
　.3 项目管理计划更新
　.4 项目文件更新

图 9-1 项目资源管理概述

团队资源管理相对于实物资源管理，对项目经理提出了不同的技能和能力要求。实物资源包括设备、材料、设施和基础设施，而团队资源或人员指的是人力资源。项目团队成员可能具备不同的技能，可能是全职或兼职的，可能随项目进展而增加或减少。项目资源管理与项目相关方管理之间有重叠的部分（见第13章），本章（第9章）则重点关注组成项目团队的部分相关方。

项目资源管理的核心概念

项目团队由承担特定角色和职责的个人组成，他们为实现项目目标而共同努力。项目经理因此应在获取、管理、激励和增强项目团队方面投入适当的努力。尽管项目团队成员被分派了特定的角色和职责，但让他们全员参与项目规划和决策仍是有益的。团队成员参与规划阶段，既可使他们对项目规划工作贡献专业技能，又可以增强他们对项目的责任感。

项目经理既是项目团队的领导者又是项目团队的管理者。除了项目管理活动，例如启动、规划、执行、监控和关闭各个项目阶段，项目经理还负责建设高效的团队。项目经理应留意能够影响团队的不同因素，例如：

- 团队环境；
- 团队成员的地理位置；
- 相关方之间的沟通；
- 组织变更管理；
- 内外部政治氛围；
- 文化问题和组织的独特性；
- 其他可能改变项目绩效的因素。

作为领导者，项目经理还负责积极培养团队技能和能力，同时提高并保持团队的满意度和积极性；项目经理还应了解并支持符合职业与道德要求的行为，确保所有团队成员都按这些要求行动。

实物资源管理着眼于以有效和高效的方式，分配和使用成功完成项目所需的实物资源，如材料、设备和用品。为此，组织应当拥有如下数据：（当前和合理的未来的）资源需求、（可以满足这些需求的）资源配置，以及资源供应。不能有效管理和控制资源是项目成功完成的风险来源。例如：

- 未能确保关键设备或基础设施按时到位，可能会推迟最终产品的制造；
- 订购低质量材料可能会损害产品质量，导致大量召回或返工；
- 保存太多库存可能会导致高运营成本，使组织盈利下降；另一方面，如果库存量太低，就可能无法满足客户需求，同样会造成组织盈利下降。

项目资源管理的趋势和新兴实践

项目管理风格正在从管理项目的命令和控制结构，转向更加协作和支持性的管理方法，通过将决策权分配给团队成员来提高团队能力。此外，现代的项目资源管理方法致力于寻求优化资源使用。有关项目资源管理的趋势和新兴实践包括（但不限于）：

- **资源管理方法**。过去几年，由于关键资源稀缺，在某些行业中出现了一些普遍的趋势，涌现出很多关于精益管理、准时制 (JIT) 生产、Kaizen（持续改善）、全面生产维护 (TPM)、约束理论等方法的文献资料。项目经理应确定执行组织是否采用了一种或多种资源管理工具，从而对项目做出相应的调整。
- **情商 (EI)**。项目经理应提升内在（如自我管理和自我意识）和外在（如关系管理）能力，从而提高个人情商。研究表明，提高项目团队的情商或情绪管理能力可提高团队效率，还可以降低团队成员离职率。
- **自组织团队**。随着敏捷方法在 IT 项目中的应用越来越普遍，自组织团队（无需集中管控运作）越来越多。对于拥有自组织团队的项目，"项目经理"（可能不称为"项目经理"）的角色主要是为团队创造环境、提供支持并信任团队可以完成工作。成功的自组织团队通常由通用的专才而不是主题专家组成，他们能够不断适应变化的环境并采纳建设性反馈。

- **虚拟团队/分布式团队**。项目全球化推动了对虚拟团队的需求的增长。这些团队成员致力于同一个项目，却分布在不同的地方。沟通技术（如电子邮件、电话会议、社交媒体、网络会议和视频会议等）的使用，使虚拟团队变得可行。虚拟团队管理有独特的优势，例如能够利用项目团队的专业技术，即使相应的专家不在同一地理区域；将在家办公的员工纳入团队，以及将行动不便者或残疾人纳入团队。而虚拟团队管理面临的挑战主要在于沟通，包括可能产生孤立感、团队成员之间难以分享知识和经验、难以跟进进度和生产率，以及可能存在时区和文化差异。

裁剪考虑因素

由于每个项目都是独特的，项目经理需要裁剪项目资源管理过程。裁剪时应考虑的因素包括（但不限于）：

- **多元化**。团队的多元化背景是什么？
- **物理位置**。团队成员和实物资源的物理位置在哪里？
- **行业特定资源**。所在行业需要哪些特殊资源？
- **团队成员的获得**。如何获得项目团队成员？项目团队资源是全职还是兼职？
- **团队管理**。如何管理项目团队建设？组织是否有管理团队建设的工具或是否需要创建新工具？是否存在有特殊需求的团队成员？是否需要为团队提供有关多元化管理的特别培训？
- **生命周期方法**。项目采用哪些生命周期方法？

在敏捷或适应型环境中需要考虑的因素

易变性高的项目得益于最大限度地集中和协作的团队结构，例如拥有通才的自组织团队。

协作旨在提高生产率和促进创新的问题解决方式。协作型团队可以促进不同工作活动的加速整合、改善沟通、增加知识分享，以及提供工作分配的灵活性和其他优势。

虽然协作的优势也适用于其他项目环境，协作型团队对于易变性高且快速变化的项目成功而言通常是至关重要的，因为集中分配任务和决策所需的时间更少。

对于易变性高的项目，实物和人力资源规划的可预测性要低得多。在这些环境中，关于快速供应和精益方法的协议，对控制成本和实现进度而言至关重要。

9.1 规划资源管理

规划资源管理是定义如何估算、获取、管理和利用团队以及实物资源的过程。本过程的主要作用是，根据项目类型和复杂程度确定适用于项目资源的管理方法和管理程度。本过程仅开展一次或仅在项目的预定义点开展。图 9-2 描述本过程的输入、工具与技术和输出。图 9-3 是本过程的数据流向图。

规划资源管理

输入
.1 项目章程
.2 项目管理计划
  • 质量管理计划
  • 范围基准
.3 项目文件
  • 项目进度计划
  • 需求文件
  • 风险登记册
  • 相关方登记册
.4 事业环境因素
.5 组织过程资产

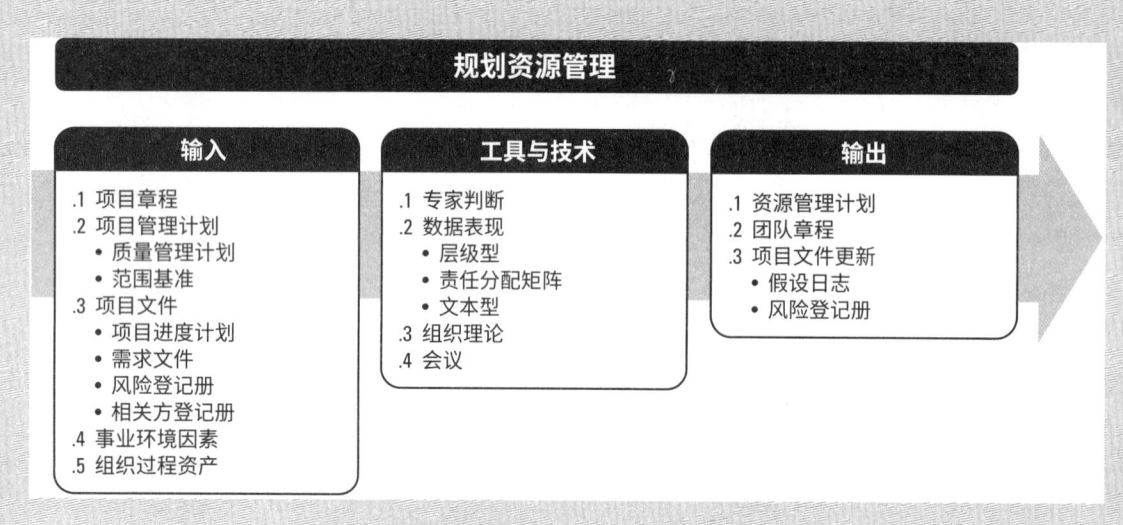

工具与技术
.1 专家判断
.2 数据表现
  • 层级型
  • 责任分配矩阵
  • 文本型
.3 组织理论
.4 会议

输出
.1 资源管理计划
.2 团队章程
.3 项目文件更新
  • 假设日志
  • 风险登记册

图 9-2 规划资源管理：输入、工具与技术和输出

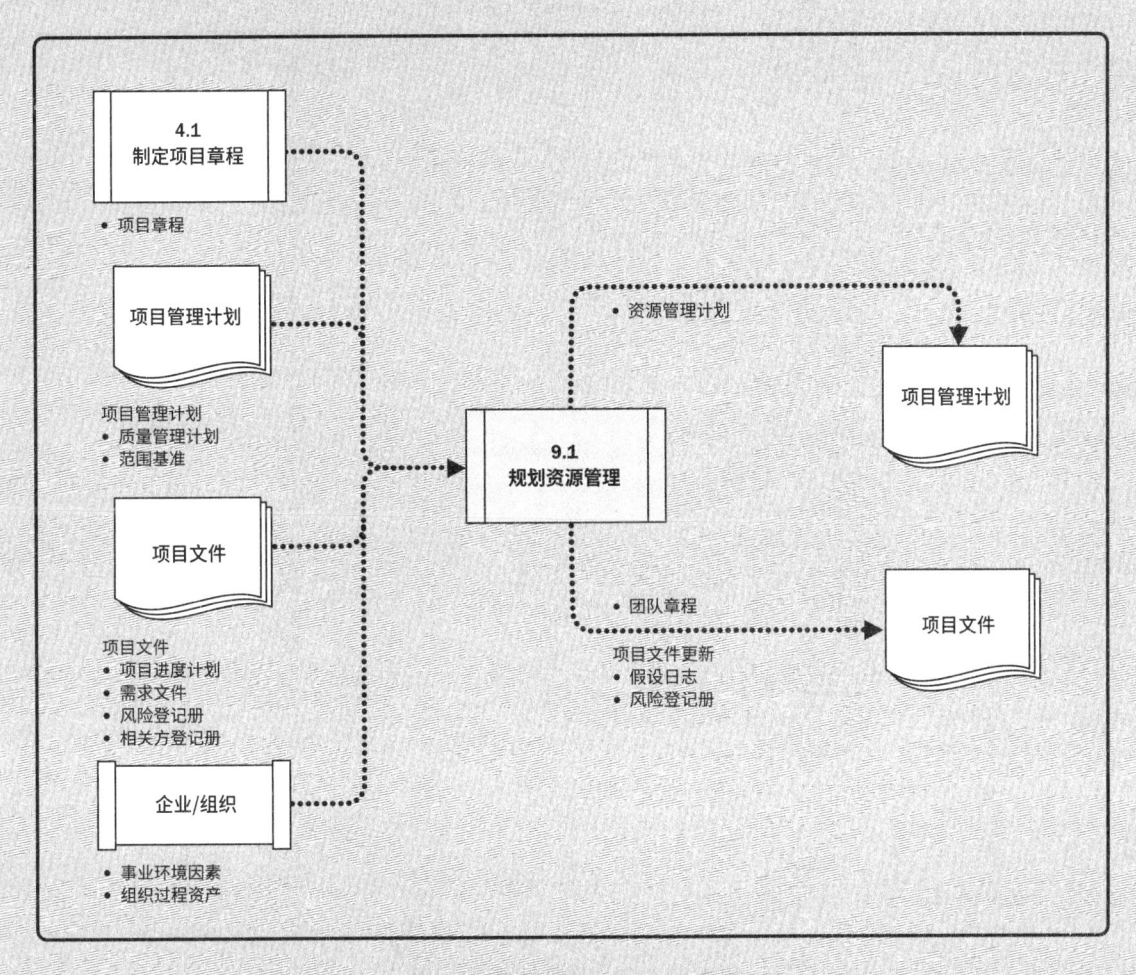

图 9-3 规划资源管理：数据流向图

资源规划用于确定和识别一种方法，以确保项目的成功完成有足够的可用资源。项目资源可能包括团队成员、用品、材料、设备、服务和设施。有效的资源规划需要考虑稀缺资源的可用性和竞争，并编制相应的计划。

这些资源可以从组织内部资产获得，或者通过采购过程从组织外部获取。其他项目可能在同一时间和地点竞争项目所需的相同资源，从而可能对项目成本、进度、风险、质量和其他项目领域造成显著影响。

9.1.1 规划资源管理：输入

9.1.1.1 项目章程

见 4.1.3.1 节。项目章程提供项目的高层级描述和要求，此外还包括可能影响项目资源管理的关键相关方名单、里程碑概况，以及预先批准的财务资源。

9.1.1.2 项目管理计划

见 4.2.3.1 节。项目管理计划组件包括（但不限于）：

◆ **质量管理计划**。见 8.1.3.1 节。质量管理计划有助于定义项目所需的资源水平，以实现和维护已定义的质量水平并达到项目测量指标。

◆ **范围基准**。见 5.4.3.1 节。范围基准识别了可交付成果，决定了需要管理的资源的类型和数量。

9.1.1.3 项目文件

可作为本过程输入的项目文件包括（但不限于）：

◆ **项目进度计划**。见 6.5.3.2 节。项目进度计划提供了所需资源的时间轴。

◆ **需求文件**。见 5.2.3.1 节。需求文件指出了项目所需的资源的类型和数量，并可能影响管理资源的方式。

◆ **风险登记册**。见 11.2.3.1 节。风险登记册包含可能影响资源规划的各种威胁和机会的信息。

◆ **相关方登记册**。见 13.1.3.1 节。相关方登记册有助于识别对项目所需资源有特别兴趣或影响的那些相关方，以及会影响资源使用偏好的相关方。

9.1.1.4 事业环境因素

能够影响规划资源管理过程的事业环境因素包括（但不限于）：

- 组织文化和结构；
- 设施和资源的地理分布；
- 现有资源的能力和可用性；
- 市场条件。

9.1.1.5 组织过程资产

能够影响规划资源管理过程的组织过程资产包括（但不限于）：

- 人力资源政策和程序；
- 实物资源管理政策和程序；
- 安全政策；
- 安保政策；
- 资源管理计划模板；
- 类似项目的历史信息。

9.1.2 规划资源管理：工具与技术

9.1.2.1 专家判断

见 4.1.2.1 节。应征求具备以下专业知识或接受过相关培训的个人或小组的意见：

- 协调组织内部的最佳资源；
- 人才管理和员工发展；
- 确定为实现项目目标所需的初步投入水平；
- 根据组织文化确定报告要求；
- 根据经验教训和市场条件，评估获取资源所需的提前量；
- 识别与资源获取、留用和遣散计划有关的风险；
- 遵循适用的政府和工会法规；
- 管理卖方和物流工作，确保在需要时能够提供材料和用品。

9.1.2.2 数据表现

适用于本过程的数据表现技术包括（但不限于）图表。数据表现有多种格式来记录和阐明团队成员的角色与职责。大多数格式属于层级型、矩阵型或文本型。有些项目人员安排可以在子计划（如风险、质量或沟通管理计划）中列出。无论使用什么方法来记录团队成员的角色，目的都是要确保每个工作包都有明确的责任人，确保全体团队成员都清楚地理解其角色和职责。层级型可用于表示高层级角色，而文本型则更适合用于记录详细职责。

◆ **层级型**。可以采用传统的组织结构图，自上而下地显示各种职位及其相互关系。

- **工作分解结构 (WBS)**。WBS 用来显示如何把项目可交付成果分解为工作包，有助于明确高层级的职责。

- **组织分解结构 (OBS)**。WBS 显示项目可交付成果的分解，而 OBS 则按照组织现有的部门、单元或团队排列，并在每个部门下列出项目活动或工作包。运营部门（如信息技术部或采购部）只需要找到其所在的 OBS 位置，就能看到自己的全部项目职责。

- **资源分解结构**。资源分解结构是按资源类别和类型，对团队和实物资源的层级列表，用于规划、管理和控制项目工作。每向下一个层次都代表对资源的更详细描述，直到信息细到可以与工作分解结构（WBS）相结合，用来规划和监控项目工作。

◆ **责任分配矩阵。** 责任分配矩阵显示了分配给每个工作包的项目资源，用于说明工作包或活动与项目团队成员之间的关系。在大型项目中，可以制定多个层次的 RAM。例如，高层次的 RAM 可定义项目团队、小组或部门负责 WBS 中的哪部分工作，而低层次的 RAM 则可在各小组内为具体活动分配角色、职责和职权。矩阵图能反映与每个人相关的所有活动，以及与每项活动相关的所有人员，它也可确保任何一项任务都只有一个人负责，从而避免最终负责人或工作职权不清。RAM 的一个例子是 RACI（执行、负责、咨询和知情）矩阵，如图 9-4 所示。图中最左边的一列表示有待完成的工作（活动）。分配给每项工作的资源可以是个人或小组，项目经理也可根据项目需要，选择"领导"或"资源"等适用词汇，来分配项目责任。如果团队是由内部和外部人员组成，RACI 矩阵对明确划分角色和职责特别有用。

◆ **文本型。** 如果需要详细描述团队成员的职责，就可以采用文本型。文本型文件通常以概述的形式，提供诸如职责、职权、能力和资格等方面的信息。这种文件有多种名称，如职位描述、角色—职责—职权表，该文件可作为未来项目的模板，特别是在根据当前项目的经验教训对其内容进行更新之后。

RACI 矩阵	人员				
活动	安	本	卡洛斯	迪娜	艾德
创建章程	A	R	I	I	I
收集需求	I	A	R	C	C
提交变更请求	I	A	R	R	C
制定测试计划	A	C	I	I	R

R = 执行　A = 负责　C = 咨询　I = 知情

图 9-4 RACI 矩阵示例

9.1.2.3 组织理论

组织理论阐述个人、团队和组织部门的行为方式。有效利用组织理论中的常用技术，可以节约规划资源管理过程的时间、成本及人力投入，提高规划工作的效率。此外，可以根据相关的组织理论灵活使用领导风格，以适应项目生命周期中团队成熟度的变化。重要的是要认识到，组织的结构和文化影响项目组织结构。

9.1.2.4 会议

项目团队可召开会议来规划项目资源管理。

9.1.3 规划资源管理：输出

9.1.3.1 资源管理计划

作为项目管理计划的一部分，资源管理计划提供了关于如何分类、分配、管理和释放项目资源的指南。资源管理计划可以根据项目的具体情况分为团队管理计划和实物资源管理计划。资源管理计划可能包括（但不限于）：

- **识别资源**。用于识别和量化项目所需的团队和实物资源的方法。
- **获取资源**。关于如何获取项目所需的团队和实物资源的指南。
- **角色与职责**。
    - **角色**。在项目中，某人承担的职务或分配给某人的职务，如土木工程师、商业分析师和测试协调员。
    - **职权**。使用项目资源、做出决策、签字批准、验收可交付成果并影响他人开展项目工作的权力。例如，下列事项都需要由具有明确职权的人来做决策：选择活动的实施方法，质量验收标准，以及如何应对项目偏差等。当个人的职权水平与职责相匹配时，团队成员就能最好地开展工作。

- ■ **职责**。为完成项目活动，项目团队成员必须履行的职责和工作。
- ■ **能力**。为在项目制约因素之内完成所分配的活动，项目团队成员需具备的技能和才干。如果项目团队成员不具备所需的能力，就不能有效地履行职责。一旦发现成员的能力与职责不匹配，就应主动采取措施，如安排培训、招募新成员、调整进度计划或工作范围。

◆ **项目组织图**。项目组织图以图形方式展示项目团队成员及其报告关系。基于项目的需要，项目组织图可以是正式或非正式的，非常详细或高度概括的。例如，一个 3000 人的灾害应急团队的项目组织图，要比仅有 20 人的内部项目的组织图详尽得多。

◆ **项目团队资源管理**。关于如何定义、配备、管理和最终遣散项目团队资源的指南。

◆ **培训**。针对项目成员的培训策略。

◆ **团队建设**。建设项目团队的方法。

◆ **资源控制**。规定合适的方法，以确保合适的实物资源在需要时可用，以及用最优方式获取实物资源，包括在整个项目生命周期中将如何管理库存、设备和用品。

◆ **认可计划**。将给予团队成员哪些认可和奖励，以及何时给予。

9.1.3.2 团队章程

团队章程是为团队创建团队价值观、共识和工作指南的文件。团队章程可能包括（但不限于）：

◆ 团队价值观；

◆ 沟通指南；

◆ 决策标准和过程；

◆ 冲突处理过程；

◆ 会议指南；

◆ 团队共识。

团队章程对项目团队成员的可接受行为确定了明确的期望。尽早认可并遵守明确的规则，有助于减少误解，提高生产力；讨论诸如行为规范、沟通、决策、会议礼仪等领域，团队成员可以了解彼此重要的价值观。由团队制定或参与制定的团队章程可发挥最佳效果。所有项目团队成员都分担责任，确保遵守团队章程中规定的规则。可定期审查和更新团队章程，确保团队始终了解团队基本规则，并指导新成员融入团队。

9.1.3.3 项目文件更新

可在本过程更新的项目文件包括（但不限于）：

- **假设日志**。见 4.1.3.2 节。更新假设日志时可增加关于实物资源的可用性、物流要求和位置信息以及团队资源的技能集和可用性的假设条件。

- **风险登记册**。见 11.2.3.1 节。关于团队和实物资源可用性的风险，以及其他已知资源的相关风险，更新在风险登记册中。

9.2 估算活动资源

估算活动资源是估算执行项目所需的团队资源，以及材料、设备和用品的类型和数量的过程。本过程的主要作用是，明确完成项目所需的资源种类、数量和特性。本过程应根据需要在整个项目期间定期开展。图 9-5 描述本过程的输入、工具与技术和输出，图 9-6 是本过程的数据流向图。

估算活动资源

输入	工具与技术	输出
.1 项目管理计划 • 资源管理计划 • 范围基准 .2 项目文件 • 活动属性 • 活动清单 • 假设日志 • 成本估算 • 资源日历 • 风险登记册 .3 事业环境因素 .4 组织过程资产	.1 专家判断 .2 自下而上估算 .3 类比估算 .4 参数估算 .5 数据分析 • 备选方案分析 .6 项目管理信息系统 .7 会议	.1 资源需求 .2 估算依据 .3 资源分解结构 .4 项目文件更新 • 活动属性 • 假设日志 • 经验教训登记册

图 9-5 估算活动资源：输入、工具与技术和输出

项目管理计划
- 资源管理计划
- 范围基准

项目文件
- 活动属性
- 活动清单
- 假设日志
- 成本估算
- 资源日历
- 风险登记册

企业/组织
- 事业环境因素
- 组织过程资产

9.2 估算活动资源

- 资源需求
- 估算依据
- 资源分解结构

项目文件更新
- 活动属性
- 假设日志
- 经验教训登记册

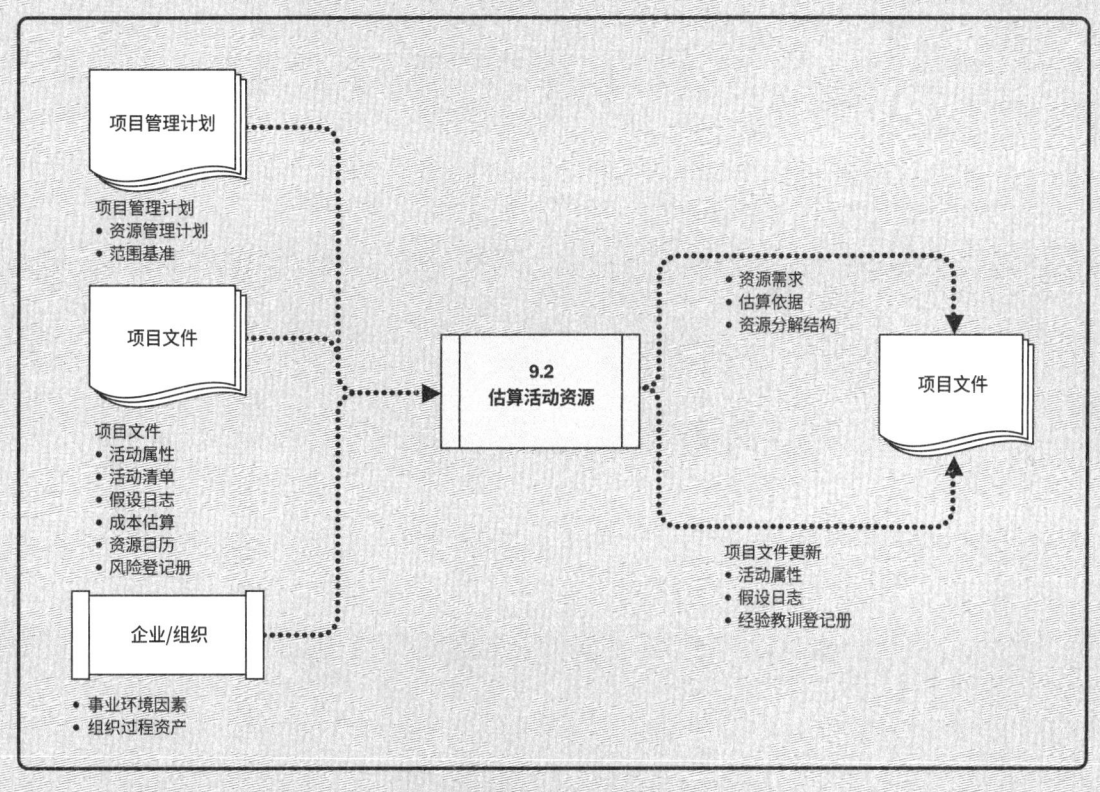

图 9-6 估算活动资源：数据流向图

估算活动资源过程与其他过程紧密相关，例如估算成本过程。例如：

- 建筑项目团队需要熟悉当地建筑法规。这类知识常可从当地卖方获取，但是，如果内部劳动力资源对不常用或专门的建筑技术缺乏经验，那么支付额外费用聘请咨询专家，可能就是了解当地建筑法规的最有效的方法。
- 汽车设计团队需要熟悉最新的自动装配技术。这些必要的知识可以通过聘请顾问、派设计人员参加机器人技术研讨会，或者邀请制造人员加入项目团队等方式来获取。

9.2.1 估算活动资源：输入

9.2.1.1 项目管理计划

见 4.2.3.1 节。项目管理计划组件包括（但不限于）：

- **资源管理计划**。见 9.1.3.1 节。资源管理计划定义了识别项目所需不同资源的方法，还定义了量化各个活动所需的资源并整合这些信息的方法。
- **范围基准**。见 5.4.3.1 节。范围基准识别了实现项目目标所需的项目和产品范围，而范围决定了对团队和实物资源的需求。

9.2.1.2 项目文件

可作为本过程输入的项目文件包括（但不限于）：

- **活动属性**。见 6.2.3.2 节。活动属性为估算活动清单中每项活动所需的团队和实物资源提供了主要数据来源，这些属性的例子包括资源需求、强制日期、活动地点、假设条件和制约因素。
- **活动清单**。见 6.2.3.1 节。活动清单识别了需要资源的活动。

- **假设日志**。见 4.1.3.2 节。假设日志可能包含有关生产力因素、可用性、成本估算以及工作方法的信息，这些因素会影响团队和实物资源的性质和数量。
- **成本估算**。见 7.2.3.1 节。资源成本从数量和技能水平方面会影响资源选择。
- **资源日历**。资源日历识别了每种具体资源可用时的工作日、班次、正常上下班时间、周末和公共假期。在规划活动期间，潜在的可用资源信息（如团队资源、设备和材料）用于估算资源可用性。资源日历还规定了在项目期间确定的团队和实物资源何时可用、可用多久。这些信息可以在活动或项目层面建立，这考虑了诸如资源经验和/或技能水平以及不同地理位置等属性。
- **风险登记册**。见 11.2.3.1 节。风险登记册描述了可能影响资源选择和可用性的各个风险。

9.2.1.3 事业环境因素

能够影响估算活动资源过程的事业环境因素包括（但不限于）：

- 资源的位置；
- 资源可用性；
- 团队资源的技能；
- 组织文化；
- 发布的估算数据；
- 市场条件。

9.2.1.4 组织过程资产

能够影响估算活动资源过程的组织过程资产包括（但不限于）：

- ◆ 关于人员配备的政策和程序；
- ◆ 关于用品和设备的政策与程序；
- ◆ 关于以往项目中类似工作所使用的资源类型的历史信息。

9.2.2 估算活动资源：工具与技术

9.2.2.1 专家判断

见 4.1.2.1 节。应征求具备团队和实物资源的规划和估算方面的专业知识或接受过相关培训的个人或小组的意见。

9.2.2.2 自下而上估算

见 6.4.2.5 节。团队和实物资源在活动级别上估算，然后汇总成工作包、控制账户和总体项目层级上的估算。

9.2.2.3 类比估算

见 6.4.2.2 节。类比估算将以往类似项目的资源相关信息作为估算未来项目的基础。这是一种快速估算方法，适用于项目经理只能识别 WBS 的几个高层级的情况。

9.2.2.4 参数估算

见 6.4.2.3 节。参数估算基于历史数据和项目参数，使用某种算法或历史数据与其他变量之间的统计关系，来计算活动所需的资源数量。例如，如果一项活动需要 4 000 小时的编码时间，而且需要在 1 年之内完成，则需要两个人来编码（每人每年付出 2 000 小时）。参数估算的准确性取决于参数模型的成熟度和基础数据的可靠性。

9.2.2.5 数据分析

适用于本过程的数据分析技术包括（但不限于）备选方案分析。备选方案分析是一种对已识别的可选方案进行评估的技术，用来决定选择哪种方案或使用何种方法来执行项目工作。很多活动有多个备选的实施方案，例如使用能力或技能水平不同的资源、不同规模或类型的机器、不同的工具（手工或自动），以及关于资源自制、租赁或购买的决策。备选方案分析有助于提供在定义的制约因素范围内执行项目活动的最佳方案。

9.2.2.6 项目管理信息系统 (PMIS)

见 4.3.2.2 节。项目管理信息系统可以包括资源管理软件，这些软件有助于规划、组织与管理资源库，以及编制资源估算。根据软件的复杂程度，可以确定资源分解结构、资源可用性、资源费率和各种资源日历，有助于优化资源使用。

9.2.2.7 会议

项目经理可以和职能经理一起举行规划会议，以估算每项活动所需的资源、支持型活动 (LoE)、团队资源的技能水平，以及所需材料的数量。参会者可能包括项目经理、项目发起人、选定的项目团队成员、选定的相关方，以及其他必要人员。

9.2.3 估算活动资源：输出

9.2.3.1 资源需求

资源需求识别了各个工作包或工作包中每个活动所需的资源类型和数量，可以汇总这些需求，以估算每个工作包、每个 WBS 分支以及整个项目所需的资源。资源需求描述的细节数量与具体程度因应用领域而异，而资源需求文件也可包含为确定所用资源的类型、可用性和所需数量所做的假设。

9.2.3.2 估算依据

见 6.4.3.2 节。资源估算所需的支持信息的数量和种类，因应用领域而异。但不论其详细程度如何，支持性文件都应该清晰完整地说明资源估算是如何得出的。

资源估算的支持信息可包括：

- ◆ 估算方法；
- ◆ 用于估算的资源，如以往类似项目的信息；
- ◆ 与估算有关的假设条件；
- ◆ 已知的制约因素；
- ◆ 估算范围；
- ◆ 估算的置信水平；
- ◆ 有关影响估算的已识别风险的文件。

9.2.3.3 资源分解结构

资源分解结构是资源依类别和类型的层级展现（见图 9-7）。资源类别包括（但不限于）人力、材料、设备和用品，资源类型则包括技能水平、等级水平、持有证书或适用于项目的其他类型。在规划资源管理过程中，资源分解结构用于指导项目的分类活动。在这一过程中，资源分解结构是一份完整的文件，用于获取和监督资源。

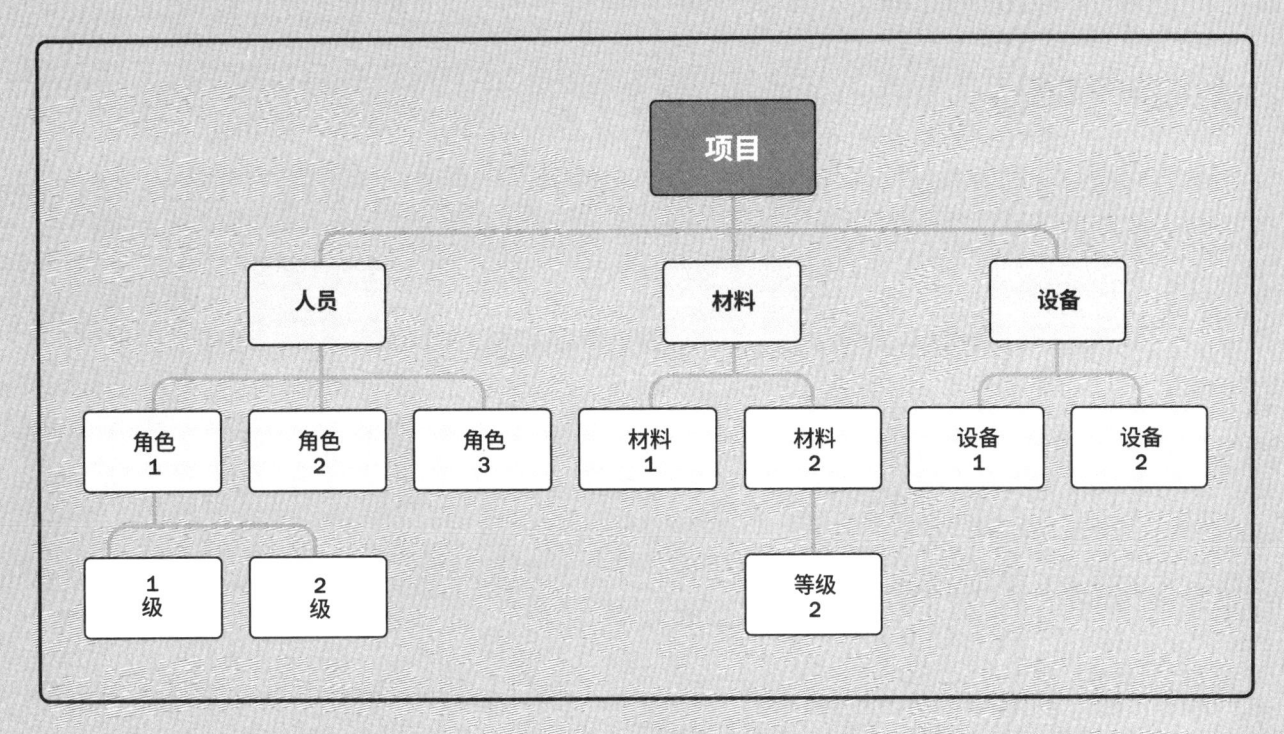

图 9-7 资源分解结构示例

9.2.3.4 项目文件更新

可在本过程更新的项目文件包括（但不限于）：

- ◆ **活动属性**。见 6.2.3.2 节。活动属性依据资源需求而更新。
- ◆ **假设日志**。见 4.1.3.2 节。关于项目所需资源的类型和数量的假设条件，更新在假设日志中。此外，任何资源制约因素，包括集体劳资协议、连续工作时间、计划休假等，也应当相应更新。
- ◆ **经验教训登记册**。见 11.2.3.1 节。能够有效和高效地估算资源的技术，以及有关那些无效或低效的技术信息，更新在经验教训登记册中。

9.3 获取资源

获取资源是获取项目所需的团队成员、设施、设备、材料、用品和其他资源的过程。本过程的主要作用是，概述和指导资源的选择，并将其分配给相应的活动。本过程应根据需要在整个项目期间定期开展。图 9-8 描述本过程的输入、工具与技术和输出。图 9-9 是本过程的数据流向图。

获取资源

输入	工具与技术	输出
.1 项目管理计划 　• 资源管理计划 　• 采购管理计划 　• 成本基准 .2 项目文件 　• 项目进度计划 　• 资源日历 　• 资源需求 　• 相关方登记册 .3 事业环境因素 .4 组织过程资产	.1 决策 　• 多标准决策分析 .2 人际关系与团队技能 　• 谈判 .3 预分派 .4 虚拟团队	.1 实物资源分配单 .2 项目团队派工单 .3 资源日历 .4 变更请求 .5 项目管理计划更新 　• 资源管理计划 　• 成本基准 .6 项目文件更新 　• 经验教训登记册 　• 项目进度计划 　• 资源分解结构 　• 资源需求 　• 风险登记册 　• 相关方登记册 .7 事业环境因素更新 .8 组织过程资产更新

图 9-8 获取资源：输入、工具与技术和输出

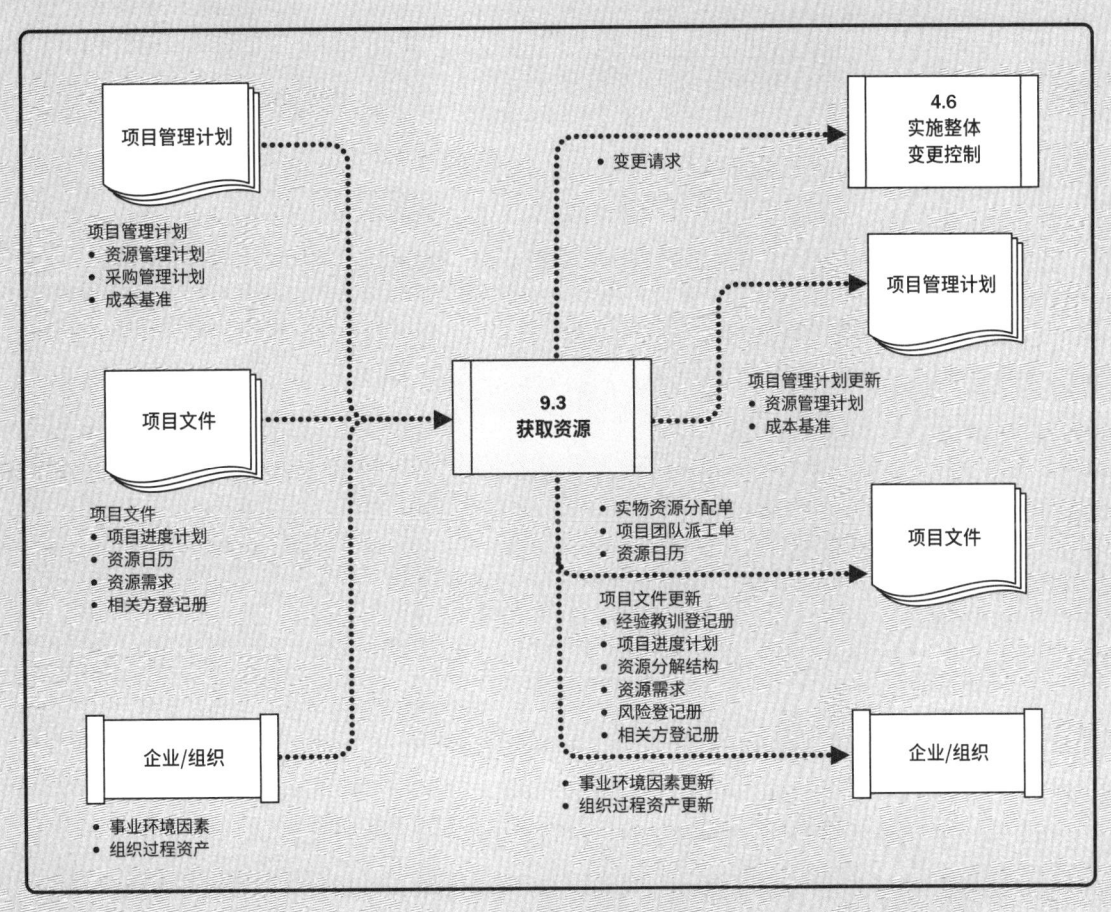

图 9-9 获取资源：数据流向图

项目所需资源可能来自项目执行组织的内部或外部。内部资源由职能经理或资源经理负责获取（分配），外部资源则是通过采购过程获得。

因为集体劳资协议、分包商人员使用、矩阵型项目环境、内外部报告关系或其他原因，项目管理团队可能或可能不对资源选择有直接控制权。重要的是，在获取项目资源过程中应注意下列事项：

- 项目经理或项目团队应该进行有效谈判，并影响那些能为项目提供所需团队和实物资源的人员。
- 不能获得项目所需的资源时，可能会影响项目进度、预算、客户满意度、质量和风险；资源或人员能力不足会降低项目成功的概率，最坏的情况可能导致项目取消。
- 如因制约因素（如经济因素或其他项目对资源的占用）而无法获得所需团队资源，项目经理或项目团队可能不得不使用也许能力和成本不同的替代资源。在不违反法律、规章、强制性规定或其他具体标准的前提下可以使用替代资源。

在项目规划阶段，应该对上述因素加以考虑并做出适当安排。项目经理或项目管理团队应该在项目进度计划、项目预算、项目风险计划、项目质量计划、培训计划及其他相关项目管理计划中，说明缺少所需资源的后果。

9.3.1 获取资源：输入

9.3.1.1 项目管理计划

见 4.2.3.1 节。项目管理计划组件包括（但不限于）：

- **资源管理计划**。见 9.1.3.1 节。资源管理计划为如何获取项目资源提供指南。
- **采购管理计划**。见 12.1.3.1 节。采购管理计划提供了关于将从项目外部获取的资源的信息，包括如何将采购与其他项目工作整合起来以及涉及资源采购工作的相关方。
- **成本基准**。见 7.3.3.1 节。成本基准提供了项目活动的总体预算。

9.3.1.2 项目文件

可作为本过程输入的项目文件包括（但不限于）：

- **项目进度计划**。见 6.5.3.2 节。项目进度计划展示了各项活动及其开始和结束日期，有助于确定需要提供和获取资源的时间。
- **资源日历**。见 9.3.3.3 节。资源日历记录了每个项目资源在项目中的可用时间段。编制出可靠的进度计划，就需要充分了解各个资源的可用性和时间限制（包括时区、工作时间、休假时间、当地节假日、维护计划和在其他项目的工作时间）。资源日历需要在整个项目过程中渐进明细和更新。资源日历是本过程的输出，在重复本过程时随时可用。
- **资源需求**。见 9.2.3.1 节。资源需求识别了需要获取的资源。
- **相关方登记册**。见 13.1.3.1 节。相关方登记册可能会发现相关方对项目特定资源的需求或期望，在获取资源过程中应加以考虑。

9.3.1.3 事业环境因素

能够影响获取资源过程的事业环境因素包括（但不限于）：

- 现有组织资源信息，包括可用性、能力水平、以及有关团队资源和资源成本的以往经验；
- 市场条件；
- 组织结构；
- 地理位置。

9.3.1.4 组织过程资产

能够影响获取资源过程的组织过程资产包括（但不限于）：

- 有关项目资源的获取、配给和分配的政策和程序；
- 历史信息和经验教训知识库。

9.3.2 获取资源：工具与技术

9.3.2.1 决策

见5.2.2.4节。适用于获取资源过程的决策技术包括（但不限于）多标准决策分析（见8.1.2.4节）。选择标准常用于选择项目的实物资源或项目团队。使用多标准决策分析工具制定出标准，用于对潜在资源进行评级或打分（例如，在内部和外部团队资源之间进行选择）。根据标准的相对重要性对标准进行加权，加权值可能因资源类型的不同而发生变化。可使用的选择标准包括：

- **可用性**。确认资源能否在项目所需时段内为项目所用。
- **成本**。确认增加资源的成本是否在规定的预算内。
- **能力**。确认团队成员是否提供了项目所需的能力。

有些选择标准对团队资源来说是独特的，包括：

- **经验**。确认团队成员具备项目成功所需的相关经验。
- **知识**。考虑团队成员是否具有关于特定客户、以往类似项目和项目环境细节的知识。
- **技能**。确认团队成员拥有使用项目工具的相关技能。
- **态度**。确认团队成员能否与他人协同工作，以形成有凝聚力的团队。
- **国际因素**。考虑团队成员的位置、时区和沟通能力。

9.3.2.2 人际关系与团队技能

适用于本过程的人际关系与团队技能包括（但不限于）谈判。见 12.2.2.5 节。很多项目需要针对所需资源进行谈判，项目管理团队需要与下列各方谈判：

- **职能经理**。确保项目在要求的时限内获得最佳资源，直到完成职责。
- **执行组织中的其他项目管理团队**。合理分配稀缺或特殊资源。
- **外部组织和供应商**。提供合适的、稀缺的、特殊的、合格的、经认证的或其他特殊的团队或实物资源。特别需要注意与外部谈判有关的政策、做法、流程、指南、法律及其他标准。

在资源分配谈判中，项目管理团队影响他人的能力很重要，如同在组织中的政治能力一样重要。例如，说服职能经理，让他/她看到项目具有良好的前景，会影响他/她把最佳资源分配给这个项目而不是竞争项目。

9.3.2.3 预分派

预分派指事先确定项目的实物或团队资源，可在下列情况下发生：在竞标过程中承诺分派特定人员进行项目工作；项目取决于特定人员的专有技能；在编制初始资源管理计划之前，制定项目章程过程或其他过程已经指定了某些团队成员的工作分派。

9.3.2.4 虚拟团队

虚拟团队的使用为招募项目团队成员提供了新的可能性。虚拟团队可定义为具有共同目标、在完成角色任务的过程中很少或没有时间面对面工作的一群人。现代沟通技术（如电子邮件、电话会议、社交媒体、网络会议和视频会议等）使虚拟团队成为可行。虚拟团队模式使人们有可能：

◆ 在组织内部地处不同地理位置的员工之间组建团队；

◆ 为项目团队增加特殊技能，即使相应的专家不在同一地理区域；

◆ 将在家办公的员工纳入团队；

◆ 在工作班次、工作小时或工作日不同的员工之间组建团队；

◆ 将行动不便者或残疾人纳入团队；

◆ 执行那些原本会因差旅费用过高而被搁置或取消的项目；

◆ 节省员工所需的办公室和所有实物设备的开支。

在虚拟团队的环境中，沟通规划变得日益重要。可能需要花更多时间，来设定明确的期望、促进沟通、制定冲突解决方法、召集人员参与决策、理解文化差异，以及共享成功喜悦。

9.3.3 获取资源：输出

9.3.3.1 实物资源分配单

实物资源分配单记录了项目将使用的材料、设备、用品、地点和其他实物资源。

9.3.3.2 项目团队派工单

项目团队派工单记录了团队成员及其在项目中的角色和职责,可包括项目团队名录,还需要把人员姓名插入项目管理计划的其他部分,如项目组织图和进度计划。

9.3.3.3 资源日历

资源日历识别了每种具体资源可用时的工作日、班次、正常上下班时间、周末和公共假期。在规划活动期间,潜在的可用资源信息(如团队资源、设备和材料)用于估算资源可用性。资源日历规定了在项目期间确定的团队和实物资源何时可用、可用多久。这些信息可以在活动或项目层面建立,这考虑了诸如资源经验和/或技能水平以及不同地理位置等属性。

9.3.3.4 变更请求

见 4.3.3.4 节。如果获取资源过程中出现变更请求(例如影响了进度),或者推荐措施、纠正措施或预防措施影响了项目管理计划的任何组成部分或项目文件,项目经理应提交变更请求,且应该通过实施整体变更控制过程(见 4.6 节)对变更请求进行审查和处理。

9.3.3.5 项目管理计划更新

项目管理计划的任何变更都以变更请求的形式提出,且通过组织的变更控制过程进行处理。开展本过程可能导致项目管理计划更新的内容包括(但不限于):

- ◆ **资源管理计划**。见 9.1.3.1 节。更新资源管理计划,以反映获取项目资源的实际经验,包括在项目早期获取资源的经验教训,这些经验会影响项目后期的资源获取过程。

- ◆ **成本基准**。见 7.3.3.1 节。在项目资源采购期间,成本基准可能发生变更。

9.3.3.6 项目文件更新

可在本过程更新的项目文件包括（但不限于）：

- **经验教训登记册**。见 4.4.3.1 节。项目中遇到的挑战、本可以规避这些挑战的方法，以及良好的资源获取方式更新在经验教训登记册中。
- **项目进度计划**。见 6.5.3.2 节。所需资源的可用性可能会导致项目进度的变更。
- **资源分解结构**。见 9.2.3.3 节。在本过程中获取的资源应记录到资源分解结构中。
- **资源需求**。见 9.2.3.1 节。更新资源需求文件，以反映获取的项目资源。
- **风险登记册**。见 11.2.3.1 节。本过程中识别的新风险记录在风险登记册中，并通过风险管理过程进行管理。
- **相关方登记册**。见 13.1.3.1 节。增加的任何新的相关方，以及在本过程中获得的有关现有相关方的新信息更新在相关方登记册中。

9.3.3.7 事业环境因素更新

需要更新的事业环境因素包括（但不限于）：

- 组织内资源的可用性；
- 组织已使用的消耗资源的数量。

9.3.3.8 组织过程资产更新

作为获取资源过程的结果，需要更新的组织过程资产包括（但不限于）有关获取、配给和分配资源的文件。

9.4 建设团队

建设团队是提高工作能力、促进团队成员互动、改善团队整体氛围，以提高项目绩效的过程。本过程的主要作用是，改进团队协作、增强人际关系技能和胜任力、激励员工、减少摩擦以及提升整体项目绩效。本过程需要在整个项目期间开展。

图 9-10 描述本过程的输入、工具与技术和输出。图 9-11 是本过程的数据流向图。

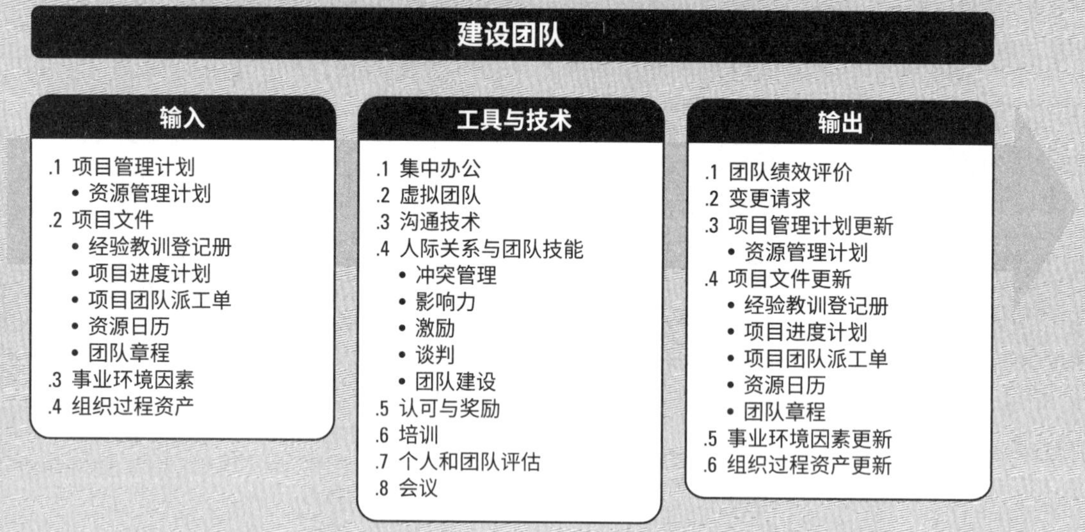

建设团队

输入
1. 项目管理计划
   - 资源管理计划
2. 项目文件
   - 经验教训登记册
   - 项目进度计划
   - 项目团队派工单
   - 资源日历
   - 团队章程
3. 事业环境因素
4. 组织过程资产

工具与技术
1. 集中办公
2. 虚拟团队
3. 沟通技术
4. 人际关系与团队技能
   - 冲突管理
   - 影响力
   - 激励
   - 谈判
   - 团队建设
5. 认可与奖励
6. 培训
7. 个人和团队评估
8. 会议

输出
1. 团队绩效评价
2. 变更请求
3. 项目管理计划更新
   - 资源管理计划
4. 项目文件更新
   - 经验教训登记册
   - 项目进度计划
   - 项目团队派工单
   - 资源日历
   - 团队章程
5. 事业环境因素更新
6. 组织过程资产更新

图 9-10 建设团队：输入、工具与技术和输出

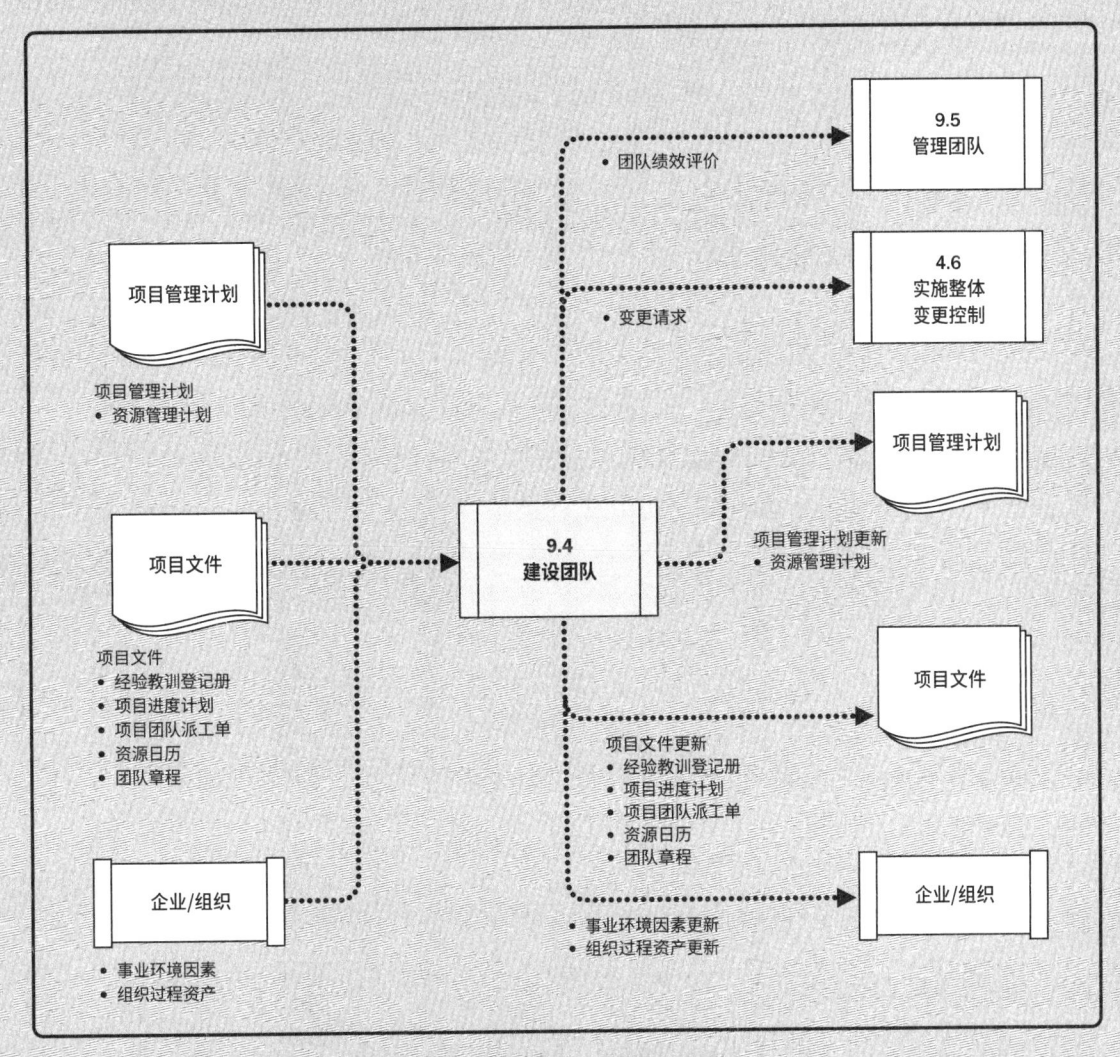

图9-11建设团队：数据流向图

项目经理应该能够定义、建立、维护、激励、领导和鼓舞项目团队，使团队高效运行，并实现项目目标。团队协作是项目成功的关键因素，而建设高效的项目团队是项目经理的主要职责之一。项目经理应创建一个能促进团队协作的环境，并通过给予挑战与机会、提供及时反馈与所需支持，以及认可与奖励优秀绩效，不断激励团队。通过以下行为可以实现团队的高效运行：

◆ 使用开放与有效的沟通；

◆ 创造团队建设机遇；

◆ 建立团队成员间的信任；

◆ 以建设性方式管理冲突；

◆ 鼓励合作型的问题解决方法；

◆ 鼓励合作型的决策方法。

项目经理在全球化环境和富有文化多样性的项目中工作。团队成员经常来自不同的行业，讲不同的语言，有时甚至会在工作中使用一种不同于其本土语言或文化的"团队语言"或文化规范。项目管理团队应该利用文化差异，在整个项目生命周期中致力于发展和维护项目团队，并促进在相互信任的氛围中充分协作；通过建设项目团队，可以改进人际技巧、技术能力、团队环境及项目绩效。在整个项目生命周期中，团队成员之间都要保持明确、及时、有效（包括效果和效率两个方面）的沟通。建设项目团队的目标包括（但不限于）：

- 提高团队成员的知识和技能，以提高他们完成项目可交付成果的能力，并降低成本、缩短工期和提高质量。
- 提高团队成员之间的信任和认同感，以提高士气、减少冲突和增进团队协作。
- 创建富有生气、凝聚力和协作性的团队文化，从而：（1）提高个人和团队生产率，振奋团队精神，促进团队合作；（2）促进团队成员之间的交叉培训和辅导，以分享知识和经验。
- 提高团队参与决策的能力，使他们承担起对解决方案的责任，从而提高团队的生产效率，获得更有效和高效的成果。

有一种关于团队发展的模型叫塔克曼阶梯理论 [19, 20]，其中包括团队建设通常要经过的五个阶段。尽管这些阶段通常按顺序进行，然而，团队停滞在某个阶段或退回到较早阶段的情况也并非罕见；而如果团队成员曾经共事过，项目团队建设也可跳过某个阶段。

- **形成阶段**。在本阶段，团队成员相互认识，并了解项目情况及他们在项目中的正式角色与职责。在这一阶段，团队成员倾向于相互独立，不会开诚布公。
- **震荡阶段**。在本阶段，团队开始从事项目工作、制定技术决策和讨论项目管理方法。如果团队成员不能用合作和开放的态度对待不同观点和意见，团队环境可能变得事与愿违。
- **规范阶段**。在规范阶段，团队成员开始协同工作，并调整各自的工作习惯和行为来支持团队，团队成员会学习相互信任。
- **成熟阶段**。进入这一阶段后，团队就像一个组织有序的单位那样工作，团队成员之间相互依靠，平稳高效地解决问题。
- **解散阶段**。在解散阶段，团队完成所有工作，团队成员离开项目。通常在项目可交付成果完成之后，或者，在结束项目或阶段过程中，释放人员，解散团队。

某个阶段持续时间的长短，取决于团队活力、团队规模和团队领导力。项目经理应该对团队活力有较好的理解，以便有效地带领团队经历所有阶段。

9.4.1 建设团队：输入

9.4.1.1 项目管理计划

见 4.2.3.1 节。项目管理计划组件包括（但不限于）资源管理计划。见 9.1.3.1 节，资源管理计划为如何通过团队绩效评价和其他形式的团队管理活动，为项目团队成员提供奖励、提出反馈、增加培训或采取惩罚措施提供了指南。资源管理计划可能包括团队绩效评价标准。

9.4.1.2 项目文件

可作为本过程输入的项目文件包括（但不限于）：

- **经验教训登记册**。见 4.4.3.1 节。项目早期与团队建设有关的经验教训可以运用到项目后期阶段，以提高团队绩效。
- **项目进度计划**。见 6.5.3.2 节。项目进度计划定义了如何以及何时为项目团队提供培训，以培养不同阶段所需的能力，并根据项目执行期间的任何差异（如有）识别需要的团队建设策略。
- **项目团队派工单**。见 9.3.3.1 节。项目团队派工单识别了团队成员的角色与职责。
- **资源日历**。见 9.2.1.2 节。资源日历定义了项目团队成员何时能参与团队建设活动，有助于说明团队在整个项目期间的可用性。
- **团队章程**。见 9.1.3.2 节。团队章程包含团队工作指南。团队价值观和工作指南为描述团队的合作方式提供了架构。

9.4.1.3 事业环境因素

能够影响建设团队过程的事业环境因素包括（但不限于）：

- 有关雇佣和解雇、员工绩效审查、员工发展与培训记录，以及认可与奖励的人力资源管理政策；
- 团队成员的技能、能力和专业知识；
- 团队成员的地理分布。

9.4.1.4 组织过程资产

能够影响建设团队过程的组织过程资产包括（但不限于）历史信息和经验教训知识库。

9.4.2 建设团队：工具与技术

9.4.2.1 集中办公

集中办公是指把许多或全部最活跃的项目团队成员安排在同一个物理地点工作，以增强团队工作能力。集中办公既可以是临时的（如仅在项目特别重要的时期），也可以贯穿整个项目。实施集中办公策略，可借助团队会议室、张贴进度计划的场所，以及其他能增进沟通和集体感的设施。

9.4.2.2 虚拟团队

虚拟团队的使用能带来很多好处，例如，使用更多技术熟练的资源、降低成本、减少出差及搬迁费用，以及拉近团队成员与供应商、客户或其他重要相关方的距离。虚拟团队可以利用技术来营造在线团队环境，以供团队存储文件、使用在线对话来讨论问题，以及保存团队日历。

9.4.2.3 沟通技术

见 10.1.2.3 节。在解决集中办公或虚拟团队的团队建设问题方面，沟通技术至关重要。它有助于为集中办公团队营造一个融洽的环境，促进虚拟团队（尤其是团队成员分散在不同时区的团队）更好地相互理解。可采用的沟通技术包括：

- **共享门户**。共享信息库（例如网站、协作软件或内部网）对虚拟项目团队很有帮助。
- **视频会议**。视频会议是一种可有效地与虚拟团队沟通的重要技术。
- **音频会议**。音频会议有助于虚拟团队建立融洽和信任的关系。
- **电子邮件/聊天软件**。使用电子邮件和聊天软件定期沟通也是一种有效的方式。

9.4.2.4 人际关系与团队技能

适用于本过程的人际关系与团队技能包括（但不限于）：

- **冲突管理**。见 9.5.2.1 节。项目经理应及时地以建设性方式解决冲突，从而创建高绩效团队。
- **影响力**。见 9.5.2.1 节。本过程的影响力技能收集相关的关键信息，在维护相互信任的同时，解决重要问题并达成一致意见。
- **激励**。激励为某人采取行动提供了理由。提高团队参与决策的能力并鼓励他们独立工作。
- **谈判**。见 12.2.2.5 节。团队成员之间的谈判旨在就项目需求达成共识。谈判有助于在团队成员之间建立融洽的相互信任的关系。
- **团队建设**。团队建设是通过举办各种活动，强化团队的社交关系，打造积极合作的工作环境。团队建设活动既可以是状态审查会上的五分钟议程，也可以是为改善人际关系而设计的、在非工作场所专门举办的专业提升活动。团队建设活动旨在帮助各团队成员更加有效地协同工作。如果团队成员的工作地点相隔甚远，无法进行面对面接触，就特别需要有效的团队建设策略。非正式的沟通和活动有助于建立信任和良好的工作关系。团队建设在项目前期必不可少，但它更是个持续的过程。项目环境的变化不可避免，要有效应对这些变化，就需要持续不断地开展团队建设。项目经理应该持续地监督团队机能和绩效，确定是否需要采取措施来预防或纠正各种团队问题。

9.4.2.5 认可与奖励

在建设项目团队过程中，需要对成员的优良行为给予认可与奖励。最初的奖励计划是在规划资源管理过程中编制的，只有能满足被奖励者的某个重要需求的奖励，才是有效的奖励。在管理项目团队过程中，可以正式或非正式的方式做出奖励决定，但在决定认可与奖励时，应考虑文化差异。

当人们感受到自己在组织中的价值，并且可以通过获得奖励来体现这种价值，他们就会受到激励。通常，金钱是奖励制度中的有形奖励，然而也存在各种同样有效、甚至更加有效的无形奖励。大多数项目团队成员会因得到成长机会、获得成就感、得到赞赏以及用专业技能迎接新挑战，而受到激励。项目经理应该在整个项目生命周期中尽可能地给予表彰，而不是等到项目完成时。

9.4.2.6 培训

培训包括旨在提高项目团队成员能力的全部活动，可以是正式或非正式的，方式包括课堂培训、在线培训、计算机辅助培训、在岗培训（由其他项目团队成员提供）、辅导及训练。如果项目团队成员缺乏必要的管理或技术技能，可以把对这种技能的培养作为项目工作的一部分。项目经理应该按资源管理计划中的安排来实施预定的培训，也应该根据管理项目团队过程中的观察、交谈和项目绩效评估的结果，来开展必要的计划外培训，培训成本通常应该包括在项目预算中，或者如果增加的技能有利于未来的项目，则由执行组织承担。培训可以由内部或外部培训师来执行。

9.4.2.7 个人和团队评估

个人和团队评估工具能让项目经理和项目团队洞察成员的优势和劣势。这些工具可帮助项目经理评估团队成员的偏好和愿望、团队成员如何处理和整理信息、如何制定决策，以及团队成员如何与他人打交道。有各种可用的工具，如态度调查、专项评估、结构化访谈、能力测试及焦点小组。这些工具有利于增进团队成员间的理解、信任、承诺和沟通，在整个项目期间不断提高团队成效。

9.4.2.8 会议

可以用会议来讨论和解决有关团队建设的问题，参会者包括项目经理和项目团队。会议类型包括（但不限于）：项目说明会、团队建设会议，以及团队发展会议。

9.4.3 建设团队：输出

9.4.3.1 团队绩效评价

随着项目团队建设工作（如培训、团队建设和集中办公等）的开展，项目管理团队应该对项目团队的有效性进行正式或非正式的评价。有效的团队建设策略和活动可以提高团队绩效，从而提高实现项目目标的可能性。

评价团队有效性的指标可包括：

◆ 技能的改进，从而使成员更有效地完成工作任务；

◆ 胜任力改进，使成员作为一个团队更好地开展工作；

◆ 团队成员离职率的降低；

◆ 团队凝聚力的加强，从而使团队成员公开分享信息和经验，并互相帮助来提高项目绩效。

通过对团队整体绩效的评价，项目管理团队能够识别出所需的特殊培训、教练、辅导、协助或改变，以提高团队绩效。项目管理团队也应该识别出合适或所需的资源，以执行和实现在绩效评价过程中提出的改进建议。

9.4.3.2 变更请求

见 4.3.3.4 节。如果建设团队过程中出现变更请求，或者推荐的纠正措施或预防措施影响了项目管理计划的任何组成部分或项目文件，项目经理应提交变更请求并遵循 4.6 节定义的实施整体变更控制过程。

9.4.3.3 项目管理计划更新

项目管理计划的任何变更都以变更请求的形式提出，且通过组织的变更控制过程进行处理。可能需要变更的项目管理计划组成部分包括（但不限于）资源管理计划，见 9.1.3.1 节。

9.4.3.4 项目文件更新

可在本过程更新的项目文件包括（但不限于）：

- **经验教训登记册**。见 4.4.3.1 节。项目中遇到的挑战、本可以规避这些挑战的方法，以及良好的团队建设方式更新经验教训登记册中。
- **项目进度计划**。见 6.5.3.2 节。项目团队建设活动可能会导致项目进度的变更。
- **项目团队派工单**。见 9.3.3.1 节。如果团队建设导致已商定的派工单出现变更，应对项目团队派工单做出相应的更新。
- **资源日历**。见 9.2.1.2 节。更新资源日历，以反映项目资源的可用性。
- **团队章程**。见 9.1.3.2 节。更新团队章程，以反映因团队建设对团队工作指南做出的变更。

9.4.3.5 事业环境因素更新

作为建设项目团队过程的结果，需要更新的事业环境因素包括（但不限于）：

- 员工发展计划的记录；
- 技能评估。

9.4.3.6 组织过程资产更新

作为建设团队过程的结果，需要更新的组织过程资产包括（但不限于）：

- 培训需求；
- 人事评测。

9.5 管理团队

管理团队是跟踪团队成员工作表现、提供反馈、解决问题并管理团队变更，以优化项目绩效的过程。本过程的主要作用是，影响团队行为、管理冲突，以及解决问题。本过程需要在整个项目期间开展。

图 9-12 描述本过程的输入、工具与技术和输出。图 9-13 是本过程的数据流向图。

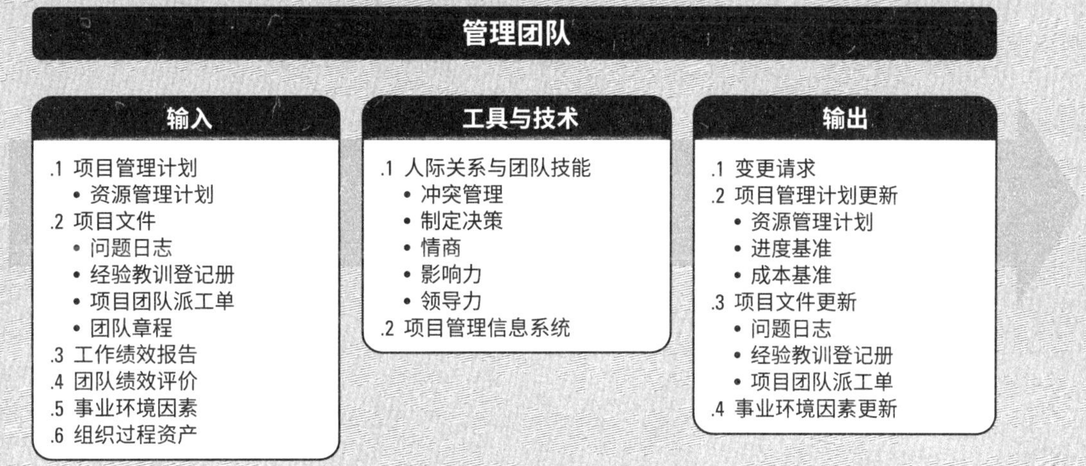

输入	工具与技术	输出
.1 项目管理计划 　• 资源管理计划 .2 项目文件 　• 问题日志 　• 经验教训登记册 　• 项目团队派工单 　• 团队章程 .3 工作绩效报告 .4 团队绩效评价 .5 事业环境因素 .6 组织过程资产	.1 人际关系与团队技能 　• 冲突管理 　• 制定决策 　• 情商 　• 影响力 　• 领导力 .2 项目管理信息系统	.1 变更请求 .2 项目管理计划更新 　• 资源管理计划 　• 进度基准 　• 成本基准 .3 项目文件更新 　• 问题日志 　• 经验教训登记册 　• 项目团队派工单 .4 事业环境因素更新

图 9-12 管理团队：输入、工具与技术和输出

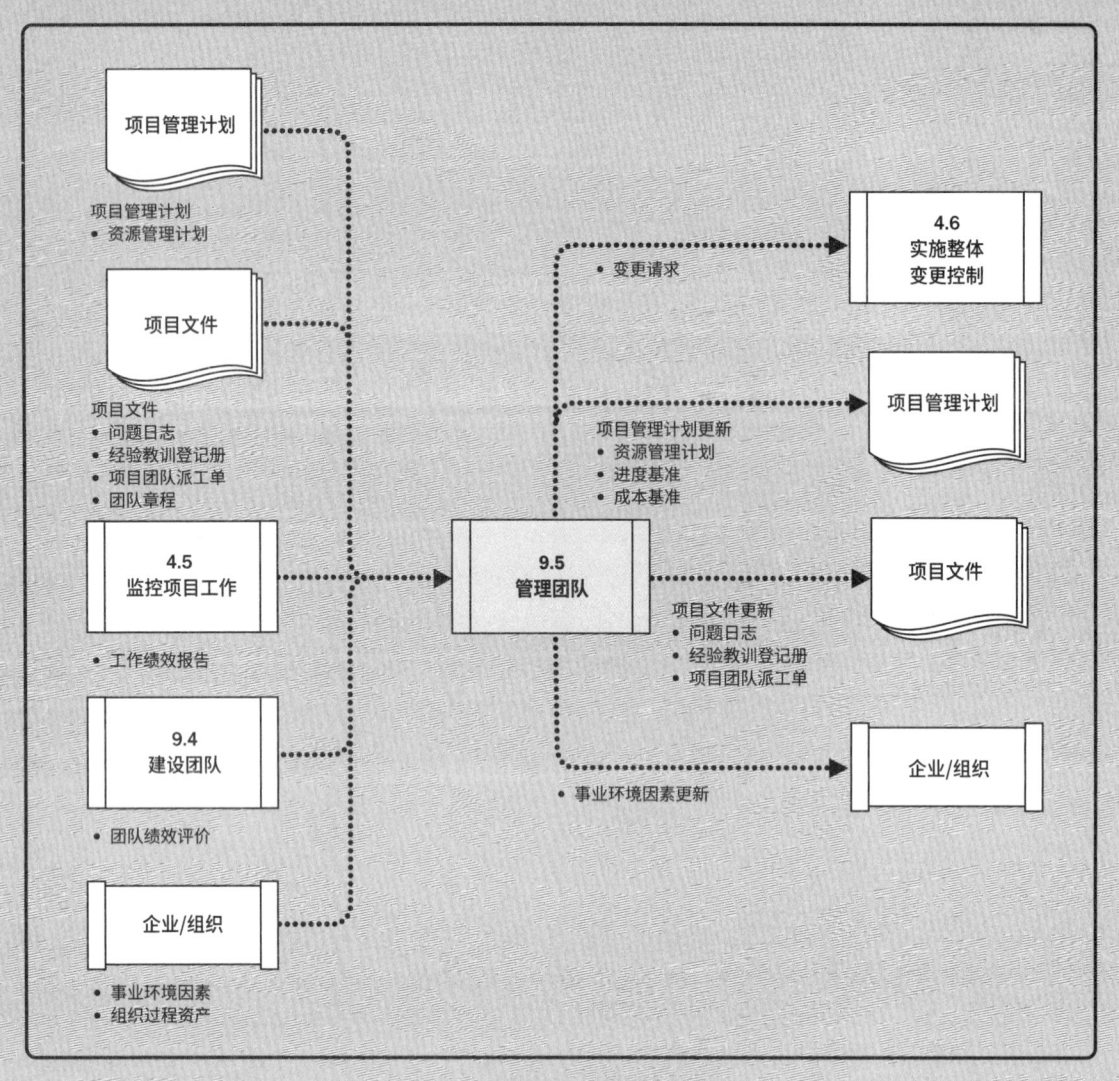

图 9-13 管理团队：数据流向图

管理项目团队需要借助多方面的管理和领导力技能，来促进团队协作，整合团队成员的工作，从而创建高效团队。进行团队管理，需要综合运用各种技能，特别是沟通、冲突管理、谈判和领导技能。项目经理应该向团队成员分配富有挑战性的任务，并对优秀绩效进行表彰。

项目经理应留意团队成员是否有意愿和能力完成工作，然后相应地调整管理和领导力方式。相对那些已展现出能力和有经验的团队成员，技术能力较低的团队成员更需要强化监督。

9.5.1 管理团队：输入

9.5.1.1 项目管理计划

见 4.2.3.1 节。项目管理计划组件包括（但不限于）资源管理计划。见 9.1.3.1 节，资源管理计划为如何管理和最终遣散项目团队资源提供指南。

9.5.1.2 项目文件

可作为本过程输入的项目文件包括（但不限于）：

- **问题日志**。见 4.3.3.3 节。在管理项目团队过程中，总会出现各种问题。此时，可用问题日志记录由谁负责在目标日期内解决特定问题，并监督解决情况。
- **经验教训登记册**。见 4.4.3.1 节。项目早期的经验教训可以运用到项目后期阶段，以提高团队管理的效率与效果。
- **项目团队派工单**。见 9.3.3.1 节。项目团队派工单识别了团队成员的角色与职责。
- **团队章程**。见 9.1.3.2 节。团队章程为团队应如何决策、举行会议和解决冲突提供指南。

9.5.1.3 工作绩效报告

见 4.5.3.1 节。工作绩效报告是为制定决策、采取行动或引起关注所形成的实物或电子工作绩效信息，它包括从进度控制、成本控制、质量控制和范围确认中得到的结果，有助于项目团队管理。绩效报告和相关预测报告中的信息，有助于确定未来的团队资源需求、认可与奖励，以及更新资源管理计划。

9.5.1.4 团队绩效评价

见 9.4.3.1 节。项目管理团队应该持续地对项目团队绩效进行正式或非正式的评价。不断地评价项目团队绩效，有助于采取措施解决问题、调整沟通方式、解决冲突和改进团队互动。

9.5.1.5 事业环境因素

能够影响管理团队过程的事业环境因素包括（但不限于）人力资源管理政策。

9.5.1.6 组织过程资产

能够影响管理团队过程的组织过程资产包括（但不限于）：

- ◆ 嘉奖证书；
- ◆ 公司制服；
- ◆ 组织中其他的额外待遇。

9.5.2 管理团队：工具与技术

9.5.2.1 人际关系与团队技能

适用于本过程的人际关系与团队技能包括（但不限于）：

- ◆ **冲突管理**。在项目环境中，冲突不可避免。冲突的来源包括资源稀缺、进度优先级排序和个人工作风格差异等。采用团队基本规则、团队规范及成熟的项目管理实践（如沟通规划和角色定义），可以减少冲突的数量。

  成功的冲突管理可提高生产力，改进工作关系。同时，如果管理得当，意见分歧有利于提高创造力和改进决策。假如意见分歧成为负面因素，应该首先由项目团队成员负责解决；如果冲突升级，项目经理应提供协助，促成满意的解决方案，采用直接和合作的方式，尽早并且通常在私下处理冲突。如果破坏性冲突继续存在，则可使用正式程序，包括采取惩戒措施。

  项目经理解决冲突的能力往往决定其管理项目团队的成败。不同的项目经理可能采用不同的解决冲突方法。影响冲突解决方法的因素包括：

  - 冲突的重要性与激烈程度；
  - 解决冲突的紧迫性；
  - 涉及冲突的人员的相对权力；
  - 维持良好关系的重要性；
  - 永久或暂时解决冲突的动机。

有五种常用的冲突解决方法，每种技巧都有各自的作用和用途。

- *撤退/回避*。从实际或潜在冲突中退出，将问题推迟到准备充分的时候，或者将问题推给其他人员解决。
- *缓和/包容*。强调一致而非差异；为维持和谐与关系而退让一步，考虑其他方的需要。
- *妥协/调解*。为了暂时或部分解决冲突，寻找能让各方都在一定程度上满意的方案，但这种方法有时会导致"双输"局面。
- *强迫/命令*。以牺牲其他方为代价，推行某一方的观点；只提供赢－输方案。通常是利用权力来强行解决紧急问题，这种方法通常会导致"赢输"局面。
- *合作/解决问题*。综合考虑不同的观点和意见，采用合作的态度和开放式对话引导各方达成共识和承诺，这种方法可以带来双赢局面。

◆ **制定决策**。这种情况下，决策包括谈判能力以及影响组织与项目管理团队的能力，而不是决策工具集所描述的一系列工具。进行有效决策需要：

- 着眼于所要达到的目标；
- 遵循决策流程；
- 研究环境因素；
- 分析可用信息；
- 激发团队创造力；
- 考虑风险。

◆ **情商**。情商是指了解、评价和管理自我情绪、他人情绪及团体情绪的能力。团队应该使用情商来了解、评估及控制项目团队成员的情绪，预测团队成员的行为，确认团队成员的关注点及跟踪团队成员的问题，从而达到减轻压力、加强合作的目的。

- **影响力**。在矩阵环境中，项目经理对团队成员通常没有或仅有很小的命令职权，所以他们适时影响相关方的能力，对保证项目成功非常关键。影响力主要体现在如下各方面：
  - 说服他人；
  - 清晰表达观点和立场；
  - 积极且有效地倾听；
  - 在任何情况下都能了解并综合考虑各种观点；
  - 收集相关信息，在维护相互信任的同时，解决问题并达成一致意见。
- **领导力**。成功的项目需要强有力的领导技能。领导力是领导和激励团队做好工作的能力。它包括各种不同的技巧、能力和行动。领导力在项目生命周期中的所有阶段都很重要。有多种领导力理论，定义了适用于不同情形或团队的领导风格。领导力对沟通愿景及鼓舞项目团队高效工作十分重要。

9.5.2.2 项目管理信息系统 (PMIS)

见 4.3.2.2 节。项目管理信息系统可包括资源管理或进度计划软件，可用于在各个项目活动中管理和协调团队成员。

9.5.3 管理团队：输出

9.5.3.1 变更请求

见 4.3.3.4 节。如果管理团队过程中出现变更请求，或者推荐措施、纠正措施或预防措施影响了项目管理计划的任何组成部分或项目文件，项目经理应提交变更请求。并通过实施整体变更控制过程（见 4.6 节）对变更请求进行审查和处理。

例如，人员配备变更，无论是自主选择还是由不可控事件造成，都会干扰项目团队，这种干扰可能导致进度落后或预算超支。人员配备变更包括转派人员、外包部分工作，或替换离职人员。

9.5.3.2 项目管理计划更新

项目管理计划的任何变更都以变更请求的形式提出，且通过组织的变更控制过程进行处理。可能需要变更的项目管理计划组成部分包括（但不限于）：

- ◆ **资源管理计划**。见 9.1.3.1 节。资源管理计划根据实际的项目团队管理经验更新。
- ◆ **进度基准**。见 6.5.3.1 节。可能需要更改项目进度计划，以反映团队的执行方式。
- ◆ **成本基准**。见 7.3.3.1 节。可能需要更改项目成本基准，以反映团队的执行方式。

9.5.3.3 项目文件更新

可在本过程更新的项目文件包括（但不限于）：

- ◆ **问题日志**。见 4.3.3.3 节。在本过程中提出的新问题应该记录到问题日志中。
- ◆ **经验教训登记册**。见 4.4.3.1 节。更新经验教训登记册，记录在项目中遇到的挑战、本应可以规避这些挑战的方法，以及良好的团队管理方式。
- ◆ **项目团队派工单**。见 9.3.3.1 节。如果需要对团队做出变更，则在项目团队派工单中记录这些变更。

9.5.3.4 事业环境因素更新

作为管理团队过程的结果，需要更新的事业环境因素包括（但不限于）：

- ◆ 对组织绩效评价的输入；
- ◆ 个人技能。

9.6 控制资源

控制资源是确保按计划为项目分配实物资源，以及根据资源使用计划监督资源实际使用情况，并采取必要纠正措施的过程。本过程的主要作用是，确保所分配的资源适时适地可用于项目，且在不再需要时被释放。本过程需要在整个项目期间开展。图 9-14 描述了本过程的输入和输出。图 9-15 是本过程的数据流向图。

控制资源

输入	工具与技术	输出
.1 项目管理计划 • 资源管理计划 .2 项目文件 • 问题日志 • 经验教训登记册 • 物质资源分配单 • 项目进度计划 • 资源分解结构 • 资源需求 • 风险登记册 .3 工作绩效数据 .4 协议 .5 组织过程资产	.1 数据分析 • 备选方案分析 • 成本效益分析 • 绩效审查 • 趋势分析 .2 问题解决 .3 人际关系与团队技能 • 谈判 • 影响力 .4 项目管理信息系统	.1 工作绩效信息 .2 变更请求 .3 项目管理计划更新 • 资源管理计划 • 进度基准 • 成本基准 .4 项目文件更新 • 假设日志 • 问题日志 • 经验教训登记册 • 物质资源分配单 • 资源分解结构 • 风险登记册

图 9-14 控制资源：输入、工具与技术和输出

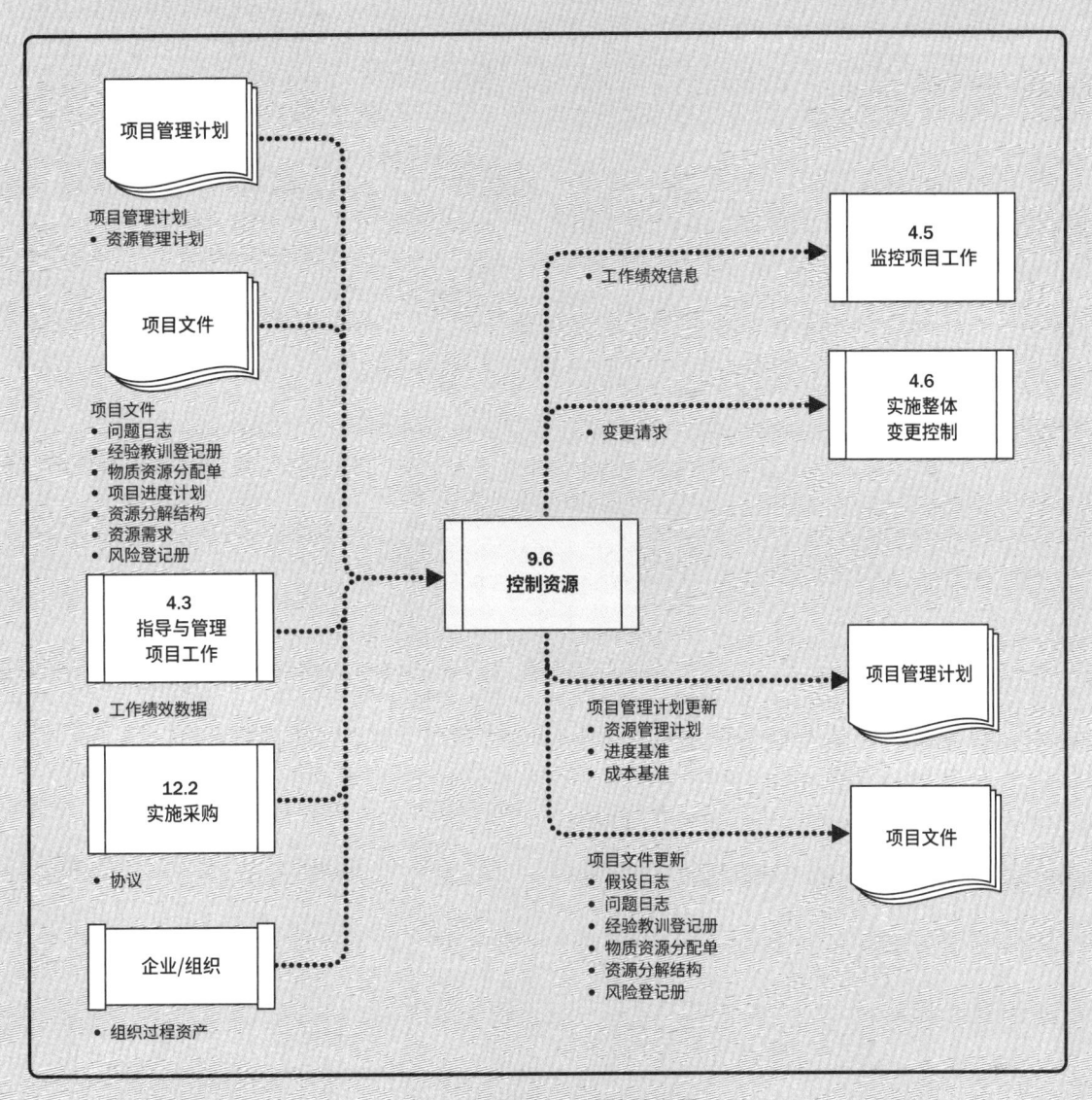

图 9-15 控制资源：数据流向图

应在所有项目阶段和整个项目生命周期期间持续开展控制资源过程，且适时、适地和适量地分配和释放资源，使项目能够毫无延误地向前推进。控制资源过程关注实物资源，例如设备、材料、设施和基础设施。管理团队过程关注团队成员。

本节讨论的控制资源技术是项目中最常用的，而在特定项目或应用领域中，还可采用许多其他控制资源技术。

353

更新资源分配时，需要了解已使用的资源和还需要获取的资源。为此，应审查至今为止的资源使用情况。控制资源过程关注：

- 监督资源支出；
- 及时识别和处理资源缺乏/剩余情况；
- 确保根据计划和项目需求使用和释放资源；
- 在出现资源相关问题时通知相应的相关方；
- 影响会导致资源使用变更的因素；
- 在变更实际发生时对其进行管理。

进度基准或成本基准的任何变更，都必须经过实施整体变更控制过程的审批（见 4.6 节）。

9.6.1 控制资源：输入

9.6.1.1 项目管理计划

见 4.2.3.1 节。项目管理计划组件包括（但不限于）资源管理计划。见 9.1.3.1 节，资源管理计划为如何使用、控制和最终释放实物资源提供指南。

9.6.1.2 项目文件

可作为本过程输入的项目文件包括（但不限于）：

- **问题日志**。见 4.3.3.3 节。问题日志用于识别有关缺乏资源、原材料供应延迟，或低等级原材料等问题。
- **经验教训登记册**。见 4.4.3.1 节。在项目早期获得的经验教训可以运用到后期阶段，以改进实物资源控制。
- **实物资源分配单**。见 9.3.3.1 节。实物资源分配单描述了资源的预期使用情况以及资源的详细信息，例如类型、数量、地点以及属于组织内部资源还是外购资源。

- **项目进度计划**。见 6.5.3.2 节。项目进度计划展示了项目在何时何地需要哪些资源。
- **资源分解结构**。见 9.2.3.3 节。资源分解结构为项目过程中需要替换或重新获取资源的情况提供了参考。
- **资源需求**。见 9.2.3.1 节。资源需求识别了项目所需的材料、设备、用品和其他资源。
- **风险登记册**。见 11.2.3.1 节。风险登记册识别了可能会影响设备、材料或用品的单个风险。

9.6.1.3 工作绩效数据

见 4.3.3.2 节。工作绩效数据包含有关项目状态的数据，例如已使用的资源的数量和类型。

9.6.1.4 协议

见 12.2.3.2 节。在项目中签署的协议是获取组织外部资源的依据，应在需要新的和未规划的资源时，或在当前资源出现问题时，在协议里定义相关程序。

9.6.1.5 组织过程资产

能够影响控制资源过程的组织过程资产包括（但不限于）：

- 有关资源控制和分配的政策；
- 执行组织内用于解决问题的上报程序；
- 经验教训知识库，其中包含以往类似项目的信息。

9.6.2 控制资源：工具与技术

9.6.2.1 数据分析

适用于本过程的数据分析技术包括（但不限于）：

- **备选方案分析**。见 9.2.2.5 节。备选方案分析有助于选择最佳解决方案以纠正资源使用偏差，可以分析诸如以增加成本为代价而开展加班或新增团队成员等备选方案，并与延迟交付或分期交付相比较，以权衡利弊。
- **成本效益分析**。见 8.1.2.3 节。成本效益分析有助于在项目成本出现差异时确定最佳的纠正措施。
- **绩效审查**。绩效审查是测量、比较和分析计划的资源使用和实际资源使用的不同。分析成本和进度工作绩效信息有助于指出可能影响资源使用的问题。
- **趋势分析**。见 4.5.2.2 节。在项目进展过程中，项目团队可能会使用趋势分析，基于当前绩效信息来确定未来项目阶段所需的资源。趋势分析检查项目绩效随时间的变化情况，可用于确定绩效是在改善还是在恶化。

9.6.2.2 问题解决

见 8.2.2.7 节。问题解决可能会用到一系列工具，有助于项目经理解决控制资源过程中出现的问题。问题可能来自组织内部（组织中另一部门使用的机器或基础设施未及时释放，因存储条件不当造成材料受损等）或来自组织外部（主要供应商破产或恶劣天气使资源受损）。项目经理应采取有条不紊的步骤来解决问题，包括：

- **识别问题**。明确问题。
- **定义问题**。将问题分解为可管理的小问题。
- **调查**。收集数据。
- **分析**。找出问题的根本原因。
- **解决**。从众多解决方案中选择最合适的一个。
- **检查解决方案**。确认是否已解决问题。

9.6.2.3 人际关系与团队技能

人际关系与团队技能有时被称为"软技能",属于个人能力。本过程使用的人际关系与团队技能包括:

- **谈判**。见 12.2.2.5 节。项目经理可能需要就增加实物资源、变更实物资源或资源相关成本进行谈判。
- **影响力**。见 9.5.2.1 节。影响力有助于项目经理及时解决问题并获得所需资源。

9.6.2.4 项目管理信息系统 (PMIS)

见 4.3.2.2 节。项目管理信息系统可包括资源管理或进度计划软件,可用于监督资源的使用情况,帮助确保合适的资源适时适地用于合适的活动。

9.6.3 控制资源:输出

9.6.3.1 工作绩效信息

见 4.5.1.3 节。工作绩效信息包括项目工作进展信息,这一信息将资源需求和资源分配与项目活动期间的资源使用相比较,从而发现需要处理的资源可用性方面的差异。

9.6.3.2 变更请求

见 4.3.3.4 节。如果控制资源过程出现变更请求,或者推荐的纠正措施或预防措施影响了项目管理计划的任何组成部分或项目文件,项目经理应提交变更请求。并通过实施整体变更控制过程(见 4.6 节)对变更请求进行审查和处理。

9.6.3.3 项目管理计划更新

项目管理计划的任何变更都以变更请求的形式提出，且通过组织的变更控制过程进行处理。可能需要变更的项目管理计划组成部分包括（但不限于）：

- **资源管理计划**。见 9.1.3.1 节。资源管理计划根据实际的项目资源管理经验更新。
- **进度基准**。见 6.5.3.1 节。可能需要更新项目进度计划，以反映管理项目资源的方式。
- **成本基准**。见 7.3.3.1 节。可能需要更新项目成本基准，以反映管理项目资源的方式。

9.6.3.4 项目文件更新

可在本过程更新的项目文件包括（但不限于）：

- **假设日志**。见 4.1.3.2 节。把关于设备、材料、用品和其他实物资源的新假设条件更新在假设日志中。
- **问题日志**。见 4.3.3.3 节。在本过程中出现的新问题应该记录到问题日志中。
- **经验教训登记册**。见 4.4.3.1 节。在经验教训登记册中更新有效管理资源物流、废料、使用偏差，以及应对资源偏差的纠正措施的技术。
- **实物资源分配单**。见 9.3.3.1 节。实物资源分配单是动态的，会因可用性、项目、组织、环境或其他因素而发生变更。
- **资源分解结构**。见 9.2.3.3 节。可能需要更新资源分解结构，以反映使用项目资源的方式。
- **风险登记册**。见 11.2.3.1 节。更新风险登记册，记录与资源可用性和资源使用有关的风险，以及其他实物资源风险。

10

项目沟通管理

项目沟通管理包括通过开发工件，以及执行用于有效交换信息的各种活动，来确保项目及其相关方的信息需求得以满足的各个过程。项目沟通管理由两个部分组成：第一部分是制定策略，确保沟通对相关方行之有效；第二部分是执行必要活动，以落实沟通策略。

项目沟通管理的过程包括：

10.1 规划沟通管理 —— 基于每个相关方或相关方群体的信息需求、可用的组织资产，以及具体项目的需求，为项目沟通活动制定恰当的方法和计划的过程。

10.2 管理沟通 —— 确保项目信息及时且恰当地收集、生成、发布、存储、检索、管理、监督和最终处置的过程。

10.3 监督沟通 —— 确保满足项目及其相关方的信息需求的过程。

图 10-1 概括了项目沟通管理的各个过程。虽然在本《PMBOK® 指南》中，各项目沟通管理过程以界限分明和相互独立的形式出现，但在实践中它们会以本指南无法全面详述的方式相互交叠和相互作用。

```
                    ┌─────────────────────────┐
                    │    项目沟通管理概述       │
                    └─────────────────────────┘
           ┌──────────────────┼──────────────────┐
┌──────────────────┐  ┌──────────────────┐  ┌──────────────────┐
│ 10.1 规划沟通管理 │  │  10.2 管理沟通    │  │  10.3 监督沟通    │
└──────────────────┘  └──────────────────┘  └──────────────────┘
```

10.1 规划沟通管理
- .1 输入
  - .1 项目章程
  - .2 项目管理计划
  - .3 项目文件
  - .4 事业环境因素
  - .5 组织过程资产
- .2 工具与技术
  - .1 专家判断
  - .2 沟通需求分析
  - .3 沟通技术
  - .4 沟通模型
  - .5 沟通方法
  - .6 人际关系与团队技能
  - .7 数据表现
  - .8 会议
- .3 输出
  - .1 沟通管理计划
  - .2 项目管理计划更新
  - .3 项目文件更新

10.2 管理沟通
- .1 输入
  - .1 项目管理计划
  - .2 项目文件
  - .3 工作绩效报告
  - .4 事业环境因素
  - .5 组织过程资产
- .2 工具与技术
  - .1 沟通技术
  - .2 沟通方法
  - .3 沟通技能
  - .4 项目管理信息系统
  - .5 项目报告
  - .6 人际关系与团队技能
  - .7 会议
- .3 输出
  - .1 项目沟通记录
  - .2 项目管理计划更新
  - .3 项目文件更新
  - .4 组织过程资产更新

10.3 监督沟通
- .1 输入
  - .1 项目管理计划
  - .2 项目文件
  - .3 工作绩效数据
  - .4 事业环境因素
  - .5 组织过程资产
- .2 工具与技术
  - .1 专家判断
  - .2 项目管理信息系统
  - .3 数据表现
  - .4 人际关系与团队技能
  - .5 会议
- .3 输出
  - .1 工作绩效信息
  - .2 变更请求
  - .3 项目管理计划更新
  - .4 项目文件更新

图 10-1 项目沟通管理概述

项目沟通管理的核心概念

沟通是指有意或无意的信息交换。交换的信息可以是想法、指示或情绪。信息交换的方法包括：

- ◆ **书面形式**。实物或电子形式。
- ◆ **口头形式**。面对面或远程形式。
- ◆ **正式或非正式形式**（用正式纸质或社交媒体）。
- ◆ **手势动作**。语调和面部表情。
- ◆ **媒体形式**。图片、行动，甚至只是遣词造句。
- ◆ **遣词造句**。表达一种想法的词语往往不止一个，且各词语的含义会存在细微差异。

沟通是指用各种可能的方式来发送或接收信息，或者通过沟通活动（如会议和演讲），或者以工件的方式（如电子邮件、社交媒体、项目报告或项目文档）。

项目经理的大多数时间用于与团队成员和其他项目相关方沟通，包括来自组织内部（组织的各个层级）和组织外部的人员。不同相关方可能有不同的文化和组织背景，以及不同的专业水平、观点和兴趣，而有效的沟通能够在他们之间架起一座桥梁。

沟通活动可按多种维度进行分类，包括（但不限于）：

- **内部**。针对项目内部或组织内部的相关方。
- **外部**。针对外部相关方，如客户、供应商、其他项目、组织、政府，公众和环保倡导者。
- **正式**。报告、正式会议（定期及临时）、会议议程和记录、相关方简报和演示。
- **非正式**。采用电子邮件、社交媒体、网站，以及非正式临时讨论的一般沟通活动。
- **层级沟通**。相关方或相关方群体相对于项目团队的位置将会以如下方式影响信息传递的形式和内容：
  - **向上沟通**。针对高层相关方。
  - **向下沟通**。针对承担项目工作的团队和其他人员。
  - **横向沟通**。针对项目经理或团队的同级人员。
- **官方沟通**。年报，呈交监管机构或政府部门的报告。
- **非官方沟通**。采用灵活（往往为非正式）的手段，来建立和维护项目团队及其相关方对项目情况的了解和认可，并在他们之间建立强有力的关系。
- **书面与口头沟通**。口头（用词和音调变化）及非口头（肢体语言和行为），社交媒体和网站，媒体发布。

沟通可以为成功完成项目与项目集建立必要的关系。用于开展沟通的活动和工件多种多样，从电子邮件和非正式对话，到正式会议和定期项目报告。通过言语、面部表情、手势动作和其他行动有意或无意地发送和接收信息。为了成功管理与相关方的项目关系，沟通既包括制定策略和计划，以便创建合适的沟通工件和开展合适的沟通活动，也包括运用相关技能来提升计划和即兴的沟通的效果。

成功的沟通包括两个部分。第一部分是根据项目及其相关方的需求而制定适当的沟通策略。从该策略出发，制定沟通管理计划，来确保用各种形式和手段把恰当的信息传递给相关方。这些信息构成项目沟通——成功沟通的第二部分。项目沟通是规划过程的产物，在沟通管理计划中有相关规定。沟通管理计划定义了信息的收集、生成、发布、储存、检索、管理、追踪和处置。最终，沟通策略和沟通管理计划将成为监督沟通效果的依据。

在项目沟通中，需要尽力预防理解错误和沟通错误，并从规划过程所规定的各种方法、发送方、接收方和信息中作出谨慎选择。

在编制传统（非社交媒体）的书面或口头信息的时候，应用书面沟通的 5C 原则，可以减轻但无法消除理解错误：

- **正确的语法和拼写**。语法不当或拼写错误会分散注意力,还有可能扭曲信息含义,降低可信度。
- **简洁的表述和无多余字**。简洁且精心组织的信息能降低误解信息意图的可能性。
- **清晰的目的和表述(适合读者的需要)**。确保在信息中包含能满足受众需求与激发其兴趣的内容。
- **连贯的思维逻辑**。写作思路连贯,以及在整个书面文件中使用诸如"引言"和"小结"的小标题。
- **受控的语句和想法承接**。可能需要使用图表或小结来控制语句和想法的承接。

书面沟通的 5C 原则需要用下列沟通技巧来配合:

- **积极倾听**。与说话人保持互动,并总结对话内容,以确保有效的信息交换。
- **理解文化和个人差异**。提升团队对文化及个人差异的认知,以减少误解并提升沟通能力。
- **识别、设定并管理相关方期望**。与相关方磋商,减少相关方社区中自相矛盾的期望。
- **强化技能**。强化所有团队成员开展以下活动的技能:
  - 说服个人、团队或组织采取行动;
  - 激励和鼓励人们,或帮助人们重塑自信;
  - 指导人们改进绩效和取得期望结果;
  - 通过磋商达成共识以及减轻审批或决策延误;
  - 解决冲突,防止破坏性影响。

有效的沟通活动和工件创建具有如下基本属性:

- 沟通目的明确;
- 尽量了解沟通接收方,满足其需求及偏好;
- 监督并衡量沟通的效果。

项目沟通管理的发展趋势和新兴实践

在关注相关方，以及认可相关方的有效参与对项目及组织的价值的同时，也要认识到制定和落实适当的沟通策略，对维系与相关方的有效关系是至关重要的。项目沟通管理的发展趋势和新兴实践包括（但不限于）：

◆ **将相关方纳入项目评审范围**。每个项目的相关方社区中都包括被项目团队确定为对成功达成项目目标和组织成果不可或缺的个人、群体和组织。有效的沟通策略要求定期且及时地评审相关方社区，以管理成员及其态度的变化。

◆ **让相关方参加项目会议**。项目会议应邀请项目外部甚至组织外部（若适当）的相关方参与。敏捷方法中的一些做法适用于任何类型的项目，例如，简短的每日站会。在每日站会上，项目团队和主要相关方就前一天的成绩和问题以及当天的工作计划展开讨论。

◆ **社交工具的使用日益增多**。以硬件平台、社交媒体服务和个人便携设备为代表的社交工具已经改变组织及其人员的沟通和业务方式。在公共 IT 基础设施的支持下，社交工具将不同的协作方式融合在一起。网络社交是指用户建立关系网络，与他人共同拓展兴趣和活动。社交媒体工具不仅能支持信息交换，而且也有助于建立更深层次的信任和社群关系。

◆ **多面性沟通方法**。制定项目相关方沟通策略时，通常应考虑所有可用技术，并从中作出选择；同时也应尊重因文化、实践和个人背景而产生的对沟通语言、媒介、内容和方式的偏好。可以根据需要采用社交媒体和其他先进的电脑技术。多面性方法能够提高与不同年代和文化背景的相关方沟通的效果。

裁剪时需要考虑的因素

因为每个项目都是独特的，所以项目团队需要裁剪项目沟通管理过程。裁剪时应考虑的因素包括（但不限于）：

- ◆ **相关方**。相关方是属于组织内部或外部，或者二者都是？
- ◆ **物理地点**。团队成员身处何地？团队是否集中办公？团队是否位于相同地理区域？团队是否分散于多个时区？
- ◆ **沟通技术**。哪项技术可用于创建、记录、传输、检索、追踪和储存沟通工件？哪些技术最适用于与相关方沟通且成本效益最高？
- ◆ **语言**。语言是沟通活动中要考虑的主要因素。使用的是一种语言，还是多种语言？是否已为适应多语种团队的复杂情况安排了资金？
- ◆ **知识管理**。组织是否有正式的知识管理库？是否采用管理库？

在敏捷或适应型环境中需要考虑的因素

在模糊不定的项目环境中，必然需要对不断演变和出现的细节情况，进行更频繁和快速的沟通。因此，应该尽量简化团队成员获取信息的通道，频繁进行团队检查，并让团队成员集中办公。

此外，为了促进与高级管理层和相关方的沟通，还需要以透明的方式发布项目工件，并定期邀请相关方评审项目工件。

10.1 规划沟通管理

规划沟通管理是基于每个相关方或相关方群体的信息需求、可用的组织资产，以及具体项目的需求，为项目沟通活动制定恰当的方法和计划的过程。本过程的主要作用是，为及时向相关方提供相关信息，引导相关方有效参与项目，而编制书面沟通计划。本过程应根据需要在整个项目期间定期开展。图 10-2 描述本过程的输入、工具与技术和输出。图 10-3 是本过程的数据流向图。

规划沟通管理		
输入	**工具与技术**	**输出**

.1 项目章程
.2 项目管理计划
  • 资源管理计划
  • 相关方参与计划
.3 项目文件
  • 需求文件
  • 相关方登记册
.4 事业环境因素
.5 组织过程资产
	.1 专家判断
	.2 沟通需求分析
	.3 沟通技术
	.4 沟通模型
	.5 沟通方法
	.6 人际关系与团队技能
	  • 沟通风格评估
	  • 政治意识
	  • 文化意识
	.7 数据表现
	  • 相关方参与度评估矩阵
	.8 会议
		.1 沟通管理计划
		.2 项目管理计划更新
		  • 相关方参与计划
		.3 项目文件更新
		  • 项目进度计划
		  • 相关方登记册

图 10-2 规划沟通管理：输入、工具与技术和输出

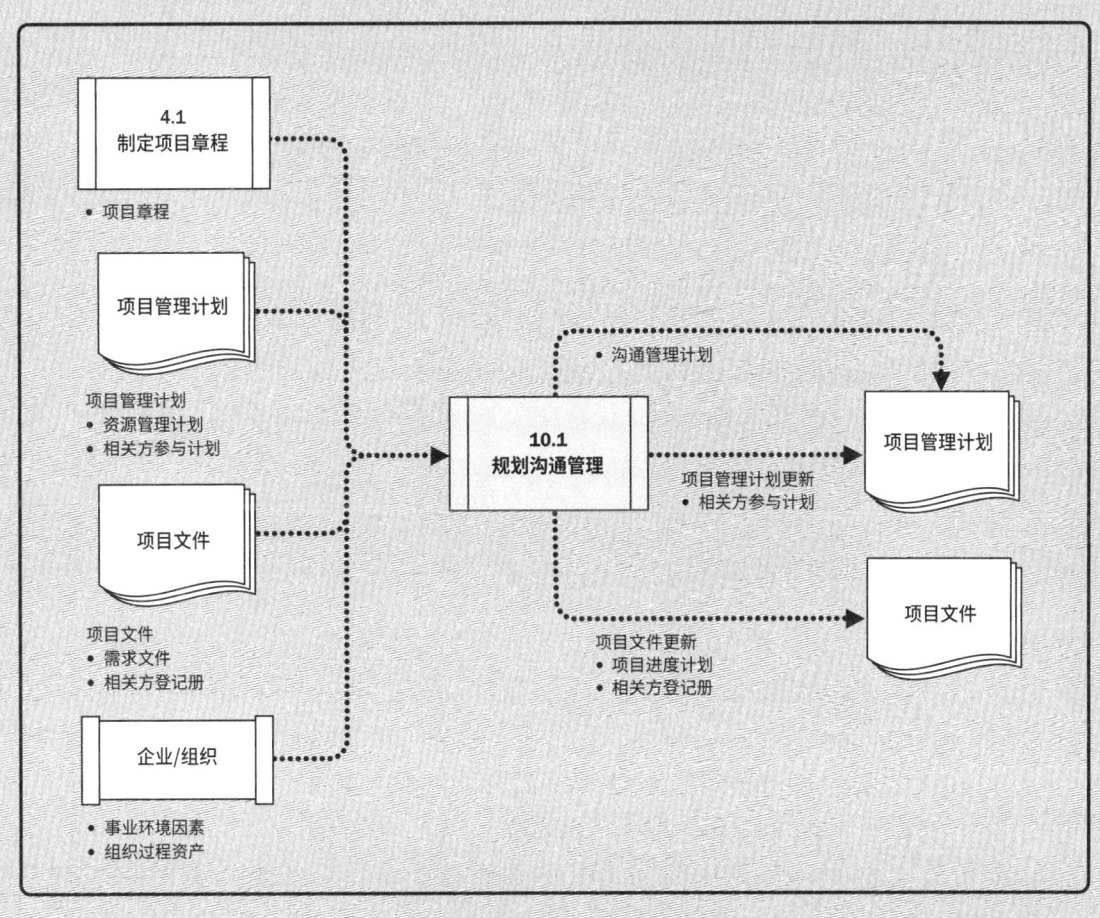

图 10-3 规划沟通管理：数据流向图

需在项目生命周期的早期，针对项目相关方多样性的信息需求，制定有效的沟通管理计划。应该定期审核沟通管理计划，并进行必要的修改，例如在相关方社区发生变化或每个新项目阶段开始时。

在大多数项目中，都需要很早就开展沟通规划工作，例如在识别相关方及制定项目管理计划期间。

虽然所有项目都需要进行信息沟通，但是各项目的信息需求和信息发布方式可能差别很大。此外，在本过程中，需要考虑并合理记录用来存储、检索和最终处置项目信息的方法。应该在整个项目期间，定期审查规划沟通管理过程的成果并做必要修改，以确保其持续适用。

10.1.1 规划沟通管理：输入

10.1.1.1 项目章程

见 4.1.3.1 节。项目章程会列出主要相关方清单，其中可能还包含与相关方角色及职责有关的信息。

10.1.1.2 项目管理计划

见 4.2.3.1 节。项目管理计划组件包括（但不限于）：

- **资源管理计划**。见 9.1.3.1 节。指导如何对项目资源进行分类、分配、管理和释放。团队成员和小组可能有沟通要求，应该在沟通管理计划中列出。
- **相关方参与计划**。见 13.2.3.1 节。相关方参与计划确定了有效吸引相关方参与所需的管理策略，而这些策略通常通过沟通来落实。

10.1.1.3 项目文件

可作为本过程输入的项目文件包括（但不限于）：

- **需求文件**。见 5.2.3.1 节。需求文件可能包含项目相关方对沟通的需求。
- **相关方登记册**。见 13.1.3.1 节。相关方登记册用于规划与相关方的沟通活动。

10.1.1.4 事业环境因素

能够影响规划沟通管理过程的事业环境因素包括（但不限于）：

- 组织文化、政治氛围和治理框架；
- 人事管理政策；
- 相关方风险临界值；
- 已确立的沟通渠道、工具和系统；
- 全球、区域或当地的趋势、实践或习俗；
- 设施和资源的地理分布。

10.1.1.5 组织过程资产

能够影响规划沟通管理过程的组织过程资产包括（但不限于）：

- ◆ 组织的社交媒体、道德和安全政策及程序；
- ◆ 组织的问题、风险、变更和数据管理政策及程序；
- ◆ 组织对沟通的要求；
- ◆ 制作、交换、储存和检索信息的标准化指南；
- ◆ 历史信息和经验教训知识库；
- ◆ 以往项目的相关方及沟通数据和信息。

10.1.2 规划沟通管理：工具与技术

10.1.2.1 专家判断

见 4.1.2.1 节。应征求具备以下专业知识或接受过相关培训的个人或小组的意见：

- ◆ 组织内的政治和权力结构；
- ◆ 组织及其他客户组织的环境和文化；
- ◆ 组织变革管理方法和实践；
- ◆ 项目可交付成果所属的行业或类型；
- ◆ 组织沟通技术；
- ◆ 关于遵守与企业沟通有关的法律要求的组织政策与程序；
- ◆ 与安全有关的组织政策与程序；
- ◆ 相关方，包括客户或发起人。

10.1.2.2 沟通需求分析

分析沟通需求，确定项目相关方的信息需求，包括所需信息的类型和格式，以及信息对相关方的价值。

常用于识别和确定项目沟通需求的信息包括（但不限于）：

- ◆ 相关方登记册及相关方参与计划中的相关信息和沟通需求；
- ◆ 潜在沟通渠道或途径数量，包括一对一、一对多和多对多沟通；
- ◆ 组织结构图；
- ◆ 项目组织与相关方的职责、关系及相互依赖；
- ◆ 开发方法；
- ◆ 项目所涉及的学科、部门和专业；
- ◆ 有多少人在什么地点参与项目；
- ◆ 内部信息需要（如何时在组织内部沟通）；
- ◆ 外部信息需要（如何时与媒体、公众或承包商沟通）；
- ◆ 法律要求。

10.1.2.3 沟通技术

用于在项目相关方之间传递信息的方法很多。信息交换和协作的常见方法包括对话、会议、书面文件、数据库、社交媒体和网站。

可能影响沟通技术选择的因素包括：

- ◆ **信息需求的紧迫性**。信息传递的紧迫性、频率和形式可能因项目而异，也可能因项目阶段而异。
- ◆ **技术的可用性与可靠性**。用于发布项目沟通工件的技术，应该在整个项目期间都具备兼容性和可得性，且对所有相关方都可用。
- ◆ **易用性**。沟通技术的选择应适合项目参与者，而且应在合适的时候安排适当的培训活动。

- ◆ **项目环境**。团队会议与工作是面对面还是在虚拟环境中开展，成员处于一个还是多个时区，他们是否使用多语种沟通，是否还有能影响沟通效率的其他环境因素（如与文化有关的各个方面）？

- ◆ **信息的敏感性和保密性**。需要考虑的一些方面有：

    - 拟传递的信息是否属于敏感或机密信息？如果是，可能需要采取合理的安全措施。
    - 为员工制定社交媒体政策，以确保行为适当、信息安全和知识产权保护。

10.1.2.4 沟通模型

沟通模型可以是最基本的线性（发送方和接收方）沟通过程，也可以是增加了反馈元素（发送方、接收方和反馈）、更具互动性的沟通形式，甚至可以是融合了发送方或接收方的人性因素、试图考虑沟通复杂性的更加复杂的沟通模型。

- ◆ **基本的发送方和接收方沟通模型示例**。此模型将沟通描述为一个过程，并由发送方和接收方两方参与；其关注的是确保信息送达，而非信息理解。基本沟通模型中的步骤顺序为：

    - **编码**。把信息编码为各种符号，如文本、声音或其他可供传递（发送）的形式。
    - **传递信息**。通过沟通渠道发送信息。信息传递可能受各种物理因素的不利影响，如不熟悉的技术或不完备的基础设施。可能存在噪音和其他因素，导致信息传递和（或）接收过程中的信息损耗。
    - **解码**。接收方将收到的数据还原为对自己有用的形式。

◆ **互动沟通模型示例**。此模型也将沟通描述为由发送方与接收方参与的沟通过程，但它还强调确保信息理解的必要性。此模型包括任何可能干扰或阻碍信息理解的噪音，如接收方注意力分散、接收方的认知差异，或缺少适当的知识或兴趣。互动沟通模型中的新增步骤有：

- **确认已收到**。收到信息时，接收方需告知对方已收到信息（确认已收到）。这并不一定意味着同意或理解信息的内容，仅表示已收到信息。
- **反馈/响应**。对收到的信息进行解码并理解之后，接收方把还原出来的思想或观点编码成信息，再传递给最初的发送方。如果发送方认为反馈与原来的信息相符，代表沟通已成功完成。在沟通中，可以通过积极倾听（见 10.2.2.6 节）实现反馈。

作为沟通过程的一部分，发送方负责信息的传递，确保信息的清晰性和完整性，并确认信息已被正确理解；接收方负责确保完整地接收信息，正确地理解信息，并需要告知已收到或作出适当的回应。在发送方和接收方所处的环境中，都可能存在会干扰有效沟通的各种噪音和其他障碍。

在跨文化沟通中，确保信息理解会面临挑战。沟通风格的差异可源于工作方法、年龄、国籍、专业学科、民族、种族或性别差异。不同文化的人们会以不同的语言（如技术设计文档、不同的风格）沟通，并喜欢采用不同的沟通过程和礼节。

图 10-4 所示的沟通模型展示了发送方的当前情绪、知识、背景、个性、文化和偏见会如何影响信息本身及其传递方式。类似地，接收方的当前情绪、知识、背景、个性、文化和偏见也会影响信息的接收和解读方式，导致沟通中的障碍或噪音。

此沟通模型及其强化版有助于制定人对人或小组对小组的沟通策略和计划，但不可用于制定采用其他沟通工件（如电子邮件、广播信息或社交媒体）的沟通策略和计划。

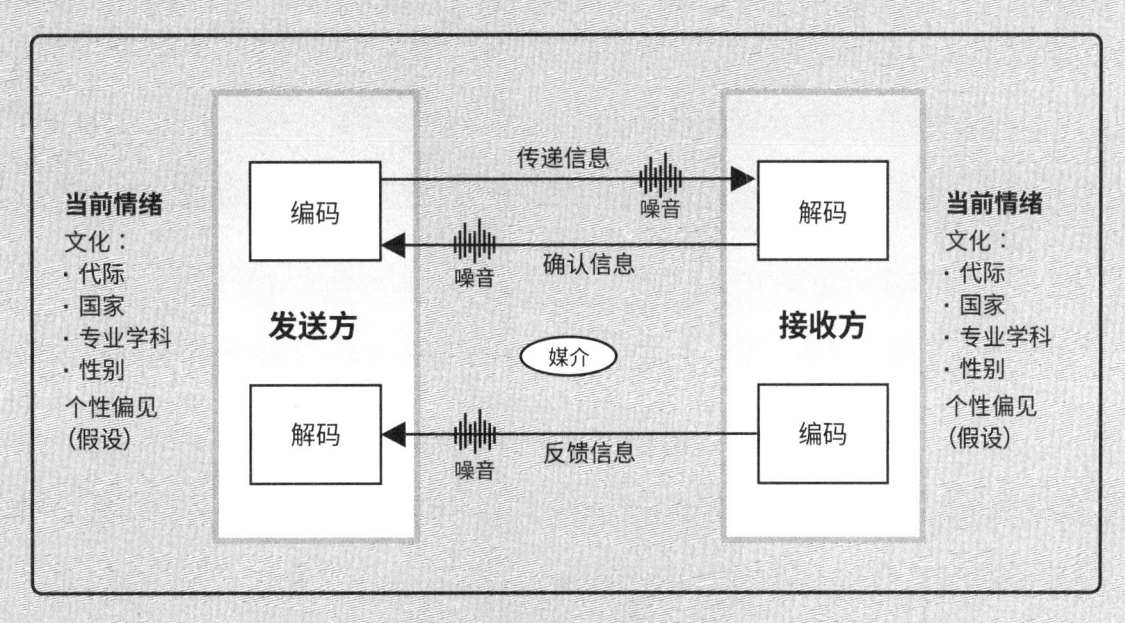

图10-4适用于跨文化沟通的沟通模型

10.1.2.5 沟通方法

项目相关方之间用于分享信息的沟通方法有几种。这些方法可以大致分为：

- **互动沟通**。在两方或多方之间进行的实时多向信息交换。它使用诸如会议、电话、即时信息、社交媒体和视频会议等沟通工件。
- **推式沟通**。向需要接收信息的特定接收方发送或发布信息。这种方法可以确保信息的发送，但不能确保信息送达目标受众或被目标受众理解。在推式沟通中，可以采用的沟通工件包括信件、备忘录、报告、电子邮件、传真、语音邮件、博客、新闻稿。
- **拉式沟通**。适用于大量复杂信息或大量信息受众的情况。它要求接收方在遵守有关安全规定的前提之下自行访问相关内容。这种方法包括门户网站、企业内网、电子在线课程、经验教训数据库或知识库。

应该采用不同方法来实现沟通管理计划所规定的主要沟通需求：

- **人际沟通**。个人之间交换信息，通常以面对面的方式进行。
- **小组沟通**。在三到六名人员的小组内部开展。
- **公众沟通**。单个演讲者面向一群人。
- **大众传播**。信息发送人员或小组与大量目标受众（有时为匿名）之间只有最低程度的联系。
- **网络和社交工具沟通**。借助社交工具和媒体，开展多对多的沟通。

可用的沟通工件和方法包括（但不限于）：

- 公告板；
- 新闻通讯、内部杂志、电子杂志；
- 致员工或志愿者的信件；
- 新闻稿；
- 年度报告；
- 电子邮件和内部局域网；
- 门户网站和其他信息库（适用于拉式沟通）；
- 电话交流；
- 演示；
- 团队简述或小组会议；
- 焦点小组；
- 相关方之间的正式或非正式的面对面会议；
- 咨询小组或员工论坛；
- 社交工具和媒体。

10.1.2.6 人际关系与团队技能

适用于本过程的人际关系与团队技能包括（但不限于）：

- **沟通风格评估**。规划沟通活动时，用于评估沟通风格并识别偏好的沟通方法、形式和内容的一种技术。常用于不支持项目的相关方。可以先开展相关方参与度评估（见 13.2.2.5 节），再开展沟通风格评估。在相关方参与度评估中，找出相关方参与度的差距。为弥补这种差距，就需要特别裁剪沟通活动和工件。

◆ **政治意识**。政治意识有助于项目经理根据项目环境和组织的政治环境来规划沟通。政治意识是指对正式和非正式权力关系的认知，以及在这些关系中工作的意愿。理解组织战略、了解谁能行使权力和施加影响，以及培养与这些相关方沟通的能力，都属于政治意识的范畴。

◆ **文化意识**。文化意识指理解个人、群体和组织之间的差异，并据此调整项目的沟通策略。具有文化意识并采取后续行动，能够最小化因项目相关方社区内的文化差异而导致的理解错误和沟通错误。文化意识和文化敏感性有助于项目经理依据相关方和团队成员的文化差异和文化需求对沟通进行规划。

10.1.2.7 数据表现

适用于本过程的数据表现技术包括（但不限于）相关方参与度评估矩阵。见 13.2.2.5 节。如图13-6所示，相关方参与度评估矩阵显示了个体相关方当前和期望参与度之间的差距。在本过程中，可进一步分析该评估矩阵，以便为填补参与度差距而识别额外的沟通需求（除常规报告以外的）。

10.1.2.8 会议

项目会议可包括虚拟（网络）或面对面会议，且可用文档协同技术进行辅助，包括电子邮件信息和项目网站。在规划沟通管理过程中，需要与项目团队展开讨论，确定最合适的项目信息更新和传递方式，以及回应各相关方的信息请求的方式。

10.1.3 规划沟通管理：输出

10.1.3.1 沟通管理计划

沟通管理计划是项目管理计划的组成部分，描述将如何规划、结构化、执行与监督项目沟通，以提高沟通的有效性。该计划包括如下信息：

- ◆ 相关方的沟通需求；
- ◆ 需沟通的信息，包括语言、形式、内容和详细程度；
- ◆ 上报步骤；
- ◆ 发布信息的原因；
- ◆ 发布所需信息、确认已收到，或作出回应（若适用）的时限和频率；
- ◆ 负责沟通相关信息的人员；
- ◆ 负责授权保密信息发布的人员；
- ◆ 接收信息的人员或群体，包括他们的需要、需求和期望；
- ◆ 用于传递信息的方法或技术，如备忘录、电子邮件、新闻稿，或社交媒体；
- ◆ 为沟通活动分配的资源，包括时间和预算；
- ◆ 随着项目进展，如项目不同阶段相关方社区的变化，而更新与优化沟通管理计划的方法；
- ◆ 通用术语表；
- ◆ 项目信息流向图、工作流程（可能包含审批程序）、报告清单和会议计划等；
- ◆ 来自法律法规、技术、组织政策等的制约因素。

沟通管理计划中还包括关于项目状态会议、项目团队会议、网络会议和电子邮件等的指南和模板。如果项目要使用项目网站和项目管理软件，那就要把它们写进沟通管理计划。

10.1.3.2 项目管理计划更新

项目管理计划的任何变更都以变更请求的形式提出，且通过组织的变更控制过程进行处理。可能需要变更的项目管理计划组件包括（但不限于）相关方参与计划（见 13.2.3.1 节）。需要更新相关方参与计划，反映会影响相关方参与项目决策和执行的任何过程、程序、工具或技术。

10.1.3.3 项目文件更新

可在本过程更新的项目文件包括（但不限于）：

◆ **项目进度计划**。见 6.5.3.2 节。可能需要更新项目进度计划，以反映沟通活动。

◆ **相关方登记册**。见 13.1.3.1 节。可能需要更新相关方登记册，以反映计划好的沟通。

10.2 管理沟通

管理沟通是确保项目信息及时且恰当地收集、生成、发布、存储、检索、管理、监督和最终处置的过程。本过程的主要作用是，促成项目团队与相关方之间的有效信息流动。本过程需要在整个项目期间开展。

管理沟通过程会涉及与开展有效沟通有关的所有方面，包括使用适当的技术、方法和技巧。此外，它还应允许沟通活动具有灵活性，允许对方法和技术进行调整，以满足相关方及项目不断变化的需求。图 10-5 描述本过程的输入、工具与技术和输出。图 10-6 是管理沟通过程的数据流向图。

输入	工具与技术	输出
.1 项目管理计划 　• 资源管理计划 　• 沟通管理计划 　• 相关方参与计划 .2 项目文件 　• 变更日志 　• 问题日志 　• 经验教训登记册 　• 质量报告 　• 风险报告 　• 相关方登记册 .3 工作绩效报告 .4 事业环境因素 .5 组织过程资产	.1 沟通技术 .2 沟通方法 .3 沟通技能 　• 沟通胜任力 　• 反馈 　• 非言语 　• 演示 .4 项目管理信息系统 .5 项目报告发布 .6 人际关系与团队技能 　• 积极倾听 　• 冲突管理 　• 文化意识 　• 会议管理 　• 人际交往 　• 政治意识 .7 会议	.1 项目沟通记录 .2 项目管理计划更新 　• 沟通管理计划 　• 相关方参与计划 .3 项目文件更新 　• 问题日志 　• 经验教训登记册 　• 项目进度计划 　• 风险登记册 　• 相关方登记册 .4 组织过程资产更新

图 10-5 管理沟通：输入、工具与技术和输出

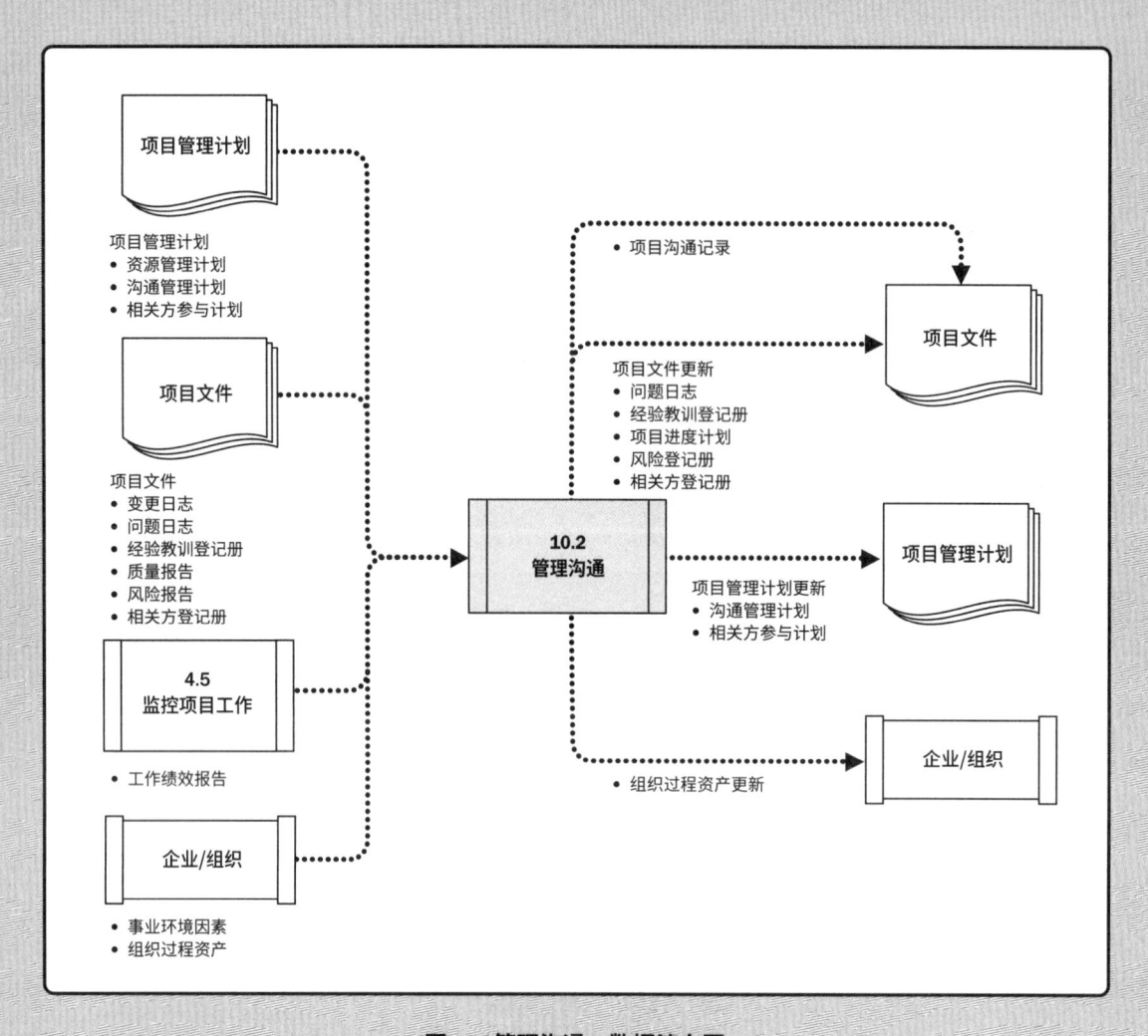

图 10-6 管理沟通：数据流向图

本过程不局限于发布相关信息，它还设法确保信息以适当的格式正确生成和送达目标受众。本过程也为相关方提供机会，允许他们请求更多信息、澄清和讨论。有效的沟通管理需要借助相关技术并考虑相关事宜，包括（但不限于）：

- **发送方-接收方模型**。运用反馈循环，为互动和参与提供机会，并清除妨碍有效沟通的障碍。
- **媒介选择**。为满足特定的项目需求而使用合理的沟通工件，例如，何时进行书面沟通或口头沟通、何时准备非正式备忘录或正式报告、何时使用推式或拉式沟通，以及该选择何种沟通技术。
- **写作风格**。合理使用主动或被动语态、句子结构，以及合理选择词汇。
- **会议管理**。见 10.2.2.6 节。准备议程，邀请重要参会者并确保他们出席；处理会议现场发生的冲突，或因对会议纪要和后续行动跟进不力而导致的冲突，或因不当人员与会而导致的冲突。
- **演示**。了解肢体语言和视觉辅助设计的作用。
- **引导**。见 4.1.2.3 节。达成共识、克服障碍（如小组缺乏活力），以及维持小组成员的兴趣和热情。
- **积极倾听**。见 10.2.2.6 节。积极倾听包括告知已收到、澄清与确认信息、理解，以及消除妨碍理解的障碍。

10.2.1 管理沟通：输入

10.2.1.1 项目管理计划

见 4.2.3.1 节。项目管理计划组件包括（但不限于）：

- **资源管理计划**。见 9.1.3.1 节。资源管理计划描述为管理团队或物质资源所需开展的沟通。
- **沟通管理计划**。见 10.1.3.1 节。沟通管理计划描述将如何对项目沟通进行规划、结构化和监控。
- **相关方参与计划**。详见 13.2.3.1 节。相关方参与计划描述如何用适当的沟通策略引导相关方参与项目。

10.2.1.2 项目文件

可作为本过程输入的项目文件包括（但不限于）：

- **变更日志**。见 4.6.3.3 节。变更日志用于向受影响的相关方传达变更，以及变更请求的批准、推迟和否决情况。
- **问题日志**。见 4.6.3.3 节。将与问题有关的信息传达给受影响的相关方。
- **经验教训登记册**。见 4.4.3.1 节。项目早期获取的与管理沟通有关的经验教训，可用于项目后期阶段改进沟通过程，提高沟通效率与效果。
- **质量报告**。见 8.2.3.1 节。质量报告包括与质量问题、项目和产品改进，以及过程改进相关的信息。这些信息应交给能够采取纠正措施的人员，以便达成项目的质量期望。
- **风险报告**。见 11.2.3.2 节。风险报告提供关于整体项目风险的来源的信息，以及关于已识别的单个项目风险的概述信息。这些信息应传达给风险责任人及其他受影响的相关方。
- **相关方登记册**。见 13.1.3.1 节。相关方登记册确定了需要各类信息的人员、群体或组织。

10.2.1.3 工作绩效报告

见 4.5.3.1 节。根据沟通管理计划的定义，工作绩效报告会通过本过程传递给项目相关方。工作绩效报告的典型示例包括状态报告和进展报告。工作绩效报告可以包含挣值图表和信息、趋势线和预测、储备燃尽图、缺陷直方图、合同绩效信息以及风险概述信息。可以表现为有助于引起关注、制定决策和采取行动的仪表指示图、热点报告、信号灯图或其他形式。

10.2.1.4 事业环境因素

会影响本过程的事业环境因素包括（但不限于）：

- 组织文化、政治氛围和治理框架；
- 人事管理政策；
- 相关方风险临界值；
- 已确立的沟通渠道、工具和系统；
- 全球、区域或当地的趋势、实践或习俗；
- 设施和资源的地理分布。

10.2.1.5 组织过程资产

会影响本过程的组织过程资产包括（但不限于）：

- 企业的社交媒体、道德和安全政策及程序；
- 企业的问题、风险、变更和数据管理政策及程序；
- 组织对沟通的要求；
- 制作、交换、储存和检索信息的标准化指南；
- 以往项目的历史信息，包括经验教训知识库。

10.2.2 管理沟通：工具与技术

10.2.2.1 沟通技术

见10.1.2.3节。会影响技术选用的因素包括团队是否集中办公、需要分享的信息是否需要保密、团队成员的可用资源，以及组织文化会如何影响会议和讨论的正常开展。

10.2.2.2 沟通方法

见10.1.2.5节。沟通方法的选择应具有灵活性，以应对相关方社区的成员变化，或成员的需求和期望变化。

10.2.2.3 沟通技能

适用于本过程的沟通技能包括（但不限于）：

- **沟通胜任力**。经过裁剪的沟通技能的组合，有助于明确关键信息的目的、建立有效关系、实现信息共享和采取领导行为。
- **反馈**。反馈是关于沟通、可交付成果或情况的反应信息。反馈支持项目经理和团队及所有其他项目相关方之间的互动沟通。例如，指导、辅导和磋商。
- **非口头技能**。例如，通过示意、语调和面部表情等适当的肢体语言来表达意思。镜像模仿和眼神交流也是重要的技能。团队成员应该知道如何通过说什么和不说什么来表达自己的想法。
- **演示**。演示是信息和/或文档的正式交付。向项目相关方明确有效地演示项目信息可包括（但不限于）：
  - 向相关方报告项目进度和信息更新；
  - 提供背景信息以支持决策制定；
  - 提供关于项目及其目标的通用信息，以提升项目工作和项目团队的形象；
  - 提供具体信息，以提升对项目工作和目标的理解和支持力度。

为获得演示成功，应该从内容和形式上考虑以下因素：

- 受众及其期望和需求；
- 项目和项目团队的需求及目标。

10.2.2.4 项目管理信息系统 (PMIS)

见 4.3.2.2 节。项目管理信息系统能够确保相关方及时便利地获取所需信息。用来管理和分发项目信息的工具很多，包括：

- **电子项目管理工具。** 项目管理软件、会议和虚拟办公支持软件、网络界面、专门的项目门户网站和状态仪表盘，以及协同工作管理工具。
- **电子沟通管理。** 电子邮件、传真和语音邮件，音频、视频和网络会议，以及网站和网络发布。
- **社交媒体管理。** 网站和网络发布，以及为促进相关方参与和形成在线社区而建立博客和应用程序。

10.2.2.5 项目报告发布

项目报告发布是收集和发布项目信息的行为。项目信息应发布给众多相关方群体。应针对每种相关方来调整项目信息发布的适当层次、形式和细节。从简单的沟通到详尽的定制报告和演示，报告的形式各不相同。可以定期准备信息或基于例外情况准备。虽然工作绩效报告是监控项目工作过程的输出，但是本过程会编制临时报告、项目演示、博客，以及其他类型的信息。

10.2.2.6 人际关系与团队技能

适用于本过程的人际关系与团队技能包括（但不限于）：

- **积极倾听**。积极倾听技术包括告知已收到、澄清与确认信息、理解，以及消除妨碍理解的障碍。

- **冲突管理**。见 9.5.2.1 节。

- **文化意识**。见 10.1.2.6 节。

- **会议管理**。会议管理是采取步骤确保会议有效并高效地达到预期目标。规划会议时应采取以下步骤：

    - 准备并发布会议议程（其中包含会议目标）；
    - 确保会议在规定的时间开始和结束；
    - 确保适当参与者受邀并出席；
    - 切题；
    - 处理会议中的期望、问题和冲突；
    - 记录所有行动以及所分配的行动责任人。

- **人际交往**。人际交往是通过与他人互动交流信息，建立联系。人际交往有利于项目经理及其团队通过非正式组织解决问题，影响相关方的行动，以及提高相关方对项目工作和成果的支持，从而改善绩效。

- **政治意识**。见 10.1.2.6 节。政治意识有助于项目经理在项目期间引导相关方参与，以保持相关方的支持。

10.2.2.7 会议

可以召开会议，支持沟通策略和沟通计划所定义的行动。

10.2.3 管理沟通：输出

10.2.3.1 项目沟通记录

项目沟通工件可包括（但不限于）：绩效报告、可交付成果的状态、进度进展、产生的成本、演示，以及相关方需要的其他信息。

10.2.3.2 项目管理计划更新

项目管理计划的任何变更都以变更请求的形式提出，且通过组织的变更控制过程进行处理。可在本过程更新的项目管理计划包括（但不限于）：

- **沟通管理计划**。见 10.1.3.1 节。如果本过程导致了项目沟通方法发生变更，就要把这种变更反映在项目沟通计划中。
- **相关方参与计划**。见 13.2.3.1 节。本过程将导致相关方的沟通需求以及商定的沟通策略需要更新。

10.2.3.3 项目文件更新

可在本过程更新的项目文件包括（但不限于）：

- **问题日志**。见 4.3.3.3 节。更新问题日志，反映项目的沟通问题，或如何通过沟通来解决实际问题。
- **经验教训登记册**。见 4.3.3.1 节。更新经验教训登记册，记录在项目中遇到的挑战、本可采取的规避方法，以及适用和不适用于管理沟通的方法。
- **项目进度计划**。见 6.5.3.2 节。可能需要更新项目进度计划，以反映沟通活动的状态。
- **风险登记册**。见 11.2.3.1 节。更新风险登记册，记录与管理沟通相关的风险。
- **相关方登记册**。见 13.1.3.1 节。更新相关方登记册，记录关于项目相关方沟通活动的信息。

10.2.3.4 组织过程资产更新

可在本过程更新的组织过程资产包括（但不限于）：

◆ 项目记录，例如往来函件、备忘录、会议记录及项目中使用的其他文档；

◆ 计划内的和临时的项目报告和演示。

10.3 监督沟通

监督沟通是确保满足项目及其相关方的信息需求的过程。本过程的主要作用是，按沟通管理计划和相关方参与计划的要求优化信息传递流程。本过程需要在整个项目期间开展。图 10-7 描述本过程的输入、工具与技术和输出。图 10-8 是本过程的数据流向图。

监督沟通

输入	工具与技术	输出
.1 项目管理计划 　• 资源管理计划 　• 沟通管理计划 　• 相关方参与计划 .2 项目文件 　• 问题日志 　• 经验教训登记册 　• 项目沟通记录 .3 工作绩效数据 .4 事业环境因素 .5 组织过程资产	.1 专家判断 .2 项目管理信息系统 .3 数据表现 　• 相关方参与度评估矩阵 .4 人际关系与团队技能 　• 观察/交谈 .5 会议	.1 工作绩效信息 .2 变更请求 .3 项目管理计划更新 　• 沟通管理计划 　• 相关方参与计划 .4 项目文件更新 　• 问题日志 　• 经验教训登记册 　• 相关方登记册

图 10-7 监督沟通：输入、工具与技术和输出

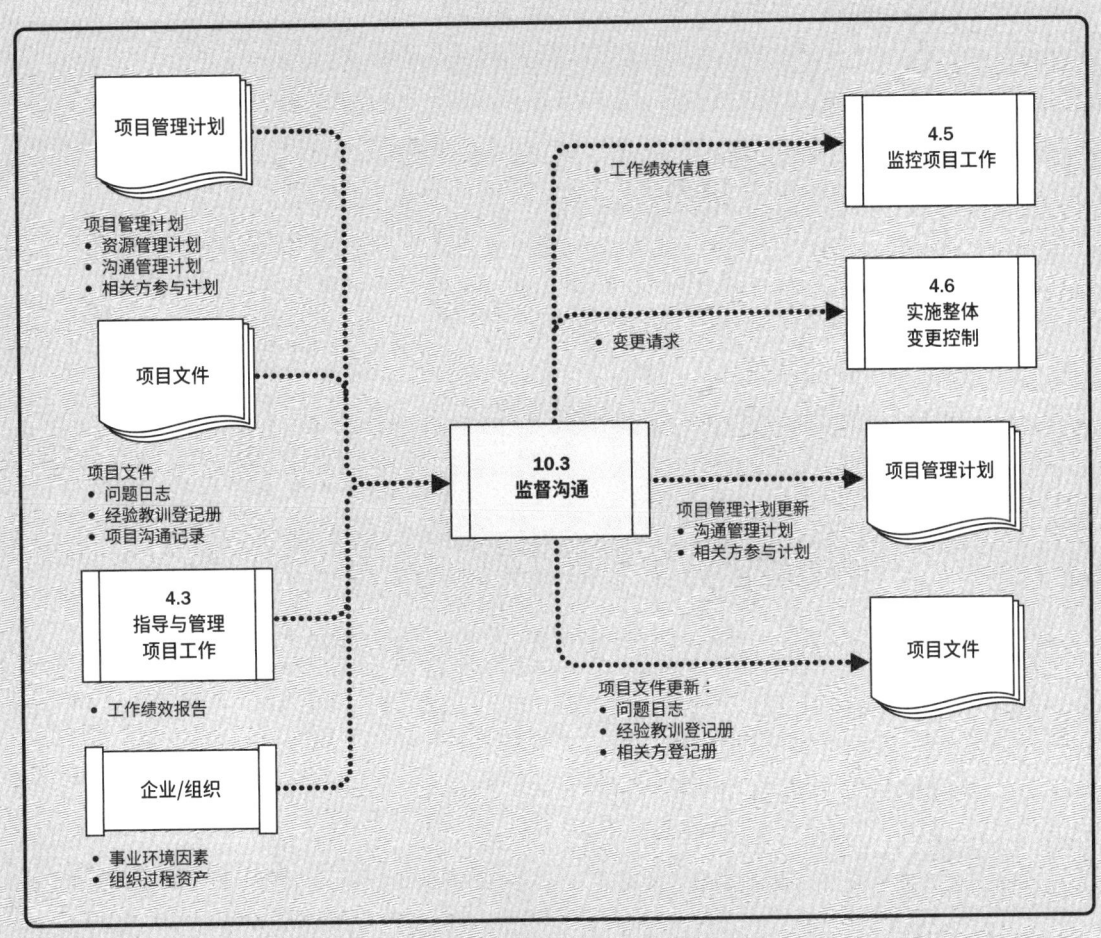

图 10-8 监督沟通：数据流向图

通过监督沟通过程，来确定规划的沟通工件和沟通活动是否如预期提高或保持了相关方对项目可交付成果与预计结果的支持力度。项目沟通的影响和结果应该接受认真的评估和监督，以确保在正确的时间，通过正确的渠道，将正确的内容（发送方和接收方对其理解一致）传递给正确的受众。监督沟通可能需要采取各种方法，例如，开展客户满意度调查、整理经验教训、开展团队观察、审查问题日志中的数据，或评估相关方参与度评估矩阵（见 13.2.2.5 节）中的变更。

监督沟通过程可能触发规划沟通管理和（或）管理沟通过程的迭代，以便修改沟通计划并开展额外的沟通活动，来提升沟通的效果。这种迭代体现了项目沟通管理各过程的持续性。问题、关键绩效指标、风险或冲突，都可能立即触发重新开展这些过程。

10.3.1 监督沟通：输入

10.3.1.1 项目管理计划

见 4.2.3.1 节。项目管理计划组件包括（但不限于）：

- **资源管理计划**。见 9.1.3.1 节。通过描述角色和职责，以及项目组织结构图，资源管理计划可用于理解实际的项目组织及其任何变更。
- **沟通管理计划**。见 10.1.3.1 节。沟通管理计划是关于及时收集、生成和发布信息的现行计划，它确定了沟通过程中的团队成员、相关方和有关工作。
- **相关方参与计划**。见 13.2.3.1 节。相关方参与计划确定了计划用以引导相关方参与的沟通策略。

10.3.1.2 项目文件

可作为本过程输入的项目文件包括（但不限于）：

- **问题日志**。见 4.3.3.3 节。问题日志提供项目的历史信息、相关方参与问题的记录，以及它们如何得以解决。
- **经验教训登记册**。见 4.4.3.1 节。在项目早期获取的经验教训可用于项目后期阶段，以改进沟通效果。
- **项目沟通记录**。见 10.2.3.1 节。提供关于已开展的沟通的信息。

10.3.1.3 工作绩效数据

见 4.3.3.2 节。工作绩效数据包含关于实际已开展的沟通类型和数量的数据。

10.3.1.4 事业环境因素

能够影响监督沟通过程的事业环境因素包括（但不限于）：

- ◆ 组织文化、政治氛围和治理框架；
- ◆ 已确立的沟通渠道、工具和系统；
- ◆ 全球、区域或当地的趋势、实践或习俗；
- ◆ 设施和资源的地理分布。

10.3.1.5 组织过程资产

可能影响监督沟通过程的组织过程资产包括（但不限于）：

- ◆ 企业的社交媒体、道德和安全政策及程序；
- ◆ 组织对沟通的要求；
- ◆ 制作、交换、储存和检索信息的标准化指南；
- ◆ 以往项目的历史信息和经验教训知识库；
- ◆ 以往项目的相关方及沟通数据和信息。

10.3.2 监督沟通：工具与技术

10.3.2.1 专家判断

见 4.1.2.1 节。应征求具备以下专业知识或接受过相关培训的个人或小组的意见：

- ◆ 与公众、社区和媒体的沟通，在国际环境中的沟通，以及虚拟小组之间的沟通；
- ◆ 沟通和项目管理系统。

10.3.2.2 项目管理信息系统 (PMIS)

见 4.3.2.2 节。项目管理信息系统为项目经理提供一系列标准化工具,以根据沟通计划为内部和外部的相关方收集、储存与发布所需的信息。应监控该系统中的信息以评估其有效性和效果。

10.3.2.3 数据表现

适用的数据表现技术包括(但不限于)相关方参与度评估矩阵(见 13.2.2.5 节)。它可以提供与沟通活动效果有关的信息。应该检查相关方的期望与当前参与度的变化情况,并对沟通进行必要调整。

10.3.2.4 人际关系与团队技能

适用于本过程的人际关系与团队技能包括(但不限于)观察和交谈(见 5.2.2.6 节)。与项目团队展开讨论和对话,有助于确定最合适的方法,用于更新和沟通项目绩效,以及回应相关方的信息请求。通过观察和交谈,项目经理能够发现团队内的问题、人员间的冲突或个人绩效问题。

10.3.2.5 会议

面对面或虚拟会议适用于制定决策,回应相关方请求,与提供方、供应方及其他项目相关方讨论。

10.3.3 监督沟通:输出

10.3.3.1 工作绩效信息

见 4.5.1.3 节。工作绩效信息包括与计划相比较的沟通的实际开展情况,它也包括对沟通的反馈,例如关于沟通效果的调查结果。

10.3.3.2 变更请求

见 4.3.3.4 节。监督沟通过程往往会导致需要对沟通管理计划所定义的沟通活动进行调整、采取行动和进行干预。变更请求需要通过实施整体变更控制过程（见 4.6 节）进行处理。

此类变更请求可能导致：

◆ 修正相关方的沟通要求，包括相关方对信息发布、内容或形式，以及发布方式的要求；
◆ 建立消除瓶颈的新程序。

10.3.3.3 项目管理计划更新

项目管理计划的任何变更都以变更请求的形式提出，且通过组织的变更控制过程进行处理。可能需要变更的项目管理计划组件包括（但不限于）：

◆ **沟通管理计划**。见 10.1.3.1 节。需要更新沟通管理计划，记录能够让沟通更有效的新信息。
◆ **相关方参与计划**。见 13.2.3.1 节。需要更新相关方参与计划，反映相关方的实际情况、沟通需求和重要性。

10.3.3.4 项目文件更新

可在本过程更新的项目文件包括（但不限于）：

◆ **问题日志**。见 4.3.3.3 节。可能需要更新问题日志，记录与出现的问题及其处理进展和解决办法相关的新信息。
◆ **经验教训登记册**。见 4.4.3.1 节。可能需要更新经验教训登记册，记录问题的原因、所选纠正措施的理由，以及其他与沟通有关的经验教训。
◆ **相关方登记册**。见 13.1.3.1 节。可能需要更新相关方登记册，加入修订的相关方沟通要求。

11

项目风险管理

项目风险管理包括规划风险管理、识别风险、开展风险分析、规划风险应对、实施风险应对和监督风险的各个过程。项目风险管理的目标在于提高正面风险的概率和（或）影响，降低负面风险的概率和（或）影响，从而提高项目成功的可能性。

项目风险管理的过程是：

11.1 规划风险管理 —— 定义如何实施项目风险管理活动的过程。

11.2 识别风险 —— 识别单个项目风险，以及整体项目风险的来源，并记录风险特征的过程。

11.3 实施定性风险分析 —— 通过评估单个项目风险发生的概率和影响以及其他特征，对风险进行优先级排序，从而为后续分析或行动提供基础的过程。

11.4 实施定量风险分析 —— 就已识别的单个项目风险和其他不确定性的来源对整体项目目标的综合影响进行定量分析的过程。

11.5 规划风险应对 —— 为处理整体项目风险敞口，以及应对单个项目风险，而制定可选方案、选择应对策略并商定应对行动的过程。

11.6 实施风险应对 —— 执行商定的风险应对计划的过程。

11.7 监督风险 —— 在整个项目期间，监督商定的风险应对计划的实施、跟踪已识别风险、识别和分析新风险，以及评估风险管理有效性的过程。

图 11-1 概括了项目风险管理的各个过程。虽然在本《PMBOK® 指南》中，各项目管理风险过程以界限分明和相互独立的形式出现，但在实践中它们会以本指南无法全面详述的方式相互交叠和相互作用。

项目风险管理概述

11.1 规划风险管理
.1 输入
　.1 项目章程
　.2 项目管理计划
　.3 项目文件
　.4 事业环境因素
　.5 组织过程资产
.2 工具与技术
　.1 专家判断
　.2 数据分析
　.3 会议
.3 输出
　.1 风险管理计划

11.2 识别风险
.1 输入
　.1 项目管理计划
　.2 项目文件
　.3 协议
　.4 采购文档
　.5 事业环境因素
　.6 组织过程资产
.2 工具与技术
　.1 专家判断
　.2 数据收集
　.3 数据分析
　.4 人际关系与团队技能
　.5 提示清单
　.6 会议
.3 输出
　.1 风险登记册
　.2 风险报告
　.3 项目文件更新

11.3 实施定性风险分析
.1 输入
　.1 项目管理计划
　.2 项目文件
　.3 事业环境因素
　.4 组织过程资产
.2 工具与技术
　.1 专家判断
　.2 数据收集
　.3 数据分析
　.4 人际关系与团队技能
　.5 风险分类
　.6 数据表现
　.7 会议
.3 输出
　.1 项目文件更新

11.4 实施定量风险分析
.1 输入
　.1 项目管理计划
　.2 项目文件
　.3 事业环境因素
　.4 组织过程资产
.2 工具与技术
　.1 专家判断
　.2 数据收集
　.3 人际关系与团队技能
　.4 不确定性表现方式
　.5 数据分析
.3 输出
　.1 项目文件更新

11.5 规划风险应对
.1 输入
　.1 项目管理计划
　.2 项目文件
　.3 事业环境因素
　.4 组织过程资产
.2 工具与技术
　.1 专家判断
　.2 数据收集
　.3 人际关系与团队技能
　.4 威胁应对策略
　.5 机会应对策略
　.6 应急应对策略
　.7 整体项目风险应对策略
　.8 数据分析
　.9 决策
.3 输出
　.1 变更请求
　.2 项目管理计划更新
　.3 项目文件更新

11.6 实施风险应对
.1 输入
　.1 项目管理计划
　.2 项目文件
　.3 组织过程资产
.2 工具与技术
　.1 专家判断
　.2 人际关系与团队技能
　.3 项目管理信息系统
.3 输出
　.1 变更请求
　.2 项目文件更新

11.7 监督风险
.1 输入
　.1 项目管理计划
　.2 项目文件
　.3 工作绩效数据
　.4 工作绩效报告
.2 工具与技术
　.1 数据分析
　.2 审计
　.3 会议
.3 输出
　.1 工作绩效信息
　.2 变更请求
　.3 项目管理计划更新
　.4 项目文件更新
　.5 组织过程资产更新

图 11-1 项目风险管理概述

项目风险管理的核心概念

既然项目是为交付收益而开展的、具有不同复杂程度的独特性工作，那自然就会充满风险。开展项目，不仅要面对各种制约因素和假设条件，而且还要应对可能相互冲突和不断变化的相关方期望。组织应该有目的地以可控方式去冒项目风险，以便平衡风险和回报，并创造价值。

项目风险管理旨在识别和管理未被其他项目管理过程所管理的风险。如果不妥善管理，这些风险有可能导致项目偏离计划，无法达成既定的项目目标。因此，项目风险管理的有效性直接关乎项目成功与否。

每个项目都在两个层面上存在风险。每个项目都有会影响项目达成目标的单个风险，以及由单个项目风险和不确定性的其他来源联合导致的整体项目风险。考虑整体项目风险，也非常重要。项目风险管理过程同时兼顾这两个层面的风险。它们的定义如下：

◆ **单个项目风险**是一旦发生，会对一个或多个项目目标产生正面或负面影响的不确定事件或条件。

◆ **整体项目风险**是不确定性对项目整体的影响，是相关方面临的项目结果正面和负面变异区间。它源于包括单个风险在内的所有不确定性。

一旦发生，单个项目风险会对项目目标产生正面或负面的影响。项目风险管理旨在利用或强化正面风险（机会），规避或减轻负面风险（威胁）。未妥善管理的威胁可能引发各种问题，如工期延误、成本超支、绩效不佳或声誉受损。把握好机会则能够获得众多好处，如工期缩短、成本节约、绩效改善或声誉提升。

整体项目风险也有正面或负面之分。管理整体项目风险旨在通过削弱负面变异的驱动因素，加强正面变异的驱动因素，以及最大化实现整体项目目标的概率，把项目风险敞口保持在可接受的范围之内。

项目风险管理的核心概念

因为风险会在项目生命周期内持续发生，所以，项目风险管理过程也应不断迭代开展。在项目规划期间，就应该通过调整项目策略对风险做初步处理。接着，应该随着项目进展，监督和管理风险，确保项目处于正轨，并且突发性风险也得到处理。

为有效管理特定项目的风险，项目团队需要知道，相对于要追求的项目目标，可接受的风险敞口究竟是多大。这通常用可测量的风险临界值来定义。风险临界值反映了组织与项目相关方的风险偏好程度，是项目目标的可接受的变异程度。应该明确规定风险临界，并传达给项目团队，同时反映在项目的风险影响级别定义中。

项目风险管理的发展趋势和新兴实践

项目风险管理的关注面正在扩大，以便确保考虑所有类型的风险，并在更广泛的背景中理解项目风险。项目风险管理的发展趋势和新兴实践包括（但不限于）：

◆ **非事件类风险。**大多数项目只关注作为可能发生或不发生的不确定性未来事件的风险。例如，关键卖方可能在项目期间停业，客户可能在设计完成后变更需求，或分包商可能要求对标准化操作流程进行优化。

不过，识别并管理非事件类风险的意识正在不断加强。非事件类风险有两种主要类型：

- **变异性风险。**已规划事件、活动或决策的某些关键方面存在不确定性，就导致变异性风险。例如，生产率可能高于或低于目标值，测试发现的错误数量可能多于或少于预期，或施工阶段可能出现反常的天气情况。
- **模糊性风险。**对未来可能发生什么，存在不确定性。知识不足可能影响项目达成目标的能力，例如，不太了解需求或技术解决方案的要素、法规框架的未来发展，或项目内在的系统复杂性。

变异性风险可通过蒙特卡洛分析加以处理，即用概率分布表示变异的可能区间，然后采取行动去缩小可能结果的区间。管理模糊性风险，则需要先定义认知或理解不足之处，进而通过获取外部专家意见或以最佳实践为标杆来填补差距。也可以采用增量开发、原型搭建或模拟等方法来处理模糊性风险。

◆ **项目韧性**。随着对所谓"未知—未知"因素的意识的增强，人们也越来越明确地知道确实存在突发性风险。这种风险只有在发生后才能被发现。可以通过加强项目韧性来应对突发性风险。这就要求每个项目：

- 除了为已知风险列出具体风险预算，还要为突发性风险预留合理的应急预算和时间；
- 采用灵活的项目过程，包括强有力的变更管理，以便在保持朝项目目标推进的正确方向的同时，应对突发性风险；
- 授权目标明确且值得信赖的项目团队在商定限制范围内完成工作；
- 经常留意早期预警信号，以尽早识别突发性风险；
- 明确征求相关方的意见，以明确为应对突发性风险而可以调整项目范围或策略的领域。

◆ **整合式风险管理**。项目存在于组织背景中，可能是项目集或项目组合的一部分。在项目、项目集、项目组合和组织这些层面上，都存在风险。应该在适当的层面上承担和管理风险。在较高层面识别出的某些风险，将被授权给项目团队去管理；而在较低层面识别出的某些风险，又可能上交给较高层面去管理（如果在项目之外管理最有效）。应该采用协调式企业级风险管理方法，来确保所有层面的风险管理工作的一致性和连贯性。这样就能使项目集和项目组合的结构具有风险效率，有利于在给定的风险敞口水平下创造最大的整体价值。

裁剪时需要考虑的因素

因为每个项目都是独特的，所以有必要对项目风险管理过程的应用方式进行裁剪。裁剪时应考虑的因素包括（但不限于）：

◆ **项目规模**。由预算、持续时间、范围或团队人数所体现的项目规模，要求采取更详细的风险管理方法吗？或者项目小到只需要用简化的风险管理过程吗？

◆ **项目复杂性**。由高水平创新、新技术采用、商务安排、界面或外部依赖关系导致的项目复杂性提高，是否要求采用更稳健的风险管理方法？或者项目是否简单到只需要用简化的风险管理过程？

◆ **项目重要性**。项目的战略重要性有多大？项目的风险级别因旨在创造突破性机会、克服组织经营的重大障碍或涉及重大产品创新而提高了吗？

◆ **开发方法**。它是否是瀑布式项目，风险管理过程可以相继或重复开展；或者此项目是否采取敏捷型方法，需在每个重复过程的开始阶段以及执行期间处理风险？

根据上述需考虑的因素来裁剪项目风险管理过程，这是规划风险管理过程的一部分工作。裁剪结果将被记录在风险管理计划中。

在敏捷或适应型环境中需要考虑的因素

从本质上讲，越是变化的环境就存在越多的不确定性和风险。要应对快速变化，就需要采用适应型方法管理项目，即通过跨职能项目团队和经常审查增量式工作产品，来加快知识分享，确保对风险的认知和管理。在选择每个迭代期的工作内容时，应该考虑风险；在每个迭代期间应该识别、分析和管理风险。

此外，应该根据对当前风险敞口的理解的加深，定期更新需求文件，并随项目进展重新排列工作优先级。

11.1 规划风险管理

规划风险管理是定义如何实施项目风险管理活动的过程。本过程的主要作用是，确保风险管理的水平、方法和可见度与项目风险程度，以及项目对组织和其他相关方的重要程度相匹配。本过程仅开展一次或仅在项目的预定义点开展。图 11-2 描述本过程的输入、工具与技术和输出。图 11-3 是本过程的数据流向图。

规划风险管理		
输入	**工具与技术**	**输出**
.1 项目章程 .2 项目管理计划 　• 所有组件 .3 项目文件 　• 相关方登记册 .4 事业环境因素 .5 组织过程资产	.1 专家判断 .2 数据分析 　• 相关方分析 .3 会议	.1 风险管理计划

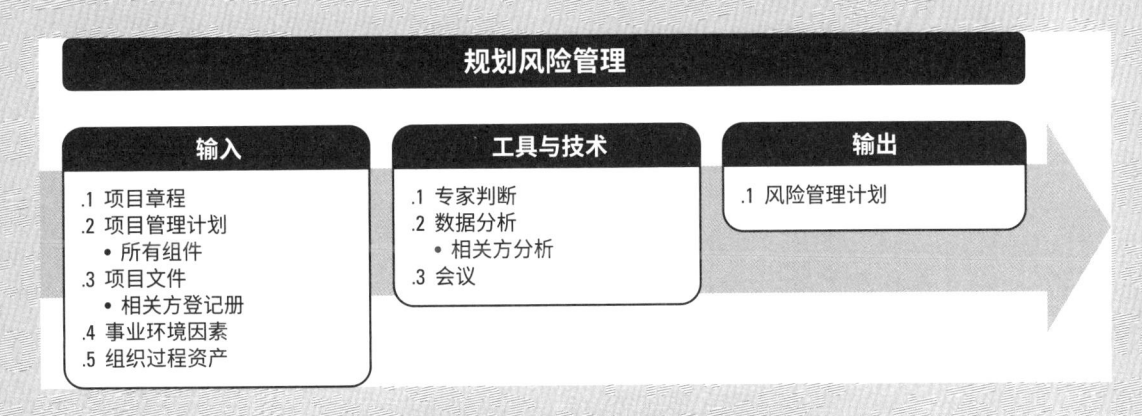

图 11-2 规划风险管理：输入、工具与技术和输出

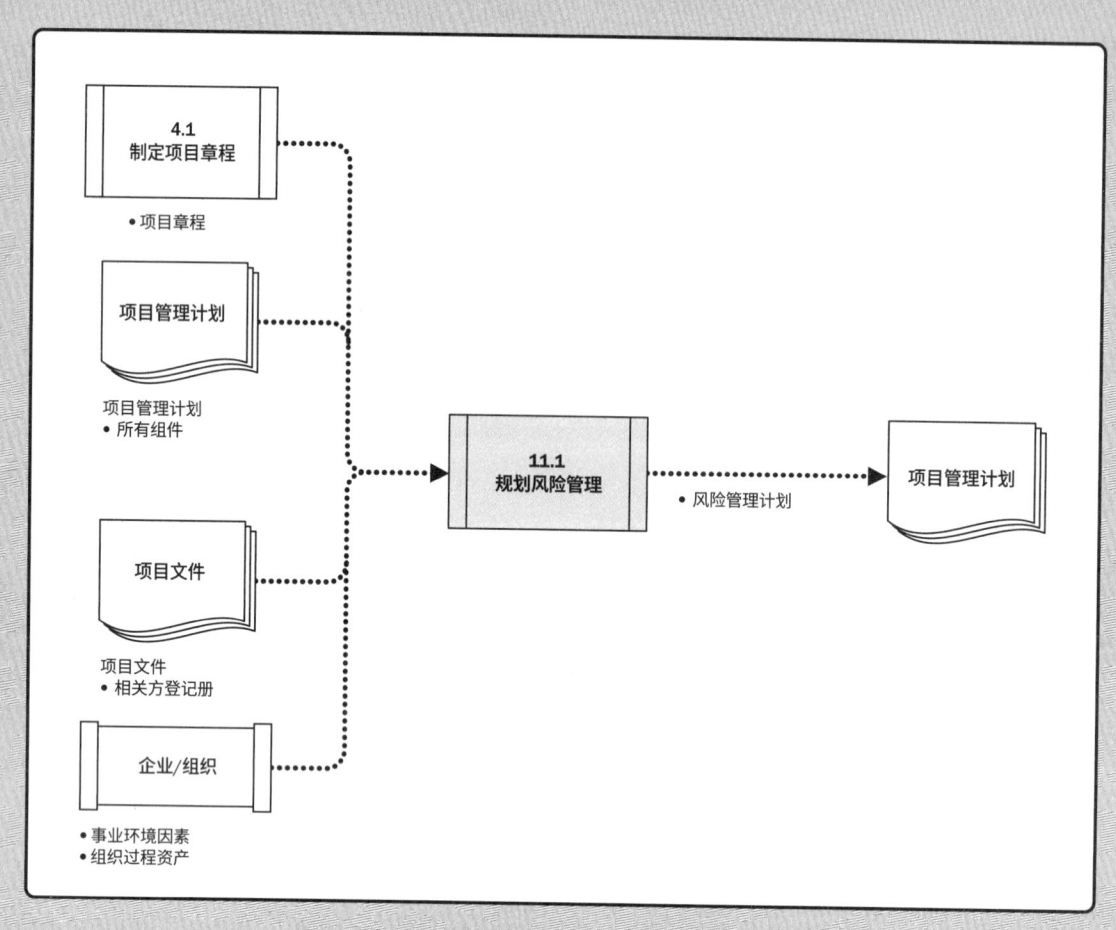

图11-3规划风险管理：数据流向图

规划风险管理过程在项目构思阶段就应开始，并在项目早期完成。在项目生命周期的后期，可能有必要重新开展本过程，例如，在发生重大阶段变更时，在项目范围显著变化时，或者后续对风险管理有效性进行审查且确定需要调整项目风险管理过程时。

11.1.1 规划风险管理：输入

11.1.1.1 项目章程

见 4.1.3.1 节。项目章程记录了高层级的项目描述和边界、高层级的需求和风险。

11.1.1.2 项目管理计划

见 4.2.3.1 节。在规划项目风险管理时,应该考虑所有已批准的子管理计划,使风险管理计划与之相协调;同时,其他项目管理计划组件中所列出的方法论可能也会影响规划风险管理过程。

11.1.1.3 项目文件

可作为本过程输入的项目文件包括(但不限于)相关方登记册(见 13.1.3.1 节)。相关方登记册包含项目相关方的详细信息,并概述其在项目中的角色和对项目风险的态度;可用于确定项目风险管理的角色和职责,以及为项目设定风险临界值。

11.1.1.4 事业环境因素

会影响规划风险管理过程的事业环境因素包括(但不限于)由组织或关键相关方设定的整体风险临界值。

11.1.1.5 组织过程资产

会影响规划风险管理过程的组织过程资产包括(但不限于):

- ◆ 组织的风险政策;
- ◆ 风险类别,可能用风险分解结构来表示;
- ◆ 风险概念和术语的通用定义;
- ◆ 风险描述的格式;
- ◆ 风险管理计划、风险登记册和风险报告的模板;
- ◆ 角色与职责;
- ◆ 决策所需的职权级别;
- ◆ 经验教训知识库,其中包含以往类似项目的信息。

11.1.2 规划风险管理：工具与技术

11.1.2.1 专家判断

见 4.1.2.1 节。应考虑具备以下专业知识或接受过相关培训的个人或小组的意见：

- ◆ 熟悉组织所采取的管理风险的方法，包括该方法所在的企业风险管理体系；
- ◆ 裁剪风险管理以适应项目的具体需求；
- ◆ 在相同领域的项目上可能遇到的风险类型。

11.1.2.2 数据分析

可用于本过程的数据分析技术包括（但不限于）相关方分析（见 13.1.2.3 节）。可通过相关方分析确定项目相关方的风险偏好。

11.1.2.3 会议

风险管理计划的编制可以是项目开工会议上的一项工作，或者可以举办专门的规划会议来编制风险管理计划。参会者可能包括项目经理、指定项目团队成员、关键相关方，或负责管理项目风险管理过程的团队成员；如果需要，也可邀请其他外部人员参加，包括客户、卖方和监管机构。熟练的会议引导者能够帮助参会者专注于会议事项，就风险管理方法的关键方面达成共识，识别和克服偏见，以及解决任何可能出现的分歧。

在此类会议上确定开展风险管理活动的计划，并将其记录在风险管理计划（见 11.1.3.1 节）中。

11.1.3 规划风险管理：输出

11.1.3.1 风险管理计划

风险管理计划是项目管理计划的组成部分，描述如何安排与实施风险管理活动。风险管理计划可包括以下部分或全部内容：

- **风险管理战略**。描述用于管理本项目的风险的一般方法。
- **方法论**。确定用于开展本项目的风险管理的具体方法、工具及数据来源。
- **角色与职责**。确定每项风险管理活动的领导者、支持者和团队成员，并明确他们的职责。
- **资金**。确定开展项目风险管理活动所需的资金，并制定应急储备和管理储备的使用方案。
- **时间安排**。确定在项目生命周期中实施项目风险管理过程的时间和频率，确定风险管理活动并将其纳入项目进度计划。
- **风险类别**。确定对单个项目风险进行分类的方式。通常借助风险分解结构 (RBS)来构建风险类别。风险分解结构是潜在风险来源的层级展现（示例见图 11-4）。风险分解结构有助于项目团队考虑单个项目风险的全部可能来源，对识别风险或归类已识别风险特别有用。组织可能有适用于所有项目的通用风险分解结构，也可能针对不同类型项目使用几种不同的风险分解结构框架，或者允许项目量身定制专用的风险分解结构。如果未使用风险分解结构，组织则可能采用某种常见的风险分类框架，既可以是简单的类别清单，也可以是基于项目目标的某种类别结构。

RBS 0 级	RBS 1 级	RBS 2 级
0. 项目风险所有来源	1. 技术风险	1.1 范围定义
		1.2 需求定义
		1.3 估算、假设和制约因素
		1.4 技术过程
		1.5 技术
		1.6 技术联系
		等等
	2. 管理风险	2.1 项目管理
		2.2 项目集/项目组合管理
		2.3 运营管理
		2.4 组织
		2.5 提供资源
		2.6 沟通
		等等
	3. 商业风险	3.1 合同条款和条件
		3.2 内部采购
		3.3 供应商与卖方
		3.4 分包合同
		3.5 客户稳定性
		3.6 合伙企业与合资企业
		等等
	4. 外部风险	4.1 法律
		4.2 汇率
		4.3 地点/设施
		4.4 环境/天气
		4.5 竞争
		4.6 监管
		等等

图 11-4 风险分解结构（RBS）示例

◆ **相关方风险偏好**。应在风险管理计划中记录项目关键相关方的风险偏好。他们的风险偏好会影响规划风险管理过程的细节。特别是，应该针对每个项目目标，把相关方的风险偏好表述成可测量的风险临界值。这些临界值不仅将联合决定可接受的整体项目风险敞口水平，而且也用于制定概率和影响定义。以后将根据概率和影响定义，对单个项目风险进行评估和排序。

◆ **风险概率和影响定义**。根据具体的项目环境、组织和关键相关方的风险偏好和临界值，来制定风险概率和影响定义。项目可能自行制定关于概率和影响级别的具体定义，或者用组织提供的通用定义作为出发点。应该根据拟开展项目风险管理过程的详细程度，来确定概率和影响级别的数量，即更多级别（通常为五级）对应更详细的风险管理方法，更少级别（通常为三级）对应更简单的方法。表 11-1 针对三个项目目标提供了概率和影响定义的示例。通过将影响定义为负面威胁（工期延误、成本增加和绩效不佳）和正面机会（工期缩短、成本节约和绩效改善），表格所示的量表可同时用于评估威胁和机会。

表 11-1 概率和影响定义示例

量表	概率	+/- 对项目目标的影响		
		时间	成本	质量
很高	>70%	>6 个月	>500 万美元	对整体功能影响非常重大
高	51-70%	3-6 个月	100 万美元-500 万美元	对整体功能影响重大
中	31-50%	1-3 个月	50.1 万美元-100 万美元	对关键功能领域有一些影响
低	11-30%	1-4 周	10 万美元-50 万美元	对整体功能有微小影响
很低	1-10%	1 周	<10 万美元	对辅助功能有微小影响
零	<1%	不变	不变	功能不变

◆ **概率和影响矩阵。**见 11.3.2.6 节。组织可在项目开始前确定优先级排序规则，并将其纳入组织过程资产，或者也可为具体项目量身定制优先级排序规则。在常见的概率和影响矩阵中，会同时列出机会和威胁；以正面影响定义机会，以负面影响定义威胁。概率和影响可以用描述性术语（如很高、高、中、低和很低）或数值来表达。如果使用数值，就可以把两个数值相乘，得出每个风险的概率 – 影响分值，以便据此在每个优先级组别之内排列单个风险相对优先级。图 11-5 是概率和影响矩阵的示例，其中也有数值风险评分的可能方法。

		威胁					机会			
很高 0.90	0.05	0.09	0.18	0.36	0.72	0.72	0.36	0.18	0.09	0.05
高 0.70	0.04	0.07	0.14	0.28	0.56	0.56	0.28	0.14	0.07	0.04
中 0.50	0.03	0.05	0.10	0.20	0.40	0.40	0.20	0.10	0.05	0.03
低 0.30	0.02	0.03	0.06	0.12	0.24	0.24	0.12	0.06	0.03	0.02
很低 0.10	0.01	0.01	0.02	0.04	0.08	0.08	0.04	0.02	0.01	0.01
	很低 0.05	低 0.10	中 0.20	高 0.40	很高 0.80	很高 0.80	高 0.40	中 0.20	低 0.10	很低 0.05
		消极影响					积极影响			

左侧纵轴：概率；右侧纵轴：影响

图 11-5 概率和影响矩阵示例（有评分方法）

◆ **报告格式。**确定将如何记录、分析和沟通项目风险管理过程的结果。在这一部分，描述风险登记册、风险报告以及项目风险管理过程的其他输出的内容和格式。

◆ **跟踪。**跟踪是确定将如何记录风险活动，以及将如何审计风险的管理过程。

11.2 识别风险

识别风险是识别单个项目风险以及整体项目风险的来源，并记录风险特征的过程。本过程的主要作用是，记录现有的单个项目风险，以及整体项目风险的来源；同时，汇集相关信息，以便项目团队能够恰当应对已识别的风险。本过程需要在整个项目期间开展。图 11-6 描述本过程的输入、工具与技术和输出。图 11-7 是本过程的数据流向图。

识别风险

输入
- .1 项目管理计划
  - 需求管理计划
  - 进度管理计划
  - 成本管理计划
  - 质量管理计划
  - 资源管理计划
  - 风险管理计划
  - 范围基准
  - 进度基准
  - 成本基准
- .2 项目文件
  - 假设日志
  - 成本估算
  - 持续时间估算
  - 问题日志
  - 经验教训登记册
  - 需求文件
  - 资源需求
  - 相关方登记册
- .3 协议
- .4 采购文档
- .5 事业环境因素
- .6 组织过程资产

工具与技术
- .1 专家判断
- .2 数据收集
  - 头脑风暴
  - 核对单
  - 访谈
- .3 数据分析
  - 根本原因分析
  - 假设条件和制约因素分析
  - SWOT 分析
  - 文件分析
- .4 人际关系与团队技能
  - 引导
- .5 提示清单
- .6 会议

输出
- .1 风险登记册
- .2 风险报告
- .3 项目文件更新
  - 假设日志
  - 问题日志
  - 经验教训登记册

图 11-6 识别风险：输入、工具与技术和输出

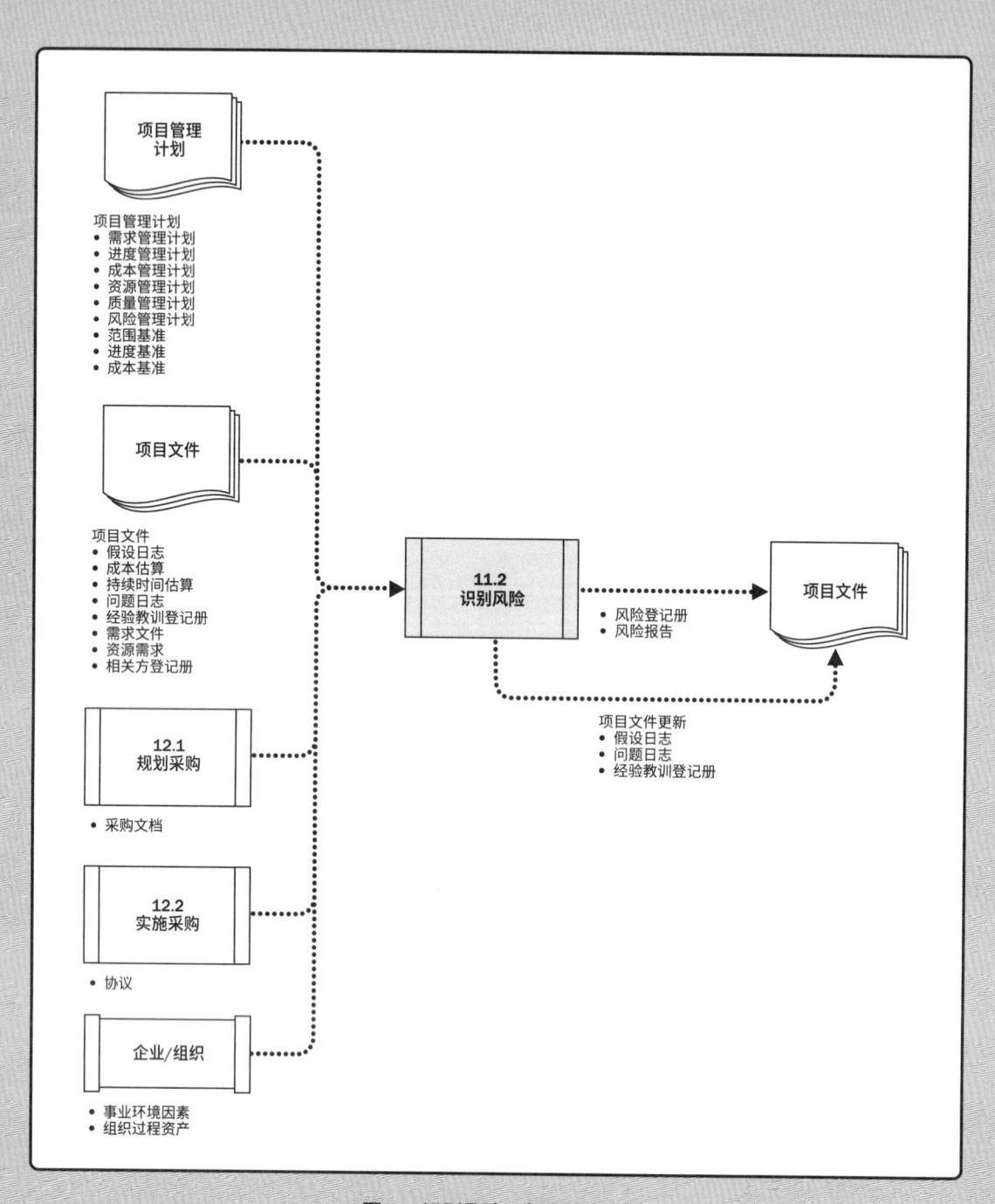

图 11-7 识别风险：数据流向图

识别风险时，要同时考虑单个项目风险，以及整体项目风险的来源。风险识别活动的参与者可能包括项目经理、项目团队成员、项目风险专家（若已指定）、客户、项目团队外部的主题专家、最终用户、其他项目经理、运营经理、相关方和组织内的风险管理专家。虽然这些人员通常是风险识别活动的关键参与者，但是还应鼓励所有项目相关方参与单个项目风险的识别工作。项目团队的参与尤其重要，以便培养和保持他们对已识别单个项目风险、整体项目风险级别和相关风险应对措施的主人翁意识和责任感。

应该采用统一的风险描述格式，来描述和记录单个项目风险，以确保每一项风险都被清楚、明确地理解，从而为有效的分析和风险应对措施制定提供支持。可以在识别风险过程中为单个项目风险指定风险责任人，待实施定性风险分析过程确认。也可以识别和记录初步的风险应对措施，待规划风险应对过程审查和确认。

在整个项目生命周期中，单个项目风险可能随项目进展而不断出现，整体项目风险的级别也会发生变化。因此，识别风险是一个迭代的过程。迭代的频率和每次迭代所需的参与程度因情况而异，应在风险管理计划中做出相应规定。

11.2.1 识别风险：输入

11.2.1.1 项目管理计划

见 4.2.3.1 节。项目管理计划组件包括（但不限于）：

- **需求管理计划**。见 5.1.3.2 节。需求管理计划可能指出了特别有风险的项目目标。
- **进度管理计划**。见 6.1.3.1 节。进度管理计划可能列出了受不确定性或模糊性影响的一些领域。
- **成本管理计划**。见 7.1.3.1 节。成本管理计划可能列出了受不确定性或模糊性影响的一些领域。
- **质量管理计划**。见 8.1.3.1 节。质量管理计划可能列出了受不确定性或模糊性影响的一些领域，或者关键假设可能引发风险的一些领域。
- **资源管理计划**。见 9.1.3.1 节。资源管理计划可能列出了受不确定性或模糊性影响的一些领域，或者关键假设可能引发风险的一些领域。

- **风险管理计划。** 见 11.1.3.1 节。风险管理计划规定了风险管理的角色和职责，说明了如何将风险管理活动纳入预算和进度计划，并描述了风险类别（可用风险分解结构表述）。
- **范围基准。** 见 5.4.3.1 节。范围基准包括可交付成果及其验收标准，其中有些可能引发风险；还包括工作分解结构，可用作安排风险识别工作的框架。
- **进度基准。** 见 6.5.3.1 节。可以查看进度基准，找出存在不确定性或模糊性的里程碑日期和可交付成果交付日期，或者可能引发风险的关键假设条件。
- **成本基准。** 见 7.3.3.1 节。可以查看成本基准，找出存在不确定性或模糊性的成本估算或资金需求，或者关键假设可能引发风险的方面。

11.2.1.2 项目文件

可作为本过程输入的项目文件包括（但不限于）：

- **假设日志。** 见 4.1.3.2 节。假设日志所记录的假设条件和制约因素可能引发单个项目风险，还可能影响整体项目风险的级别。
- **成本估算。** 见 7.2.3.1 节。成本估算是对项目成本的定量评估，理想情况下用区间表示，区间的大小预示着风险程度。对成本估算文件进行结构化审查，可能显示当前估算不足，从而引发项目风险。
- **持续时间估算。** 见 6.4.3.1 节。持续时间估算是对项目持续时间的定量评估，理想情况下用区间表示，区间的大小预示着风险程度。对持续时间估算文件进行结构化审查，可能显示当前估算不足，从而引发项目风险。
- **问题日志。** 见 4.3.3.3 节。问题日志所记录的问题可能引发单个项目风险，还可能影响整体项目风险的级别。
- **经验教训登记册。** 见 4.4.3.1 节。可以查看与项目早期所识别的风险相关的经验教训，以确定类似风险是否可能在项目的剩余时间再次出现。
- **需求文件。** 见 5.2.3.1 节。需求文件列明了项目需求，使团队能够确定哪些需求存在风险。

- **资源需求**。见 9.2.3.1 节。资源需求是对项目所需资源的定量评估，理想情况下用区间表示，区间的大小预示着风险程度。对资源需求文件进行结构化审查，可能显示当前估算不足，从而引发项目风险。
- **相关方登记册**。见 13.1.3.1 节。相关方登记册规定了哪些个人或小组可能参与项目的风险识别工作，还会详细说明哪些个人适合扮演风险责任人角色。

11.2.1.3 协议

见 12.2.3.2 节。如果需要从外部采购项目资源，协议所规定的里程碑日期、合同类型、验收标准和奖罚条款等，都可能造成威胁或创造机会。

11.2.1.4 采购文档

见 12.3.1.4 节。如果需要从外部采购项目资源，就应该审查初始采购文档，因为从组织外部采购商品和服务可能提高或降低整体项目风险，并可能引发更多的单个项目风险。随着采购文档在项目期间的不断更新，还应该审查最新的文档，例如，卖方绩效报告、核准的变更请求和与检查相关的信息。

11.2.1.5 事业环境因素

会影响识别风险过程的事业环境因素包括（但不限于）：

- 已发布的材料，包括商业风险数据库或核对单；
- 学术研究资料；
- 标杆对照成果；
- 类似项目的行业研究资料。

11.2.1.6 组织过程资产

会影响识别风险过程的组织过程资产包括（但不限于）：

- 项目文档，包括实际数据；
- 组织和项目的过程控制资料；
- 风险描述的格式；
- 以往类似项目的核对单。

11.2.2 识别风险：工具与技术

11.2.2.1 专家判断

见 4.1.2.1 节。应考虑了解类似项目或业务领域的个人或小组的专业意见。项目经理应该选择相关专家，邀请他们根据以往经验和专业知识来考虑单个项目风险的方方面面，以及整体项目风险的各种来源。项目经理应该注意专家可能持有的偏见。

11.2.2.2 数据收集

适用于本过程的数据收集技术包括（但不限于）：

◆ **头脑风暴**。头脑风暴（见 4.1.2.2 节）的目标是获取一份全面的单个项目风险和整体项目风险来源的清单。通常由项目团队开展头脑风暴，同时邀请团队以外的多学科专家参与。可以采用自由或结构化的形式开展头脑风暴，在引导者的指引下产生各种创意。可以用风险类别（如风险分解结构）作为识别风险的框架。因为头脑风暴生成的创意并不成形，所以应该特别注意对头脑风暴识别的风险进行清晰描述。

◆ **核对单**。核对单是包括需要考虑的项目、行动或要点的清单。它常被用作提醒。基于从类似项目和其他信息来源积累的历史信息和知识来编制核对单。编制核对单，列出过去曾出现且可能与当前项目相关的具体单个项目风险，这是吸取已完成的类似项目的经验教训的有效方式。组织可能基于自己已完成的项目来编制核对单，或者可能采用特定行业的通用风险核对单。虽然核对单简单易用，但它不可能穷尽所有风险。所以，必须确保不要用核对单来取代所需的风险识别工作；同时，项目团队也应该注意考察未在核对单中列出的事项。此外，还应该不时地审查核对单，增加新信息，删除或存档过时信息。

◆ **访谈**。可以通过对资深项目参与者、相关方和主题专家的访谈，来识别单个项目风险以及整体项目风险的来源。应该在信任和保密的环境下开展访谈（见 5.2.2.2 节），以获得真实可信、不带偏见的意见。

11.2.2.3 数据分析

适用于本过程的数据分析技术包括（但不限于）：

- **根本原因分析。** 根本原因分析（见 8.2.2.2 节）常用于发现导致问题的深层原因并制定预防措施。可以用问题陈述（如项目可能延误或超支）作为出发点，来探讨哪些威胁可能导致该问题，从而识别出相应的威胁。也可以用收益陈述（如提前交付或低于预算）作为出发点，来探讨哪些机会可能有利于实现该效益，从而识别出相应的机会。

- **假设条件和制约因素分析。** 每个项目及其项目管理计划的构思和开发都基于一系列的假设条件，并受一系列制约因素的限制。这些假设条件和制约因素往往都已纳入范围基准和项目估算。开展假设条件和制约因素分析，来探索假设条件和制约因素的有效性，确定其中哪些会引发项目风险。从假设条件的不准确、不稳定、不一致或不完整，可以识别出威胁，通过清除或放松会影响项目或过程执行的制约因素，可以创造出机会。

- **SWOT 分析。** 这是对项目的优势、劣势、机会和威胁 (SWOT) 进行逐个检查。在识别风险时，它会将内部产生的风险包含在内，从而拓宽识别风险的范围。首先，关注项目、组织或一般业务领域，识别出组织的优势和劣势；然后，找出组织优势可能为项目带来的机会，组织劣势可能造成的威胁。还可以分析组织优势能在多大程度上克服威胁，组织劣势是否会妨碍机会的产生。

- **文件分析。** 见 5.2.2.3 节。通过对项目文件的结构化审查，可以识别出一些风险。可供审查的文件包括（但不限于）计划、假设条件、制约因素、以往项目档案、合同、协议和技术文件。项目文件中的不确定性或模糊性，以及同一文件内部或不同文件之间的不一致，都可能是项目风险的指示信号。

11.2.2.4 人际关系与团队技能

适用于本过程的人际关系与团队技能包括（但不限于）引导（见 4.1.2.3 节）。引导能提高用于识别单个项目风险和整体项目风险来源的许多技术的有效性。熟练的引导者可以帮助参会者专注于风险识别任务、准确遵循与技术相关的方法，有助于确保风险描述清晰、找到并克服偏见，以及解决任何可能出现的分歧。

11.2.2.5 提示清单

提示清单是关于可能引发单个项目风险以及可作为整体项目风险来源的风险类别的预设清单。在采用风险识别技术时，提示清单可作为框架用于协助项目团队形成想法。可以用风险分解结构底层的风险类别作为提示清单，来识别单个项目风险。某些常见的战略框架更适用于识别整体项目风险的来源，如 PESTLE（政治、经济、社会、技术、法律、环境）、TECOP（技术、环境、商业、运营、政治），或 VUCA（易变性、不确定性、复杂性、模糊性）

11.2.2.6 会议

为了开展风险识别工作，项目团队可能要召开专门的会议（通常称为风险研讨会）。在大多数风险研讨会中，都会开展某种形式的头脑风暴（见 4.1.2.2 节）。根据风险管理计划中对开展风险管理过程的要求，还有可能采用其他风险识别技术。配备一名经验丰富的引导者将会提高会议的有效性；确保适当的人员参加风险研讨会也至关重要。对于较大型项目，可能需要邀请项目发起人、主题专家、卖方、客户代表，或其他项目相关方参加会议；而对于较小型项目，可能仅限部分项目团队成员参加。

11.2.3 识别风险：输出

11.2.3.1 风险登记册

风险登记册记录已识别单个项目风险的详细信息。随着实施定性风险分析、规划风险应对、实施风险应对和监督风险等过程的开展，这些过程的结果也要记进风险登记册。取决于具体的项目变量（如规模和复杂性），风险登记册可能包含有限或广泛的风险信息。

当完成识别风险过程时，风险登记册的内容可能包括（但不限于）：

- **已识别风险的清单。** 在风险登记册中，每项单个项目风险都被赋予一个独特的标识号。要以所需的详细程度对已识别风险进行描述，确保明确理解。可以使用结构化的风险描述，来把风险本身与风险原因及风险影响区分开来。
- **潜在风险责任人。** 如果已在识别风险过程中识别出潜在的风险责任人，就要把该责任人记录到风险登记册中。随后将由实施定性风险分析过程进行确认。
- **潜在风险应对措施清单。** 如果已在识别风险过程中识别出某种潜在的风险应对措施，就要把它记录到风险登记册中。随后将由规划风险应对过程进行确认。

根据风险管理计划规定的风险登记册格式，可能还要记录关于每项已识别风险的其他数据，包括：简短的风险名称、风险类别、当前风险状态、一项或多项原因、一项或多项对目标的影响、风险触发条件（显示风险即将发生的事件或条件）、受影响的WBS组件，以及时间信息（风险何时识别、可能何时发生、何时可能不再相关，以及采取行动的最后期限）。

11.2.3.2 风险报告

风险报告提供关于整体项目风险的信息，以及关于已识别的单个项目风险的概述信息。在项目风险管理过程中，风险报告的编制是一项渐进式的工作。随着实施定性风险分析、实施定量风险分析、规划风险应对、实施风险应对和监督风险过程的完成，这些过程的结果也需要记录在风险登记册中。在完成识别风险过程时，风险报告的内容可能包括（但不限于）：

◆ 整体项目风险的来源。说明哪些是整体项目风险敞口的最重要驱动因素。

◆ 关于已识别单个项目风险的概述信息。例如，已识别的威胁与机会的数量、风险在风险类别中的分布情况、测量指标和发展趋势。

根据风险管理计划中规定的报告要求，风险报告中可能还包含其他信息。

11.2.3.3 项目文件更新

可在本过程更新的项目文件包括（但不限于）：

◆ **假设日志**。见 4.1.3.2 节。在识别风险过程中，可能做出新的假设，识别出新的制约因素，或者现有的假设条件或制约因素可能被重新审查和修改。应该更新假设日志，记录这些新信息。

◆ **问题日志**。见 4.3.3.3 节。应该更新问题日志，记录发现的新问题或当前问题的变化。

◆ **经验教训登记册**。见 4.4.3.1 节。为了改善后期阶段或其他项目的绩效，而更新经验教训登记册，记录关于行之有效的风险识别技术的信息。

11.3 实施定性风险分析

实施定性风险分析是通过评估单个项目风险发生的概率和影响以及其他特征，对风险进行优先级排序，从而为后续分析或行动提供基础的过程。本过程的主要作用是重点关注高优先级的风险。本过程需要在整个项目期间开展。图 11-8 描述本过程的输入、工具与技术和输出。图 11-9 是本过程的数据流向图。

实施定性风险分析

输入	工具与技术	输出
.1 项目管理计划 　• 风险管理计划 .2 项目文件 　• 假设日志 　• 风险登记册 　• 相关方登记册 .3 事业环境因素 .4 组织过程资产	.1 专家判断 .2 数据收集 　• 访谈 .3 数据分析 　• 风险数据质量评估 　• 风险概率和影响评估 　• 其他风险参数评估 .4 人际关系与团队技能 　• 引导 .5 风险分类 .6 数据表现 　• 概率和影响矩阵 　• 层级型 .7 会议	.1 项目文件更新 　• 假设日志 　• 问题日志 　• 风险登记册 　• 风险报告

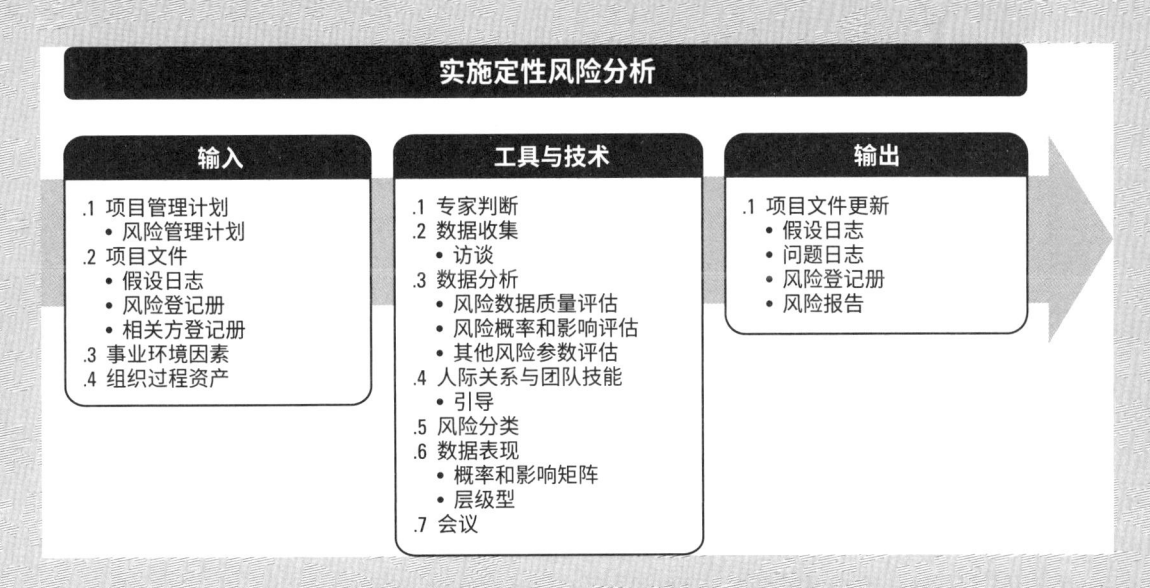

图 11-8 实施定性风险分析：输入、工具与技术和输出

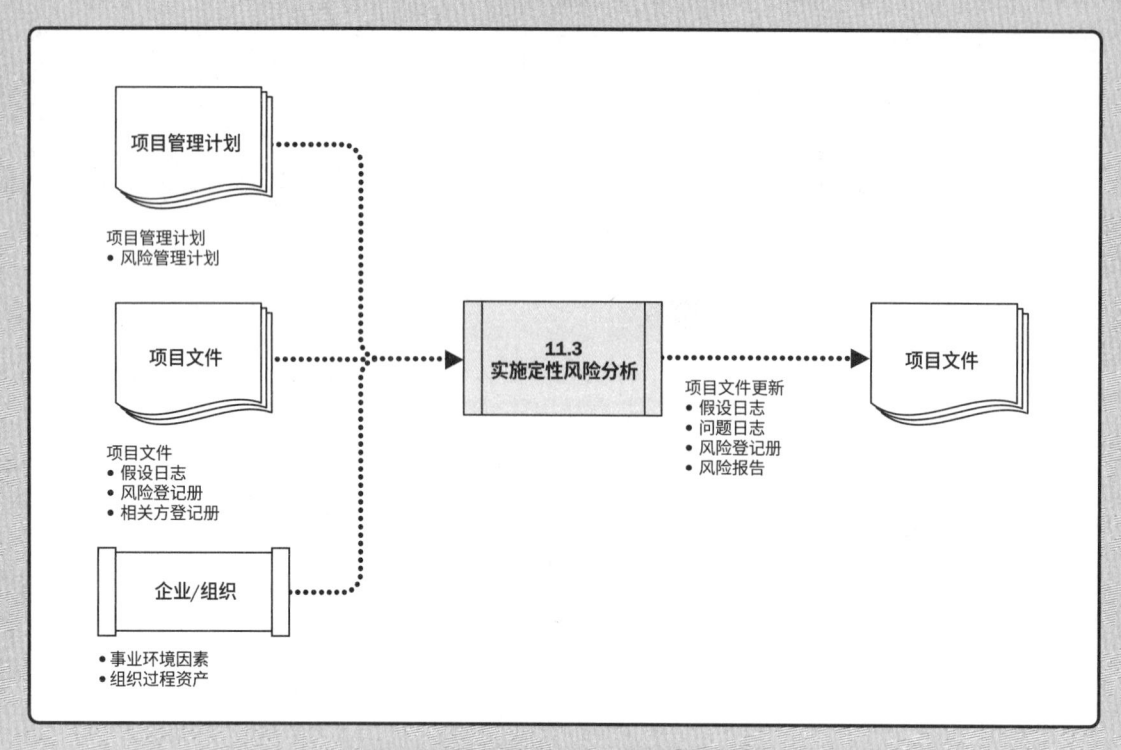

图11-9实施定性风险分析：数据流向图

实施定性风险分析，使用项目风险的发生概率、风险发生时对项目目标的相应影响以及其他因素，来评估已识别单个项目风险的优先级。这种评估基于项目团队和其他相关方对风险的感知程度，从而具有主观性。所以，为了实现有效评估，就需要认清和管理本过程关键参与者对风险所持的态度。风险感知会导致评估已识别风险时出现偏见，所以应该注意找出偏见并加以纠正。如果由引导者来引导本过程的开展，那么找出并纠正偏见就是该引导者的一项重要工作。同时，评估单个项目风险的现有信息的质量，也有助于澄清每个风险对项目的重要性的评估。

实施定性风险分析能为规划风险应对过程确定单个项目风险的相对优先级。本过程会为每个风险识别出责任人，以便由他们负责规划风险应对措施，并确保应对措施的实施。如果需要开展实施定量风险分析过程，那么实施定性风险分析也能为其奠定基础。

根据风险管理计划的规定，在整个项目生命周期中要定期开展实施定性风险分析过程。在敏捷开发环境中，实施定性风险分析过程通常要在每次迭代开始前进行。

11.3.1 实施定性风险分析：输入

11.3.1.1 项目管理计划

见 4.2.3.1 节。项目管理计划组件包括风险管理计划（见 11.1.3.1 节）。本过程中需要特别注意的是风险管理的角色和职责、预算和进度活动安排，以及风险类别（通常在风险分解结构中定义）、概率和影响定义、概率和影响矩阵和相关方的风险临界值。通常已经在规划风险管理过程中把这些内容裁剪成适合具体项目的需要。如果还没有这些内容，则可以在实施定性风险分析过程中编制，并经项目发起人批准之后用于本过程。

11.3.1.2 项目文件

可作为本过程输入的项目文件包括（但不限于）：

- **假设日志**。见 4.1.3.2 节。假设日志用于识别、管理和监督可能影响项目的关键假设条件和制约因素，它们可能影响对单个项目风险的优先级的评估。
- **风险登记册**。见 11.2.3.1 节。风险登记册包括将在本过程评估的、每个已识别的单个项目风险的详细信息。
- **相关方登记册**。见 13.1.3.1 节。它包括可能被指定为风险责任人的项目相关方的详细信息。

11.3.1.3 事业环境因素

能够影响实施定性风险分析的事业环境因素包括（但不限于）：

- ◆ 类似项目的行业研究资料；
- ◆ 已发布的材料，包括商业风险数据库或核对单。

11.3.1.4 组织过程资产

能够影响实施定性风险分析的组织过程资产包括（但不限于）已完成的类似项目的信息。

11.3.2 实施定性风险分析：工具与技术

11.3.2.1 专家判断

见 4.1.2.1 节。应考虑具备以下专业知识或接受过相关培训的个人或小组的意见：

- ◆ 以往类似项目；
- ◆ 定性风险分析。

专家判断往往可通过引导式风险研讨会或访谈获取。应该注意专家可能持有偏见。

11.3.2.2 数据收集

适用于本过程的数据收集技术包括（但不限于）访谈。结构化或半结构化的访谈（见 5.2.2.2 节）可用于评估单个项目风险的概率和影响，以及其他因素。访谈者应该营造信任和保密的访谈环境，以鼓励被访者提出诚实和无偏见的意见。

11.3.2.3 数据分析

适用于本过程的数据分析技术包括（但不限于）：

◆ **风险数据质量评估**。风险数据是开展定性风险分析的基础。风险数据质量评估旨在评价关于单个项目风险的数据的准确性和可靠性。使用低质量的风险数据，可能导致定性风险分析对项目来说基本没用。如果数据质量不可接受，就可能需要收集更好的数据。可以开展问卷调查，了解项目相关方对数据质量各方面的评价，包括数据的完整性、客观性、相关性和及时性，进而对风险数据的质量进行综合评估。可以计算这些方面的加权平均数，将其作为数据质量的总体分数。

◆ **风险概率和影响评估**。风险概率评估考虑的是特定风险发生的可能性，而风险影响评估考虑的是风险对一项或多项项目目标的潜在影响，如进度、成本、质量或绩效。威胁将产生负面的影响，机会将产生正面的影响。要对每个已识别的单个项目风险进行概率和影响评估。风险评估可以采用访谈或会议的形式，参加者将依照他们对风险登记册中所记录的风险类型的熟悉程度而定。项目团队成员和项目外部资深人员应该参加访谈或会议。在访谈或会议期间，评估每个风险的概率水平及其对每项目标的影响级别。如果相关方对概率水平和影响级别的感知存在差异，则应对差异进行探讨。此外，还应记录相应的说明性细节，例如，确定概率水平或影响级别所依据的假设条件。应该采用风险管理计划中的概率和影响定义（表11-1），来评估风险的概率和影响。低概率和影响的风险将被列入风险登记册中的观察清单，以供未来监控。

◆ **其他风险参数评估**。为了方便未来分析和行动，在对单个项目风险进行优先级排序时，项目团队可能考虑（除概率和影响以外的）其他风险特征。此类特征可能包括（但不限于）：

- **紧迫性**。为有效应对风险而必须采取应对措施的时间段。时间短就说明紧迫性高。
- **邻近性**。风险在多长时间后会影响一项或多项项目目标。时间短就说明邻近性高。
- **潜伏期**。从风险发生到影响显现之间可能的时间段。时间短就说明潜伏期短。
- **可管理性**。风险责任人（或责任组织）管理风险发生或影响的容易程度。如果容易管理，可管理性就高。
- **可控性**。风险责任人（或责任组织）能够控制风险后果的程度。如果后果很容易控制，可控性就高。
- **可监测性**。对风险发生或即将发生进行监测的容易程度。如果风险发生很容易监测，可监测性就高。
- **连通性**。风险与其他单个项目风险存在关联的程度大小。如果风险与多个其他风险存在关联，连通性就高。
- **战略影响力**。风险对组织战略目标潜在的正面或负面影响。如果风险对战略目标有重大影响，战略影响力就大。
- **密切度**。风险被一名或多名相关方认为要紧的程度。被认为很要紧的风险，密切度就高。

相对于仅评估概率和影响，考虑上述某些特征有助于进行更稳健的风险优先级排序。

11.3.2.4 人际关系与团队技能

适用于本过程的人际关系与团队技能包括（但不限于）引导（见 4.1.2.3 节）。开展引导，能够提高对单个项目风险的定性分析的有效性。熟练的引导者可以帮助参会者专注于风险分析任务、准确遵循与技术相关的方法、就概率和影响评估达成共识、找到并克服偏见，以及解决任何可能出现的分歧。

11.3.2.5 风险分类

项目风险可依据风险来源（如采用风险分解结构 [RBS]，见图 11-4）、受影响的项目领域（如采用工作分解结构 [WBS]，见图 5-12、5-13 和 5-14），以及其他实用类别（如项目阶段、项目预算、角色和职责）来分类，确定哪些项目领域最容易被不确定性影响；风险还可以根据共同的根本原因进行分类。应该在风险管理计划中规定可用于项目的风险分类方法。

对风险进行分类，有助于把注意力和精力集中到风险敞口最大的领域，或针对一组相关的风险制定通用的风险应对措施，从而有利于更有效地开展风险应对。

11.3.2.6 数据表现

适用于本过程的数据表现技术包括（但不限于）：

- **概率和影响矩阵**。概率和影响矩阵是把每个风险发生的概率和一旦发生对项目目标的影响映射起来的表格。此矩阵对概率和影响进行组合，以便于把单个项目风险划分成不同的优先级组别（见图 11-5）。基于风险的概率和影响，对风险进行优先级排序，以便未来进一步分析并制定应对措施。采用风险管理计划中规定的风险概率和影响定义，逐一对单个项目风险的发生概率及其对一项或多项项目目标的影响（若发生）进行评估。然后，基于所得到的概率和影响的组合，使用概率和影响矩阵，来为单个项目风险分配优先级别。

  组织可针对每个项目目标（如成本、时间和范围）制定单独的概率和影响矩阵，并用它们来评估风险针对每个目标的优先级别。组织还可以用不同的方法为每个风险确定一个总体优先级别。既可综合针对不同目标的评估结果，也可采用最高优先级别（无论针对哪个目标），作为风险的总体优先级别。

- **层级图**。如果使用了两个以上的参数对风险进行分类，那就不能使用概率和影响矩阵，而需要使用其他图形。例如，气泡图能显示三维数据。在气泡图中，把每个风险都绘制成一个气泡，并用 x 轴值、y 轴值和气泡大小来表示风险的三个参数。图 11-10 是气泡图的示例，其中，X 轴代表可监测性，Y 轴代表邻近性，影响值则以气泡大小表示。

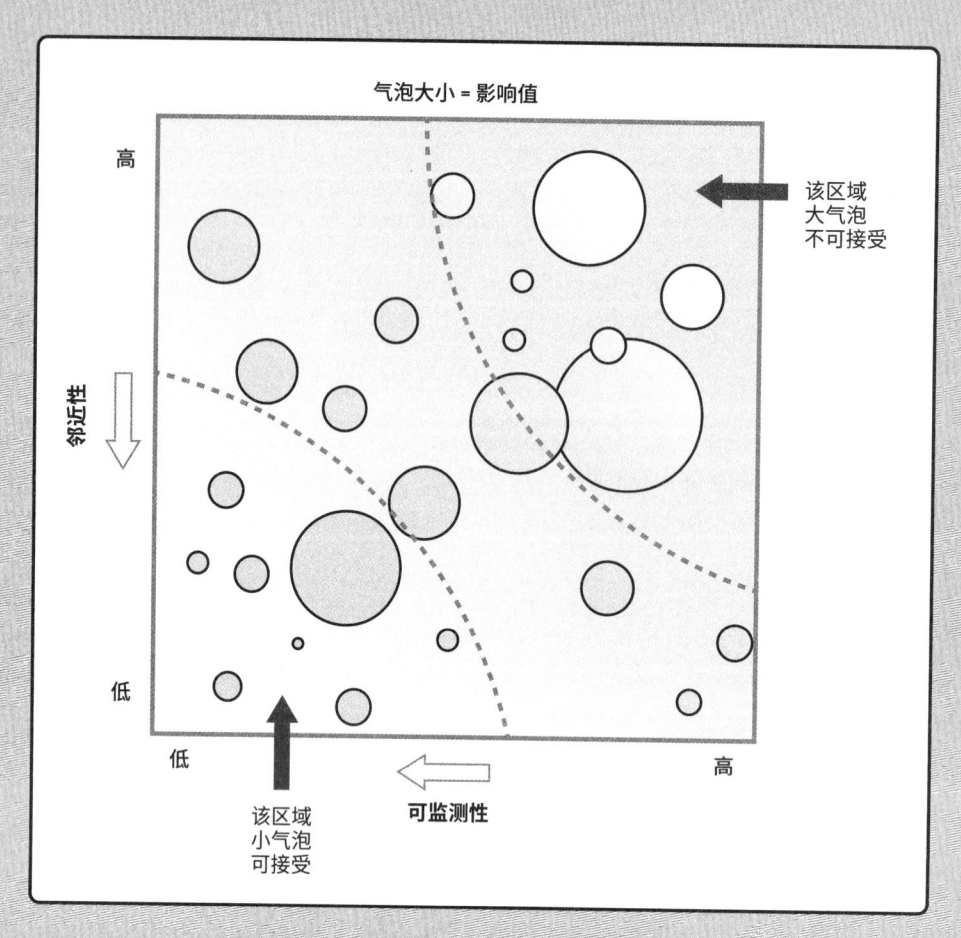

图11-10列出可监测性、邻近性和影响值的气泡图示例

11.3.2.7 会议

要开展定性风险分析，项目团队可能要召开专门会议（通常称为风险研讨会），对已识别单个项目风险进行讨论。会议的目标包括审查已识别的风险、评估概率和影响（及其他可能的风险参数）、对风险进行分类和优先级排序。在实施定性风险分析过程中，要逐一为单个项目风险分配风险责任人。以后，将由风险责任人负责规划风险应对措施和报告风险管理工作的进展情况。会议可从审查和确认拟使用的概率和影响量表开始。在会议讨论中，也可能识别出其他风险。应该记录这些风险，供后续分析。配备一名熟练的引导者能够提高会议的有效性。

11.3.3 实施定性风险分析：输出

11.3.3.1 项目文件更新

可在本过程更新的项目文件包括（但不限于）：

- **假设日志**。见 4.1.3.2 节。在实施定性风险分析过程中，可能做出新的假设、识别出新的制约因素，或者现有的假设条件或制约因素可能被重新审查和修改。应该更新假设日志，应记录这些新信息。

- **问题日志**。见 4.3.3.3 节。应该更新问题日志，记录发现的新问题或当前问题的变化。

- **风险登记册**。见 11.2.3.1 节。用实施定性风险分析过程生成的新信息，去更新风险登记册。风险登记册的更新内容可能包括：每项单个项目风险的概率和影响评估、优先级别或风险分值、指定风险责任人、风险紧迫性信息或风险类别，以及低优先级风险的观察清单或需要进一步分析的风险。

- **风险报告**。见 11.2.3.2 节。更新风险报告，记录最重要的单个项目风险（通常为概率和影响最高的风险）、所有已识别风险的优先级列表以及简要的结论。

11.4 实施定量风险分析

　　实施定量风险分析是就已识别的单个项目风险和不确定性的其他来源对整体项目目标的影响进行定量分析的过程。本过程的主要作用是，量化整体项目风险敞口，并提供额外的定量风险信息，以支持风险应对规划。本过程并非每个项目必需，但如果采用，它会在整个项目期间持续开展。图 11-11 描述了本过程的输入和输出。图 11-12 是本过程的数据流向图。

实施定量风险分析

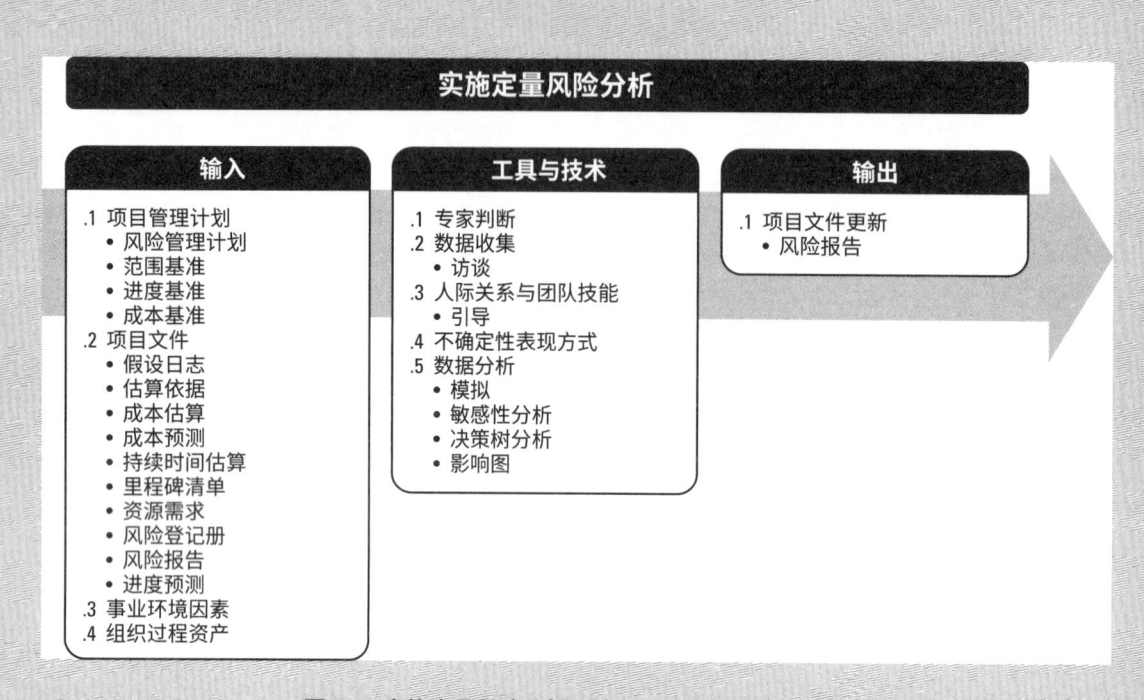

输入	工具与技术	输出
.1 项目管理计划 　• 风险管理计划 　• 范围基准 　• 进度基准 　• 成本基准 .2 项目文件 　• 假设日志 　• 估算依据 　• 成本估算 　• 成本预测 　• 持续时间估算 　• 里程碑清单 　• 资源需求 　• 风险登记册 　• 风险报告 　• 进度预测 .3 事业环境因素 .4 组织过程资产	.1 专家判断 .2 数据收集 　• 访谈 .3 人际关系与团队技能 　• 引导 .4 不确定性表现方式 .5 数据分析 　• 模拟 　• 敏感性分析 　• 决策树分析 　• 影响图	.1 项目文件更新 　• 风险报告

图 11-11 实施定量风险分析：输入、工具与技术和输出

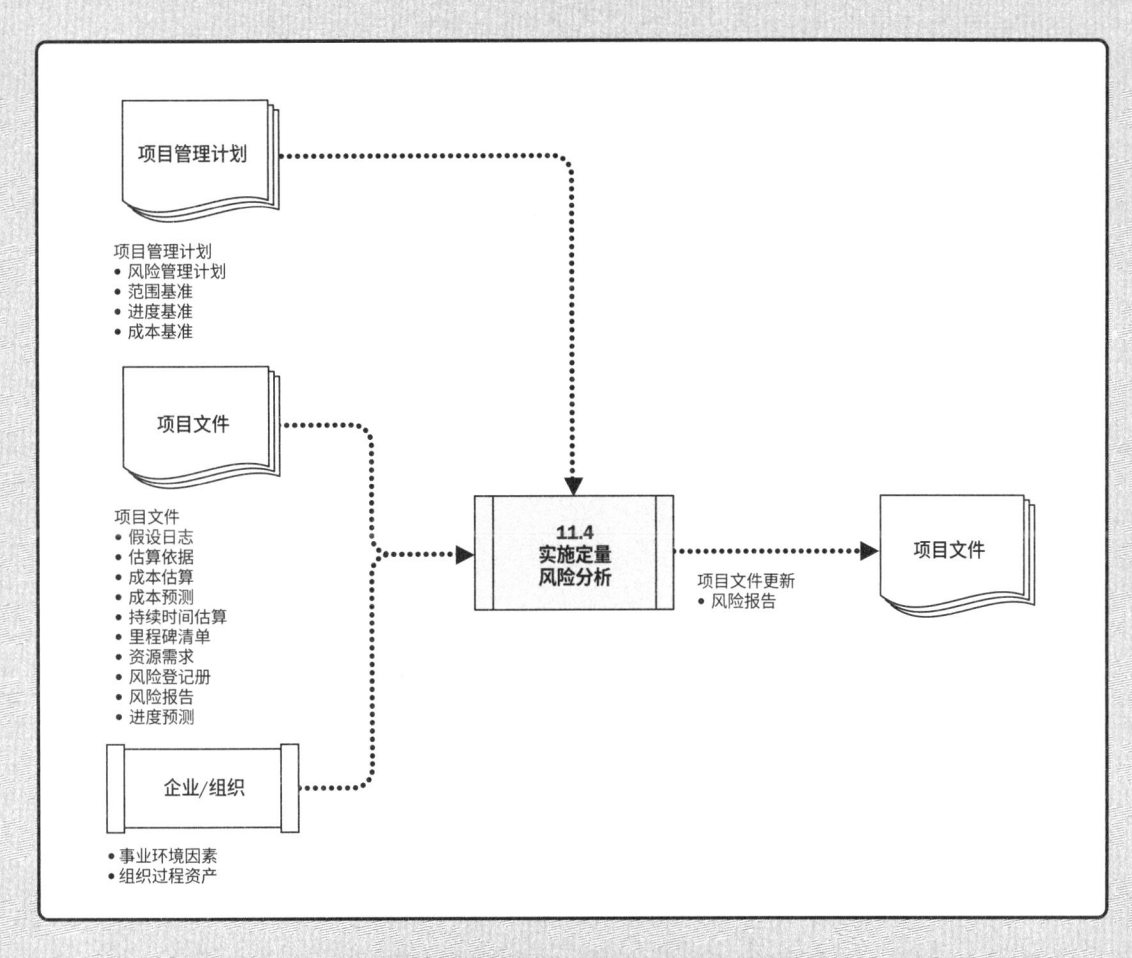

图 11-12 实施定量风险分析：数据流向图

  并非所有项目都需要实施定量风险分析。能否开展稳健的分析取决于是否有关于单个项目风险和其他不确定性来源的高质量数据，以及与范围、进度和成本相关的扎实项目基准。定量风险分析通常需要运用专门的风险分析软件，以及编制和解释风险模式的专业知识，还需要额外的时间和成本投入。项目风险管理计划会规定是否需要使用定量风险分析，定量分析最可能适用于大型或复杂的项目、具有战略重要性的项目、合同要求进行定量分析的项目，或主要相关方要求进行定量分析的项目。通过评估所有单个项目风险和其他不确定性来源对项目结果的综合影响，定量风险分析就成为评估整体项目风险的唯一可靠的方法。

  在实施定量风险分析过程中，要使用被定性风险分析过程评估为对项目目标存在重大潜在影响的单个项目风险的信息。

  实施定量风险分析过程的输出，则要用作规划风险应对过程的输入，特别是要据此为整体项目风险和关键单个项目风险推荐应对措施。定量风险分析也可以在规划风险应对过程之后开展，以分析已规划的应对措施对降低整体项目风险敞口的有效性。

11.4.1 实施定量风险分析：输入

11.4.1.1 项目管理计划

见 4.2.3.1 节。项目管理计划组件包括（但不限于）：

- **风险管理计划**。见 11.1.3.1 节。风险管理计划确定项目是否需要定量风险分析，还会详述可用于分析的资源，以及预期的分析频率。

- **范围基准**。见 5.4.3.1 节。范围基准提供了对单个项目风险和其他不确定性来源的影响开展评估的起始点。

- **进度基准**。见 6.5.3.1 节。进度基准提供了对单个项目风险和其他不确定性来源的影响开展评估的起始点。

- **成本基准**。见 7.3.3.1 节。成本基准提供了对单个项目风险和其他不确定性来源的影响开展评估的起始点。

11.4.1.2 项目文件

可作为本过程输入的项目文件包括（但不限于）：

- **假设日志**。见 4.1.3.2 节。如果认为假设条件会引发项目风险，那么就应该把它们列作定量风险分析的输入。在定量风险分析期间，也可以建立模型来分析制约因素的影响。

- **估算依据**。见 6.4.3.2 节和 7.2.3.2 节。开展定量风险分析时，可以把用于项目规划的估算依据反映在所建立的变异性模型中。可能包括估算目的、分类、准确性、方法论和资料来源。

- **成本估算**。见 7.2.3.1 节。成本估算提供了对成本变化性进行评估的起始点。

- **成本预测**。见 7.4.3.2 节。成本预测包括项目的完工尚需估算 (ETC)、完工估算 (EAC)、完工预算 (BAC) 和完工尚需绩效指数（TCPI）。把这些预测指标与定量成本风险分析的结果进行比较，以确定与实现这些指标相关的置信水平。

- **持续时间估算**。见 6.4.3.1 节。持续时间估算提供了对进度变化性进行评估的起始点。

- **里程碑清单**。见 6.2.3.3 节。项目的重大事件决定着进度目标。把这些进度目标与定量进度风险分析的结果进行比较，以确定与实现这些目标相关的置信水平。

- **资源需求**。见 9.2.3.1 节。资源需求提供了对变化性进行评估的起始点。
- **风险登记册**。见 11.2.3.1 节。风险登记册包含了用作定量风险分析的输入的单个项目风险的详细信息。
- **风险报告**。见 11.2.3.2 节。风险报告描述了整体项目风险的来源，以及当前的整体项目风险状态。
- **进度预测**。见 6.6.3.2 节。可以将预测与定量进度风险分析的结果进行比较，以确定与实现预测目标相关的置信水平。

11.4.1.3 事业环境因素

能够影响实施定量风险分析过程的事业环境因素包括（但不限于）：

- 类似项目的行业研究资料；
- 已发布的材料，包括商业风险数据库或核对单。

11.4.1.4 组织过程资产

能够影响实施定量风险分析过程的组织过程资产包括已完成的类似项目的信息。

11.4.2 实施定量风险分析：工具与技术

11.4.2.1 专家判断

见 4.1.2.1 节。应征求具备以下专业知识或接受过相关培训的个人或小组的意见：

- 将单个项目风险和其他不确定性来源的信息转化成用于定量风险分析模型的数值输入；
- 选择最适当的方式表示不确定性，以便为特定风险或其他不确定性来源建立模型；
- 用适合项目环境的技术建立模型；
- 识别最适用于所选建模技术的工具；
- 解释定量风险分析的输出。

11.4.2.2 数据收集

访谈（见5.2.2.2节）可用于针对单个项目风险和其他不确定性来源，生成定量风险分析的输入。当需要向专家征求信息时，访谈尤其适用。访谈者应该营造信任和保密的访谈环境，以鼓励被访者提出诚实和无偏见的意见。

11.4.2.3 人际关系与团队技能

适用于本过程的人际关系与团队技能包括（但不限于）引导（见 4.1.2.3 节）。在由项目团队成员和其他相关方参加的专门风险研讨会中，配备一名熟练的引导者，有助于更好地收集输入数据。可以通过阐明研讨会的目的，在参会者之间建立共识，确保持续关注任务，并以创新方式处理人际冲突或偏见来源，来改善引导式研讨会的有效性。

11.4.2.4 不确定性表现方式

要开展定量风险分析，就需要建立能反映单个项目风险和其他不确定性来源的定量风险分析模型，并为之提供输入。

如果活动的持续时间、成本或资源需求是不确定的，就可以在模型中用概率分布来表示其数值的可能区间。概率分布可能有多种形式，最常用的有三角分布、正态分布、对数正态分布、贝塔分布、均匀分布或离散分布。应该谨慎选择用于表示活动数值的可能区间的概率分布形式。

单个项目风险可以用概率分布图表示，或者，也可以作为概率分支包括在定量分析模型中。在后一种情况下，应在概率分支上添加风险发生的时间和（或）成本影响，以及在特定模拟中风险发生的概率情况。如果风险的发生与任何计划活动都没有关系，就最适合将其作为概率分支。如果风险之间存在相关性，例如有某个共同原因或逻辑依赖关系，那么应该在模型中考虑这种相关性。

其他不确定性来源也可用概率分支来表示，以描述贯穿项目的其他路径。

11.4.2.5 数据分析

适用于本过程的数据分析技术包括（但不限于）：

◆ **模拟**。在定量风险分析中，使用模型来模拟单个项目风险和其他不确定性来源的综合影响，以评估它们对项目目标的潜在影响。模拟通常采用蒙特卡洛分析。对成本风险进行蒙特卡洛分析时，使用项目成本估算作为模拟的输入；对进度风险进行蒙特卡洛分析时，使用进度网络图和持续时间估算作为模拟的输入。开展综合定量成本－进度风险分析时，同时使用这两种输入。其输出就是定量风险分析模型。

用计算机软件数千次迭代运行定量风险分析模型。每次运行，都要随机选择输入值（如成本估算、持续时间估算或概率分支发生频率）。这些运行的输出构成了项目可能的结果（如项目结束日期、项目完工成本）的区间。典型的输出包括：表示模拟得到特定结果的次数的直方图，或表示获得等于或小于特定数值的结果的累积概率分布曲线（S 曲线）。蒙特卡洛成本风险分析所得到的 S 曲线示例，见图11-13。

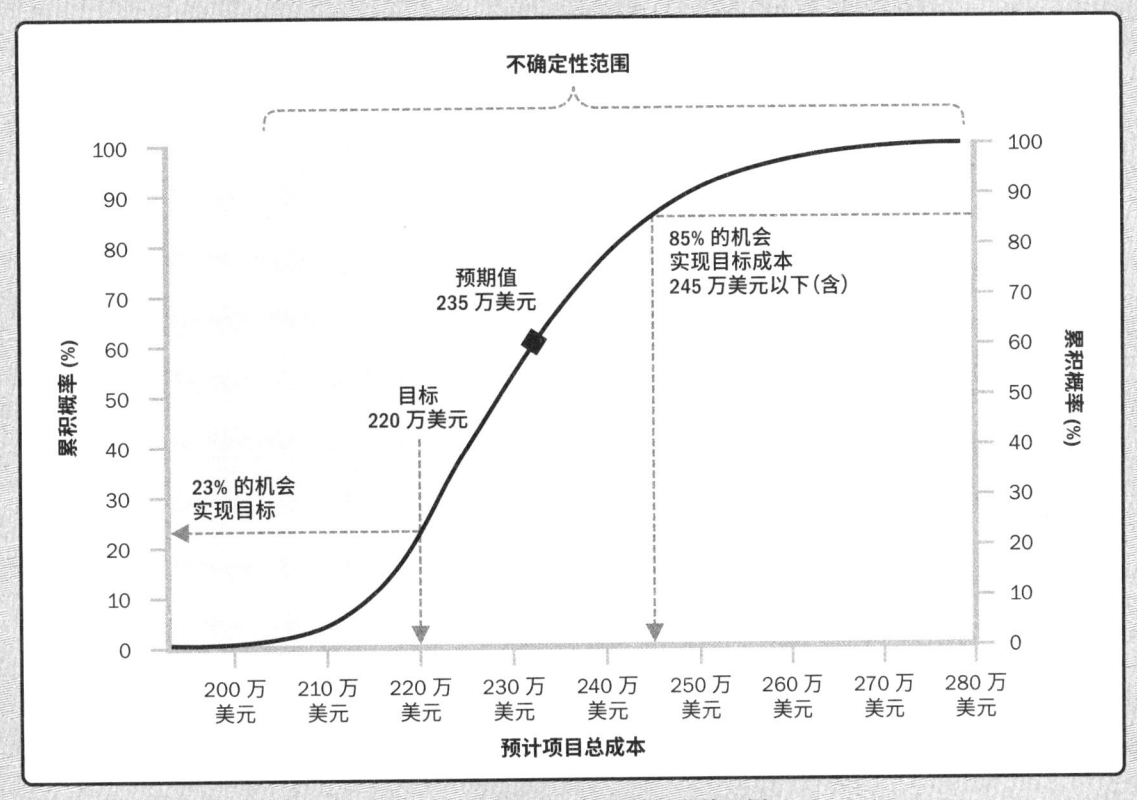

图 11-13 定量成本风险分析 S 曲线示例

在定量进度风险分析中，还可以执行关键性分析，以确定风险模型的哪些活动对项目关键路径的影响最大。对风险模型中的每一项活动计算关键性指标，即在全部模拟中，该活动出现在关键路径上的频率，通常以百分比表示。通过关键性分析，项目团队就能够重点针对那些对项目整体进度绩效存在最大潜在影响的活动，来规划风险应对措施。

◆ **敏感性分析**。敏感性分析有助于确定哪些单个项目风险或其他不确定性来源对项目结果具有最大的潜在影响。它在项目结果变异与定量风险分析模型中的要素变异之间建立联系。

敏感性分析的结果通常用龙卷风图来表示。在该图中，标出定量风险分析模型中的每项要素与其能影响的项目结果之间的关联系数。这些要素可包括单个项目风险、易变的项目活动，或具体的不明确性来源。每个要素按关联强度降序排列，形成典型的龙卷风形状。龙卷风图示例见图11-14。

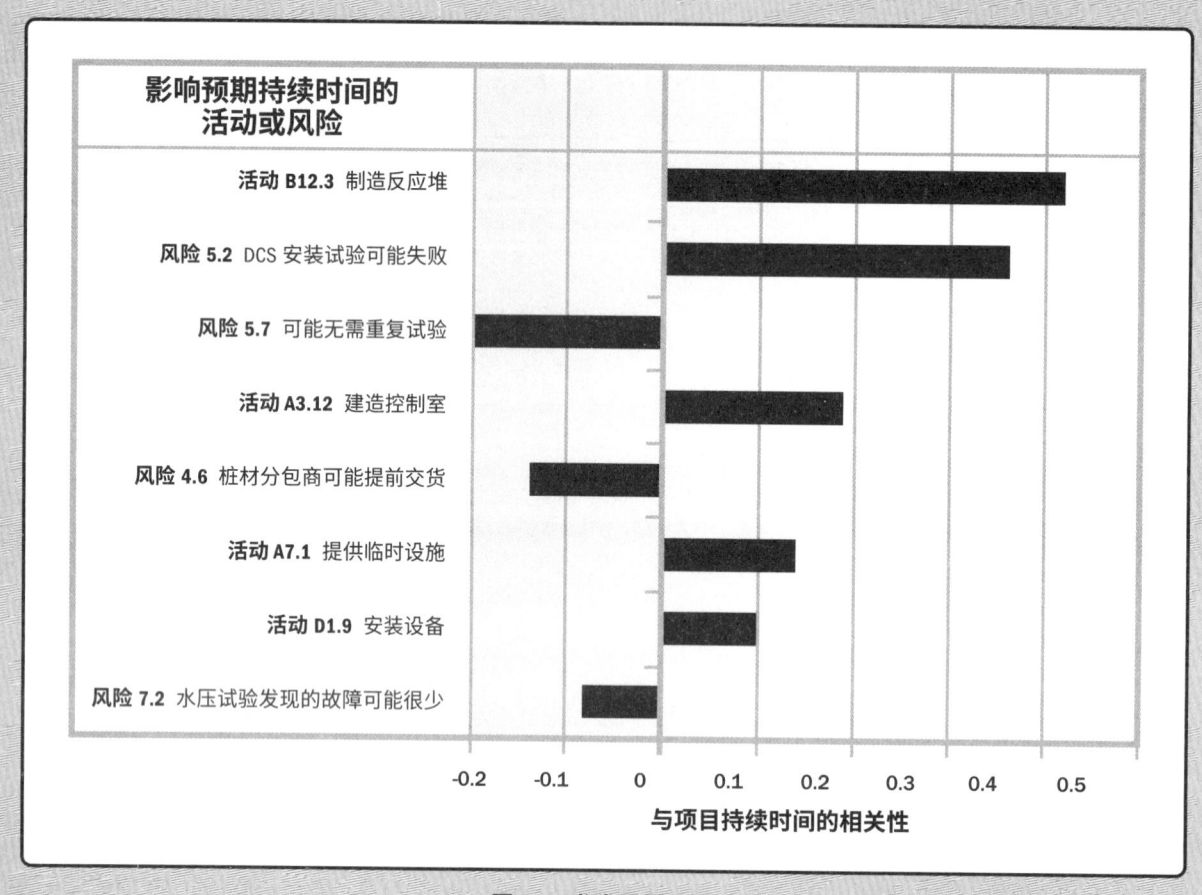

图 11-14 龙卷风图示例

◆ **决策树分析**。用决策树在若干备选行动方案中选择一个最佳方案。在决策树中,用不同的分支代表不同的决策或事件,即项目的备选路径。每个决策或事件都有相关的成本和单个项目风险(包括威胁和机会)。决策树分支的终点表示沿特定路径发展的最后结果,可以是负面或正面的结果。

在决策树分析中,通过计算每条分支的预期货币价值,就可以选出最优的路径。决策树示例,见图11-15。

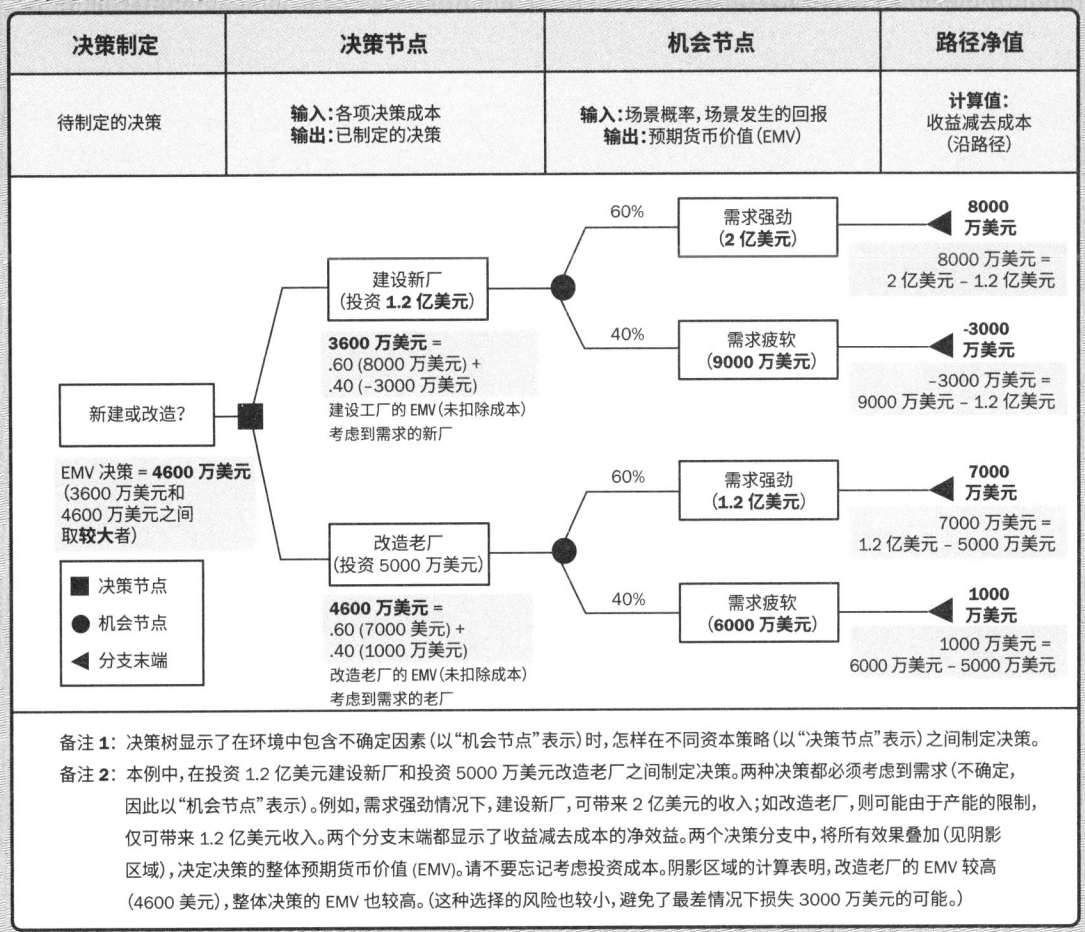

决策制定	决策节点	机会节点	路径净值
待制定的决策	输入:各项决策成本 输出:已制定的决策	输入:场景概率,场景发生的回报 输出:预期货币价值(EMV)	计算值: 收益减去成本 (沿路径)

建设新厂(投资 1.2 亿美元)
3600 万美元 =
.60 (8000 万美元) +
.40 (−3000 万美元)
建设工厂的 EMV(未扣除成本)
考虑到需求的新厂

需求强劲(2 亿美元) 60% → 8000 万美元
8000 万美元 = 2 亿美元 − 1.2 亿美元

需求疲软(9000 万美元) 40% → −3000 万美元
−3000 万美元 = 9000 万美元 − 1.2 亿美元

新建或改造?
EMV 决策 = 4600 万美元
(3600 万美元和 4600 万美元之间取较大者)

■ 决策节点
● 机会节点
◀ 分支末端

改造老厂(投资 5000 万美元)
4600 万美元 =
.60 (7000 万美元) +
.40 (1000 万美元)
改造老厂的 EMV(未扣除成本)
考虑到需求的老厂

需求强劲(1.2 亿美元) 60% → 7000 万美元
7000 万美元 = 1.2 亿美元 − 5000 万美元

需求疲软(6000 万美元) 40% → 1000 万美元
1000 万美元 = 6000 万美元 − 5000 万美元

备注 1:决策树显示了在环境中包含不确定因素(以"机会节点"表示)时,怎样在不同资本策略(以"决策节点"表示)之间制定决策。

备注 2:本例中,在投资 1.2 亿美元建设新厂和投资 5000 万美元改造老厂之间制定决策。两种决策都必须考虑到需求(不确定,因此以"机会节点"表示)。例如,需求强劲情况下,建设新厂,可带来 2 亿美元的收入;如改造老厂,则可能由于产能的限制,仅可带来 1.2 亿美元收入。两个分支末端都显示了收益减去成本的净效益。两个决策分支中,将所有效果叠加(见阴影区域),决定决策的整体预期货币价值 (EMV)。请不要忘记考虑投资成本。阴影区域的计算表明,改造老厂的 EMV 较高(4600 美元),整体决策的 EMV 也较高。(这种选择的风险也较小,避免了最差情况下损失 3000 万美元的可能。)

图 11-15 决策树示例

- **影响图**。影响图是不确定条件下决策制定的图形辅助工具。它将一个项目或项目中的一种情境表现为一系列实体、结果和影响，以及它们之间的关系和相互影响。如果因为存在单个项目风险或其他不确定性来源而使影响图中的某些要素不确定，就在影响图中以区间或概率分布的形式表示这些要素；然后，借助模拟技术（如蒙特卡洛分析）来分析哪些要素对重要结果具有最大的影响。影响图分析可以得出类似其他定量风险分析的结果，如 S 曲线图和龙卷风图。

11.4.3 实施定量风险分析：输出

11.4.3.1 项目文件更新

可作为本过程输出的项目文件包括（但不限于）风险报告（见 11.2.3.2 节）。更新风险报告，反映定量风险分析的结果，通常包括：

- **对整体项目风险敞口的评估结果**。整体项目风险有两种主要的测量方式：
  - 项目成功的可能性。基于已识别的单个项目风险和其他不确定性来源，项目实现其主要目标（例如，既定的结束日期或中间里程碑、既定的成本目标）的概率。
  - 项目固有的变异性。在开展定量分析之时，可能的项目结果的分布区间。
- **项目详细概率分析的结果**。列出定量风险分析的重要输出，如 S 曲线、龙卷风图和关键性指标，以及对它们的叙述性解释。定量风险分析的详细结果可能包括：
  - 所需的应急储备，以达到实现目标的特定置信水平；
  - 对项目关键路径有最大影响的单个项目风险或其他不确定性来源的清单；
  - 整体项目风险的主要驱动因素，即：对项目结果的不确定性有最大影响的因素。
- **单个项目风险优先级清单**。根据敏感性分析的结果，列出对项目造成最大威胁或产生最大机会的单个项目风险。
- **定量风险分析结果的趋势**。随着在项目生命周期的不同时间重复开展定量风险分析，风险的发展趋势可能逐渐清晰。发展趋势会影响对风险应对措施的规划。
- **风险应对建议**。风险报告可能根据定量风险分析的结果，针对整体项目风险敞口或关键单个项目风险提出应对建议。这些建议将成为规划风险应对过程的输入。

11.5 规划风险应对

规划风险应对是为处理整体项目风险敞口,以及应对单个项目风险,而制定可选方案、选择应对策略并商定应对行动的过程。本过程的主要作用是,制定应对整体项目风险和单个项目风险的适当方法;本过程还将分配资源,并根据需要将相关活动添加进项目文件和项目管理计划。本过程需要在整个项目期间开展。图 11-16 描述本过程的输入、工具与技术和输出。图 11-17 是本过程的数据流向图。

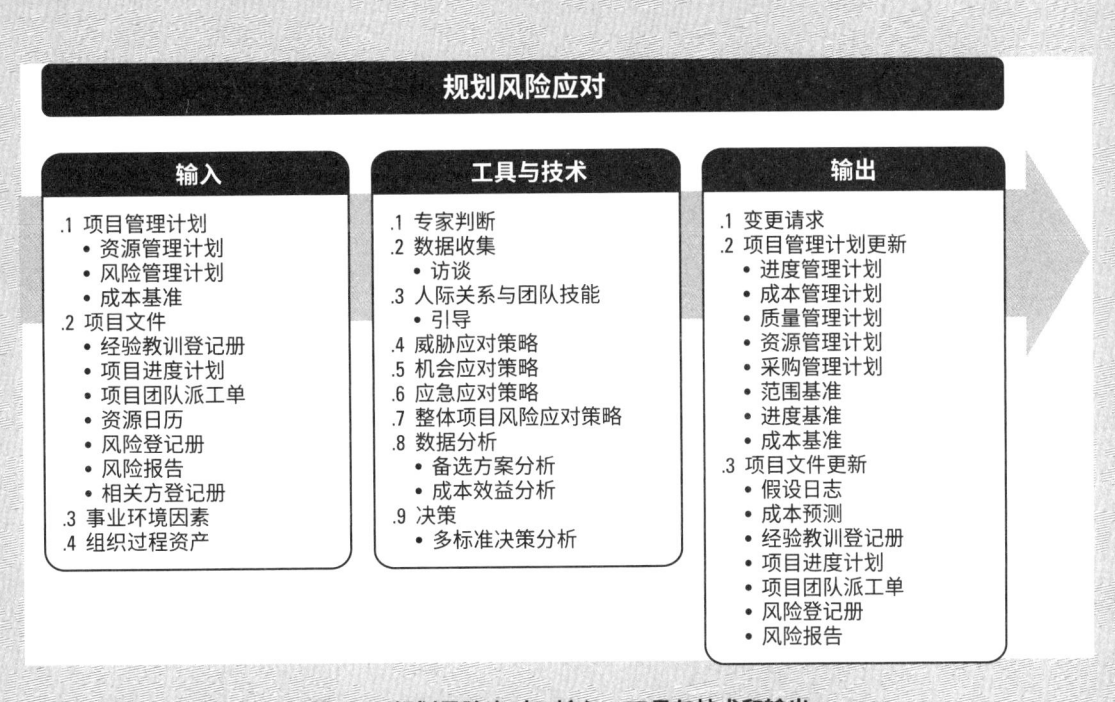

规划风险应对		
输入	工具与技术	输出
.1 项目管理计划 • 资源管理计划 • 风险管理计划 • 成本基准 .2 项目文件 • 经验教训登记册 • 项目进度计划 • 项目团队派工单 • 资源日历 • 风险登记册 • 风险报告 • 相关方登记册 .3 事业环境因素 .4 组织过程资产	.1 专家判断 .2 数据收集 • 访谈 .3 人际关系与团队技能 • 引导 .4 威胁应对策略 .5 机会应对策略 .6 应急应对策略 .7 整体项目风险应对策略 .8 数据分析 • 备选方案分析 • 成本效益分析 .9 决策 • 多标准决策分析	.1 变更请求 .2 项目管理计划更新 • 进度管理计划 • 成本管理计划 • 质量管理计划 • 资源管理计划 • 采购管理计划 • 范围基准 • 进度基准 • 成本基准 .3 项目文件更新 • 假设日志 • 成本预测 • 经验教训登记册 • 项目进度计划 • 项目团队派工单 • 风险登记册 • 风险报告

图 11-16 规划风险应对:输入、工具与技术和输出

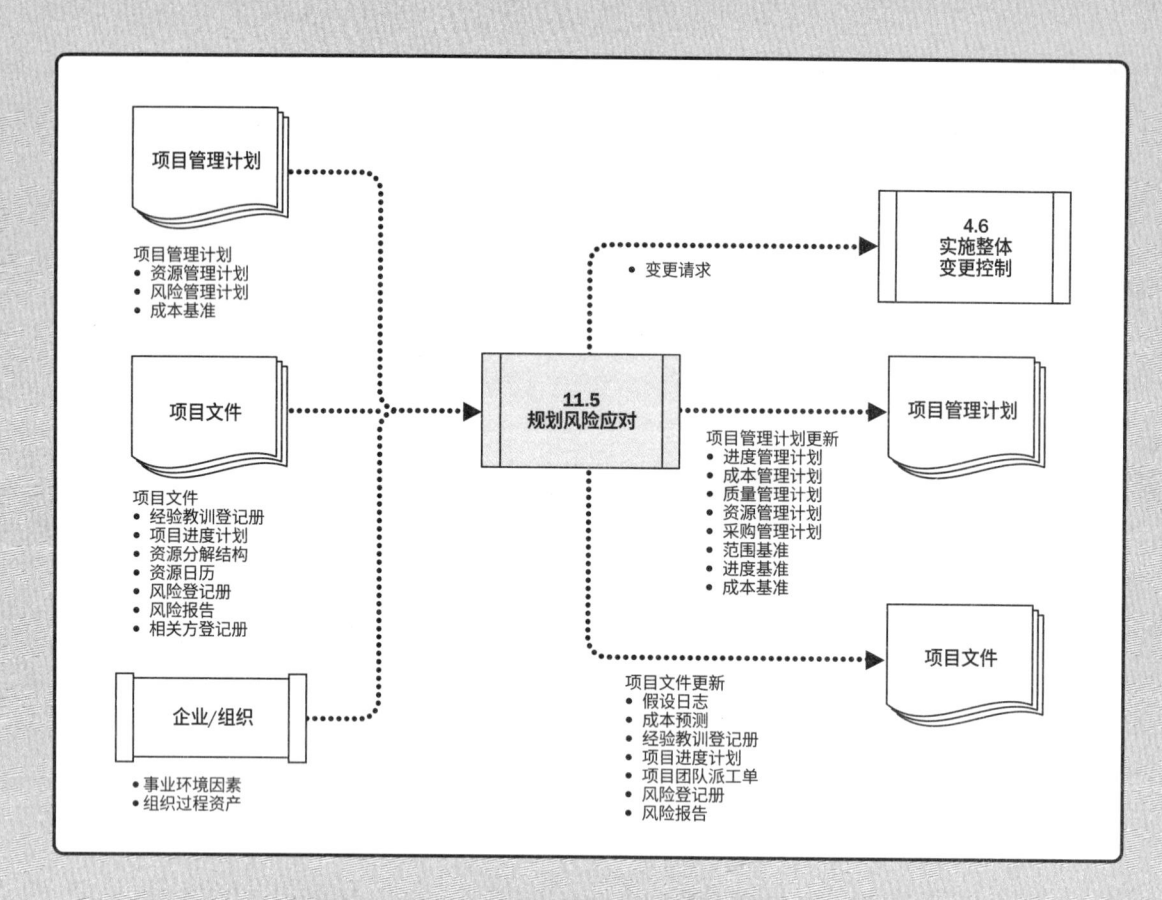

图 11-17 规划风险应对：数据流向图

有效和适当的风险应对可以最小化单个威胁，最大化单个机会，并降低整体项目风险敞口；不恰当的风险应对则会适得其反。一旦完成对风险的识别、分析和排序，指定的风险责任人就应该编制计划，以应对项目团队认为足够重要的每项单个项目风险。这些风险会对项目目标的实现造成威胁或提供机会。项目经理也应该思考如何针对整体项目风险的当前级别做出适当的应对。

风险应对方案应该与风险的重要性相匹配、能经济有效地应对挑战、在当前项目背景下现实可行、能获得全体相关方的同意，并由一名责任人具体负责。往往需要从几套可选方案中选出最优的风险应对方案。应该为每个风险选择最可能有效的策略或策略组合。可用结构化的决策技术来选择最适当的应对策略。对于大型或复杂项目，可能需要以数学优化模型或实际方案分析为基础，进行更加稳健的备选风险应对策略经济分析。

要为实施商定的风险应对策略，包括主要策略和备用策略（若必要），制定具体的应对行动。如果选定的策略并不完全有效，或者发生了已接受的风险，就需要制定应急计划（或弹回计划）。同时，也需要识别次生风险。次生风险是实施风险应对措施而直接导致的风险。往往需要为风险分配时间或成本应急储备，并可能需要说明动用应急储备的条件。

11.5.1 规划风险应对：输入

11.5.1.1 项目管理计划

见 4.2.3.1 节。项目管理计划组件包括（但不限于）：

- **资源管理计划**。见 9.1.3.1 节。资源管理计划有助于确定该如何协调用于风险应对的资源和其他项目资源。
- **风险管理计划**。见 11.1.3.1 节。本过程会用到其中的风险管理角色和职责，以及风险临界值。
- **成本基准**。见 7.3.3.1 节。成本基准包含了拟用于风险应对的应急资金的信息。

11.5.1.2 项目文件

可作为本过程输入的项目文件包括（但不限于）：

- **经验教训登记册**。见 4.4.3.1 节。查看关于项目早期的风险应对的经验教训，确定类似的应对是否适用于项目后期。
- **项目进度计划**。见 6.5.3.2 节。进度计划可用于确定如何同时规划商定的风险应对活动和其他项目活动。
- **项目团队派工单**。见 9.3.3.2 节。项目团队派工单列明了可用于风险应对的人力资源。
- **资源日历**。见 9.2.1.2 节。资源日历确定了潜在的资源何时可用于风险应对。
- **风险登记册**。见 11.2.3.1 节。风险登记册包含了已识别并排序的、需要应对的单个项目风险的详细信息。每项风险的优先级有助于选择适当的风险应对措施。例如，针对高优先级的威胁或机会，可能需要采取优先措施和积极主动的应对策略；而针对低优先级的威胁和机会，可能只需要把它们列入风险登记册的观察清单部分，或者只需要为之增加应急储备，而不必采取主动的管理措施。

  风险登记册列出了每项风险的指定风险责任人，还可能包含在早期的项目风险管理过程中识别的初步风险应对措施。风险登记册可能还会提供有助于规划风险应对的、关于已识别风险的其他信息，包括根本原因、风险触发因素和预警信号、需要在短期内应对的风险，以及需要进一步分析的风险。

- **风险报告**。见 11.2.3.2 节。风险报告中的项目整体风险敞口的当前级别，会影响选择适当的风险应对策略。风险报告也可能按优先级顺序列出了单个项目风险，并对单个项目风险的分布情况进行了更多分析；这些信息都会影响风险应对策略的选择。
- **相关方登记册**。见 13.1.3.1 节。相关方登记册列出了风险应对的潜在责任人。

11.5.1.3 事业环境因素

能够影响规划风险应对过程的事业环境因素包括（但不限于）关键相关方的风险偏好和风险临界值。

11.5.1.4 组织过程资产

能够影响规划风险应对过程的组织过程资产包括（但不限于）：

- 风险管理计划、风险登记册和风险报告的模板；
- 历史数据库；
- 类似项目的经验教训知识库。

11.5.2 规划风险应对：工具与技术

11.5.2.1 专家判断

见 4.1.2.1 节。应征求具备以下专业知识的个人或小组的意见：

- 威胁应对策略；
- 机会应对策略；
- 应急应对策略；
- 整体项目风险应对策略。

可以就具体单个项目风险向特定主题专家征求意见，例如在需要专家的技术知识时。

11.5.2.2 数据收集

适用于本过程的数据收集技术包括（但不限于）访谈（见 5.2.2.2 节）。单个项目风险和整体项目风险的应对措施可以在与风险责任人的结构化或半结构化的访谈（见 5.2.2.2 节）中制定。必要时，也可访谈其他相关方。访谈者应该营造信任和保密的访谈环境，以鼓励被访者提出诚实和无偏见的意见。

11.5.2.3 人际关系与团队技能

适用于本过程的人际关系与团队技能包括（但不限于）引导（见 4.1.2.3 节）。开展引导，能够提高单个项目风险和整体项目风险应对策略制定的有效性。熟练的引导者可以帮助风险责任人理解风险、识别并比较备选的风险应对策略、选择适当的应对策略，以及找到并克服偏见。

11.5.2.4 威胁应对策略

针对威胁，可以考虑下列五种备选策略：

- ◆ **上报**。如果项目团队或项目发起人认为某威胁不在项目范围内，或提议的应对措施超出了项目经理的权限，就应该采用上报策略。被上报的风险将在项目集层面、项目组合层面或组织的其他相关部门加以管理，而不在项目层面。项目经理确定应就威胁通知哪些人员，并向该人员或组织部门传达关于该威胁的详细信息。对于被上报的威胁，组织中的相关人员必须愿意承担应对责任，这一点非常重要。威胁通常要上报给其目标会受该威胁影响的那个层级。威胁一旦上报，就不再由项目团队做进一步监督，虽然仍可出现在风险登记册中供参考。

- **规避**。风险规避是指项目团队采取行动来消除威胁，或保护项目免受威胁的影响。它可能适用于发生概率较高，且具有严重负面影响的高优先级威胁。规避策略可能涉及变更项目管理计划的某些方面，或改变会受负面影响的目标，以便于彻底消除威胁，将它的发生概率降低到零。风险责任人也可以采取措施，来分离项目目标与风险万一发生的影响。规避措施可能包括消除威胁的原因、延长进度计划、改变项目策略，或缩小范围。有些风险可以通过澄清需求、获取信息、改善沟通或取得专有技能来加以规避。

- **转移**。转移涉及到将应对威胁的责任转移给第三方，让第三方管理风险并承担威胁发生的影响。采用转移策略，通常需要向承担威胁的一方支付风险转移费用。风险转移可能需要通过一系列行动才得以实现，包括（但不限于）购买保险、使用履约保函、使用担保书、使用保证书等。也可以通过签订协议，把具体风险的归属和责任转移给第三方。

- **减轻**。风险减轻是指采取措施来降低威胁发生的概率和（或）影响。提前采取减轻措施通常比威胁出现后尝试进行弥补更加有效。减轻措施包括采用较简单的流程，进行更多次测试，或者选用更可靠的卖方。还可能涉及原型开发（见 5.2.2.8 节），以降低从实验台模型放大到实际工艺或产品中的风险。如果无法降低概率，也许可以从决定风险严重性的因素入手，来减轻风险发生的影响。例如，在一个系统中加入冗余部件，可以减轻原始部件故障所造成的影响。

- **接受**。风险接受是指承认威胁的存在，但不主动采取措施。此策略可用于低优先级威胁，也可用于无法以任何其他方式加以经济有效地应对的威胁。接受策略又分为主动或被动方式。最常见的主动接受策略是建立应急储备，包括预留时间、资金或资源以应对出现的威胁；被动接受策略则不会主动采取行动，而只是定期对威胁进行审查，确保其并未发生重大改变。

11.5.2.5 机会应对策略

针对机会，可以考虑下列五种备选策略：

- **上报**。如果项目团队或项目发起人认为某机会不在项目范围内，或提议的应对措施超出了项目经理的权限，就应该取用上报策略。被上报的机会将在项目集层面、项目组合层面或组织的其他相关部门加以管理，而不在项目层面。项目经理确定应就机会通知哪些人员，并向该人员或组织部门传达关于该机会的详细信息。对于被上报的机会，组织中的相关人员必须愿意承担应对责任，这一点非常重要。机会通常要上报给其目标会受该机会影响的那个层级。机会一旦上报，就不再由项目团队做进一步监督，虽然仍可出现在风险登记册中供参考。

- **开拓**。如果组织想确保把握住高优先级的机会，就可以选择开拓策略。此策略将特定机会的出现概率提高到100%，确保其肯定出现，从而获得与其相关的收益。开拓措施可能包括：把组织中最有能力的资源分配给项目来缩短完工时间，或采用全新技术或技术升级来节约项目成本并缩短项目持续时间。

- **分享**。分享涉及到将应对机会的责任转移给第三方，使其享有机会所带来的部分收益。必须仔细为已分享的机会安排新的风险责任人，让那些最有能力为项目抓住机会的人担任新的风险责任人。采用风险分享策略，通常需要向承担机会应对责任的一方支付风险费用。分享措施包括建立合伙关系、合作团队、特殊公司或合资企业来分享机会。

- **提高**。提高策略用于提高机会出现的概率和（或）影响。提前采取提高措施通常比机会出现后尝试改善收益更加有效。通过关注其原因，可以提高机会出现的概率；如果无法提高概率，也许可以针对决定其潜在收益规模的因素来提高机会发生的影响。机会提高措施包括为早日完成活动而增加资源。

- **接受**。接受机会是指承认机会的存在，但不主动采取措施。此策略可用于低优先级机会，也可用于无法以任何其他方式加以经济有效地应对的机会。接受策略又分为主动或被动方式。最常见的主动接受策略是建立应急储备，包括预留时间、资金或资源，以便在机会出现时加以利用；被动接受策略则不会主动采取行动，而只是定期对机会进行审查，确保其并未发生重大改变。

11.5.2.6 应急应对策略

可以设计一些仅在特定事件发生时才采用的应对措施。对于某些风险，如果项目团队相信其发生会有充分的预警信号，那么就应该制定仅在某些预定条件出现时才执行的应对计划。应该定义并跟踪应急应对策略的触发条件，例如，未实现中间的里程碑，或获得卖方更高程度的重视。采用此技术制定的风险应对计划，通常称为应急计划或弹回计划，其中包括已识别的、用于启动计划的触发事件。

11.5.2.7 整体项目风险应对策略

风险应对措施的规划和实施不应只针对单个项目风险，还应针对整体项目风险。用于应对单个项目风险的策略也适用于整体项目风险：

◆ **规避**。如果整体项目风险有严重的负面影响，并已超出商定的项目风险临界值，就可以采用规避策略。此策略涉及采取集中行动，弱化不确定性对项目整体的负面影响，并将项目拉回到临界值以内。例如，取消项目范围中的高风险工作，就是一种整个项目层面的规避措施。如果无法将项目拉回到临界值以内，则可能取消项目。这是最极端的风险规避措施，仅适用于威胁的整体级别在当前和未来都不可接受。

◆ **开拓**。如果整体项目风险有显著的正面影响，并已超出商定的项目风险临界值，就可以采用开拓策略。此策略涉及采取集中行动，去获得不确定性对整体项目的正面影响。例如，在项目范围中增加高收益的工作，以提高项目对相关方的价值或效益；或者，也可以与关键相关方协商修改项目的风险临界值，以便将机会包含在内。

◆ **转移或分享**。如果整体项目风险的级别很高，组织无法有效加以应对，就可能需要让第三方代表组织对风险进行管理。若整体项目风险是负面的，就需要采取转移策略，这可能涉及支付风险费用；如果整体项目风险高度正面，则由多方分享，以获得相关收益。整体项目风险的转移和分享策略包括（但不限于）：建立买方和卖方分享整体项目风险的协作式业务结构、成立合资企业或特殊目的公司，或对项目的关键工作进行分包。

- **减轻或提高。** 本策略涉及变更整体项目风险的级别，以优化实现项目目标的可能性。减轻策略适用于负面的整体项目风险，而提高策略则适用于正面的整体项目风险。减轻或提高策略包括重新规划项目、改变项目范围和边界、调整项目优先级、改变资源配置、调整交付时间等。
- **接受。** 即使整体项目风险已超出商定的临界值，如果无法针对整体项目风险采取主动的应对策略，组织可能选择继续按当前的定义推动项目进展。接受策略又分为主动或被动方式。最常见的主动接受策略是为项目建立整体应急储备，包括预留时间、资金或资源，以便在项目风险超出临界值时使用；被动接受策略则不会主动采取行动，而只是定期对整体项目风险的级别进行审查，确保其未发生重大改变。

11.5.2.8 数据分析

可以考虑多种备选风险应对策略。可用于选择首选风险应对策略的数据分析技术包括（但不限于）：

- **备选方案分析。** 对备选风险应对方案的特征和要求进行简单比较，进而确定哪个应对方案最为适用。
- **成本效益分析。** 如果能够把单个项目风险的影响进行货币量化，那么就可以通过成本效益分析（见 8.1.2.3 节）来确定备选风险应对策略的成本有效性。把应对策略将导致的风险影响级别变更除以策略的实施成本，所得到的比率，就代表了应对策略的成本有效性。比率越高，有效性就越高。

11.5.2.9 决策

适用于风险应对策略选择的决策技术包括（但不限于）多标准决策分析（见 8.1.2.4 节），列入考虑范围的风险应对策略可能是一种或多种。决策技术有助于对多种风险应对策略进行优先级排序。多标准决策分析借助决策矩阵，提供建立关键决策标准、评估备选方案并加以评级，以及选择首选方案的系统分析方法。风险应对策略的选择标准可能包括（但不限于）：应对成本、应对策略在改变概率和（或）影响方面的预计有效性、资源可用性、时间限制（紧迫性、邻近性和潜伏期）、风险发生的影响级别、应对措施对相关风险的作用、导致的次生风险等。如果原定的应对策略被证明无效，可在项目后期采取不同的应对策略。

11.5.3 规划风险应对：输出

11.5.3.1 变更请求

见 4.3.3.4 节。规划风险应对后，可能会就成本基准和进度基准，或项目管理计划的其他组件提出变更请求，应该通过实施整体变更控制过程（见 4.6 节）对变更请求进行审查和处理。

11.5.3.2 项目管理计划更新

项目管理计划的任何变更都以变更请求的形式提出，且通过组织的变更控制过程进行处理。可能需要变更的项目管理计划组件包括（但不限于）：

- ◆ **进度管理计划**。见 6.1.3.1 节。对进度管理计划的变更包括：资源负荷和资源平衡变更，或进度策略更新等。

- ◆ **成本管理计划**。见 7.1.3.1 节。对成本管理计划的变更包括：成本会计、跟踪和报告变更，以及预算策略和应急储备使用方法更新等。

- ◆ **质量管理计划**。见 8.1.3.1 节。对质量管理计划的变更包括：满足需求的方法、质量管理方法，或质量控制过程的变更等。

- ◆ **资源管理计划**。见 9.1.3.1 节。对资源管理计划的变更包括：资源配置变更，以及资源策略更新等。

- ◆ **采购管理计划**。见 12.1.3.1 节。对采购管理计划的变更包括：自制或外购决策或合同类型的更改等。

- ◆ **范围基准**。见 5.4.3.1 节。如果商定的风险应对策略导致了范围变更，且这种变更已经获得批准，那么就要对范围基准做出相应的变更。

- ◆ **进度基准**。见 6.5.3.1 节。如果商定的风险应对策略导致了进度估算变更，且这种变更已经获得批准，那么就要对进度基准做出相应的变更。

- ◆ **成本基准**。见 7.3.3.1 节。如果商定的风险应对策略导致了成本估算变更，且这种变更已经获得批准，那么就要对成本基准做出相应的变更。

11.5.3.3 项目文件更新

可在本过程更新的项目文件包括（但不限于）：

- **假设日志**。见 4.1.3.2 节。在规划风险应对过程中，可能做出新的假设、识别出新的制约因素，或者现有的假设条件或制约因素可能被重新审查和修改。应该更新假设日志，记录这些新信息。
- **成本预测**。见 7.4.3.2 节。成本预测可能因规划的风险应对策略而发生变更。
- **经验教训登记册**。见 4.4.3.1 节。更新经验教训登记册，记录适用于项目的未来阶段或未来项目的风险应对信息。
- **项目进度计划**。见 6.5.3.2 节。可以把用于执行已商定的风险应对策略的活动添加到项目进度计划中。
- **项目团队派工单**。见 9.3.3.2 节。一旦确定应对策略，应为每项与风险应对计划相关的措施分配必要的资源，包括用于执行商定的措施的具有适当资质和经验的人员（通常在项目团队中）、合理的资金和时间，以及必要的技术手段。
- **风险登记册**。见 11.2.3.1 节。需要更新风险登记册，记录选择和商定的风险应对措施。风险登记册的更新可能包括（但不限于）：
  - 商定的应对策略；
  - 实施所选应对策略所需要的具体行动；
  - 风险发生的触发条件、征兆和预警信号；
  - 实施所选应对策略所需要的预算和进度活动；
  - 应急计划，以及启动该计划所需的风险触发条件；
  - 弹回计划，供风险发生且主要应对措施不足以应对时使用；
  - 在采取预定应对措施之后仍然存在的残余风险，以及被有意接受的风险；
  - 由实施风险应对措施而直接导致的次生风险。
- **风险报告**。见 11.2.3.2 节。更新风险报告，记录针对当前整体项目风险敞口和高优先级风险的经商定的应对措施，以及实施这些措施之后的预期变化。

11.6 实施风险应对

实施风险应对是执行商定的风险应对计划的过程。本过程的主要作用是，确保按计划执行商定的风险应对措施，来管理整体项目风险敞口、最小化单个项目威胁，以及最大化单个项目机会。本过程需要在整个项目期间开展。图 11-18 描述本过程的输入、工具与技术和输出。图 11-19 是本过程的数据流向图。

实施风险应对

输入
- .1 项目管理计划
  - 风险管理计划
- .2 项目文件
  - 经验教训登记册
  - 风险登记册
  - 风险报告
- .3 组织过程资产

工具与技术
- .1 专家判断
- .2 人际关系与团队技能
  - 影响力
- .3 项目管理信息系统

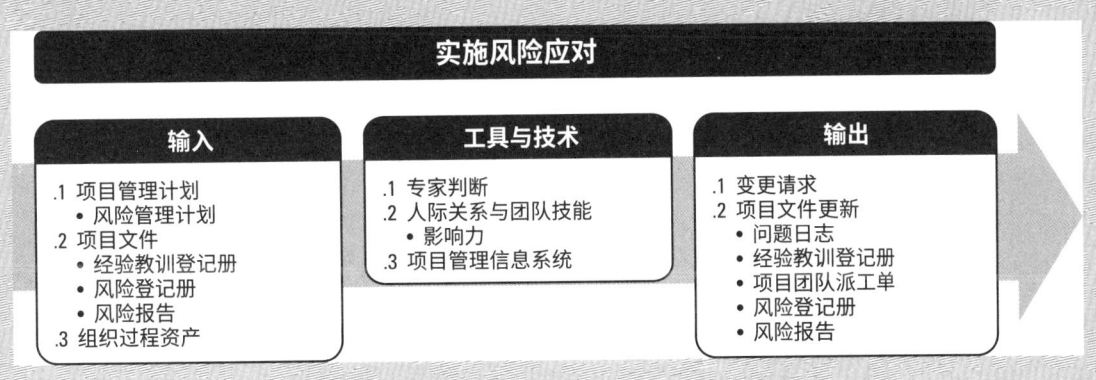

输出
- .1 变更请求
- .2 项目文件更新
  - 问题日志
  - 经验教训登记册
  - 项目团队派工单
  - 风险登记册
  - 风险报告

图 11-18 实施风险应对：输入、工具与技术和输出

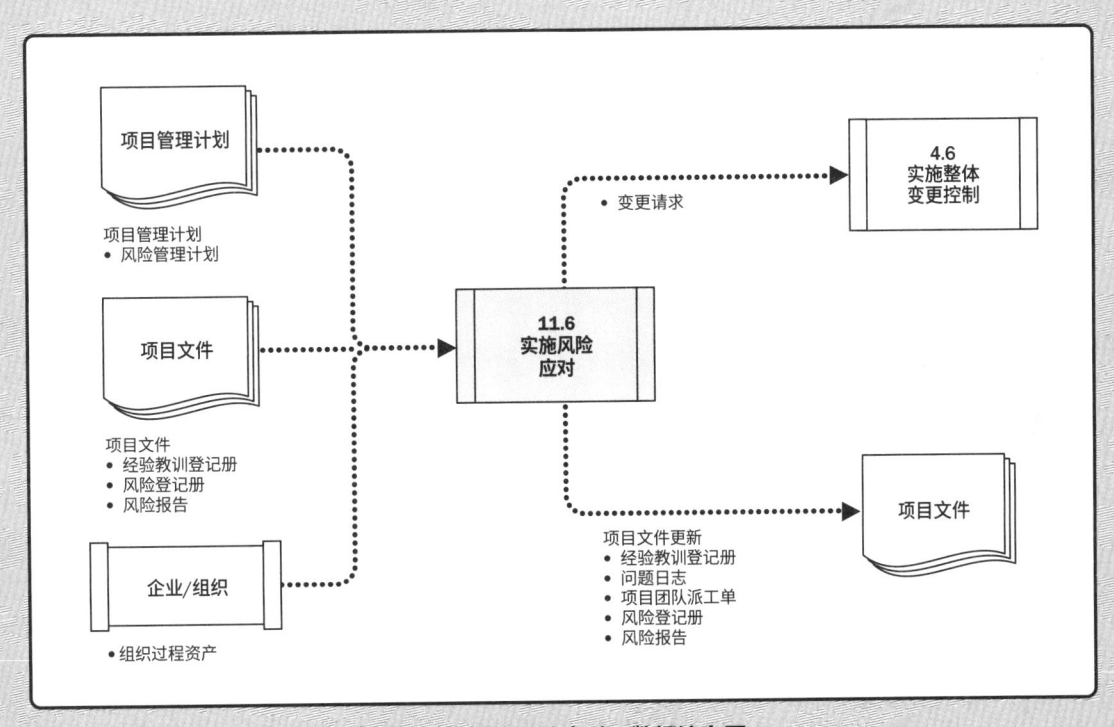

图 11-19 实施风险应对：数据流向图

适当关注实施风险应对过程，能够确保已商定的风险应对措施得到实际执行。项目风险管理的一个常见问题是，项目团队努力识别和分析风险并制定应对措施，然后把经商定的应对措施记录在风险登记册和风险报告中，但是不采取实际行动去管理风险。

只有风险责任人以必要的努力去实施商定的应对措施，项目的整体风险敞口和单个威胁及机会才能得到主动管理。

11.6.1 实施风险应对：输入

11.6.1.1 项目管理计划

见 4.2.3.1 节。项目管理计划组件包括（但不限于）风险管理计划。见 11.1.3.1 节，风险管理计划列明了与风险管理相关的项目团队成员和其他相关方的角色和职责。应根据这些信息为已商定的风险应对措施分配责任人。风险管理计划还会定义适用于本项目的风险管理方法论的详细程度，还会基于关键相关方的风险偏好规定项目的风险临界值。风险临界值代表了实施风险应对所需实现的可接受目标。

11.6.1.2 项目文件

可作为本过程输入的项目文件包括（但不限于）：

◆ **经验教训登记册**。见 4.4.3.1 节。项目早期获得的与实施风险应对有关的经验教训，可用于项目后期提高本过程的有效性。

◆ **风险登记册**。见 11.2.3.1 节。风险登记册记录了每项单个风险的商定风险应对措施，以及负责应对的指定责任人。

◆ **风险报告**。见 11.2.3.2 节。风险报告包括对当前整体项目风险敞口的评估，以及商定的风险应对策略，还会描述重要的单个项目风险及其应对计划。

11.6.1.3 组织过程资产

能够影响实施风险应对过程的组织过程资产包括（但不限于）已完成的类似项目的经验教训知识库，其中会说明特定风险应对的有效性。

11.6.2 实施风险应对：工具与技术

11.6.2.1 专家判断

见 4.1.2.1 节。在确认或修改（如必要）风险应对措施，以及决定如何以最有效率和最有效果的方式加以实施时，应征求具备相应专业知识的个人或小组的意见。

11.6.2.2 人际关系与团队技能

适用于本过程的人际关系与团队技能包括（但不限于）影响力。有些风险应对措施可能由直属项目团队以外的人员去执行，或由存在其他竞争性需求的人员去执行。这种情况下，负责引导风险管理过程的项目经理或人员就需要施展影响力（见 9.5.2.1 节），去鼓励指定的风险责任人采取所需的行动。

11.6.2.3 项目管理信息系统 (PMIS)

见 4.3.2.2 节。项目管理信息系统可能包括进度、资源和成本软件，用于确保把商定的风险应对计划及其相关活动，连同其他项目活动，一并纳入整个项目。

11.6.3 实施风险应对：输出

11.6.3.1 变更请求

见 4.3.3.4 节。实施风险应对后，可能会就成本基准和进度基准，或项目管理计划的其他组件提出变更请求。应该通过实施整体变更控制过程（见 4.6 节）对变更请求进行审查和处理。

11.6.3.2 项目文件更新

可在本过程更新的项目文件包括（但不限于）：

- ◆ **问题日志**。见 4.3.3.3 节。作为实施风险应对过程的一部分，已识别的问题会被记录到问题日志中。
- ◆ **经验教训登记册**。见 4.4.3.1 节。更新经验教训登记册，记录在实施风险应对时遇到的挑战、本可采取的规避方法，以及实施风险应对的有效方式。
- ◆ **项目团队派工单**。见 9.3.3.2 节。一旦确定风险应对策略，应为每项与风险应对计划相关的措施分配必要的资源，包括用于执行商定的措施的具有适当资质和经验的人员、合理的资金和时间，以及必要的技术手段。
- ◆ **风险登记册**。见 11.2.3.1 节。可能需要更新风险登记册，反映开展本过程所导致的对单个项目风险的已商定应对措施的任何变更。
- ◆ **风险报告**。见 11.2.3.2 节。可能需要风险报告，反映开展本过程所导致的对整体项目风险敞口的已商定应对措施的任何变更。

11.7 监督风险

监督风险是在整个项目期间，监督商定的风险应对计划的实施、跟踪已识别风险、识别和分析新风险，以及评估风险管理有效性的过程。本过程的主要作用是，使项目决策都基于关于整体项目风险敞口和单个项目风险的当前信息。本过程需要在整个项目期间开展。图 11-20 描述本过程的输入、工具与技术和输出。图 11-21 是本过程的数据流向图。

监督风险

输入
1. 项目管理计划
   - 风险管理计划
2. 项目文件
   - 问题日志
   - 经验教训登记册
   - 风险登记册
   - 风险报告
3. 工作绩效数据
4. 工作绩效报告

工具与技术
1. 数据分析
   - 技术绩效分析
   - 储备分析
2. 审计
3. 会议

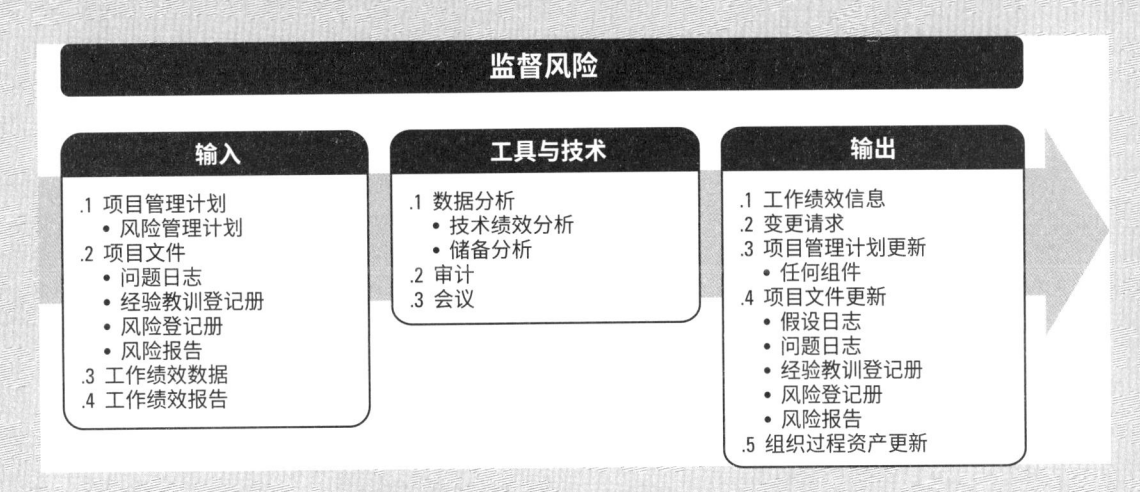

输出
1. 工作绩效信息
2. 变更请求
3. 项目管理计划更新
   - 任何组件
4. 项目文件更新
   - 假设日志
   - 问题日志
   - 经验教训登记册
   - 风险登记册
   - 风险报告
5. 组织过程资产更新

图 11-20 监督风险：输入、工具与技术和输出

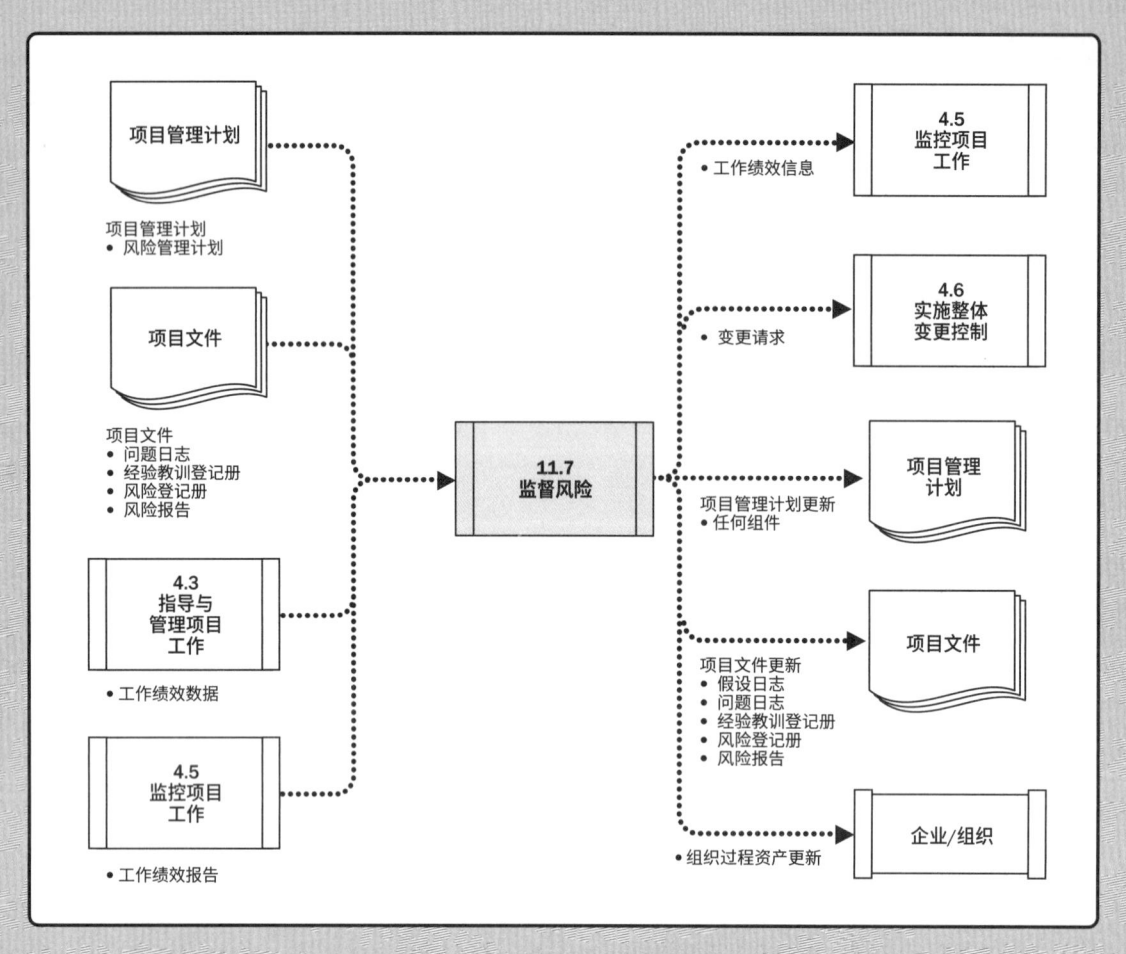

图 11-21 监督风险：数据流向图

为了确保项目团队和关键相关方了解当前的风险敞口级别，应该通过监督风险过程对项目工作进行持续监督，来发现新出现、正变化和已过时的单个项目风险。监督风险过程采用项目执行期间生成的绩效信息，以确定：

◆ 实施的风险应对是否有效；

◆ 整体项目风险级别是否已改变；

◆ 已识别单个项目风险的状态是否已改变；

◆ 是否出现新的单个项目风险；

◆ 风险管理方法是否依然适用；

◆ 项目假设条件是否仍然成立；

◆ 风险管理政策和程序是否已得到遵守；

◆ 成本或进度应急储备是否需要修改；

◆ 项目策略是否仍然有效。

11.7.1 监督风险：输入

11.7.1.1 项目管理计划

见 4.2.3.1 节。项目管理计划组件包括（但不限于）风险管理计划（见 11.1.3.1 节）。风险管理计划规定了应如何及何时审查风险，应遵守哪些政策和程序，与本监督过程有关的角色和职责安排，以及报告格式。

11.7.1.2 项目文件

应作为本过程输入的项目文件包括（但不限于）：

- **问题日志**。见 4.3.3.3 节。问题日志用于检查未决问题是否已更新，并对风险登记册进行必要更新。
- **经验教训登记册**。见 4.4.3.1 节。在项目早期获得的与风险相关的经验教训可用于项目后期阶段。
- **风险登记册**。见 11.2.3.1 节。风险登记册的主要内容包括：已识别单个项目风险、风险责任人、商定的风险应对策略，以及具体的应对措施。它可能还会提供其他详细信息，包括用于评估应对计划有效性的控制措施、风险的症状和预警信号、残余及次生风险，以及低优先级风险观察清单。
- **风险报告**。见 11.2.3.2 节。风险报告包括对当前整体项目风险敞口的评估，以及商定的风险应对策略，还会描述重要的单个项目风险及其应对计划和风险责任人。

11.7.1.3 工作绩效数据

见 4.3.3.2 节。工作绩效数据包含关于项目状态的信息，例如，已实施的风险应对措施、已发生的风险、仍活跃及已关闭的风险。

11.7.1.4 工作绩效报告

见 4.5.3.1 节。工作绩效报告是通过分析绩效测量结果而得到的，能够提供关于项目工作绩效的信息，包括偏差分析结果、挣值数据和预测数据。在监督与绩效相关的风险时，需要使用这些信息。

11.7.2 监督风险：工具与技术

11.7.2.1 数据分析

适用于本过程的数据分析技术包括（但不限于）：

- **技术绩效分析**。开展技术绩效分析，把项目执行期间所取得的技术成果与取得相关技术成果的计划进行比较。它要求定义关于技术绩效的客观的、量化的测量指标，以便据此比较实际结果与计划要求。技术绩效测量指标可能包括：重量、处理时间、缺陷数量、储存容量等。实际结果偏离计划的程度可以代表威胁或机会的潜在影响。
- **储备分析**。见 7.2.2.6 节。在整个项目执行期间，可能发生某些单个项目风险，对预算和进度应急储备产生正面或负面的影响。储备分析是指在项目的任一时点比较剩余应急储备与剩余风险量，从而确定剩余储备是否仍然合理。可以用各种图形（如燃尽图）来显示应急储备的消耗情况。

11.7.2.2 审计

见 8.2.2.5 节。风险审计是一种审计类型，可用于评估风险管理过程的有效性。项目经理负责确保按项目风险管理计划所规定的频率开展风险审计。风险审计可以在日常项目审查会上开展，可以在风险审查会上开展，团队也可以召开专门的风险审计会。在实施审计前，应明确定义风险审计的程序和目标。

11.7.2.3 会议

适用于本过程的会议包括（但不限于）风险审查会。应该定期安排风险审查，来检查和记录风险应对在处理整体项目风险和已识别单个项目风险方面的有效性。在风险审查中，还可以识别出新的单个项目风险（包括已商定应对措施所引发的次生风险），重新评估当前风险，关闭已过时风险，讨论风险发生所引发的问题，以及总结可用于当前项目后续阶段或未来类似项目的经验教训。根据风险管理计划的规定，风险审查可以是定期项目状态会中的一项议程，或者也可以召开专门的风险审查会。

11.7.3 监督风险：输出

11.7.3.1 工作绩效信息

见 4.5.1.3 节。工作绩效信息是经过比较单个风险的实际发生情况和预计发生情况，所得到的关于项目风险管理执行绩效的信息。它可以说明风险应对规划和应对实施过程的有效性。

11.7.3.2 变更请求

见 4.3.3.4 节。执行监督风险过程后，可能会就成本基准和进度基准，或项目管理计划的其他组件提出变更请求，应该通过实施整体变更控制过程（见 4.6 节）对变更请求进行审查和处理。

变更请求可能包括：建议的纠正与预防措施，以处理当前整体项目风险级别或单个项目风险。

11.7.3.3 项目管理计划更新

项目管理计划的任何变更都以变更请求的形式提出，且通过组织的变更控制过程进行处理。项目管理计划的任何组件都可能受本过程的影响。

11.7.3.4 项目文件更新

可在本过程更新的项目文件包括（但不限于）：

- **假设日志**。见 4.1.3.2 节。在监督风险过程中，可能做出新的假设、识别出新的制约因素，或者现有假设条件或制约因素可能被重新审查和修改。需要更新假设日志，记录这些新信息。
- **问题日志**。见 4.3.3.3 节。作为监督风险过程的一部分，已识别的问题会记录到问题日志中。
- **经验教训登记册**。见 4.4.3.1 节。更新经验教训登记册，记录风险审查期间得到的任何与风险相关的经验教训，以便用于项目的后期阶段或未来项目。
- **风险登记册**。见 11.2.3.1 节。更新风险登记册，记录在监督风险过程中产生的关于单个项目风险的信息，可能包括添加新风险、更新已过时风险或已发生风险，以及更新风险应对措施，等等。
- **风险报告**。见 11.2.3.2 节。应该随着监督风险过程生成新信息，而更新风险报告，反映重要单个项目风险的当前状态，以及整体项目风险的当前级别。风险报告还可能包括有关的详细信息，诸如最高优先级单个项目风险、已商定的应对措施和责任人，以及结论与建议。风险报告也可以收录风险审计给出的关于风险管理过程有效性的结论。

11.7.3.5 组织过程资产更新

可在本过程更新的组织过程资产包括（但不限于）：

- 风险管理计划、风险登记册和风险报告的模板；
- 风险分解结构。

12

项目采购管理

项目采购管理包括从项目团队外部采购或获取所需产品、服务或成果的各个过程。项目采购管理包括编制和管理协议所需的管理和控制过程，例如，合同、订购单、协议备忘录 (MOA)，或服务水平协议 (SLA)。被授权采购项目所需货物和（或）服务的人员可以是项目团队、管理层或组织采购部（如果有）的成员。

项目采购管理过程包括：

12.1 规划采购管理 —— 记录项目采购决策、明确采购方法，以及识别潜在卖方的过程。

12.2 实施采购 —— 获取卖方应答、选择卖方并授予合同的过程。

12.3 控制采购 —— 管理采购关系、监督合同绩效、实施必要的变更和纠偏，以及关闭合同的过程。

虽然在本指南中，采购过程以界限分明和相互独立的形式出现，但在实践中，采购过程相当复杂且相互作用，还与其他知识领域的过程相互作用。本指南无法全面详述这些相互作用。本章以从项目外部获取货物或服务的视角来叙述采购过程。

图 12-1 概括了项目采购管理的各个过程。虽然在本《PMBOK® 指南》中，各项目采购管理过程以界限分明和相互独立的形式出现，但在实践中它们会以本指南无法全面详述的方式相互交叠和相互作用。

```
                          ┌─────────────────────┐
                          │   项目采购管理概述   │
                          └──────────┬──────────┘
          ┌──────────────────────────┼──────────────────────────┐
┌─────────────────────┐   ┌─────────────────────┐   ┌─────────────────────┐
│  12.1 规划采购管理  │   │   12.2 实施采购     │   │   12.3 控制采购     │
├─────────────────────┤   ├─────────────────────┤   ├─────────────────────┤
│ .1 输入             │   │ .1 输入             │   │ .1 输入             │
│   .1 项目章程       │   │   .1 项目管理计划   │   │   .1 项目管理计划   │
│   .2 商业文件       │   │   .2 项目文件       │   │   .2 项目文件       │
│   .3 项目管理计划   │   │   .3 采购文档       │   │   .3 协议           │
│   .4 项目文件       │   │   .4 卖方建议书     │   │   .4 采购文档       │
│   .5 事业环境因素   │   │   .5 事业环境因素   │   │   .5 批准的变更请求 │
│   .6 组织过程资产   │   │   .6 组织过程资产   │   │   .6 工作绩效数据   │
│ .2 工具与技术       │   │ .2 工具与技术       │   │   .7 事业环境因素   │
│   .1 专家判断       │   │   .1 专家判断       │   │   .8 组织过程资产   │
│   .2 数据收集       │   │   .2 广告           │   │ .2 工具与技术       │
│   .3 数据分析       │   │   .3 投标人会议     │   │   .1 专家判断       │
│   .4 供方选择分析   │   │   .4 数据分析       │   │   .2 索赔管理       │
│   .5 会议           │   │   .5 人际关系与团队技能│ │   .3 数据分析       │
│ .3 输出             │   │ .3 输出             │   │   .4 检查           │
│   .1 采购管理计划   │   │   .1 选定的卖方     │   │   .5 审计           │
│   .2 采购策略       │   │   .2 协议           │   │ .3 输出             │
│   .3 招标文件       │   │   .3 变更请求       │   │   .1 结束的采购     │
│   .4 采购工作说明书 │   │   .4 项目管理计划更新│  │   .2 工作绩效信息   │
│   .5 供方选择标准   │   │   .5 项目文件更新   │   │   .3 采购文档更新   │
│   .6 自制或外购决策 │   │   .6 组织过程资产更新│  │   .4 变更请求       │
│   .7 独立成本估算   │   └─────────────────────┘   │   .5 项目管理计划更新│
│   .8 变更请求       │                             │   .6 项目文件更新   │
│   .9 项目文件更新   │                             │   .7 组织过程资产更新│
│   .10 组织过程资产更新│                           └─────────────────────┘
└─────────────────────┘
```

图 12-1 项目采购管理概述

项目采购管理的核心概念

与采购过程相关的重大法律义务和惩罚，通常超出大多数其他的项目管理过程。虽然项目经理不必成为采购管理法律法规领域的专家，但应该对采购过程有足够了解，以便做出与合同及合同关系相关的明智决定。通常情况下，项目经理无权签署对组织有约束力的法律协议，这项工作仅由具备相关职权的人员执行。

项目采购管理过程涉及到用协议来描述买卖双方之间的关系。协议可以很简单，如以特定人工单价购买所需的工时，也可以很复杂，如多年的国际施工合同。合同签署的方法和合同本身应体现可交付成果或所需人力投入的简单性或复杂性，其书写形式也应符合当地、所在国或国际法中关于合同签署的规定。

合同应明确说明预期的可交付成果和结果，包括从卖方到买方的任何知识转移。合同中未规定的任何事项则不具法律强制力。开展国际合作的项目经理应牢记，无论合同规定如何详尽，文化和当地法律对合同及其可执行性均有影响。

采购合同中包括条款和条件，也可包括买方就卖方应实施工作或应交付产品的其他规定。在与采购办公室协作确保遵守组织的采购政策的同时，项目管理团队必须确定所有采购都能满足项目的具体需要。因应用领域不同，协议可以是合同、服务水平协议（SLA）、谅解备忘录、协议备忘录（MOA）或订购单。

大多数组织都有相关的书面政策和程序，来专门定义采购规则，并规定谁有权代表组织签署和管理协议。在世界各地，组织虽然用不同的名称来称呼负责采购的单位或部门，如购买部、合同部、采购部或收购部，但其实际职责大同小异。

虽然所有项目文件可能都要经过某种形式的审查与批准，但是，鉴于其法律约束力，合同或协议需要经过更多的审批程序，而且通常会涉及到法务部。在任何情况下，审批程序的主要目标都是确保合同充分描述将由卖方提供的产品、服务或成果，且符合法律法规关于采购的规定。通常把描述产品、服务或成果的文件作为独立的附件或附录，以便合同正文使用标准化的法律合同用语。

在复杂项目中，可能需要同时或先后管理多个合同。这种情况下，不同合同的生命周期可在项目生命周期的任何阶段开始与结束。买卖方关系是采购组织与外部组织之间的关系，可存在于项目的许多层次上。

因应用领域不同，卖方可以是承包商、供货商、服务提供商或供应商；买方可能为最终产品的所有人、分包商、收购机构、服务需求者或购买方。在合同生命周期中，卖方首先是投标人，然后是中标人，之后是签约供应商或供货商。

中标人可将所承揽的工作当作一个项目加以管理。在这种情况下：

◆ 买方就变成了承包商、供应商及服务提供商的客户，因此也就是卖方的关键项目相关方。

◆ 卖方的项目管理团队就需要关注工作执行或服务提供所涉及的所有过程。

◆ 对于卖方来说，合同条款和条件以及采购工作说明书（SOW）都是其许多管理过程的重要输入。在合同中，可实际列出各种输入（如主要可交付成果、关键里程碑、成本目标），或者可限制项目团队的选择余地（如在IT整合项目中，关于人员配备的决定往往要征得买方的批准）。另外，采购工作说明书可能使用其他名称，如技术工作说明书。

◆ 卖方本身也可能成为更低层级的产品、服务和材料分包商及供应商的买方。

本节假设项目所需物品或服务的买方是项目团队，或者是组织内部的某个部门，同时假设卖方是为项目提供物品或服务的一方，且通常来自执行组织外部。在某些项目上，卖方可能是项目执行组织内部但属于项目外部的某个小组或部门。在大型复杂的项目上，卖方可能在授予合同后才成为整合式项目团队的一部分。

在小型组织或初创企业，以及未设置购买、合同或采购部门的组织，项目经理可以拥有采购职权，能够直接谈判并签署合同（分散式采购）。在更成熟的组织中，由专设部门开展实际的采购和合同签署工作，即采购、谈判和签署合同（集中式采购）。

在签署国际合同时，应该在合同中明确规定对合同的法律管辖权。在大多数情况下，卖方是受正式合同关系约束的外部承包商。

采购管理的发展趋势和新兴实践

不同行业各方面（软件工具、风险、过程、物流和技术）的一些重大趋势，会影响项目的成功率。项目采购管理的发展趋势和新兴实践包括（但不限于）：

◆ **工具的改进**。用于管理项目采购和项目执行的工具已经取得重大发展。现在，买方能够使用在线工具集中发布采购广告；卖方也能够使用在线工具集中查找采购文件，并直接在线填写。在施工、工程和基础设施领域，建筑信息模型(BIM) 软件的应用日益广泛，为工程项目节省了大量时间和资金。它能够大幅减少施工索赔，从而降低成本、缩短工期，因此世界各地的主要公司和政府都开始要求在大型项目中使用 BIM。

◆ **更先进的风险管理**。在风险管理领域日益流行的一个趋势，就是在编制合同时准确地将具体风险分配给最有能力对其加以管理的一方。没有任何承包商有能力管理项目的所有重大风险，买方因而必须接受承包商无法掌控的风险，例如，采购方公司政策的不断变化、法规要求的不断变化，以及项目以外的其他风险。在合同中可以明确规定风险管理是合同工作的一部分。

◆ **变化中的合同签署实践**。在过去几年时间内，超大型项目的数量显著增加，尤其是在基础设施建设和工程项目领域。数十亿美元的项目现在已十分常见。大部分此类项目都要求与多个国家的多家承包商签署国际合同，因此肯定比仅使用当地承包商的项目具有更大的风险。承包商越来越重视在采购过程中与客户开展密切合作，以便对批量采购或有其他特殊关系的客户给予折扣优惠。对于此类项目来说，为了减少执行过程中的问题和索赔，采用国际公认的标准合同范本也日益普遍。

- **物流和供应链管理**。因为如此多的大型工程、施工和基础设施建设项目都由多家跨国承包商来完成，材料物流管理对于项目成功完成至关重要。对采购周期较长的产品，制造环节和运输（到项目现场）环节都是项目进度的决定因素。在 IT 领域，有些产品可能需要提前 2~3 个月订购；在复杂的施工项目上，订购时间可能需要提前 1~2 年，甚至更长。在这些项目上，可能需要在签订其他采购合同之前就采购这些订购周期长的产品，以便项目如期完成。在最终产品的最终设计完成之前，就可能需要根据总体设计中已确定的要求开始订购采购周期较长的材料、用品或设备。供应链管理也是承包商的项目团队日益重视的一个领域。在项目早期，不仅要明确主要的采购渠道，通常还需要明确次要和备选渠道。全球很多国家会要求跨国承包商至少向当地供应商采购一定比例的材料和用品。

- **技术和相关方关系**。公共资助的项目正受越来越多的关注。基础设施和商业建设项目正日益采用包括网络摄像（webcams）在内的技术，以改善与相关方的沟通和关系。在施工期间，施工现场会安装一台或多台网络摄像机，定期更新并发布到公开的网站上，方便所有相关方在互联网上查看项目进展。另外，视频资料可以储存，有助于在索赔发生时进行分析。有些项目显示，使用网络摄像机记录现场情况，能够避免对事实的分歧，从而能够把与现场施工有关的争议降到最低程度。

- **试用采购**。并非每一个卖方都能很好地适应买方组织的环境，因此，在决定大批量采购之前，有些项目会试用多个候选卖方，向他们采购少量的可交付成果和工作产品。这样一来，买方可以在推进项目工作的同时，对潜在合作伙伴进行评估。

裁剪时需要考虑的因素

因为每个项目都是独特的，所以项目经理需要裁剪项目采购管理过程。裁剪时应考虑的因素包括（但不限于）：

◆ **采购的复杂性**。只开展一次主要的采购，或者需要在不同时间向不同卖方进行多次采购（会提高采购的复杂性）？

◆ **物理地点**。买方和卖方在同一或邻近地点，或者位于不同时区、国家或洲？

◆ **治理和法规环境**。组织的采购政策是否和当地相关的法律法规兼容？当地的法律法规会如何影响合同审计工作？

◆ **承包商的可用性**。是否有具备工作执行能力的承包商可供选择？

在敏捷或适应型环境中需要考虑的因素

在敏捷型环境中，可能需要与特定卖方协作来扩充团队。这种协作关系能够营造风险共担式采购模型，让买方和卖方共担项目风险和共享项目奖励。

在大型项目上，可能针对某些可交付成果采用适应型方法，而对其他部分则采用更稳定的方法。在这种情况下，可以通过主体协议，如主要服务协议（MSA），来管辖整体协作关系，而将适应型工作写入附录或补充文件。这样一来，变更只针对适应型工作，而不会对主体协议造成影响。

12.1 规划采购管理

规划采购管理是记录项目采购决策、明确采购方法及识别潜在卖方的过程。本过程的主要作用是，确定是否从项目外部获取货物和服务，如果是，则还要确定将在什么时间、以什么方式获取什么货物和服务。货物和服务可从执行组织的其他部门采购，或者从外部渠道采购。本过程仅开展一次或仅在项目的预定义点开展。图 12-2 描述本过程的输入、工具与技术和输出。图 12-3 是本过程的数据流向图。

规划采购

输入	工具与技术	输出
.1 项目章程 .2 商业文件 　• 商业论证 　• 效益管理计划 .3 项目管理计划 　• 范围管理计划 　• 质量管理计划 　• 资源管理计划 　• 范围基准 .4 项目文件 　• 里程碑清单 　• 项目团队派工单 　• 需求文件 　• 需求跟踪矩阵 　• 资源需求 　• 风险登记册 　• 相关方登记册 .5 事业环境因素 .6 组织过程资产	.1 专家判断 .2 数据收集 　• 市场调研 .3 数据分析 　• 自制或外购分析 .4 供方选择分析 .5 会议	.1 采购管理计划 .2 采购策略 .3 招标文件 .4 采购工作说明书 .5 供方选择标准 .6 自制或外购决策 .7 独立成本估算 .8 变更请求 .9 项目文件更新 　• 经验教训登记册 　• 里程碑清单 　• 需求文件 　• 需求跟踪矩阵 　• 风险登记册 　• 相关方登记册 .10 组织过程资产更新

图 12-2 规划采购：输入、工具与技术和输出

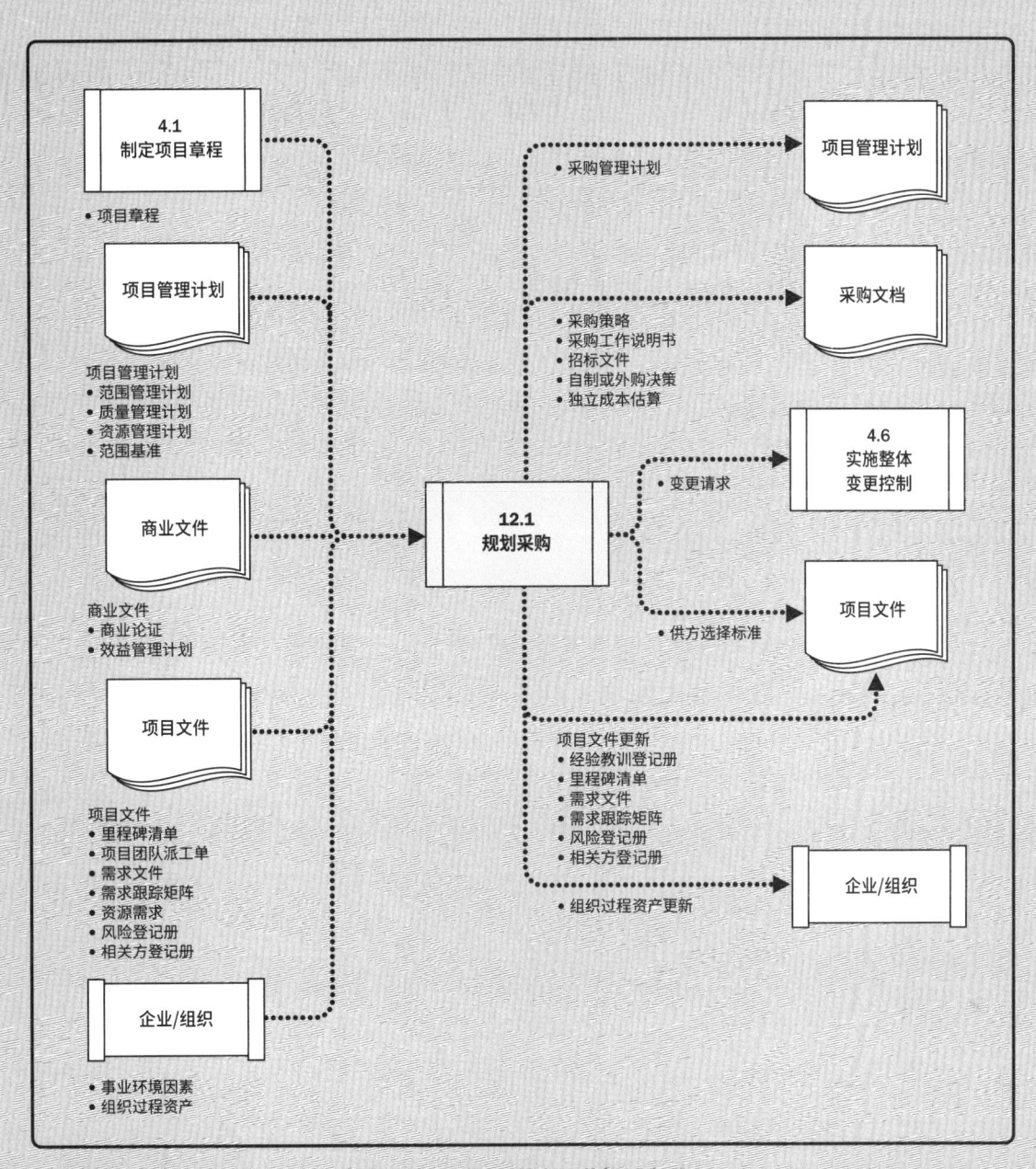

图 12-3 规划采购管理：数据流向图

应该在规划采购管理过程的早期，确定与采购有关的角色和职责。项目经理应确保在项目团队中配备具有所需采购专业知识的人员。采购过程的参与者可能包括购买部或采购部的人员，以及采购组织法务部的人员。这些人员的职责也应记录在采购管理计划中。

典型的步骤可能有：

◆ 准备采购工作说明书 (SOW) 或工作大纲 (TOR)；

◆ 准备高层级的成本估算，制定预算；

◆ 发布招标广告；

◆ 确定合格卖方的短名单；

◆ 准备并发布招标文件；

◆ 由卖方准备并提交建议书；

◆ 对建议书开展技术（包括质量）评估；

◆ 对建议书开展成本评估；

◆ 准备最终的综合评估报告（包括质量及成本），选出中标建议书；

◆ 结束谈判，买方和卖方签署合同。

项目进度计划对规划采购管理过程中的采购策略制定有重要影响。在制定采购管理计划时所做出的决定也会影响项目进度计划。在开展制定进度计划过程、估算活动资源过程以及自制或外购决策制定时，都需要考虑这些决定。

12.1.1 规划采购管理：输入

12.1.1.1 项目章程

见 4.1.3.1 节。项目章程包括目标、项目描述、总体里程碑，以及预先批准的财务资源。

12.1.1.2 商业文件

见 1.2.6. 节。商业文件包括：

- **商业论证**。采购策略需要和商业论证保持一致，以确保商业论证的有效性。
- **收益管理计划**。收益管理计划描述应在何时产出具体的项目收益，这将影响采购日期和合同条款的确定。

12.1.1.3 项目管理计划

见 4.2.3.1 节。项目管理计划组件包括（但不限于）：

- **范围管理计划**。见 5.1.3.1 节。范围管理计划说明如何在项目的实施阶段管理承包商的工作范围。
- **质量管理计划**。见 8.1.3.1 节。质量管理计划包含项目需要遵循的行业标准与准则。这些标准与准则应写入招标文件，如建议邀请书，并将最终在合同中引用。这些标准与准则也可用于供应商资格预审，或作为供应商甄选标准的一部分。
- **资源管理计划**。见 9.1.3.1 节。资源管理计划包括关于哪些资源需要采购或租赁的信息，以及任何可能影响采购的假设条件或制约因素。
- **范围基准**。见 5.4.3.1 节。范围基准包含范围说明书、WBS 和 WBS 词典。在项目早期，项目范围可能仍要继续演进。应该针对项目范围中已知的工作，编制工作说明书 (SOW) 和工作大纲 (TOR)。

12.1.1.4 项目文件

可作为本过程输入的项目文件包括（但不限于）：

- **里程碑清单**。见 6.2.3.3 节。重要里程碑清单说明卖方需要在何时交付成果。
- **项目团队派工单**。见 9.3.3.2 节。项目团队派工单包含关于项目团队技能和能力的信息，以及他们可用于支持采购活动的时间。如果项目团队不具备开展采购活动的能力，则需要外聘人员或对现有人员进行培训，或者二者同时进行。

- **需求文件**。见 5.2.3.1 节。需求文件可能包括：
    - 卖方需要满足的技术要求；
    - 具有合同和法律意义的需求，如健康、安全、安保、绩效、环境、保险、知识产权、同等就业机会、执照、许可证，以及其他非技术要求。
- **需求跟踪矩阵**。见 5.2.3.2 节。需求跟踪矩阵将产品需求从其来源连接到能满足需求的可交付成果。
- **资源需求**。见 9.2.3.1 节。资源需求包含关于某些特定需求的信息，例如，可能需要采购的团队及实物资源。
- **风险登记册**。见 11.2.3.1 节。风险登记册列明风险清单，以及风险分析和风险应对规划的结果。有些风险应通过采购协议转移给第三方。
- **相关方登记册**。见 13.1.3.1 节。相关方登记册提供有关项目参与者及其项目利益的详细信息，包括监管机构、合同签署人员和法务人员。

12.1.1.5 事业环境因素

能够影响规划采购管理过程的事业环境因素包括（但不限于）：

- 市场条件；
- 可从市场获得的产品、服务和成果；
- 卖方，包括其以往绩效或声誉；
- 关于产品、服务和成果的典型条款和条件，或适用于特定行业的典型条款和条件；
- 特殊的当地要求，例如关于雇用当地员工或卖方的法规要求；
- 关于采购的法律建议；
- 合同管理系统，包括合同变更控制程序；
- 已有的多层级供应商系统，其中列出了基于以往经验而预审合格的卖方；
- 财务会计和合同支付系统。

12.1.1.6 组织过程资产

组织使用的各种合同协议类型也会影响规划采购管理过程中的决策。能够影响规划采购管理过程的组织过程资产包括（但不限于）：

- **预先批准的卖方清单**。经过适当审查的卖方清单可以简化招标所需的步骤，并缩短卖方甄选过程的时间。
- **正式的采购政策、程序和指南**。大多数组织都有正式的采购政策和采购机构。如果没有，项目团队就应该配备相关的资源和专业技能，来实施采购活动。
- **合同类型**。所有法律合同关系通常可分为总价和成本补偿两大类。此外，还有第三种常用的混合类型，即工料合同。下文将分别讨论上述几类较常用的合同类型。但在实践中，单次采购合并使用两种或更多合同类型的情况也并不罕见。
  - *总价合同*。此类合同为既定产品、服务或成果的采购设定一个总价。这种合同应在已明确定义需求，且不会出现重大范围变更的情况下使用。总价合同的类型包括：
    - *固定总价 (FFP)*。FFP是最常用的合同类型。大多数买方都喜欢这种合同，因为货物采购的价格在一开始就已确定，并且不允许改变（除非工作范围发生变更）。
    - *总价加激励费用 (FPIF)*。这种总价合同为买方和卖方提供了一定的灵活性，允许一定的绩效偏离，并对实现既定目标给予相关的财务奖励（通常取决于卖方的成本、进度或技术绩效）。FPIF合同中会设置价格上限，高于此价格上限的全部成本将由卖方承担。
    - *总价加经济价格调整 (FPEPA)*。这种合同适用于两种情况：卖方履约期将跨越几年时间，或将以不同货币支付价款。它是总价合同的一种类型，但合同中包含了特殊条款，允许根据条件变化，如通货膨胀、某些特殊商品的成本增加（或降低），以事先确定的方式对合同价格进行最终调整。

◆ **成本补偿合同。**此类合同向卖方支付为完成工作而发生的全部合法实际成本（可报销成本），外加一笔费用作为卖方的利润。这种合同适用于工作范围预计会在合同执行期间发生重大变更。成本补偿合同又可分为：

- *成本加固定费用* (CPFF)。为卖方报销履行合同工作所发生的一切可列支成本，并向卖方支付一笔固定费用。该费用以项目初始估算成本的某一百分比计列。除非项目范围发生变更，否则费用金额维持不变。

- *成本加激励费用* (CPIF)。为卖方报销履行合同工作所发生的一切可列支成本，并在卖方达到合同规定的绩效目标时，向卖方支付预先确定的激励费用。在 CPIF 合同中，如果最终成本低于或高于原始估算成本，则买方和卖方需要根据事先商定的成本分摊比例来分享节约部分或分担超支部分。例如，基于卖方的实际成本，按照 80/20 的比例分担（分享）超过（低于）目标成本的部分。

- *成本加奖励费用* (CPAF)。为卖方报销一切合法成本，但只有在卖方满足合同规定的、某些笼统主观的绩效标准的情况下，才向卖方支付大部分费用。奖励费用完全由买方根据自己对卖方绩效的主观判断来决定，并且通常不允许申诉。

◆ **工料合同** (T&M)。工料合同（又称时间和手段合同），是兼具成本补偿合同和总价合同特点的混合型合同。这种合同往往适用于在无法快速编制出准确的工作说明书的情况下扩充人员、聘用专家或寻求外部支持。

12.1.2 规划采购管理：工具与技术

12.1.2.1 专家判断

见 4.1.2.1 节。应征求具备以下专业知识或接受过相关培训的个人或小组的意见：

◆ 采购与购买；

◆ 合同类型和合同文件；

◆ 法规及合规性。

12.1.2.2 数据收集

适用于本过程的数据收集技术包括（但不限于）市场调研。市场调研包括考察行业情况和具体卖方的能力。采购团队可运用从会议、在线评论和各种其他渠道得到的信息，来了解市场情况。采购团队也可以调整具体的采购目标，以便在平衡与有能力提供所需材料或服务的卖方的范围有关的风险的同时，利用成熟技术。

12.1.2.3 数据分析

适用于本过程的数据分析技术包括（但不限于）自制或外购分析。自制或外购分析用于确定某项工作或可交付成果最好由项目团队自行完成，还是应该从外部采购。制定自制或外购决策时应考虑的因素包括：组织当前的资源配置及其技能和能力、对专业技术的需求、不愿承担永久雇佣的义务，以及对独特技术专长的需求；还要评估与每个自制或外购决策相关的风险。

在自制或外购分析中，可以使用回收期、投资回报率（ROI）、内部报酬率（IRR）、现金流贴现、净现值（NPV）、收益成本（BCA）或其他分析技术，来确定某种货物或服务是应该在项目内部自制，还是从外部购买。

12.1.2.4 供方选择分析

在确定选择方法前，有必要审查项目竞争性需求的优先级。由于竞争性选择方法可能要求卖方在事前投入大量时间和资源，因此，应该在采购文件中写明评估方法，让投标人了解将会被如何评估。常用的选择方法包括：

◆ **最低成本**。最低成本法适用于标准化或常规采购。此类采购有成熟的实践与标准，有具体明确的预期成果，可以用不同的成本来取得。

◆ **仅凭资质**。仅凭资质的选择方法适用于采购价值相对较小，不值得花时间和成本开展完整选择过程的情况。买方会确定短名单，然后根据可信度、相关资质、经验、专业知识、专长领域和参考资料选择最佳的投标人。

- **基于质量或技术方案得分**。邀请一些公司提交建议书，同时列明技术和成本详情；如果技术建议书可以接受，再邀请它们进行合同谈判。采用此方法，会先对技术建议书进行评估，考察技术方案的质量。如果经过谈判，证明它们的财务建议书是可接受的，那么就会选择技术建议书得分最高的卖方。

- **基于质量和成本**。在基于质量和成本的方法中，成本也是用于选择卖方的一个考虑因素。一般而言，如果项目的风险和（或）不确定性较高，相对于成本而言，质量就应该是一个关键因素。

- **独有来源**。买方要求特定卖方准备技术和财务建议书，然后针对建议书开展谈判。由于没有竞争，因此仅在有适当理由时才可采用此方法，而且应将其视为特殊情况。

- **固定预算**。固定预算法要求在建议邀请书中向受邀的卖方披露可用预算，然后在此预算内选择技术建议书得分最高的卖方。因为有成本限制，所以卖方会在建议书中调整工作的范围和质量，以适应该预算。买方应该确保固定预算与工作说明书相符，且卖方能够在该预算内完成相关任务。此方法仅适用于工作说明书定义精确、预期不会发生变更，而且预算固定且不得超出的情况。

12.1.2.5 会议

不借助与潜在投标人的信息交流会，仅靠调研也许还不能获得制定采购策略所需的具体信息。采购方与潜在投标人合作，有利于卖方以互惠的方法提供产品或服务，从而使采购方从中受益。会议可用于确定管理和监督采购的策略。

12.1.3 规划采购管理：输出

12.1.3.1 采购管理计划

采购管理计划包含要在采购过程中开展的各种活动。它应该记录是否要开展国际竞争性招标、国内竞争性招标、当地招标等。如果项目由外部资助，资金的来源和可用性应符合采购管理计划和项目进度计划的规定。

采购管理计划可包括以下内容：

- ◆ 如何协调采购与项目的其他工作，例如，项目进度计划制定和控制；
- ◆ 开展重要采购活动的时间表；
- ◆ 用于管理合同的采购测量指标；
- ◆ 与采购有关的相关方角色和职责；如果执行组织有采购部，项目团队拥有的职权和受到的限制；
- ◆ 可能影响采购工作的制约因素和假设条件；
- ◆ 司法管辖权和付款货币；
- ◆ 是否需要编制独立估算，以及是否应将其作为评价标准；
- ◆ 风险管理事项，包括对履约保函或保险合同的要求，以减轻某些项目风险；
- ◆ 拟使用的预审合格的卖方（如果有）。

根据每个项目的需要，采购管理计划可以是正式或非正式的，非常详细或高度概括的。

12.1.3.2 采购策略

一旦完成自制或外购分析，并决定从项目外部渠道采购，就应制定一套采购策略。应该在采购策略中规定项目交付方法、具有法律约束力的协议类型，以及如何在采购阶段推动采购进展。

- ◆ **交付方法**。对专业服务项目和建筑施工项目，应该采用不同的交付方法。
    - 专业服务项目的交付方法包括：买方或服务提供方不得分包、买方或服务提供方可以分包、买方和服务提供方设立合资企业、买方或服务提供方仅充当代表。
    - 而工业或商业施工项目的交付方法包括（但不限于）：交钥匙式、设计-建造 (DB)、设计-招标-建造 (DBB)、设计-建造-运营 (DBO)、建造-拥有-运营-转让 (BOOT)，及其他。

- ◆ **合同支付类型**。合同支付类型与项目交付方法无关，需要与采购组织的内部财务系统相协调。它们包括（但不限于）以下合同类型及其变种：总价、固定总价、成本加奖励费用、成本加激励费用、工料、目标成本及其他。
    - 总价合同适用于工作类型可预知、需求能清晰定义且不太可能变更的情况；
    - 成本补偿合同适用于工作不断演进、很可能变更或未明确定义的情况；
    - 激励和奖励费用可用于协调买方和卖方的目标。

- ◆ **采购阶段**。采购策略也可以包括与采购阶段有关的信息，这种信息可能包括：
    - 采购工作的顺序安排或阶段划分，每个阶段的描述，以及每个阶段的具体目标；
    - 用于监督的采购绩效指标和里程碑；
    - 从一个阶段过渡到下一个阶段的标准；
    - 用于追踪采购进展的监督和评估计划；
    - 向后续阶段转移知识的过程。

12.1.3.3 招标文件

招标文件用于向潜在卖方征求建议书。如果主要依据价格来选择卖方（如购买商业或标准产品时），通常就使用标书、投标或报价等术语；如果其他考虑因素（如技术能力或技术方法）至关重要，则通常使用建议书之类的术语。具体使用的采购术语也可能因行业或采购地点而异。

取决于所需的货物或服务，招标文件可以是信息邀请书、报价邀请书、建议邀请书，或其他适当的采购文件。使用不同文件的条件如下：

- **信息邀请书 (RFI)**。如果需要卖方提供关于拟采购货物和服务的更多信息，就使用信息邀请书。随后一般还会使用报价邀请书或建议邀请书。
- **报价邀请书 (RFQ)**。如果需要供应商提供关于将如何满足需求和（或）将需要多少成本的更多信息，就使用报价邀请书。
- **建议邀请书 (RFP)**。如果项目中出现问题且解决办法难以确定，就使用建议邀请书。这是最正式的"邀请书"文件，需要遵守与内容、时间表，以及卖方应答有关的严格的采购规则。

买方拟定的采购文件不仅应便于潜在卖方做出准确、完整的应答，还要便于买方对卖方应答进行评价。采购文件会包括规定的应答格式、相关的采购工作说明书，以及所需的合同条款。

采购文件的复杂和详细程度应与采购的价值及相关的风险相符。采购文件既需要具备足够详细的信息，以确保卖方做出一致且适当的应答，同时它又要有足够的灵活度，让卖方为满足相同的要求而提出更好的建议。

12.1.3.4 采购工作说明书

依据项目范围基准，为每次采购编制工作说明书（SOW），仅对将要包含在相关合同中的那一部分项目范围进行定义。工作说明书会充分详细地描述拟采购的产品、服务或成果，以便潜在卖方确定是否有能力提供此类产品、服务或成果。根据采购品的性质、买方的需求，或拟采用的合同形式，工作说明书的详细程度会有较大不同。工作说明书的内容包括：规格、所需数量、质量水平、绩效数据、履约期间、工作地点和其他要求。

采购工作说明书应力求清晰、完整和简练。它需要说明所需的附加服务，例如，报告绩效，或对采购品的后续运营支持。在采购过程中，应根据需要对工作说明书进行修订，直到它成为所签协议的一部分。

对于服务采购，可能会用"工作大纲 (TOR)"这个术语。与采购工作说明书类似，工作大纲通常包括以下内容：

- ◆ 承包商需要执行的任务，以及所需的协调工作；
- ◆ 承包商必须达到的适用标准；
- ◆ 需要提交批准的数据；
- ◆ 由买方提供给承包商的，将用于合同履行的全部数据和服务的详细清单（若适用）；
- ◆ 关于初始成果提交和审查（或审批）的进度计划。

12.1.3.5 供方选择标准

在确定评估标准时，买方要努力确保选出的建议书将提供最佳质量的所需服务。供方选择标准可包括（但不限于）：

- ◆ 能力和潜能；
- ◆ 产品成本和生命周期成本；
- ◆ 交付日期；
- ◆ 技术专长和方法；
- ◆ 具体的相关经验；
- ◆ 用于响应工作说明书的工作方法和工作计划；
- ◆ 关键员工的资质、可用性和胜任力；
- ◆ 公司的财务稳定性；
- ◆ 管理经验；
- ◆ 知识转移计划，包括培训计划。

针对国际项目，评估标准还可包括"本地内容"要求，例如，在提议的关键员工中要有本国人。

针对不同的标准，可以用数值分数、颜色代码或书面描述，来说明卖方满足采购组织需求的程度。这些标准是加权系统的组成部分，可据此以加权打分的方法排列所有建议书的顺序，以便确定谈判的顺序，并与某个卖方签订合同。

12.1.3.6 自制或外购决策

通过自制或外购分析，做出某项特定工作最好由项目团队自己完成，还是需要从外部渠道采购的决策。

12.1.3.7 独立成本估算

对于大型的采购，采购组织可以自行准备独立估算，或聘用外部专业估算师做出成本估算，并将其作为评价卖方报价的对照基准。如果二者之间存在明显差异，则可能表明采购工作说明书存在缺陷或模糊，或者潜在卖方误解了或未能完全响应采购工作说明书。

12.1.3.8 变更请求

见4.3.3.4节。关于采购货物、服务或资源的决策，可能导致变更请求；规划采购期间的其他决策，也可能导致变更请求。对项目管理计划及其子计划和其他组件的修改都可能导致会影响采购行为的变更请求。应该通过实施整体变更控制过程（见4.6节）对变更请求进行审查和处理。

12.1.3.9 项目文件更新

可在本过程更新的项目文件包括（但不限于）：

- **经验教训登记册**。见 4.4.3.1 节。更新经验教训登记册，记录任何与法规和合规性、数据收集、数据分析和供方选择分析相关的经验教训。
- **里程碑清单**。见 6.2.3.3 节。重要里程碑清单说明卖方需要在何时交付成果。
- **需求文件**。见 5.2.3.1 节。需求文件可能包括：
  - 卖方需要满足的技术要求；
  - 具有合同和法律意义的需求，如健康、安全、安保、绩效、环境、保险、知识产权、同等就业机会、执照、许可证，以及其他非技术要求。
- **需求跟踪矩阵**。见 5.2.3.2 节。需求跟踪矩阵将产品需求从其来源连接到能满足需求的可交付成果。
- **风险登记册**。见 11.2.3.1 节。取决于卖方的组织、合同的持续时间、外部环境、项目交付方法、所选合同类型，以及最终商定的价格，任何被选中的卖方都会带来特殊的风险。
- **相关方登记册**。见 13.1.3.1 节。更新相关方登记册，记录任何关于相关方的补充信息，尤其是监管机构、合同签署人员，以及法务人员的信息。

12.1.3.10 组织过程资产更新

作为规划采购管理过程的结果，需要更新的组织过程资产包括（但不限于）关于合格卖方的信息。

对于采购次数少且相对简单的项目，作为本过程输出的有些文件可以合并。不过，对于采购规模较大、较复杂，而且大部分工作需由承包商完成的项目，就需要使用几种不同类型的文件。表12-1列出了采购中常用的文件类型及其部分内容。鉴于采购的法律性质，不应把表12-1的内容看成规定性描述，而只应该把它们看成关于所需文件的类型和内容的总体大纲，用于指导实施采购工作。组织、环境和法律规定会决定项目具体需要的文件类型和内容。

表 12-1 采购文件比较

采购管理计划	采购策略	工作说明书	招标文件
采购工作将与其他项目工作协调和整合,特别是资源、进度计划和预算工作	采购交付方法	采购项目描述	信息邀请书 (RFI) 报价邀请书 (RFQ) 建议邀请书 (RFP)
关键采购活动的时间表	协议类型	规格、质量要求和绩效指标	
用于管理合同的采购指标	采购阶段	所需附加服务描述	
所有相关方的职责		验收方法和验收标准	
采购假设和制约因素		绩效数据和其他所需报告	
法律管辖和支付货币		质量	
独立估算信息		履约时间和地点	
风险管理事项		货币,支付进度计划	
预审合格卖方(若适用)		担保	

12.2 实施采购

实施采购是获取卖方应答、选择卖方并授予合同的过程。本过程的主要作用是，选定合格卖方并签署关于货物或服务交付的法律协议。本过程的最后成果是签订的协议，包括正式合同。本过程应根据需要在整个项目期间定期开展。图 12-4 描述实施采购过程的输入、工具与技术和输出。图 12-5 是本过程的数据流向图。

实施采购

输入	工具与技术	输出
.1 项目管理计划 　• 范围管理计划 　• 需求管理计划 　• 沟通管理计划 　• 风险管理计划 　• 采购管理计划 　• 配置管理计划 　• 成本基准 .2 项目文件 　• 经验教训登记册 　• 项目进度计划 　• 需求文件 　• 风险登记册 　• 相关方登记册 .3 采购文档 .4 卖方建议书 .5 事业环境因素 .6 组织过程资产	.1 专家判断 .2 广告 .3 投标人会议 .4 数据分析 　• 建议书评价 .5 人际关系与团队技能 　• 谈判	.1 选定的卖方 .2 协议 .3 变更请求 .4 项目管理计划更新 　• 需求管理计划 　• 质量管理计划 　• 沟通管理计划 　• 风险管理计划 　• 采购管理计划 　• 范围基准 　• 进度基准 　• 成本基准 .5 项目文件更新 　• 经验教训登记册 　• 需求文件 　• 需求跟踪矩阵 　• 资源日历 　• 风险登记册 　• 相关方登记册 .6 组织过程资产更新

图 12-4 实施采购：输入、工具与技术和输出

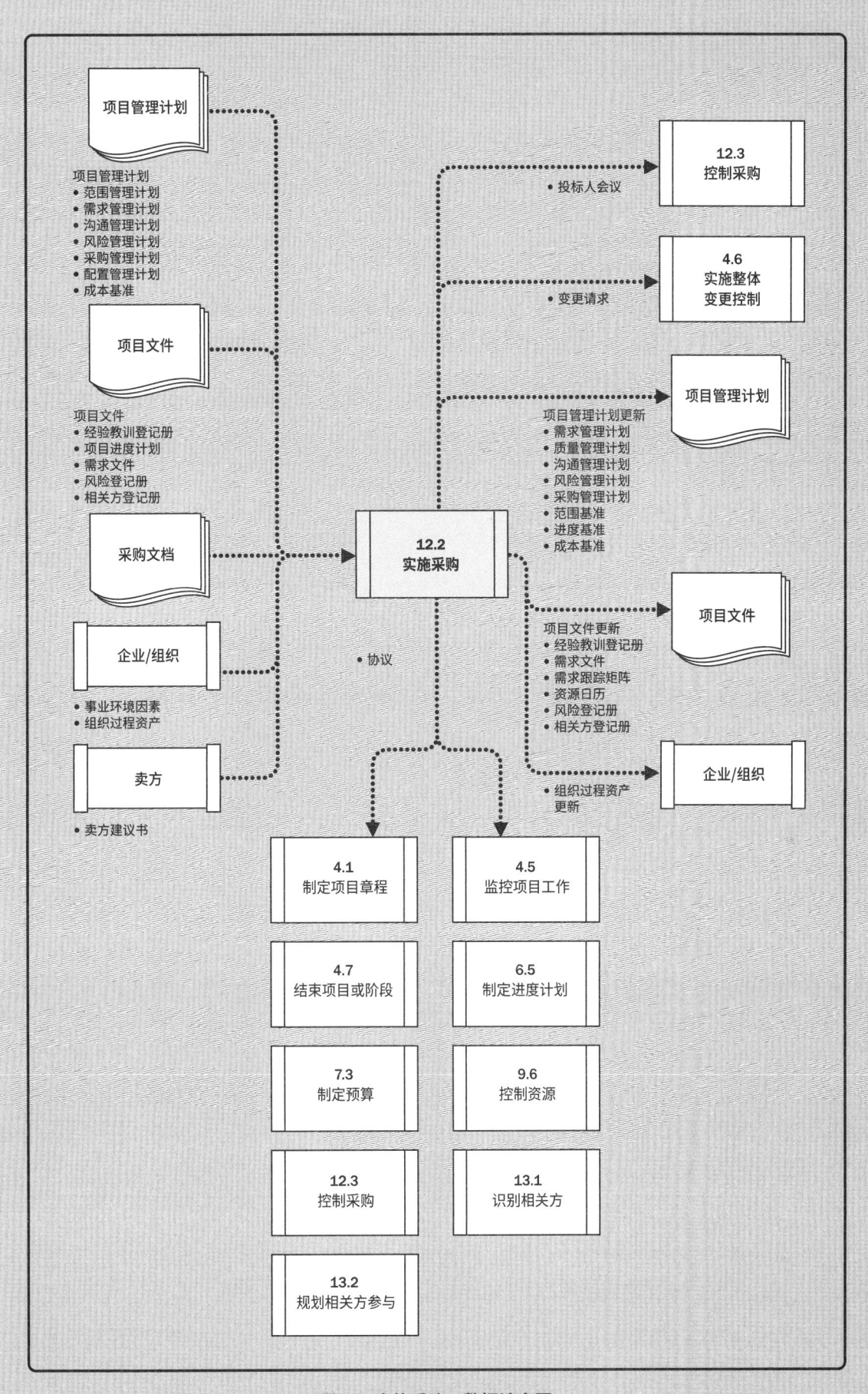

图 12-5 实施采购：数据流向图

12.2.1 实施采购：输入

12.2.1.1 项目管理计划

见 4.2.3.1 节。项目管理计划组件包括（但不限于）：

- **范围管理计划**。见 5.1.3.1 节。范围管理计划描述如何管理总体工作范围，包括由卖方负责的工作范围。
- **需求管理计划**。见 5.1.3.2 节。需求管理计划描述将如何分析、记录和管理需求。它可能还包括卖方将如何管理按协议规定应该实现的需求。
- **沟通管理计划**。见 10.1.3.1 节。沟通管理计划描述买方和卖方之间如何开展沟通。
- **风险管理计划**。见 11.1.3.1 节。风险管理计划是项目管理计划的组成部分，描述如何安排和实施项目风险管理活动。
- **采购管理计划**。见 12.1.3.1 节。采购管理计划包含在实施采购过程中应该开展的活动。
- **配置管理计划**。见 5.6.1.1 节。配置管理计划定义了哪些是配置项，哪些配置项需要正式变更控制，以及针对这些配置项的变更控制过程。它包括卖方开展配置管理的形式和过程，以便与买方采取的方法保持一致。
- **成本基准**。见 7.3.3.1 节。成本基准包括用于开展采购的预算、用于管理采购过程的成本，以及用于管理卖方的成本。

12.2.1.2 项目文件

可作为本过程输入的项目文件包括（但不限于）：

- **经验教训登记册**。见 4.4.3.1 节。在项目早期获取的与实施采购有关的经验教训，可用于项目后期阶段，以提高本过程的效率。
- **项目进度计划**。见 6.5.3.2 节。项目进度计划确定项目活动的开始和结束日期，包括采购活动。它还会规定承包商最终的交付日期。

- **需求文件**。见 5.2.3.1 节。需求文件可能包括：
  - 卖方需要满足的技术要求；
  - 具有合同和法律意义的需求，如健康、安全、安保、绩效、环境、保险、知识产权、同等就业机会、执照、许可证，以及其他非技术要求。
- **风险登记册**。见 11.2.3.1 节。取决于卖方的组织、合同的持续时间、外部环境、项目交付方法、所选合同类型，以及最终商定的价格，任何被选中的卖方都会带来特殊的风险。
- **相关方登记册**。见 13.1.3.1 节。此文件包含与已识别相关方有关的所有详细信息。

12.2.1.3 采购文档

采购文档是用于达成法律协议的各种书面文件，其中可能包括当前项目启动之前的较旧文件。采购文档可包括：

- **招标文件**。见 12.1.3.3 节。招标文件包括发给卖方的信息邀请书、建议邀请书、报价邀请书，或其他文件，以便卖方编制应答文件。
- **采购工作说明书**。见 12.1.3.4 节。采购工作说明书 (SOW) 向卖方清晰地说明目标、需求及成果，以便卖方据此做出量化应答。
- **独立成本估算**。见 12.1.3.7 节。独立成本估算可由内部或外部人员编制，用于评价投标人提交的建议书的合理性。
- **供方选择标准**。见 12.1.3.5 节。此类标准描述如何评估投标人的建议书，包括评估标准和权重。为了减轻风险，买方可能决定与多个卖方签署协议，以便在单个卖方出问题并影响整体项目时，降低由此导致的损失。

12.2.1.4 卖方建议书

卖方为响应采购文件包而编制的建议书，其中包含的基本信息将被评估团队用于选定一个或多个投标人（卖方）。如果卖方将提交价格建议书，最好要求他们将价格建议书与技术建议书分开。评估团队会根据供方选择标准审查每一份建议书，然后选出最能满足采购组织需求的卖方。

12.2.1.5 事业环境因素

能够影响实施采购过程的事业环境因素包括：

- ◆ 关于采购的当地法律和法规；
- ◆ 确保主要采购涉及当地卖方的当地法律和法规；
- ◆ 制约采购过程的外部经济环境；
- ◆ 市场条件；
- ◆ 以往与卖方合作的相关经验，包括正反两方面；
- ◆ 之前使用的协议；
- ◆ 合同管理系统。

12.2.1.6 组织过程资产

能够影响实施采购过程的组织过程资产包括（但不限于）：

- ◆ 预审合格的优先卖方清单；
- ◆ 会影响卖方选择的组织政策；
- ◆ 组织中关于协议起草及签订的具体模板或指南；
- ◆ 关于付款申请和支付过程的财务政策和程序。

12.2.2 实施采购：工具与技术

12.2.2.1 专家判断

见 4.1.2.1 节。应征求具备以下专业知识或接受过相关培训的个人或小组的意见：

- 建议书评估；
- 技术或相关主题事宜；
- 相关的职能领域，如财务、工程、设计、开发、供应链管理等；
- 行业监管环境；
- 法律法规和合规性要求；
- 谈判。

12.2.2.2 广告

广告是就产品、服务或成果与用户或潜在用户进行的沟通。在大众出版物（如指定的报纸）或专门行业出版物上刊登广告，往往可以扩充现有的潜在卖方名单。大多数政府机构都要求公开发布采购广告，或在网上公布拟签署的政府合同的信息。

12.2.2.3 投标人会议

投标人会议（又称承包商会议、供应商会议或投标前会议）是在卖方提交建议书之前，在买方和潜在卖方之间召开的会议，其目的是确保所有潜在投标人对采购要求都有清楚且一致的理解，并确保没有任何投标人会得到特别优待。

12.2.2.4 数据分析

适用于本过程的数据分析技术包括（但不限于）建议书评估。对建议书进行评估，确定它们是否对包含在招标文件包中的招标文件、采购工作说明书、供方选择标准和其他文件，都做出了完整且充分的响应。

12.2.2.5 人际关系与团队技能

适用于本过程的人际关系与团队技能包括谈判。谈判是为达成协议而进行的讨论。采购谈判是指在合同签署之前,对合同的结构、各方的权利和义务,以及其他条款加以澄清,以便双方达成共识。最终的文件措辞应该反映双方达成的全部一致意见。谈判以签署买方和卖方均可执行的合同文件或其他正式协议而结束。

谈判应由采购团队中拥有合同签署职权的成员主导。项目经理和项目管理团队的其他成员可以参加谈判并提供必要的协助。

12.2.3 实施采购:输出

12.2.3.1 选定的卖方

选定的卖方是在建议书评估或投标评估中被判断为最有竞争力的投标人。对于较复杂、高价值和高风险的采购,在授予合同前,要把选定的卖方报给组织高级管理人员审批。

12.2.3.2 协议

合同是对双方都有约束力的协议。它强制卖方提供规定的产品、服务或成果，强制买方向卖方支付相应的报酬。合同建立了受法律保护的买卖双方的关系。协议文本的主要内容会有所不同，可包括（但不限于）：

- 采购工作说明书或主要的可交付成果；
- 进度计划、里程碑，或进度计划中规定的日期；
- 绩效报告；
- 定价和支付条款；
- 检查、质量和验收标准；
- 担保和后续产品支持；
- 激励和惩罚；
- 保险和履约保函；
- 下属分包商批准；
- 一般条款和条件；
- 变更请求处理；
- 终止条款和替代争议解决方法。

12.2.3.3 变更请求

见 4.3.3.4 节。通过实施整体变更控制过程（见 4.6 节），来审查和处理对项目管理计划及其子计划和其他组件的变更请求。

12.2.3.4 项目管理计划更新

项目管理计划的任何变更都以变更请求的形式提出，且通过组织的变更控制过程进行处理。可能需要变更的项目管理计划组件包括（但不限于）：

- ◆ **需求管理计划**。见 5.1.3.2 节。项目需求可能因卖方的要求而变更。
- ◆ **质量管理计划**。见 8.1.3.1 节。卖方可能提出备选质量标准或备选解决方案，从而影响质量管理计划中规定的质量管理方法。
- ◆ **沟通管理计划**。见 10.1.3.1 节。在选定卖方后，需要更新沟通管理计划，记录卖方的沟通需求和方法。
- ◆ **风险管理计划**。见 11.1.3.1 节。每个协议和卖方都会带来独特的风险，从而需要更新风险管理计划。具体的风险应该记录到风险登记册中。
- ◆ **采购管理计划**。见 12.1.3.1 节。可能需要基于合同谈判和签署的结果，而更新采购管理计划。
- ◆ **范围基准**。见 5.4.3.1 节。在执行采购活动时，需明确考虑范围基准中的项目工作分解结构和可交付成果。本过程可能导致对任何一个或全部可交付成果的变更。
- ◆ **进度基准**。见 6.5.3.1 节。如果卖方交付成果方面的变更影响了项目的整体进度绩效，则可能需要更新并审批基准进度计划，以反映当前的期望。
- ◆ **成本基准**。见 7.3.3.1 节。在项目交付期间，承包商的材料价格和人力价格可能随外部经济环境而频繁变动。这种变动需要反映到成本基准中。

12.2.3.5 项目文件更新

可在本过程更新的项目文件包括（但不限于）：

- **经验教训登记册**。见 4.4.3.1 节。更新经验教训登记册，记录在实施采购期间所遇到的挑战、本可采取的规避方法，以及有效的方法。
- **需求文件**。见 5.2.3.1 节。需求文件可能包括：
  - 卖方需要满足的技术要求；
  - 具有合同和法律意义的需求，如健康、安全、安保、绩效、环境、保险、知识产权、同等就业机会、执照、许可证，以及其他非技术要求。
- **需求跟踪矩阵**。见 5.2.3.2 节。随着将卖方纳入项目计划，可能需要根据特定卖方的能力，变更需求登记册及跟踪矩阵。
- **资源日历**。见 9.2.1.2 节。可能需要根据卖方的可用性更新与进度计划有关的资源日历。
- **风险登记册**。见 11.2.3.1 节。取决于卖方的组织、合同的持续时间、外部环境、项目交付方法、所选合同类型，以及最终商定的价格，每个被选中的卖方都会带来特殊的风险。在合同签署过程中，应该对风险登记册进行变更，以反映每个卖方带来的具体风险。
- **相关方登记册**。见 13.1.3.1 节。此文件包含与已识别相关方有关的所有详细信息。与具体卖方签订协议后，需要更新相关方登记册。

12.2.3.6 组织过程资产更新

可在实施采购过程更新的组织过程资产包括：

- 潜在和预审合格的卖方清单；
- 与卖方合作的相关经验，包括正反两方面。

12.3 控制采购

控制采购是管理采购关系，监督合同绩效，实施必要的变更和纠偏，以及关闭合同的过程。本过程的主要作用是，确保买卖双方履行法律协议，满足项目需求。本过程应根据需要在整个项目期间开展。图 12-6 描述本过程的输入、工具与技术和输出，图 12-7 是本过程的数据流向图。

控制采购

输入
1. 项目管理计划
   - 需求管理计划
   - 风险管理计划
   - 采购管理计划
   - 变更管理计划
   - 进度基准
2. 项目文件
   - 假设日志
   - 经验教训登记册
   - 里程碑清单
   - 质量报告
   - 需求文件
   - 需求跟踪矩阵
   - 风险登记册
   - 相关方登记册
3. 协议
4. 采购文档
5. 批准的变更请求
6. 工作绩效数据
7. 事业环境因素
8. 组织过程资产

工具与技术
1. 专家判断
2. 索赔管理
3. 数据分析
   - 绩效审查
   - 挣值分析
   - 趋势分析
4. 检查
5. 审计

输出
1. 结束的采购
2. 工作绩效信息
3. 采购文档更新
4. 变更请求
5. 项目管理计划更新
   - 风险管理计划
   - 采购管理计划
   - 进度基准
   - 成本基准
6. 项目文件更新
   - 经验教训登记册
   - 资源需求
   - 需求跟踪矩阵
   - 风险登记册
   - 相关方登记册
7. 组织过程资产更新

图 12-6 控制采购：输入、工具与技术和输出

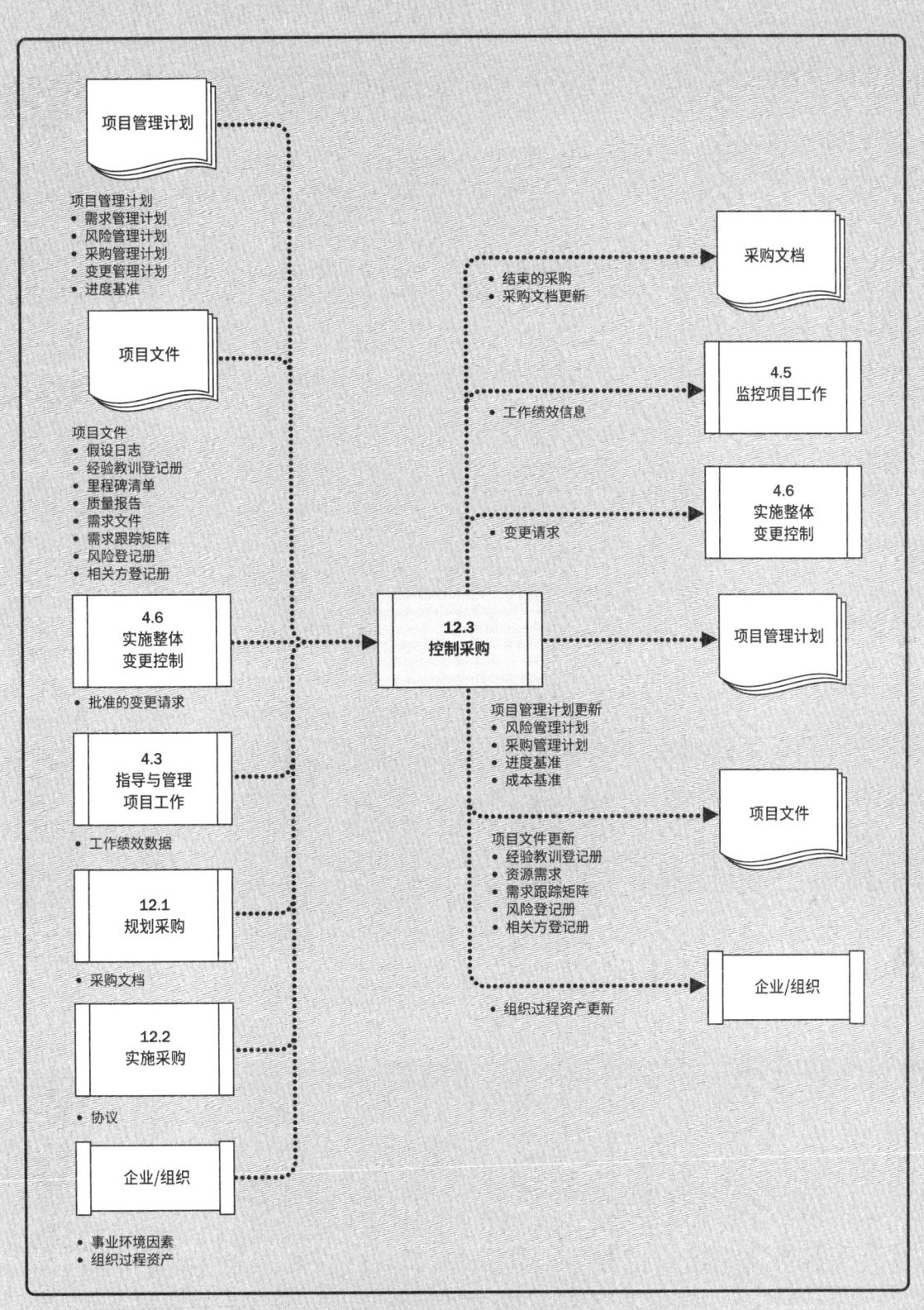

图 12-7 控制采购：数据流向图

493

买方和卖方都出于相似的目的来管理采购合同，每方都必须确保双方履行合同义务，确保各自的合法权利得到保护。合同关系的法律性质，要求项目管理团队必须了解在控制采购期间所采取的任何行动的法律后果。对于有多个供应商的较大项目，合同管理的一个重要方面就是管理各个供应商之间的沟通。

鉴于其法律意义，很多组织都将合同管理视为独立于项目的一种组织职能。虽然采购管理员可以是项目团队成员，但通常还向另一部门的经理报告。

在控制采购过程中，需要把适当的项目管理过程应用于合同关系，并且需要整合这些过程的输出，以用于对项目的整体管理。如果涉及多个卖方，以及多种产品、服务或成果，就往往需要在多个层级上开展这种整合。

合同管理活动可能包括：

◆ 收集数据和管理项目记录，包括维护对实体和财务绩效的详细记录，以及建立可测量的采购绩效指标；

◆ 完善采购计划和进度计划；

◆ 建立与采购相关的项目数据的收集、分析和报告机制，并为组织编制定期报告；

◆ 监督采购环境，以便引导或调整实施；

◆ 向卖方付款。

控制措施的质量，包括采购审计的独立性和可信度，是采购系统可靠性的关键决定因素。组织的道德规范、内部法律顾问和外部法律咨询，包括持续的反腐计划，都有助于实现适当的采购控制。

在控制采购过程中，需要开展财务管理工作，包括监督向卖方付款。这是要确保合同中的支付条款得到遵循，确保按合同规定，把付款与卖方的工作进展联系起来。需要重点关注的一点是，确保向卖方的付款与卖方实际已经完成的工作量之间有密切的关系。如果合同规定了基于项目输出及可交付成果来付款，而不是基于项目输入（如工时），那么就可以更有效地开展采购控制。

在合同收尾前，若双方达成共识，可以根据协议中的变更控制条款，随时对协议进行修改。通常要书面记录对协议的修改。

12.3.1 控制采购：输入

12.3.1.1 项目管理计划

见 4.2.3.1 节。项目管理计划组件包括（但不限于）：

- **需求管理计划**。见 5.1.3.2 节。需求管理计划描述将如何分析、记录和管理承包商需求。
- **风险管理计划**。见 11.1.3.1 节。风险管理计划描述如何安排和实施由卖方引发的项目风险管理活动。
- **采购管理计划**。见 12.1.3.2 节。采购管理计划规定了在控制采购过程中需要开展的活动。
- **变更管理计划**。见 4.2.3.1 节。变更管理计划包含关于如何处理由卖方引发的变更的信息。
- **进度基准**。见 6.5.3.1 节。如果卖方的进度拖后影响了项目的整体进度绩效，则可能需要更新并审批进度计划，以反映当前的期望。

12.3.1.2 项目文件

可作为本过程输入的项目文件包括（但不限于）：

- **假设日志**。见 4.1.3.2 节。假设日志记录了采购过程中做出的假设。
- **经验教训登记册**。见 4.4.3.1 节。在项目早期获取的经验教训可供项目未来使用，以改进承包商绩效和采购过程。
- **里程碑清单**。见 6.2.3.3 节。重要里程碑清单说明卖方需要在何时交付成果。
- **质量报告**。见 8.2.3.1 节。质量报告用于识别不合规的卖方过程、程序或产品。
- **需求文件**。见 5.2.3.1 节。需求文件可能包括：
    - 卖方需要满足的技术要求；
    - 具有合同和法律意义的需求，如健康、安全、安保、绩效、环境、保险、知识产权、同等就业机会、执照、许可证，以及其他非技术要求。

- **需求跟踪矩阵**。见 5.2.3.2 节。需求跟踪矩阵将产品需求从其来源连接到能满足需求的可交付成果。
- **风险登记册**。见 11.2.3.1 节。取决于卖方的组织、合同的持续时间、外部环境、项目交付方法、所选合同类型，以及最终商定的价格，每个被选中的卖方都会带来特殊的风险。
- **相关方登记册**。见 13.1.3.1 节。相关方登记册包括关于已识别相关方的信息，例如，合同团队成员、选定的卖方、签署合同的专员，以及参与采购的其他相关方。

12.3.1.3 协议

见 12.2.3.2 节。协议是双方之间达成的谅解，包括对各方义务的一致理解。对照相关协议，确认其中的条款和条件的遵守情况。

12.3.1.4 采购文档

采购文档包含用于管理采购过程的完整支持性记录，包括工作说明书、支付信息、承包商工作绩效信息、计划、图纸和其他往来函件。

12.3.1.5 批准的变更请求

见 4.6.3.1 节。批准的变更请求可能包括对合同条款和条件的修改，例如，修改采购工作说明书、定价，以及对产品、服务或成果的描述。与采购相关的任何变更，在通过控制采购过程实施之前，都需要以书面形式正式记录，并取得正式批准。在复杂的项目和项目集中，变更请求可能由参与项目的卖方提出，并对参与项目的其他卖方造成影响。项目团队应该有能力去识别、沟通和解决会影响多个卖方的工作的变更。

12.3.1.6 工作绩效数据

见 4.3.3.2 节。工作绩效数据包含与项目状态有关的卖方数据，例如，技术绩效，已启动、进展中或已结束的活动，已产生或投入的成本。工作绩效数据还可能包括已向卖方付款的情况。

12.3.1.7 事业环境因素

能够影响控制采购过程的事业环境因素包括（但不限于）：

- ◆ 合同变更控制系统；
- ◆ 市场条件；
- ◆ 财务管理和应付账款系统；
- ◆ 采购组织的道德规范。

12.3.1.8 组织过程资产

能够影响控制采购过程的组织过程资产包括（但不限于）采购政策。

12.3.2 控制采购：工具与技术

12.3.2.1 专家判断

见 4.1.2.1 节。应征求具备以下专业知识或接受过相关培训的个人或小组的意见：

- ◆ 相关的职能领域，如财务、工程、设计、开发、供应链管理等；
- ◆ 法律法规和合规性要求；
- ◆ 索赔管理。

12.3.2.2 索赔管理

如果买卖双方不能就变更补偿达成一致意见，或对变更是否发生存在分歧，那么被请求的变更就成为有争议的变更或潜在的推定变更。此类有争议的变更称为索赔。如果不能妥善解决，它们会成为争议并最终引发申诉。在整个合同生命周期中，通常会按照合同条款对索赔进行记录、处理、监督和管理。如果合同双方无法自行解决索赔问题，则可能不得不按合同中规定的程序，用替代争议解决方法（ADR）去处理。谈判是解决所有索赔和争议的首选方法。

12.3.2.3 数据分析

用于监督和控制采购的数据分析技术包括（但不限于）：

- **绩效审查**。对照协议，对质量、资源、进度和成本绩效进行测量、比较和分析，以审查合同工作的绩效。其中包括确定工作包提前或落后于进度计划、超出或低于预算，以及是否存在资源或质量问题。

- **挣值分析 (EVA)**。见 7.4.2.2 节。计算进度和成本偏差，以及进度和成本绩效指数，以确定偏离目标的程度。

- **趋势分析**。见 4.5.2.2 节。趋势分析可用于编制关于成本绩效的完工估算 (EAC)，以确定绩效是正在改善还是恶化。关于完工估算方法的详细信息，见 7.4.2.2 节。

12.3.2.4 检查

检查是指对承包商正在执行的工作进行结构化审查，可能涉及对可交付成果的简单审查，或对工作本身的实地审查。在施工、工程和基础设施建设项目中，检查包括买方和承包商联合巡检现场，以确保双方对正在进行的工作有共同的认识。

12.3.2.5 审计

见 8.2.2.5 节。审计是对采购过程的结构化审查。应该在采购合同中明确规定与审计有关的权利和义务。买方的项目经理和卖方的项目经理都应该关注审计结果，以便对项目进行必要调整。

12.3.3 控制采购：输出

12.3.3.1 采购关闭

买方通常通过其授权的采购管理员，向卖方发出合同已经完成的正式书面通知。关于正式关闭采购的要求，通常已在合同条款和条件中规定，并包括在采购管理计划中。一般而言，这些要求包括：已按时按质按技术要求交付全部可交付成果，没有未决索赔或发票，全部最终款项已经付清。项目管理团队应该在关闭采购之前批准所有的可交付成果。

12.3.3.2 工作绩效信息

见 4.5.1.3 节。工作绩效信息是卖方正在履行的工作的绩效情况，包括与合同要求相比较的可交付成果完成情况和技术绩效达成情况，以及与SOW预算相比较的已完工作的成本产生和认可情况。

12.3.3.3 采购文档更新

采购文档更新可包括用于支持合同的全部进度计划、已提出但未批准的合同变更，以及已批准的变更请求。采购文档还包括由卖方编制的技术文件，以及其他工作绩效信息，例如，可交付成果的状况、卖方绩效报告和担保、财务文件（包括发票和支付记录），以及与合同相关的检查结果。

12.3.3.4 变更请求

见 4.3.3.4 节。在控制采购过程中，可能提出对项目管理计划及其子计划和其他组件的变更请求，例如，成本基准、进度基准和采购管理计划。应该通过实施整体变更控制过程（见 4.6 节）对变更请求进行审查和处理。

已提出而未解决的变更，可能包括买方发布的指示或卖方采取的行动，而对方认为该指示或行动已构成对合同的推定变更。因为双方可能对推定变更存在争议，并可能引起一方向另一方索赔，所以通常应该在项目往来函件中对推定变更进行专门识别和记录。

12.3.3.5 项目管理计划更新

项目管理计划的任何变更都以变更请求的形式提出，且通过组织的变更控制过程进行处理。可能需要变更的项目管理计划组件包括（但不限于）：

- **风险管理计划**。见 11.1.3.1 节。每个协议和卖方都会带来独特的风险，因此可能需要更新风险管理计划。如果在执行合同期间发生重大的意外风险，则风险管理计划可能需要更新。应该把具体的风险记录到风险登记册中。

- **采购管理计划**。见 12.1.3.1 节。采购管理计划包含在采购过程中需要开展的活动。可能需要基于卖方执行工作的绩效情况，对采购管理计划进行更新。

- **进度基准**。见 6.5.3.1 节。如果卖方的重大进度变更影响到了项目的整体进度绩效，则可能需要更新并审批基准进度计划，以反映当前的期望。买方应该注意某个卖方的进度拖延，可能对其他卖方的工作造成连锁影响。

- **成本基准**。见 7.3.3.1 节。在项目交付期间，承包商的材料价格和人力价格可能随外部经济环境而频繁变动。这种变动需要反映到成本基准中。

12.3.3.6 项目文件更新

可在本过程更新的项目文件包括（但不限于）：

- **经验教训登记册**。见 4.4.3.1 节。更新经验教训登记册，记录能有效维护采购工作的范围、进度和成本的技术。对于出现的偏差，经验教训登记册应该记录曾采取的纠正措施及其有效性。如果已经发生索赔，则应记录相关信息以避免重蹈覆辙，其他关于如何改善采购过程的信息也应记录在内。

- **资源需求**。见 9.2.3.1 节。随着承包商的工作进展，可能因工作执行不符合原定计划而需要变更资源需求。

- **需求跟踪矩阵**。见 5.2.3.2 节。更新需求跟踪矩阵，记录已实现的需求。
- **风险登记册**。见 11.2.3.1 节。取决于卖方的组织、合同的持续时间、外部环境、项目交付方法、所选合同类型，以及最终商定的价格，每个被选中的卖方都会带来特殊的风险。随着早期风险的过时以及新风险的出现，在项目执行期间对风险登记册进行变更。
- **相关方登记册**。见 13.1.3.1 节。随着执行阶段的工作进展，承包商和供应商可能发生变更，应该把承包商和供应商的变更情况记录在相关方登记册中。

12.3.3.7 组织过程资产更新

作为控制采购过程的结果，需要更新的组织过程资产包括（但不限于）：

- **支付计划和请求**。所有支付都应按合同条款和条件进行。
- **卖方绩效评估文件**。卖方绩效评估文件由买方准备，用于记录卖方继续执行当前合同工作的能力，说明是否允许卖方承接未来的项目，或对卖方现在的项目执行工作或过去的执行工作进行评级。
- **预审合格卖方清单更新**。预审合格卖方清单是以前已经通过资格审查（获得批准）的潜在卖方的清单。因为卖方可能因绩效不佳而被取消资格并从清单中删除，所以应该根据控制采购过程的结果来更新这个清单。
- **经验教训知识库**。经验教训应该归档到经验教训知识库中，以改善未来项目的采购工作。在合同执行终了时，应把采购的实际成果与原始采购管理计划中的预期成果进行比较。应该在经验教训中说明项目目标是否达成；若未达成，则说明原因。
- **采购档案**。应该准备好带索引的全套合同文档，包括已关闭的合同，并将其纳入最终的项目档案。

13

项目相关方管理

项目相关方管理包括用于开展下列工作的各个过程：识别能够影响项目或会受项目影响的人员、团体或组织，分析相关方对项目的期望和影响，制定合适的管理策略来有效调动相关方参与项目决策和执行。用这些过程分析相关方期望，评估他们对项目或受项目影响的程度，以及制定策略来有效引导相关方支持项目决策、规划和执行。这些过程能够支持项目团队的工作。

项目相关方管理的过程是：

13.1 识别相关方 —— 识别相关方是定期识别项目相关方，分析和记录他们的利益、参与度、相互依赖性、影响力和对项目成功的潜在影响的过程。

13.2 规划相关方参与 —— 规划相关方参与是根据相关方的需求、期望、利益和对项目的潜在影响，制定项目相关方参与项目的方法的过程。

13.3 管理相关方参与 —— 管理相关方参与是与相关方进行沟通和协作，以满足其需求与期望，处理问题，并促进相关方合理参与的过程。

13.4 监督相关方参与 —— 监督项目相关方关系，并通过修订参与策略和计划来引导相关方合理参与项目的过程。

图 13-1 概括了项目相关方管理的各个过程。虽然在本《PMBOK® 指南》中，各项目相关方管理过程以界限分明和相互独立的形式出现，但在实践中它们会以本指南无法全面详述的方式相互交叠和相互作用。

```
                          项目相关方管理概述
                                 │
    ┌────────────────┬───────────┴───────────┬────────────────┐
┌───────────────┐ ┌───────────────┐ ┌───────────────┐ ┌───────────────┐
│ 13.1 识别相关方 │ │13.2 规划相关方参与│ │13.3 管理相关方参与│ │13.4 监督相关方参与│
├───────────────┤ ├───────────────┤ ├───────────────┤ ├───────────────┤
│.1 输入        │ │.1 输入        │ │.1 输入        │ │.1 输入        │
│ .1 项目章程   │ │ .1 项目章程   │ .1 项目管理计划 │ │ .1 项目管理计划 │
│ .2 商业文件   │ │ .2 项目管理计划│ │ .2 项目文件   │ │ .2 项目文件   │
│ .3 项目管理计划│ │ .3 项目文件   │ │ .3 事业环境因素│ │ .3 工作绩效数据│
│ .4 项目文件   │ │ .4 协议       │ │ .4 组织过程资产│ │ .4 事业环境因素│
│ .5 协议       │ │ .5 事业环境因素│ │.2 工具与技术  │ │ .5 组织过程资产│
│ .6 事业环境因素│ │ .6 组织过程资产│ │ .1 专家判断   │ │.2 工具与技术  │
│ .7 组织过程资产│ │.2 工具与技术  │ │ .2 沟通技能   │ │ .1 数据分析   │
│.2 工具与技术  │ │ .1 专家判断   │ │ .3 人际关系与团队技能│ │ .2 决策       │
│ .1 专家判断   │ │ .2 数据收集   │ │ .4 基本规则   │ │ .3 数据表现   │
│ .2 数据收集   │ │ .3 数据分析   │ │ .5 会议       │ │ .4 沟通技能   │
│ .3 数据分析   │ │ .4 决策       │ │.3 输出        │ │ .5 人际关系与团队技能│
│ .4 数据表现   │ │ .5 数据表现   │ │ .1 变更请求   │ │ .6 会议       │
│ .5 会议       │ │ .6 会议       │ │ .2 项目管理计划更新│ │.3 输出        │
│.3 输出        │ │.3 输出        │ │ .3 项目文件更新│ │ .1 工作绩效信息│
│ .1 相关方登记册│ │ .1 相关方参与计划│ │               │ │ .2 变更请求   │
│ .2 变更请求   │ │               │ │               │ │ .3 项目管理计划更新│
│ .3 项目管理计划更新│ │           │ │               │ │ .4 项目文件更新│
│ .4 项目文件更新│ │               │ │               │ │               │
└───────────────┘ └───────────────┘ └───────────────┘ └───────────────┘
```

图 13-1 项目相关方管理概述

项目相关方管理的核心概念

每个项目都有相关方，他们会受项目的积极或消极影响，或者能对项目施加积极或消极的影响。有些相关方影响项目工作或成果的能力有限，而有些相关方可能对项目及其期望成果有重大影响。关于重大项目灾难的学术研究及分析强调了结构化方法对识别所有相关方、进行相关方优先级排序，以及引导相关方参与的重要性。项目经理和团队正确识别并合理引导所有相关方参与的能力，能决定着项目的成败。为提高成功的可能性，应该在项目章程被批准、项目经理被委任，以及团队开始组建之后，尽早开始识别相关方并引导相关方参与。

相关方满意度应作为项目目标加以识别和管理。有效引导相关方参与的关键是重视与所有相关方保持持续沟通（包括团队成员），以理解他们的需求和期望、处理所发生的问题、管理利益冲突，并促进相关方参与项目决策和活动。

为了实现项目收益，识别相关方和引导相关方参与的过程需要迭代开展。虽然在项目相关方管理中仅对这些过程讨论一次，但是，应该经常开展识别相关方、排列其优先级以及引导其参与等活动。至少要在以下时点开展这些活动：

◆ 项目进入其生命周期的不同阶段；
◆ 当前相关方不再与项目工作有关，或者在项目的相关方社区中出现了新的相关方成员；
◆ 组织内部或更大区域的相关方社区发生重大变化。

项目相关方管理的发展趋势和新兴实践

"相关方"一词的外延正在扩大，从传统意义上的员工、供应商和股东扩展到涵盖各式群体，包括监管机构、游说团体、环保人士、金融组织、媒体，以及那些自认为是相关方的人员（他们认为自己会受项目工作或成果的影响）。

项目相关方管理的发展趋势和新兴实践包括（但不限于）：

◆ 识别所有相关方，而非在限定范围内；
◆ 确保所有团队成员都涉及引导相关方参与的活动；
◆ 定期审查相关方社区，往往与单个项目风险的审查并行开展；
◆ 应用"共创"概念，咨询最受项目工作或成果影响的相关方。该概念的重点是，将团队内受影响的相关方视为合作伙伴。
◆ 关注与相关方有效参与程度有关的正面及负面价值。正面价值是相关方（尤其是强大相关方）对项目的更积极支持所带来的效益；负面价值是因相关方未有效参与而造成的真实成本，包括产品召回、组织信誉损失或项目信誉损失。

裁剪时需要考虑的因素

因为每个项目都是独特的，所以项目经理需要裁剪项目相关方管理过程。裁剪时应考虑的因素包括（但不限于）：

- **相关方多样性**。现有多少相关方？相关方群体中的文化多样性如何？
- **相关方关系的复杂性**。相关方社区内的关系有多复杂？相关方或相关方群体加入的网络越多，与其相关的信息或误传网络就越复杂。
- **沟通技术**。有哪些可用的沟通技术？为了实现技术的最大价值，目前采用怎样的支持机制？

在敏捷或适应型环境中需要考虑的因素

高度变化的项目更需要项目相关方的有效互动和参与。为了开展及时且高效的讨论及决策，适应型团队会直接与相关方互动，而不是通过层层的管理级别。客户、用户和开发人员在动态的共创过程中交换信息，通常能实现更高的相关方参与和满意程度。在整个项目期间保持与相关方社区的互动，有利于降低风险、建立信任和尽早做出项目调整，从而节约成本，提高项目成功的可能性。

为加快组织内部和组织之间的信息分享，敏捷型方法提倡高度透明。例如，邀请所有相关方参与项目会议和审查，或将项目工件发布到公共空间，其目的在于让各方之间的不一致和依赖关系，或者与不断变化的项目有关的其他问题，都尽快浮现。

13.1 识别相关方

识别相关方是定期识别项目相关方，分析和记录他们的利益、参与度、相互依赖性、影响力和对项目成功的潜在影响的过程。本过程的主要作用是，使项目团队能够建立对每个相关方或相关方群体的适度关注。本过程应根据需要在整个项目期间定期开展。图 13-2 描述本过程的输入、工具与技术和输出。图 13-3 是本过程的数据流向图。

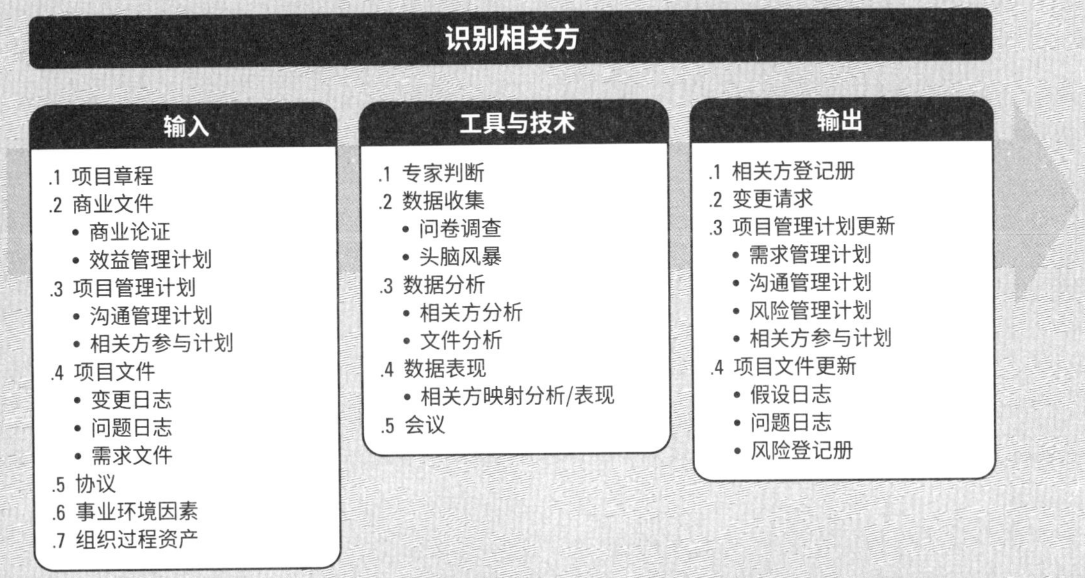

识别相关方

输入
.1 项目章程
.2 商业文件
  • 商业论证
  • 效益管理计划
.3 项目管理计划
  • 沟通管理计划
  • 相关方参与计划
.4 项目文件
  • 变更日志
  • 问题日志
  • 需求文件
.5 协议
.6 事业环境因素
.7 组织过程资产

工具与技术
.1 专家判断
.2 数据收集
  • 问卷调查
  • 头脑风暴
.3 数据分析
  • 相关方分析
  • 文件分析
.4 数据表现
  • 相关方映射分析/表现
.5 会议

输出
.1 相关方登记册
.2 变更请求
.3 项目管理计划更新
  • 需求管理计划
  • 沟通管理计划
  • 风险管理计划
  • 相关方参与计划
.4 项目文件更新
  • 假设日志
  • 问题日志
  • 风险登记册

图 13-2 识别相关方：输入、工具与技术和输出

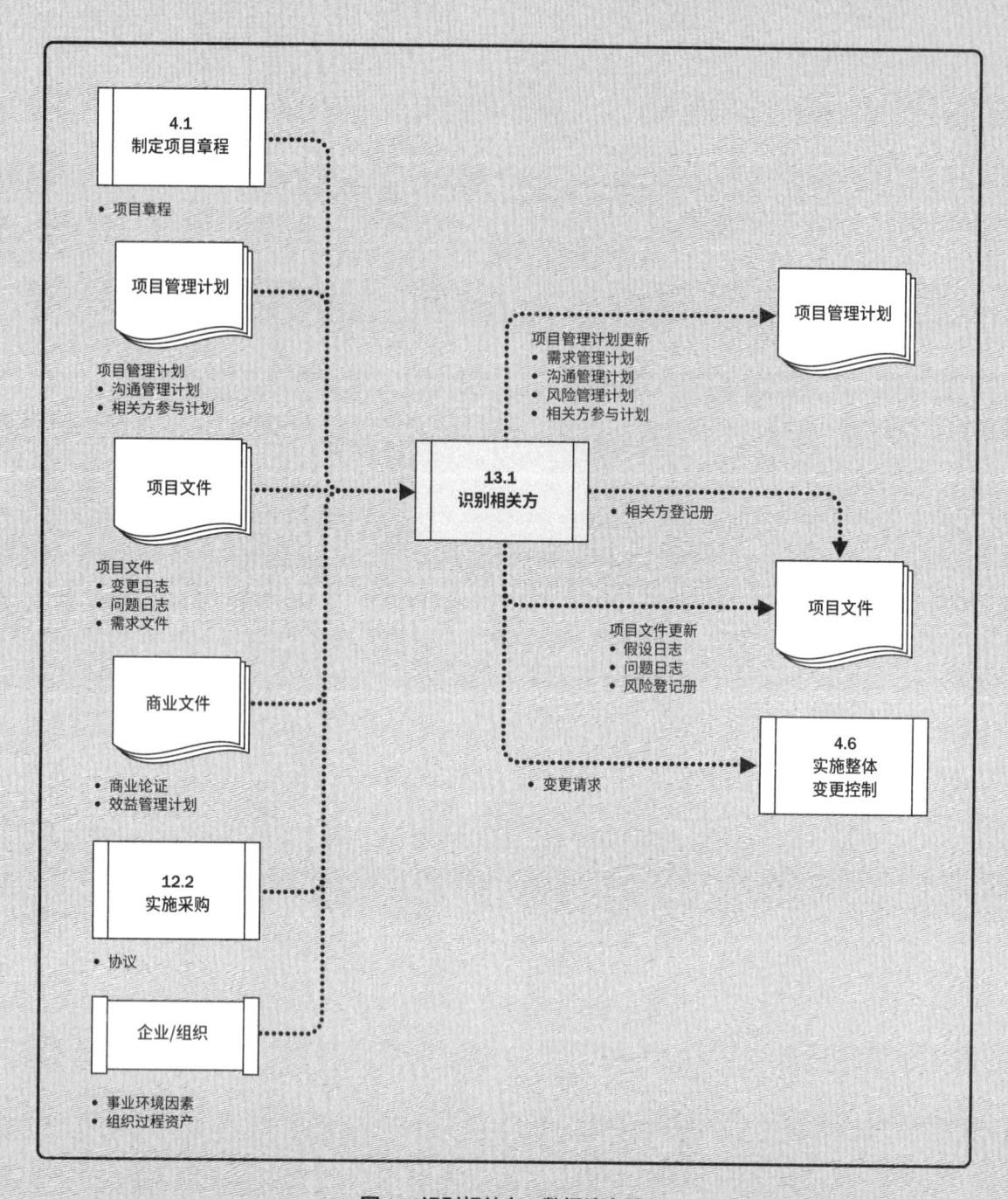

图 13-3 识别相关方：数据流向图

本过程通常在编制和批准项目章程之前或同时首次开展。本过程需在必要时重复开展，至少应在每个阶段开始时，以及项目或组织出现重大变化时重复开展。每次重复开展本过程，都应通过查阅项目管理计划组件及项目文件，来识别有关的项目相关方。

13.1.1 识别相关方：输入

13.1.1.1 项目章程

见 4.1.3.1 节。项目章程会列出关键相关方清单，还可能包含与相关方职责有关的信息。

13.1.1.2 商业文件

在首次开展识别相关方过程时，商业文件和收益管理计划是项目相关方信息的来源。

- **商业论证**。见 1.2.6.1 节。商业论证确定项目目标，以及受项目影响的相关方的最初清单。
- **收益管理计划**。见 1.2.6.2 节。收益管理计划描述了如何实现商业论证中所述收益。它可能指出将从项目成果交付中获益并因此被视为相关方的个人及群体。

13.1.1.3 项目管理计划

见 4.2.3.1 节。在首次识别相关方时，项目管理计划并不存在；不过，一旦编制完成，项目管理计划组件包括（但不限于）：

- **沟通管理计划**。见 10.1.3.1 节。沟通与相关方参与之间存在密切联系。沟通管理计划中的信息是了解项目相关方的主要依据。
- **相关方参与计划**。见 13.2.3.1 节。相关方参与计划确定了用于有效引导相关方参与的管理策略和措施。

13.1.1.4 项目文件

并非任何项目文件都将成为首次识别相关方的输入。然而,需要在整个项目期间识别相关方。项目经历启动阶段以后,将会生成更多项目文件,用于后续的项目阶段。可作为本过程输入的项目文件包括(但不限于):

- **变更日志**。见 4.6.3.3 节。变更日志可能引入新的相关方,或改变相关方与项目的现有关系的性质。
- **问题日志**。见 4.3.3.3 节。问题日志所记录的问题可能为项目带来新的相关方,或改变现有相关方的参与类型。
- **需求文件**。见 5.2.3.1 节。需求文件可以提供关于潜在相关方的信息。

13.1.1.5 协议

见 12.2.3.2 节。协议的各方都是项目相关方,还可涉及其他相关方。

13.1.1.6 事业环境因素

能够影响识别相关方过程的事业环境因素包括(但不限于):

- 组织文化、政治氛围,以及治理框架;
- 政府或行业标准(法规、产品标准和行为规范);
- 全球、区域或当地的趋势、实践或习惯;
- 设施和资源的地理分布。

13.1.1.7 组织过程资产

能够影响识别相关方过程的组织过程资产包括(但不限于):

- 相关方登记册模板和说明;
- 以往项目的相关方登记册;
- 经验教训知识库,包括与相关方偏好、行动和参与有关的信息。

13.1.2 识别相关方：工具与技术

13.1.2.1 专家判断

见 4.1.2.1 节。应征求具备以下专业知识或接受过相关培训的个人或小组的意见：

◆ 理解组织内的政治和权力结构；

◆ 了解所在组织和其他受影响组织（包括客户及其他组织）的环境和文化；

◆ 了解项目所在行业或项目可交付成果类型；

◆ 了解个体团队成员的贡献和专长。

13.1.2.2 数据收集

适用于本过程的数据收集技术包括（但不限于）：

◆ **问卷和调查**。见 5.2.2.2 节。问卷和调查可以包括一对一调查、焦点小组讨论，或其他大规模信息收集技术。

◆ **头脑风暴**。见 4.1.2.2 节。用于识别相关方的头脑风暴技术包括头脑风暴和头脑写作。

  ■ *头脑风暴*。一种通用的数据收集和创意技术，用于向小组征求意见，如团队成员或主题专家。

  ■ *头脑写作*。头脑风暴的改良形式，让个人参与者有时间在小组创意讨论开始前单独思考问题。信息可通过面对面小组会议收集，或在有技术支持的虚拟环境中收集。

13.1.2.3 数据分析

适用于本过程的数据分析技术包括（但不限于）：

◆ **相关方分析**。相关方分析会产生相关方清单和关于相关方的各种信息，例如，在组织内的位置、在项目中的角色、与项目的利害关系、期望、态度（对项目的支持程度），以及对项目信息的兴趣。相关方的利害关系可包括（但不限于）以下各条的组合：

- **兴趣**。个人或群体会受与项目有关的决策或成果的影响。
- **权利（合法权利或道德权利）**。国家的法律框架可能已就相关方的合法权利做出规定，如职业健康和安全。道德权利可能涉及保护历史遗迹或环境的可持续性。
- **所有权**。人员或群体对资产或财产拥有的法定所有权。
- **知识**。专业知识有助于更有效地达成项目目标和组织成果，或有助于了解组织的权力结构，从而有益于项目。
- **贡献**。提供资金或其他资源，包括人力资源，或者以无形方式为项目提供支持，例如，宣传项目目标，或在项目与组织权力结构及政治之间扮演缓冲角色。

◆ **文件分析**。见 5.2.2.3 节。评估现有项目文件及以往项目的经验教训，以识别相关方和其他支持性信息。

13.1.2.4 数据表现

适用于本过程的数据表现技术包括（但不限于）相关方映射分析/表现。相关方映射分析和表现是一种利用不同方法对相关方进行分类的方法。对相关方进行分类有助于团队与已识别的项目相关方建立关系。常见的分类方法包括：

◆ **权力利益方格、权力影响方格，或作用影响方格**。基于相关方的职权级别（权力）、对项目成果的关心程度（利益）、对项目成果的影响能力（影响），或改变项目计划或执行的能力，每一种方格都可用于对相关方进行分类。对于小型项目、相关方与项目的关系很简单的项目，或相关方之间的关系很简单的项目，这些分类模型非常实用。

◆ **相关方立方体**。这是上述方格模型的改良形式。本立方体把上述方格中的要素组合成三维模型，项目经理和团队可据此分析相关方并引导相关方参与项目。作为一个多维模型，它将相关方视为一个多维实体，更好地加以分析，从而有助于沟通策略的制定。

◆ **凸显模型**。通过评估相关方的权力（职权级别或对项目成果的影响能力）、紧迫性（因时间约束或相关方对项目成果有重大利益诉求而导致需立即加以关注）和合法性（参与的适当性），对相关方进行分类。在凸显模型中，也可以用邻近性取代合法性，以便考察相关方参与项目工作的程度。这种凸显模型适用于复杂的相关方大型社区，或在相关方社区内部存在复杂的关系网络。凸显模型可用于确定已识别相关方的相对重要性。

◆ **影响方向**。可以根据相关方对项目工作或项目团队本身的影响方向，对相关方进行分类。可以把相关方分类为：

- **向上**（执行组织或客户组织、发起人和指导委员会的高级高级管理层）；
- **向下**（临时贡献知识或技能的团队或专家）；
- **向外**（项目团队外的相关方群体及其代表，如供应商、政府部门、公众、最终用户和监管部门）；
- **横向**（项目经理的同级人员，如其他项目经理或中层管理人员，他们与项目经理竞争稀缺项目资源或者合作共享资源或信息）。

◆ **优先级排序**。如果项目有大量相关方、相关方社区的成员频繁变化，相关方和项目团队之间或相关方社区内部的关系复杂，可能有必要对相关方进行优先级排序。

13.1.2.5 会议

会议可用于在重要项目相关方之间达成谅解。既可以召开引导式研讨会、指导式小组讨论会，也可以通过电子或媒体技术进行虚拟小组讨论，来分享想法和分析数据。

13.1.3 识别相关方：输出

13.1.3.1 相关方登记册

相关方登记册是识别相关方过程的主要输出。它记录关于已识别相关方的信息，包括（但不限于）：

- **身份信息**。姓名、组织职位、地点、联系方式，以及在项目中扮演的角色。
- **评估信息**。主要需求、期望、影响项目成果的潜力，以及相关方最能影响或冲击的项目生命周期阶段。
- **相关方分类**。用内部或外部，作用、影响、权力或利益，上级、下级、外围或横向，或者项目经理选择的其他分类模型，进行分类的结果。

13.1.3.2 变更请求

见 4.3.3.4 节。首次开展识别相关方过程，不会提出任何变更请求。但随着在后续项目期间继续识别相关方，新出现的相关方或关于现有相关方的新信息可能导致对产品、项目管理计划或项目文件提出变更请求。

应该通过实施整体变更控制过程（见 4.6 节）对变更请求进行审查和处理。

13.1.3.3 项目管理计划更新

在项目初始时识别相关方，不会导致项目管理计划更新。但随着项目进展，项目管理计划的任何变更都以变更请求的形式提出，且通过组织的变更控制过程进行处理。可能需要变更的项目管理计划组件包括（但不限于）：

◆ **需求管理计划**。见 5.1.1.2 节。新识别的相关方可能会影响规划、跟踪和报告需求活动的方式。

◆ **沟通管理计划**。见 10.1.3.1 节。沟通管理计划记录相关方的沟通要求和已商定的沟通策略。

◆ **风险管理计划**。见 11.1.3.1 节。如果相关方的沟通要求和已商定的沟通策略会影响管理项目风险的方法，就应在风险管理计划中加以反映。

◆ **相关方参与计划**。见 13.2.3.1 节。相关方参与计划记录针对已识别相关方的商定的沟通策略。

13.1.3.4 项目文件更新

可在本过程更新的项目文件包括（但不限于）：

◆ **假设日志**。见 4.1.3.2 节。大量关于相对权力、利益和相关方参与度的信息，都是基于一定的假设条件的。应该在假设日志中记录这些假设条件。此外，还要在假设日志中记录会影响与具体相关方互动的各种制约因素。

◆ **问题日志**。见 4.3.3.3 节。在本过程中产生的新问题应该记录到问题日志中。

◆ **风险登记册**。见 11.2.3.1 节。风险登记册记录在本过程中识别，并通过风险管理过程加以管理的新风险。

13.2 规划相关方参与

规划相关方参与是根据相关方的需求、期望、利益和对项目的潜在影响，制定项目相关方参与项目的方法的过程。本过程的主要作用是，提供与相关方进行有效互动的可行计划。本过程应根据需要在整个项目期间定期开展。

图 13-4 描述本过程的输入、工具与技术和输出。图 13-5 是本过程的数据流向图。

规划相关方参与

输入
- .1 项目章程
- .2 项目管理计划
  - 资源管理计划
  - 沟通管理计划
  - 风险管理计划
- .3 项目文件
  - 假设日志
  - 变更日志
  - 问题日志
  - 项目进度计划
  - 风险登记册
  - 相关方登记册
- .4 协议
- .5 事业环境因素
- .6 组织过程资产

工具与技术
- .1 专家判断
- .2 数据收集
  - 标杆对照
- .3 数据分析
  - 假设条件和制约因素分析
  - 根本原因分析
- .4 决策
  - 优先级排序/分级
- .5 数据表现
  - 思维导图
  - 相关方参与度评估矩阵
- .6 会议

输出
- .1 相关方参与计划

图 13-4 规划相关方参与：输入、工具与技术和输出

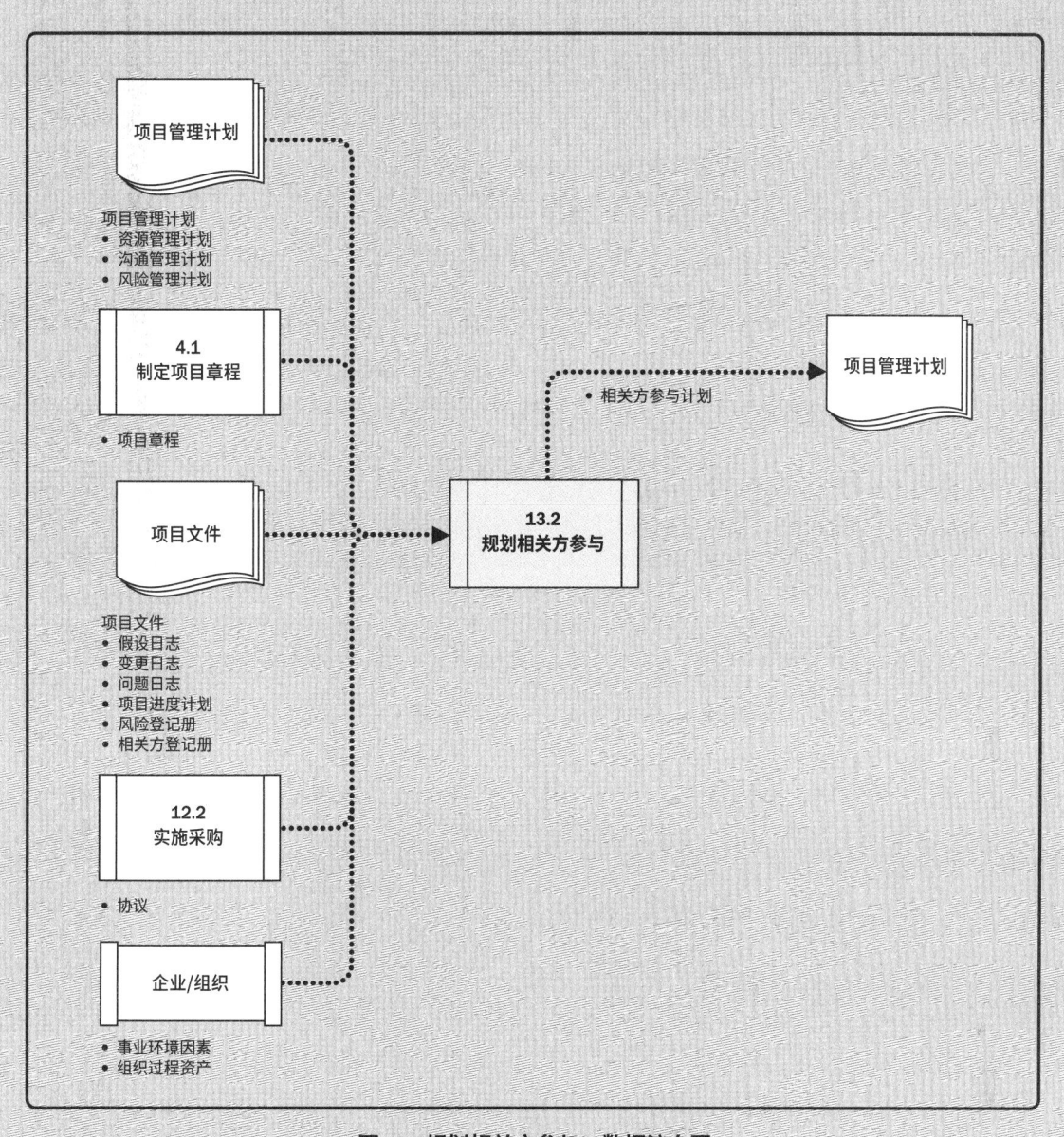

图 13-5 规划相关方参与：数据流向图

为满足项目相关方的多样性信息需求，应该在项目生命周期的早期制定一份有效的计划；然后，随着相关方社区的变化，定期审查和更新该计划。在通过识别相关方过程明确最初的相关方社区之后，就应该编制第一版的相关方参与计划，然后定期更新相关方参与计划，以反映相关方社区的变化。会触发该计划更新的典型情况包括（但不限于）：

- 项目新阶段开始；
- 组织结构或行业内部发生变化；
- 新的个人或群体成为相关方，现有相关方不再是相关方社区的成员，或特定相关方对项目成功的重要性发生变化；
- 当其他项目过程（如变更管理、风险管理或问题管理）的输出导致需要重新审查相关方参与策略。

这些情况都可能导致已识别相关方的相对重要性发生变化。

13.2.1 规划相关方参与：输入

13.2.1.1 项目章程

见 4.1.3.1 节。项目章程包含与项目目的、目标和成功标准有关的信息，在规划如何引导相关方参与项目时应该考虑这些信息。

13.2.1.2 项目管理计划

见 4.2.3.1 节。项目管理计划组件包括（但不限于）：

- **资源管理计划**。见 9.1.3.1 节。资源管理计划可能包含关于团队成员及其他相关方的角色和职责的信息。
- **沟通管理计划**。见 10.1.3.1 节。用于相关方管理的沟通策略以及用于实施策略的计划，既是项目相关方管理中的各个过程的输入，又会收录来自这些过程的相关信息。
- **风险管理计划**。见 11.1.3.1 节。风险管理计划可能包含风险临界值或风险态度，有助于选择最佳的相关方参与策略组合。

13.2.1.3 项目文件

可用作本过程输入的项目文件（尤其在初始规划之后）包括（但不限于）：

- **假设日志**。见 4.1.3.2 节。假设日志中关于假设条件和制约因素的信息，可能与特定相关方相关联。
- **变更日志**。见 4.6.3.3 节。变更日志记录了对原始项目范围的变更。变更通常与具体相关方相关联，因为相关方可能是变更请求的提出者、变更请求的审批者、或受变更实施影响者。
- **问题日志**。见 4.3.3.3 节。为了管理和解决问题日志中的问题，需要与受影响的相关方进行额外沟通。
- **项目进度计划**。见 6.5.3.2 节。进度计划中的活动可能需要与具体相关方相关联，即把特定相关方指定为活动责任人或执行者。
- **风险登记册**。见 11.2.3.1 节。风险登记册包含项目的已识别风险，它通常会把这些风险与具体相关方相关联，即把特定相关方指定为风险责任人或受风险影响者。
- **相关方登记册**。见 13.1.3.1 节。相关方登记册提供项目相关方的清单，以及分类情况和其他信息。

13.2.1.4 协议

见 12.2.3.2 节。在规划承包商及供应商参与时，通常涉及与组织内的采购小组和（或）合同签署小组开展合作，以确保对承包商和供应商进行有效管理。

13.2.1.5 事业环境因素

能够影响规划相关方参与的事业环境因素包括（但不限于）：

- 组织文化、政治氛围，以及治理框架；
- 人事管理政策；
- 相关方风险偏好；
- 已确立的沟通渠道；
- 全球、区域或当地的趋势、实践或习惯；
- 设施和资源的地理分布。

13.2.1.6 组织过程资产

能够影响规划相关方参与过程的组织过程资产包括（但不限于）：

- 企业的社交媒体、道德和安全政策及程序；
- 企业的问题、风险、变更和数据管理政策及程序；
- 组织对沟通的要求；
- 制作、交换、储存和检索信息的标准化指南；
- 经验教训知识库，包括与相关方偏好、行动和参与有关的信息；
- 支持有效相关方参与所需的软件工具。

13.2.2 规划相关方参与：工具与技术

13.2.2.1 专家判断

见 4.1.2.1 节。应征求具备以下专业知识或接受过相关培训的个人或小组的意见：

- 组织内部及外部的政治和权力结构；
- 组织及组织外部的环境和文化；
- 相关方参与过程使用的分析和评估技术；
- 沟通手段和策略；
- 来自以往项目的关于相关方、相关方群体及相关方组织（他们可能参与过以往的类似项目）的特征的知识。

13.2.2.2 数据收集

适用于本过程的数据收集技术包括（但不限于）标杆对照。见 8.1.2.2 节。将相关方分析的结果与其他被视为世界级的组织或项目的信息进行比较。

13.2.2.3 数据分析

适用于本过程的数据分析技术包括（但不限于）：

- **假设条件和制约因素分析**。见 11.2.2.3 节。可能需要分析当前的假设条件和制约因素，以合理剪裁相关方参与策略。
- **根本原因分析**。见 8.2.2.2 节。开展根本原因分析，识别是什么根本原因导致了相关方对项目的某种支持水平，以便选择适当策略来改进其参与水平。

13.2.2.4 决策

适用于本过程的决策技术包括（但不限于）优先级排序或分级。应该对相关方需求以及相关方本身进行优先级排序或分级。具有最大利益和最高影响的相关方，通常应该排在优先级清单的最前面。

13.2.2.5 数据表现

适用于本过程的数据表现技术包括（但不限于）：

- **思维导图**。见 5.2.2.3 节。思维导图用于对相关方信息、相互关系以及他们与组织的关系进行可视化整理。
- **相关方参与度评估矩阵**。相关方参与度评估矩阵用于将相关方当前参与水平与期望参与水平进行比较。对相关方参与水平进行分类的方式之一，如图 13-6 所示。相关方参与水平可分为如下：
  - **不了解型**。不知道项目及其潜在影响。
  - **抵制型**。知道项目及其潜在影响，但抵制项目工作或成果可能引发的任何变更。此类相关方不会支持项目工作或项目成果。
  - **中立型**。了解项目，但既不支持，也不反对。
  - **支持型**。了解项目及其潜在影响，并且会支持项目工作及其成果。
  - **领导型**。了解项目及其潜在影响，而且积极参与以确保项目取得成功。

在图 13-6 中，C 代表每个相关方的当前参与水平，而 D 是项目团队评估出来的、为确保项目成功所必不可少的参与水平（期望的）。应根据每个相关方的当前与期望参与水平的差距，开展必要的沟通，有效引导相关方参与项目。弥合当前与期望参与水平的差距是监督相关方参与中的一项基本工作。

相关方	不知晓	抵制	中立	支持	领导
相关方1	C			D	
相关方2			C	D	
相关方3				D C	

图 13-6 相关方参与度评估矩阵

13.2.2.6 会议

会议用于讨论与分析规划相关方参与过程所需的输入数据，以便制定良好的相关方参与计划。

13.2.3 规划相关方参与：输出

13.2.3.1 相关方参与计划

相关方参与计划是项目管理计划的组成部分。它确定用于促进相关方有效参与决策和执行的策略和行动。基于项目的需要和相关方的期望，相关方参与计划可以是正式或非正式的，非常详细或高度概括的。

相关方参与计划可包括（但不限于）调动个人或相关方参与的特定策略或方法。

13.3 管理相关方参与

　　管理相关方参与是与相关方进行沟通和协作以满足其需求与期望、处理问题，并促进相关方合理参与的过程。本过程的主要作用是，让项目经理能够提高相关方的支持，并尽可能降低相关方的抵制。本过程需要在整个项目期间开展。图 13-7 描述本过程的输入、工具与技术和输出。图 13-8 是本过程的数据流向图。

管理相关方参与

输入	工具与技术	输出
.1 项目管理计划 • 沟通管理计划 • 风险管理计划 • 相关方参与计划 • 变更管理计划 .2 项目文件 • 变更日志 • 问题日志 • 经验教训登记册 • 相关方登记册 .3 事业环境因素 .4 组织过程资产	.1 专家判断 .2 沟通技能 • 反馈 .3 人际关系与团队技能 • 冲突管理 • 文化意识 • 谈判 • 观察/交谈 • 政治意识 .4 基本规则 .5 会议	.1 变更请求 .2 项目管理计划更新 • 沟通管理计划 • 相关方参与计划 .3 项目文件更新 • 变更日志 • 问题日志 • 经验教训登记册 • 相关方登记册

图 13-7 管理相关方参与：输入、工具与技术和输出

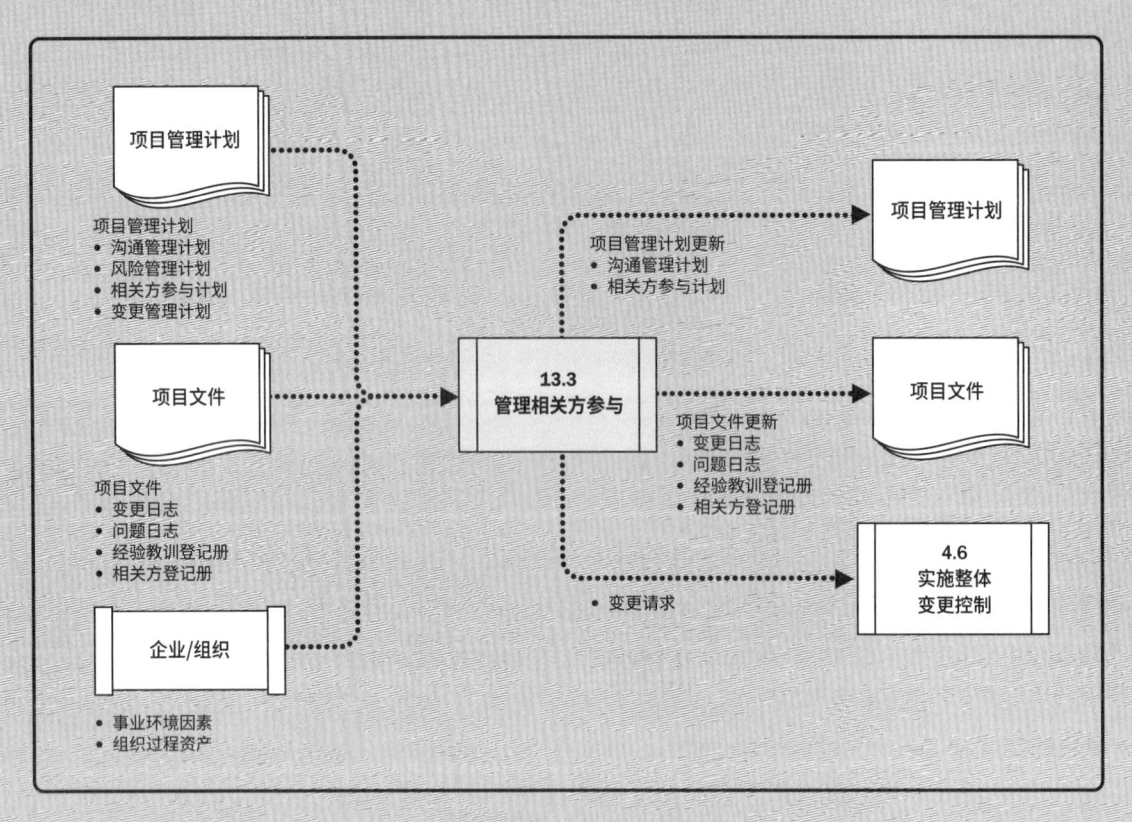

图 13-8 管理相关方参与：数据流向图

在管理相关方参与过程中，需要开展多项活动，例如：

◆ 在适当的项目阶段引导相关方参与，以便获取、确认或维持他们对项目成功的持续承诺；
◆ 通过谈判和沟通管理相关方期望；
◆ 处理与相关方管理有关的任何风险或潜在关注点，预测相关方可能在未来引发的问题；
◆ 澄清和解决已识别的问题。

管理相关方参与有助于确保相关方明确了解项目目的、目标、收益和风险，以及他们的贡献将如何促进项目成功。

13.3.1 管理相关方参与：输入

13.3.1.1 项目管理计划

见 4.2.3.1 节。项目管理计划组件包括（但不限于）：

- **沟通管理计划**。见 10.1.3.1 节。沟通管理计划描述与相关方沟通的方法、形式和技术。
- **风险管理计划**。见 11.1.3.1 节。风险管理计划描述了风险类别、风险偏好和报告格式。这些内容都可用于管理相关方参与。
- **相关方参与计划**。见 13.2.3.1 节。相关方参与计划为管理相关方期望提供指导和信息。
- **变更管理计划**。见 4.2.3.1 节。变更管理计划描述了提交、评估和执行项目变更的过程。

13.3.1.2 项目文件

可作为本过程输入的项目文件包括（但不限于）：

- **变更日志**。见 4.6.3.3 节。变更日志会记录变更请求及其状态，并将其传递给适当的相关方。
- **问题日志**。见 4.3.3.3 节。问题日志会记录项目或相关方的关注点，以及关于处理问题的行动方案。
- **经验教训登记册**。见 4.4.3.1 节。在项目早期获取的与管理相关方参与有关的经验教训，可用于项目后期阶段，以提高本过程的效率和效果。
- **相关方登记册**。见 13.1.3.1 节。相关方登记册提供项目相关方清单，以及执行相关方参与计划所需的任何信息。

13.3.1.3 事业环境因素

能够影响管理相关方参与的事业环境因素包括（但不限于）：

- ◆ 组织文化、政治氛围，以及组织的治理结构；
- ◆ 人事管理政策；
- ◆ 相关方风险临界值；
- ◆ 已确立的沟通渠道；
- ◆ 全球、区域或当地的趋势、实践或习惯；
- ◆ 设施和资源的地理分布。

13.3.1.4 组织过程资产

能够影响管理相关方参与过程的组织过程资产包括（但不限于）：

- ◆ 企业的社交媒体、道德和安全政策及程序；
- ◆ 企业的问题、风险、变更和数据管理政策及程序；
- ◆ 组织对沟通的要求；
- ◆ 制作、交换、储存和检索信息的标准化指南；
- ◆ 以往类似项目的历史信息。

13.3.2 管理相关方参与：工具与技术

13.3.2.1 专家判断

见4.1.2.1节。应征求具备以下专业知识或接受过相关培训的个人或小组的意见：

- ◆ 组织内部及外部的政治和权力结构；
- ◆ 组织及组织外部的环境和文化；
- ◆ 相关方参与过程使用的分析和评估技术；
- ◆ 沟通方法和策略；
- ◆ 可能参与过以往类似项目的相关方、相关方群体及相关方组织的特征。
- ◆ 需求管理、供应商管理和变更管理。

13.3.2.2 沟通技能

在开展管理相关方参与过程时,应该根据沟通管理计划,针对每个相关方采取相应的沟通方法。项目管理团队应该使用反馈机制,来了解相关方对各种项目管理活动和关键决策的反应。反馈的收集方式包括(但不限于):

- 正式与非正式对话;
- 问题识别和讨论;
- 会议;
- 进展报告;
- 调查。

13.3.2.3 人际关系与团队技能

适用于本过程的人际关系与团队技能包括(但不限于):

- **冲突管理。**见 9.5.2.1 节。项目经理应确保及时解决冲突。
- **文化意识。**见 10.1.2.6 节。文化意识有助于项目经理和团队通过考虑文化差异和相关方需求,来实现有效沟通。
- **谈判。**见 12.2.2.5 节。谈判用于获得支持或达成关于支持项目工作或成果的协议,并解决团队内部或团队与其他相关方之间的冲突。
- **观察和交谈。**见 5.2.2.6 节。通过观察和交谈,及时了解项目团队成员和其他相关方的工作和态度。
- **政治意识。**见 10.1.2.6 节。通过了解项目内外的权力关系,建立政治意识。

13.3.2.4 基本规则

根据团队章程中定义的基本规则,来明确项目团队成员和其他相关方应该采取什么行为去引导相关方参与。

13.3.2.5 会议

见 10.1.2.8 节。会议用于讨论和处理任何与相关方参与有关的问题或关注点。在本过程中需要召开的会议类型包括(但不限于):

- ◆ 决策;
- ◆ 问题解决;
- ◆ 经验教训和回顾总结;
- ◆ 项目开工;
- ◆ 迭代规划;
- ◆ 状态更新。

13.3.3 管理相关方参与:输出

13.3.3.1 变更请求

见 4.3.3.4 节。作为管理相关方参与的结果,项目范围或产品范围可能需要变更。应该通过实施整体变更控制过程(见 4.6 节)对所有变更请求进行审查和处理。

13.3.3.2 项目管理计划更新

项目管理计划的任何变更都以变更请求的形式提出，且通过组织的变更控制过程进行处理。可能需要变更的项目管理计划组件包括（但不限于）：

- **沟通管理计划**。见 10.1.3.1 节。需要更新沟通管理计划，以反映新的或已变更的相关方需求。
- **相关方参与计划**。见 13.2.3.1 节。需要更新相关方参与计划，以反映为有效引导相关方参与所需的新的或更改的管理策略。

13.3.3.3 项目文件更新

可在本过程更新的项目文件包括（但不限于）：

- **变更日志**。见 4.6.3.3 节。根据变更请求更新变更日志。
- **问题日志**。见 4.3.3.3 节。可能需要更新问题日志，以反映问题日志条目的更新或添加。
- **经验教训登记册**。见 4.4.3.1 节。更新经验教训登记册，记录管理相关方参与的有效或无效方法，以供当前或未来项目借鉴。
- **相关方登记册**。见 13.1.3.1 节。可能需要基于提供给相关方的关于问题解决、变更审批和项目状态的新信息，来更新相关方的登记册。

13.4 监督相关方参与

监督相关方参与是监督项目相关方关系，并通过修订参与策略和计划来引导相关方合理参与项目的过程。本过程的主要作用是，随着项目进展和环境变化，维持或提升相关方参与活动的效率和效果。本过程需要在整个项目期间开展。图 13-9 描述本过程的输入、工具与技术和输出。图 13-10 是本过程的数据流向图。

监督相关方参与

输入
- .1 项目管理计划
  - 资源管理计划
  - 沟通管理计划
  - 相关方参与计划
- .2 项目文件
  - 问题日志
  - 经验教训登记册
  - 项目沟通记录
  - 风险登记册
  - 相关方登记册
- .3 工作绩效数据
- .4 事业环境因素
- .5 组织过程资产

工具与技术
- .1 数据分析
  - 备选方案分析
  - 根本原因分析
  - 相关方分析
- .2 决策
  - 多标准决策分析
  - 投票
- .3 数据表现
  - 相关方参与度评估矩阵
- .4 沟通技能
  - 反馈
  - 演示
- .5 人际关系与团队技能
  - 积极倾听
  - 文化意识
  - 领导力
  - 人际交往
  - 政治意识
- .6 会议

输出
- .1 工作绩效信息
- .2 变更请求
- .3 项目管理计划更新
  - 资源管理计划
  - 沟通管理计划
  - 相关方参与计划
- .4 项目文件更新
  - 问题日志
  - 经验教训登记册
  - 风险登记册
  - 相关方登记册

图 13-9 监督相关方参与：输入、工具与技术和输出

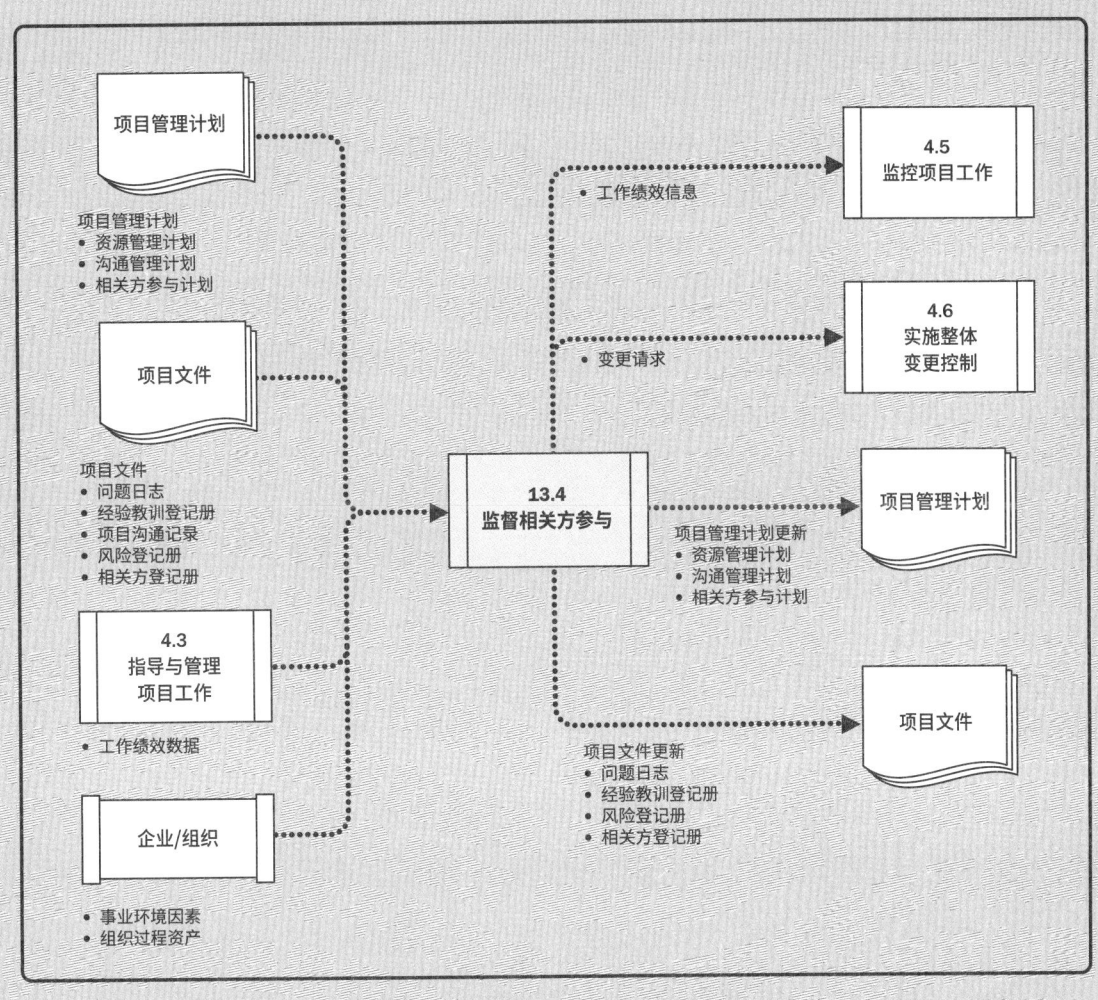

图 13-10 监督相关方参与：数据流向图

13.4.1 监督相关方参与：输入

13.4.1.1 项目管理计划

见 4.2.3.1 节。项目管理计划组件包括（但不限于）：

- **资源管理计划**。见 9.1.3.1 节。资源管理计划确定了对团队成员的管理方法。
- **沟通管理计划**。见 10.1.3.1 节。沟通管理计划描述了适用于项目相关方的沟通计划和策略。
- **相关方参与计划**。见 13.2.3.1 节。定义了管理相关方需求和期望的计划。

13.4.1.2 项目文件

可作为本过程输入的项目文件包括（但不限于）：

- **问题日志**。见 4.3.3.3 节。问题日志记录了所有与项目和相关方有关的已知问题。
- **经验教训登记册**。见 4.4.3.1 节。在项目早期获取的经验教训，可用于项目后期阶段，以提高引导相关方参与的效率和效果。
- **项目沟通记录**。见 10.2.3.1 节。根据沟通管理计划和相关方参与计划而与相关方开展的项目沟通，都已包括在项目沟通记录中。
- **风险登记册**。见 11.2.3.1 节。风险登记册记录了与相关方参与及互动有关的风险、它们的分类，以及潜在的应对措施。
- **相关方登记册**。见 13.1.3.1 节。相关方登记册记录了各种相关方信息，包括（但不限于）：相关方名单、评估结果和分类情况。

13.4.1.3 工作绩效数据

见 4.3.3.2 节。工作绩效数据包含项目状态数据，例如，哪些相关方支持项目，他们的参与水平和类型。

13.4.1.4 事业环境因素

能够监督相关方参与过程的事业环境因素包括（但不限于）：

- 组织文化、政治氛围，以及治理框架；
- 人事管理政策；
- 相关方风险临界值；
- 已确立的沟通渠道；
- 全球、区域或当地的趋势、实践或习惯；
- 设施和资源的地理分布。

13.4.1.5 组织过程资产

能够影响监督相关方参与过程的组织过程资产包括（但不限于）：

- 企业的社交媒体、道德和安全政策及程序；
- 企业的问题、风险、变更和数据管理政策及程序；
- 组织对沟通的要求；
- 制作、交换、储存和检索信息的标准化指南；
- 以往项目的历史信息。

13.4.2 监督相关方参与：工具与技术

13.4.2.1 数据分析

适用于本过程的数据分析技术包括（但不限于）：

- **备选方案分析**。见 9.2.2.5 节。在相关方参与效果没有达到期望要求时，应该开展备选方案分析，评估应对偏差的各种备选方案。
- **根本原因分析**。见 8.2.2.2 节。开展根本原因分析，确定相关方参与未达预期效果的根本原因。
- **相关方分析**。见 13.1.2.3 节。开展相关方分析，确定相关方群体和个人在项目任何特定时间的状态。

13.4.2.2 决策

适用于本过程的决策技术包括（但不限于）：

- **多标准决策分析**。见 8.1.2.4 节。对考察相关方参与的成功程度的多种标准进行优先级排序和加权，识别出最适当的选项。
- **投票**。见 5.2.2.4 节。通过投票，选出应对相关方参与水平偏差的最佳方案。

13.4.2.3 数据表现

适用于本过程的数据表现技术包括（但不限于）相关方参与度评估矩阵。见 13.2.2.3 节。使用相关方参与度评估矩阵，来跟踪每个相关方参与水平的变化，对相关方参与加以监督。

13.4.2.4 沟通技能

适用于本过程的沟通技能包括（但不限于）：

- **反馈**。见 10.2.2.3 节。反馈用于确保发送给相关方的信息被接收和理解。
- **演示**。见 10.2.2.3 节。演示为相关方提供清晰的信息。

13.4.2.5 人际关系与团队技能

适用于本过程的人际关系技能包括（但不限于）：

- **积极倾听**。见 10.2.2.6 节。通过积极倾听，减少理解错误和沟通错误。
- **文化意识**。见 10.1.2.6 节。文化意识和文化敏感性有助于项目经理依据相关方和团队成员的文化差异和文化需求对沟通进行规划。
- **领导力**。见 3.4.4 节。成功的相关方参与，需要强有力的领导技能，以传递愿景并激励相关方支持项目工作和成果。
- **人际交往**。见 10.2.2.6 节。通过人际交往了解关于相关方参与水平的信息。
- **政治意识**。见 10.1.2.6 节。政治意识有助于理解组织战略，理解谁能行使权力和施加影响，以及培养与这些相关方沟通的能力。

13.4.2.6 会议

会议的类型包括：为监督和评估相关方的参与水平而召开的状态会议、站会、回顾会，以及相关方参与计划中规定的其他任何会议。会议不再局限于面对面或声音互动。虽然面对面互动最为理想，但可能成本很高。电话会议和电信技术可以降低成本，并提供丰富的联系方法和会议方式。

13.4.3 监督相关方参与：输出

13.4.3.1 工作绩效信息

见 4.5.1.3 节。工作绩效信息包括与相关方参与状态有关的信息，例如，相关方对项目的当前支持水平，以及与相关方参与度评估矩阵、相关方立方体或其他工具所确定的期望参与水平相比较的结果。

13.4.3.2 变更请求

见 4.3.3.4 节。变更请求可能包括用于改善相关方当前参与水平的纠正及预防措施。应该通过实施整体变更控制过程（见 4.6 节）对变更请求进行审查和处理。

13.4.3.3 项目管理计划更新

项目管理计划的任何变更都以变更请求的形式提出，且通过组织的变更控制过程进行处理。可能需要变更的项目管理计划组件包括（但不限于）：

◆ **资源管理计划**。见 9.1.3.1 节。可能需要更新团队对引导相关方参与的职责。

◆ **沟通管理计划**。见 10.1.3.1 节。可能需要更新项目的沟通策略。

◆ **相关方参与计划**。见 13.2.3.1 节。可能需要更新关于项目相关方社区的信息。

13.4.3.4 项目文件更新

可在本过程更新的项目文件包括（但不限于）：

- **问题日志**。见 4.3.3.3 节。可能需要更新问题日志中与相关方态度有关的信息。
- **经验教训登记册**。见 4.3.3.1 节。在质量规划过程中遇到的挑战及其本可采取的规避方法需要更新在经验教训登记册中。调动相关方参与效果好以及效果不佳的方法也要更新在经验教训登记册中。
- **风险登记册**。见 11.2.3.1 节。可能需要更新风险登记册，以记录相关方风险应对措施。
- **相关方登记册**。见 13.1.12-13.1 节。更新相关方登记册，以记录从监督相关方参与中得到的信息。

参考文献

[1] Project Management Institute. 2017. *The Standard for Project Management.* Newtown Square, PA: Author.

[2] Project Management Institute. 2013. *The Standard for Portfolio Management* – Third Edition. Newtown Square, PA: Author.

[3] Project Management Institute. 2017. *The Standard for Program Management* – Fourth Edition. Newtown Square, PA: Author.

[4] Project Management Institute. 2016. *The PMI Lexicon of Project Management Terms.* Available from http://www.pmi.org/lexiconterms

[5] Project Management Institute. *Code of Ethics and Professional Conduct.* Available from http://www.pmi.org/codeofethics

[6] Project Management Institute. 2013. *Managing Change in Organizations: A Practice Guide.* Newtown Square, PA: Author.

[7] Project Management Institute. 2015. *Business Analysis for Practitioners: A Practice Guide.* Newtown Square, PA: Author.

[8] Project Management Institute. 2014. *Implementing Organizational Project Management: A Practice Guide.* Newtown Square, PA: Author.

[9] Project Management Institute. 2014. Project Management Institute Excellence in Practice-Research Collaboration, PMI-RI Standards Program: Making Sense of PPP Governance, December 19, 2014. Newtown Square, PA: Author

[10] Project Management Institute. 2016. *Governance of Portfolios, Programs, and Projects: A Practice Guide.* Newtown Square, PA: Author.

[11] Project Management Institute. (2013). *PMI's Pulse of the Profession® In-Depth Report: The Competitive Advantage of Effective Talent Management.* Available from http://www.pmi.org

[12] Project Management Institute. 2015. White Paper, Complexity Management for Projects, Programmes, and Portfolios: An Engineering Systems Perspective, March 2015. Newtown Square, PA: Author.

[13] Project Management Institute. 2014. *Navigating Complexity: A Practice Guide.* Newtown Square, PA: Author.

[14] Project Management Institute. 2016. *Requirements Management: A Practice Guide.* Newtown Square, PA: Author.

[15] Project Management Institute. 2006. *Practice Standard for Work Breakdown Structures (WBS).* Newtown Square, PA: Author.

[16] Project Management Institute. 2011. *Practice Standard for Scheduling* – Second Edition. Newtown Square, PA: Author.

[17] Project Management Institute. 2011. *Practice Standard for Earned Value Management* – Second Edition

[18] International Standards Organization. 2015. ISO 9000:2015 *Quality Management Systems—Fundamentals and Vocabulary.* Geneva: Author.

第二部分

项目管理标准

1
引论

　　标准是基于权威、惯例或共识而建立并用作模式或范例的文件。本标准的开发过程遵循协商一致、开放公开、程序公正和各方平衡的基本原则。本标准描述在大多数时候适用于大多数项目的、被视为良好实践的过程，并把这些过程归入相应的过程组。本标准也对关键的项目管理概念进行定义，包括项目管理与组织战略及目标的关系，项目管理与组织治理、项目组合管理、项目集管理、项目环境及项目成功之间的关系。本标准还介绍项目生命周期、项目相关方，以及项目经理的角色。第1章介绍一些基本概念，并提供有关项目管理的背景信息。第2章至第6章对五大过程组进行逐一定义，并描述其下属过程。第2章至第6章还描述各项目管理过程的主要作用、输入和输出。本标准将作为《项目管理知识体系指南》（《PMBOK® 指南》）[1] 的基础和框架。《PMBOK® 指南》通过对相关背景、环境及其对项目管理的影响进行更深入的阐述，来扩展本标准的内容。此外，《PMBOK® 指南》也描述项目管理过程的输入和输出，识别项目管理过程的工具和技术，并按知识领域讨论一些重要概念和新趋势。

---

[1] 项目管理协会。2017 年。《项目管理知识体系指南》（《PMBOK® 指南》）。Newton Square, PA：作者。

1.1 项目和项目管理

项目是为创造独特的产品、服务或成果而进行的临时性工作。项目的"临时性"是指项目有明确的起点和终点。"临时性"并不一定意味着项目的持续时间短。当项目目标达成时，或项目因不会或不能达到目标而中止，亦或是项目需求不复存在，则项目便已结束。结束项目的决定必须得到有关当局的审批。

项目管理就是将知识、技能、工具与技术应用于项目活动，以满足项目的要求。项目管理通过合理运用与整合特定项目所需的项目管理过程得以实现。

管理一个项目通常包括（但不限于）：

- ◆ 识别项目需求；
- ◆ 处理相关方的各种需要、关注和期望；
- ◆ 与相关方建立并维护积极的沟通；
- ◆ 管理资源；
- ◆ 平衡相互竞争的项目制约因素，包括（但不限于）：
  - ■ 范围；
  - ■ 进度；
  - ■ 成本；
  - ■ 质量；
  - ■ 资源；
  - ■ 风险。

项目所处的环境将影响每个项目管理过程的实施方式以及项目制约因素的优先顺序。

1.2 项目组合、项目集和项目之间的关系

项目组合是指为实现战略目标而协调管理的项目、项目集和子项目组合和运营工作。项目组合管理是指为了实现战略目标而对一个或多个项目组合进行的集中管理。项目组合管理的重点是确保项目组合与组织的目标保持一致，并且通过评估项目组合组件来优化资源分配。项目组合可能会包含运营性质的工作。

项目集是相互关联且被协调管理的项目、子项目集和项目集活动，以便获得分别管理所无法获得的利益。项目集包括所属单个项目范围之外的相关工作。项目集管理是指应用知识、技能和原则以实现项目集目标，获得分别管理相关项目集组件所无法实现的效益和控制。项目集也可能包含运营性质的工作。

项目集管理通过授权、变更或终止项目以及管理项目间的依赖关系来支持组织战略。管理项目间的依赖关系可能包括以下行动：

- ◆ 解决影响项目集内各组件的资源制约因素和（或）资源冲突；
- ◆ 确保符合对项目集目的和目标有影响的组织战略；
- ◆ 在同一个治理结构内处理相关问题和开展变更管理；
- ◆ 应对可能影响一个或多个组件的项目和项目集风险；
- ◆ 通过有效分析、排序和监督各组件之间的依赖关系来管理项目集效益的实现。

一个项目可以采用三种不同的模式进行管理：作为完全独立的项目（不隶属于任何项目组合或项目集）、作为项目集的组成部分，或作为项目组合的组成部分。如果一个项目是项目组合或项目集的组成部分，那么项目管理就需要与项目组合和项目集管理进行互动。

图 1-1 所示的项目组合结构表明了组件、共享资源和相关方之间的关系。将项目组合组件归组，有利于促进对工作的有效治理和管理，排列各组件的优先级并实现组织战略。在开展组织和项目组合规划时，要基于风险、资金和其他考虑因素对项目组合组件排列优先级。这有利于组织全面审查战略目标在项目组合中的落实情况，开展适当的项目组合、项目集和项目治理，以及分配人力、财力或物力资源。这些资源将根据预期的绩效和收益进行分配。如图 1-1 所示，组织战略与优先级相关联，项目组合与项目集之间、项目组合和项目之间以及项目集与单个项目之间都存在联系。但这些联系并不总是存在严格的等级层次。

组织级项目管理（OPM）是开展项目组合管理、项目集管理和项目管理的战略执行框架。该框架使组织不断地以可预见的方式取得更好的绩效、更好的结果及可持续的竞争优势，从而实现组织战略。

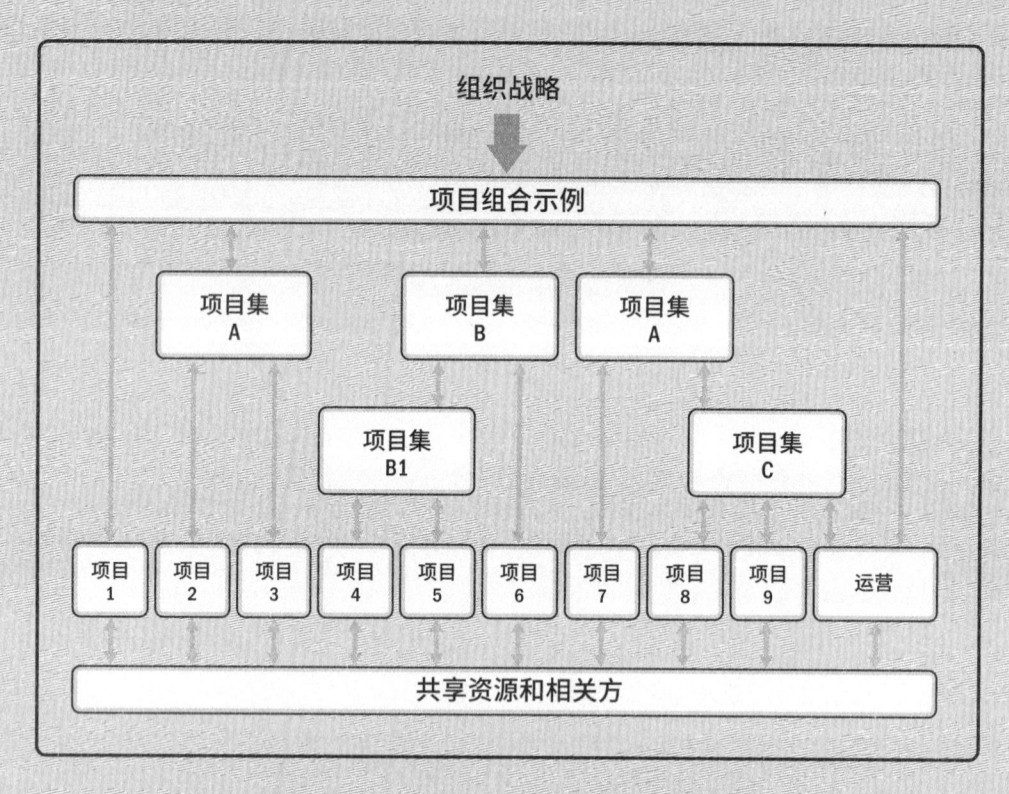

图 1-1 项目组合、项目集与项目管理间的关系示例

1.3 组织治理与项目治理之间的联系

治理类型多种多样，包括组织治理、组织级项目管理 (OPM) 治理，以及项目组合、项目集和项目治理。组织治理通过制定政策和流程，用结构化方式指明工作方向并进行控制，以便实现战略和运营目标。组织治理通常由董事会执行，以确保对相关方的最终责任得以落实，并保持公平和透明。组织治理原则、决策和过程可能通过以下方式影响项目组合、项目集和项目的治理：

- 执行法律、法规、标准和合规性要求；
- 明确伦理、社会和环境职责；
- 制定运营、法律和风险政策。

项目治理是指用于指导项目管理活动的框架、功能和过程，从而创造独特的产品、服务或结果以满足组织、战略和运营目标。项目层面的治理包括：

- 指导和监督对项目工作的管理；
- 确保遵守政策、标准和指南；
- 确立治理角色、职责和职权；
- 关于风险上报、变更和资源（例如团队、财力、物力、设施）的决策；
- 确保相应相关方的参与；
- 监督成效。

项目治理框架为项目相关方提供管理项目的结构、过程、角色、职责、终责和决策模型。项目治理框架的内容包括（但不限于）以下原则或过程：

- 阶段关口或阶段审查；
- 识别、上报和解决风险及问题；
- 明确角色、职责和职权；
- 开展项目知识管理并吸取项目经验教训的过程；
- 超出项目经理职权的决策制定、问题解决和需上报议题；
- 审查和批准超出项目经理职权的项目变更及产品变更。

1.4 项目成功与效益管理

启动项目旨在抓住与组织的战略目标相符的商业机会。在启动项目之前，通常需要编制商业论证，以概述项目目标、所需投资，以及用于测量项目成功的财务标准和其他量化标准。商业论证为在整个项目生命周期中衡量项目成功和进展奠定了基础，以便把实际结果与预定的目标和成功标准进行比较。

项目的启动通常出于以下一项或多项战略考虑：

- 市场需求；
- 战略机会/业务需求；
- 社会需要；
- 环境考虑；
- 客户要求；
- 技术进步；
- 法律或法规要求；
- 现有问题或已预见到的问题。

效益管理计划描述项目效益的实现方法和时间及其衡量方式。效益管理计划可能包括以下内容：

- **目标效益**。使用产品、服务或成果而预期获得的有形和无形商业价值。
- **战略一致性**。项目效益如何支持组织的业务战略并与之保持一致。
- **实现效益的时限**。效益按阶段划分，包括短期效益、长期效益和持续性效益。
- **效益责任人**。在效益实现计划规定的整个时限内，监督、记录和报告效益实现情况的责任个人或小组。
- **测量指标**。用于考核效益实现情况的直接和间接方法。
- **风险**。与实现目标效益有关的风险。

根据项目目标和成功标准考核项目的成功程度。在许多情况下，产品、服务或成果的成功只有在项目完成后一段时间方能知晓。例如，在项目产品、服务或成果交付运营时，市场份额增加、运营成本降低或新产品成功可能都是未知的。在这些情况下，项目管理办公室 (PMO)、项目组合指导委员会或组织内的其他职能部门，应该在稍晚时间才对项目成功进行评估，以确定结果是否符合业务目标。

商业论证和效益管理计划都是在项目启动之前编制的，并且要成为项目完成之后评估项目成功的依据。因此，它们被视为商业文件，而非项目文件，或者项目管理计划的组成部分。这些商业文件可能成为某些项目管理过程的输入，例如，制定项目章程。

1.5 项目生命周期

项目生命周期指项目从开始到完成所经历的一系列阶段。项目阶段是一组具有逻辑关系的项目活动的集合，通常以一个或多个可交付成果的完成为结束。这些阶段之间可能是顺序、迭代或交叠的关系。项目阶段的名称、数量和持续时间取决于参与项目的一个或多个组织的管理与控制需要、项目本身的特征及其所在的应用领域。阶段都有时限，有一个起始点、结束点或控制点（有时称为阶段审查、阶段关口或控制关口，也可以用其他类似名称）。在控制点，需要根据当前环境，重新审查项目章程和商业文件。在该时点，把项目绩效与项目管理计划进行比较，以确定项目是否应该变更、终止或按计划继续。

项目生命周期会受组织、行业、开发方法或所用技术的独特性质的影响。虽然每个项目都有起点和终点，但具体的可交付成果及工作会因项目的不同而有很大差异。不论项目涉及的具体工作是什么，生命周期都可以为管理项目提供基本框架。

虽然项目规模及复杂程度各不相同，但是典型项目都呈现下列项目生命周期结构（见图1-2）：

◆ 开始项目；

◆ 组织与准备；

◆ 执行项目工作；

◆ 结束项目。

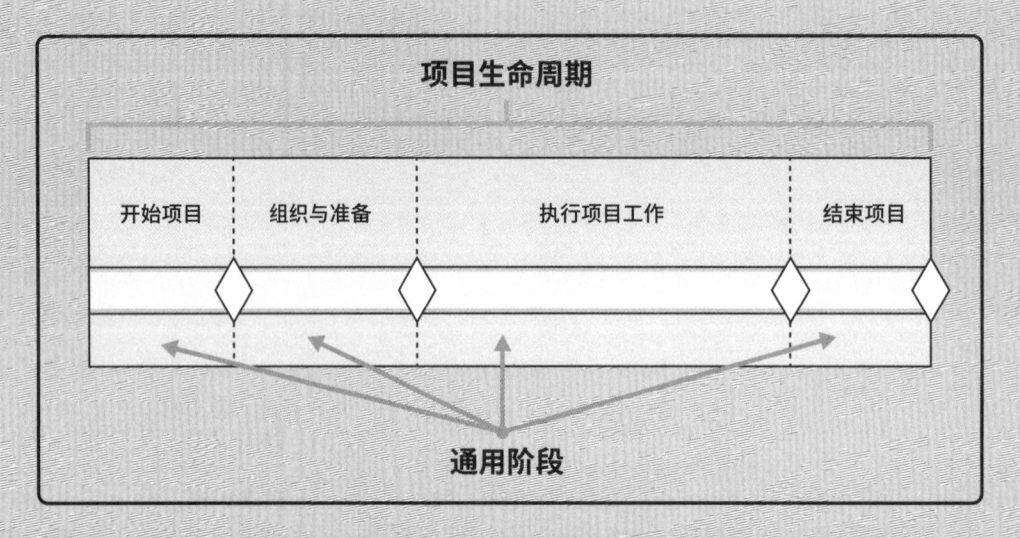

图 1-2 项目生命周期的通用结构

通用的生命周期结构一般具有以下特征：

◆ 成本与人力投入在开始时较低，在工作执行期间逐渐增加，并在项目快要结束时迅速回落。

◆ 项目开始时风险最大，如图 1-3 所示。在项目的整个生命周期中，随着决策的制定与可交付成果的验收，风险会逐步降低。

◆ 在不显著影响成本和进度的前提下，相关方改变项目产品最终特性的能力在项目开始时最大，并随项目进展而减弱。图 1-3 表明，做出变更和纠正错误的成本，通常会随着项目越来越接近完成而显著增高。

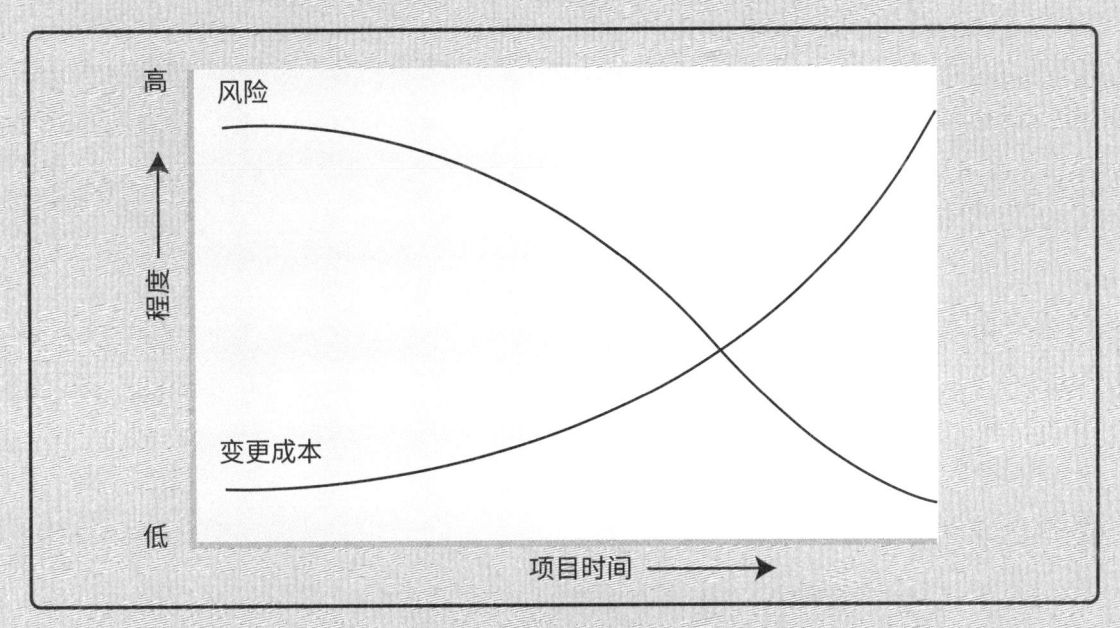

图 1-3 随时间而变化的变量影响

1.6 项目相关方

相关方是指可能影响项目决策、活动或结果的个人、群体或组织，以及会受或自认为会受项目决策、活动或结果影响的个人、群体或组织。项目相关方可能来自项目内部或外部，可能主动或被动参与项目，甚至完全不了解项目。项目相关方可能对项目施加积极或消极影响，也可能受项目的积极或消极影响。相关方包括（但不限于）：

- *内部相关方：*
  - 发起人；
  - 资源经理；
  - 项目管理办公室（PMO）；
  - 项目组合指导委员会；
  - 项目集经理；
  - 其他项目的项目经理；
  - 团队成员。

- *外部相关方：*
  - 客户；
  - 最终用户；
  - 供应商；
  - 股东；
  - 监管机构；
  - 竞争者。

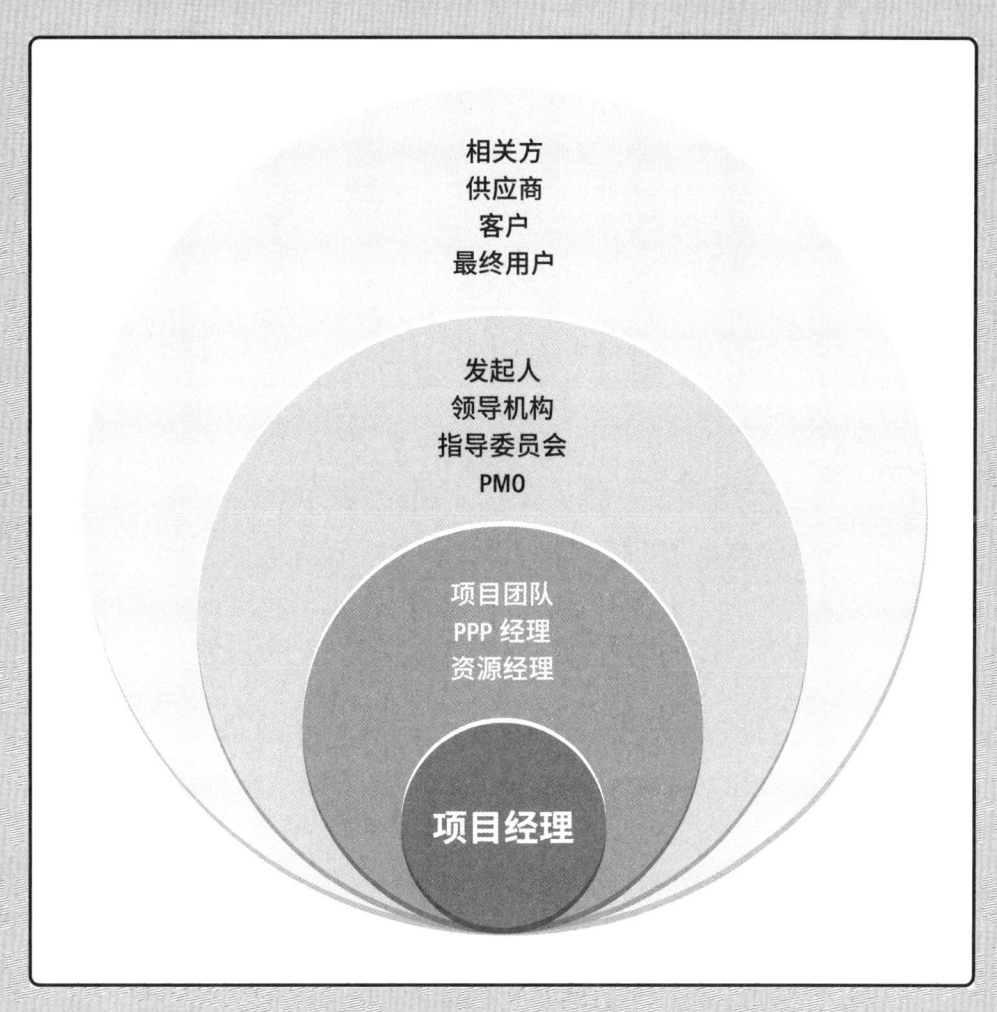

图1-4项目相关方示例

图 1-4 为项目相关方的示例。有些相关方只是偶尔参与项目调查或焦点小组活动，有些则为项目提供全方位资助，包括资金支持、政治支持或其他类型的支持。在整个项目生命周期内，他们参与项目的方式和程度可能差别很大。因此，在整个项目生命周期中，有效识别和分析相关方，引导他们合理参与，并有效管理他们对项目的期望和参与，对项目成功至关重要。

1.7 项目经理的角色

项目经理是指由执行组织委派，领导团队实现项目目标的个人。项目经理的报告关系依组织结构和项目治理而定。

除了具备项目所需的特定技能和通用管理能力，项目经理至少还应具备以下特性：

- 掌握关于项目管理、商业环境、技术领域和其他方面的知识，以便有效管理特定项目；
- 具备有效领导项目团队、协调项目工作、与相关方协作、解决问题和做出决策所需的技能；
- 形成编制项目计划（包括范围、进度、预算、资源、风险计划等）、管理项目工作，以及开展陈述和报告的能力；
- 拥有成功管理项目所需的其他特性，如个性、态度、道德和领导力。

项目经理通过项目团队和其他相关方来完成工作。项目经理需要依赖重要的人际关系技能，包括（但不限于）：

- 领导力；
- 团队建设；
- 激励；
- 沟通；
- 影响力；
- 决策；
- 政治和文化意识；
- 谈判；
- 引导；
- 冲突管理；
- 教练技术。

项目经理的成功取决于项目目标的实现。相关方的满意程度是衡量项目经理的成功的另一标准。项目经理应处理相关方的需要、关注和期望，令有关的相关方满意。为了取得成功，项目经理应该裁剪项目方法、生命周期和项目管理过程，以满足项目和产品要求。

1.8 项目管理知识领域

项目管理知识领域是管理各种项目时需普遍使用的专业知识领域。每个知识领域都是项目管理中的一个特定主题，以及与该主题相关的一组过程。这十大知识领域在大多数时候适用于大多数项目。某类特定项目可能需要额外的知识领域。这十大知识领域包括：

- **项目整合管理**　项目整合管理包括为识别、定义、组合、统一和协调各项目管理过程组的各种过程和活动而开展的过程与活动。
- **项目范围管理**　项目范围管理包括确保项目做且只做所需的全部工作，以成功完成项目的各个过程。
- **项目进度管理**　项目进度管理包括为管理项目按时完成所需的各个过程。
- **项目成本管理**　项目成本管理包括为使项目在批准的预算内完成而对成本进行规划、估算、预算、融资、筹资、管理和控制的各个过程。
- **项目质量管理**　项目质量管理包括把组织的质量政策应用于规划、管理、控制项目和产品质量要求，以满足相关方的期望的各个过程。
- **项目资源管理**　项目资源管理包括识别、获取和管理所需资源以成功完成项目的各个过程。
- **项目沟通管理**　项目沟通管理包括为确保项目信息及时且恰当地规划、收集、生成、发布、存储、检索、管理、控制、监督和最终处置所需的各个过程。
- **项目风险管理**　项目风险管理包括规划风险管理、识别风险、开展风险分析、规划风险应对、实施风险应对和监督风险的各个过程。
- **项目采购管理**　项目采购管理包括从项目团队外部采购或获取所需产品、服务或成果的各个过程。
- **项目相关方管理**　项目相关方管理包括用于开展下列工作的各个过程：识别影响或受项目影响的人员、群体或组织，分析相关方对项目的期望和影响，制定合适的管理策略来有效调动相关方参与项目决策和执行。

1.9 项目管理过程组

本标准描述用于实现项目目标的项目管理过程。项目管理过程可归为五大项目管理过程组：

- **启动过程组**。定义一个新项目或现有项目的一个新阶段，授权开始该项目或阶段的过程。启动过程组详见第 2 章。

- **规划过程组**。明确项目范围，优化目标，为实现目标制定行动方案的过程。规划过程组详见第 3 章。

- **执行过程组**。完成项目管理计划中确定的工作，以满足项目要求的过程。执行过程组详见第 4 章。

- **监控过程组**。跟踪、审查和调整项目进展与绩效，识别必要的计划变更并启动相应变更的过程。监控过程组详见第 5 章。

- **收尾过程组**。正式完成或结束项目、阶段或合同所执行的过程（组）。收尾过程组详见第 6 章。

这五大过程组与应用领域（如营销、信息服务或会计）或行业（如建筑、航天、电信）无关。在阶段或项目完成之前，往往需要反复实施过程组中的单个过程。过程迭代的次数和过程间的相互作用因具体项目的需求而不同。过程通常分为三类：

- **仅开展一次或仅在项目预定义点开展的过程**。例如，制定项目章程，以及结束项目或阶段。

- **根据需要定期开展的过程**。例如，在需要资源时开展获取资源过程，在需要使用采购品之前开展实施采购过程。

- **需要在整个项目期间持续开展的过程**。例如，可能需要在整个项目生命周期持续开展定义活动过程，特别是当项目使用滚动式规划或适应型开发方法时；从项目开始到项目结束需要持续开展许多监控过程。

一个过程的输出通常成为另一个过程的输入，或者成为项目或项目阶段的可交付成果。例如，需要把规划过程组编制的项目管理计划和项目文件（如风险登记册、责任分配矩阵等）及其更新，提供给执行过程组作为输入。图 1-4 是各过程组在项目或阶段期间的重叠关系示例。

过程组不同于项目阶段。如果将项目划分为若干阶段，则各过程组中的过程会在每个阶段内相互作用。在一个阶段内可能需要使用所有的过程组，如图 1-5 所示。当项目被分为不同的阶段（例如概念开发、可行性研究、设计、原型、构建或测试等）时，各过程组中的过程根据需要在每个阶段中重复，直到达到该阶段的完工标准。

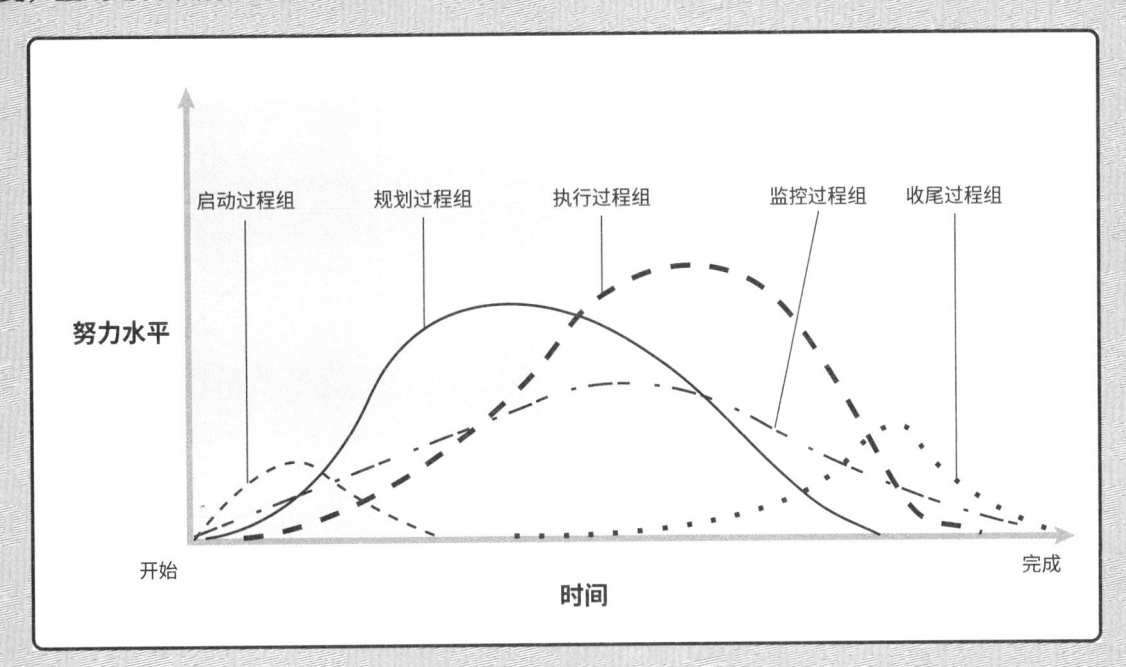

图 1-5 项目或阶段中的过程组相互作用示例

过程组和知识领域涵盖的 49 个过程如表 1-1 所示。

表1-1 项目管理过程组与知识领域

知识领域	项目管理过程组				
	启动过程组	规划过程组	执行过程组	监控过程组	收尾过程组
4. 项目整合管理	4.1 制定项目章程	4.2 制定项目管理计划	4.3 指导与管理项目工作 4.4 管理项目知识	4.5 监控项目工作 4.6 实施整体变更控制	4.7 结束项目或阶段
5. 项目范围管理		5.1 规划范围管理 5.2 收集需求 5.3 定义范围 5.4 创建WBS		5.5 确认范围 5.6 控制范围	
6. 项目进度管理		6.1 规划进度管理 6.2 定义活动 6.3 排列活动顺序 6.4 估算活动持续时间 6.5 制定进度计划		6.6 控制进度	
7. 项目成本管理		7.1 规划成本管理 7.2 估算成本 7.3 制定预算		7.4 控制成本	
8. 项目质量管理		8.1 规划质量管理	8.2 管理质量	8.3 控制质量	
9. 项目资源管理		9.1 规划资源管理 9.2 估算活动资源	9.3 获取资源 9.4 建设团队 9.5 管理团队	9.6 控制资源	
10. 项目沟通管理		10.1 规划沟通管理	10.2 管理沟通	10.3 监督沟通	
11. 项目风险管理		11.1 规划风险管理 11.2 识别风险 11.3 实施定性风险分析 11.4 实施定量风险分析 11.5 规划风险应对	11.6 实施风险应对	11.7 监督风险	
12. 项目采购管理		12.1 规划采购管理	12.2 实施采购	12.3 控制采购	
13. 项目相关方管理	13.1 识别相关方	13.2 规划相关方参与	13.3 管理相关方参与	13.4 监督相关方参与	

1.10 事业环境因素和组织过程资产

项目所处的环境可能对项目的开展产生有利或不利的影响。这些影响的两大主要来源为事业环境因素 (EEF) 和组织过程资产 (OPA)。

事业环境因素源于项目外部（往往是企业外部）的环境，是项目团队不能控制且将影响、制约或指引项目的各种条件。事业环境因素可能对整个企业、项目组合、项目集或项目产生影响。（有关事业环境因素的更多信息，请参阅《PMBOK® 指南》第 2.2 节。）内部的组织文化、组织结构和组织治理就是事业环境因素中的一个类别，其中包括（但不限于）愿景、使命、价值观、信念、文化传统、等级制度和职权关系。

组织过程资产源于企业内部，可能来自企业自身、项目组合、项目集、其他项目或这些的组合。组织过程资产是执行组织所特有并使用的计划、过程、政策、程序和知识库，会影响对具体项目的管理，包括（但不限于）变更控制程序、模板、来自以往项目的信息和经验教训知识库。（有关组织过程资产的更多信息，请参阅《PMBOK® 指南》第 2.3 节。）

1.11 裁剪项目工件

在本标准中，术语"工件"包括项目管理过程、输入、工具、技术、输出、事业环境因素和组织过程资产。项目经理和项目管理团队需要选择和调整合适的工件，用于其特定项目。这种选择和调整活动称为裁剪。每个项目的独特性决定了必须进行裁剪，因此，并非每个项目都需要每个过程、输入、工具、技术或输出。

项目管理计划是最常用的工件，有许多组成部分，如子管理计划、基准和项目生命周期描述。子管理计划是与项目特定方面或知识领域相关的计划，如进度管理计划、风险管理计划和变更管理计划。进行裁剪时，需要确定特定项目所需的项目管理计划组件。项目管理计划是一种输入，而项目管理计划更新是本标准中许多过程的输出。在本标准中，不会在输入和输出表中直接列出单个项目管理计划组件，而是在该表下方的正文中列出每个过程可能用到的项目管理计划组件（输入）或可能得到的项目管理计划组件更新（输出）。所列出的组件仅为示例而已。在开展每个特定过程时，项目经理既非必须、也非限于用到上述输入或得到上述输出。

项目管理计划是主要的项目工件之一。另外，还有不属于项目管理计划但也可用于管理项目的其他文件。这些其他文件称为项目文件。与项目管理计划组件类似，过程所需的项目文件会因具体项目而异。项目经理负责确定过程所需的项目文件，以及将作为过程输出的项目文件更新。在本标准中，在输入和输出表下方的正文中列出的项目文件，仅为项目文件的可能示例，而非完整列表。

表 1-2 列出了项目管理计划的主要组件和主要的项目文件。虽然该表并未穷尽所有的计划组件和项目文件，但的确列出了有助于管理项目的常用计划组件和项目文件。

表 1-2 项目管理计划和项目文件

项目管理计划	项目文件	
1. 范围管理计划	1. 活动属性	19. 质量控制测量结果
2. 需求管理计划	2. 活动清单	20. 质量测量指标
3. 进度管理计划	3. 假设日志	21. 质量报告
4. 成本管理计划	4. 估算依据	22. 需求文件
5. 质量管理计划	5. 变更日志	23. 需求跟踪矩阵
6. 资源管理计划	6. 成本估算	24. 资源分解结构
7. 沟通管理计划	7. 成本预测	25. 资源日历
8. 风险管理计划	8. 持续时间估算	26. 资源需求
9. 采购管理计划	9. 问题日志	27. 风险登记册
10. 相关方参与计划	10. 经验教训登记册	28. 风险报告
11. 变更管理计划	11. 里程碑清单	29. 进度数据
12. 配置管理计划	12. 实物资源分配单	30. 进度预测
13. 范围基准	13. 项目日历	31. 相关方登记册
14. 进度基准	14. 项目沟通记录	32. 团队章程
15. 成本基准	15. 项目进度计划	33. 测试与评估文件
16. 绩效测量基准	16. 项目进度网络图	
17. 项目生命周期描述	17. 项目范围说明书	
18. 开发方法	18. 项目团队派工单	

商业文件通常是在项目之外创建的文件，用作项目的输入。商业文件包括商业论证和效益管理计划。如何应用商业文件，将取决于公司文化和项目启动过程。

会影响项目的事业环境因素，以及可用于项目的组织过程资产，将因项目及其所处环境而异，所以并未在本标准中列出。

2

启动过程组

　　启动过程组包括定义一个新项目或现有项目的一个新阶段，授权开始该项目或阶段的一组过程。启动过程组的目的是：协调相关方期望与项目目的，告知相关方项目范围和目标，并商讨他们对项目及相关阶段的参与将如何有助实现其期望。在启动过程中，定义初步项目范围和落实初步财务资源，识别那些将相互作用并影响项目总体结果的相关方，指派项目经理（如果尚未安排）。这些信息应反映在项目章程和相关方登记册中。一旦项目章程获得批准，项目也就正式立项，同时，项目经理就有权将组织资源用于项目活动。

　　本过程组的主要作用是，确保只有符合组织战略目标的项目才能立项，以及在项目开始时就认真考虑商业论证、项目效益和相关方。在一些组织中，项目经理会参与制定商业论证和分析项目效益，会帮助编写项目章程。在另一些组织中，项目的前期准备工作则由项目发起人、项目管理办公室（PMO）、项目组合指导委员会或其他相关方群体完成。本标准假设项目已获得发起人或其他治理机构的批准，并且他们在批准项目之前已经审核了商业文件。

　　虽然商业文件通常是在项目之外创建的，但是要用作项目的输入。商业文件包括商业论证和效益管理计划。图2-1显示了项目发起人及商业文件与启动过程的关系。

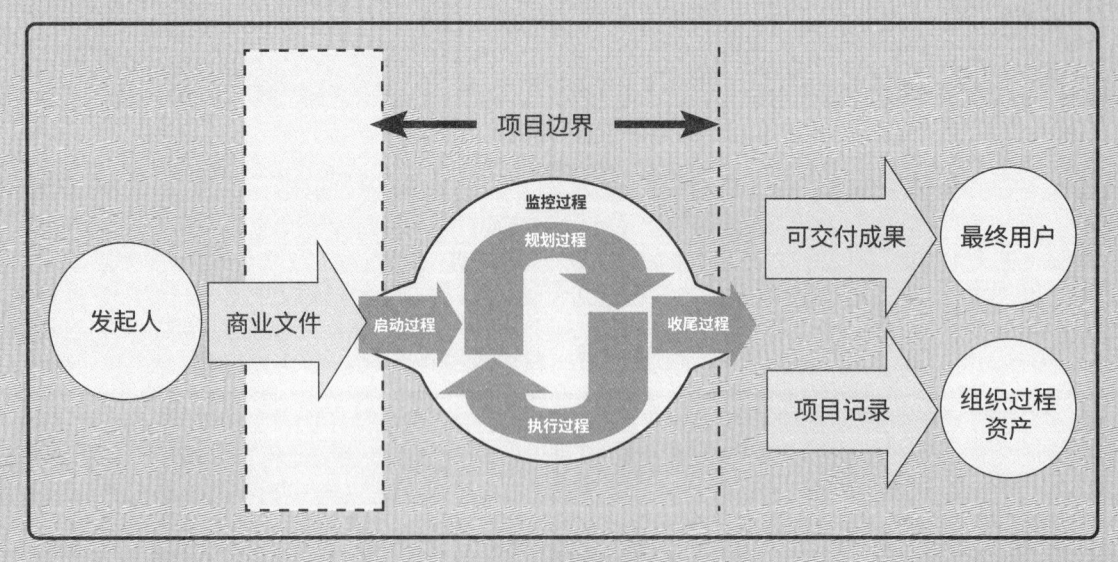

图 2-1 项目边界

如第 1.5 节所述，项目通常划分为多个阶段。一旦划分了阶段，就需要在后续阶段复审从启动过程得到的信息，以确认是否仍然有效。在每个阶段开始时重新开展启动过程，有助于保持项目符合其预定的商业需求，有助于核实项目章程、商业文件和成功标准，有助于复审项目相关方的影响、动机、期望和目标。

发起人、客户和其他相关方参与项目启动，有助于促进他们对项目成功标准达成一致，也有助于提升项目完成时可交付成果通过验收的可能性，以及在整个项目期间相关方的满意程度。

启动过程组包括第 2.1 节至 2.2 节所列的项目管理过程。

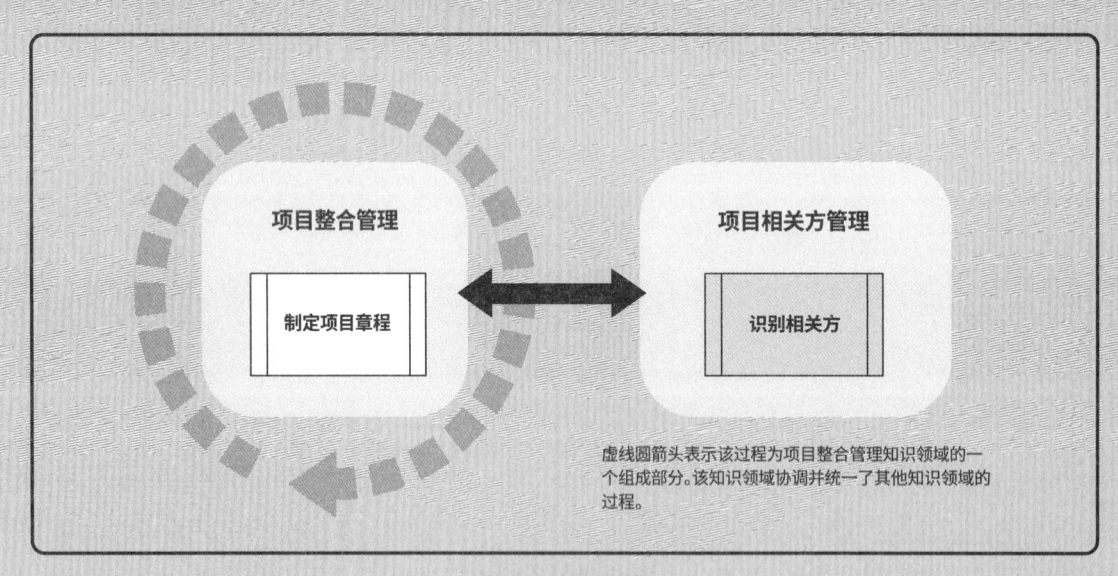

虚线圆箭头表示该过程为项目整合管理知识领域的一个组成部分。该知识领域协调并统一了其他知识领域的过程。

图 2-2 启动过程组

2.1 制定项目章程

制定项目章程是编写一份正式批准项目并授权项目经理在项目活动中使用组织资源的文件的过程。本过程的主要作用是，明确项目与组织战略目标之间的直接联系，确立项目的正式地位，并展示组织对项目的承诺。本过程仅开展一次或仅在项目的预定义点开展。图 2-3 描述了本过程的输入和输出。

输入	输出
.1 商业文件 .2 协议 .3 事业环境因素 .4 组织过程资产	.1 项目章程 .2 假设日志

图 2-3 制定项目章程：输入和输出

2.2 识别相关方

识别相关方是定期识别项目相关方，分析和记录他们的利益、参与度、相互依赖性、影响力和对项目成功的潜在影响的过程。本过程的主要作用是，使项目团队能够建立对每个相关方或相关方群体的适度关注。本过程应根据需要在整个项目期间定期开展。图 2-4 描述了本过程的输入和输出。

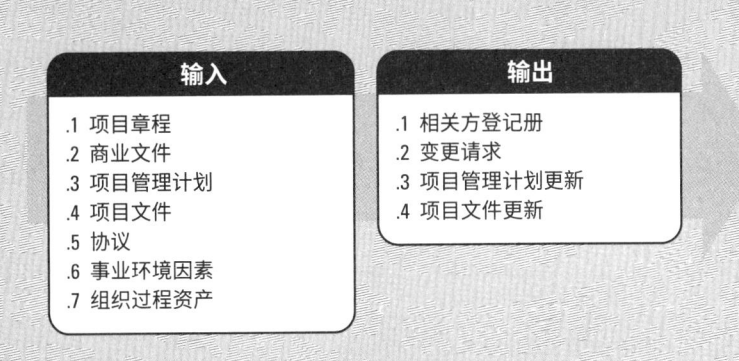

输入	输出
.1 项目章程 .2 商业文件 .3 项目管理计划 .4 项目文件 .5 协议 .6 事业环境因素 .7 组织过程资产	.1 相关方登记册 .2 变更请求 .3 项目管理计划更新 .4 项目文件更新

图 2-4 识别相关方：输入和输出

究竟需要哪些项目管理计划组件和项目文件，取决于具体项目的需求。

2.2.1 项目管理计划组件

可用作本过程输入的项目管理计划组件包括（但不限于）：

- 沟通管理计划；
- 相关方参与计划。

2.2.2 项目文件示例

可用作本过程输入的项目文件包括（但不限于）：

- 变更日志；
- 问题日志；
- 需求文件。

2.2.3 项目管理计划更新

可在本过程更新的项目管理计划组件包括（但不限于）：

- 需求管理计划；
- 沟通管理计划；
- 风险管理计划；
- 相关方参与计划。

2.2.4 项目文件更新

可在本过程更新的项目文件包括（但不限于）：

- 假设日志；
- 问题日志；
- 风险登记册。

3

规划过程组

规划过程组包括明确项目全部范围、定义和优化目标，并为实现目标制定行动方案的一组过程。规划过程组中的过程制定项目管理计划的组成部分，以及用于执行项目的项目文件。取决于项目本身的性质，可能需要通过多轮反馈来做进一步分析。随着收集和掌握更多的项目信息或特性，项目很可能需要进一步规划。项目生命周期中发生的重大变更，可能引发重新开展一个或多个规划过程，甚至一个或全部两个启动过程。这种对项目管理计划的持续精细化叫作"渐进明细"，表明项目规划和文件编制是迭代或持续开展的活动。本过程组的主要作用是，确定成功完成项目或阶段的行动方案。

在规划项目、制定项目管理计划和项目文件时，项目管理团队应当征求适当相关方的意见，并鼓励相关方参与。初始规划工作完成时，经批准的项目管理计划就被视为基准。在整个项目期间，监控过程将把项目绩效与基准进行比较。

规划过程组（图 3-1）包括第 3.1 节至 3.24 节所列的项目管理过程。

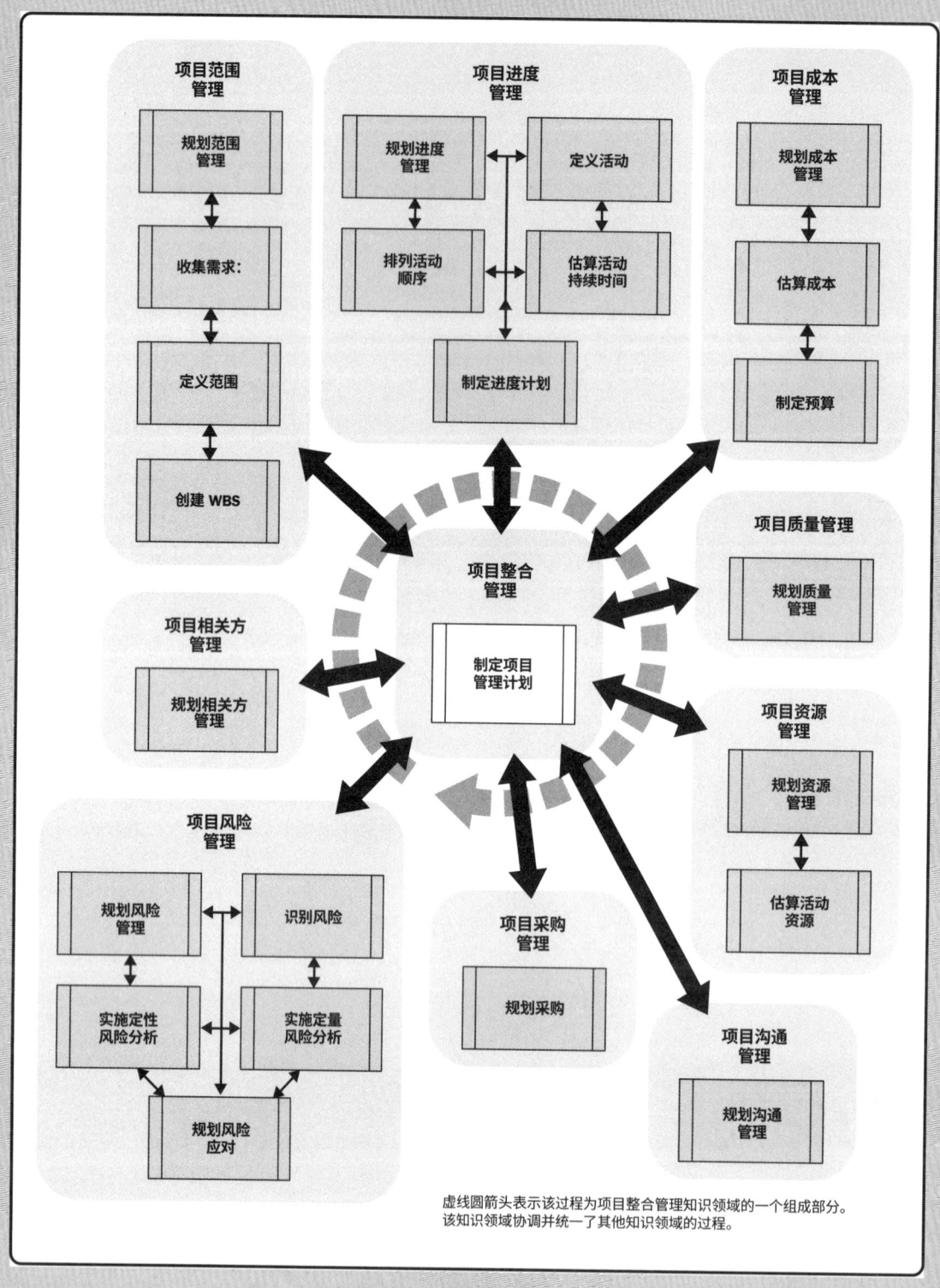

图 3-1 规划过程组

3.1 制定项目管理计划

制定项目管理计划是定义、准备和协调项目计划的所有组成部分,并把它们整合为一份综合项目管理计划的过程。本过程的主要作用是,生成一份综合文件,用于确定所有项目工作的基础及其执行方式。本过程仅开展一次或仅在项目的预定义点开展。图3-2描述了本过程的输入和输出。

输入
.1 项目章程
.2 其他过程的输出
.3 事业环境因素
.4 组织过程资产

输出
.1 项目管理计划

图3-2 制定项目管理计划:输入和输出

究竟需要哪些项目管理计划组件和项目文件,取决于具体项目的需求。

3.2 规划范围管理

规划范围管理是为记录如何定义、确认和控制项目范围及产品范围,而创建范围管理计划的过程。本过程的主要作用是,在整个项目期间对如何管理范围提供指南和方向。本过程仅开展一次或仅在项目的预定义点开展。图3-3描述了本过程的输入和输出。

输入
.1 项目章程
.2 项目管理计划
.3 事业环境因素
.4 组织过程资产

输出
.1 范围管理计划
.2 需求管理计划

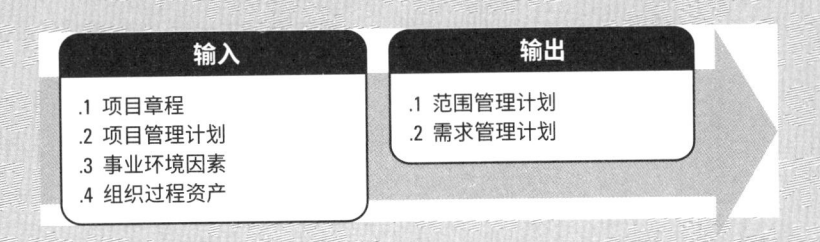

图3-3 规划范围管理:输入和输出

究竟需要哪些项目管理计划组件,取决于具体项目的需求。

3.2.1 项目管理计划组件

可用作本过程输入的项目管理计划组件包括（但不限于）：

- ◆ 质量管理计划；
- ◆ 项目生命周期描述；
- ◆ 开发方法。

3.3 收集需求

收集需求是为实现目标而确定、记录并管理相关方的需要和需求的过程。本过程的主要作用是，为定义产品范围和项目范围奠定基础。本过程仅开展一次或仅在项目的预定义点开展。图 3-4 描述了本过程的输入和输出。

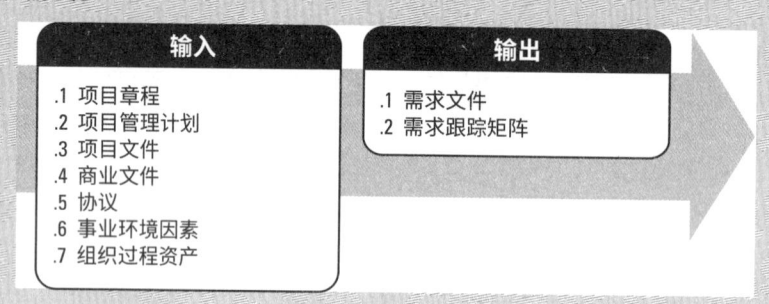

输入	输出
.1 项目章程 .2 项目管理计划 .3 项目文件 .4 商业文件 .5 协议 .6 事业环境因素 .7 组织过程资产	.1 需求文件 .2 需求跟踪矩阵

图 3-4 收集需求：输入和输出

究竟需要哪些项目管理计划组件和项目文件，取决于具体项目的需求。

3.3.1 项目管理计划组件

可用作本过程输入的项目管理计划组件包括（但不限于）：

- ◆ 范围管理计划；
- ◆ 需求管理计划；
- ◆ 相关方参与计划。

3.3.2 项目文件示例

可用作本过程输入的项目文件包括（但不限于）：

- 假设日志；
- 经验教训登记册；
- 相关方登记册。

3.4 定义范围

定义范围是制定项目和产品详细描述的过程。本过程的主要作用是，描述产品、服务或成果的边界和验收标准。本过程仅开展一次或仅在项目的预定义点开展。图 3-5 描述了本过程的输入和输出。

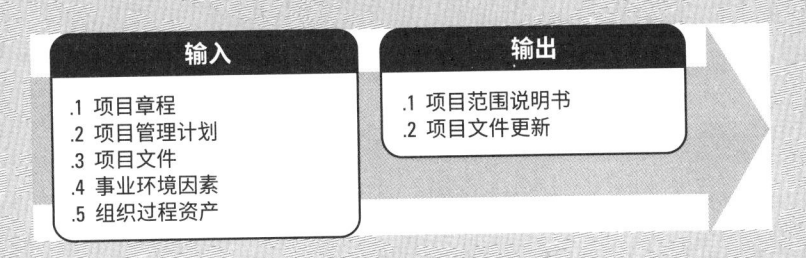

```
输入                          输出
.1 项目章程                   .1 项目范围说明书
.2 项目管理计划               .2 项目文件更新
.3 项目文件
.4 事业环境因素
.5 组织过程资产
```

图 3-5 定义范围：输入和输出

究竟需要哪些项目管理计划组件和项目文件，取决于具体项目的需求。

3.4.1 项目管理计划组件

可用作本过程输入的项目管理计划组件包括（但不限于）范围管理计划。

3.4.2 项目文件示例

可用作本过程输入的项目文件包括（但不限于）：

- 假设日志；
- 需求文件；
- 风险登记册。

3.4.3 项目文件更新

可在本过程更新的项目文件包括（但不限于）：

- ◆ 假设日志；
- ◆ 需求文件；
- ◆ 需求跟踪矩阵；
- ◆ 相关方登记册。

3.5 创建 WBS

创建工作分解结构 (WBS) 是把项目可交付成果和项目工作分解为较小的、更易于管理的组件的过程。本过程的主要作用是，为所要交付的内容提供架构。本过程仅开展一次或仅在项目的预定义点开展。图 3-6 描述了本过程的输入和输出。

输入
.1 项目管理计划
.2 项目文件
.3 事业环境因素
.4 组织过程资产

输出
.1 范围基准（见备注）
.2 项目文件更新

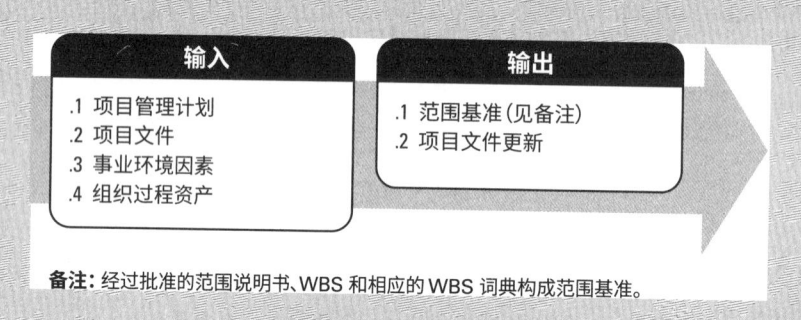

备注： 经过批准的范围说明书、WBS 和相应的 WBS 词典构成范围基准。

图 3-6 创建 WBS：输入和输出

究竟需要哪些项目管理计划组件和项目文件，取决于具体项目的需求。

3.5.1 项目管理计划组件

可用作本过程输入的项目管理计划组件包括（但不限于）范围管理计划。

3.5.2 项目文件示例

可用作本过程输入的项目文件包括（但不限于）：

◆ 项目范围说明书；
◆ 需求文件。

3.5.3 项目文件更新

可在本过程更新的项目文件包括（但不限于）：

◆ 假设日志；
◆ 需求文件。

3.6 规划进度管理

规划进度管理是为规划、编制、管理、执行和控制项目进度而制定政策、程序和文档的过程。本过程的主要作用是，为如何在整个项目期间管理项目进度提供指南和方向。本过程仅开展一次或仅在项目的预定义点开展。图 3-7 描述了本过程的输入和输出。

输入	输出
.1 项目章程 .2 项目管理计划 .3 事业环境因素 .4 组织过程资产	.1 进度管理计划

图 3-7 规划进度管理：输入和输出

究竟需要哪些项目管理计划组件，取决于具体项目的需求。

3.6.1 项目管理计划组件

可用作本过程输入的项目管理计划组件包括（但不限于）：

◆ 范围管理计划；

◆ 开发方法。

3.7 定义活动

定义活动是识别和记录为完成项目可交付成果而须采取的具体行动的过程。本过程的主要作用是，将工作包分解为进度活动，作为对项目工作进行进度估算、规划、执行、监督和控制的基础。本过程需要在整个项目期间开展。图3-8描述了本过程的输入和输出。

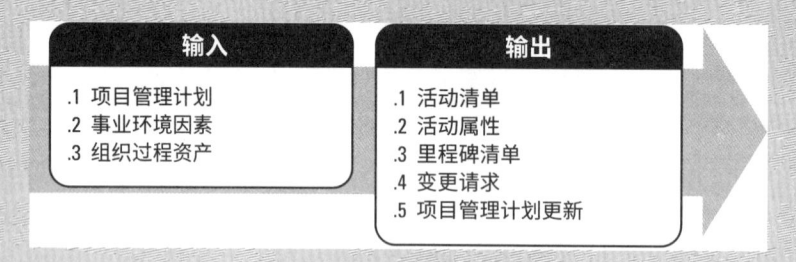

输入	输出
.1 项目管理计划 .2 事业环境因素 .3 组织过程资产	.1 活动清单 .2 活动属性 .3 里程碑清单 .4 变更请求 .5 项目管理计划更新

图 3-8 定义活动：输入和输出

究竟需要哪些项目管理计划组件，取决于具体项目的需求。

3.7.1 项目管理计划组件

可用作本过程输入的项目管理计划组件包括（但不限于）：

◆ 进度管理计划；

◆ 范围基准。

3.7.2 项目管理计划更新

可在本过程更新的项目管理计划组件包括（但不限于）：

◆ 进度基准；

◆ 成本基准。

3.8 排列活动顺序

排列活动顺序是识别和记录项目活动之间的关系的过程。本过程的主要作用是定义工作之间的逻辑顺序，以便在既定的所有项目制约因素下获得最高的效率。本过程需要在整个项目期间开展。图 3-9 描述了本过程的输入和输出。

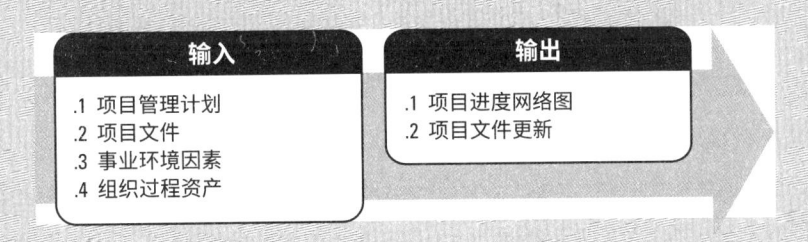

输入	输出
.1 项目管理计划 .2 项目文件 .3 事业环境因素 .4 组织过程资产	.1 项目进度网络图 .2 项目文件更新

图 3-9 排列活动顺序：输入和输出

究竟需要哪些项目管理计划组件和项目文件，取决于具体项目的需求。

3.8.1 项目管理计划组件

可用作本过程输入的项目管理计划组件包括（但不限于）：

◆ 进度管理计划；

◆ 范围基准。

3.8.2 项目文件示例

可用作本过程输入的项目文件包括（但不限于）：

◆ 活动属性；

◆ 活动清单；

◆ 假设日志；

◆ 里程碑清单。

3.8.3 项目文件更新

可在本过程更新的项目文件包括（但不限于）：

◆ 活动属性；

◆ 活动清单；

◆ 假设日志；

◆ 里程碑清单。

3.9 估算活动持续时间

估算活动持续时间是根据资源估算的结果，估算完成单项活动所需工作时段数的过程。本过程的主要作用是，确定完成每个活动所需花费的时间量。本过程需要在整个项目期间开展。图 3-10 描述了本过程的输入和输出。

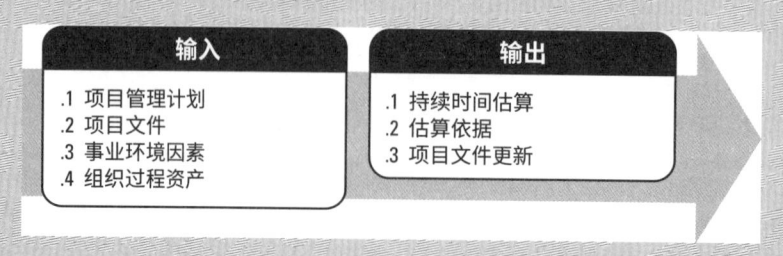

输入	输出
.1 项目管理计划 .2 项目文件 .3 事业环境因素 .4 组织过程资产	.1 持续时间估算 .2 估算依据 .3 项目文件更新

图 3-10 估算活动持续时间：输入和输出

究竟需要哪些项目管理计划组件和项目文件，取决于具体项目的需求。

3.9.1 项目管理计划组件

可用作本过程输入的项目管理计划组件包括（但不限于）：

- ◆ 进度管理计划；
- ◆ 范围基准。

3.9.2 项目文件示例

可用作本过程输入的项目文件包括（但不限于）：

- ◆ 活动属性；
- ◆ 活动清单；
- ◆ 假设日志；
- ◆ 经验教训登记册；
- ◆ 里程碑清单；
- ◆ 项目团队派工单；
- ◆ 资源分解结构；
- ◆ 资源日历；
- ◆ 资源需求；
- ◆ 风险登记册。

3.9.3 项目文件更新

可在本过程更新的项目文件包括（但不限于）：

◆ 活动属性；

◆ 假设日志；

◆ 经验教训登记册。

3.10 制定进度计划

制定进度计划是分析活动顺序、持续时间、资源需求和进度制约因素，创建进度模型，从而落实项目执行和监控的过程。本过程的主要作用是，为完成项目活动而制定具有计划日期的进度模型。本过程需要在整个项目期间开展。图3-11描述了本过程的输入和输出。

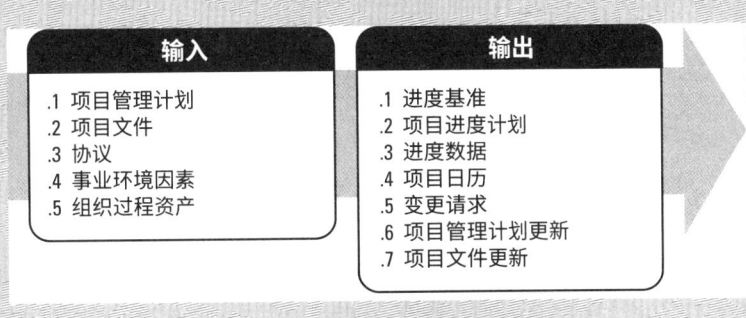

输入	输出
.1 项目管理计划 .2 项目文件 .3 协议 .4 事业环境因素 .5 组织过程资产	.1 进度基准 .2 项目进度计划 .3 进度数据 .4 项目日历 .5 变更请求 .6 项目管理计划更新 .7 项目文件更新

图3-11 制定进度计划：输入和输出

究竟需要哪些项目管理计划组件和项目文件，取决于具体项目的需求。

3.10.1 项目管理计划组件

可用作本过程输入的项目管理计划组件包括（但不限于）：

◆ 进度管理计划；

◆ 范围基准。

3.10.2 项目文件示例

可用作本过程输入的项目文件包括（但不限于）：

- 活动属性；
- 活动清单；
- 假设日志；
- 估算依据；
- 持续时间估算；
- 经验教训登记册；
- 里程碑清单；
- 项目进度网络图；
- 项目团队派工单；
- 资源日历；
- 资源需求；
- 风险登记册。

3.10.3 项目管理计划更新

可在本过程更新的项目管理计划组件包括（但不限于）：

- 进度管理计划；
- 成本基准。

3.10.4 项目文件更新

可在本过程更新的项目文件包括（但不限于）：

- 活动属性；
- 假设日志；
- 持续时间估算；
- 经验教训登记册；
- 资源需求；
- 风险登记册。

3.11 规划成本管理

规划成本管理是确定如何估算、预算、管理、监督和控制项目成本的过程。本过程的主要作用是，在整个项目期间为如何管理项目成本提供指南和方向。本过程仅开展一次或仅在项目的预定义点开展。图 3-12 描述了本过程的输入和输出。

输入	输出
.1 项目章程 .2 项目管理计划 .3 事业环境因素 .4 组织过程资产	.1 成本管理计划

图 3-12 规划成本管理：输入和输出

究竟需要哪些项目管理计划组件，取决于具体项目的需求。

3.11.1 项目管理计划组件

可用作本过程输入的项目管理计划组件包括（但不限于）：

◆ 进度管理计划；
◆ 风险管理计划。

3.12 估算成本

估算成本是对完成项目工作所需资金进行近似估算的过程。本过程的主要作用是，确定项目所需的资金。本过程应根据需要在整个项目期间定期开展。图 3-13 描述了本过程的输入和输出。

输入	输出
.1 项目管理计划 .2 项目文件 .3 事业环境因素 .4 组织过程资产	.1 成本估算 .2 估算依据 .3 项目文件更新

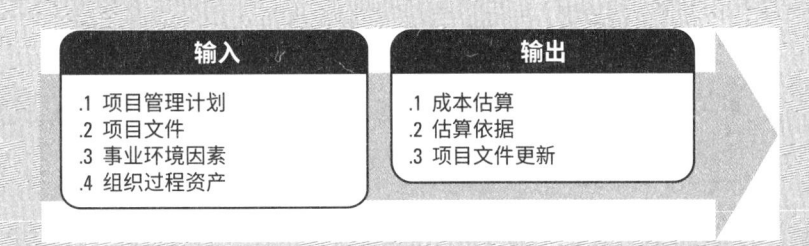

图 3-13 估算成本：输入和输出

究竟需要哪些项目管理计划组件和项目文件，取决于具体项目的需求。

3.12.1 项目管理计划组件

可用作本过程输入的项目管理计划组件包括（但不限于）：

- ◆ 成本管理计划；
- ◆ 质量管理计划；
- ◆ 范围基准。

3.12.2 项目文件示例

可用作本过程输入的项目文件包括（但不限于）：

- ◆ 经验教训登记册；
- ◆ 项目进度计划；
- ◆ 资源需求；
- ◆ 风险登记册。

3.12.3 项目文件更新

可在本过程更新的项目文件包括（但不限于）：

- ◆ 假设日志；
- ◆ 经验教训登记册；
- ◆ 风险登记册。

3.13 制定预算

制定预算是汇总所有单个活动或工作包的估算成本，建立一个经批准的成本基准的过程。本过程的主要作用是，确定可据以监督和控制项目绩效的成本基准。本过程仅开展一次或仅在项目的预定义点开展。图 3-14 描述了本过程的输入和输出。

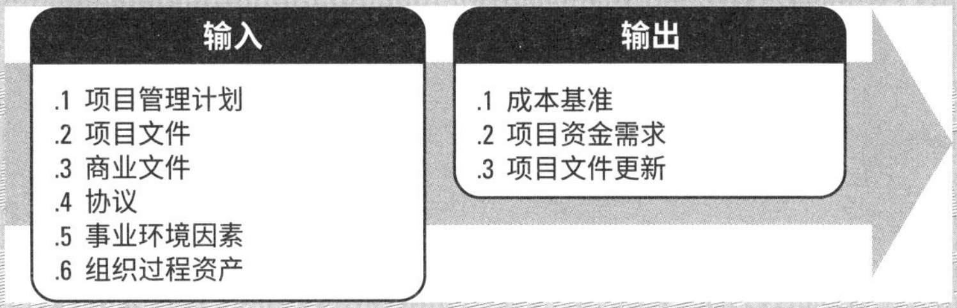

输入	输出
.1 项目管理计划 .2 项目文件 .3 商业文件 .4 协议 .5 事业环境因素 .6 组织过程资产	.1 成本基准 .2 项目资金需求 .3 项目文件更新

图 3-14 制定预算：输入和输出

究竟需要哪些项目管理计划组件和项目文件，取决于具体项目的需求。

3.13.1 项目管理计划组件

可用作本过程输入的项目管理计划组件包括（但不限于）：

◆ 成本管理计划；

◆ 资源管理计划；

◆ 范围基准。

3.13.2 项目文件示例

可用作本过程输入的项目文件包括（但不限于）：

◆ 估算依据；

◆ 成本估算；

◆ 项目进度计划；

◆ 风险登记册。

3.13.3 项目文件更新

可在本过程更新的项目文件包括（但不限于）：

◆ 成本估算；

◆ 项目进度计划；

◆ 风险登记册。

3.14 规划质量管理

规划质量管理是识别项目及其可交付成果的质量要求和（或）标准，并书面描述项目将如何证明符合质量要求和（或）标准的过程。本过程的主要作用是，为在整个项目期间如何管理和核实质量提供指南和方向。本过程仅开展一次或仅在项目的预定义点开展。图 3-15 描述了本过程的输入和输出。

输入	输出
.1 项目章程	.1 质量管理计划
.2 项目管理计划	.2 质量测量指标
.3 项目文件	.3 项目管理计划更新
.4 事业环境因素	.4 项目文件更新
.5 组织过程资产	

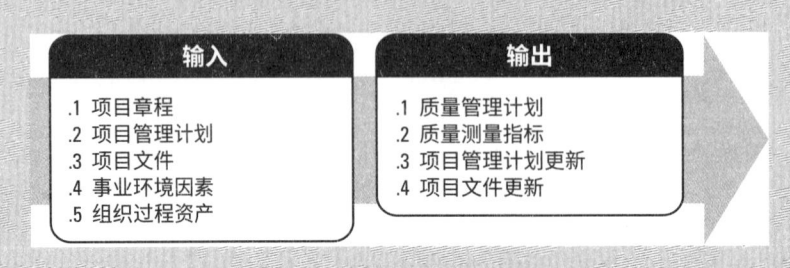

图 3-15 规划质量管理：输入和输出

究竟需要哪些项目管理计划组件和项目文件，取决于具体项目的需求。

3.14.1 项目管理计划组件

可用作本过程输入的项目管理计划组件包括（但不限于）：

- 需求管理计划；
- 风险管理计划；
- 相关方参与计划；
- 范围基准。

3.14.2 项目文件示例

可用作本过程输入的项目文件包括（但不限于）：

- 假设日志；
- 需求文件；
- 需求跟踪矩阵；
- 风险登记册；
- 相关方登记册。

3.14.3 项目管理计划更新

可在本过程更新的项目管理计划组件包括（但不限于）：

◆ 风险管理计划；
◆ 范围基准。

3.14.4 项目文件更新

可在本过程更新的项目文件包括（但不限于）：

◆ 经验教训登记册；
◆ 需求跟踪矩阵；
◆ 风险登记册；
◆ 相关方登记册。

3.15 规划资源管理

规划资源管理是定义如何估算、获取、管理和利用实物以及团队资源的过程。本过程的主要作用是，根据项目类型和复杂程度确定适用于项目资源的管理方法和管理程度。本过程仅开展一次或仅在项目的预定义点开展。图3-16描述了本过程的输入和输出。

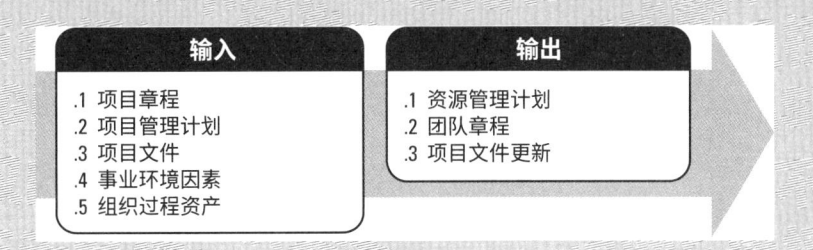

输入	输出
.1 项目章程	.1 资源管理计划
.2 项目管理计划	.2 团队章程
.3 项目文件	.3 项目文件更新
.4 事业环境因素	
.5 组织过程资产	

图3-16规划资源管理：输入和输出

究竟需要哪些项目管理计划组件和项目文件，取决于具体项目的需求。

3.15.1 项目管理计划组件

可用作本过程输入的项目管理计划组件包括（但不限于）：

- ◆ 质量管理计划；
- ◆ 范围基准。

3.15.2 项目文件

可用作本过程输入的项目文件包括（但不限于）：

- ◆ 项目进度计划；
- ◆ 需求文件；
- ◆ 风险登记册；
- ◆ 相关方登记册。

3.15.3 项目文件更新

可在本过程更新的项目文件包括（但不限于）：

- ◆ 假设日志；
- ◆ 风险登记册。

3.16 估算活动资源

估算活动资源是估算执行项目所需的团队资源，以及材料、设备和用品的类型和数量的过程。本过程的主要作用是，明确完成项目所需的资源种类、数量和特性。本过程应根据需要在整个项目期间定期开展。图 3-17 描述了本过程的输入和输出。

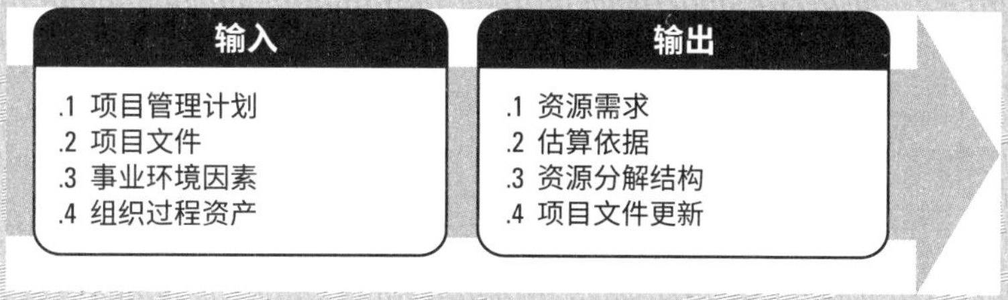

输入	输出
.1 项目管理计划 .2 项目文件 .3 事业环境因素 .4 组织过程资产	.1 资源需求 .2 估算依据 .3 资源分解结构 .4 项目文件更新

图 3-17 估算活动资源：输入和输出

究竟需要哪些项目管理计划组件和项目文件，取决于具体项目的需求。

3.16.1 项目管理计划组件

可用作本过程输入的项目管理计划组件包括（但不限于）：

- 资源管理计划；
- 范围基准。

3.16.2 项目文件示例

可用作本过程输入的项目文件包括（但不限于）：

- 活动属性；
- 活动清单；
- 假设日志；
- 成本估算；
- 资源日历；
- 风险登记册。

3.16.3 项目文件更新

可在本过程更新的项目文件包括（但不限于）：

- 活动属性；
- 假设日志；
- 经验教训登记册。

3.17 规划沟通管理

规划沟通管理是基于每个相关方或相关方群体的信息需求、可用的组织资产，以及具体项目的需求，为项目沟通活动制定恰当的方法和计划的过程。本过程的主要作用是，为及时向相关方提供相关信息，引导相关方有效参与项目，而编制书面沟通计划。本过程应根据需要在整个项目期间定期开展。图3-18描述了本过程的输入和输出。

输入	输出
.1 项目章程 .2 项目管理计划 .3 项目文件 .4 事业环境因素 .5 组织过程资产	.1 沟通管理计划 .2 项目管理计划更新 .3 项目文件更新

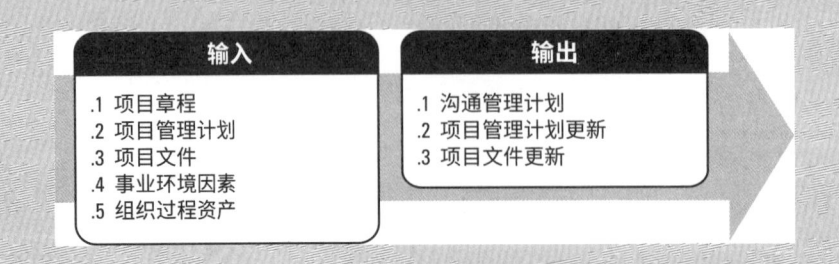

图 3-18 规划沟通管理：输入和输出

究竟需要哪些项目管理计划组件和项目文件，取决于具体项目的需求。

3.17.1 项目管理计划组件

可用作本过程输入的项目管理计划组件包括（但不限于）：

◆ 资源管理计划；

◆ 相关方参与计划。

3.17.2 项目文件示例

可用作本过程输入的项目文件包括（但不限于）：

◆ 需求文件；

◆ 相关方登记册。

3.17.3 项目管理计划更新

可在本过程更新的项目管理计划组件包括（但不限于）相关方参与计划。

3.17.4 项目文件更新

可在本过程更新的项目文件包括（但不限于）：

◆ 项目进度计划；

◆ 相关方登记册。

3.18 规划风险管理

规划风险管理是定义如何实施项目风险管理活动的过程。本过程的主要作用是，确保风险管理的水平、方法和可见度与项目风险程度，以及项目对组织和其他相关方的重要程度相匹配。本过程仅开展一次或仅在项目的预定义点开展。图 3-19 描述了本过程的输入和输出。

输入	输出
.1 项目章程 .2 项目管理计划 .3 项目文件 .4 事业环境因素 .5 组织过程资产	.1 风险管理计划

图 3-19规划风险管理：输入和输出

究竟需要哪些项目管理计划组件和项目文件，取决于具体项目的需求。

3.18.1 项目管理计划组件

在规划项目风险管理时，应考虑项目管理计划的所有可用组件，以确保风险管理符合具体项目的需求。

3.18.2 项目文件示例

可用作本过程输入的项目文件包括（但不限于）相关方登记册。

3.19 识别风险

识别风险是识别单个项目风险，以及整体项目风险的来源，并记录风险特征的过程。本过程的主要作用是，记录现有的单个项目风险，以及整体项目风险的来源。本过程还汇集相关信息，以便项目团队能够恰当应对已识别风险。本过程需要在整个项目期间开展。图 3-20 描述了本过程的输入和输出。

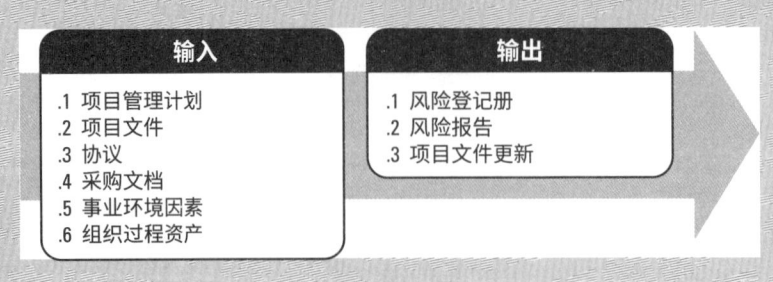

输入	输出
.1 项目管理计划 .2 项目文件 .3 协议 .4 采购文档 .5 事业环境因素 .6 组织过程资产	.1 风险登记册 .2 风险报告 .3 项目文件更新

图 3-20 识别风险：输入和输出

究竟需要哪些项目管理计划组件和项目文件，取决于具体项目的需求。

3.19.1 项目管理计划组件

可用作本过程输入的项目管理计划组件包括（但不限于）：

- 需求管理计划；
- 进度管理计划；
- 成本管理计划；
- 质量管理计划；
- 资源管理计划；
- 风险管理计划；
- 范围基准；
- 进度基准；
- 成本基准。

3.19.2 项目文件示例

可用作本过程输入的项目文件包括（但不限于）：

- 假设日志；
- 成本估算；
- 持续时间估算；
- 问题日志；
- 经验教训登记册；
- 需求文件；
- 资源需求；
- 相关方登记册。

3.19.3 项目文件更新

可在本过程更新的项目文件包括（但不限于）：

- 假设日志；
- 问题日志；
- 经验教训登记册。

3.20 实施定性风险分析

实施定性风险分析是通过评估单个项目风险发生的概率和影响以及其他特征,对风险进行优先排序,从而为后续分析或行动提供基础的过程。本过程的主要作用是重点关注高优先级的风险。本过程需要在整个项目期间开展。图 3-21 描述了本过程的输入和输出。

输入	输出
.1 项目管理计划 .2 项目文件 .3 事业环境因素 .4 组织过程资产	.1 项目文件更新

图 3-21 实施定性风险分析:输入和输出

究竟需要哪些项目管理计划组件和项目文件,取决于具体项目的需求。

3.20.1 项目管理计划组件

可用作本过程输入的项目管理计划组件包括(但不限于)风险管理计划。

3.20.2 项目文件示例

可用作本过程输入的项目文件包括(但不限于):

◆ 假设日志;

◆ 风险登记册;

◆ 相关方登记册。

3.20.3 项目文件更新

可在本过程更新的项目文件包括（但不限于）：

- ◆ 假设日志；
- ◆ 问题日志；
- ◆ 风险登记册；
- ◆ 风险报告。

3.21 实施定量风险分析

实施定量风险分析是就已识别的单个项目风险和不确定性的其他来源对整体项目目标的影响进行定量分析的过程。本过程的主要作用是，量化整体项目风险敞口，并提供额外的定量风险信息，以支持风险应对规划。本过程需要在整个项目期间开展。图 3-22 描述了本过程的输入和输出。

输入
- .1 项目管理计划
- .2 项目文件
- .3 事业环境因素
- .4 组织过程资产

输出
- .1 项目文件更新

图 3-22 实施定量风险分析：输入和输出

究竟需要哪些项目管理计划组件和项目文件，取决于具体项目的需求。

3.21.1 项目管理计划组件

可用作本过程输入的项目管理计划组件包括（但不限于）：

- ◆ 风险管理计划；
- ◆ 范围基准；
- ◆ 进度基准；
- ◆ 成本基准。

3.21.2 项目文件示例

可用作本过程输入的项目文件包括（但不限于）：

- ◆ 假设日志；
- ◆ 估算依据；
- ◆ 成本估算；
- ◆ 成本预测；
- ◆ 持续时间估算；
- ◆ 里程碑清单；
- ◆ 资源需求；
- ◆ 风险登记册；
- ◆ 风险报告；
- ◆ 进度预测。

3.21.3 项目文件更新

可在本过程更新的项目文件包括（但不限于）风险报告。

3.22 规划风险应对

规划风险应对是为处理整体项目风险敞口，以及应对单个项目风险，而制定可选方案、选择应对策略并商定应对行动的过程。本过程的主要作用是，制定应对整体项目风险和单个项目风险的适当方法。本过程还将分配资源，并根据需要将相关活动添加进项目文件和项目管理计划。本过程需要在整个项目期间开展。图3-23描述了本过程的输入和输出。

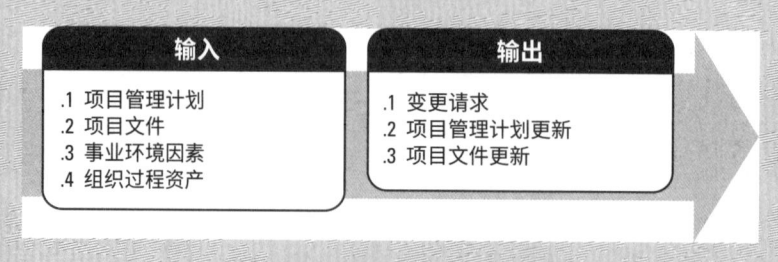

输入	输出
.1 项目管理计划	.1 变更请求
.2 项目文件	.2 项目管理计划更新
.3 事业环境因素	.3 项目文件更新
.4 组织过程资产	

图 3-23 规划风险应对：输入和输出

究竟需要哪些项目管理计划组件和项目文件，取决于具体项目的需求。

3.22.1 项目管理计划组件

可用作本过程输入的项目管理计划组件包括（但不限于）：

- 资源管理计划；
- 风险管理计划；
- 成本基准。

3.22.2 项目文件示例

可用作本过程输入的项目文件包括（但不限于）：

- 经验教训登记册；
- 项目进度计划；
- 项目团队派工单；
- 资源日历；
- 风险登记册；
- 风险报告；
- 相关方登记册。

3.22.3 项目管理计划更新

可在本过程更新的项目管理计划组件包括（但不限于）：

- 进度管理计划；
- 成本管理计划；
- 质量管理计划；
- 资源管理计划；
- 采购管理计划；
- 范围基准；
- 进度基准；
- 成本基准。

3.22.4 项目文件更新

可在本过程更新的项目文件包括（但不限于）：

◆ 假设日志；

◆ 成本预测；

◆ 经验教训登记册；

◆ 项目进度计划；

◆ 项目团队派工单；

◆ 风险登记册；

◆ 风险报告。

3.23 规划采购管理

规划采购管理是记录项目采购决策，明确采购方法，识别潜在卖方的过程。本过程的主要作用是，确定是否从项目外部获取货物和服务，如果是，则还要确定将在什么时间、以什么方式获取什么货物和服务。货物和服务可从执行组织的其他部门采购，或者从外部渠道采购。本过程仅开展一次或仅在项目的预定义点开展。图 3-24 描述了本过程的输入和输出。

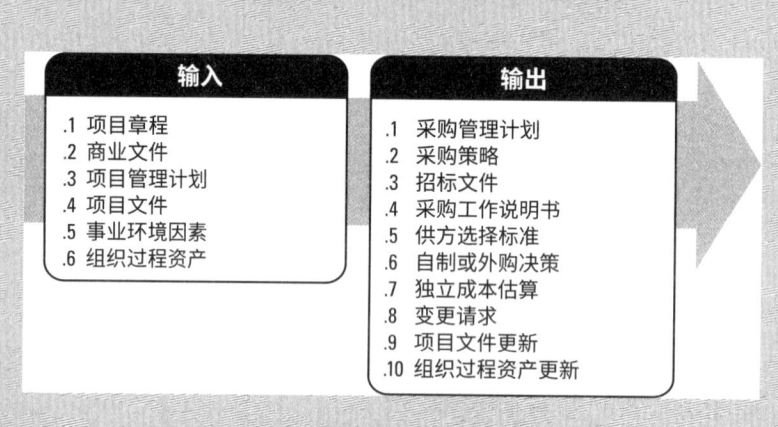

输入	输出
.1 项目章程	.1 采购管理计划
.2 商业文件	.2 采购策略
.3 项目管理计划	.3 招标文件
.4 项目文件	.4 采购工作说明书
.5 事业环境因素	.5 供方选择标准
.6 组织过程资产	.6 自制或外购决策
	.7 独立成本估算
	.8 变更请求
	.9 项目文件更新
	.10 组织过程资产更新

图 3-24 规划采购：输入和输出

究竟需要哪些项目管理计划组件和项目文件，取决于具体项目的需求。

3.23.1 项目管理计划组件

可用作本过程输入的项目管理计划组件包括（但不限于）：

- ◆ 范围管理计划；
- ◆ 质量管理计划；
- ◆ 资源管理计划；
- ◆ 范围基准。

3.23.2 项目文件示例

可用作本过程输入的项目文件包括（但不限于）：

- ◆ 里程碑清单；
- ◆ 项目团队派工单；
- ◆ 需求文件；
- ◆ 需求跟踪矩阵；
- ◆ 资源需求；
- ◆ 风险登记册；
- ◆ 相关方登记册。

3.23.3 项目文件更新

可在本过程更新的项目文件包括（但不限于）：

- ◆ 经验教训登记册；
- ◆ 里程碑清单；
- ◆ 需求文件；
- ◆ 需求跟踪矩阵；
- ◆ 风险登记册；
- ◆ 相关方登记册。

3.24 规划相关方参与

规划相关方参与是根据相关方的需求、期望、利益和对项目的潜在影响，制定项目相关方参与项目的方法的过程。本过程的主要作用是，提供与相关方进行有效互动的可行计划。本过程应根据需要在整个项目期间定期开展。图 3-25 描述了本过程的输入和输出。

输入
.1 项目章程
.2 项目管理计划
.3 项目文件
.4 协议
.5 事业环境因素
.6 组织过程资产

输出
.1 相关方参与计划

图 3-25规划相关方参与：输入和输出

究竟需要哪些项目管理计划组件和项目文件，取决于具体项目的需求。

3.24.1 项目管理计划组件

可用作本过程输入的项目管理计划组件包括（但不限于）：

- 资源管理计划；
- 沟通管理计划；
- 风险管理计划。

3.24.2 项目文件示例

可用作本过程输入的项目文件包括（但不限于）：

- 假设日志；
- 变更日志；
- 问题日志；
- 项目进度计划；
- 风险登记册；
- 相关方登记册。

4

执行过程组

　　执行过程组包括完成项目管理计划中确定的工作，以满足项目要求的一组过程。本过程组需要按照项目管理计划来协调资源，管理相关方参与，以及整合并实施项目活动。本过程组的主要作用是，根据计划执行为满足项目要求、实现项目目标所需的项目工作。相当多的项目预算、资源和时间将用于开展执行过程组的过程。开展执行过程组的过程，可能导致变更请求。一旦变更请求获得批准，则可能触发一个或多个规划过程，来修改管理计划、完善项目文件，甚至建立新的基准。执行过程组（图4-1）包括第4.1节至4.10节所列的项目管理过程。

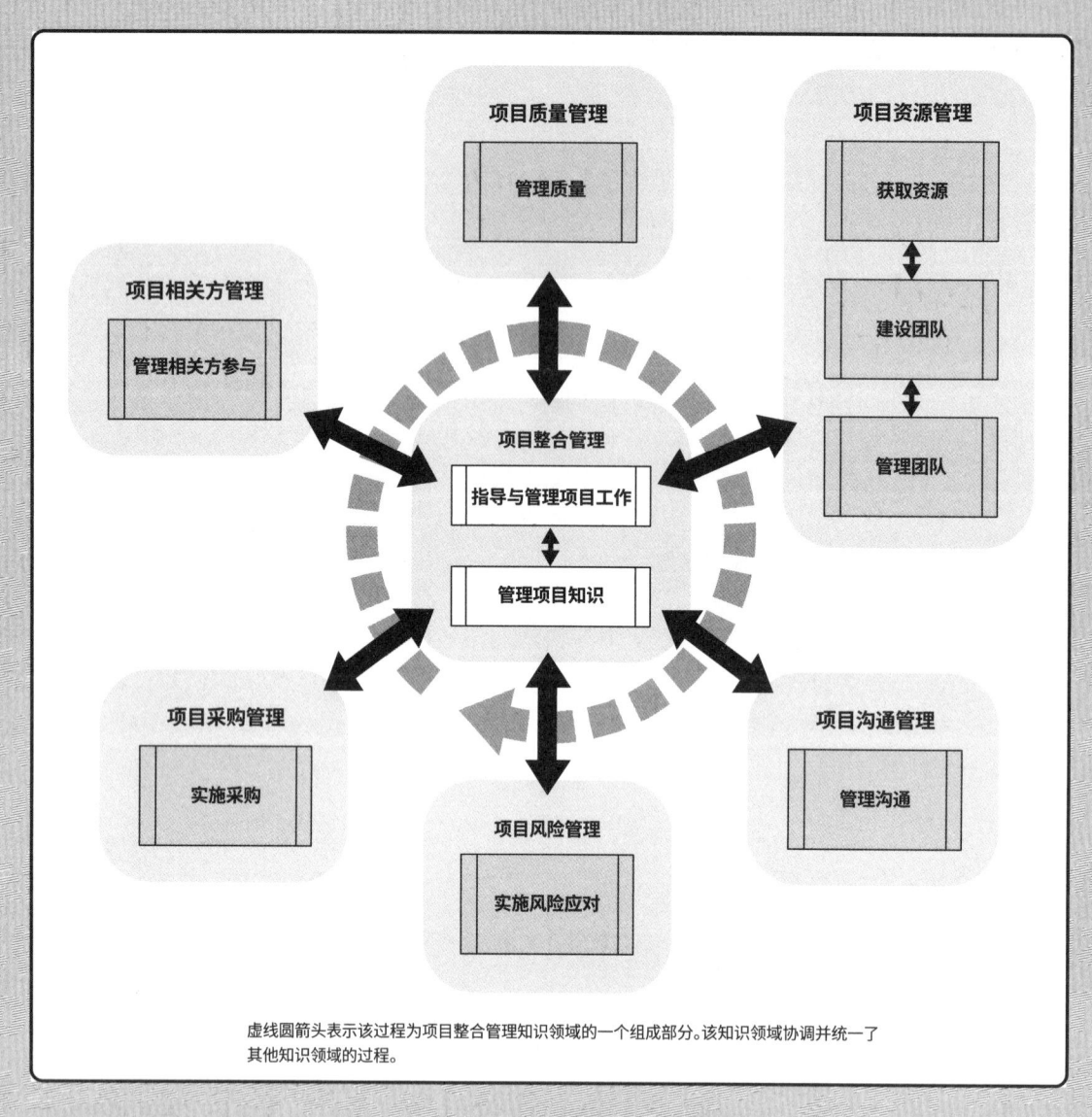

虚线圆箭头表示该过程为项目整合管理知识领域的一个组成部分。该知识领域协调并统一了其他知识领域的过程。

图 4-1 执行过程组

4.1 指导与管理项目工作

指导与管理项目工作是为实现项目目标而领导和执行项目管理计划中所确定的工作,并实施已批准变更的过程。本过程的主要作用是,对项目工作和可交付成果开展综合管理,以提高项目成功的可能性。本过程需要在整个项目期间开展。图 4-2 描述了本过程的输入和输出。

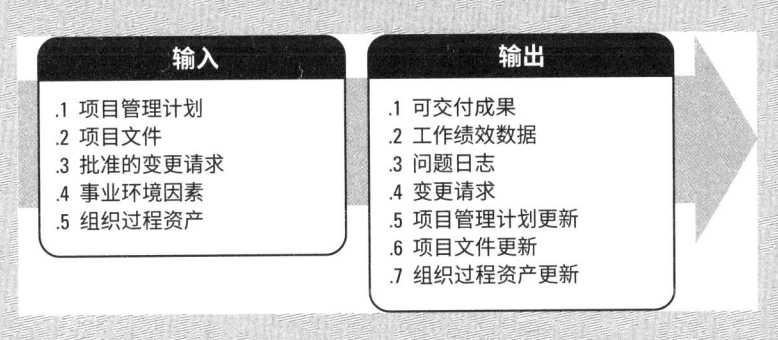

输入	输出
.1 项目管理计划 .2 项目文件 .3 批准的变更请求 .4 事业环境因素 .5 组织过程资产	.1 可交付成果 .2 工作绩效数据 .3 问题日志 .4 变更请求 .5 项目管理计划更新 .6 项目文件更新 .7 组织过程资产更新

图 4-2 指导与管理项目工作:输入和输出

究竟需要哪些项目管理计划组件和项目文件,取决于具体项目的需求。

4.1.1 项目管理计划组件

项目管理计划的任何组件都可用作本过程的输入。

4.1.2 项目文件示例

可用作本过程输入的项目文件包括(但不限于):

- ◆ 变更日志;
- ◆ 经验教训登记册;
- ◆ 里程碑清单;
- ◆ 项目沟通记录;
- ◆ 项目进度计划;
- ◆ 需求跟踪矩阵;
- ◆ 风险登记册;
- ◆ 风险报告。

4.1.3 项目管理计划更新

项目管理计划的任何组件都可在本过程更新。

4.1.4 项目文件更新

可在本过程更新的项目文件包括（但不限于）：

- ◆ 活动清单；
- ◆ 假设日志；
- ◆ 经验教训登记册；
- ◆ 需求文件；
- ◆ 风险登记册；
- ◆ 相关方登记册。

4.2 管理项目知识

管理项目知识是使用现有知识并生成新知识，以实现项目目标，并且帮助组织学习的过程。本过程的主要作用是，利用已有的组织知识来创造或改进项目成果，并且使当前项目创造的知识可用于支持组织运营和未来的项目或阶段。本过程需要在整个项目期间开展。图 4-3 描述了本过程的输入和输出。

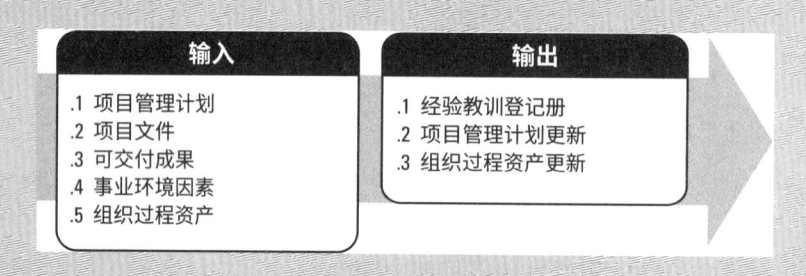

输入
.1 项目管理计划
.2 项目文件
.3 可交付成果
.4 事业环境因素
.5 组织过程资产

输出
.1 经验教训登记册
.2 项目管理计划更新
.3 组织过程资产更新

图 4-3 管理项目知识：输入和输出

究竟需要哪些项目管理计划组件和项目文件，取决于具体项目的需求。

4.2.1 项目管理计划组件

项目管理计划的所有组件都可用作本过程的输入。

4.2.2 项目文件

可用作本过程输入的项目文件包括（但不限于）：

- ◆ 经验教训登记册；
- ◆ 项目团队派工单；
- ◆ 资源分解结构；
- ◆ 供方选择标准；
- ◆ 相关方登记册。

4.2.3 项目管理计划更新

项目管理计划的任何组件都可在本过程更新。

4.3 管理质量

管理质量是把组织的质量政策用于项目，并将质量管理计划转化为可执行的质量活动的过程。本过程的主要作用是，提高实现质量目标的可能性，以及识别无效过程和导致质量低劣的原因。本过程需要在整个项目期间开展。图 4-4 描述了本过程的输入和输出。

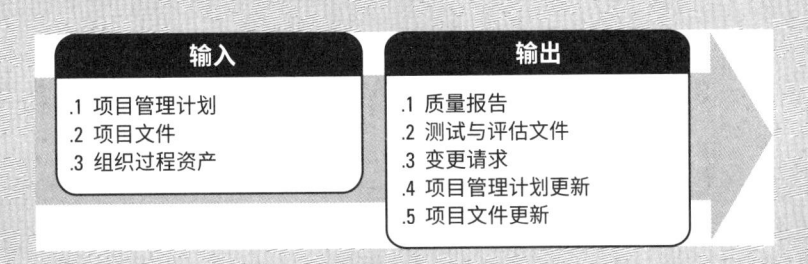

输入	输出
.1 项目管理计划	.1 质量报告
.2 项目文件	.2 测试与评估文件
.3 组织过程资产	.3 变更请求
	.4 项目管理计划更新
	.5 项目文件更新

图 4-4 管理质量：输入和输出

究竟需要哪些项目管理计划组件和项目文件，取决于具体项目的需求。

4.3.1 项目管理计划组件

可用作本过程输入的项目管理计划组件包括（但不限于）质量管理计划。

4.3.2 项目文件示例

可用作本过程输入的项目文件包括（但不限于）：

◆ 经验教训登记册；

◆ 质量控制测量结果；

◆ 质量测量指标；

◆ 风险报告。

4.3.3 项目管理计划更新

可在本过程更新的项目管理计划组件包括（但不限于）：

◆ 质量管理计划；

◆ 范围基准；

◆ 进度基准；

◆ 成本基准。

4.3.4 项目文件更新

可在本过程更新的项目文件包括（但不限于）：

◆ 问题日志；

◆ 经验教训登记册；

◆ 风险登记册。

4.4 获取资源

获取资源是获取项目所需的团队成员、设施、设备、材料、用品和其他资源的过程。本过程的主要作用是，概述和指导资源的选择，并将其分配给相应的活动。本过程应根据需要在整个项目期间定期开展。图 4-5 描述了本过程的输入和输出。

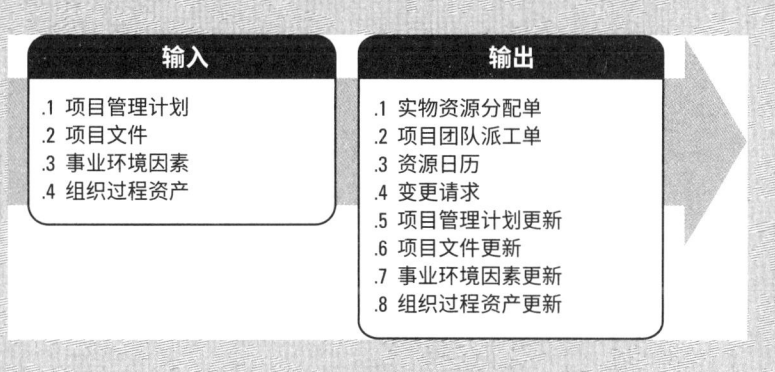

输入	输出
.1 项目管理计划	.1 实物资源分配单
.2 项目文件	.2 项目团队派工单
.3 事业环境因素	.3 资源日历
.4 组织过程资产	.4 变更请求
	.5 项目管理计划更新
	.6 项目文件更新
	.7 事业环境因素更新
	.8 组织过程资产更新

图 4-5 获取资源：输入和输出

究竟需要哪些项目管理计划组件和项目文件，取决于具体项目的需求。

4.4.1 项目管理计划组件

可用作本过程输入的项目管理计划组件包括（但不限于）：

◆ 资源管理计划；

◆ 采购管理计划；

◆ 成本基准。

4.4.2 项目文件示例

可用作本过程输入的项目文件包括（但不限于）：

◆ 项目进度计划；

◆ 资源日历；

◆ 资源需求；

◆ 相关方登记册。

4.4.3 项目管理计划更新

可在本过程更新的项目管理计划组件包括（但不限于）：

- ◆ 资源管理计划；
- ◆ 成本基准。

4.4.4 项目文件更新

可在本过程更新的项目文件包括（但不限于）：

- ◆ 经验教训登记册；
- ◆ 项目进度计划；
- ◆ 资源分解结构；
- ◆ 资源日历；
- ◆ 资源需求；
- ◆ 风险登记册；
- ◆ 相关方登记册。

4.5 建设团队

建设团队是提高工作能力，促进团队成员互动，改善团队整体氛围，以提高项目绩效的过程。本过程的主要作用是，改进团队协作、增强人际技能、激励员工、减少摩擦以及提升整体项目绩效。本过程需要在整个项目期间开展。图4-6描述了本过程的输入和输出。

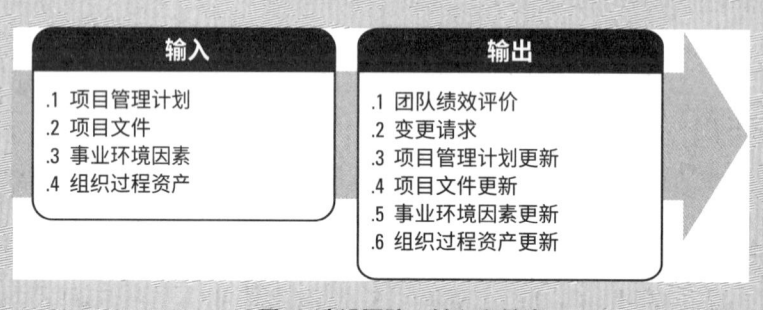

输入	输出
.1 项目管理计划	.1 团队绩效评价
.2 项目文件	.2 变更请求
.3 事业环境因素	.3 项目管理计划更新
.4 组织过程资产	.4 项目文件更新
	.5 事业环境因素更新
	.6 组织过程资产更新

图 4-6 建设团队：输入和输出

究竟需要哪些项目管理计划组件和项目文件，取决于具体项目的需求。

4.5.1 项目管理计划组件

可用作本过程输入的项目管理计划组件包括（但不限于）资源管理计划。

4.5.2 项目文件示例

可用作本过程输入的项目文件包括（但不限于）：

- ◆ 经验教训登记册；
- ◆ 项目进度计划；
- ◆ 项目团队派工单；
- ◆ 资源日历；
- ◆ 团队章程。

4.5.3 项目管理计划更新

可在本过程更新的项目管理计划组件包括（但不限于）资源管理计划。

4.5.4 项目文件更新

可在本过程更新的项目文件包括（但不限于）：

- ◆ 经验教训登记册；
- ◆ 项目进度计划；
- ◆ 项目团队派工单；
- ◆ 资源日历；
- ◆ 团队章程。

4.6 管理团队

管理团队是跟踪团队成员工作表现，提供反馈，解决问题并管理团队变更，以优化项目绩效的过程。本过程的主要作用是，影响团队行为、管理冲突以及解决问题。本过程需要在整个项目期间开展。图4-7描述了本过程的输入和输出。

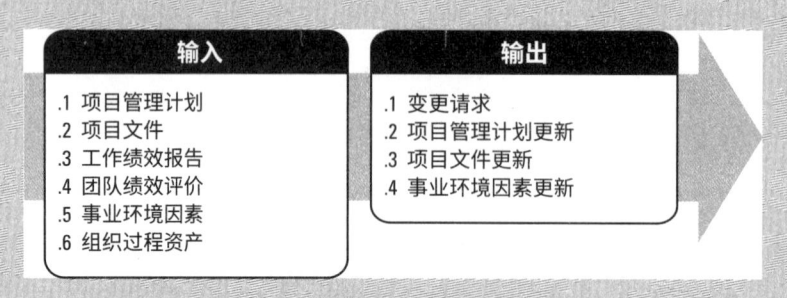

输入	输出
.1 项目管理计划 .2 项目文件 .3 工作绩效报告 .4 团队绩效评价 .5 事业环境因素 .6 组织过程资产	.1 变更请求 .2 项目管理计划更新 .3 项目文件更新 .4 事业环境因素更新

图4-7 管理团队：输入和输出

究竟需要哪些项目管理计划组件和项目文件，取决于具体项目的需求。

4.6.1 项目管理计划组件

可用作本过程输入的项目管理计划组件包括（但不限于）资源管理计划。

4.6.2 项目文件示例

可用作本过程输入的项目文件包括（但不限于）：

◆ 问题日志；

◆ 经验教训登记册；

◆ 项目团队派工单；

◆ 团队章程。

4.6.3 项目管理计划更新

可在本过程更新的项目管理计划组件包括（但不限于）：

- ◆ 资源管理计划；
- ◆ 进度基准；
- ◆ 成本基准。

4.6.4 项目文件更新

可在本过程更新的项目文件包括（但不限于）：

- ◆ 问题日志；
- ◆ 经验教训登记册；
- ◆ 项目团队派工单。

4.7 管理沟通

管理沟通是指确保项目信息及时且恰当地收集、生成、发布、存储、检索、管理、监督和最终处置的过程。本过程的主要作用是，促成项目团队与相关方之间的有效信息流动。本过程需要在整个项目期间开展。图4-8描述了本过程的输入和输出。

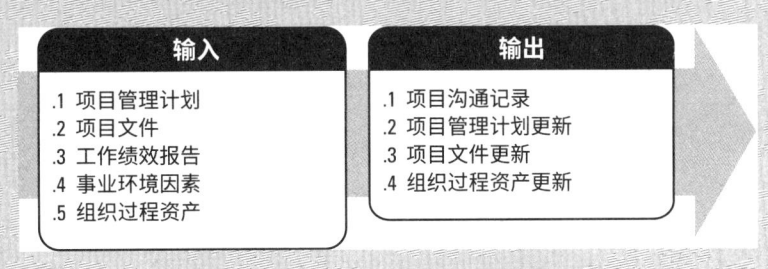

输入	输出
.1 项目管理计划	.1 项目沟通记录
.2 项目文件	.2 项目管理计划更新
.3 工作绩效报告	.3 项目文件更新
.4 事业环境因素	.4 组织过程资产更新
.5 组织过程资产	

图 4-8 管理沟通：输入和输出

究竟需要哪些项目管理计划组件和项目文件，取决于具体项目的需求。

4.7.1 项目管理计划组件

可用作本过程输入的项目管理计划组件包括（但不限于）：

- ◆ 资源管理计划；
- ◆ 沟通管理计划；
- ◆ 相关方参与计划。

4.7.2 项目文件示例

可用作本过程输入的项目文件包括（但不限于）：

- ◆ 变更日志；
- ◆ 问题日志；
- ◆ 经验教训登记册；
- ◆ 质量报告；
- ◆ 风险报告；
- ◆ 相关方登记册。

4.7.3 项目管理计划更新

可在本过程更新的项目管理计划组件包括（但不限于）：

- ◆ 沟通管理计划；
- ◆ 相关方参与计划。

4.7.4 项目文件更新

可在本过程更新的项目文件包括（但不限于）：

- ◆ 问题日志；
- ◆ 经验教训登记册；
- ◆ 项目进度计划；
- ◆ 风险登记册；
- ◆ 相关方登记册。

4.8 实施风险应对

实施风险应对是执行商定的风险应对计划的过程。本过程的主要作用是，确保按计划执行商定的风险应对措施，来管理整体项目风险敞口，以及最小化单个项目威胁，最大化单个项目机会。本过程需要在整个项目期间开展。图 4-9 描述了本过程的输入和输出。

输入
- .1 项目管理计划
- .2 项目文件
- .3 组织过程资产

输出
- .1 变更请求
- .2 项目文件更新

图 4-9 实施风险应对：输入和输出

究竟需要哪些项目管理计划组件和项目文件，取决于具体项目的需求。

4.8.1 项目管理计划组件

可用作本过程输入的项目管理计划组件包括（但不限于）风险管理计划。

4.8.2 项目文件示例

可用作本过程输入的项目文件包括（但不限于）：

- 经验教训登记册；
- 风险登记册；
- 风险报告。

4.8.3 项目文件更新

可在本过程更新的项目文件包括（但不限于）：

- 问题日志；
- 经验教训登记册；
- 项目团队派工单；
- 风险登记册；
- 风险报告。

4.9 实施采购

实施采购是获取卖方应答、选择卖方并授予合同的过程。本过程的主要作用是，选定合格卖方并签署关于货物或服务交付的法律协议。本过程应根据需要在整个项目期间定期开展。图 4-10 描述了本过程的输入和输出。

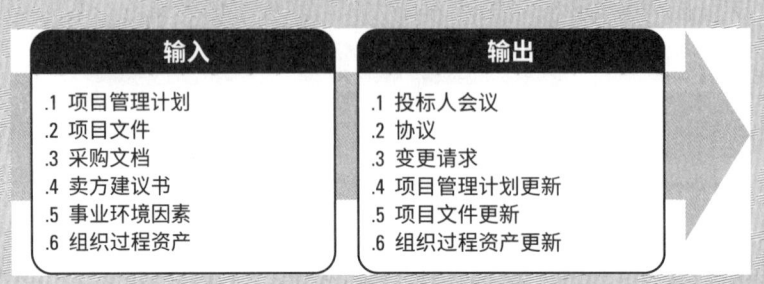

输入
.1 项目管理计划
.2 项目文件
.3 采购文档
.4 卖方建议书
.5 事业环境因素
.6 组织过程资产

输出
.1 投标人会议
.2 协议
.3 变更请求
.4 项目管理计划更新
.5 项目文件更新
.6 组织过程资产更新

图 4-10 实施采购：输入和输出

究竟需要哪些项目管理计划组件和项目文件，取决于具体项目的需求。

4.9.1 项目管理计划组件

可用作本过程输入的项目管理计划组件包括（但不限于）：

◆ 范围管理计划；

◆ 需求管理计划；

◆ 沟通管理计划；

◆ 风险管理计划；

◆ 采购管理计划；

◆ 配置管理计划；

◆ 成本基准。

4.9.2 项目文件示例

可用作本过程输入的项目文件包括（但不限于）：

- 经验教训登记册；
- 项目进度计划；
- 需求文件；
- 风险登记册；
- 相关方登记册。

4.9.3 项目管理计划更新

可在本过程更新的项目管理计划组件包括（但不限于）：

- 需求管理计划；
- 质量管理计划；
- 沟通管理计划；
- 风险管理计划；
- 采购管理计划；
- 范围基准；
- 进度基准；
- 成本基准。

4.9.4 项目文件更新

可在本过程更新的项目文件包括（但不限于）：

- 经验教训登记册；
- 需求文件；
- 需求跟踪矩阵；
- 资源日历；
- 风险登记册；
- 相关方登记册。

4.10 管理相关方参与

管理相关方参与是与相关方进行沟通和协作，以满足其需求与期望，处理问题，并促进相关方合理参与项目活动的过程。本过程的主要作用是，让项目经理提升相关方的支持，降低相关方的抵制。本过程需要在整个项目期间开展。图 4-11 描述了本过程的输入和输出。

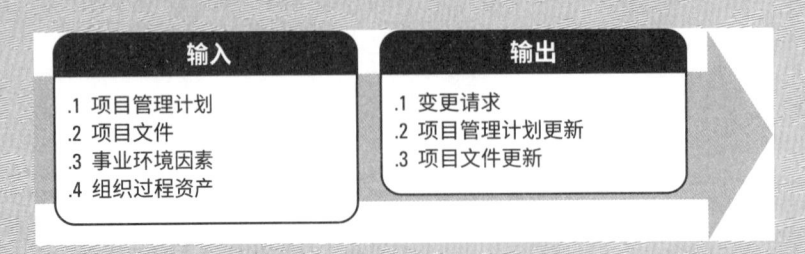

输入	输出
.1 项目管理计划 .2 项目文件 .3 事业环境因素 .4 组织过程资产	.1 变更请求 .2 项目管理计划更新 .3 项目文件更新

图 4-11 管理相关方参与：输入和输出

究竟需要哪些项目管理计划组件和项目文件，取决于具体项目的需求。

4.10.1 项目管理计划组件

可用作本过程输入的项目管理计划组件包括（但不限于）：

◆ 沟通管理计划；

◆ 风险管理计划；

◆ 相关方参与计划；

◆ 变更管理计划。

4.10.2 项目文件示例

可用作本过程输入的项目文件包括（但不限于）：

◆ 变更日志；

◆ 问题日志；

◆ 经验教训登记册；

◆ 相关方登记册。

4.10.3 项目管理计划更新

可在本过程更新的项目管理计划组件包括（但不限于）：

- ◆ 沟通管理计划；
- ◆ 相关方参与计划。

4.10.4 项目文件更新

可在本过程更新的项目文件包括（但不限于）：

- ◆ 变更日志；
- ◆ 问题日志；
- ◆ 经验教训登记册；
- ◆ 相关方登记册。

5

监控过程组

　　监控过程组包括跟踪、审查和调整项目进展与绩效，识别必要的计划变更并启动相应变更的一组过程。监督是收集项目绩效数据，计算绩效指标，并报告和发布绩效信息。控制是比较实际绩效与计划绩效，分析偏差，评估趋势以改进过程，评价可选方案，并建议必要的纠正措施。本过程组的主要作用是，按既定时间间隔、在特定事件发生时或在异常情况出现时，对项目绩效进行测量和分析，以识别和纠正与项目管理计划的偏差。监控过程组还涉及：

- ◆ 评价变更请求并制定恰当的响应行动；
- ◆ 建议纠正措施，或者对可能出现的问题建议预防措施；
- ◆ 对照项目管理计划和项目基准，监督正在进行中的项目活动；
- ◆ 影响可能导致规避变更控制过程的因素，确保只有经批准的变更才能付诸执行。

　　持续的监督使项目团队和其他相关方得以洞察项目的健康状况，并识别需要格外注意的方面。在监控过程组，需要监督和控制在每个知识领域、每个过程组、每个生命周期阶段以及整个项目中正在进行的工作。监控过程组（图5-1）包括5.1节至5.12节所列的项目管理过程。

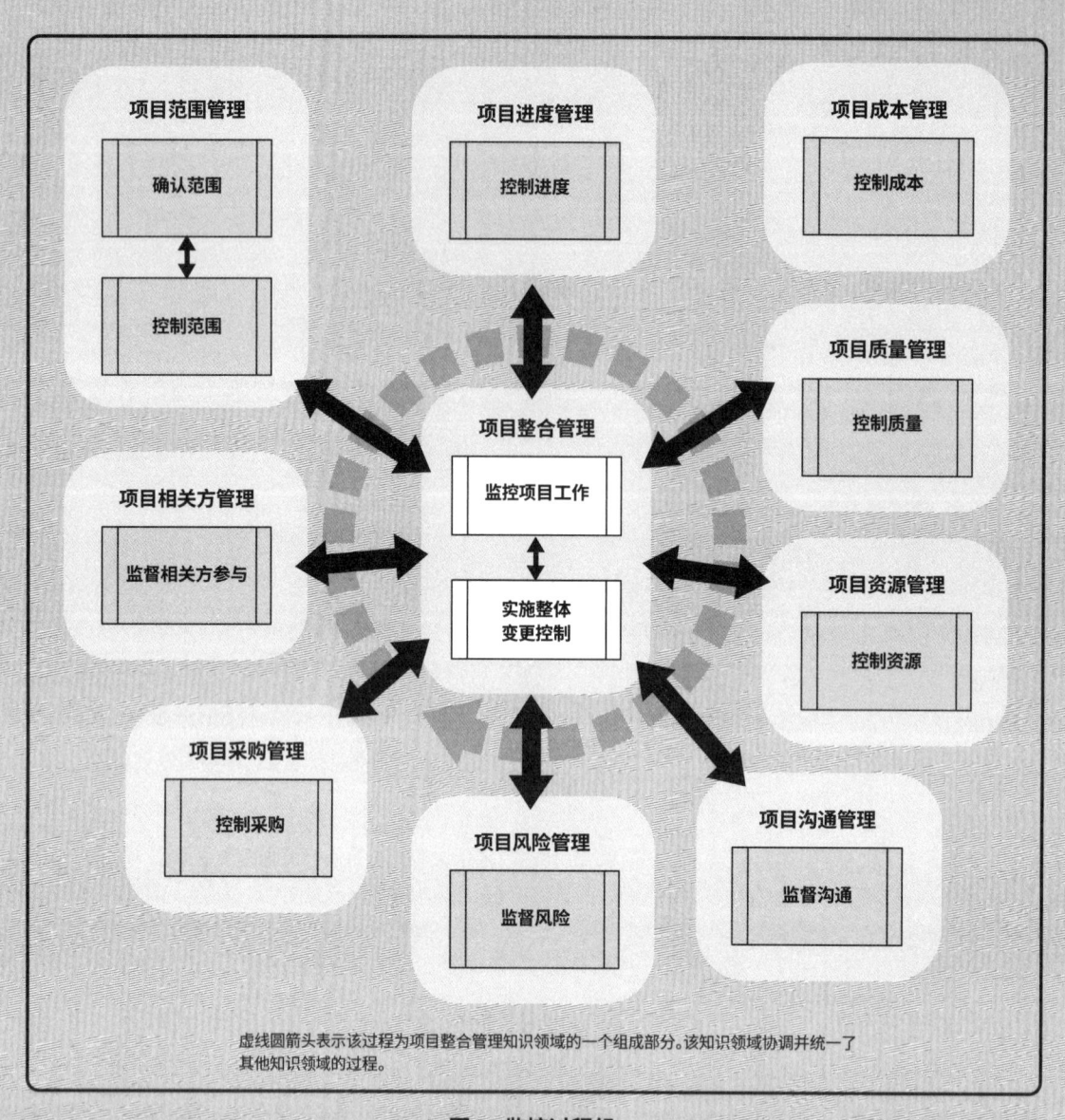

图 5-1 监控过程组

5.1 监控项目工作

监控项目工作是跟踪、审查和报告整体项目进展，以实现项目管理计划中确定的绩效目标的过程。本过程的主要作用是，让相关方了解项目的当前状态并认可为处理绩效问题而采取的行动，以及通过成本和进度预测，让相关方了解未来项目状态。本过程需要在整个项目期间开展。图5-2描述了本过程的输入和输出。

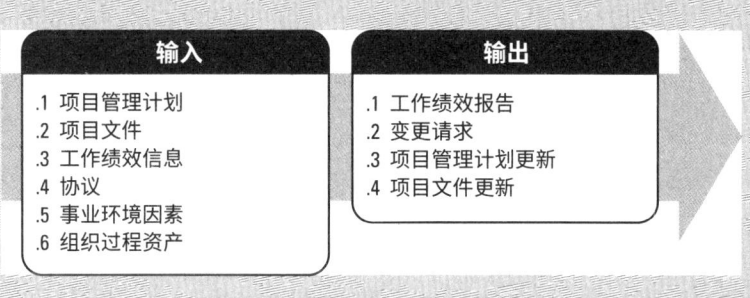

输入	输出
.1 项目管理计划	.1 工作绩效报告
.2 项目文件	.2 变更请求
.3 工作绩效信息	.3 项目管理计划更新
.4 协议	.4 项目文件更新
.5 事业环境因素	
.6 组织过程资产	

图 5-2 监控项目工作：输入和输出

究竟需要哪些项目管理计划组件和项目文件，取决于具体项目的需求。

5.1.1 项目管理计划组件

项目管理计划的任何组件都可用作本过程的输入。

5.1.2 项目文件示例

可用作本过程输入的项目文件包括（但不限于）：

- 假设日志；
- 估算依据；
- 成本预测；
- 问题日志；
- 经验教训登记册；
- 里程碑清单；
- 质量报告；
- 风险登记册；
- 风险报告；
- 进度预测。

5.1.3 项目管理计划更新

项目管理计划的任何组件都可在本过程更新。

5.1.4 项目文件更新

可在本过程更新的项目文件包括（但不限于）：

- ◆ 成本预测；
- ◆ 问题日志；
- ◆ 经验教训登记册；
- ◆ 风险登记册；
- ◆ 进度预测。

5.2 实施整体变更控制

实施整体变更控制是指审查所有变更请求，批准变更，管理对可交付成果、组织过程资产、项目文件和项目管理计划的变更，并对变更处理结果进行沟通的过程。本过程审查对项目文件、可交付成果或项目管理计划的所有变更请求，并决定对变更请求的处置方案。本过程的主要作用是，确保对项目中已记录在案的变更做综合评审。如果不考虑变更对整体项目目标或计划的影响就开展变更，往往会加剧整体项目风险。本过程需要在整个项目期间开展。图5-3描述了本过程的输入和输出。

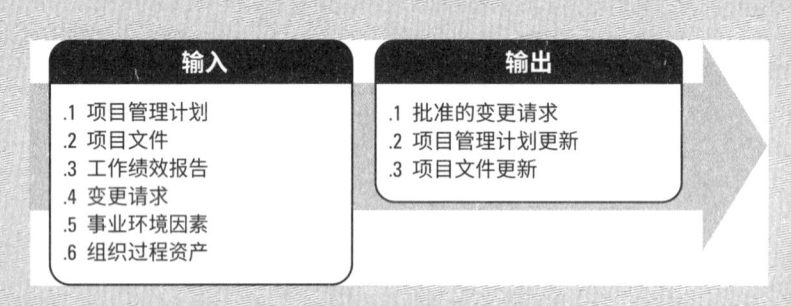

输入	输出
.1 项目管理计划 .2 项目文件 .3 工作绩效报告 .4 变更请求 .5 事业环境因素 .6 组织过程资产	.1 批准的变更请求 .2 项目管理计划更新 .3 项目文件更新

图 5-3 实施整体变更控制：输入和输出

究竟需要哪些项目管理计划组件和项目文件，取决于具体项目的需求。

5.2.1 项目管理计划组件

可用作本过程输入的项目管理计划组件包括（但不限于）：

- ◆ 变更管理计划；
- ◆ 配置管理计划；
- ◆ 范围基准；
- ◆ 进度基准；
- ◆ 成本基准。

5.2.2 项目文件示例

可用作本过程输入的项目文件包括（但不限于）：

- ◆ 估算依据；
- ◆ 需求跟踪矩阵；
- ◆ 风险报告。

5.2.3 项目管理计划更新

项目管理计划的任何组件都可在本过程更新。

5.2.4 项目文件更新

正式受控的任何项目文件都可在本过程变更。通常在本过程更新的一种项目文件是变更日志。变更日志用于记录项目期间发生的变更。

5.3 确认范围

确认范围是正式验收已完成的项目可交付成果的过程。本过程的主要作用是，使验收过程具有客观性；同时通过确认每个可交付成果，来提高最终产品、服务或成果获得验收的可能性。本过程应根据需要在整个项目期间定期开展。图 5-4 描述了本过程的输入和输出。

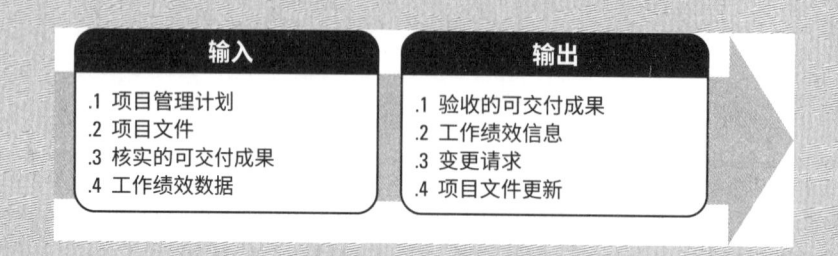

输入	输出
.1 项目管理计划	.1 验收的可交付成果
.2 项目文件	.2 工作绩效信息
.3 核实的可交付成果	.3 变更请求
.4 工作绩效数据	.4 项目文件更新

图 5-4 确认范围：输入和输出

究竟需要哪些项目管理计划组件和项目文件，取决于具体项目的需求。

5.3.1 项目管理计划组件

可用作本过程输入的项目管理计划组件包括（但不限于）：

◆ 范围管理计划；

◆ 需求管理计划；

◆ 范围基准。

5.3.2 项目文件示例

可用作本过程输入的项目文件包括（但不限于）：

◆ 经验教训登记册；

◆ 质量报告；

◆ 需求文件；

◆ 需求跟踪矩阵。

5.3.3 项目文件更新

可在本过程更新的项目文件包括（但不限于）：

- 经验教训登记册；
- 需求文件；
- 需求跟踪矩阵。

5.4 控制范围

控制范围是监督项目和产品的范围状态，管理范围基准变更的过程。本过程的主要作用是，在整个项目期间保持对范围基准的维护。本过程需要在整个项目期间开展。图 5-5 描述了本过程的输入和输出。

输入	输出
.1 项目管理计划 .2 项目文件 .3 工作绩效数据 .4 组织过程资产	.1 工作绩效信息 .2 变更请求 .3 项目管理计划更新 .4 项目文件更新

图 5-5 控制范围：输入和输出

究竟需要哪些项目管理计划组件和项目文件，取决于具体项目的需求。

5.4.1 项目管理计划组件

可用作本过程输入的项目管理计划组件包括（但不限于）：

- 范围管理计划；
- 需求管理计划；
- 变更管理计划；
- 配置管理计划；
- 范围基准；
- 绩效测量基准。

5.4.2 项目文件示例

可用作本过程输入的项目文件包括（但不限于）：

◆ 经验教训登记册；

◆ 需求文件；

◆ 需求跟踪矩阵。

5.4.3 项目管理计划更新

可在本过程更新的项目管理计划组件包括（但不限于）：

◆ 范围管理计划；

◆ 范围基准；

◆ 进度基准；

◆ 成本基准；

◆ 绩效测量基准。

5.4.4 项目文件更新

可在本过程更新的项目文件包括（但不限于）：

◆ 经验教训登记册；

◆ 需求文件；

◆ 需求跟踪矩阵。

5.5 控制进度

控制进度是监督项目状态，以更新项目进度和管理进度基准变更的过程。本过程的主要作用是，在整个项目期间保持对进度基准的维护。本过程需要在整个项目期间开展。图 5-6 描述了本过程的输入和输出。

输入	输出
.1 项目管理计划	.1 工作绩效信息
.2 项目文件	.2 进度预测
.3 工作绩效数据	.3 变更请求
.4 组织过程资产	.4 项目管理计划更新
	.5 项目文件更新

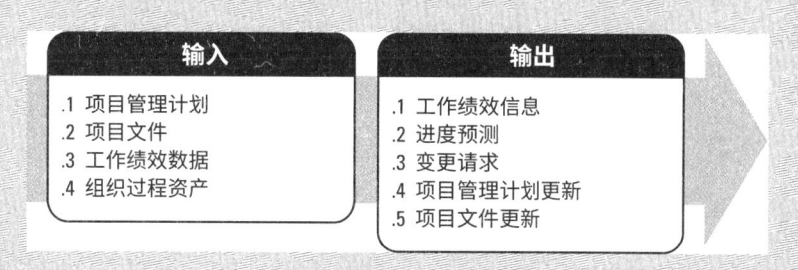

图 5-6 控制进度：输入和输出

究竟需要哪些项目管理计划组件和项目文件，取决于具体项目的需求。

5.5.1 项目管理计划组件

可用作本过程输入的项目管理计划组件包括（但不限于）：

◆ 进度管理计划；

◆ 进度基准；

◆ 范围基准；

◆ 绩效测量基准。

5.5.2 项目文件示例

可用作本过程输入的项目文件包括（但不限于）：

◆ 经验教训登记册；

◆ 项目日历；

◆ 项目进度计划；

◆ 资源日历；

◆ 进度数据。

5.5.3 项目管理计划更新

可在本过程更新的项目管理计划组件包括（但不限于）：

- 进度管理计划；
- 进度基准；
- 成本基准；
- 绩效测量基准。

5.5.4 项目文件更新

可在本过程更新的项目文件包括（但不限于）：

- 假设日志；
- 估算依据；
- 经验教训登记册；
- 项目进度计划；
- 资源日历；
- 风险登记册；
- 进度数据。

5.6 控制成本

控制成本是监督项目状态，以更新项目成本和管理成本基准变更的过程。本过程的主要作用是，在整个项目期间保持对成本基准的维护。本过程需要在整个项目期间开展。图5-7描述了本过程的输入和输出。

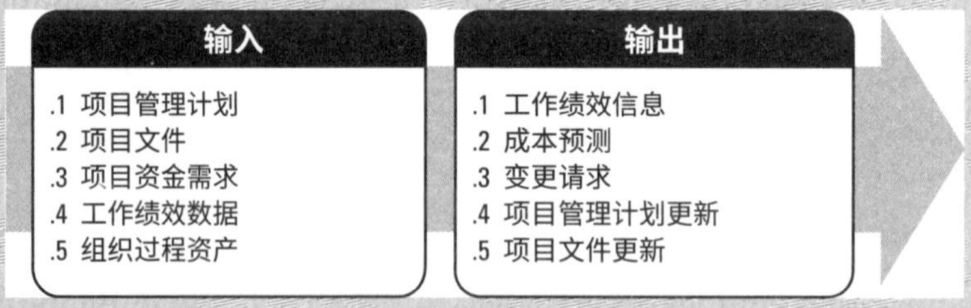

输入	输出
.1 项目管理计划	.1 工作绩效信息
.2 项目文件	.2 成本预测
.3 项目资金需求	.3 变更请求
.4 工作绩效数据	.4 项目管理计划更新
.5 组织过程资产	.5 项目文件更新

图5-7 控制成本：输入和输出

究竟需要哪些项目管理计划组件，取决于具体项目的需求。

5.6.1 项目管理计划组件

可用作本过程输入的项目管理计划组件包括（但不限于）：

- ◆ 成本管理计划；
- ◆ 成本基准；
- ◆ 绩效测量基准。

5.6.2 项目文件示例

可用作本过程输入的项目文件包括（但不限于）经验教训登记册。

5.6.3 项目管理计划更新

可在本过程更新的项目管理计划组件包括（但不限于）：

- ◆ 成本管理计划；
- ◆ 成本基准；
- ◆ 绩效测量基准。

5.6.4 项目文件更新

可在本过程更新的项目文件包括（但不限于）：

- ◆ 假设日志；
- ◆ 估算依据；
- ◆ 成本估算；
- ◆ 经验教训登记册；
- ◆ 风险登记册。

5.7 控制质量

控制质量是为了评估绩效，确保项目输出完整、正确并满足客户期望，而监督和记录质量管理活动执行结果的过程。本过程的主要作用是，核实项目可交付成果和工作已经达到主要相关方的质量要求，可供最终验收。本过程需要在整个项目期间开展。图5-8描述了本过程的输入和输出。

输入	输出
.1 项目管理计划 .2 项目文件 .3 批准的变更请求 .4 可交付成果 .5 工作绩效数据 .6 事业环境因素 .7 组织过程资产	.1 质量控制测量结果 .2 核实的可交付成果 .3 工作绩效信息 .4 变更请求 .5 项目管理计划更新 .6 项目文件更新

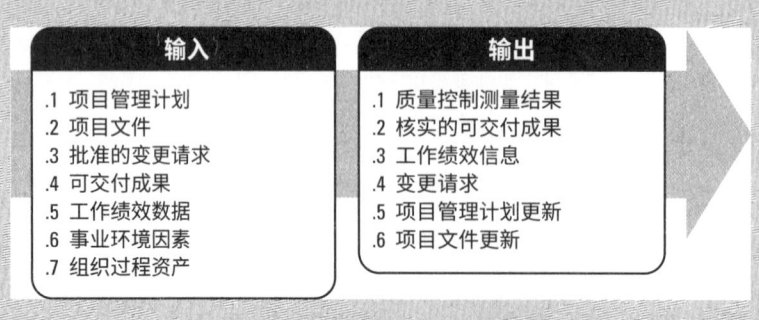

图5-8 控制质量：输入和输出

究竟需要哪些项目管理计划组件和项目文件，取决于具体项目的需求。

5.7.1 项目管理计划组件

可用作本过程输入的项目管理计划组件包括（但不限于）质量管理计划。

5.7.2 项目文件示例

可用作本过程输入的项目文件包括（但不限于）：

◆ 经验教训登记册；

◆ 质量测量指标；

◆ 测试与评估文件。

5.7.3 项目管理计划更新

可在本过程更新的项目管理计划组件包括（但不限于）质量管理计划。

5.7.4 项目文件更新

可在本过程更新的项目文件包括（但不限于）：

◆ 问题日志；

◆ 经验教训登记册；

◆ 风险登记册；

◆ 测试与评估文件。

5.8 控制资源

控制资源是确保被分配给项目的物质资源按计划就位，以及监督资源的计划和实际使用情况，并采取必要纠正措施的过程。本过程的主要作用是，确保所分配的资源适时适地可用于项目，且在不再需要时被释放。本过程需要在整个项目期间开展。图5-9描述了本过程的输入和输出。

输入	输出
.1 项目管理计划	.1 工作绩效信息
.2 项目文件	.2 变更请求
.3 工作绩效数据	.3 项目管理计划更新
.4 协议	.4 项目文件更新
.5 组织过程资产	

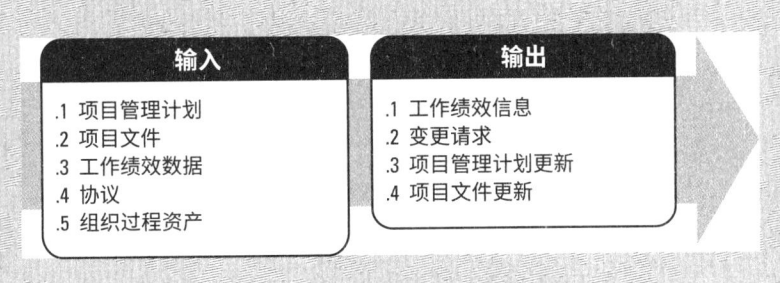

图 5-9 控制资源：输入和输出

究竟需要哪些项目管理计划组件和项目文件，取决于具体项目的需求。

5.8.1 项目管理计划组件

可用作本过程输入的项目管理计划组件包括（但不限于）资源管理计划。

5.8.2 项目文件示例

可用作本过程输入的项目文件包括（但不限于）：

- ◆ 问题日志；
- ◆ 经验教训登记册；
- ◆ 物质资源分配单；
- ◆ 项目进度计划；
- ◆ 资源分解结构；
- ◆ 资源需求；
- ◆ 风险登记册。

5.8.3 项目管理计划更新

可在本过程更新的项目管理计划组件包括（但不限于）：

- ◆ 资源管理计划；
- ◆ 进度基准；
- ◆ 成本基准。

5.8.4 项目文件更新

可在本过程更新的项目文件包括（但不限于）：

- ◆ 假设日志；
- ◆ 问题日志；
- ◆ 经验教训登记册；
- ◆ 物质资源分配单；
- ◆ 资源分解结构；
- ◆ 风险登记册。

5.9 监督沟通

监督沟通是确保满足项目及其相关方的信息需求的过程。本过程的主要作用是，按沟通管理计划和相关方参与计划的要求开展高效的信息传递。本过程需要在整个项目期间开展。图 5-10 描述了本过程的输入和输出。

输入	输出
.1 项目管理计划 .2 项目文件 .3 工作绩效数据 .4 事业环境因素 .5 组织过程资产	.1 工作绩效信息 .2 变更请求 .3 项目管理计划更新 .4 项目文件更新

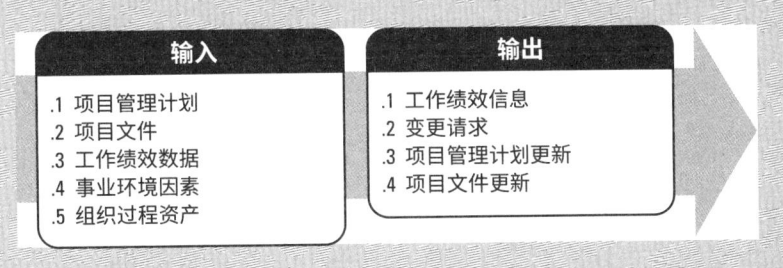

图 5-10 监督沟通：输入和输出

究竟需要哪些项目管理计划组件和项目文件，取决于具体项目的需求。

5.9.1 项目管理计划组件

可用作本过程输入的项目管理计划组件包括（但不限于）：

◆ 资源管理计划；

◆ 沟通管理计划；

◆ 相关方参与计划。

5.9.2 项目文件示例

可用作本过程输入的项目文件包括（但不限于）：

◆ 问题日志；

◆ 经验教训登记册；

◆ 项目沟通记录。

5.9.3 项目管理计划更新

可在本过程更新的项目管理计划组件包括（但不限于）：

◆ 沟通管理计划；

◆ 相关方参与计划。

5.9.4 项目文件更新

可在本过程更新的项目文件包括（但不限于）：

◆ 问题日志；

◆ 经验教训登记册；

◆ 相关方登记册。

5.10 监督风险

监督风险是在整个项目期间，监督商定的风险应对计划的实施、跟踪已识别风险、识别和分析新风险，以及评估风险管理有效性的过程。本过程的主要作用是，使项目决策都基于关于整体项目风险敞口和单个项目风险的当前信息。本过程需要在整个项目期间开展。图 5-11 描述了本过程的输入和输出。

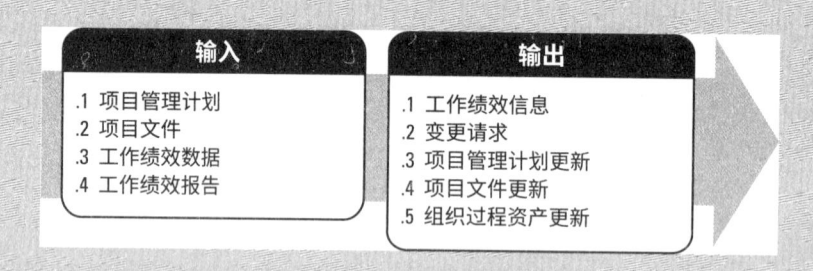

输入	输出
.1 项目管理计划	.1 工作绩效信息
.2 项目文件	.2 变更请求
.3 工作绩效数据	.3 项目管理计划更新
.4 工作绩效报告	.4 项目文件更新
	.5 组织过程资产更新

图 5-11 监督风险：输入和输出

究竟需要哪些项目管理计划组件和项目文件，取决于具体项目的需求。

5.10.1 项目管理计划组件

可用作本过程输入的项目管理计划组件包括（但不限于）风险管理计划。

5.10.2 项目文件示例

可用作本过程输入的项目文件包括（但不限于）：

- 问题日志；
- 经验教训登记册；
- 风险登记册；
- 风险报告。

5.10.3 项目管理计划更新

项目管理计划的任何组件都可在本过程更新。

5.10.4 项目文件更新

可在本过程更新的项目文件包括（但不限于）：

- 假设日志；
- 问题日志；
- 经验教训登记册；
- 风险登记册；
- 风险报告。

5.11 控制采购

控制采购是管理采购关系，监督合同绩效，实施必要的变更和纠偏，以及关闭合同的过程。本过程的主要作用是，确保买卖双方履行法律协议，满足项目需求。如果存在一系列采购活动，本过程就需要在整个项目期间开展。图 5-12 描述了本过程的输入和输出。

输入	输出
.1 项目管理计划 .2 项目文件 .3 协议 .4 采购文档 .5 批准的变更请求 .6 工作绩效数据 .7 事业环境因素 .8 组织过程资产	.1 结束的采购 .2 工作绩效信息 .3 采购文档更新 .4 变更请求 .5 项目管理计划更新 .6 项目文件更新 .7 组织过程资产更新

图 5-12 控制采购：输入和输出

究竟需要哪些项目管理计划组件和项目文件，取决于具体项目的需求。

5.11.1 项目管理计划组件

可用作本过程输入的项目管理计划组件包括（但不限于）：

- 需求管理计划；
- 风险管理计划；
- 采购管理计划；
- 变更管理计划；
- 进度基准。

5.11.2 项目文件示例

可用作本过程输入的项目文件包括（但不限于）：

- 假设日志；
- 经验教训登记册；
- 里程碑清单；
- 质量报告；
- 需求文件；
- 需求跟踪矩阵；
- 风险登记册；
- 相关方登记册。

5.11.3 项目管理计划更新

可在本过程更新的项目管理计划组件包括（但不限于）：

◆ 风险管理计划；

◆ 采购管理计划；

◆ 进度基准；

◆ 成本基准。

5.11.4 项目文件更新

可在本过程更新的项目文件包括（但不限于）：

◆ 经验教训登记册；

◆ 资源需求；

◆ 需求跟踪矩阵；

◆ 风险登记册；

◆ 相关方登记册。

5.12 监督相关方参与

监督相关方参与是监督项目相关方关系，并通过修订参与策略和计划来引导相关方合理参与项目的过程。本过程的主要作用是，随着项目进展和环境变化，维持或提升相关方参与项目的效率和效果。本过程需要在整个项目期间开展。图 5-13 描述了本过程的输入和输出。

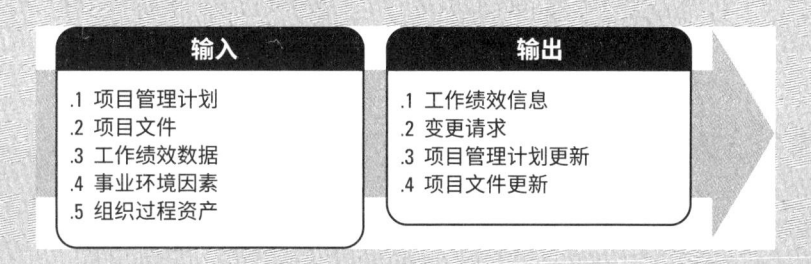

输入	输出
.1 项目管理计划	.1 工作绩效信息
.2 项目文件	.2 变更请求
.3 工作绩效数据	.3 项目管理计划更新
.4 事业环境因素	.4 项目文件更新
.5 组织过程资产	

图 5-13 监督相关方参与：输入和输出

究竟需要哪些项目管理计划组件和项目文件，取决于具体项目的需求。

5.12.1 项目管理计划组件

可用作本过程输入的项目管理计划组件包括（但不限于）：

- ◆ 资源管理计划；
- ◆ 沟通管理计划；
- ◆ 相关方参与计划。

5.12.2 项目文件示例

可用作本过程输入的项目文件包括（但不限于）：

- ◆ 问题日志；
- ◆ 经验教训登记册；
- ◆ 项目沟通记录；
- ◆ 风险登记册；
- ◆ 相关方登记册。

5.12.3 项目管理计划更新

可在本过程更新的项目管理计划组件包括（但不限于）：

- ◆ 资源管理计划；
- ◆ 沟通管理计划；
- ◆ 相关方参与计划。

5.12.4 项目文件更新

可在本过程更新的项目文件包括（但不限于）：

- ◆ 问题日志；
- ◆ 经验教训登记册；
- ◆ 风险登记册；
- ◆ 相关方登记册。

6

收尾过程组

收尾过程组包括为正式完成或关闭项目、阶段或合同而开展的过程。本过程组旨在核实为完成项目或阶段所需的所有过程组的全部过程均已完成，并正式宣告项目或阶段关闭。本过程组的主要作用是，确保恰当地关闭阶段、项目和合同。虽然本过程组只有一个过程，但是组织可以自行为项目、阶段或合同添加相关过程。因此，仍把它称为"过程组"。

本过程组也适用于项目的提前关闭，例如项目流产或取消。

收尾过程组（图 6-1）包括第 6.1 节所列的项目管理过程。

项目整合管理

结束项目或阶段

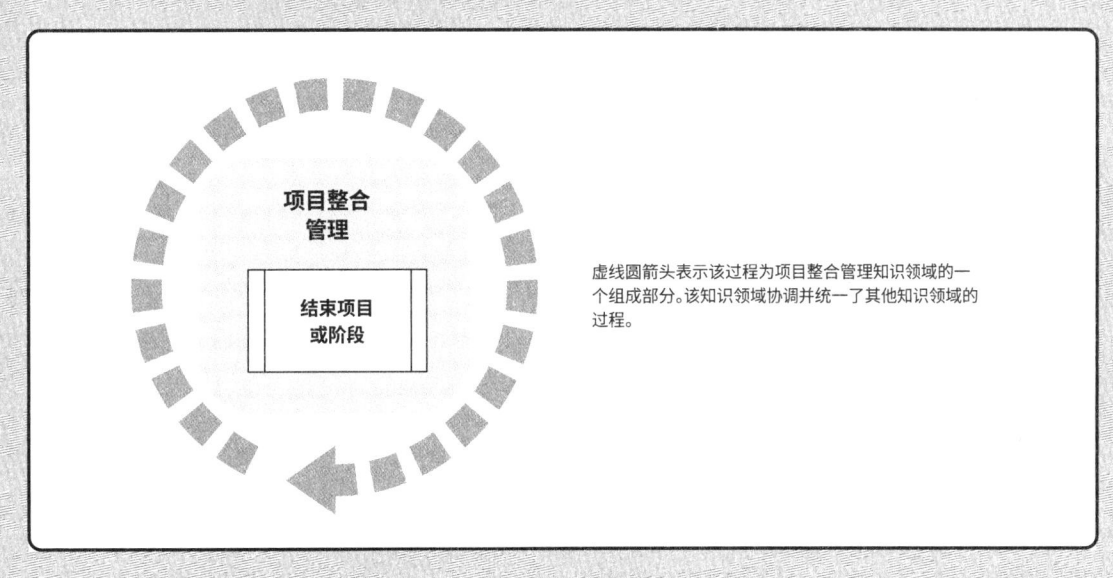

虚线圆箭头表示该过程为项目整合管理知识领域的一个组成部分。该知识领域协调并统一了其他知识领域的过程。

图 6-1 收尾过程组

6.1 结束项目或阶段

结束项目或阶段是终结项目、阶段或合同的所有活动的过程。本过程的主要作用是，存档项目或阶段信息，完成计划的工作，释放组织资源以展开新的工作。本过程仅开展一次或仅在项目的预定义点开展。图 6-2 描述了本过程的输入和输出。

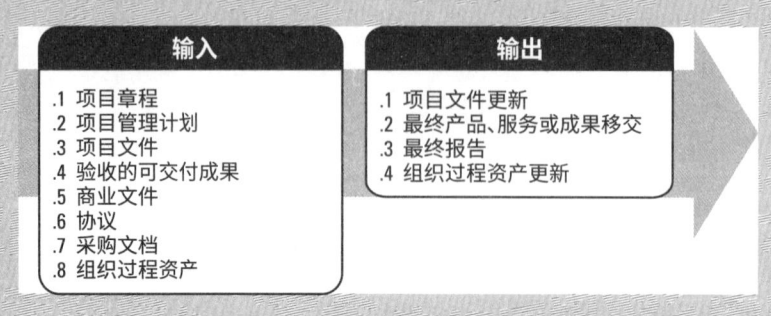

输入
.1 项目章程
.2 项目管理计划
.3 项目文件
.4 验收的可交付成果
.5 商业文件
.6 协议
.7 采购文档
.8 组织过程资产

输出
.1 项目文件更新
.2 最终产品、服务或成果移交
.3 最终报告
.4 组织过程资产更新

图 6-2 结束项目或阶段：输入和输出

究竟需要哪些项目管理计划组件和项目文件，取决于具体项目的需求。

6.1.1 项目管理计划组件

项目管理计划的任何组件都可用作本过程的输入。

6.1.2 项目文件示例

可用作本过程输入的项目文件包括（但不限于）：

- ◆ 假设日志；
- ◆ 估算依据；
- ◆ 变更日志；
- ◆ 问题日志；
- ◆ 经验教训登记册；
- ◆ 里程碑清单；
- ◆ 项目沟通记录；
- ◆ 质量控制测量结果；
- ◆ 质量报告；
- ◆ 需求文件；
- ◆ 风险登记册；
- ◆ 风险报告。

6.1.3 项目文件更新

可在本过程更新的项目文件包括（但不限于）经验教训登记册。

第三部分

附录、术语表、索引

附录 X1
第六版更新

本附录旨在概述第六版《项目管理知识体系指南》（《PMBOK®指南》）针对第五版《PMBOK®指南》内容的变更。

X1.1 更新内容范围

已获得批准的第六版《PMBOK® 指南》的内容范围包括：

◆ 查阅以下内容，确定新版中是否包含或不包含相关材料，并跟踪处理过程：

- 所有与第1至13章内容及附录A1相关的材料，以及与编制第五版《项目管理知识体系指南》（《PMBOK® 指南》）时推迟的术语表相关材料。

- 从最初编制到出版发行期间，PMI 收到的所有与第五版《项目管理知识体系指南》（《PMBOK® 指南》）第1至13章内容、附录A1及其术语表相关的评论和反馈。

◆ 在标准编制过程中，审查、解释并确保其与 ISO 21500 具有适当的一致性。

◆ 确保与其他任何相关 PMI 基础标准保持一致。

◆ 考虑项目经理角色界定研究成果以及其他 PMI 调查研究，并适当予以收编。

◆ 审查、执行并分析研究第六版的显著增加、删除和变更的内容，以及对于未来版本可能的策略性意见。

鉴于对此类指导的思考，更新团队通过对过程、输入、工具、技术和输出进行优化和标准化，将重点聚焦在实现更大程度的一致性上。

X1.2 术语表与《PMI 项目管理术语词典》内术语的一致性规则

为了确保《PMBOK® 指南》所用的术语与《PMI 项目管理术语词典》[1]以及其他相关 PMI 标准的术语保持一致，第六版遵循以下业务规则：

- 如果术语同时用于《PMBOK® 指南》和《PMI 项目管理术语词典》，其定义以《PMI 项目管理术语词典》为准。
- 若术语出现在《PMBOK® 指南》和其他相关 PMI 标准中，但未用于《PMI 项目管理术语词典》，它们的定义应相同。若其定义与对应标准不一致，该术语应提交给《PMI 项目管理术语词典》团队，以便于寻求协助，确定可接受的通用定义。

X1.3 输入和输出处理规则

以下业务规则用于确保每个项目管理过程中输入和输出的顺序及信息的一致性：

- *基本规则：*
  - 输入是对过程很关键的任何文件。
  - 除非输出为最终输出或被其他输入（如项目文件）采纳，否则输出应成为另一个项目管理过程的输入。
  - 若输入并非来自项目外部，它们应该是其他项目管理过程的输出。

- *项目文件规则：*
  - 具体项目文件首次被识别时会列为具体输出。然后，它们将作为"项目文件更新"列入输出清单，内容叙述部分会对其加以描述。
  - 当任何项目文件是输入时，会列出"项目文件"一词，而且内容叙述部分会说明具体的项目文件。

- *项目管理计划规则：*
  - 对于会制定子计划的规划过程来说，项目章程是第一项输入，项目管理计划为第二项输入。
  - 创建项目管理计划组件的过程将具体列出组成部分。在此之后，它们会作为"项目管理计划更新"列入输出清单，内容叙述部分会对其加以描述。
  - 如果项目管理计划是过程输入，在内容叙述部分可能会对视为输入的具体项目管理计划组成部分进行说明。

---

[1] 项目管理学院。2016 年。《PMI 项目管理术语词典》。请从 http://www.pmi.org/Lexiconterms 获取

- 排序规则：
  - 若项目章程是输入，则其为第一项输入。
  - 如果项目管理计划是输入或输出，子管理计划会按《PMBOK® 指南》中输出它们的章节顺序列出，随后列出基准和任何其他计划。
  - 项目文件会以字母排列顺序列出。
  - 事业环境因素和组织过程资产也会按该顺序列在末尾。
  - 如果更新是输出，它们的排列顺序如下：
    - 项目管理计划更新；
    - 项目文件更新；
    - 组织过程资产更新。

X1.4 工具和技术处理规则

第六版致力于减少工具和技术的数量，重点关注目前大多数项目在大多数时间使用的工具和技术。根据学术和市场调查，部分工具和技术已经删除。为了避免重复，工具或技术在首次列出时会进行描述，随后使用该工具或技术的过程会让读者查阅之前的描述。

第六版依据其使用目的，对部分常用的工具及技术进行了分组，但并非所有工具和技术都只划入某个组别。若此类工具或技术是某组的一部分，则会列出该组并在叙述部分对组别内的工具和技术示例进行说明。工具和技术的分组有：

- 数据收集；
- 数据分析；
- 数据表现；
- 决策制定；
- 沟通技巧；
- 人际关系与团队技能。

附录 X6 按分组确定《PMBOK® 指南》中的所有工具及技术，并在适当的情况下列出它们适用的过程。

X1.5 项目管理计划

并非每个项目管理计划组成部分都在独立的过程中创建，部分组件将在制定项目管理计划的过程中创建。它们包括变更管理计划、配置管理计划、绩效测量基准、项目生命周期、开发方法和管理审查。

X1.6 第 1 章引论

引论部分进行了大量重写。与其他 PMI 基础标准相符的项目、项目集和项目组合的介绍性信息保留不变，但新增了与项目及开发生命周期、项目阶段及阶段关口相关的信息。此类信息提供了高层级概述，即关于如何根据项目性质选择预测型、迭代型、增量型或适应型开发方法。与商业文件有关的新信息包括商业论证和效益管理计划。

X1.7 第 2 章项目运行环境

第 2 章的内容进行了大量重写。关于组织过程资产和事业环境因素的信息保留不变，但新增了关于治理、管理要素和组织结构类型的内容。

X1.8 第 3 章项目经理的角色

这是新增的一个章节，概述项目经理在团队中的角色，包括关于项目经理影响力和胜任能力的信息。这一章对 PMI 的人才三角®进行探讨，并将重点放在战略和商务管理技能、技术项目管理技能，以及领导力技能上。而领导力风格和个性也在本章的讨论范畴之内。本章的最后部分关注项目经理的整合者角色。

X1.9 敏捷型

自从第五版《PMBOK® 指南》出版以来，项目越来越多地采纳敏捷型和适应型管理方法。在第六版中，我们收录了名为"关于适应型环境的考虑因素"，并将此小章节置于第 4 至 13 章的开头部分。部分敏捷型专用的工具和技术已引入《PMBOK® 指南》，例如，敏捷交付周期与迭代计划等。附录 X3 从项目管理过程组的角度，对敏捷型、适应型、迭代型和混合型方法的使用进行了描述。

X1.10 知识领域引言材料

每一个知识领域部分在介绍第一个过程前都有标准化的材料，此类材料包括以下小章节：

- **核心概念**。收集与具体知识领域相关的核心概念。前几版也收录了此类信息，而在这一版中，我们对它们进行合并和说明，以保证各知识领域之间的一致性。附录 X4 对此类核心概念加以汇编。

- **趋势和新兴实践**。虽然项目管理行业在持续发展，但引领行业并非《PMBOK® 指南》的目的；相反，它旨在描述在大多数时间适用于大多数项目的良好实践。在此小章节中，我们找出部分正在发生的趋势或新兴趋势，但并非大多数项目都会将其付诸使用。

- **裁剪考虑因素**。第六版强调裁剪项目各方面的重要性，以便于满足组织、环境、相关方和其他变量的需求。在此小章节中，我们确定项目经理在裁剪项目时可以考虑的各个领域。附录 X5 对此类裁剪考虑因素加以汇编。

- **在敏捷或适应型环境中需要考虑的因素**。在此小章节中，我们确定特定知识领域的适应型可能与预测型有区别的某些方面。

X1.11 知识领域和过程变更

我们对两个知识领域的名称做了变更，以更贴切地反映其中的工作。

- 项目时间管理变更为项目进度管理，以反映该知识领域会确定并管理项目期间的进度计划，而不是对时间进行管理。

- 第六版会同时关注团队资源和物质资源，因此，项目人力资源管理知识领域变更为项目资源管理。

为了反映在实践中项目管理方式的变化，删除了一项过程，新增了三项过程，并移动一项过程到两个知识领域之间。下文会总结这些变更，并在相关知识领域章节加以讨论：

- 管理项目知识（见 4.4 节）——新增；

- 估算活动资源（见 6.4 节）——移动到项目资源管理；

- 控制资源（见 9.6 节）——新增；

- 实施风险应对（见 11.6 节）——新增；

- 结束采购（见 12.4 节）——删除。

若干过程名称有所变更，以提高各过程间的一致性和清晰性。调查显示，相对于控制，项目经理更倾向于监督、引导和管理，尤其在需要与人员交流互动的过程中；因此，控制沟通、控制风险和控制相关方参与等过程的名称变更为监督沟通、监督风险和监督相关方参与。以下清单对所有过程名称的变更进行了总结：

- 实施质量保证（见 8.2 节）——更改为管理质量；
- 规划人力资源管理（见 9.1 节）——更改为规划资源管理；
- 组建项目团队（见 9.2 节）——更改为获取资源；
- 建设项目团队（见 9.3 节）——更改为建设团队；
- 管理项目团队（见 9.4 节）——更改为管理团队；
- 控制沟通（见 10.3 节）——更改为监督沟通；
- 控制风险（见 11.6 节）——更改为监督风险；
- 规划相关方管理（见 13.2 节）——更改为规划相关方参与；
- 控制相关方参与（见 13.4 节）——更改为监督相关方参与。

X1.12 第 4 章项目整合管理变更

新增了一项名为"管理项目知识"的过程。之所以这么做，是因为在后续收到的大量关于第五版的评论都反映有必要处理项目的知识管理问题。这项过程的关键输出是经验教训登记册。在第六版中，很多过程从始至终都采用此登记册，它强调在项目期间持续学习的必要性，而不是等到最后才进行反映。

商业文件是制定项目章程和结束项目或阶段过程的输入，商业文件的引入强调了在项目期间了解商业论证和效益管理的重要性。而采购的行政收尾活动则合并到结束项目或阶段过程。

与 X1.1 至 X1.11 节所述信息一致的变更也得到采纳。表 X1-1 对第 4 章的过程进行了总结。

表 X1-1 第 4 章变更

第五版	第六版
4.1 制定项目章程	4.1 制定项目章程
4.2 制定项目管理计划	4.2 制定项目管理计划
4.3 指导与管理项目工作	4.3 指导与管理项目工作
4.4 监控项目工作	4.4 管理项目知识
4.5 实施整体变更控制	4.5 监控项目工作
4.6 结束项目或阶段	4.6 实施整体变更控制
	4.7 结束项目或阶段

X1.13 第 5 章项目范围管理变更

第六版团队与《商业分析标准》团队合作，确保二者的基础标准保持一致，但又不重复。没必要更改过程名称。

与 X1.1 至 X1.11 节所述信息一致的变更也得到采纳。

X1.14 第 6 章项目进度管理变更

第 6 章名称从项目时间管理更改为项目进度管理。调查结果也支持对名称进行更改，因为项目经理并不管理时间，他们只是确定并管理项目进度。由于重心转移，以及项目人力资源管理更名为项目资源管理，估算活动资源过程也从此知识领域移到项目资源管理中。制定进度计划过程采纳了部分敏捷型概念。更新了图表和相关文字，以明确阐述本章的进度概念。

与 X1.1 至 X1.11 节所述信息一致的变更也得到采纳。表 X1-2 对第 6 章的过程进行了总结。

表 X1-2 第 6 章变更

第五版	第六版
6.1 规划进度管理	6.1 规划进度管理
6.2 定义活动	6.2 定义活动
6.3 排列活动顺序	6.3 排列活动顺序
6.4 估算活动资源	6.4 估算活动持续时间
6.5 估算活动持续时间	6.5 制定进度计划
6.6 制定进度计划	6.6 控制进度
6.7 控制进度	

X1.15 第 7 章项目成本管理变更

与 X1.1 至 X1.11 节所述信息一致的变更也得到采纳。

X1.16 第 8 章项目质量管理变更

学术和市场调查就实施质量保证过程进行了研究。调查结果显示，以往确定的许多质量工具与技术已不再为现在的项目广泛采用，而是更多地关注通过质量管理计划对质量进行管理。因此，实施质量保证过程的重心发生改变，其名称也更改为管理质量。

与 X1.1 至 X1.11 节所述信息一致的变更也得到采纳。表 X1-3 对第 8 章的过程进行了总结。

表 X1-3 第 8 章变更

第五版	第六版
8.1 规划质量管理	8.1 规划质量管理
8.2 实施质量保证	8.2 管理质量
8.3 控制质量	8.3 控制质量

X1.17 第 9 章项目资源管理变更

第六版将这一章的范围从之前关注人力资源扩大到涵盖全部资源。为了区分人力资源和其他资源，团队资源这一术语用于指代人力资源，而物质资源则指的是其他资源。我们将估算活动资源过程从项目进度管理转移到此知识领域，并新增了名为"控制资源"的全新过程。建设团队和管理团队中原来的"项目"一词已删除，因为原名称推断项目经理建设和管理的团队只有项目团队。

与 X1.1 至 X1.11 节所述信息一致的变更也得到采纳。表 X1-4 对第 9 章的过程进行了总结。

表 X1-4 第 9 章变更

第五版	第六版
9.1 规划人力资源管理	9.1 规划资源管理
9.2 组建项目团队	9.2 估算活动资源
9.3 建设项目团队	9.3 获取资源
9.4 管理项目团队	9.4 建设团队
	9.5 管理团队
	9.6 控制资源

X1.18 第 10 章 项目沟通管理变更

在本章中，我们对于项目沟通有关的内容进行了细微但重要的区分。"沟通"这一术语代表沟通的行为，例如，引导会议、信息提供和积极倾听；它还指代沟通人为要素，包括备忘录、演示和电子邮件等。由于不可能控制人员沟通的方式和时间，因此控制沟通过程的名称更改为监督沟通。

与 X1.1 至 X1.11 节所述信息一致的变更也得到采纳。表 X1-5 对第 10 章的过程进行了总结。

表 X1-5 第 10 章变更

第五版	第六版
10.1 规划沟通管理	10.1 规划沟通管理
10.2 管理沟通	10.2 管理沟通
10.3 控制沟通	10.3 监督沟通

X1.19 第 11 章 项目风险管理变更

对整体项目风险日益加强的重视已整合到风险过程中，本章也新增了一项新过程"实施风险应对"，作为执行过程组的一部分。它不仅关注规划风险应对的重要性，还强调实施风险应对的重要性。我们还引入了一项名为"升级"的全新风险应对，以说明若已识别的风险不在项目目标范围以内，它们应转交给组织的相关人员或小组。风险指的是不确定的未来事件或条件，虽然无法控制它们，但却能监督；因此，控制风险过程重新命名为监督风险。

与 X1.1 至 X1.11 节所述信息一致的变更也得到采纳。表 X1-6 对第 11 章的过程进行了总结。

表 X1-6 第 11 章变更

第五版	第六版
11.1 规划风险管理	11.1 规划风险管理
11.2 识别风险	11.2 识别风险
11.3 实施定性风险分析	11.3 实施定性风险分析
11.4 实施定量风险分析	11.4 实施定量风险分析
11.5 规划风险应对	11.5 规划风险应对
11.6 控制风险	11.6 实施风险应对
	11.7 监督风险

X1.20 第 12 章 项目采购管理变更

为了体现更全球化的视角,我们更新了此知识领域内的大量信息。许多项目是由在多个不同国家的相关方来完成的,或由多个不同国家所设置办公室的组织负责。

市场调查结果显示,实际上很少由项目经理负责结束采购。而是通常由合同、采购或法务部门中拥有此项职权的相关人员负责。因此,结束采购中关于评估所有已完成的可交付成果以及将其与合同比较的信息,已合并到控制采购中;与行政、沟通和记录有关的信息也移到结束项目或阶段。

与 X1.1 至 X1.11 节所述信息一致的变更也得到采纳。表 X1-7 对第 12 章的过程进行了总结。

表 X1-7 第 12 章变更

第五版	第六版
12.1 规划采购管理	12.1 规划采购管理
12.2 实施采购	12.2 实施采购
12.3 控制采购	12.3 控制采购
12.4 结束采购	

X1.21 第 13 章——项目相关方管理变更

为了顺应当前的调查和实践，我们将重心从相关方管理转移到引导相关方参与。由于项目经理很少（若有）有能力控制相关方，因此控制相关方参与重新命名为监督相关方参与。

与 X1.1 至 X1.11 节所述信息一致的变更也得到采纳。表 X1-8 对第 13 章的过程进行了总结。

表 X1-8 第 13 章变更

第五版	第六版
13.1 识别干系人	13.1 识别相关方
13.2 规划干系人管理	13.2 规划相关方参与
13.3 管理干系人参与	13.3 管理相关方参与
13.4 控制干系人参与	13.4 监督相关方参与

X1.22 术语表

我们对第六版《PMBOK® 指南》的术语表进行了更新，以清楚说明术语意义并改善翻译的质量和准确度。第六版中未使用的术语，或与日常使用方式不同的术语都会删除。

附录 X2
第六版《PMBOK® 指南》编审人员

项目管理协会 (PMI) 志愿者首先尝试编纂《道德、标准和认证特别报告》的项目管理知识体系，该报告于 1983 年出版。此后，其他志愿者对原始文件进行了更新和完善，为这个全球公认的项目管理标准做出贡献，即 PMI 的《项目管理知识体系指南》（《PMBOK® 指南》）。本附录囊括了这些为第六版《PMBOK® 指南》的编纂和出版做出贡献的人员。而志愿者们为第六版《PMBOK® 指南》的面世所做的贡献却难以尽表。

项目管理协会对所有人员的支持满怀感激之情，并衷心感谢他们为项目管理事业所做的贡献。

X2.1 第六版《PMBOK® 指南》核心委员会

以下人员为项目核心委员会成员，他们为文本和概念的编写做出贡献，同时还负责项目核心委员会的领导工作：

Cyndi Snyder Dionisio，工商管理硕士，项目管理师 (PMP)，主席
David A. Hillson，博士，PMI 院士，英国项目管理协会荣誉会员 (HonFAPM)，副主席（志愿者工作负责人及第 11 节负责人）
Lynda Bourne，设计项目管理师 (DPM)，FACS（第 10 节和第 13 节负责人）
Larkland A. Brown，项目管理师 (PMP)，敏捷管理专业人士资格认证 (PMI-ACP)（第 6 节负责人）
Pan C.P.Kao，博士，项目管理师 (PMP)（第 7 节和第 12 节负责人）
Mercedes Martinez Sanz，项目管理师 (PMP)（第 4 节负责人）
Alejandro Romero-Torres，博士，项目管理师 (PMP)（文件质量和管理负责人及第 5 节负责人）
Guy Schleffer，PfMP，项目管理师 (PMP)（第 8 节和第 9 节负责人）
Michael J. Stratton，博士，项目管理师 (PMP)（第 1、2 和 3 节负责人）*
Kristin L. Vitello，标准项目专家
Gwen Whitman，高级工商管理硕士，PfMP（项目沟通负责人）

---

* 已故。核心委员会和项目管理协会衷心感谢 Michael J. Stratton 为第六版《PMBOK® 指南》所做的工作。他兢兢业业，这项工作也是他为项目管理领域所做贡献的一个见证。

X2.2 重大贡献人员

除项目核心委员会成员外，以下人员为项目输入和构思也做出了重要贡献：

Ernest Baker，项目管理师 (PMP)，PRINCE2® 从业者
Cheryl Burcham, PMP
Guido Caciagli, B., PMP
Jimmy I. Char, PMP, SDI
Cătălin-Teodor Dogaru, PhD, MBA
Andrés Falcón, PMP
Anna Maria Felici, PMP
Eren Gokce, MBA, PMP
Pamela S. Goodhue, MBA, PMP
Franco R. Graziano, MPA, PMP
Joy Gumz, CPA, PMP
Salah M. Haswah, PMP, PgMP
Puja Kasariya, PMP
Srikanth Krishnamoorthy, PMP, PGDSA
Tom Magee, MBA, PMP
David A. Maynard, MBA, PMP
Bob Mahler, PMP, PMI-RMP
Frank R. Parth, MBA, PMP
Dattatraya Y. Pathak, PMP, PfMP
Judy Payne, PhD, MBA
Nagy Attalla Saad, PMP, ITIL
Davidov Shai
Kavita Sharma, PMP, RMP
Jurgen T. Sturany, PMP
Dirk Withake, PgMP, PMP

X2.3 第六版《PMBOK® 指南》内容委员会

以下人员为第六版《PMBOK® 指南》文本、概念的起草做出贡献，并提供有关建议。

Vahid Azadmanesh, MBA, PMP
Brad Bigelow, PMP, MSP
Wayne R. Brantley, MSEd, PMP
Marcelo A. Briola PhD, PMP
Michael C. Broadway, PMP
Mariana Nella Caffarena Bolivar
Steven Flannes
Sandra Fonseca, PhD, CISA, CRISC
Theofanis C. Giotis, PMP, PMI-ACP
Piyush Govil, BE, PMP
Rex M. Holmlin, PE, PMP
Éamonn V. Kelly, DBA, PMP
Srikanth Krishnamoorthy
Fabiano de Alcântara de Lima, PhD, PMP
Shashank Neppalli
Andrea Pantano
Kristine Persun, PMP
Piyush Prakash PMP, Prince 2
Raju N. Rao, PMP, SCPM
Krupakar Reddy, PMP, PRINCE2 Practitioner
Emadeldin Seddik, PhD, PMP
Tejas V. Sura, PMP, PfMP
Nicholas Tovar
Fede Varchavsky, MBA, PMP
Angelo Valle, PhD, CRK
Ronald H. Verheijden, PMP

X2.4 审核人员

X2.4.1 SME 审核

除委员会成员外,以下人员对标准草案进行审核,并提供有关建议:

David P. Bieg, PMI-PBA
James F. Carilli, PMP, PgMP
Shika Carter, PMP, PgMP
Dan Deakin, PMP, CISSP
Theofanis C. Giotis, PMP, PMI-ACP
Dave Gunner, MSc, PMP
George Jucan, PMP
Ginger Levin, PhD, PMP, PgMP
Vanina Mangano, PMP, PMI-RMP
Juan Carlos Moreno, MBA, PMP
Marvin R. Nelson, MBA, SCPM
Klaus Nielsen, MBA, PMP
Chris Richards, PMP
Ivan Rincon, MBA, PMP
Shaligram Pokharel, REng (Nepal), PhD
Paul E. Shaltry, MA, PMP
Carolina Gabriela Spindola, PMP, SSBB
Langeswaran Supramaniam, C Build E FCABE, PMP
Michael A Yinger

X2.4.2 征求意见稿最终审核（标准部分）

除委员会成员外，以下人员为第六版《PMBOK® 指南》（标准部分）征求意见稿提供了改进建议：

Ahmed A. Raouf Hamdy, PhD, PMP
Farhad Abdollahyan, PMP, OPM3 CP
Adil Abdulghani
Tetsuhide Abe, PMP
Klaus Abert
Ayodeji R. Abitogun, MBA, PMP
Taiwo Abraham
Mohammad I. Abu Irshaid, PMP, PfMP
Manuel Acosta A.
Phill C. Akinwale, MSc, PMP
Mazen Al Bazreh
Jose Rafael Alcala Gomez, PMP
Ameer Ali
Hammam Zayed Alkouz, PMP, PMI-RMP
Bill Allbee, PMP
Charmaine Y. Allen, PMP, PBA
Kristin L. Allen, PE, PMP
Abdulaziz Almalki
Ayman Alminawi, MBA, PMP
Ahmad Moh. Al-Musallami, MSc, PMP
Imad Alsadeq, P3M3, MB
Mohammed Ahmad S. Al-Shamsi, PhD, PEng
Essam Alsultan, MBA, PMP
Haluk Altunel, PhD, PMP
Priscilla S. R. Alves, PMP
Angelo Amaral
Barnabas Seth Amarteifio, 项目管理师(PMP), ITIL（专家）
Wilson Anandaraj, MBA, PMP
Guillermo Anton
John Aogon, PMP
Hamid Aougab, PMP, PMI-ACP

Charalampos Apostolopoulos, PhD, PMP
Rodolfo Arguello
Abd Razak B Ariffin, PMP
Deepak Arora, MBA, PMP
C. H. ArunPrabu, PMP
Zaher Asfari, MBA, PMI-ACP
Ayman Atallah, BE, PMP
Reza Atashfaraz, MSc, PMP
Sharaf A. Attas, PMP, PMI-RMP
Abdurazaq Attuwaijri
Ashraf M Awwad, MSc, PMP
Vikram Kumar B. T.
Nabeel Eltyeb Babiker, PMP, P3O
Mohamed A Badie, PMP, Prince2 Practitioner
Smitha Balakrishnan
Saket Bansal, PMP, PMI-ACP
Manuel F. Baquero V., MSc, PMP
Haytham Baraka, PMP, CCP
Robert Barclay
Karuna Basu
Joy Beatty, PMI-PBA, CBAP
Frances Bellows, PMP, ACP
Peter G. Bembir, MPhil, PMP
Anis Ben Hassen, Msc Project/Programme/Portfolio Management, PMP
Racquel Benedict
German Bernate, MPM
Bryan D. Berthot, MBA, PMP
Karl F. Best, PMP, CStd
Shantanu Bhamare, PMP, LIMC
Jasbir Singh Bhogal, PMP, ITIL-V3
Michael M. Bissonette, MBA, PfMP
Molly Blake-Michaels, MS, PMP
Nigel Blampied, PE, PMP

Wolfgang Blickle, PMP, PMI-ACP
Jaqueline Boeck
Dennis L. Bolles, PMP
Kiron D. Bondale, PMP, PMI-RMP
Raúl Borges, PMP
Farid F. Bouges, PhD, PMP, PfMP
Joao Boyadjian
Damiano Bragantini, PMP
Ralf Braune
Kevin Brennan
Naga Pradeep Buddhavarapu, PMP
David E. Buehler, PMP
Susan M. Burk
Andrea Caccamese, PMP, Prince2 Practitioner
Roberto A. Cadena Legaspi, PMP, MCI
Shawna D. Camp, MBA, PMP
Iker Castillo, PMP
Igor Castro
Helena Cedersjö, MSc, PMP
Balasubramanian Chandrasekaran, BE, PMP
Joo-Kwan Chang
Panos Chatzipanos, PhD, Dr Eur Ing
Pengzhi Chen, PMP, MSC
Wilson Lee Chung, PMP
Xavier Clerfeuille, MSc, SSL Black Belt
Martin A. Collado, PMP, ITIL
Sergio Luis Conte, PhD, PMP
Lawrence (Larry) Cooper, PMP, PMI-ACP
Hélio R. Costa, DSc
Scott Cunningham

Adriano Jose da Silva Neves
Hernán D'Adamo, MPM, PMP
Michelle Daigle, PMP
Larry C Dalton, PfMP, PgMP
Farshid Damirchilo, MSc
Tran Dang
Teodor Darabaneanu, PMP, MEng
Russell W. Darnall, DM, PMP
Edson G. Freitas, PMP
Jean-Michel de Jaeger, EMBA, PMP
Maria Angela de Souza Fernandes
Allan E. Dean PMP, PgMP
G. Murat Dengiz, PMP
Valerie P. Denney, DBA, PMP
Jacqueline E. Dennis, PMP, PgMP
Konika Dey, MCA, PMP
Cyndi Snyder Dionisio, MBA, PMP
Ajay Kumar Dixit, MBA, B Tech
Roland Doerr, MSc, PMP
Rex Wotan Dominguez Chang
Jorge Duenas-Lozano
Stephen M. Duffield, MPM, CPPD
Josée Dufour, PMP
Darya Duma, PEng, PMP
Keiran J. Dunne, PhD
Awab Elameer, PMP, PMI-SP
Khaled EL-Nakib, MSc, PMP
Yasir Elsadig, PMP, PfMP
Majdi N. Elyyan, PMP, PMI-RMP
Pedro Engrácia
Mark W. Erwin, PMP, PMI-ACP
Behnam Faizabadi, PhD, PMP
Marco Falcao, PMP, PMI-RMP
Puian Masudi Far, PhDc, PMP
Jamil Faraj
Saurater Faraday, PMI-RMP
Fereydoun Fardad, PMP, PRINCE2
Sergio Ferreto Gutiérrez,
    MPM, MBA
David Foley, MBA

Les Foley, MPM, PMP
Gloria Folle Estrada, PMP
Frank P. Forte, PMP
Laura Franch, PMP
Nestor C. Gabarda Jr., ECE, PMP
Jaime Garcia Castro, PMP
Sam Ghavanloo, PMP
Ing Gustavo Giannattasio
    MBA, PMP
Sheila Gibbs
Carl M. Gilbert, PMP PfMP
Theofanis Giotis, PhDc, PMP
José Abranches Gonçalves,
    MSc, PMP
Juan Carlos González,
    PMP, PMI-ACP
Jean Gouix, PMP, PgMP
Therese Graff
Scott M. Graffius, PMP, CSM
Brian Grafsgaard, PMP, PgMP
Sara Grilli Colombo
Anita Griner
Maxim Grishin, PhD, PMP
Robert C Grove, MBA, PMP
David Guan, PMP
Juan E. Guarache, V, BEng, PMP
Pier Luigi Guida
Vijay Guliani, PMP, PMI-PBA
Tomasz Gutmanski
Omar Haddad, CAPM, PMP
Mustafa Hafizoglu, PMP
Yoshifumi Hamamichi
Simon Harris, PMP, CGEIT
Patti M. Harter, PMP
Sean Shraden Hasley, MSIT-PM
Ahmed Hassan
Akram Hassan, PhD, PMP
Susumu Hayakawa, PMP
Bruce A. Hayes, PMP
Guangcheng He, PMP

David G. Hendrickson, PMP
Barbara Henrich
Baruch Herrera
Sergio Herrera-Apestigue,
    PMP, P3O
Robert Hierholtz, PhD, MBA, PMP
Robert N. Higgins V,
    PMP, ITIL Expert
David A. Hillson, PhD, PMI Fellow,
    HonFAPM
Shirley Hinton, PMP
Kenji Hiraishi, MsE, PMP
Lenora Holmsten, PMP, MPM
Jenny Anne Horst-Martz, JD, PMP
Alfred J. Howard, PMP, ITIL Expert
Cynthia L. Hoxey, PMP
Gheorghe Hriscu, PMP, CGEIT
Ananth HV PMP, CSM
Guillermo A. Ibañez, PMP, ITIL
Victor Manuel Ibanez Salazar,
    PMP, MA
Waleed Idris
Shuichi Ikeda, PMP
Andrea Innocenti PMP, CGEIT
Can Izgi, PMP
Pablo Jaramillo
Tariq Javed, MS, PMP
Cari Jewell, PMP, MISST
Gabriela Jimenez P.
Icvillajoe Joe
Tony Johnson, PMP, PfMP
Michele J. Jones, PMP
Yves Jordan, PMP
Alisher Kabildjanov, PMP
SS Kanagaraj, PMP, ITIL
Naoki Kasahara, PMP
Arcady Katnikov
Suhail Khaled
Basher Khalil
Aaron Ho Khong, PMP, ITIL Expert

M. Raashid Kiani, PMP, CSM
Taeyoung Kim, PMP
Ariel S. Kirshbom, PMP, ACP
Konstantinos Kirytopoulos, PhD, PMP
Ian Koenig PMP
Athens Kolias, MPM, PMP
Henry Kondo, PMP, PfMP
Maciej Koszykowski, PMP, PMI-RMP
Rouzbeh Kotobzadeh, PMP, PMI-ACP
Srikanth Krishnamoorthy, PMP, PGDSA
Amit Kumar
Devesh Kumar
Pramit Kumar, PMP
Rakesh Kumar, MBA, PMP
Santosh Kumar
S. Y. Satish Kumar
Abhilash Kuzhikat, PMP, CISA
Thierry Labriet
G.Lakshmi Sekhar, PMP, PMI-SP
Boon Soon Lam
Vincent Hiu Sing Lam, PMP
Ruchie Lamba
Deborah Langlois MBA, PMP
Alvaro Latorre,MsC, PMP
Olivier Lazar
Chang-Hee Lee, PMP, CISA
Cheryl G. Lee, PMP, PMI-PBA
Oliver F. Lehmann, MSc, PMP
Michael J Leisegang, PMP
Craig Letavec, PgMP, PfMP
Jean-Pierre Lhomme, PMP
Junquan Liu
Shihan Liu
Tong Liu (James Liu), PhD, PMP
Anand Loganathan, MS
Anand Lokhande, PMP
Nancy Lopez

Samuel López González de Murillo, MPM, PMP
Carlos López Javier, MBA, PMP
Zheng Lou, MBA, PMP
Sérgio Lourenço, PMP, PMI-RMP
Catia Lourenço
Hugo Kleber Magalhães Lourenço, PMP, ACP
Amy S. Lugibihl, PMP
Sergio O. Lugo, MBA, PMP
Vijaya Prasanth M. L., PMP, MCTS
José Carlos Machicao, MSc, PMP
Frederick G. Mackaden, CRISC, PMP
Jas Madhur
Krishan Gopal Maheshwari, PMP, ITILv3 Expert
Konstantinos Maliakas, MSc (PM), PMP
Rich Maltzman, PMP
Vaios Maniotis
Antonio Marino, PMP, PMI-ACP
Gaitan Marius Titi, Eng, PMP
Photoula Markou-Voskou
Lou Marks, PMP
Cristian Martín Corrales, MPM, PMP
Mike McElroy, MHA, PMP
Jon McGlothian, MBA, PMP
William T. McNamara, PMP
Rob D. Meadows, MBA, PMP
Alain Patrick Medenou, PMP, PRINCE2 Practitioner
Lourdes Medina, PMP, PfMP
Peter Berndt de Souza Mello, PMI-SP, PMP
Yan Bello Mendez
Ernst Menet, PMP
Sunil Meshram, PMP
Mohammed M'Hamdi, PMP
Lubomira Mihailova, MBA, PMP
Gloria J. Miller, PMP

Romeo Mitchell, MSc, BSc
Mannan Mohammed, Peng, PMP
Venkatram Vasi Mohanvasi
Ricardo Monteiro
Paula Morais
Maciej Mordaka, PMP
Rachel A. Morris, PMP
Doris Moss
Henrique Moura, PMP, PMI-RMP
Timur Mukharyamov, PhD, PMP
Antonio Muntaner, PMP
Muktesh Murthy, MBA (IS), PMP
Lemya Musa M. Idris, PMP, PMI-PBA
Khalid M. Musleh, PMP, PMI-RMP
Syed Ahsan Mustaqeem, PE, PMP
Todd Nielsen Myers, MBA, PMP
Narayanaswamy Nagarajan, PMP
Kiran Nalam
Faig Nasibov, PMP
Asad Naveed, PMP, RMP
Serge Patrick N'Guessan, MSIS, PMP
Praveen K. Nidumolu, PMP, PMI-ACP
Eric Nielsen, PMP
Jeffrey S. Nielsen, PMP, PgMP
Víctor Nieva Martín-Portugués, PMP
Michael C. Nollet, PMP, PMI-ACP
Takamasa Nomura
Ernesto Antonio Noya Carbajal
Mufaro M. Nyachoto, PMI-PBA, CAPM
Conor O'Brien, 工商管理硕士（技术开放），项目管理师 (PMP)
Peter O'Driscoll
Michael O. Ogberuhor, PMP, EVP
Bayonle Oladoja, PMP, PRINCE2

Antonio Oliva González, PMP, EMPM
Habeeb Omar, PgMP, PfMP
Stefan Ondek, PMP
Marian Oprea, PMP, ITIL
Henrique Ortega-Tenorio, PMP
Venkateswar Oruganti, FIETE, PMP
Musab Abdalmageed Osman Abubakar
Jaime Andres Alvarez Ospina, PMP, PMI-RMP
Tabitha A. Palmer, PMP
Neeraj Pandit, PMP
Luke Panezich, PMP, PMI-ACP
Hariyo Pangarso
Laura Paton, PMP, PMI-PBA
Seenivasan Pavanasam, PMP, PgMP
Anil Peer, PEng, PMP
Mauricio Perez Calvo, PMP, PMI-RMP
Dana Persada Mulyoto, MBA, PMP
LEE Nan Phin, PMP, CSM
Luca Pietrandrea
Crispin ("Kik") Piney, BSc, PgMP
Jose Angelo Pinto, PMP, OPM3 CP
Narendra Pondugula, PMP, PMI-ACP
Hin-Fei Poon
Svetlana Prahova, PMP
B. K. Subramanya Prasad, PMP, CSM
T.V. Prasanna Raaj, PMP
Suhail Qadir, PMP, BTech
Collin Quiring, PMP, OPM3
Nader K. Rad, PMP
Noalur Rahim, PMP
Prashanth Bagepalli Rajarao, BE, PMP
S. Ramani, PgMP, PfMP
Gurdev S. Randhawa, PMP
Alakananda Rao
Vicky Restrepo, PMP

Raman Rezaei
Tashfeen Riaz, PMP, MPM
Juan Carlos Rincón Acuña, PhD, PMP
Juan Sebastian Rivera Ortiz
Dan Roman, PMP, PMI-ACP
Rafael Fernando Ronces Rosas, PMP, ITIL
David W. Ross, PMP, PgMP
Kaydashov Ruslan, PMP
Philip Leslie Russell, PMP
Mohamed Salah Eldien Saad, PMP
Eyad Saadeh, PfMP, PgMP
Imad Sabonji, PMP
Kumar Sadasivan, PMP
Mihail Sadeanu, PhD, PMP
Gopal Sahai, PMP, PMI-PBA
Joudi Ahmad Said, PMP, MSc
Ibrahim Saig, PhD, PMP, MRCPI
Brian Salk, PhD, PMP
Omar A. Samaniego, PMP, PMI-RMP
Abubaker Sami, PfMP, PgMP
Carlos Sánchez Golding, PMP
Yiannis Sandis, MSc, PMP
Iván S. Tejera Santana, PMP, PMI-ACP
Murali Santhanam, PMP, BCom
Subhendu Sarangi
Saikat Sarkar, PMP
Shreesh Sarvagya
Supriya Saxena
Nicole Schelter, PMP
Kathy Schwalbe, PhD, PMP
Dion Serben
Marcus Gregorio Serrano, MBA, PMP
Isaac Sethian, MBA, PMP
Bruce G. Shapiro, PMP
Ian Sharpe, 4-DM CPPD
Cindy C Shelton, PMP, PMI-ACP
Nitin Shende, PMP, PRINCE2

Gregory P. Shetler, PhD, PgMP
Patricia C. C. Sibinelli, MEng, PMP
Alexsandro Silva
Christopher M. Simonek, PMP
Rohit Singh
Sathya Sivagurunathan
Venkatramanan S., PMP
Michelle A. Sobers, MS
Pamela L. Soderholm, PMP
Khaled Soliman
Mauro Sotille, PMP, PMI-RMP
Sriram Srinivasan, PMP, CGEIT
Pranay Srivastava, PMP, CSM
Alexander Stamenov
Jamie Stasch
John Stenbeck, PMP, PMI-ACP
Michael J. Stratton, PhD, PMP
S. Sudha, PMP
John L. Sullivan, MEd, PMP
Karen Z. Sullivan, PMP, PSM
Surichaqui Yasuji Suzuki, PMP
Mark A. Swiderski, PMP, MBA
Titus K. Syengo, PMP
Paul S. Szwed, DSc, PMP
Hadi Tahmasbi Ashtiani
Shoji Tajima, PMP, ITC
Peter Tashkoff, PMP
Ahmet Taspinar
Gokrem Tekir
Sunil Telkar PMP, PGDBL
Sal J. Thompson, MBA, PMP
Mark S. Tolbert, PMP, PMI-ACP
Mukund Toro, PMP
Stephen Tower, PMP, MBCI
John Tracy, PMP, MBA
Biagio Tramontana, Eng, PMP
Micol Trezza, MBA, PMP
Konstantin Trunin, PMP
Ahmet Tümay, PhD, PMP

M. Jeffery Tyler, PMP
Hafiz Umar, MBA, PMP
Krishnakant T. Upadhyaya, PMP
Atta Ur Rahman, MBA, PMP
Ebenezer Uy
Madhavan V.
Ali Vahedi Diz, PgMP, PfMP
Tom Van Medegael, PMP
Stephen VanArsdale
Enid T. Vargas Maldonado, PMP, PMI-PBA
Paola D. Vargas
Allam V. V. S. Venu, PMP, PgMP
Roberto Villa, PMP
Tiziano Villa, PMP, PMI-ACP
Benjamin Villar Lurquin, Bs
Dave Violette, MPM, PMP
Vijay Srinivas Vittalam PMP, RMP
Julian Vivas
Sameh Wahba, PMP, CPMC
Prakash Waknis, PMP
Xiaojin Wang, PhD, PMP
Tsunefumi Watanabe, PMP
Barbara A. Waters, MBA, PMP
Shayla P. Watson, MA
Patrick Weaver, PMP, PMI-SP
Kevin R. Wegryn, PMP, Security+
Lars Wendestam, MSc, PMP
Jan Werewka, PMP
Carol E. P. Whitaker, MBA, PMP
Sean Whitaker, MBA, PMP
Angela Wick, PMP, PBA
Michal P. Wieteska
J. Craig Williams
Malgorzata Wolny
Sek-Kay Steve Wong, MBA, PMP
Louise M. Worsley
Yan Wu, APME, PMP
Clement C. L. Yeung, PMP
Cynthia J. Young, PhD, PMP, LSSMBB
Gordon Young
Alan E. Yue, PMP, PMI-ACP
Hany I. Zahran
Saeed Zamani
Alessandri Zapata Rosas, PMP
Azam M. Zaqzouq, MCT, PMP
Salim Zid, MSc, PMP
Eire Emilio Zimmermann
Marcin Zmigrodzki, PhD, PgMP

X2.4.3 征求意见稿最终审核（指南部分）

除委员会成员外，以下人员为第六版《PMBOK®指南》（指南部分）征求意见稿提供了改进建议；

Farhad Abdollahyan, PMP, OPM3CP
Tetsuhide Abe, PMP
Ali Abedi, PhD, PMP
Amir Mansour Abdollahi, MSc, PE
Eric Aboagye
Umesh AC
Jer Adamsson
Carles Adell, MPM, PMP
Mounir A. Ajam, RMP, GPM-bTM
Uğur Aksoylu, PMP
Tarik Al Hraki, PMP, PMI-RMP
Melad Al Aqra, PMP, MIET
Amer Albuttma, BSc, PMP
Jose Rafael Alcala Gomez, PMP
Filippo Alessandro, PMP
Hammam Zayed Alkouz, PMP, PMI-RMP
Eric Allen
Wasel A. Al-Muhammad, MBA, PMP
Turki Mohammed Alqawsi, MITM
Imad Alsadeq, MB, P3M3
Haluk Altunel, PhD, PMP
Barnabas Seth Amarteifio, PMP, ITIL
Serge Amon, MBA, PMP
Abd Razak B Ariffin, PMP
Sridhar Arjula
Kalpesh Ashar, PMP, PMI-ACP
Vijaya C. Avula, PMP, ACP
Andy Bacon, PMP, CSP
Andrey Badin
Sherif I. Bakr, PMP, MBA
Karuna Basu
Chandra Beaveridge, BEng, PMP
Jane Alam Belgaum, PMP
Stefan Bertschi, PhD
Harwinder Singh Bhatia, PMP, PMI-ACP
Jasbir Singh Bhogal, PMP, ITIL-V3
Jayaram Bhogi PMP, CSM
Michael M. Bissonette, MBA, MS
Greta Blash, PMP, PMI-ACP
Steve Blash, PMP, PMI-ACP
Dennis L. Bolles, PMP
Rodolphe Boudet, PMP
Farid F. Bouges, PhD, PfMP, PMP
Damiano Bragantini, PMP
Ralf Braune, PhD, PMP
Maria del Carmen Brown, PMP
James N. Bullock, PMP, ASQ CMQ/OE
Andy Burns PMP, PMI-ACP
Nicola Bussoni, PMP
Roberto A. Cadena Legaspi, PMP, MCI
Carla M. Campion, BEng (Hons), PMP
Shika Carter, PMP, PgMP
Luis Casacó, MA, PMP
Guillermo A. Cepeda L., PMP, PMI-RMP
Kristine Chapman
Panos Chatzipanos, PhD, Dr Eur Eng.
Satish Chhiba
Aditya Chinni
Virgiliu Cimpoeru, PhDc, PMP
Jorge Omar Clemente, PMP, CPA
Martin A. Collado, PMP, ITIL
Sergio Luis Conte, PhD, PMP
Franco Cosenza, PGDipBA, PMP
Veronica Cruz
Ron Cwik MBA, PMP
Yudha P. Damiat, PMP, PMI-SP
Farshid Damirchilo, MSc
William H. Dannenmaier, PMP, MBA
Sankalpa Dash
Gina Davidovic PMP, PgMP
Beatriz Benezra Dehtear, MBA
G. Murat Dengiz, PMP
Stephen A. Devaux, PMP, MSPM
Shanmugasundaram Dhandapani
Sachin S. Dhaygude, PMP, PMI-ACP
Ivana Dilparic
Marcelo Sans Dodson, DBA, PMP
Nedal A. Dudin, PMP, PBA
Jorge A. Dueñas, PMP, AVS
Eunice Duran Tapia, PMP, PfMP
Wael K. Elmetwaly, PMP, PMI-ACP
Talha M. El-Gazzar, PMP
Carol Elliott, MBA, PMP
Larry Elwood, PMP, CISSP
Angela England
Marco Falcao, PMP, PMI-RMP
Puian Masudi Far, PhDc, PMP
Jared Farnum
Jose L. Fernandez-Sanchez, PhD
Eduardo S. Fiol, PMP
Regis Fitzgibbon
Garry Flemings
Carlos Augusto Freitas, CAPM, PMP
Scott J. Friedman, PMP, ACG
MAG Sanaa Fuchs
Nestor C. Gabarda Jr., ECE, PMP
Robert M. Galbraith, PMP
Carl M. Gilbert, PMP, PfMP
Theofanis Giotis, PhDc, PMP
Dhananjay Gokhale

José Abranches Gonçalves, MSc, PMP
Herbert G. Gonder, PMP
Edward Gorni, PMP, MSc
Julie Grabb PMP, B Math
Stuart Gray
Christiane Gresse von Wangenheim, Dr. rer. nat., PMP
Grzegorz Grzesiak
Ahmed Guessous, PMP
Neeraj Gupta, PMP, CSM
Sunita Gupta
Raj Guttha PhD, PMP
Mustafa Hafizoglu, PMP
Kazuro Haga, PMP, PMI-RMP
Yoshifumi Hamamichi
Simon Harris, PMP, CGEIT
Gabrielle B. Haskins, PMP
Hossam Hassan
Madhavi Hawa, MBA
Randell R. Hayes II, PMP, MBA
Guangcheng He, PMP
Kym Henderson, RFD, MSc (Comp)
Sergio Herrera-Apestigue, PMP, P3O
Robert Hierholtz, PhD, MBA, PMP
Bob Hillier, PMP
Aaron Ho Khong, PMP, ITIL Expert
Scott C. Holbrook, PMP, CISSP
Regina Holzinger, PhD, PMP
Christina M. House, MBA, PMP
Gheorghe Hriscu, PMP, CGEIT
Terri Anne Iacobucci, SPHR, PMP
Guillermo A. Ibañez, PMP, ITIL
Can Izgi, PMP
Anand Jayaraman PMP, MCA
Anil K. Jayavarapu, PMP
Cari Jewell, PMP, MISST
Martina Jirickova
Alan John

Tony Johnson, PMP, PfMP
Michele J. Jones, PMP
Rajesh G. Kadwe, PMP
Orhan Kalayci, PMP, CBAP
Samer Faker Kamal, PMP, LEED AP BD+C
Surendran Kamalanathan
Vaijayantee Kamat, PMP
Nils Kandelin
Carl Karshagen, PMP
Anton Kartamyshev
Scott Kashkin, MS, PMP
Katsuichi Kawamitsu, PMP, ITC
Rachel V. Keen, PMP
Suhail Khaled
Jamal Khalid
Eng. Ahmed Samir Khalil, PMP, OPM3-CP
Basher Khalil
Ranga Raju Kidambi
Mostafa K. Kilani, BEng, PMP
Diwakar Killamsetty
Taeyoung Kim, PMP
Konstantinos Kirytopoulos, PhD, PMP
Kashinath Kodliwadmanth
Maarten Koens, PMP
Dwaraka Ramana Kompally, MBA, PMP
Henry Kondo, PMP, PfMP
Maciej Koszykowski, PMP, PMI-RMP
Ahmed A F Krimly
Srikanth Krishnamoorthy, PMP, PGDSA
Bret Kuhne
Avinash Kumar, PMP
Pramit Kumar, PMP
Thomas M. Kurihara
Andrew Lakritz

Boon Soon Lam
Luc R. Lang PMP
Jon Lazarus
Chang-Hee Lee PMP, CISA
Ivan Lee PMP, PMI-ACP
Oliver F. Lehmann, MSc, PMP
Katherine A. Leigh
Donald LePage
Peter Liakos, PMP, Cert APM
Tong Liu, PhD, PMP
Chandra Sekhar Lolla Venkata Satya
Stefania Lombardi, PhDc, PMP
Daniel D. Lopez, CSP, PMP
Zheng Lou, MBA, PMP
Sérgio Lourenço, PMP, PMI-RMP
Hugo Kleber Magalhães Lourenço, PMP, ACP
Xiang Luo, PMP, PMI-PBA
José Carlos Machicao, PMP, MSc
Sowjanya Machiraju, MS, PMP
Robert Mahler
Mostafa M. Abbas, PMP, OCE
Konstantinos Maliakas, MSc (PM), PMP
Rich Maltzman, PMP
Ammar Mango
Antonio Marino, PMP, PMI-ACP
Gaitan Marius Titi, Eng, PMP
Lou Marks, PMP
Rodrigo Marques da Rocha
Ronnie Maschk, PMP
Maria T Mata-Sivera, PMP
Kurisinkal Mathew
Stephen J. Matney, CEM, PMP
David A. Maynard, MBA, PMP
Pierre Mbeniyaba Mboundou
Thomas McCabe
Jon McGlothian, MBA, PMP
Alan McLoughlin, PMP, PMI-ACP

Ernst Menet, PMP
Mohammed M'Hamdi, PMP
Roberta Miglioranza, PMP, Prince2
Gloria J. Miller, PMP
Daniel Minahan, MSPM, PMP
Javier A Miranda, PMP, PMI-ACP
Saddam Mohammed Babikr Mohammed
Venkatramvasi Mohanvasi, PMP
Maciej Mordaka, PMP
Paola Morgese, PMP
Moises Moshinsky, MSc, PMP
Henrique Moura, PMP, PMI-RMP
Nathan Mourfield
Alison K. Munro, MSc, PMP
Khalid M. Musleh, PMP, PMI-RMP
Vasudev Narayanan
Faig Nasibov, PMP
Daud Nasir, PMP, LSSBB
Nasrullah
Nghi M. Nguyen, PhD, PMP
Eric Nielsen, PMP
Yamanta Raj Niroula, PMP
Emily Nyindodo
Peter O'Driscoll
Kiyohisa Okada
Bayonle Oladoja, PMP, PRINCE2
Sofia Olguin
Edward C. Olszanowski III, PMP, EMBA
Austen B. Omonyo, PhD, PMP
Stefan Ondek, PMP
Tom Oommen
H. Metin Ornek, PMP, MBA
Juan Carlos Pacheco
Durgadevi S. Padmanaban, MBA, PMP
Ravindranath Palahalli
Boopathy Pallavapuram, PMP
Rajeev R. Pandey

Luke Panezich, PMP, PMI-ACP
Sungjoon Park, PMP
Gino Parravidino Jacobo, PMP, ITIL
Richard L. Pascoe, PMP
George Pasieka, PMP
Sneha Patel, PMP
Satyabrata Pati, PMP
Seenivasan Pavanasam PMP, PgMP
R. Anthoney Pavelich, PMP
P. B. Ramesh, PMP, ACP
Brent C. Peters, BA
Yvan Petit, PhD, PMP
Crispin ("Kik") Piney, BSc, PgMP
Jose Angelo Pinto, PMP, OPM3 CP
Napoleón Posada, MBA, PMP
B K Subramanya Prasad, PMP, CSM
Carl W. Pro, PMP, PMI-RMP
Srikanth PV
Nader K. Rad, PMP
Karen Rainford, EdD, PMP
S. Ramani, PfMP, PgMP
Niranjana Koodavalli Ramaswamy, BE Mech, PGDM
Jesus Esteban Ramirez, BEng, eCS
Michele Ranaldo, PMP
Gurdev S. Randhawa, PMP
Sreekiran K. Ranganna, PMP, MBA
Alakananda Rao
Muhammad Sauood ur Rauf, PMP
P. Ravikumar, PMP, PMI-ACP
Michael Reed, PMP, PfMP
Messias Reis, PMP
Alexander V. Revin, PMP
Mohammadreza Rezaei
Gustavo Ribas
David B. Rich, PMP
Gregg D. Richie, PMP, MCTS
Edgar Robleto Cuadra
Bernard Roduit
David Roe, PMP

Rafael Fernando Ronces Rosas, PMP, ITIL
Prakash Roshan
William S. Ruggles, PMP, CSSMBB
Nagy Attalla Saad, PMP, ITIL
Natesa Sabapathy, PhD, PMP
Kumar Sadasivan, PMP
Dzhamshid Safin, PhD, PMP
Edgardo S. Safranchik, PMP
Ibrahim Mohammed Ali Saig
Naoto Sakaue
Xavier Salas Ceciliano, MSc, PMP
Anderson Sales
Floriano Salvaterra, PMP, IPMA-C
Omar A. Samaniego, PMP, PMI-RMP
Abubaker Sami, PfMP, PgMP
Angela Sammon
P. Sampathkumar, MBA, PMP
Iván S. Tejera Santana, PMP, PMI-ACP
Luciana de Jesus Santos, PMP
Aminu Sarafa, PMP, CCP
Darpan Saravia, PMP, CSM
Tamara Scatcherd
Stephen M. Schneider, PhD, PMP
Ludwig Schreier, Eur Ing, PMP
Birgitte Sharif, PMP
Sanjeev Sharma
Alexander Shavrin, PhD, PMP
Nitin Shende, PMP, PRINCE2
Luqman Shantal, PMP, TOGAF
N. K. Shrivastava, PMP, SPC4
Mohamad Sibai
Gustavo Silva
Sumit Kumar Sinha, PMP
Ronald Zack Sionakides, MBA, PMP
Klas Skogmar, EMBA, PMP
J. Greg Smith, EVP
Kenneth F. Smith, PhD, PMP
Pamela L. Soderholm, PMP

John Paul Soltesz
Sheilina Somani, RPP, PMP
Mauro Sotille, PMP, PMI-RMP
Setty Sreelatha, PMP, PMI-ACP
Shishir Srivastav, PMP, CSM
Pranay Srivastava, PMP, CSM
John Stenbeck, PMP, PMI-ACP
Jim Stewart
Yasuji Suzuki, PMP
Mark A. Swiderski, PMP, MBA
Ahmed Taha, PMP, PMI-RMP
Francis Taiwo, PMP, PMI-ACP
Yahya Tatar, PMP, MBA
Gerhard J. Tekes, PMP, PMI-RMP
Gokrem Tekir
João Paulo Tinoco
Claudia A. Tocantins, MSc, PMP
Mukund Toro, PMP
Juan Torres Vela
Stephen Tower, PMP, MBCI
Brenda Tracy
John Tracy, MBA, PMP

Konstantin Trunin, PMP
Tassos Tsochataridis, MSc, PMP
Krishnakant T. Upadhyaya, PMP
Ali Vahedi Diz, PgMP, PfMP
Jorge Valdés Garciatorres, PMP, SMC
Jose Felix Valdez-Torero, PMP
Tom Van Medegael, PMP
Raymond Z van Tonder, PMP, ND Elec Eng
Ravi Vanukuru, BE, PMP
Ricardo Viana Vargas, MSc, PMP
Neelanshu Varma, PMP
Debbie Varn, PMP, SHRM-SCP
Vijay Vemana, PgMP, PMP
Nagesh V., PMP
Aloysio Vianna Jr., DEng, PMP
Roberto Villa, PMP
Jorge Villanueva, MSc (PM), PMP
Dave Violette, MPM, PMP
Yiannis Vithynos PMP, PMI-ACP
Steve Waddell, MBA, PMP

Xiaojin Wang, PhD, PMP
J. LeRoy Ward, PMP, PgMP
Toshiyuki Henry Watanabe, PE, PMP
Ashleigh Waters, PMP
Ganesh Watve, MBA, PMP
Patrick Weaver, PMP, PMI-SP
Michal P. Wieteska
Roger Wild, PMP
Rebecca A. Winston, JD
Lisa Wolf
Carlos Magno Xavier, PhD, PMP
Wenyi Xiao, PMP
Haotian Xu, CAPM
Clement C. L. Yeung, PMP
Saeed Zamani
Azam M. Zaqzouq, MCT, PMP
Omran M. Zbeida, PMP, BSP
Marcin Zmigrodzki, PMP, PgMP
Rolf Dieter Zschau, PMP
Alan Zucker, PMP, CSM

X2.5 PMI 标准项目集成员顾问小组 (MAG)

以下人员作为 PMI 标准项目集成员顾问小组成员，参与了第六版《PMBOK® 指南》的编纂工作：

Maria Cristina Barbero, PMP, PMI-ACP
Brian Grafsgaard, PMP, PgMP
Hagit Landman, PMP, PMI-SP
Yvan Petit, PhD, PMP
Chris Stevens, PhD
Dave Violette, MPM, PMP
John Zlockie，工商管理硕士，项目管理师（PMP），PMI 标准经理

X2.6 协调机构审核

以下人员为 PMI 标准项目集协调机构成员：

Nigel Blampied, PE, PMP
Dennis L. Bolles, PMP
Chris Cartwright, MPM, PMP
Sergio Coronado, PhD
Andrea Demaria, PMP
John L. Dettbarn, Jr., DSc, PE
Charles T. Follin, PMP
Laurence Goldsmith, MBA, PMP
Dana J Goulston, PMP
Brian Grafsgaard, PMP, PgMP
David Gunner, PMP
Dorothy L. Kangas, PMP
Thomas Kurihara
Hagit Landman, PMP, PMI-SP
Timothy MacFadyen
Harold "Mike" Mosley, Jr., PE, PMP
Eric S Norman, PMP, PgMP
Nanette Patton, MSBA, PMP
Yvan Petit, PhD, PMP
Crispin ("Kik") Piney, BSc, PgMP
Michael Reed, PMP, PfMP
David W. Ross, PMP, PgMP
Paul E. Shaltry, PMP
Chris Stevens, PhD
Adam D. Sykes, MS, PMP
Matthew D. Tomlinson, PMP, PgMP
Dave Violette, MPM, PMP

X2.7 制作人员

特别感谢以下 PMI 工作人员的付出：

Donn Greenberg，出版社经理
Roberta Storer，产品编辑
Barbara Walsh，出版社出版主管

附录 X3
敏捷型、迭代型、适应型和混合型项目环境

本附录探讨如何根据具体的项目环境和生命周期,而略有不同地实施《项目管理标准》中所述的项目管理过程组。

《PMBOK® 指南》的1.2.4.1 节指出"项目生命周期需要足够灵活,能够应对项目包含的各种因素。"随可用信息更加详细和具体而逐渐演进,这正是项目的性质。在高度变化和不确定的环境中,或在相关方的理解与期望差异较大的环境中,这种演进和适应能力就更加重要。

X3.1 项目生命周期的连续区间

要理解适应型项目中的过程应用,就要先理解项目生命周期的连续区间。《PMBOK®指南》的术语表将项目生命周期定义为项目从开始到结束所经历的一系列阶段。项目生命周期内通常有一个或多个阶段与产品、服务或成果的开发相关。这些阶段称为开发生命周期。开发生命周期可分为预测型(计划驱动型)、适应型(敏捷型)、迭代型、增量型或混合型。

图 X3-1 显示了根据采用的生命周期类型,处理需求和计划的各种方式、如何管理风险和成本、进度考虑因素,以及如何处理关键相关方的参与。

预测型	迭代型	增量型	敏捷型
需求在开发前预先确定	需求在交付期间定期细化		需求在交付期间频繁细化
针对最终可交付成果制定交付计划,然后在项目终了时一次交付最终产品	分次交付整体产品的各种子集		频繁交付对客户有价值的各种子集(隶属于整体产品)
尽量限制变更	定期把变更融入项目		在交付期间实时把变更融入项目
关键相关方在特定里程碑时点参与	关键相关方定期参与		关键相关方持续参与
通过对基本可知情况编制详细计划而控制风险和成本	通过用新信息逐渐细化计划而控制风险和成本		随需求和制约因素的显现而控制风险和成本

图 X3-1 项目生命周期的连续区间

强调在项目开始阶段就明确需求和进行详细规划,这是预测型项目生命周期的特点。基于已知需求和制约因素而制定的详细计划,可以降低风险和成本。计划中也规定了需要关键相关方参与的里程碑时点。随着项目按详细计划逐渐推进,监控过程将重点限制可能影响范围、进度或预算的变更。

基于短期迭代规划和实施周期而对需求进行渐进明细,这是高适应型或敏捷型项目生命周期的特点。风险和成本随着对初始计划的渐进明细而逐渐降低。关键相关方持续参与,并频繁提供反馈,使项目能够更快地应对变更且获得更好的质量。

以下两点适用于处于连续区间中间位置的项目生命周期:(a) 风险和成本随着对初始计划的迭代演进而逐渐降低;以及 (b) 在增量型、迭代型和敏捷型周期中,相关方的参与机会更多,相比在高度预测型生命周期中只在项目里程碑时点参与。

处于连续区间中间位置的项目生命周期,可以更倾向于预测型或敏捷型。这取决于需求的确定方式、风险与成本的管理方式,以及关键相关方的参与性质。处于连续区间中间位置的项目可以采用混合型项目方法。

应该强调的是,开发生命周期具有复杂性和多维性。特定项目的不同阶段往往采用不同的生命周期,正如特定项目集内的每个项目都可用不同的方法去执行。

X3.2 项目阶段

《PMBOK® 指南》的 1.2.4.2 节将阶段定义为"一组具有逻辑关系的项目活动的集合，通常以一个或多个可交付成果的完成为结束"，过程组中的各个过程会在每个阶段按需要重复开展，直到达到该阶段的完工标准。

连续区间中更倾向于适应型的项目，会使用 X3.2.1 节和 X3.2.2 节所述的两种项目阶段关系模式。

X3.2.1 基于迭代的顺序阶段

适应型项目往往可分解为一系列先后顺序进行的、被称为"迭代期"的阶段。在每个迭代期都要利用相关的项目管理过程。这些迭代期构成了可预测、时间固定、预先商定、连贯和有助于制定进度计划的时段节拍。

重复开展项目管理过程组会产生管理费用。为了有效管理高度复杂且充满不确定性和变更的项目，这种管理费用是必要的。在基于迭代的各个阶段，所需的投入水平，见图 X3-2 所示。

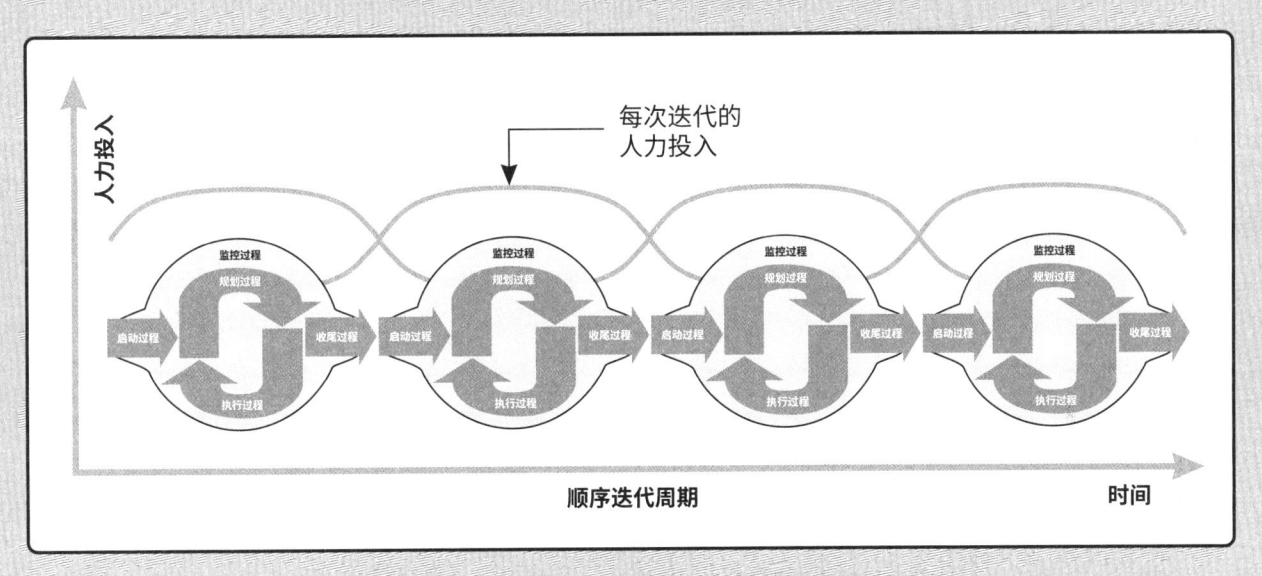

图 X3-2 跨迭代周期的过程组重复开展所需的投入水平

X3.2.2 持续进行的交叠阶段

高度适应型项目往往在整个项目生命周期内持续实施所有的项目管理过程组。受来自精益思维的技术的启发，这种方法往往被称为"持续且适应式规划"。它承认：工作一旦开始，计划就需根据新情况而改变。其目的是，不断调整和改进项目管理计划的所有要素，而不局限在迭代中的预定检查点。这种方法中的过程组相互作用，见图 X3-3 所示。

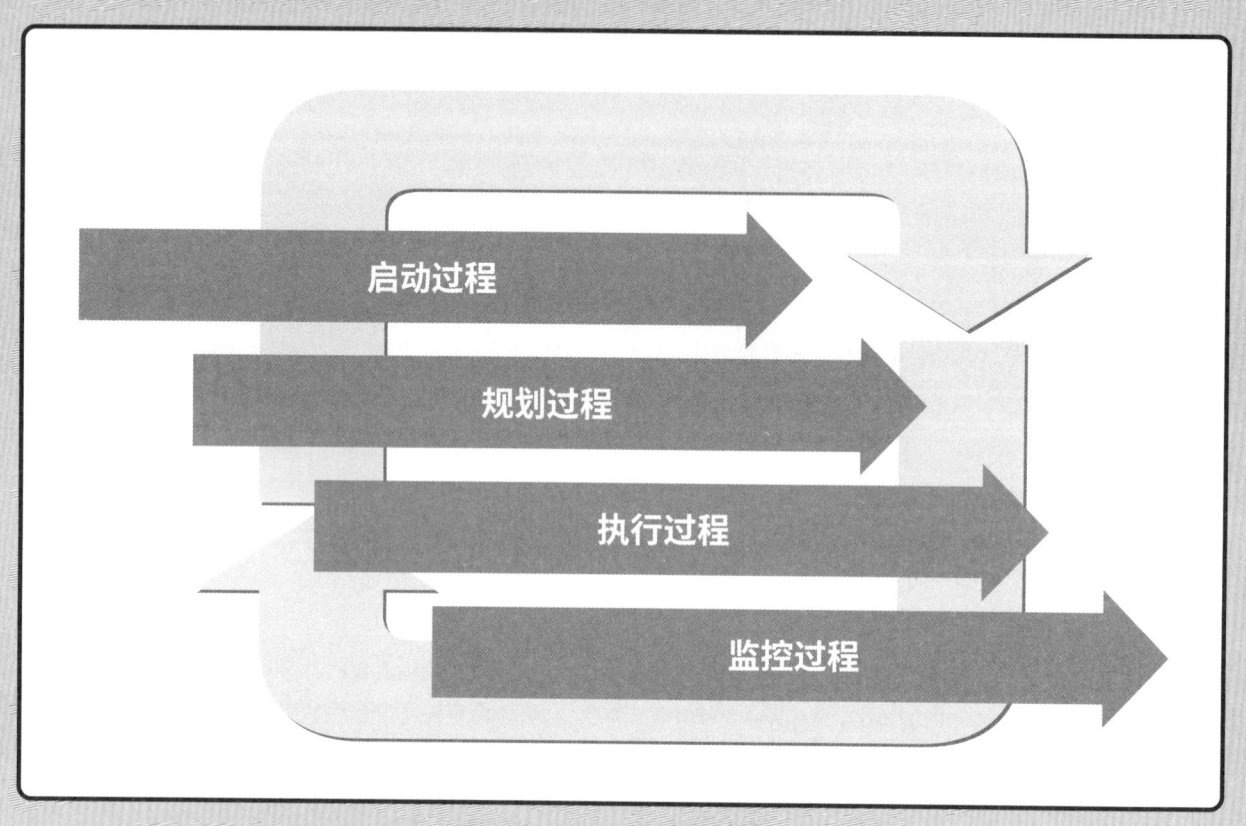

图 X3-3 持续阶段中的过程组关系

这种高度适应型方法要求不断地从工作优先级清单中提取任务。其目的在于通过删去迭代期的开始活动和结束活动，将用于重复管理过程组的管理费用最小化。不断提取任务的做法可被视为"微型迭代"，旨在最大化用于执行而非管理的时间。不过，这种做法仍然需要有自身的规划、跟踪和调整机制，以确保其既不脱离正轨又能适应变更。

X3.3 适应型环境中的过程组

如上节所述，无论所用的项目生命周期是处于连续区间的哪一个位置，每个项目都需要使用每一个项目管理过程组。在适应型和高度适应型生命周期中，过程组之间相互作用的方式会有所不同。

X3.3.1 启动过程组

启动过程组是指定义一个新项目或现有项目的一个新阶段，授权开始该项目或阶段的一组过程。在适应型项目中，需要频繁回顾和重新确认项目章程。随着项目进展，对优先级的竞争和情况的动态变化，可能导致项目制约因素和成功标准过时。因此，需要定期开展启动过程，以确保项目在最新的制约因素内朝最新的目标推进。

适应型项目非常依赖知识丰富的客户或客户代表，他们要能够持续地表达需要和意愿，并不断针对新形成的可交付成果提出反馈意见。应该在项目开始时就识别出这个相关方或其他相关方，以便在开展执行和监控过程组时与他们频繁互动。有关的反馈意见则能够确保项目交付出正确的成果。如前所述，在采用适应型生命周期的项目上，启动过程通常要在每个迭代期开展。

X3.3.2 规划过程组

规划过程组是明确项目范围、细化目标，为实现目标制定行动方针的一组过程。

通常，高预测型项目生命周期的特点是，项目范围变更很少，以及相关方之间有高度共识。这类项目会受益于前期的详细规划。而适应型生命周期的特点是，先基于初始需求制定一套高层级的计划，再逐渐把需求细化到适合特定规划周期所需的详细程度。因此，预测型和适应型生命周期的主要区别在于做多少规划工作，以及什么时间做。

另外，在高度复杂和不确定的项目中，应该让尽可能多的团队成员和相关方参与规划过程，以便依据很广泛的信息开展规划，降低不确定性。

X3.3.3 执行过程组

执行过程组是完成项目管理计划中确定的工作，以满足项目要求的一组过程。

在敏捷型、迭代型和适应型项目生命周期中，通过迭代对工作进行指导和管理。每次迭代都是在一个很短的固定时间段内开展工作，然后演示所形成的功能或设计。有关的相关方和团队再基于演示来开展回顾性审查。这种演示和审查有助于对照计划检查进展情况，确定是否有必要对项目范围、进度或执行过程做任何变更；也有助于通过展示已完成的工作增量，以及讨论未来工作，更好地管理相关方参与。进行回顾性审查，有利于及时发现和讨论与执行方法有关的问题，以及提出改进建议。通过讨论富有成效的做法以及依靠团队解决问题，回顾性审查也是管理项目知识和建设项目团队的主要工具。

虽然工作是通过短期迭代进行的，但是也需要对照长期的项目交付时间框架对其进行跟踪和管理。先在迭代期层面上追踪开发速度、成本支出、缺陷率和团队能力的走势，再汇总并推算到项目层面，来跟踪完工绩效。高度适应型方法旨在利用团队的专业知识去完成任务。有别于由项目经理确定工作内容和排定工作顺序，在这种方法中，项目经理解释高层级的目标，同时授权团队成员作为一个小组用最能实现目标的方式自行安排具体工作。这就使团队成员能够高度投入，制定出切合实际的计划。

对于高度适应型项目上的初级团队，在其达到适合授权的状态之前，通常都需要进行辅导和分配工作。可以在一个短暂迭代期中开展渐进式试验，然后在回顾性审查会上对团队进行审查，确定团队是否已具备无需辅导即能开展工作的技能。

X3.3.4 监控过程组

监控过程组指的是跟踪、审查和调整项目进展与绩效，识别必要的计划变更并启动相应变更所需的一组过程。

在迭代型、敏捷型和适应型方法中，通过维护未完项清单，对进展和绩效进行跟踪、审查和调整。在项目团队的协助（分析并提供有关技术依赖关系的信息）下，业务代表对未完项进行优先级排序。基于业务优先级和团队能力，提取未完项清单最前面的任务，供下一个迭代期完成。业务代表在听取项目团队的技术意见之后，评审变更请求和缺陷报告，排列所需变更或补救的优先级，并列入工作未完项清单。

这种把工作和变更列入同一张清单的做法，起源于充满变更的项目环境。在这种项目环境中，无法把变更从原先计划的工作中分离出来。把变更和原先的工作整合到一张未完项清单中，就便于对全部工作进行重新排序，也能够为相关方管理和控制项目工作、实施变更控制和确认范围提供单一的平台。

随着排定了优先级的任务和变更从未完项清单中提取出来，并通过迭代加以完成，就可以测算已完成工作的趋势和指标，以及变更工作量和缺陷率。通过在短期迭代中频繁抽样，计算变更影响的数量和缺陷补救工作量，就可以对照原来的范围来考察团队能力和工作进展。这样一来，就能基于实际的进展速度和变更影响来估算项目成本、进度和范围。

应该借助趋势图表（信息扩散器）与项目相关方分享这些指标和预测，以便沟通进展情况、共同面对问题、推动持续改进，以及管理相关方期望。

X3.3.5 收尾过程组

收尾过程组是为正式完成或关闭项目、阶段或合同而开展的一组过程。在迭代型、适应型和敏捷型项目中，对工作进行优先级排序，以便首先完成最具商业价值的工作。这样，即便不得不提前关闭项目或阶段，也很可能已经创造出一些有用的商业价值。这就使得提前关闭不太像是一种归因于沉没成本的失败，而更像是一种提前实现收益、快速取得成功或验证某种业务概念。

附录 X4
知识领域关键概念总结

本附录的目的是总结第 4 到第 13 章中每个知识领域的关键概念小结，可用作项目执行者的辅助工具、项目管理培训提供者的学习目标清单或准备参加认证考试者的学习资料。

X4.1 项目整合管理的核心概念

项目整合管理的核心概念包括：

◆ 项目整合管理是项目经理的具体职责，不能委托或转移。项目经理要整合所有其他知识领域的成果，以提供与项目总体情况有关的信息。项目经理必须对整个项目承担最终责任。

◆ 项目和项目管理具有整合性质，大多数任务涉及不止一个知识领域。

◆ 项目管理过程组内部和项目管理过程组之间的过程存在迭代型关系。

◆ 项目整合管理指的是：
  - 确保项目可交付成果的最终交付日期、项目生命周期及效益实现计划保持一致；
  - 提供可实现项目目标的项目管理计划；
  - 确保创造合适的知识以运用到项目中，并从项目中汲取知识；
  - 管理项目绩效和项目活动的变更；
  - 做出针对影响项目的关键变更的综合决策；
  - 衡量和监督进展，并采取适当的措施；
  - 收集、分析项目信息，并将其传递给有关的相关方；
  - 完成全部项目工作，正式关闭各个阶段、合同以及整个项目；
  - 管理可能需要的阶段过渡。

X4.2 项目范围管理的核心概念

项目范围管理的核心概念包括:

- ◆ 范围可以指产品范围（产品、服务或成果具有的特性和功能）或项目范围（为交付具有特定特性和功能产品、服务或成果而开展的工作）。
- ◆ 项目生命周期的连续区间涵盖预测型、适应型或敏捷型。在预测型生命周期中，项目开始时就对项目可交付成果进行定义，对任何范围变化都要进行渐进管理；而在适应型或敏捷型生命周期中，可交付成果经过多次迭代，详细范围得到了定义，并且在每次迭代开始时完成审批。
- ◆ 应该根据项目管理计划来衡量项目范围的完成情况，根据产品需求来衡量产品范围的完成情况。

X4.3 项目进度管理的核心概念

项目进度管理的核心概念包括:

- ◆ 项目进度规划提供项目以何种方式及何时在规定的项目范围内交付产品、服务和成果的详细计划。
- ◆ 项目进度计划是沟通和管理相关方期望的工具，以及制作绩效报告的基础。
- ◆ 在可能的情况下，应在整个项目期间保持项目进度计划的灵活性，以根据获得的知识、对风险的深入理解和增值活动调整计划。

X4.4 项目成本管理的核心概念

项目成本管理的核心概念包括:

- ◆ 项目成本管理主要关注完成项目活动所需的资源成本，但它也要考虑到项目决策对后续多次使用、维护和支持项目可交付成果所需成本的影响。
- ◆ 不同的相关方会在不同的时间、用不同的方法测算项目成本，因此应明确考虑管理成本的相关方需求。
- ◆ 预测和分析项目产品的潜在财务绩效可能在项目以外进行，或作为项目成本管理的一部分。

X4.5 项目质量管理的核心概念

项目质量管理的核心概念包括：

◆ 项目质量管理需要兼顾项目管理与项目可交付成果两个方面，它适用于所有项目，无论项目的可交付成果具有何种特性。质量的测量方法和技术则需视专门针对项目所产生的可交付成果类型而定。

◆ 质量和等级是不同的概念。质量是"一系列内在特性满足要求的程度"（ISO 9000）[1]，而等级是对用途相同但技术特性不同的可交付成果的级别分类。项目经理及团队要负责权衡，以便同时达到所要求的质量与等级水平。

◆ 预防胜于检查。最好是在设计时考虑可交付成果的质量，而不是在检查时发现质量问题。预防错误的成本通常远低于在检查或使用中发现并纠正错误的成本。

◆ 项目经理可能需要熟悉抽样。属性抽样的结果为合格或不合格，而变量抽样指的是在连续的量表上标明结果所处的位置，以表明合格的程度。

◆ 很多项目会为项目和产品衡量确立公差（结果的可接受范围）和控制界限（在统计意义上稳定的过程或过程绩效的普通差异的边界）。

◆ 质量成本 (COQ) 包括在产品生命周期中为预防不符合要求、为评价产品或服务是否符合要求，以及因未达到要求（返工）而发生的所有成本。质量成本通常关注项目集管理、项目组合管理、PMO 或运营。

◆ 当质量整合到项目和产品规划和设计中时，以及组织文化意识致力于提高质量时，就能达成最有效的质量管理。

---

[1] 国际标准组织。2015 年。《质量管理系统——基础和词汇》。日内瓦：作者。

X4.6 项目资源管理的核心概念

项目资源管理的核心概念包括：

- ◆ 项目资源包括物质资源（设备、材料、设施和基础设施）和团队资源（担任项目角色及承担相关职责的人员）。
- ◆ 管理团队资源和物质资源需要不同的技能和能力。
- ◆ 项目经理应同时是项目团队的主管和经理，而且应在聘用、管理、激励和授权团队成员方面做出适当的努力。
- ◆ 项目经理应了解影响团队的因素，例如，团队环境、团队成员所在的地理位置、相关方之间的沟通、组织变更管理、内部和外部政治、文化问题，以及组织的独特性。
- ◆ 项目经理还负责积极培养团队技能和能力，同时提高并保持团队的满意度和积极性。
- ◆ 物质资源管理着眼于以有效和高效的方式，分配和使用成功完成项目所需的物质资源，而无法有效管理和控制资源可能会降低项目顺利完工的概率。

X4.7 项目沟通管理的核心概念

项目沟通管理的核心概念包括：

- ◆ 沟通是个人和/或小组之间有意或无意的信息交换过程，它描述的是，无论通过活动（如会议和演示等）或人为要素（如电子邮件、社交媒体、项目报告，或项目文档等），信息得以发送或接收的方式。项目沟通管理同时处理沟通过程、沟通活动和人为要素的管理。
- ◆ 有效的沟通会在不同相关方之间建立桥梁。相关方的差异通常会对项目执行或成果产生冲击或影响，因此，所有沟通必须清楚、简洁，这一点至关重要。
- ◆ 沟通活动包括内部和外部、正式和非正式、书面和口头。
- ◆ 沟通可上达至相关方高级管理层、下至团队成员，或横向至同级人员。这将影响信息的格式和内容。

- 通过语言、面部表情、示意和其他行动，沟通会有意识或无意识地发生，它包括为合适的人为沟通要素制定策略和计划，并应用技能以提升有效性。
- 为了防止误解和错误传达需做出努力，而沟通方式、信息传递方和信息都应经过认真选择。
- 有效的沟通依靠定义沟通的目的、理解信息接收方，以及对有效性进行监督。

X4.8 项目风险管理的核心概念

项目风险管理的核心概念包括：

- 所有项目都有风险。组织应选择承担项目风险，以便创造价值并在风险和奖励之间取得平衡。
- 项目风险管理的目的在于，识别并管理其他项目管理过程中未处理的风险。
- 每个项目中都存在两个级别的风险：单个风险指的是一旦发生，会对一个或多个项目目标产生积极或消极影响的不确定事件或条件；整体项目风险指的是不确定性对项目整体的影响，它代表相关方面临的项目结果可能的积极和消极变化。这些影响源于包括单个风险在内的所有不确定性。项目风险管理过程要处理这两个项目级别上的风险。
- 一旦发生，单个风险可能对项目目标产生积极或消极的影响，而整体项目风险也有积极或消极之分。
- 在项目生命周期内，风险将持续涌现，所以，项目风险管理过程也应不断重复。
- 为了对特定项目的风险进行有效管理，项目团队需要认清在努力实现项目目标过程中，什么级别的风险敞口可以接受。这一点则由反映组织与项目相关者风险偏好的可测量风险临界值来确定。

X4.9 项目采购管理的核心概念

项目采购管理的核心概念包括：

- ◆ 项目经理应足够熟悉采购过程，以便于制定与合同和合同关系有关的明智决策。
- ◆ 采购所涉及的协议描述双方，即买方和卖方之间的关系。协议可以简单或复杂，但采购方法应反映采购的复杂程度。协议可以是合同、服务水平协议、谅解、协议备忘录或采购订单。
- ◆ 协议必须遵守当地、所在国及国际法中与合同有关的法律规定。
- ◆ 与采购专家合作以确保遵守组织政策的同时，项目经理还应确定所有采购都能满足项目的具体需要。
- ◆ 鉴于其法律约束力，协议需要经过更多的审批程序，通常会包括法务部，以确保它对产品、服务或卖方同意提供的成果有充分的描述，且其符合法律和法规关于采购的规定。
- ◆ 复杂项目可能需要同时或先后管理多个合同，而买卖方关系存在于项目的许多级别上，以及采购组织内部与外部组织之间。

X4.10 项目相关方管理的核心概念

项目相关方管理的核心概念包括：

- ◆ 每个项目都有相关方，他们会受项目的积极或消极影响，或者能对项目施加积极或消极的影响。部分相关方影响项目工作或成果的能力有限，而有些相关方则会对项目及期望成果有重大影响。
- ◆ 项目经理和团队正确识别并以适当方式吸引所有相关方参与的能力，可以最终决定项目的成功或失败。
- ◆ 要提高成功的概率，相关方识别和吸引其参与的过程应该在项目章程中获得批准、项目经理已被任命，而且团队开始组建之后尽快启动。
- ◆ 有效相关方参与的关键在于，关注与所有相关方保持持续沟通，应该把相关方的满意程度视为关键项目目标来识别和管理。
- ◆ 为了实现项目效益，识别相关方和吸引相关方参与的过程需重复开展，而且应定期接受审查和更新，尤其在项目推进到新的阶段，或组织或更大范围内的相关方群体发生重大变化时。

附录 X5
知识领域裁剪考虑因素总结

本附录的目的是总结第 4 章到第 13 章中每个知识领域的裁剪概念小结。由于每个项目都有独特性，因此此类信息可用于协助从业者确定如何对项目过程、输入、工具和技术，以及输出进行裁剪，还有助于确定知识领域中不同过程应采取的严格程度。

X5.1 项目整合管理

裁剪项目整合管理时要考虑的因素包括（但不限于）：

◆ **项目生命周期**。合适的项目生命周期是多久？项目生命周期应包括哪些阶段？

◆ **开发生命周期**。对产品、服务或成果而言，合适的开发生命周期和开发方法是什么？预测型或适应型方法是否适当？如果是适应型，应采用增量还是迭代的方法来开发产品？混合型方法是否为最佳选择？

◆ **管理方法**。考虑到组织文化和项目的复杂性，哪种管理过程最有效？

◆ **知识管理**。如何管理项目中的知识才能营造合作的工作环境？

◆ **变更**。如何管理项目中的变更？

◆ **治理**。参与项目的有哪些控制委员会、委员会和其他相关方？项目状态报告的要求是什么？

◆ **经验教训**。在项目期间及项目结束时，应收集哪些信息？历史信息和经验教训是否适用于未来的项目？

◆ **效益**。何时以及如何报告效益：在项目结束时还是在每次迭代或阶段结束时？

X5.2 项目范围管理

裁剪项目范围管理时要考虑的因素包括（但不限于）：

- **知识和需求管理**。组织是否拥有正式或非正式的知识和需求管理体系？为了可在未来的项目中重复使用需求，项目经理应建立哪些指导原则？
- **确认和控制**。组织是否拥有正式或非正式的确认和控制相关政策、程序和指南？
- **敏捷方法的使用**。组织是否采用敏捷方法管理项目？开发方法属于迭代型还是增量型？是否采用预测型方法？混合型方法是否有效？
- **治理**。组织是否拥有正式或非正式的审计和治理政策、程序和指南？

X5.3 项目进度管理

裁剪项目进度管理时要考虑的因素包括（但不限于）：

- **生命周期方法**。哪种生命周期方法最适合制定详细的进度计划？
- **持续时间和资源**。影响持续时间的因素是什么，例如，可用资源与其生产效率之间的相关性？
- **项目维度**。项目复杂性、技术不确定性、产品新颖度、速度或进度跟踪（如挣值管理、完成百分比、"红黄绿"停止信号灯指示）如何影响预期的控制水平？
- **技术支持**。是否采用技术来制定、记录、传递、接收和存储项目进度模型的信息以及是否易于存取？

X5.4 项目成本管理

裁剪项目成本管理时要考虑的因素包括（但不限于）：

- **知识管理**。组织是否拥有正式的知识管理体系和财务数据库，并提供给项目经理使用？
- **估算和预算**。组织是否拥有正式或非正式的，与成本估算和预算相关的政策、程序和指南？
- **挣值管理**。组织是否采用挣值管理来管理项目？
- **敏捷方法的使用**。组织是否采用敏捷方法管理项目？这对成本估算有什么影响？
- **治理**。组织是否拥有正式或非正式的审计和治理政策、程序和指南？

X5.5 项目质量管理

裁剪项目质量管理时要考虑的因素包括（但不限于）：

- **政策合规与审计**。组织有哪些质量政策和程序？组织使用哪些质量工具、技术和模板？
- **标准与法规合规性**。是否存在必须遵守的行业质量标准？需要考虑哪些政府、法律或法规方面的制约因素？
- **持续改进**。如何管理项目中的质量改进？是在组织级别还是在单个项目级别进行管理？
- **相关方参与**。项目环境是否有利于与相关方及供应商合作？

X5.6 项目资源管理

裁剪项目资源管理时要考虑的因素包括（但不限于）：

- **多样性**。团队的多样性背景是什么？
- **物理位置**。团队成员和物质资源的物理位置在哪里？
- **行业特定资源**。所在行业需要哪些特殊资源？
- **团队成员的招募**。如何聘用项目团队成员？团队资源是全职还是兼职的？
- **团队建设和管理**。如何管理项目团队建设？组织是否有管理团队建设的工具或是否需要增加新工具？是否需要为团队提供有关多样性管理的特殊培训？
- **生命周期方法**。项目采用哪些生命周期方法？

X5.7 项目沟通管理

裁剪项目沟通管理时要考虑的因素包括（但不限于）：

- **相关方**。相关方是属于组织内部或外部，或者二者都是？
- **物理位置**。团队成员的物理位置在哪里？团队是否集中在一处？团队是否位于相同地理区域？团队是否分散于多个时区？
- **沟通技术**。哪项技术可用于创建、记录、传输、检索、追踪和存储沟通的人为要素？针对相关方沟通，哪些技术最合适且经济有效？
- **语言**。语言是沟通活动过程中要考虑的主要因素。使用的是一种语言，还是多种语言？是否有储备以用于适应不同语言团队成员的复杂情况？
- **知识管理**。组织是否有正式的知识管理库？是否采用管理库？

X5.8 项目风险管理

裁剪项目风险管理时要考虑的因素包括（但不限于）：

- **项目规模**。项目规模是否需要依据预算、持续时间、范围或团队规模进行调整，并采取更详细的风险管理方式？或者它是否够小，用简化的风险管理过程就足以应对？
- **项目复杂性**。高水平创新、新技术、商务安排、相互联系或外部依赖关系会提高项目复杂性，它们是否需要稳健的风险管理方式？或者项目是否够简单，用简化的风险管理过程就足以满足需求？
- **项目重要性**。项目有多大的战略重要性？此项目的风险级别升高，是否是因为它以创造突破性机会、克服组织绩效障碍为目标，或牵涉到重要的产品创新？
- **开发方法**。它是否是瀑布式项目，风险管理过程可以相继或重复开展；或者此项目是否采取敏捷型方法，需在每个重复过程的开始阶段以及执行期间处理风险？

X5.9 项目采购管理

裁剪项目采购管理时要考虑的因素包括（但不限于）：

- **采购的复杂性**。是否只有一次主要的采购，还是需要在不同时间向不同卖方进行多次采购，从而增加采购的复杂性？
- **物理位置**。买方和卖方是否在同一个地方，或在合理范围内相距较近，还是位于不同时区、国家/地区，或大洲？
- **治理和法规环境**。组织的采购政策是否参考当地相关的采购活动法律和法规？如何影响合同审计要求？
- **承包商的可用性**。是否有其他具备工作执行能力的承包商可供选择？

X5.10 项目相关方管理

裁剪项目相关方管理时要考虑的因素包括（但不限于）：

- ◆ **相关方多样性**。现有多少相关方？相关方群体中的文化多样性如何？
- ◆ **相关方关系的复杂性**。相关方群体内的关系有多复杂？相关方或相关方群体加入的网络越多，相关方所处的信息及错误信息网络就越复杂。
- ◆ **沟通技术**。可以使用的沟通技术有哪些？为了实现技术的最大价值，目前采用怎样的支持机制？

附录 X6
工具与技术

X6.1 简介

《PMBOK® 指南》第六版展示的工具与技术和之前的版本有所不同。本版本在适当情况下按用途对工具与技术进行分组。分组名称描述了本组需要完成任务的目的，其中的工具与技术代表了为实现上述目的而采用的不同方法。例如，数据收集的目的是收集数据和信息。头脑风暴、访谈和市场调查都是可用于收集数据和信息的技术。

这种方法反映了第六版中强调根据环境、情况、组织和项目的不同需要，对《PMBOK® 指南》所述信息进行裁剪的重要性。

《PMBOK® 指南》第六版中共包括 132 种工具与技术。这些并不是项目管理中仅有的工具与技术，它们代表大多时候都被大多数项目视作良好实践的工具与技术，它们中有些在《PMBOK® 指南》中仅出现一次，有些则多次出现。

为帮助从业人员识别特定工具与技术的使用场合，本附录列出了每种工具与技术、其所属的分组（如适用）以及其在《PMBOK® 指南》中的过程。指南中描述某个工具或技术的过程采用黑体字。在其他列出有关工具或技术的过程中，将引用描述这些工具或技术的过程。过程中可能针对特定过程怎样使用某个工具或技术进行补充说明。

X6.2 工具与技术分组

《PMBOK® 指南》使用了以下工具与技术分组：

- **数据收集技术。** 用于从各种渠道收集数据与信息。共有九种数据收集工具与技术。
- **数据分析技术。** 用于组织、评估和评价数据与信息。共有 27 种数据分析工具与技术。
- **数据表现技术。** 用于显示用来传递数据和信息的图形方式或其他方法。共有 15 种数据表现工具与技术。
- **决策技术。** 用于从不同备选方案选择行动方案。共有两种决策工具与技术。
- **沟通技巧。** 用于在相关方之间传递信息。共有两种沟通技巧工具与技术。
- **人际关系与团队技能。** 用于有效地领导团队成员和其他相关方并与之进行互动。共有 17 种人际关系与团队技能工具与技术。

另外还有 60 种未分组的工具与技术。

表 X6-1 工具与技术分类和索引

工具与技术	整合	范围	进度计划	成本	质量	资源	沟通	风险	采购	相关方
数据收集工具与技术										
标杆对照		5.2			**8.1**					13.2
头脑风暴	**4.1**、4.2	5.2			8.1			11.2		13.1
核查表					**8.3**					
核对单	4.2				8.2、8.3			**11.2**		
焦点小组	4.1、4.2	5.2								
访谈	4.1、4.2	5.2			8.1			11.2、11.3、11.4、11.5		
市场调查									12.1	
问卷调查		5.2								13.1
统计抽样					8.3					

表 X6-1 工具与技术分类和索引（续）

工具与技术	整合	范围	进度计划	成本	质量	资源	沟通	风险	采购	相关方
数据分析工具与技术										
备选方案分析	4.5、4.6	5.1、5.4	6.1、6.4	7.1、7.2	8.2	**9.2**、9.6		11.5		13.4
其他风险参数评估								**11.3**		
假设条件和制约因素分析								**11.2**		
质量成本				7.2	**8.1**					
成本效益分析	4.5、4.6				**8.1**	9.6		11.5		
决策树分析								**11.4**		
文件分析	4.7	**5.2**			8.2			11.2		13.1
挣值分析	4.5		6.6	**7.4**					12.3	
影响图								**11.4**		
迭代燃尽图			**6.6**							
自制或外购分析									**12.1**	
绩效审查			**6.6**		8.3	9.6			12.3	
过程分析					**8.2**					
建议书评估									**12.2**	

表 X6-1 工具与技术分类和索引（续）

工具与技术	知识领域[A]									
	整合	范围	进度计划	成本	质量	资源	沟通	风险	采购	相关方
数据分析工具与技术（续）										
回归分析		**4.7**								
储备分析			6.4	**7.2**、7.3、7.4				11.6		
风险数据质量评估								**11.3**		
风险概率和影响评估								**11.3**		
根本原因分析	4.5				**8.2**、8.3			11.2		13.2、13.4
敏感性分析								**11.4**		
模拟			6.5					**11.4**		
相关方分析								11.1		**13.1**、13.4
SWOT 分析								**11.2**		13.2
技术绩效分析								**11.7**		
趋势分析	**4.5**、4.7	5.6	6.6	7.4		9.6			12.3	
偏差分析	**4.5**、4.7	5.6	6.6	7.4						
假设情景分析			**6.5**、6.6							

688 第三部分 - 附录X6

表 X6-1 工具与技术分类和索引（续）

工具与技术	整合	范围	进度计划	成本	质量	资源	沟通	风险	采购	相关方
数据分析工具与技术（续）										
亲和图		5.2			8.2					
因果图					**8.2**、8.3					
控制图					8.3					
流程图					**8.1**、8.2					
层级图						9.1				
直方图					**8.2**、8.3					
逻辑数据模型					8.1					
矩阵图					**8.1**、8.2					
矩阵基础图						9.1				
思维导图		5.2			8.1					13.2
概率和影响矩阵								11.3		
散点图					**8.2**、8.3					
相关方参与度评估矩阵							10.1、10.3			**13.2**、13.4
相关方映射分析/表现										13.1
面向文本的格式						9.1				
决策工具与技术										
多标准决策分析	4.6	5.2、5.3			**8.1**、8.2	9.3		11.5		13.4
投票	4.5、4.6	**5.2**、5.5	6.4	7.2						13.4
沟通技巧工具与技术										
反馈							10.2			13.4
演示							10.2			13.4

689

表 X6-1 工具与技术分类和索引（续）

工具与技术	知识领域[A]									
	整合	范围	进度计划	成本	质量	资源	沟通	风险	采购	相关方
人际关系与团队技能工具与技术										
积极倾听	4.4						**10.2**			13.4
沟通风格评估							**10.1**			
冲突管理	4.1、4.2					9.4、**9.5**	10.2			13.3
文化意识							**10.1**、10.2			13.3、13.4
制定决策						**9.5**				
情商						**9.5**				
引导	**4.1**、4.2、4.4	5.2、5.3						11.2、11.3、11.4、11.5		
影响力						9.4、**9.5**、9.6		11.6		
领导力	4.4					**9.5**				13.4
会议管理	4.1、4.2						**10.2**			
激励						**9.4**				
谈判						9.3、9.4、9.6			**12.2**	13.3
人际交往	4.4						**10.2**			13.4
名义小组技术		**5.2**								
观察和交谈		**5.2**					10.3			13.3
政治意识	4.4						**10.1**、10.2			13.3、13.4
团队建设						**9.4**				

表 X6-1 工具与技术分类和索引（续）

工具与技术	整合	范围	进度计划	成本	质量	资源	沟通	风险	采购	相关方
未分组工具与技术										
广告									12.2	
敏捷发布规划			6.5							
类比估算			6.4	7.2		9.2				
审计					8.2			11.7	12.3	
投标人会议									12.2	
自下而上估算			6.4	7.2		9.2				
变更控制工具	4.6									
索赔管理									12.3	
集中办公						9.4				
沟通方法							10.1、10.2			
沟通模型							10.1			
沟通需求分析							10.1			
沟通技术						9.4	10.1、10.2			
系统交互图		5.2								
应急应对策略								11.5		
成本汇总				7.3						
关键路径法			6.5、6.6							

691

表 X6-1 工具与技术分类和索引（续）

工具与技术	整合	范围	进度计划	成本	质量	资源	沟通	风险	采购	相关方
未分组工具与技术（续）										
分解		5.4	6.3							
确定和整合依赖关系			6.3							
面向 X 的设计					8.2					
专家判断	**4.1**、4.2、4.3、4.4、4.5、4.6、4.7	5.1、5.2、5.3、5.4	6.1、6.2、6.4	7.1、7.2、7.3、7.4	8.1	9.1、9.2	10.1、10.3	11.1、11.2、11.3、11.4、11.5、11.6	12.1、12.2、12.3	13.1、13.2、13.3
融资				7.3						
资金限制平衡				7.3						
基本规则										13.3
历史信息审核				7.3						
个人和团队评估						9.4				
信息管理	4.4									
检查		5.5			8.3				12.3	13.3
知识管理	4.4									
提前量和滞后量			6.3、6.5、6.6							
会议	**4.1**、4.2、4.3、4.5、4.6、4.7	5.1	6.1、6.2、6.4	7.1	8.1、8.3	9.1、9.2、9.4	**10.1**、10.2、10.3	11.1、11.2、11.3、11.6	12.1	13.1、13.2、13.3、13.4

表 X6-1 工具与技术分类和索引（续）

工具与技术	整合	范围	进度计划	成本	质量	资源	沟通	风险	采购	相关方
未分组工具与技术（续）										
组织理论						9.1				
参数估算			6.4	7.2		9.2				
预分派						9.3				
紧前关系绘图法			6.3							
问题解决					8.2	9.6				
产品分析		5.3								
项目管理信息系统	4.3		6.3、6.5、6.6	7.2、7.4		9.2、9.5、9.6	10.2、10.3	11.6		
项目报告					8.2					
提示清单								11.2		
原型法		5.2								
质量改进方法					8.2					
认可与奖励						9.4				
不确定性表现方式								11.4		
资源优化			6.5、6.6							
风险分类								11.3		
滚动式规划			6.2							

693

表 X6-1 工具与技术分类和索引（续）

工具与技术	整合	范围	进度计划	成本	质量	资源	沟通	风险	采购	相关方
未分组工具与技术（续）										
进度压缩			**6.5**、6.6							
进度网络分析			**6.5**							
供方选择分析									**12.1**	
机会应对策略								**11.5**		
整体项目风险应对策略								**11.5**		
威胁应对策略								**11.5**		
测试与检查的规划					**8.1**					
测试/产品评估					**8.3**					
三点估算			**6.4**	7.2						
完工尚需绩效指数				**7.4**						
培训						**9.4**				
虚拟团队						**9.3**、9.4				

A 黑体字条目表示描述某个工具或技术的过程的章节号。

术语表（英文排序）

1. 术语取舍

本术语表包括以下术语：

- 项目管理专用或几乎专用的术语（如项目范围说明书、工作包、工作分解结构、关键路径法）；
- 虽非项目管理专用，但与一般日常用法相比，具有不同用法或较狭隘含义的术语（如最早开始日期）。

本术语表一般不包括：

- 应用领域专用的术语；
- 在项目管理中与日常使用中无本质区别的术语（如日历日、延误）；
- 可以从各单个词汇的组合方式清楚地看出其整体含义的复合术语；
- 可以从源术语含义中清楚地看出其含义的派生术语。
- 只出现一次，对于句子要点的理解并不关键的术语。这包括术语表中并未定义的术语示例清单。

2. 常用缩写

AC	实际成本
BAC	完工预算
CCB	变更控制委员会
COQ	质量成本
CPAF	成本加奖励费用
CPFF	成本加固定费用
CPI	成本绩效指数
CPIF	成本加激励费用
CPM	关键路径法
CV	成本偏差
EAC	完工估算
EF	最早完成日期
ES	最早开始日期
ETC	完工尚需估算
EV	挣值
EVM	挣值管理
FF	完成到完成
FFP	固定总价
FPEPA	总价加经济价格调整
FPIF	总价加激励费用
FS	完成到开始
IFB	投标邀请书

LF	最晚完成日期
LOE	支持型活动
LS	最晚开始日期
OBS	组织分解结构
PDM	紧前关系绘图法
PMBOK	项目管理知识体系
PV	计划价值
QFD	质量功能展开
RACI	执行、负责、咨询和知情
RAM	责任分配矩阵
RBS	风险分解结构
RFI	信息邀请书
RFP	建议邀请书
RFQ	报价邀请书
SF	开始到完成
SOW	工作说明书
SPI	进度绩效指数
SS	开始到开始
SV	进度偏差
SWOT	优势、劣势、机会与威胁
T&M	工料合同
WBS	工作分解结构
VAC	完工偏差

3. 定义

术语表中的许多单词，在词典中都有更广泛甚至不同的含义。本术语表遵循如下惯例对术语进行定义：

Acceptance Criteria. 验收标准 可交付成果通过验收前必须满足的一系列条件。

Accepted Deliverables. 验收的可交付成果 项目产出的，且被项目客户或发起人确认为满足既定验收标准的产品、结果或能力。

Accuracy. 准确 在质量管理体系中，"准确"是指对正确程度的评估。

Acquire Resources. 获取资源 获取项目所需的团队成员、设施、设备、材料、用品和其他资源的过程。

Acquisition. 募集 获取执行项目活动所必需的人力资源和物质资源。募集将产生资源成本，但不一定是财务成本。

Activity. 活动 在进度计划中所列，并在项目过程中实施的工作组成部分。

Activity Attributes. 活动属性 进度活动所具备的多种属性，可以包含在活动清单中。活动属性包括活动编码、紧前活动、紧后活动、逻辑关系、提前量和滞后量、资源要求、强制日期、制约因素和假设条件。

Activity Duration. 活动持续时间 用日历单位表示的，进度活动从开始到完成的时间长度。参见"持续时间"。

Activity Duration Estimates. 活动持续时间估算 对完成一项活动可能需要的时间的定量评估。

Activity List. 活动清单 一份记录进度活动的表格，包含活动描述、活动标识及足够详细的工作范围描述，以便项目团队成员了解所需执行的工作。

Activity-on-Node (AON). 活动节点法 见"紧前关系绘图法（PDM）"。

Actual Cost (AC). 实际成本 在给定时间段内，因执行项目活动而实际发生的成本。

Actual Duration. 实际持续时间 进度活动的实际开始日期与数据日期（如果该进度活动尚未完成）或实际完成日期（如果该进度活动已经完成）之间的日历时间。

Adaptive Life Cycle. 适应型生命周期 迭代型或增量型项目生命周期。

Affinity Diagrams. 亲和图 一种用来对大量创意进行分组，以便进一步审查和分析的技术。

Agreements. 协议 用于明确项目初步意向的任何文件或沟通，形式有合同、谅解备忘录（MOU）、协议书、口头协议和电子邮件等。

Alternative Analysis. 备选方案分析 一种对已识别的可选方案进行评估的技术，用来决定选择哪种方案或使用何种方法来执行项目工作。

Analogous Estimating. 类比估算 使用相似活动或项目的历史数据，来估算当前活动或项目的持续时间或成本的技术。

Analytical Techniques. 分析技术 根据可能的项目或环境变量变化及它们与其他变量之间的关系，对潜在后果进行评估、分析和预测的各种技术。

Assumption. 假设 在规划过程中不需要验证即可视为正确、真实或确定的因素。

Assumption Log. 假设日志 在整个项目生命周期中用来记录所有假设条件和制约因素的项目文件。

Attribute Sampling. 属性抽样 检测质量的一种方法。

Authority. 职权 使用项目资源、花费资金、做出决策或给予批准的权力。

Backward Pass. 逆推法 关键路径法中的一种技术。在进度模型中，从项目完工日期出发，反向推导，计算最晚开始和最晚结束日期。

Bar Chart. 横道图 展示进度相关信息的一种图表方式。在典型的横道图中，进度活动或工作分解结构组件竖列于图的左侧，日期横排在图的顶端，而活动持续时间则以按日期定位的水平条形表示。见"甘特图"。

Baseline. 基准 经批准的工作产品版本，只有通过正式的变更控制程序才能进行变更，并且用作与实际结果进行比较的依据。

Basis of Estimates. 估算依据 概述项目估算所用依据的支持性文件，如假设条件、制约因素、详细级别、估算区间和置信水平。

Benchmarking. 标杆对照 标杆对照是指将实际或计划的产品、流程和实践与其他可比组织的做法进行比较，以便识别最佳实践、形成改进意见，并为绩效考核提供依据。

Benefits Management Plan. 效益管理计划 对创造、提高和保持项目或项目集效益的过程进行定义的书面文件。

Bid Documents. 招标文件 用于从潜在卖方征集信息、报价或建议书的所有文件。

Bidder Conference. 投标人会议 在准备投标书或建议书之前，与潜在卖方举行的会议，以便保证所有潜在卖方对本项采购都有清楚且一致的理解。又称承包商会议、供应商会议或投标前会议。

Bottom-Up Estimating. 自下而上估算 估算项目持续时间或成本的一种方法，通过从下到上逐层汇总WBS组件的估算而得到项目估算。

Budget. 预算 经批准的估算，用于整个项目、任一工作分解结构组件或任一进度活动。

Budget at Completion (BAC). 完工预算 为将要执行的工作所建立的全部预算的总和。

Buffer. 缓冲 见"储备"。

Business Case. 商业论证 文档化的经济可行性研究报告，用来对尚缺乏充分定义的所选方案的收益进行有效性论证，是启动后续项目管理活动的依据。

Business Value. 商业价值 从商业运作中获得的可量化净效益。效益可以是有形的、无形的或两者兼有之。

Cause and Effect Diagram. 因果图 一种分解技术，有助于追溯造成非预期结果的根本原因。

Change. 变更 对任何正式受控的可交付成果、项目管理计划组成部分或项目文件的修改。

Change Control. 变更控制 一个过程，用来识别、记录、批准或否决对项目文件、可交付成果或基准的修改。

Change Control Board (CCB). 变更控制委员会 一个正式组成的团体，负责审议、评价、批准、推迟或否决项目变更，以及记录和传达变更处理决定。

Change Control System. 变更控制系统 一套程序，描述了如何管理和控制针对项目可交付成果和文档的修改。

Change Control Tools. 变更控制工具 辅助变更管理和（或）配置管理的手动或自动的工具。这套工具至少能够支持变更控制委员会的活动。

Change Log. 变更日志 项目过程中所做变更及其当前状态的综合清单。

Change Management Plan. 变更管理计划 项目管理计划的一个组成部分，用以建立变更控制委员会，记录其具体权限，并说明如何实施变更控制系统。

Change Request. 变更请求 关于修改文档、可交付成果或基准的正式提议。

Charter. 章程 见"项目章程"。

Checklist Analysis. 核对单分析 使用清单来系统审核材料的准确性及完整性的一种技术。

Checksheets. 核查表 在收集数据时用作查对清单的计数表格。

Claim. 索赔 根据具有法律约束力的合同条款，卖方向买方（或买方向卖方）提出的关于报酬、补偿或款项的请求、要求或主张，如针对某个有争议的变更。

Claims Administration. 索赔管理 对合同索赔进行处理、裁决和沟通的过程。

Close Project or Phase. 结束项目或阶段 终结项目、阶段或合同的所有活动的过程。

Closing Process Group. 收尾过程组 正式完成或结束项目、阶段或合同所执行的过程（组）。

Code of Accounts. 账户编码 用于唯一地识别工作分解结构每个组件的编号系统。

Collect Requirements. 收集需求 为实现项目目标而确定、记录并管理相关方的需要和要求的过程。

Colocation. 集中办公 为改善沟通和工作关系，提高工作效率，而让项目团队成员的工作地点彼此靠近的一种组织布局策略。

Communication Methods. 沟通方法 在项目相关方之间传递信息的系统化的程序、技术或过程。

Communication Models. 沟通模型 说明在项目中将如何开展沟通过程的描述、比喻或图形。

Communication Requirements Analysis. 沟通需求分析 一种分析技术，通过访谈、研讨会或借鉴以往项目经验教训等方式，来确定项目相关方对信息的需求。

Communications Management Plan. 沟通管理计划 项目、项目集或项目组合管理计划的组成部分，描述了项目信息将如何、何时、由谁来进行管理和传播。

Communication Styles Assessment. 沟通风格评估 规划沟通活动时，用于识别与相关方开展沟通的优选沟通方法、形式和内容的一种技术。

Communication Technology. 沟通技术 用于项目相关方之间传递信息的特定工具、系统或计算机程序等。

Conduct Procurements. 实施采购 获取卖方应答、选择卖方并授予合同的过程。

Configuration Management Plan. 配置管理计划 项目管理计划的一个组成部分，用以说明如何在配置控制之下识别和解释项目参数，以及如何记录和报告项目参数的变更。

Configuration Management System. 配置管理系统 用于跟踪项目参数和监控这些参数变更的程序的集合。

Conformance. 一致性 质量管理体系中的一个通用概念，表示所交付的结果处于某质量要求的可接受偏差界限之内。

Constraint. 制约因素 对项目、项目集、项目组合或过程的执行有影响的限制性因素。

Context Diagrams. 系统交互图 对产品范围的可视化描绘，显示业务系统（过程、设备、计算机系统等）及其与人和其他系统（行动者）之间的交互方式。

Contingency. 紧急情况 可能对项目执行产生影响的一个事件或情形，可用储备去应对。

Contingency Reserve. 应急储备 在进度或成本基准内，为主动应对已知风险而分配的时间或资金。

Contingent Response Strategies. 应急应对策略 事先制定的，在某个特定触发条件发生时，可以启动的应对措施。

Contract. 合同 合同是指对双方都有约束力的协议，强制卖方提供规定的产品、服务或成果，以及强制买方支付相应的费用。

Contract Change Control System. 合同变更控制系统 用来收集、跟踪、裁定和沟通有关合同变更的系统。

Control. 控制 对比实际绩效与计划绩效，分析偏差，评估趋势以改进过程，评价可能的备选方案，并提出必要的纠正措施建议。

Control Account. 控制账户 一种管理控制点。在该控制点上，把范围、预算、实际成本和进度加以整合，并与挣值比较，以测量绩效。

Control Chart. 控制图 按时间顺序展示过程数据，并将这些数据与既定的控制界限相比较的一种图形。控制图有一条中心线，有助于观察图中的数据点向两边控制界限偏移的趋势。

Control Costs. 控制成本 监督项目状态，以更新项目成本和管理成本基准变更的过程。

Control Limits. 控制界限 在控制图中，中心线或均值两侧三个标准差（基于数据的正态分布）以内的区域，它反映了数据的预期变动范围。参见"规格界限"。

Control Procurements. 控制采购 管理采购关系，监督合同绩效，实施必要的变更和纠偏，以及关闭合同的过程。

Control Quality. 控制质量 为了评估绩效，确保项目输出完整、正确，并满足客户期望，而监督和记录质量管理活动执行结果的过程。

Control Resources. 控制资源 确保按计划为项目分配资源，以及根据资源使用计划监督资源实际使用情况，并采取必要纠正措施的过程。

Control Schedule. 控制进度 监督项目状态，以更新项目进度和管理进度基准变更的过程。

Control Scope. 控制范围 监督项目和产品的范围状态，管理范围基准变更的过程。

Corrective Action. 纠正措施 为使项目工作绩效重新与项目管理计划一致，而进行的有目的的活动。

Cost Aggregation. 成本汇总 在项目工作分解结构的给定层次或给定成本控制账户上，对与各工作包相关的较低层次的成本估算进行汇总。

Cost Baseline. 成本基准 经过批准的、按时间段分配的项目预算，不包括任何管理储备，只有通过正式的变更控制程序才能进行变更，用作与实际结果进行比较的依据。

Cost-Benefit Analysis. 成本效益分析 用来比较项目成本与其带来的收益的财务分析工具。

Cost Management Plan. 成本管理计划 项目或项目集管理计划的组成部分，描述如何规划、安排和控制成本。

Cost of Quality (CoQ). 质量成本 在整个产品生命周期所产生的所有成本，即为预防产品或服务不符合要求而进行的投资，为评估产品或服务是否符合要求而产生的成本，以及因产品或服务未达到要求而带来的损失。

Cost Performance Index (CPI). 成本绩效指数 测量预算资源的成本效率的一种指标，表示为挣值与实际成本之比。

Cost Plus Award Fee Contract (CPAF). 成本加奖励费用合同 合同的一种类型，向卖方支付已完工作的全部合法实际成本，再加上一笔奖励费用作为卖方的利润。

Cost Plus Fixed Fee Contract (CPFF). 成本加固定费用合同 成本补偿合同的一种类型，买方为卖方报销可列支成本（可列支成本由合同确定），再加上一笔固定数额的利润（费用）。

Cost Plus Incentive Fee Contract (CPIF). 成本加激励费用合同 成本补偿合同的一种类型，买方为卖方报销可列支成本（可列支成本由合同确定），并且卖方在达到规定绩效标准时赚取利润。

Cost-Reimbursable Contract. 成本补偿合同 合同类型的一种，向卖方支付实际成本加费用（通常代表卖方的利润）。

Cost Variance (CV). 成本偏差 在某个给定时间点，预算亏空或盈余量，表示为挣值与实际成本之差。

Crashing. 赶工 通过增加资源，以最小的成本代价来压缩进度工期的一种技术。

Create WBS. 创建工作分解结构 将项目可交付成果和项目工作分解为较小的、更易于管理的组件的过程。

Criteria. 准则/标准 各种标准、规则或测试，可据此做出判断或决定，或者据此评价产品、服务、成果或过程。

Critical Path. 关键路径 代表项目中最长路径的活动序列，决定了项目最短的可能持续时间。

Critical Path Activity. 关键路径活动 项目进度计划中，位于关键路径上的任何活动。

Critical Path Method (CPM). 关键路径法 在项目进度模型中，估算项目最短工期，确定逻辑网络路径的进度灵活性大小的一种方法。

Data. 数据 离散的、无序的、未处理的测量结果或原始观察结果。

Data Analysis Techniques. 数据分析技术 用来组织、评估和评价数据与信息的技术。

Data Date. 数据日期 记录项目状态的时间点。

Data Gathering Techniques. 数据收集技术 从各种渠道收集数据与信息的技术。

Data Representation Techniques. 数据表现技术 用于传递数据和信息的图形方式或其他方法。

Decision-Making Techniques. 决策技术 从不同备选方案选择行动方案的技术。

Decision Tree Analysis. 决策树分析 一种图形和计算技术，用来评估与一个决策相关的多个可选方案在不确定情形下的可能后果。

Decomposition. 分解 把项目范围和项目可交付成果逐步划分为更小、更便于管理的组成部分的技术。

Defect. 缺陷 项目组成部分中不能满足要求或规范，需要修补或更换的瑕疵或缺点。

Defect Repair. 缺陷补救 为了修正不一致产品或产品组件的有目的的活动。

Define Activities. 定义活动 识别和记录为完成项目可交付成果而须采取的具体行动的过程。

Define Scope. 定义范围 制定项目和产品详细描述的过程。

Deliverable. 可交付成果 为完成某一过程、阶段或项目而必须产出的任何独特并可核实的产品、成果或服务能力。

Dependency. 依赖关系 见"逻辑关系"。

Determine Budget. 制定预算 汇总所有单个活动或工作包的估算成本，建立一个经批准的成本基准的过程。

Development Approach. 开发方法 在项目生命周期内用于创建并改进产品、服务或成果的方法，例如预测、迭代、增量、敏捷或混合型方法。

Develop Project Charter. 制定项目章程 编写一份正式批准项目并授权项目经理在项目活动中使用组织资源的文件的过程。

Develop Project Management Plan. 制定项目管理计划 定义、准备和协调项目计划的所有组成部分，并把它们整合为一份综合项目管理计划的过程。

Develop Schedule. 制定进度计划 分析活动顺序、持续时间、资源需求和进度制约因素，创建项目进度模型，从而落实项目执行和监控的过程。

Develop Team. 建设团队 提高工作能力，促进团队成员互动，改善团队整体氛围，以提高项目绩效的过程。

Diagramming Techniques. 图解技术 用逻辑链接来呈现信息以辅助理解的方法。

Direct and Manage Project Work. 指导与管理项目工作 为实现项目目标而领导和执行项目管理计划中所确定的工作，并实施已批准变更的过程。

Discrete Effort. 独立型活动 能够予以规划并测量，且会产出特定输出的活动。［附注：独立型活动是用于计算工作绩效的三种挣值管理（EVM）活动之一。］

Discretionary Dependency. 选择性依赖关系 基于某应用领域或项目方面对活动顺序的最佳实践而建立的依赖关系。

Documentation Reviews. 文件审查 收集大量信息并进行审查，以确定其准确性及完整性的过程。

Duration. 持续时间 完成一个活动或工作分解结构组件所需要的工作时段总数，以小时、天或周表示。比较"人力投入"。

Early Finish Date (EF). 最早完成日期 在关键路径法中，基于进度网络逻辑、数据日期和进度制约因素，某进度活动未完部分可能完成的最早时点。

Early Start Date (ES). 最早开始日期 在关键路径法中，基于进度网络逻辑、数据日期和进度制约因素，某进度活动未完部分可能开始的最早时点。

Earned Value (EV). 挣值 对已完成工作的测量，用该工作的批准预算来表示。

Earned Value Management. 挣值管理 将范围、进度和资源测量值综合起来，以评估项目绩效和进展的方法。

Effort. 人力投入 完成一个进度活动或工作分解结构组件所需要的人工单位数，通常以小时、天和周来表示。比较"持续时间"。

Emotional Intelligence. 情商 识别、评估和管理个人情绪、他人情绪及团组群体情绪的能力。

Enterprise Environmental Factors. 事业环境因素 团队不能直接控制的，将对项目、项目集或项目组合产生影响、限制或指导作用的各种条件。

Estimate. 估算 对某一变量的可能数值或结果的定量评估，如项目成本、资源、人力投入或持续时间。

Estimate Activity Durations. 估算活动持续时间 根据资源估算的结果，估算完成单项活动所需工作时段数的过程。

Estimate Activity Resources. 估算活动资源 估算执行项目所需的团队资源，以及材料、设备和用品的类型和数量的过程。

Estimate at Completion (EAC). 完工估算 完成所有工作所需的预期总成本，等于截至目前的实际成本加上完工尚需估算。

Estimate Costs. 估算成本 对完成项目活动所需资源成本进行近似估算的过程。

Estimate to Complete (ETC). 完工尚需估算 完成所有剩余项目工作的预计成本。

Execute. 执行 指导、管理、实施和完成项目工作，产出可交付成果和工作绩效数据。

Executing Process Group. 执行过程组 完成项目管理计划中确定的工作，以满足项目要求的一组过程。

Expert Judgment. 专家判断 基于某应用领域、知识领域、学科和行业等的专业知识而做出的，关于当前活动的合理判断。这些专业知识可来自具有专业学历、知识、技能、经验或培训经历的任何小组或个人。

Explicit Knowledge. 显性知识 可以使用文字、数字、图片等符号进行编辑的知识。

External Dependency. 外部依赖关系 项目活动与非项目活动之间的关系。

Fallback Plan. 弹回计划 弹回计划包括一组备用的行动和任务，以便在主计划因问题、风险或其他原因而需要被废弃时采用。

Fast Tracking. 快速跟进 一种进度压缩技术，将正常情况下按顺序进行的活动或阶段改为至少是部分并行开展。

Fee. 费用 卖方所得补偿的一部分，代表利润。

Finish Date. 完成日期 与进度活动的完成相关联的时间点。通常带下列修饰词：实际、计划、估计、预计、最早、最晚、基准、目标或当前。

Finish-to-Finish (FF). 完成到完成 只有紧前活动完成，紧后活动才能完成的逻辑关系。

Finish-to-Start (FS). 完成到开始 只有紧前活动完成，紧后活动才能开始的逻辑关系。

Firm Fixed Price Contract (FFP). 固定总价合同 总价合同的一种类型。不考虑卖方成本，由买方向卖方支付事先确定的金额（由合同规定）。

Fishbone diagram. 鱼骨图 见"因果图"。

Fixed-Price Contract. 总价合同 规定了为确定的工作范围所需支付的费用的协议，与完成工作的实际成本或人力投入无关。

Fixed Price Incentive Fee Contract (FPIF). 总价加激励费用合同 总价合同的一种类型。买方向卖方支付事先确定的金额（由合同规定），如果卖方满足了既定的绩效标准，则还可挣到额外的金额。

Fixed Price with Economic Price Adjustment Contract (FPEPA). 总价加经济价格调整合同 总价合同的一种类型，但合同中包含了特殊条款，允许根据条件变化，如通货膨胀、某些特殊商品的成本增加（或降低），以事先确定的方式对合同价格进行最终调整。

Float. 浮动时间 也叫"时差"。参见"总浮动时间"和"自由浮动时间"。

Flowchart. 流程图 对某系统内的一个或多个过程的输入、过程行为和输出的图形描述。

Focus Groups. 焦点小组 召集预定的相关方和主题专家，了解他们对所讨论的产品、服务或成果的期望和态度的一种启发式技术。

Forecast. 预测 根据已有的信息和知识，对项目未来的情况和事件进行的估算或预计。

Forward Pass. 顺推法 关键路径法中的一种技术。在进度模型中，从项目开始日期或某给定时点出发，正向推导，计算最早开始和最早结束日期。

Free Float. 自由浮动时间 在不延误任何紧后活动最早开始日期或违反进度制约因素的前提下，某进度活动可以推迟的时间量。

Functional Organization. 职能型组织 把员工按专业领域分组的一种组织架构，项目经理分配工作和使用资源的职权有限。

Funding Limit Reconciliation. 资金限制平衡 把项目资金支出计划与项目资金到位承诺进行对比，从而识别资金限制与计划支出之间的差异的过程。

Gantt Chart. 甘特图 展示进度信息的条形图。纵向列示活动，横向列示日期，用横条表示活动自开始日期至结束日期的持续时间。

Grade. 等级 用以区分功能相同但质量要求不同的对象的类别或级别。

Ground Rules. 基本规则 对项目团队成员的可接受行为的预期。

Histogram. 直方图 一种展示数字数据的条形图。

Historical Information. 历史信息 以往项目的文件和数据，包括项目档案、记录、函件、完结的合同和结束的项目。

Identify Risks. 识别风险 识别单个风险，以及整体风险的来源，并记录风险特点的过程。

Identify Stakeholders. 识别相关方 定期识别项目相关方，分析和记录他们的利益、参与度、相互依赖性、影响力和对项目成功的潜在影响的过程。

Implement Risk Responses. 实施风险应对 执行商定的风险应对计划的过程。

Imposed Date. 强制日期 强加于进度活动或进度里程碑的固定日期，一般采取"不早于何时开始"和"不晚于何时结束"的形式。

Incentive Fee. 激励费用 与卖方的成本、进度或技术绩效相关联的财务激励。

Incremental Life Cycle. 增量型生命周期 一种适应型项目生命周期，它是通过在预定的时间区间内渐进增加产品功能的一系列迭代来产出可交付成果。只有在最后一次迭代之后，可交付成果具有了必要和足够的能力，才能被视为完整的。

Independent Estimates. 独立估算 使用第三方来获取和分析信息，以支持对成本、进度或其他事项的预测的过程。

Influence Diagram. 影响图 对变量与结果之间的因果关系、事件时间顺序及其他关系的图形表示。

Information. 信息 被组织或结构化的数据，并进一步为特定目的加以处理，使之在特定环境中具有意义和价值并且能够发挥作用。

Information Management Systems. 信息管理系统 用于在信息的生产者与消费者之间以实体或电子形式收集、存储和分发信息的设施、过程及程序。

Initiating Process Group. 启动过程组 定义一个新项目或现有项目的一个新阶段，授权开始该项目或阶段的一组过程。

Input. 输入 开始一个过程所必需的、来自项目内外的任何东西。可以是前一过程的输出。

Inspection. 检查 检查工作产品，以确定它是否符合书面标准。

Interpersonal and Team Skills. 人际关系与团队技能 用于有效地领导团队成员和其他相关方并与之进行互动的技能。

Interpersonal Skills. 人际关系技能 与他人建立并保持关系的技能。

Interviews. 访谈 通过与相关方直接交谈，来获取信息的正式或非正式方法。

Invitation for Bid (IFB). 投标邀请书 通常，本术语等同于建议邀请书。不过，在某些应用领域，其含义可能更狭窄或更具体。

Issue. 问题 可能对项目目标产生影响的当前条件或情形。

Issue Log. 问题日志 记录和监督问题信息的项目文件。

Iterative Life Cycle. 迭代型生命周期 一种项目生命周期，项目范围通常于项目生命周期的早期确定，但时间及成本估算将随着项目团队对产品理解的不断深入而定期修改。迭代方法是通过一系列循环来开发产品，而增量方法是渐进地增加产品的功能。

Knowledge. 知识 为了发挥新的经历和信息的作用，而使用的经验、价值观和信念、情景信息、直觉和洞察力的组合。

Lag. 滞后量 相对于紧前活动，紧后活动需要推迟的时间量。

Late Finish Date (LF). 最晚完成日期 在关键路径法中，基于进度网络逻辑、项目完成日期和进度制约因素，进度活动未完成部分可能的最晚完成时点。

Late Start Date (LS). 最晚开始日期 在关键路径法中，基于进度网络逻辑、项目完成日期和进度制约因素，进度活动未完成部分可能的最晚开始时点。

Lead. 提前量 相对于紧前活动，紧后活动可以提前的时间量。

Lessons Learned. 经验教训 项目过程中获得的知识，说明曾怎样处理某个项目事件或今后应如何处理，以改进未来绩效。

Lessons Learned Register. 经验教训登记册 用于记录在项目中所获知识的项目文件，它用于当前项目，并列入经验教训知识库。

Lessons Learned Repository. 经验教训知识库 存储从项目中获得的以往经验教训的信息库。

Level of Effort (LOE). 支持型活动 一种不产生明确的最终产品，而是按时间流逝来度量的活动。

Life Cycle. 生命周期 见"项目生命周期"。

Log. 日志 对过程或活动实施期间的某些特定事项进行记录、描述或说明的文件。前面常加修饰词，如问题、变更或假设等。

Logical Relationship. 逻辑关系 两个活动之间，或者一个活动与一个里程碑之间的依赖关系。

Make-or-Buy Analysis. 自制或外购分析 收集和整理有关产品需求的数据，对包括采购产品或内部制造产品在内的多个可选方案进行分析的过程。

Make-or-Buy Decisions. 自制或外购决策 关于从外部采购或由内部制造某产品的决策。

Manage Communications. 管理沟通 管理沟通是确保及时且恰当地收集、生成、发布、存储、检索、管理、监督和最终处置项目信息的过程。

Management Reserve. 管理储备 在绩效测量基准之外，留作管理控制之用的一部分项目预算或项目时间。专为项目范围内不可预见的工作而预留。

Management Skills. 管理技能 对个人或群体进行规划、组织、指导和控制，以实现特定目标的能力。

Manage Project Knowledge. 管理项目知识 使用现有知识并生成新知识，以实现项目目标，并且帮助组织学习的过程。

Manage Quality. 管理质量 把组织的质量政策用于项目，并将质量管理计划转化为可执行的质量活动的过程。

Manage Stakeholder Engagement. 管理相关方参与 与相关方进行沟通和协作，以满足其需求与期望，解决问题，并促进相关方合理参与项目活动的过程。

Manage Team. 管理团队 跟踪团队成员工作表现，提供反馈，解决问题并管理团队变更，以优化项目绩效的过程。

Mandatory Dependency. 强制性依赖关系 合同要求的或工作的内在性质决定的依赖关系。

Master Schedule. 主进度计划 标明了主要可交付成果、主要工作分解结构组件和关键进度里程碑的概括性项目进度计划。参见"里程碑进度计划"。

Matrix Diagrams. 矩阵图 一种质量管理和控制工具，使用矩阵结构对数据进行分析。在行列交叉的位置展示因素、原因和目标之间的关系强弱。

Matrix Organization. 矩阵型组织 由项目经理与职能经理共同负责安排工作优先级和指挥项目人员的一种组织架构。

Methodology. 方法论 由专门的从业人员所采用的做法、技术、程序和规则所组成的体系。

Milestone. 里程碑 项目、项目集或项目组合中的重要时点或事件。

Milestone Schedule. 里程碑进度计划 用于显示里程碑的计划实现日期的一种进度计划类型。参见"主进度计划"。

Mind-Mapping. 思维导图 把从头脑风暴中获得的创意整合成一张图的技术，用以反映创意之间的共性与差异，激发新创意。

Monitor. 监督 收集项目绩效数据，计算绩效指标，并报告和发布绩效信息。

Monitor and Control Project Work. 监控项目工作 跟踪、审查和报告整体项目进展，以实现项目管理计划中确定的绩效目标的过程。

Monitor Communications. 监督沟通 确保满足项目及其相关方的信息需求的过程。

Monitoring and Controlling Process Group. 监控过程组 跟踪、审查和调整项目进展与绩效，识别必要的计划变更并启动相应变更的一组过程。

Monitor Risks. 监督风险 在整个项目期间，监督商定的风险应对计划的实施、跟踪已识别风险、识别和分析新风险，以及评估风险管理有效性的过程。

Monitor Stakeholder Engagement. 监督相关方参与 监督项目相关方关系，并通过修订参与策略和计划来引导相关方合理参与项目的过程。

Monte Carlo Simulation. 蒙特卡洛模拟 一种计算机模型分析技术，基于概率分布和概率分支进行许多次迭代，每次迭代都随机抽取输入数据。最终输出的是可能的项目结果的概率分布区间。

Multicriteria Decision Analysis. 多标准决策分析 该技术借助决策矩阵，用系统分析方法建立诸如风险水平、不确定性和价值收益等多种标准，从而对众多方案进行评估和排序。

Network. 网络 见"项目进度网络图"。

Network Logic. 网络逻辑 项目进度网络图中的所有活动依赖关系。

Network Path. 网络路径 在项目进度网络图中，通过逻辑关系连接起来的一系列进度活动的序列。

Networking. 人际交往 与同一组织和不同组织中的人员建立联系和关系。

Node. 节点 在进度网络图上连接依赖关系线的一个点。

Nominal Group Technique. 名义小组技术 用于促进头脑风暴的一种技术，通过投票排列最有用的创意，以便进一步开展头脑风暴或优先排序。

Objective. 目标 工作所指向的事物，要达到的战略地位，要达到的目的，要取得的成果，要生产的产品，或者准备提供的服务。

Opportunity. 机会 对项目的一个或多个目标产生正面影响的风险。

Organizational Breakdown Structure (OBS). 组织分解结构 对项目组织的一种层级描述，展示了项目活动与执行这些活动的组织单元之间的关系。

Organizational Learning. 组织学习法 关于个人、群体和组织如何发展知识的方法。

Organizational Process Assets. 组织过程资产 执行组织所特有的并被其使用的计划、流程、政策、程序和知识库。

Output. 输出 某个过程所产生的产品、成果或服务。可能成为后续过程的输入。

Overall Project Risk. 整体项目风险 不确定性对项目整体的影响，它代表相关方面临的项目结果可能的正面和负面变异。这些影响源于包括单个风险在内的所有不确定性。

Parametric Estimating. 参数估算 基于历史数据和项目参数，使用某种算法来计算成本或持续时间的一种估算技术。

Path Convergence. 路径汇聚 表示一个进度活动拥有一个以上的紧前活动的一种关系。

Path Divergence. 路径分支 表示一个进度活动拥有一个以上的紧后活动的一种关系。

Percent Complete. 完成百分比 对某活动或工作分解结构组件的已完成工作量的百分比估算。

Performance Measurement Baseline (PMB). 绩效测量基准 整合在一起的范围、进度和成本基准，用来与项目执行情况相比较，以管理、测量和控制项目绩效。

Performance Reviews. 绩效审查 对照基准，对项目正在开展的工作的实际绩效进行测量、比较和分析的一种技术。

Perform Integrated Change Control. 实施整体变更控制 审查所有变更请求，批准变更，管理对可交付成果、组织过程资产、项目文件和项目管理计划的变更，并对变更处理结果进行沟通的过程。

Perform Qualitative Risk Analysis. 实施定性风险分析 通过评估单个项目风险发生的概率和影响以及其他特征，对风险进行优先排序，从而为后续分析或行动提供基础的过程。

Perform Quantitative Risk Analysis. 实施定量风险分析 就已识别的单个项目风险和不确定性的其他来源对项目整体目标的综合影响进行定量分析的过程。

Phase. 阶段 见"项目阶段"。

Phase Gate. 阶段关口 为做出进入下个阶段、进行整改或结束项目或项目集的决定，而开展的阶段末审查。

Plan Communications Management. 规划沟通管理 基于每个相关方或小组的信息需求、可用的组织资产和项目需求，为项目沟通活动制定恰当的方法和计划的过程。

Plan Cost Management. 规划成本管理 确定如何估算、预算、管理、监督和控制项目成本的过程。

Planned Value (PV). 计划价值 为计划工作分配的经批准的预算。

Planning Package. 规划包 工作内容已知但详细进度活动未知的，低于控制账户的工作分解结构组件。参见"控制账户"。

Planning Process Group. 规划过程组 明确项目范围，优化目标，为实现目标制定行动方案的一组过程。

Plan Procurement Management. 规划采购管理 记录项目采购决策，明确采购方法，识别潜在卖方的过程。

Plan Quality Management. 规划质量管理 识别项目及其可交付成果的质量要求和/或标准，并书面描述项目将如何证明符合质量要求的过程。

Plan Resource Management. 规划资源管理 定义如何估算、获取、管理和利用实物以及团队资源的过程。

Plan Risk Management. 规划风险管理 定义如何实施项目风险管理活动的过程。

Plan Risk Responses. 规划风险应对 为处理整体项目风险敞口，以及应对单个项目风险，而制定可选方案、选择应对策略并商定应对行动的过程。

Plan Schedule Management. 规划进度管理 为规划、编制、管理、执行和控制项目进度而制定政策、程序和文档的过程。

Plan Scope Management. 规划范围管理 为记录如何定义、确认和控制项目范围及产品范围，而创建范围管理计划的过程。

Plan Stakeholder Engagement. 规划相关方参与 根据相关方的需求、期望、利益和对项目的潜在影响，制定项目相关方参与项目的方法的过程。

Plurality. 相对多数原则 根据群体中相对多数人的意见做出决定，即便未能获得大多数人的同意。

Policy. 政策 组织所采用的一套结构化的行动模式，组织政策可以解释为一套治理组织行为的基本原则。

Portfolio. 项目组合 为实现战略目标而组合在一起管理的项目、项目集、子项目组合和运营工作。

Portfolio Management. 项目组合管理 为了实现战略目标而对一个或多个项目组合进行的集中管理。

Practice. 实践 有助于过程执行的某种特定类型的专业或管理活动，可能需要运用一种或多种技术及工具。

Precedence Diagramming Method (PDM). 紧前关系绘图法 创建进度模型的一种技术，用节点表示活动，用一种或多种逻辑关系连接活动，以显示活动的实施顺序。

Precedence Relationship. 紧前关系 用于紧前关系绘图法中的逻辑依赖关系。

Predecessor Activity. 紧前活动 在进度计划的逻辑路径中，排在非开始活动前面的活动。

Predictive Life Cycle. 预测型生命周期 项目生命周期的一种类型，在生命周期的早期阶段确定项目范围以及所需时间和成本。

Preventive Action. 预防措施 为确保项目工作的未来绩效符合项目管理计划，而进行的有目的的活动。

Probability and Impact Matrix. 概率和影响矩阵 把每个风险发生的概率和一旦发生对项目目标的影响映射起来的一种表格。

Procedure. 程序 用于达成稳定绩效或结果的某种既定方法，通常表现为执行某个过程的一系列特定步骤。

Process. 过程 旨在创造最终结果的系统化的系列活动，以便对一个或多个输入进行加工，生成一个或多个输出。

Procurement Audits. 采购审计 对合同和采购过程的完整性、正确性和有效性进行的审查。

Procurement Documents. 采购文件 在招投标活动中使用的文件，包括买方的投标邀请书、谈判邀请书、信息邀请书、报价邀请书、建议邀请书，以及卖方的应答。

Procurement Documentation. 采购文档 在签署、执行及结束一份协议时所用到的所有文件。采购文档中可能包括项目启动之前的文件。

Procurement Management Plan. 采购管理计划 项目或项目集管理计划的组成部分，说明项目团队将如何从执行组织外部获取货物和服务。

Procurement Statement of Work. 采购工作说明书 对拟采购项的详细描述，以便潜在卖方确定他们是否有能力提供这些产品、服务或成果。

Procurement Strategy. 采购策略 为了获得期望的结果，买方用来确定项目交付方式，以及具有法律约束力的协议的类型的方法。

Product. 产品 可以计量的人工制品，既可以是最终制品，也可以是组件制品。也可以用"材料"和"货物"代指产品。参见"可交付成果"。

Product Analysis. 产品分析 在以产品为可交付成果的项目上，用来定义范围的一种工具。通常，针对产品提问并回答，形成对将要生产的产品的用途、特征和其他方面的描述。

Product Life Cycle. 产品生命周期 代表一个产品从概念、交付、成长、成熟到衰退的整个演变过程的一系列阶段。

Product Scope. 产品范围 某项产品、服务或成果所具有的特征和功能。

Product Scope Description. 产品范围描述 对产品范围的书面叙述性描述。

Program. 项目集 相互关联且被协调管理的项目、子项目集和项目集活动，以便获得分别管理所无法获得的利益。

Program Management. 项目集管理 在项目集中应用知识、技能与原则来实现项目集的目标，获得分别管理项目集组成部分所无法实现的利益和控制。

Progressive Elaboration. 渐进明细 随着信息越来越多、估算越来越准确，而不断提高项目管理计划的详细程度的迭代过程。

Project. 项目 为创造独特的产品、服务或成果而进行的临时性工作。

Project Calendar. 项目日历 表明进度活动的可用工作日和工作班次的日历。

Project Charter. 项目章程 由项目启动者或发起人发布的，正式批准项目成立，并授权项目经理使用组织资源开展项目活动的文件。

Project Communications Management. 项目沟通管理 项目沟通管理包括为确保及时且恰当地规划、收集、生成、发布、存储、检索、管理、控制、监督和最终处置项目信息所需的各个过程。

Project Cost Management. 项目成本管理 项目成本管理包括为使项目在批准的预算内完成而对成本进行规划、估算、预算、融资、筹资、管理和控制的各个过程。

Project Funding Requirements. 项目资金需求 根据成本基准计算出的待付成本预测，可以是总量或阶段资金需求，包括预计支出加预计债务。

Project Governance. 项目治理 用于指导项目管理活动的框架、功能和过程，从而创造独特的产品、服务或结果以满足组织、战略和运营目标。

Project Initiation. 项目启动 发起一个用来正式授权新项目的过程。

Project Integration Management. 项目整合管理 项目整合管理包括对隶属于项目管理过程组的各种过程和项目管理活动进行识别、定义、组合、统一和协调的各个过程。

Project Life Cycle. 项目生命周期 项目从开始到结束所经历的一系列阶段。

Project Management. 项目管理 将知识、技能、工具与技术应用于项目活动，以满足项目的要求。

Project Management Body of Knowledge. 项目管理知识体系 描述项目管理专业范围内的知识的术语。项目管理知识体系包括已被验证并广泛应用的传统做法，以及本专业新近涌现的创新做法。

Project Management Information System. 项目管理信息系统 由收集、整合和传播项目管理过程成果的工具和技术所组成的信息系统。

Project Management Knowledge Area. 项目管理知识领域 按所需知识内容来定义的项目管理领域，并用其所含过程、做法、输入、输出、工具和技术进行描述。

Project Management Office (PMO). 项目管理办公室 对与项目相关的治理过程进行标准化，并促进资源、方法论、工具和技术共享的一种管理架构。

Project Management Plan. 项目管理计划 描述如何执行、监督、控制和结束项目的文件。

Project Management Process Group. 项目管理过程组 项目管理输入、工具和技术以及输出的逻辑组合。项目管理过程组包括启动过程组、规划过程组、执行过程组、监控过程组和收尾过程组。项目管理过程组不同于项目阶段。

Project Management System. 项目管理系统 用于管理项目的各种过程、工具、技术、方法、资源和程序的集合。

Project Management Team. 项目管理团队 直接参与项目管理活动的项目团队成员。参见"项目团队"。

Project Manager (PM). 项目经理 由执行组织委派，领导团队实现项目目标的个人。

Project Organization Chart. 项目组织图 以图形方式描述一个具体项目中项目团队成员及其相互关系的文件。

Project Phase. 项目阶段 一组具有逻辑关系的项目活动的集合，通常以一个或多个可交付成果的完成为结束。

Project Procurement Management. 项目采购管理 项目采购管理包括从项目团队外部采购或获取所需产品、服务或成果的各个过程。

Project Quality Management. 项目质量管理 项目质量管理包括把组织的质量政策应用于规划、管理、控制项目和产品质量要求，以满足相关方的期望的各个过程。

Project Resource Management. 项目资源管理 项目资源管理包括识别、获取和管理所需资源以成功完成项目的各个过程。

Project Risk Management. 项目风险管理 项目风险管理包括规划风险管理、识别风险、开展风险分析、规划风险应对、实施风险应对和监督风险的各个过程。

Project Schedule. 项目进度计划 进度模型的输出，为各个相互关联的活动标注了计划日期、持续时间、里程碑和资源等信息。

Project Schedule Management. 项目进度管理 项目进度管理包括为管理项目按时完成所需的各个过程。

Project Schedule Network Diagram. 项目进度网络图 表示项目进度活动之间逻辑关系的图形。

Project Scope. 项目范围 为交付具有规定特性与功能的产品、服务或成果而必须完成的工作。

Project Scope Management. 项目范围管理 项目范围管理包括确保项目做且只做所需的全部工作以成功完成项目的各个过程。

Project Scope Statement. 项目范围说明书 对项目范围、主要可交付成果、假设条件和制约因素的描述。

Project Stakeholder Management. 项目相关方管理 项目相关方管理包括用于开展下列工作的各个过程：识别能够影响项目或会受项目影响的人员、团体或组织，分析相关方对项目的期望和影响，制定合适的管理策略来有效调动相关方参与项目决策和执行。

Project Team. 项目团队 支持项目经理执行项目工作，以实现项目目标的一组人员。参见"项目管理团队"。

Project Team Directory. 项目团队名录 列明项目团队成员及其项目角色和相关沟通信息的书面清单。

Proposal Evaluation Techniques. 建议书评价技术 为做出合同授予决定而用于评审供应商提交的建议书的各种技术。

Prototypes. 原型法 在实际制造预期产品之前，先造出其实用模型，并据此征求对需求的早期反馈的一种方法。

Quality. 质量 一系列内在特性满足要求的程度。

Quality Audits. 质量审计 质量审计是用于确定项目活动是否遵循了组织和项目的政策、过程与程序的一种结构化且独立的过程。

Quality Checklists. 质量核对单 用来核实所要求的一系列步骤是否已得到执行的结构化工具。

Quality Control Measurements. 质量控制测量结果 对质量控制活动的结果的书面记录。

Quality Management Plan. 质量管理计划 项目或项目集管理计划的组成部分，描述如何实施适用的政策、程序和指南以实现质量目标。

Quality Management System. 质量管理体系 为质量管理计划的实施提供政策、过程、程序和资源的组织架构。典型的项目质量管理计划应该与组织的质量管理体系相兼容。

Quality Metrics. 质量测量指标 对项目或产品属性及其测量方式的描述。

Quality Policy. 质量政策 项目质量管理知识领域中的专有政策，是组织在实施质量管理体系时必须遵守的基本原则。

Quality Report. 质量报告 用于报告质量管理问题、纠正措施建议以及在质量控制活动中所发现的其他情况的一种项目文件，其中也可以包括对过程、项目和产品改进的建议。

Quality Requirement. 质量要求 必须达到的条件或具备的能力，借此验证成果属性的可接受性和评估成果的质量一致性。

Questionnaires. 问卷调查 设计一系列书面问题，向众多受访者快速收集信息。

RACI Chart. RACI 矩阵 责任分配矩阵的一种常见类型，使用执行、负责、咨询和知情等词语来定义相关方在项目活动中的参与状态。

Regression Analysis. 回归分析 通过考察一系列输入变量及其对应的输出结果，建立数学或统计关系的一种分析技术。

Regulations. 法规 政府机构对产品、过程或服务的特征的要求，包括政府强制遵守的相关管理规定。

Request for Information (RFI). 信息邀请书 采购文件的一种，买方借此邀请潜在卖方就某种产品、服务或卖方能力提供相关信息。

Request for Proposal (RFP). 建议邀请书 采购文件的一种，用来向潜在卖方征求对产品或服务的建议书。在某些应用领域，其含义可能更狭窄或更具体。

Request for Quotation (RFQ). 报价邀请书 采购文件的一种，用来向潜在卖方征求对通用或标准产品或服务的报价。有时可用来代替建议邀请书。在某些应用领域，其含义可能更狭窄或更具体。

Requirement. 需求（要求） 为满足业务需求，某个产品、服务或成果必须达到的条件或具备的能力。

Requirements Documentation. 需求文件 关于各种单一需求将如何满足项目商业需求的描述。

Requirements Management Plan. 需求管理计划 项目或项目集管理计划的组成部分，描述将如何分析、记录和管理需求。

Requirements Traceability Matrix. 需求跟踪矩阵 把产品需求从其来源连接到能满足需求的可交付成果的一种表格。

Reserve. 储备 为减轻成本和/或进度风险，而在项目管理计划中所设的一种准备。使用时常加修饰词（如管理储备、应急储备），以进一步说明其用于减轻何种风险。

Reserve Analysis. 储备分析 一种分析技术，用来明确项目管理计划各组成部分的基本特征及其相互关系，从而为项目的工期、预算、成本估算或资金需求设定储备。

Residual Risk. 残余风险 采取风险应对措施之后仍然存在的风险。

Resource. 资源 完成项目所需的团队成员或任何实物。

Resource Breakdown Structure. 资源分解结构 资源依类别和类型的层级展现。

Resource Calendar. 资源日历 表明每种具体资源的可用工作日或工作班次的日历。

Resource Histogram. 资源直方图 按一系列时间段显示某种资源的计划工作时间的条形图。

Resource Leveling. 资源平衡 一种资源优化技术，对项目进度计划进行调整以优化资源分配，并可能会影响关键路径。参见"资源优化技术"和"资源平滑"。

Resource Management Plan. 资源管理计划 项目管理计划的一个组成部分，描述如何获取、分配、监督和控制项目资源。

Resource Manager. 资源经理 具有管理一项或多项资源权限的个人。

Resource Optimization Technique. 资源优化技术 根据资源的供求情况来调整活动开始和完成日期的一种技术。参见"资源平衡"和"资源平滑"。

Resource Requirements. 资源需求 工作包中的每个活动所需的资源类型和数量。

Resource Smoothing. 资源平滑 一种资源优化技术，在不影响关键路径的情况下使用自由浮动时间和总浮动时间。参见"资源平衡"和"资源优化技术"。

Responsibility. 职责 可在项目管理计划中进行委派的任务，接受委派的资源负有按要求完成任务的义务。

Responsibility Assignment Matrix (RAM). 责任分配矩阵 一种展示项目资源在各个工作包中的任务分配的表格。

Result. 成果 实施项目管理过程和活动所产生的输出。成果包括结果（如整合的系统、修订后的过程、重组后的组织、完成的测试、经培训的人员等）和文件（如政策、计划、研究报告、程序、规范、报告等）。参见"可交付成果"。

Rework. 返工 为了使有缺陷或非一致的部件达到要求或符合规范而采取的行动。

Risk. 风险 一旦发生，会对一个或多个项目目标产生积极或消极影响的不确定事件或条件。

Risk Acceptance. 风险接受 一种风险应对策略，项目团队决定接受风险的存在，而不采取任何措施，除非风险真的发生。

Risk Appetite. 风险偏好 为了预期的回报，组织或个人愿意承担不确定性的程度。

Risk Audit. 风险审计 一种用于评价风险管理过程有效性的审计。

Risk Avoidance. 风险规避 一种风险应对策略，项目团队采取行动来消除威胁，或保护项目免受风险影响。

Risk Breakdown Structure (RBS). 风险分解结构 对潜在风险来源的一种层级图示。

Risk Categorization. 风险分类 按照风险来源（如使用风险分解结构）、受影响的项目区域（如使用工作分解结构），或其他有用的分类标准（如项目阶段），对项目风险进行分类，以明确受不确定性影响最大的项目区域。

Risk Category. 风险类别 对潜在风险成因的归组。

Risk Data Quality Assessment. 风险数据质量评估 评估风险数据对风险管理的有用程度的一种技术。

Risk Enhancement. 风险提高 一种风险应对策略，项目团队采取行动提升机会出现的概率或扩大机会造成的影响。

Risk Escalation. 风险上报 一种风险应对策略，即团队认为风险超出了自身可影响的范围，并将风险责任转移到组织中能更有效管理风险的更高层。

Risk Exploiting. 风险开拓 一种风险应对策略，项目团队采取行动以确保机会出现。

Risk Exposure. 风险敞口 在某个项目、项目集或项目组合中，针对任一特定对象，而适时作出的对所有风险的潜在影响的综合评估。

Risk Management Plan. 风险管理计划 项目、项目集或项目组合管理计划的组成部分，说明将如何安排与实施风险管理活动。

Risk Mitigation. 风险减轻 一种风险应对策略，项目团队采取行动以降低威胁发生的概率或削弱威胁造成的影响。

Risk Owner. 风险责任人 负责监测风险，选择并实施恰当的风险应对策略的个人。

Risk Register. 风险登记册 记录风险管理过程输出的文件。

Risk Report. 风险报告 在整个项目风险管理过程中不断更新的项目文件，用以概述单个项目风险的情况和整体项目风险的程度。

Risk Review. 风险审查 检查和记录应对整体项目风险和已识别单个项目风险的有效性的会议。

Risk Sharing. 风险分享 一种风险应对策略，项目团队将应对机会的责任分配给最能为项目获得利益的第三方。

Risk Threshold. 风险临界值 某种特定的风险敞口级别，高于该级别的风险需要处理，低于该级别的风险则可接受。

Risk Transference. 风险转移 一种风险应对策略，项目团队把威胁造成的影响连同应对责任一起转移给第三方。

Role. 角色 项目团队成员必须履行的、已明确定义的职责，如测试、归档、检查、编码等。

Rolling Wave Planning. 滚动式规划 一种迭代式的规划技术，对近期要完成的工作进行详细规划，对远期工作只做粗略规划。

Root Cause Analysis. 根本原因分析 确定引起偏差、缺陷或风险的根本原因的一种分析技术。一项根本原因可能引起多项偏差、缺陷或风险。

Schedule. 进度计划 参见"项目进度"和"进度模型"。

Schedule Baseline. 进度基准 经过批准的进度模型，能够通过正式的变更控制程序进行变更，并被用作与实际结果进行比较的依据。

Schedule Compression. 进度压缩 在不缩小项目范围的前提下缩短进度工期的技术。

Schedule Data. 进度数据 用以描述和控制进度计划的信息集合。

Schedule Forecasts. 进度预测 根据测算进度时已有的信息和知识，对项目未来的情况和事件所进行的估算或预计。

Schedule Management Plan. 进度管理计划 项目或项目集管理计划的组成部分，为编制、监督和控制项目进度建立准则并确定活动。

Schedule Model. 进度模型 项目活动执行计划的一种表现形式，其中包含持续时间、依赖关系和其他规划信息，用以生成项目进度计划及其他进度资料。

Schedule Network Analysis. 进度网络分析 识别项目活动未完部分的最早和最晚开始日期，以及最早和最晚完成日期的一种技术。

Schedule Performance Index (SPI). 进度绩效指数 测量进度效率的一种指标，表示为挣值与计划价值之比。

Schedule Variance (SV). 进度偏差 测量进度绩效的一种指标，表示为挣值与计划价值之差。

Scheduling Tool. 进度计划编制工具 配合进度计划编制方法使用的工具，可提供进度计划组成部分的名称、定义、结构关系和格式。

Scope. 范围 项目所提供的产品、服务和成果的总和。参见"项目范围"和"产品范围"。

Scope Baseline. 范围基准 经过批准的范围说明书、工作分解结构（WBS）和相应的 WBS 词典，能够通过正式的变更控制程序进行变更，并被用作与实际结果进行比较的依据。

Scope Creep. 范围蔓延 未对时间、成本和资源做相应调整，未经控制的产品或项目范围的扩大。

Scope Management Plan. 范围管理计划 项目或项目集管理计划的组成部分，描述将如何定义、制定、监督、控制和确认项目范围。

Secondary Risk. 次生风险 由于实施风险应对措施而直接产生的风险。

Self-Organizing Teams. 自组织团队 团队运作无需集中管控的一种团队形式。

Seller. 卖方 向某个组织提供产品、服务或成果的供应商。

Seller Proposals. 卖方建议书 卖方对建议邀请书或其他采购文件的正式应答，规定了价格、商务销售条款，以及技术规范或卖方将为买方建成的能力，一旦被接受，将形成有约束力的协议。

Sensitivity Analysis. 敏感性分析 一种定量风险分析技术，将项目结果的变化与定量风险分析模型中输入的变化建立关联，从而确定对项目结果产生最大潜在影响的单个项目风险或其他不确定性来源。

Sequence Activities. 排列活动顺序 识别和记录项目活动之间的关系的过程。

Service Level Agreement (SLA). 服务水平协议 (SLA) 服务商（内部或外部）与最终用户之间的合同，用以规定服务商应该达到的服务水准。

Simulation. 模拟 一种分析技术，通过建立模型，来综合分析各种不确定性因素，评估这些因素对目标的潜在影响。

Source Selection Criteria. 供方选择标准 买方提出的一套标准，卖方只有满足或超过这些标准，才有可能被授予合同。

Specification. 规范（规格） 对需要满足的需求和所需基本特征的准确表述。

Specification Limits. 规格界限 控制图中心线或均值两侧的数据区域，该区域内的数据都满足客户对产品或服务的要求。该区域可能大于或小于控制界限所界定的范围。参见"控制界限"。

Sponsor. 发起人 为项目、项目集或项目组合提供资源和支持，并负责为成功创造条件的个人或团体。

Sponsoring Organization. 发起组织 负责提供项目发起人并为项目输送资金或其他资源的实体。

Stakeholder. 相关方 能影响项目、项目集或项目组合的决策、活动或结果的个人、小组或组织，以及会受或自认为会受它们的决策、活动或结果影响的个人、小组或组织。

Stakeholder Analysis. 相关方分析 通过系统收集和分析各种定量与定性信息，来确定在整个项目中应该考虑哪些人的利益的一种技术。

Stakeholder Engagement Assessment Matrix. 相关方参与度评估矩阵 将当前与期望的相关方参与程度进行比较的一种矩阵。

Stakeholder Engagement Plan. 相关方参与计划 项目管理计划的一个组成部分，为促进相关方有效参与项目或项目集决策和执行而规定所需的策略和行动。

Stakeholder Register. 相关方登记册 记录项目相关方识别、评估和分类结果的项目文件。

Standard. 标准 基于职权、惯例或共识而建立并用作模型或范例的文件。

Start Date. 开始日期 与进度活动的开始相关联的时间点。通常带下列修饰词：实际、计划、估计、预计、最早、最晚、目标、基准或当前。

Start-to-Finish (SF). 开始到完成 只有紧前活动开始，紧后活动才能完成的逻辑关系。

Start-to-Start (SS). 开始到开始 只有紧前活动开始，紧后活动才能开始的逻辑关系。

Statement of Work (SOW). 工作说明书 对项目需交付的产品、服务或成果的叙述性说明。

Statistical Sampling. 统计抽样 从目标总体中选取部分样本用于检查。

Successor Activity. 紧后活动 在进度计划的逻辑路径中，排在某个活动后面的活动。

Summary Activity. 概括性活动 作为单个活动来展示的，一组相关的进度活动的集合。

SWOT Analysis. SWOT 分析 对一个组织、项目或备选方案的优势、劣势、机会和威胁的分析。

Tacit Knowledge. 隐性知识 难以明确表达和分享的个人知识，如信念、经验和洞察力。

Tailoring. 裁剪 确定过程、输入、工具、技术、输出和生命周期阶段的恰当组合以管理项目。

Team Charter. 团队章程 记录团队价值观、共识和工作指南的文件，并对项目团队成员的可接受行为作出明确规定。

Team Management Plan. 团队管理计划 资源管理计划的组成部分，说明将在何时、以何种方式获得项目团队成员，以及他们需要在项目中工作多久。

Technique. 技术 人们在执行活动以生产产品、取得成果或提供服务的过程中所使用的经过定义的系统化程序，其中可能用到一种或多种工具。

Templates. 模板 一种固定格式的、已部分完成的文件，为收集、组织和呈现信息与数据提供明确的结构。

Test and Evaluation Documents. 测试与评估文件 描述用于确定产品是否达到质量管理计划中规定的质量目标的各种活动的项目文件。

Threat. 威胁 对项目的一个或多个目标产生负面影响的风险。

Three-Point Estimating. 三点估算 一种估算技术。当单个活动的成本或持续时间估算不易确定时，取其乐观估算、悲观估算和最可能估算的平均值或加权平均值。

Threshold. 临界值 针对可测量的项目变量而预先确定的一个限值，一旦达到此限值就需要采取相应行动。

Time and Material Contract (T&M). 工料合同 (T&M) 兼具成本补偿和总价合同特征的一种混合的合同类型。

To-Complete Performance Index (TCPI). 完工尚需绩效指数 为了实现特定的管理目标，剩余资源的使用必须达到的成本绩效指标，是完成剩余工作所需成本与剩余预算之比。

Tolerance. 公差 对质量要求可接受的变动范围的定量描述。

Tool. 工具 在创造产品或成果的活动中所使用的某种有形的东西,如模板或软件。

Tornado Diagram. 龙卷风图 在敏感性分析中用来比较不同变量的相对重要性的一种特殊形式的条形图。

Total Float. 总浮动时间 在不延误项目完成日期或违反进度制约因素的前提下,进度活动可以从其最早开始日期推迟或拖延的时间量。

Trend Analysis. 趋势分析 根据历史数据并利用数学模型,预测未来结果的一种分析技术。

Trigger Condition. 触发条件 表明风险即将发生的事件或情形。

Unanimity. 一致同意 对某个行动方案,小组中的每个人都表示同意。

Update. 更新 无需正式变更控制的,对任何可交付成果、项目管理计划组成部分或项目文件所做的修改。

Validate Scope. 确认范围 正式验收已完成的项目可交付成果的过程。

Validation. 确认 对产品、服务或成果能够满足客户和其他已识别相关方需求的保证。比较"核实"。

Variance. 偏差 对已知基准或预期值的偏离量。

Variance Analysis. 偏差分析 确定实际绩效与基准的差异程度及原因的一种技术。

Variance At Completion (VAC). 完工偏差 对预算亏空量或盈余量的一种预测,是完工预算与完工估算之差。

Variation. 差异 不同于基准计划中规定的期望情况的实际情况。

Verification. 核实 关于产品、服务或成果是否符合法规、要求、规范或强制条件的评估。比较"确认"。

Verified Deliverables. 核实的可交付成果 经过控制质量过程的检查,被证实为正确的已完成的可交付成果。

Virtual Teams. 虚拟团队 拥有共同目标的,在很少或不能见面的情况下,完成相应任务的一组人。

Voice of the Customer. 客户声音 一种规划技术,通过在项目产品开发的每个阶段把客户需求转变成适当的技术要求,来提供真正反映客户需求的产品、服务和成果。

WBS Dictionary. WBS词典 针对工作分解结构中的每个组件,详细描述可交付成果、活动和进度信息的文件。

What-If Scenario Analysis. 假设情景分析 对各种情景进行评估,预测它们对项目目标的影响的过程。

Work Breakdown Structure (WBS). 工作分解结构 对项目团队为实现项目目标、创建所需可交付成果而需要实施的全部工作范围的层级分解。

Work Breakdown Structure Component. 工作分解结构组件 工作分解结构任意层次上的任何要素。

Work Package. 工作包 工作分解结构最低层的工作,针对这些工作来估算并管理成本和持续时间。

Work Performance Data. 工作绩效数据 在执行项目工作的过程中,从每个正在执行的活动中收集到的原始观察结果和测量值。

Work Performance Information. 工作绩效信息 从控制过程中收集且与项目管理计划组成部分、项目文件进行对比分析的绩效数据,以及其他工作绩效信息。

Work Performance Reports. 工作绩效报告 为制定决策、采取行动或引起关注,而汇编工作绩效信息所形成的实物或电子项目文件。

术语表（中文排序）

1.常用缩写

AC	实际成本
BAC	完工预算
CCB	变更控制委员会
COQ	质量成本
CPAF	成本加奖励费用
CPFF	成本加固定费用
CPI	成本绩效指数
CPIF	成本加激励费用
CPM	关键路径法
CV	成本偏差
EAC	完工估算
EF	最早完成日期
ES	最早开始日期
ETC	完工尚需估算
EV	挣值
EVM	挣值管理
FF	完成到完成
FFP	固定总价
FPEPA	总价加经济价格调整
FPIF	总价加激励费用
FS	完成到开始
IFB	投标邀请书

LF	最晚完成日期
LOE	支持型活动
LS	最晚开始日期
OBS	组织分解结构
PDM	紧前关系绘图法
PMBOK	项目管理知识体系
PV	计划价值
QFD	质量功能展开
RACI	执行、负责、咨询和知情
RAM	责任分配矩阵
RBS	风险分解结构
RFI	信息邀请书
RFP	建议邀请书
RFQ	报价邀请书
SF	开始到完成
SOW	工作说明书
SPI	进度绩效指数
SS	开始到开始
SV	进度偏差
SWOT	优势、劣势、机会与威胁
T&M	工料合同
VAC	完工偏差
WBS	工作分解结构

2. 定义

术语表中的许多单词，在词典中都有更广泛甚至不同的含义。本术语表遵循如下惯例对术语进行定义：

RACI 矩阵 RACI Chart: 责任分配矩阵的一种常见类型，使用执行、负责、咨询和知情等词语来定义相关方在项目活动中的参与状态。

SWOT 分析 SWOT Analysis: 对一个组织、项目或备选方案的优势、劣势、机会和威胁的分析。

WBS词典 WBS Dictionary: 针对工作分解结构中的每个组件，详细描述可交付成果、活动和进度信息的文件。

报价邀请书 Request for Quotation (RFQ): 采购文件的一种，用来向潜在卖方征求对通用或标准产品或服务的报价。有时可用来代替建议邀请书。在某些应用领域，其含义可能更狭窄或更具体。

备选方案分析 Alternative Analysis: 一种对已识别的可选方案进行评估的技术，用来决定选择哪种方案或使用何种方法来执行项目工作。

变更 Change: 对任何正式受控的可交付成果、项目管理计划组成部分或项目文件的修改。

变更管理计划 Change Management Plan: 项目管理计划的一个组成部分，用以建立变更控制委员会，记录其具体权限，并说明如何实施变更控制系统。

变更控制 Change Control: 一个过程，用来识别、记录、批准或否决对项目文件、可交付成果或基准的修改。

变更控制工具 Change Control Tools: 辅助变更管理和（或）配置管理的手动或自动的工具。这套工具至少能够支持变更控制委员会的活动。

变更控制委员会 Change Control Board (CCB): 一个正式组成的团体，负责审议、评价、批准、推迟或否决项目变更，以及记录和传达变更处理决定。

变更控制系统 Change Control System: 一套程序，描述了如何管理和控制针对项目可交付成果和文档的修改。

变更请求 Change Request: 关于修改文档、可交付成果或基准的正式提议。

变更日志 Change Log: 项目过程中所做变更及其当前状态的综合清单。

标杆对照 Benchmarking: 标杆对照是指将实际或计划的产品、流程和实践与其他可比组织的做法进行比较，以便识别最佳实践、形成改进意见，并为绩效考核提供依据。

标准 Standard: 基于职权、惯例或共识而建立并用作模型或范例的文件。

裁剪 Tailoring: 确定过程、输入、工具、技术、输出和生命周期阶段的恰当组合以管理项目。

采购策略 Procurement Strategy: 为了获得期望的结果，买方用来确定项目交付方式，以及具有法律约束力的协议的类型的方法。

采购工作说明书 Procurement Statement of Work: 对拟采购项的详细描述，以便潜在卖方确定他们是否有能力提供这些产品、服务或成果。

采购管理计划 Procurement Management Plan: 项目或项目集管理计划的组成部分，说明项目团队将如何从执行组织外部获取货物和服务。

采购审计 Procurement Audits: 对合同和采购过程的完整性、正确性和有效性进行的审查。

采购文档 Procurement Documentation: 在签署、执行及结束一份协议时所用到的所有文件。采购文档中可能包括项目启动之前的文件。

采购文件 Procurement Documents: 在招投标活动中使用的文件,包括买方的投标邀请书、谈判邀请书、信息邀请书、报价邀请书、建议邀请书,以及卖方的应答。

参数估算 Parametric Estimating: 基于历史数据和项目参数,使用某种算法来计算成本或持续时间的一种估算技术。

残余风险 Residual Risk: 采取风险应对措施之后仍然存在的风险。

测试与评估文件 Test and Evaluation Documents: 描述用于确定产品是否达到质量管理计划中规定的质量目标的各种活动的项目文件。

差异 Variation: 不同于基准计划中规定的期望情况的实际情况。

产品 Product: 可以计量的人工制品,既可以是最终制品,也可以是组件制品。也可以用"材料"和"货物"代指产品。参见"可交付成果"。

产品范围 Product Scope: 某项产品、服务或成果所具有的特征和功能。

产品范围描述 Product Scope Description: 对产品范围的书面叙述性描述。

产品分析 Product Analysis: 在以产品为可交付成果的项目上,用来定义范围的一种工具。通常,针对产品提问并回答,形成对将要生产的产品的用途、特征和其他方面的描述。

产品生命周期 Product Life Cycle: 代表一个产品从概念、交付、成长、成熟到衰退的整个演变过程的一系列阶段。

成本补偿合同 Cost-Reimbursable Contract: 合同类型的一种,向卖方支付实际成本加费用(通常代表卖方的利润)。

成本管理计划 Cost Management Plan: 项目或项目集管理计划的组成部分,描述如何规划、安排和控制成本。

成本汇总 Cost Aggregation: 在项目工作分解结构的给定层次或给定成本控制账户上,对与各工作包相关的较低层次的成本估算进行汇总。

成本基准 Cost Baseline: 经过批准的、按时间段分配的项目预算,不包括任何管理储备,只有通过正式的变更控制程序才能进行变更,用作与实际结果进行比较的依据。

成本绩效指数 Cost Performance Index (CPI): 测量预算资源的成本效率的一种指标,表示为挣值与实际成本之比。

成本加固定费用合同 Cost Plus Fixed Fee Contract (CPFF): 成本补偿合同的一种类型,买方为卖方报销可列支成本(可列支成本由合同确定),再加上一笔固定数额的利润(费用)。

成本加激励费用合同 Cost Plus Incentive Fee Contract (CPIF): 成本补偿合同的一种类型,买方为卖方报销可列支成本(可列支成本由合同确定),并且卖方在达到规定绩效标准时赚取利润。

成本加奖励费用合同 Cost Plus Award Fee Contract (CPAF): 合同的一种类型,向卖方支付已完工作的全部合法实际成本,再加上一笔奖励费用作为卖方的利润。

成本偏差 Cost Variance (CV): 在某个给定时间点,预算亏空或盈余量,表示为挣值与实际成本之差。

成本效益分析 Cost-Benefit Analysis: 用来比较项目成本与其带来的收益的财务分析工具。

成果 Result: 实施项目管理过程和活动所产生的输出。成果包括结果(如整合的系统、修订后的过程、重组后的组织、完成的测试、经培训的人员等)和文件(如政策、计划、研究报告、程序、规范、报告等)。参见"可交付成果"。

程序 Procedure: 用于达成稳定绩效或结果的某种既定方法,通常表现为执行某个过程的一系列特定步骤。

持续时间 Duration: 完成一个活动或工作分解结构组件所需要的工作时段总数,以小时、天或周表示。比较"人力投入"。

储备 Reserve: 为减轻成本和/或进度风险,而在项目管理计划中所设的一种准备。使用时常加修饰词(如管理储备、应急储备),以进一步说明其用于减轻何种风险。

储备分析 Reserve Analysis: 一种分析技术,用来明确项目管理计划各组成部分的基本特征及其相互关系,从而为项目的工期、预算、成本估算或资金需求设定储备。

触发条件 Trigger Condition: 表明风险即将发生的事件或情形。

创建工作分解结构 Create WBS: 将项目可交付成果和项目工作分解为较小的、更易于管理的组件的过程。

次生风险 Secondary Risk: 由于实施风险应对措施而直接产生的风险。

弹回计划 Fallback Plan: 弹回计划包括一组备用的行动和任务,以便在主计划因问题、风险或其他原因而需要被废弃时采用。

等级 Grade: 用以区分功能相同但质量要求不同的对象的类别或级别。

迭代型生命周期 Iterative Life Cycle: 一种项目生命周期,项目范围通常于项目生命周期的早期确定,但时间及成本估算将随着项目团队对产品理解的不断深入而定期修改。迭代方法是通过一系列循环来开发产品,而增量方法是渐进地增加产品的功能。

定义范围 Define Scope: 制定项目和产品详细描述的过程。

定义活动 Define Activities: 识别和记录为完成项目可交付成果而须采取的具体行动的过程。

独立估算 Independent Estimates: 使用第三方来获取和分析信息,以支持对成本、进度或其他事项的预测的过程。

独立型活动 Discrete Effort: 能够予以规划并测量,且会产出特定输出的活动。[附注:独立型活动是用于计算工作绩效的三种挣值管理(EVM)活动之一。]

多标准决策分析 Multicriteria Decision Analysis: 该技术借助决策矩阵,用系统分析方法建立诸如风险水平、不确定性和价值收益等多种标准,从而对众多方案进行评估和排序。

发起人 Sponsor: 为项目、项目集或项目组合提供资源和支持,并负责为成功创造条件的个人或团体。

发起组织 Sponsoring Organization: 负责提供项目发起人并为项目输送资金或其他资源的实体。

法规 Regulations: 政府机构对产品、过程或服务的特征的要求,包括政府强制遵守的相关管理规定。

返工 Rework: 为了使有缺陷或非一致的部件达到要求或符合规范而采取的行动。

范围 Scope: 项目所提供的产品、服务和成果的总和。参见"项目范围"和"产品范围"。

范围管理计划 Scope Management Plan: 项目或项目集管理计划的组成部分,描述将如何定义、制定、监督、控制和确认项目范围。

范围基准 Scope Baseline: 经过批准的范围说明书、工作分解结构(WBS)和相应的 WBS 词典,能够通过正式的变更控制程序进行变更,并被用作与实际结果进行比较的依据。

范围蔓延 Scope Creep: 未对时间、成本和资源做相应调整,未经控制的产品或项目范围的扩大。

方法论 Methodology: 由专门的从业人员所采用的做法、技术、程序和规则所组成的体系。

访谈 Interviews: 通过与相关方直接交谈,来获取信息的正式或非正式方法。

费用 Fee: 卖方所得补偿的一部分,代表利润。

分解 Decomposition: 把项目范围和项目可交付成果逐步划分为更小、更便于管理的组成部分的技术。

分析技术 Analytical Techniques: 根据可能的项目或环境变量变化及它们与其他变量之间的关系，对潜在后果进行评估、分析和预测的各种技术。

风险 Risk: 一旦发生，会对一个或多个项目目标产生积极或消极影响的不确定事件或条件。

风险报告 Risk Report: 在整个项目风险管理过程中不断更新的项目文件，用以概述单个项目风险的情况和整体项目风险的程度。

风险敞口 Risk Exposure: 在某个项目、项目集或项目组合中，针对任一特定对象，而适时作出的对所有风险的潜在影响的综合评估。

风险登记册 Risk Register: 记录风险管理过程输出的文件。

风险分解结构 Risk Breakdown Structure (RBS): 对潜在风险来源的一种层级图示。

风险分类 Risk Categorization: 按照风险来源（如使用风险分解结构）、受影响的项目区域（如使用工作分解结构），或其他有用的分类标准（如项目阶段），对项目风险进行分类，以明确受不确定性影响最大的项目区域。

风险分享 Risk Sharing: 一种风险应对策略，项目团队将应对机会的责任分配给最能为项目获得利益的第三方。

风险管理计划 Risk Management Plan: 项目、项目集或项目组合管理计划的组成部分，说明将如何安排与实施风险管理活动。

风险规避 Risk Avoidance: 一种风险应对策略，项目团队采取行动来消除威胁，或保护项目免受风险影响。

风险减轻 Risk Mitigation: 一种风险应对策略，项目团队采取行动以降低威胁发生的概率或削弱威胁造成的影响。

风险接受 Risk Acceptance: 一种风险应对策略，项目团队决定接受风险的存在，而不采取任何措施，除非风险真的发生。

风险开拓 Risk Exploiting: 一种风险应对策略，项目团队采取行动以确保机会出现。

风险类别 Risk Category: 对潜在风险成因的归组。

风险临界值 Risk Threshold: 某种特定的风险敞口级别，高于该级别的风险需要处理，低于该级别的风险则可接受。

风险偏好 Risk Appetite: 为了预期的回报，组织或个人愿意承担不确定性的程度。

风险上报 Risk Escalation: 一种风险应对策略，即团队认为风险超出了自身可影响的范围，并将风险责任转移到组织中能更有效管理风险的更高层。

风险审查 Risk Review: 检查和记录应对整体项目风险和已识别单个项目风险的有效性的会议。

风险审计 Risk Audit: 一种用于评价风险管理过程有效性的审计。

风险数据质量评估 Risk Data Quality Assessment: 评估风险数据对风险管理的有用程度的一种技术。

风险提高 Risk Enhancement: 一种风险应对策略，项目团队采取行动提升机会出现的概率或扩大机会造成的影响。

风险责任人 Risk Owner: 负责监测风险，选择并实施恰当的风险应对策略的个人。

风险转移 Risk Transference: 一种风险应对策略，项目团队把威胁造成的影响连同应对责任一起转移给第三方。

服务水平协议 (SLA) Service Level Agreement (SLA): 服务商（内部或外部）与最终用户之间的合同，用以规定服务商应该达到的服务水准。

浮动时间 Float: 也叫"时差"。参见和"总浮动时间"和"自由浮动时间"。

概括性活动 Summary Activity: 作为单个活动来展示的，一组相关的进度活动的集合。

概率和影响矩阵 Probability and Impact Matrix: 把每个风险发生的概率和一旦发生对项目目标的影响映射起来的一种表格。

甘特图 Gantt Chart: 展示进度信息的条形图。纵向列示活动，横向列示日期，用横条表示活动自开始日期至结束日期的持续时间。

赶工 Crashing: 通过增加资源，以最小的成本代价来压缩进度工期的一种技术。

根本原因分析 Root Cause Analysis: 确定引起偏差、缺陷或风险的根本原因的一种分析技术。一项根本原因可能引起多项偏差、缺陷或风险。

更新 Update: 无需正式变更控制的，对任何可交付成果、项目管理计划组成部分或项目文件所做的修改。

工具 Tool: 在创造产品或成果的活动中所使用的某种有形的东西，如模板或软件。

工料合同 (T&M) Time and Material Contract (T&M): 兼具成本补偿和总价合同特征的一种混合的合同类型。

工作包 Work Package: 工作分解结构最低层的工作，针对这些工作来估算并管理成本和持续时间。

工作分解结构 Work Breakdown Structure (WBS): 对项目团队为实现项目目标、创建所需可交付成果而需要实施的全部工作范围的层级分解。

工作分解结构组件 Work Breakdown Structure Component: 工作分解结构任意层次上的任何要素。

工作绩效报告 Work Performance Reports: 为制定决策、采取行动或引起关注，而汇编工作绩效信息所形成的实物或电子项目文件。

工作绩效数据 Work Performance Data: 在执行项目工作的过程中，从每个正在执行的活动中收集到的原始观察结果和测量值。

工作绩效信息 Work Performance Information: 从控制过程中收集且与项目管理计划组成部分、项目文件进行对比分析的绩效数据，以及其他工作绩效信息。

工作说明书 Statement of Work (SOW): 对项目需交付的产品、服务或成果的叙述性说明。

公差 Tolerance: 对质量要求可接受的变动范围的定量描述。

供方选择标准 Source Selection Criteria: 买方提出的一套标准，卖方只有满足或超过这些标准，才有可能被授予合同。

沟通方法 Communication Methods: 在项目相关方之间传递信息的系统化的程序、技术或过程。

沟通风格评估 Communication Styles Assessment: 规划沟通活动时，用于识别与相关方开展沟通的优选沟通方法、形式和内容的一种技术。

沟通管理计划 Communications Management Plan: 项目、项目集或项目组合管理计划的组成部分，描述了项目信息将如何、何时、由谁来进行管理和传播。

沟通技术 Communication Technology: 用于项目相关方之间传递信息的特定工具、系统或计算机程序等。

沟通模型 Communication Models: 说明在项目中将如何开展沟通过程的描述、比喻或图形。

沟通需求分析 Communication Requirements Analysis: 一种分析技术，通过访谈、研讨会或借鉴以往项目经验教训等方式，来确定项目相关方对信息的需求。

估算 Estimate: 对某一变量的可能数值或结果的定量评估，如项目成本、资源、人力投入或持续时间。

估算成本 Estimate Costs: 对完成项目活动所需资源成本进行近似估算的过程。

估算活动持续时间 Estimate Activity Durations: 根据资源估算的结果，估算完成单项活动所需工作时段数的过程。

估算活动资源 Estimate Activity Resources: 估算执行项目所需的团队资源，以及材料、设备和用品的类型和数量的过程。

估算依据 Basis of Estimates: 概述项目估算所用依据的支持性文件，如假设条件、制约因素、详细级别、估算区间和置信水平。

固定总价合同 Firm Fixed Price Contract (FFP): 总价合同的一种类型。不考虑卖方成本，由买方向卖方支付事先确定的金额（由合同规定）。

关键路径 Critical Path: 代表项目中最长路径的活动序列，决定了项目最短的可能持续时间。

关键路径法 Critical Path Method (CPM): 在项目进度模型中，估算项目最短工期，确定逻辑网络路径的进度灵活性大小的一种方法。

关键路径活动 Critical Path Activity: 项目进度计划中，位于关键路径上的任何活动。

管理储备 Management Reserve: 在绩效测量基准之外，留作管理控制之用的一部分项目预算或项目时间。专为项目范围内不可预见的工作而预留。

管理沟通 Manage Communications: 管理沟通是确保及时且恰当地收集、生成、发布、存储、检索、管理、监督和最终处置项目信息的过程。

管理技能 Management Skills: 对个人或群体进行规划、组织、指导和控制，以实现特定目标的能力。

管理团队 Manage Team: 跟踪团队成员工作表现，提供反馈，解决问题并管理团队变更，以优化项目绩效的过程。

管理相关方参与 Manage Stakeholder Engagement: 与相关方进行沟通和协作，以满足其需求与期望，解决问题，并促进相关方合理参与项目活动的过程。

管理项目知识 Manage Project Knowledge: 使用现有知识并生成新知识，以实现项目目标，并且帮助组织学习的过程。

管理质量 Manage Quality: 把组织的质量政策用于项目，并将质量管理计划转化为可执行的质量活动的过程。

规范（规格）Specification: 对需要满足的需求和所需基本特征的准确表述。

规格界限 Specification Limits: 控制图中心线或均值两侧的数据区域，该区域内的数据都满足客户对产品或服务的要求。该区域可能大于或小于控制界限所界定的范围。参见"控制界限"。

规划包 Planning Package: 工作内容已知但详细进度活动未知的，低于控制账户的工作分解结构组件。参见"控制账户"。

规划采购管理 Plan Procurement Management: 记录项目采购决策，明确采购方法，识别潜在卖方的过程。

规划成本管理 Plan Cost Management: 确定如何估算、预算、管理、监督和控制项目成本的过程。

规划范围管理 Plan Scope Management: 为记录如何定义、确认和控制项目范围及产品范围，而创建范围管理计划的过程。

规划风险管理 Plan Risk Management: 定义如何实施项目风险管理活动的过程。

规划风险应对 Plan Risk Responses: 为处理整体项目风险敞口，以及应对单个项目风险，而制定可选方案、选择应对策略并商定应对行动的过程。

规划沟通管理 Plan Communications Management: 基于每个相关方或小组的信息需求、可用的组织资产和项目需求，为项目沟通活动制定恰当的方法和计划的过程。

规划过程组 Planning Process Group: 明确项目范围，优化目标，为实现目标制定行动方案的一组过程。

规划进度管理 Plan Schedule Management: 为规划、编制、管理、执行和控制项目进度而制定政策、程序和文档的过程。

规划相关方参与 Plan Stakeholder Engagement: 根据相关方的需求、期望、利益和对项目的潜在影响，制定项目相关方参与项目的方法的过程。

规划质量管理 Plan Quality Management: 识别项目及其可交付成果的质量要求和/或标准，并书面描述项目将如何证明符合质量要求的过程。

规划资源管理 Plan Resource Management: 定义如何估算、获取、管理和利用实物以及团队资源的过程。

滚动式规划 Rolling Wave Planning: 一种迭代式的规划技术，对近期要完成的工作进行详细规划，对远期工作只做粗略规划。

过程 Process: 旨在创造最终结果的系统化的系列活动，以便对一个或多个输入进行加工，生成一个或多个输出。

合同 Contract: 合同是指对双方都有约束力的协议，强制卖方提供规定的产品、服务或成果，以及强制买方支付相应的费用。

合同变更控制系统 Contract Change Control System: 用来收集、跟踪、裁定和沟通有关合同变更的系统。

核查表 Checksheets: 在收集数据时用作查对清单的计数表格。

核对单分析 Checklist Analysis: 使用清单来系统审核材料的准确性及完整性的一种技术。

核实 Verification: 关于产品、服务或成果是否符合法规、要求、规范或强制条件的评估。比较"确认"。

核实的可交付成果 Verified Deliverables: 经过控制质量过程的检查，被证实为正确的已完成的可交付成果。

横道图 Bar Chart: 展示进度相关信息的一种图表方式。在典型的横道图中，进度活动或工作分解结构组件竖列于图的左侧，日期横排在图的顶端，而活动持续时间则以按日期定位的水平条形表示。参见"甘特图"。

缓冲 Buffer: 见"储备"。

回归分析 Regression Analysis: 通过考察一系列输入变量及其对应的输出结果，建立数学或统计关系的一种分析技术。

活动 Activity: 在进度计划中所列，并在项目过程中实施的工作组成部分。

活动持续时间 Activity Duration: 用日历单位表示的，进度活动从开始到完成的时间长度。参见"持续时间"。

活动持续时间估算 Activity Duration Estimates: 对完成一项活动可能需要的时间的定量评估。

活动节点法 Activity-on-Node (AON): 见"紧前关系绘图法（PDM）"。

活动清单 Activity List: 一份记录进度活动的表格，包含活动描述、活动标识及足够详细的工作范围描述，以便项目团队成员了解所需执行的工作。

活动属性 Activity Attributes: 进度活动所具备的多种属性，可以包含在活动清单中。活动属性包括活动编码、紧前活动、紧后活动、逻辑关系、提前量和滞后量、资源要求、强制日期、制约因素和假设条件。

获取资源 Acquire Resources: 获取项目所需的团队成员、设施、设备、材料、用品和其他资源的过程。

机会 Opportunity: 对项目的一个或多个目标产生正面影响的风险。

基本规则 Ground Rules: 对项目团队成员的可接受行为的预期。

基准 Baseline: 经批准的工作产品版本，只有通过正式的变更控制程序才能进行变更，并且用作与实际结果进行比较的依据。

绩效测量基准 Performance Measurement Baseline (PMB): 整合在一起的范围、进度和成本基准，用来与项目执行情况相比较，以管理、测量和控制项目绩效。

绩效审查 Performance Reviews: 对照基准，对项目正在开展的工作的实际绩效进行测量、比较和分析的一种技术。

激励费用 Incentive Fee: 与卖方的成本、进度或技术绩效相关联的财务激励。

集中办公 Colocation: 为改善沟通和工作关系，提高工作效率，而让项目团队成员的工作地点彼此靠近的一种组织布局策略。

计划价值 Planned Value (PV): 为计划工作分配的经批准的预算。

技术 Technique: 人们在执行活动以生产产品、取得成果或提供服务的过程中所使用的经过定义的系统化程序，其中可能用到一种或多种工具。

假设 Assumption: 在规划过程中不需要验证即可视为正确、真实或确定的因素。

假设情景分析 What-If Scenario Analysis: 对各种情景进行评估，预测它们对项目目标的影响的过程。

假设日志 Assumption Log: 在整个项目生命周期中用来记录所有假设条件和制约因素的项目文件。

监督 Monitor: 收集项目绩效数据，计算绩效指标，并报告和发布绩效信息。

监督风险 Monitor Risks: 在整个项目期间，监督商定的风险应对计划的实施、跟踪已识别风险、识别和分析新风险，以及评估风险管理有效性的过程。

监督沟通 Monitor Communications: 确保满足项目及其相关方的信息需求的过程。

监督相关方参与 Monitor Stakeholder Engagement: 监督项目相关方关系，并通过修订参与策略和计划来引导相关方合理参与项目的过程。

监控过程组 Monitoring and Controlling Process Group: 跟踪、审查和调整项目进展与绩效，识别必要的计划变更并启动相应变更的一组过程。

监控项目工作 Monitor and Control Project Work: 跟踪、审查和报告整体项目进展，以实现项目管理计划中确定的绩效目标的过程。

检查 Inspection: 检查工作产品，以确定它是否符合书面标准。

建设团队 Develop Team: 提高工作能力，促进团队成员互动，改善团队整体氛围，以提高项目绩效的过程。

建议书评价技术 Proposal Evaluation Techniques: 为做出合同授予决定而用于评审供应商提交的建议书的各种技术。

建议邀请书 Request for Proposal (RFP): 采购文件的一种，用来向潜在卖方征求对产品或服务的建议书。在某些应用领域，其含义可能更狭窄或更具体。

渐进明细 Progressive Elaboration: 随着信息越来越多、估算越来越准确，而不断提高项目管理计划的详细程度的迭代过程。

焦点小组 Focus Groups: 召集预定的相关方和主题专家，了解他们对所讨论的产品、服务或成果的期望和态度的一种启发式技术。

角色 Role: 项目团队成员必须履行的、已明确定义的职责，如测试、归档、检查、编码等。

阶段 Phase: 见"项目阶段"。

阶段关口 Phase Gate 为做出进入下个阶段、进行整改或结束项目或项目集的决定，而开展的阶段末审查。

节点 Node: 在进度网络图上连接依赖关系线的一个点。

结束项目或阶段 Close Project or Phase: 终结项目、阶段或合同的所有活动的过程。

紧后活动 Successor Activity: 在进度计划的逻辑路径中，排在某个活动后面的活动。

紧急情况 Contingency: 可能对项目执行产生影响的一个事件或情形，可用储备去应对。

紧前关系 Precedence Relationship: 用于紧前关系绘图法中的逻辑依赖关系。

紧前关系绘图法 Precedence Diagramming Method (PDM): 创建进度模型的一种技术，用节点表示活动，用一种或多种逻辑关系连接活动，以显示活动的实施顺序。

紧前活动 Predecessor Activity: 在进度计划的逻辑路径中，排在非开始活动前面的活动。

进度管理计划 Schedule Management Plan: 项目或项目集管理计划的组成部分，为编制、监督和控制项目进度建立准则并确定活动。

进度基准 Schedule Baseline: 经过批准的进度模型，能够通过正式的变更控制程序进行变更，并被用作与实际结果进行比较的依据。

进度绩效指数 Schedule Performance Index (SPI): 测量进度效率的一种指标，表示为挣值与计划价值之比。

进度计划 Schedule: 参见"项目进度"和"进度模型"。

进度计划编制工具 Scheduling Tool: 配合进度计划编制方法使用的工具，可提供进度计划组成部分的名称、定义、结构关系和格式。

进度模型 Schedule Model: 项目活动执行计划的一种表现形式，其中包含持续时间、依赖关系和其他规划信息，用以生成项目进度计划及其他进度资料。

进度偏差 Schedule Variance (SV): 测量进度绩效的一种指标，表示为挣值与计划价值之差。

进度数据 Schedule Data: 用以描述和控制进度计划的信息集合。

进度网络分析 Schedule Network Analysis: 识别项目活动未完部分的最早和最晚开始日期，以及最早和最晚完成日期的一种技术。

进度压缩 Schedule Compression: 在不缩小项目范围的前提下缩短进度工期的技术。

进度预测 Schedule Forecasts: 根据测算进度时已有的信息和知识，对项目未来的情况和事件所进行的估算或预计。

经验教训 Lessons Learned: 项目过程中获得的知识，说明曾怎样处理某个项目事件或今后应如何处理，以改进未来绩效。

经验教训登记册 Lessons Learned Register: 用于记录在项目中所获知识的项目文件，它用于当前项目，并列入经验教训知识库。

经验教训知识库 Lessons Learned Repository: 存储从项目中获得的以往经验教训的信息库。

纠正措施 Corrective Action: 为使项目工作绩效重新与项目管理计划一致，而进行的有目的的活动。

矩阵图 Matrix Diagrams: 一种质量管理和控制工具，使用矩阵结构对数据进行分析。在行列交叉的位置展示因素、原因和目标之间的关系强弱。

矩阵型组织 Matrix Organization: 由项目经理与职能经理共同负责安排工作优先级和指挥项目人员的一种组织架构。

决策技术 Decision-Making Techniques: 从不同备选方案选择行动方案的技术。

决策树分析 Decision Tree Analysis: 一种图形和计算技术，用来评估与一个决策相关的多个可选方案在不确定情形下的可能后果。

开发方法 Development Approach: 在项目生命周期内用于创建并改进产品、服务或成果的方法，例如预测、迭代、增量、敏捷或混合型方法。

开始到开始 Start-to-Start (SS): 只有紧前活动开始，紧后活动才能开始的逻辑关系。

开始到完成 Start-to-Finish (SF): 只有紧前活动开始，紧后活动才能完成的逻辑关系。

开始日期 Start Date: 与进度活动的开始相关联的时间点。通常带下列修饰词：实际、计划、估计、预计、最早、最晚、目标、基准或当前。

可交付成果 Deliverable: 为完成某一过程、阶段或项目而必须产出的任何独特并可核实的产品、成果或服务能力。

客户声音 Voice of the Customer: 一种规划技术，通过在项目产品开发的每个阶段把客户需求转变成适当的技术要求，来提供真正反映客户需求的产品、服务和成果。

控制 Control: 对比实际绩效与计划绩效，分析偏差，评估趋势以改进过程，评价可能的备选方案，并提出必要的纠正措施建议。

控制采购 Control Procurements: 管理采购关系，监督合同绩效，实施必要的变更和纠偏，以及关闭合同的过程。

控制成本 Control Costs: 监督项目状态，以更新项目成本和管理成本基准变更的过程。

控制范围 Control Scope: 监督项目和产品的范围状态，管理范围基准变更的过程。

控制界限 Control Limits: 在控制图中，中心线或均值两侧三个标准差（基于数据的正态分布）以内的区域，它反映了数据的预期变动范围。参见"规格界限"。

控制进度 Control Schedule: 监督项目状态，以更新项目进度和管理进度基准变更的过程。

控制图 Control Chart: 按时间顺序展示过程数据，并将这些数据与既定的控制界限相比较的一种图形。控制图有一条中心线，有助于观察图中的数据点向两边控制界限偏移的趋势。

控制账户 Control Account: 一种管理控制点。在该控制点上，把范围、预算、实际成本和进度加以整合，并与挣值比较，以测量绩效。

控制质量 Control Quality: 为了评估绩效，确保项目输出完整、正确，并满足客户期望，而监督和记录质量管理活动执行结果的过程。

控制资源 Control Resources: 确保按计划为项目分配资源，以及根据资源使用计划监督资源实际使用情况，并采取必要纠正措施的过程。

快速跟进 Fast Tracking: 一种进度压缩技术，将正常情况下按顺序进行的活动或阶段改为至少是部分并行开展。

类比估算 Analogous Estimating: 使用相似活动或项目的历史数据，来估算当前活动或项目的持续时间或成本的技术。

里程碑 Milestone: 项目、项目集或项目组合中的重要时点或事件。

里程碑进度计划 Milestone Schedule: 用于显示里程碑的计划实现日期的一种进度计划类型。参见"主进度计划"。

历史信息 Historical Information: 以往项目的文件和数据，包括项目档案、记录、函件、完结的合同和结束的项目。

临界值 Threshold: 针对可测量的项目变量而预先确定的一个限值，一旦达到此限值就需要采取相应行动。

流程图 Flowchart: 对某系统内的一个或多个过程的输入、过程行为和输出的图形描述。

龙卷风图 Tornado Diagram: 在敏感性分析中用来比较不同变量的相对重要性的一种特殊形式的条形图。

路径分支 Path Divergence: 表示一个进度活动拥有一个以上的紧后活动的一种关系。

路径汇聚 Path Convergence: 表示一个进度活动拥有一个以上的紧前活动的一种关系。

逻辑关系 Logical Relationship: 两个活动之间，或者一个活动与一个里程碑之间的依赖关系。

卖方 Seller: 向某个组织提供产品、服务或成果的供应商。

卖方建议书 Seller Proposals: 卖方对建议邀请书或其他采购文件的正式应答，规定了价格、商务销售条款，以及技术规范或卖方将为买方建成的能力，一旦被接受，将形成有约束力的协议。

蒙特卡洛模拟 Monte Carlo Simulation: 一种计算机模型分析技术，基于概率分布和概率分支进行许多次迭代，每次迭代都随机抽取输入数据。最终输出的是可能的项目结果的概率分布区间。

敏感性分析 Sensitivity Analysis: 一种定量风险分析技术，将项目结果的变化与定量风险分析模型中输入的变化建立关联，从而确定对项目结果产生最大潜在影响的单个项目风险或其他不确定性来源。

名义小组技术 Nominal Group Technique: 用于促进头脑风暴的一种技术，通过投票排列最有用的创意，以便进一步开展头脑风暴或优先排序。

模板 Templates: 一种固定格式的、已部分完成的文件，为收集、组织和呈现信息与数据提供明确的结构。

模拟 Simulation: 一种分析技术，通过建立模型，来综合分析各种不确定性因素，评估这些因素对目标的潜在影响。

目标 Objective: 工作所指向的事物，要达到的战略地位，要达到的目的，要取得的成果，要生产的产品，或者准备提供的服务。

募集 Acquisition: 获取执行项目活动所必需的人力资源和物质资源。募集将产生资源成本，但不一定是财务成本。

逆推法 Backward Pass: 关键路径法中的一种技术。在进度模型中，从项目完工日期出发，反向推导，计算最晚开始和最晚结束日期。

排列活动顺序 Sequence Activities: 识别和记录项目活动之间的关系的过程。

配置管理计划 Configuration Management Plan: 项目管理计划的一个组成部分，用以说明如何在配置控制之下识别和解释项目参数，以及如何记录和报告项目参数的变更。

配置管理系统 Configuration Management System: 用于跟踪项目参数和监控这些参数变更的程序的集合。

偏差 Variance: 对已知基准或预期值的偏离量。

偏差分析 Variance Analysis: 确定实际绩效与基准的差异程度及原因的一种技术。

启动过程组 Initiating Process Group: 定义一个新项目或现有项目的一个新阶段，授权开始该项目或阶段的一组过程。

强制日期 Imposed Date: 强加于进度活动或进度里程碑的固定日期，一般采取"不早于何时开始"和"不晚于何时结束"的形式。

强制性依赖关系 Mandatory Dependency: 合同要求的或工作的内在性质决定的依赖关系。

亲和图 Affinity Diagrams: 一种用来对大量创意进行分组，以便进一步审查和分析的技术。

情商 Emotional Intelligence: 识别、评估和管理个人情绪、他人情绪及团组群体情绪的能力。

趋势分析 Trend Analysis: 根据历史数据并利用数学模型，预测未来结果的一种分析技术。

缺陷 Defect: 项目组成部分中不能满足要求或规范，需要修补或更换的瑕疵或缺点。

缺陷补救 Defect Repair: 为了修正不一致产品或产品组件的有目的的活动。

确认 Validation: 对产品、服务或成果能够满足客户和其他已识别相关方需求的保证。比较"核实"。

确认范围 Validate Scope: 正式验收已完成的项目可交付成果的过程。

人际关系技能 Interpersonal Skills: 与他人建立并保持关系的技能。

人际关系与团队技能 Interpersonal and Team Skills: 用于有效地领导团队成员和其他相关方并与之进行互动的技能。

人际交往 Networking: 与同一组织和不同组织中的人员建立联系和关系。

人力投入 Effort: 完成一个进度活动或工作分解结构组件所需要的人工单位数，通常以小时、天和周来表示。比较"持续时间"。

日志 Log: 对过程或活动实施期间的某些特定事项进行记录、描述或说明的文件。前面常加修饰词，如问题、变更或假设等。

三点估算 Three-Point Estimating: 一种估算技术。当单个活动的成本或持续时间估算不易确定时，取其乐观估算、悲观估算和最可能估算的平均值或加权平均值。

商业价值 Business Value: 从商业运作中获得的可量化净效益。效益可以是有形的、无形的或两者兼有之。

商业论证 Business Case: 文档化的经济可行性研究报告，用来对尚缺乏充分定义的所选方案的收益进行有效性论证，是启动后续项目管理活动的依据。

生命周期 Life Cycle: 见"项目生命周期"。

识别风险 Identify Risks: 识别单个风险，以及整体风险的来源，并记录风险特点的过程。

识别相关方 Identify Stakeholders: 定期识别项目相关方，分析和记录他们的利益、参与度、相互依赖性、影响力和对项目成功的潜在影响的过程。

实际成本 Actual Cost (AC): 在给定时间段内，因执行项目活动而实际发生的成本。

实际持续时间 Actual Duration: 进度活动的实际开始日期与数据日期（如果该进度活动尚未完成）或实际完成日期（如果该进度活动已经完成）之间的日历时间。

实践 Practice: 有助于过程执行的某种特定类型的专业或管理活动，可能需要运用一种或多种技术及工具。

实施采购 Conduct Procurements: 获取卖方应答、选择卖方并授予合同的过程。

实施定量风险分析 Perform Quantitative Risk Analysis: 就已识别的单个项目风险和不确定性的其他来源对项目整体目标的综合影响进行定量分析的过程。

实施定性风险分析 Perform Qualitative Risk Analysis: 通过评估单个项目风险发生的概率和影响以及其他特征，对风险进行优先排序，从而为后续分析或行动提供基础的过程。

实施风险应对 Implement Risk Responses: 执行商定的风险应对计划的过程。

实施整体变更控制 Perform Integrated Change Control: 审查所有变更请求，批准变更，管理对可交付成果、组织过程资产、项目文件和项目管理计划的变更，并对变更处理结果进行沟通的过程。

事业环境因素 Enterprise Environmental Factors: 团队不能直接控制的，将对项目、项目集或项目组合产生影响、限制或指导作用的各种条件。

适应型生命周期 Adaptive Life Cycle: 迭代型或增量型项目生命周期。

收集需求 Collect Requirements: 为实现项目目标而确定、记录并管理相关方的需要和要求的过程。

收尾过程组 Closing Process Group: 正式完成或结束项目、阶段或合同所执行的过程（组）。

输出 Output: 某个过程所产生的产品、成果或服务。可能成为后续过程的输入。

输入 Input: 开始一个过程所必需的、来自项目内外的任何东西。可以是前一过程的输出。

数据 Data: 离散的、无序的、未处理的测量结果或原始观察结果。

数据表现技术 Data Representation Techniques: 用于传递数据和信息的图形方式或其他方法。

数据分析技术 Data Analysis Techniques: 用来组织、评估和评价数据与信息的技术。

数据日期 Data Date: 记录项目状态的时间点。

数据收集技术 Data Gathering Techniques: 从各种渠道收集数据与信息的技术。

顺推法 Forward Pass: 关键路径法中的一种技术。在进度模型中，从项目开始日期或某给定时点出发，正向推导，计算最早开始和最早结束日期。

思维导图 Mind-Mapping: 把从头脑风暴中获得的创意整合成一张图的技术，用以反映创意之间的共性与差异，激发新创意。

索赔 Claim: 根据具有法律约束力的合同条款，卖方向买方（或买方向卖方）提出的关于报酬、补偿或款项的请求、要求或主张，如针对某个有争议的变更。

索赔管理 Claims Administration: 对合同索赔进行处理、裁决和沟通的过程。

提前量 Lead: 相对于紧前活动，紧后活动可以提前的时间量。

统计抽样 Statistical Sampling: 从目标总体中选取部分样本用于检查。

投标人会议 Bidder Conference: 在准备投标书或建议书之前，与潜在卖方举行的会议，以便保证所有潜在卖方对本项采购都有清楚且一致的理解。又称承包商会议、供应商会议或投标前会议。

投标邀请书 Invitation for Bid (IFB): 通常，本术语等同于建议邀请书。不过，在某些应用领域，其含义可能更狭窄或更具体。

图解技术 Diagramming Techniques: 用逻辑链接来呈现信息以辅助理解的方法。

团队管理计划 Team Management Plan: 资源管理计划的组成部分，说明将在何时、以何种方式获得项目团队成员，以及他们需要在项目中工作多久。

团队章程 Team Charter: 记录团队价值观、共识和工作指南的文件，并对项目团队成员的可接受行为作出明确规定。

外部依赖关系 External Dependency: 项目活动与非项目活动之间的关系。

完成百分比 Percent Complete: 对某活动或工作分解结构组件的已完成工作量的百分比估算。

完成到开始 Finish-to-Start (FS): 只有紧前活动完成，紧后活动才能开始的逻辑关系。

完成到完成 Finish-to-Finish (FF): 只有紧前活动完成，紧后活动才能完成的逻辑关系。

完成日期 Finish Date: 与进度活动的完成相关联的时间点。通常带下列修饰词：实际、计划、估计、预计、最早、最晚、基准、目标或当前。

完工估算 Estimate at Completion (EAC): 完成所有工作所需的预期总成本，等于截至目前的实际成本加上完工尚需估算。

完工偏差 Variance At Completion (VAC): 对预算亏空量或盈余量的一种预测，是完工预算与完工估算之差。

完工尚需估算 Estimate to Complete (ETC): 完成所有剩余项目工作的预计成本。

完工尚需绩效指数 To-Complete Performance Index (TCPI): 为了实现特定的管理目标，剩余资源的使用必须达到的成本绩效指标，是完成剩余工作所需成本与剩余预算之比。

完工预算 Budget at Completion (BAC): 为将要执行的工作所建立的全部预算的总和。

网络 Network: 见"项目进度网络图"。

网络路径 Network Path: 在项目进度网络图中，通过逻辑关系连接起来的一系列进度活动的序列。

网络逻辑 Network Logic: 项目进度网络图中的所有活动依赖关系。

威胁 Threat: 对项目的一个或多个目标产生负面影响的风险。

文件审查 Documentation Reviews: 收集大量信息并进行审查，以确定其准确性及完整性的过程。

问卷调查 Questionnaires: 设计一系列书面问题，向众多受访者快速收集信息。

问题 Issue: 可能对项目目标产生影响的当前条件或情形。

问题日志 Issue Log: 记录和监督问题信息的项目文件。

系统交互图 Context Diagrams: 对产品范围的可视化描绘，显示业务系统（过程、设备、计算机系统等）及其与人和其他系统（行动者）之间的交互方式。

显性知识 Explicit Knowledge: 可以使用文字、数字、图片等符号进行编辑的知识。

相对多数原则 Plurality: 根据群体中相对多数人的意见做出决定，即便未能获得大多数人的同意。

相关方 Stakeholder: 能影响项目、项目集或项目组合的决策、活动或结果的个人、小组或组织，以及会受或自认为会受它们的决策、活动或结果影响的个人、小组或组织。

相关方参与度评估矩阵 Stakeholder Engagement Assessment Matrix: 将当前与期望的相关方参与程度进行比较的一种矩阵。

相关方参与计划 Stakeholder Engagement Plan: 项目管理计划的一个组成部分，为促进相关方有效参与项目或项目集决策和执行而规定所需的策略和行动。

相关方登记册 Stakeholder Register: 记录项目相关方识别、评估和分类结果的项目文件。

相关方分析 Stakeholder Analysis: 通过系统收集和分析各种定量与定性信息，来确定在整个项目中应该考虑哪些人的利益的一种技术。

项目 Project: 为创造独特的产品、服务或成果而进行的临时性工作。

项目采购管理 Project Procurement Management: 项目采购管理包括从项目团队外部采购或获取所需产品、服务或成果的各个过程。

项目成本管理 Project Cost Management: 项目成本管理包括为使项目在批准的预算内完成而对成本进行规划、估算、预算、融资、筹资、管理和控制的各个过程。

项目范围 Project Scope: 为交付具有规定特性与功能的产品、服务或成果而必须完成的工作。

项目范围管理 Project Scope Management: 项目范围管理包括确保项目做且只做所需的全部工作以成功完成项目的各个过程。

项目范围说明书 Project Scope Statement: 对项目范围、主要可交付成果、假设条件和制约因素的描述。

项目风险管理 Project Risk Management: 项目风险管理包括规划风险管理、识别风险、开展风险分析、规划风险应对、实施风险应对和监督风险的各个过程。

项目沟通管理 Project Communications Management: 项目沟通管理包括为确保及时且恰当地规划、收集、生成、发布、存储、检索、管理、控制、监督和最终处置项目信息所需的各个过程。

项目管理 Project Management: 将知识、技能、工具与技术应用于项目活动，以满足项目的要求。

项目管理办公室 Project Management Office (PMO): 对与项目相关的治理过程进行标准化，并促进资源、方法论、工具和技术共享的一种管理架构。

项目管理过程组 Project Management Process Group: 项目管理输入、工具和技术以及输出的逻辑组合。项目管理过程组包括启动过程组、规划过程组、执行过程组、监控过程组和收尾过程组。项目管理过程组不同于项目阶段。

项目管理计划 Project Management Plan: 描述如何执行、监督、控制和结束项目的文件。

项目管理团队 Project Management Team: 直接参与项目管理活动的项目团队成员。参见"项目团队"。

项目管理系统 Project Management System: 用于管理项目的各种过程、工具、技术、方法、资源和程序的集合。

项目管理信息系统 Project Management Information System: 由收集、整合和传播项目管理过程成果的工具和技术所组成的信息系统。

项目管理知识领域 Project Management Knowledge Area: 按所需知识内容来定义的项目管理领域，并用其所含过程、做法、输入、输出、工具和技术进行描述。

项目管理知识体系 Project Management Body of Knowledge: 描述项目管理专业范围内的知识的术语。项目管理知识体系包括已被验证并广泛应用的传统做法，以及本专业新近涌现的创新做法。

项目集 Program: 相互关联且被协调管理的项目、子项目集和项目集活动，以便获得分别管理所无法获得的利益。

项目集管理 Program Management: 在项目集中应用知识、技能与原则来实现项目集的目标，获得分别管理项目集组成部分所无法实现的利益和控制。

项目阶段 Project Phase: 一组具有逻辑关系的项目活动的集合，通常以一个或多个可交付成果的完成为结束。

项目进度管理 Project Schedule Management: 项目进度管理包括为管理项目按时完成所需的各个过程。

项目进度计划 Project Schedule: 进度模型的输出，为各个相互关联的活动标注了计划日期、持续时间、里程碑和资源等信息。

项目进度网络图 Project Schedule Network Diagram: 表示项目进度活动之间逻辑关系的图形。

项目经理 Project Manager (PM): 由执行组织委派，领导团队实现项目目标的个人。

项目启动 Project Initiation: 发起一个用来正式授权新项目的过程。

项目日历 Project Calendar: 表明进度活动的可用工作日和工作班次的日历。

项目生命周期 Project Life Cycle: 项目从开始到结束所经历的一系列阶段。

项目团队 Project Team: 支持项目经理执行项目工作，以实现项目目标的一组人员。参见"项目管理团队"。

项目团队名录 Project Team Directory: 列明项目团队成员及其项目角色和相关沟通信息的书面清单。

项目相关方管理 Project Stakeholder Management: 项目相关方管理包括用于开展下列工作的各个过程：识别能够影响项目或会受项目影响的人员、团体或组织，分析相关方对项目的期望和影响，制定合适的管理策略来有效调动相关方参与项目决策和执行。

项目章程 Project Charter: 由项目启动者或发起人发布的，正式批准项目成立，并授权项目经理使用组织资源开展项目活动的文件。

项目整合管理 Project Integration Management: 项目整合管理包括对隶属于项目管理过程组的各种过程和项目管理活动进行识别、定义、组合、统一和协调的各个过程。

项目治理 Project Governance: 用于指导项目管理活动的框架、功能和过程，从而创造独特的产品、服务或结果以满足组织、战略和运营目标。

项目质量管理 Project Quality Management: 项目质量管理包括把组织的质量政策应用于规划、管理、控制项目和产品质量要求，以满足相关方的期望的各个过程。

项目资金需求 Project Funding Requirements: 根据成本基准计算出的待付成本预测，可以是总量或阶段资金需求，包括预计支出加预计债务。

项目资源管理 Project Resource Management: 项目资源管理包括识别、获取和管理所需资源以成功完成项目的各个过程。

项目组合 Portfolio: 为实现战略目标而组合在一起管理的项目、项目集、子项目组合和运营工作。

项目组合管理 Portfolio Management: 为了实现战略目标而对一个或多个项目组合进行的集中管理。

项目组织图 Project Organization Chart: 以图形方式描述一个具体项目中项目团队成员及其相互关系的文件。

效益管理计划 Benefits Management Plan: 对创造、提高和保持项目或项目集效益的过程进行定义的书面文件。

协议 Agreements: 用于明确项目初步意向的任何文件或沟通，形式有合同、谅解备忘录（MOU）、协议书、口头协议和电子邮件等。

信息 Information: 被组织或结构化的数据，并进一步为特定目的加以处理，使之在特定环境中具有意义和价值并且能够发挥作用。

信息管理系统 Information Management Systems: 用于在信息的生产者与消费者之间以实体或电子形式收集、存储和分发信息的设施、过程及程序。

信息邀请书 Request for Information (RFI): 采购文件的一种，买方借此邀请潜在卖方就某种产品、服务或卖方能力提供相关信息。

虚拟团队 Virtual Teams: 拥有共同目标的，在很少或不能见面的情况下，完成相应任务的一组人。

需求（要求）Requirement: 为满足业务需求，某个产品、服务或成果必须达到的条件或具备的能力。

需求跟踪矩阵 Requirements Traceability Matrix: 把产品需求从其来源连接到能满足需求的可交付成果的一种表格。

需求管理计划 Requirements Management Plan: 项目或项目集管理计划的组成部分，描述将如何分析、记录和管理需求。

需求文件 Requirements Documentation: 关于各种单一需求将如何满足项目商业需求的描述。

选择性依赖关系 Discretionary Dependency: 基于某应用领域或项目方面对活动顺序的最佳实践而建立的依赖关系。

验收标准 Acceptance Criteria: 可交付成果通过验收前必须满足的一系列条件。

验收的可交付成果 Accepted Deliverables: 项目产出的，且被项目客户或发起人确认为满足既定验收标准的产品、结果或能力。

一致同意 Unanimity: 对某个行动方案，小组中的每个人都表示同意。

一致性 Conformance: 质量管理体系中的一个通用概念，表示所交付的结果处于某质量要求的可接受偏差界限之内。

依赖关系 Dependency: 见"逻辑关系"。

因果图 Cause and Effect Diagram: 一种分解技术，有助于追溯造成非预期结果的根本原因。

隐性知识 Tacit Knowledge: 难以明确表达和分享的个人知识，如信念、经验和洞察力。

应急储备 Contingency Reserve: 在进度或成本基准内，为主动应对已知风险而分配的时间或资金。

应急应对策略 Contingent Response Strategies: 事先制定的，在某个特定触发条件发生时，可以启动的应对措施。

影响图 Influence Diagram: 对变量与结果之间的因果关系、事件时间顺序及其他关系的图形表示。

鱼骨图 Fishbone diagram: 见"因果图"。

预测 Forecast: 根据已有的信息和知识，对项目未来的情况和事件进行的估算或预计。

预测型生命周期 Predictive Life Cycle: 项目生命周期的一种类型，在生命周期的早期阶段确定项目范围以及所需时间和成本。

预防措施 Preventive Action: 为确保项目工作的未来绩效符合项目管理计划，而进行的有目的的活动。

预算 Budget: 经批准的估算，用于整个项目、任一工作分解结构组件或任一进度活动。

原型法 Prototypes: 在实际制造预期产品之前，先造出其实用模型，并据此征求对需求的早期反馈的一种方法。

责任分配矩阵 Responsibility Assignment Matrix (RAM): 一种展示项目资源在各个工作包中的任务分配的表格。

增量型生命周期 Incremental Life Cycle: 一种适应型项目生命周期，它是通过在预定的时间区间内渐进增加产品功能的一系列迭代来产出可交付成果。只有在最后一次迭代之后，可交付成果具有了必要和足够的能力，才能被视为完整的。

章程 Charter: 见"项目章程"。

账户编码 Code of Accounts: 用于唯一地识别工作分解结构每个组件的编号系统。

招标文件 Bid Documents: 用于从潜在卖方征集信息、报价或建议书的所有文件。

挣值 Earned Value (EV): 对已完成工作的测量，用该工作的批准预算来表示。

挣值管理 Earned Value Management: 将范围、进度和资源测量值综合起来，以评估项目绩效和进展的方法。

整体项目风险 Overall Project Risk: 不确定性对项目整体的影响，它代表相关方面临的项目结果可能的正面和负面变异。这些影响源于包括单个风险在内的所有不确定性。

政策 Policy: 组织所采用的一套结构化的行动模式，组织政策可以解释为一套治理组织行为的基本原则。

支持型活动 Level of Effort (LOE): 一种不产生明确的最终产品，而是按时间流逝来度量的活动。

知识 Knowledge: 为了发挥新的经历和信息的作用，而使用的经验、价值观和信念、情景信息、直觉和洞察力的组合。

执行 Execute: 指导、管理、实施和完成项目工作，产出可交付成果和工作绩效数据。

执行过程组 Executing Process Group: 完成项目管理计划中确定的工作，以满足项目要求的一组过程。

直方图 Histogram: 一种展示数字数据的条形图。

职能型组织 Functional Organization: 把员工按专业领域分组的一种组织架构，项目经理分配工作和使用资源的职权有限。

职权 Authority: 使用项目资源、花费资金、做出决策或给予批准的权力。

职责 Responsibility: 可在项目管理计划中进行委派的任务，接受委派的资源负有按要求完成任务的义务。

指导与管理项目工作 Direct and Manage Project Work: 为实现项目目标而领导和执行项目管理计划中所确定的工作，并实施已批准变更的过程。

制定进度计划 Develop Schedule: 分析活动顺序、持续时间、资源需求和进度制约因素，创建项目进度模型，从而落实项目执行和监控的过程。

制定项目管理计划 Develop Project Management Plan: 定义、准备和协调项目计划的所有组成部分，并把它们整合为一份综合项目管理计划的过程。

制定项目章程 Develop Project Charter: 编写一份正式批准项目并授权项目经理在项目活动中使用组织资源的文件的过程。

制定预算 Determine Budget: 汇总所有单个活动或工作包的估算成本，建立一个经批准的成本基准的过程。

制约因素 Constraint: 对项目、项目集、项目组合或过程的执行有影响的限制性因素。

质量 Quality: 一系列内在特性满足要求的程度。

质量报告 Quality Report: 用于报告质量管理问题、纠正措施建议以及在质量控制活动中所发现的其他情况的一种项目文件,其中也可以包括对过程、项目和产品改进的建议。

质量测量指标 Quality Metrics: 对项目或产品属性及其测量方式的描述。

质量成本 Cost of Quality (CoQ): 在整个产品生命周期所产生的所有成本,即为预防产品或服务不符合要求而进行的投资,为评估产品或服务是否符合要求而产生的成本,以及因产品或服务未达到要求而带来的损失。

质量管理计划 Quality Management Plan: 项目或项目集管理计划的组成部分,描述如何实施适用的政策、程序和指南以实现质量目标。

质量管理体系 Quality Management System: 为质量管理计划的实施提供政策、过程、程序和资源的组织架构。典型的项目质量管理计划应该与组织的质量管理体系相兼容。

质量核对单 Quality Checklists: 用来核实所要求的一系列步骤是否已得到执行的结构化工具。

质量控制测量结果 Quality Control Measurements: 对质量控制活动的结果的书面记录。

质量审计 Quality Audits: 质量审计是用于确定项目活动是否遵循了组织和项目的政策、过程与程序的一种结构化且独立的过程。

质量要求 Quality Requirement: 必须达到的条件或具备的能力,借此验证成果属性的可接受性和评估成果的质量一致性。

质量政策 Quality Policy: 项目质量管理知识领域中的专有政策,是组织在实施质量管理体系时必须遵守的基本原则。

滞后量 Lag: 相对于紧前活动,紧后活动需要推迟的时间量。

主进度计划 Master Schedule: 标明了主要可交付成果、主要工作分解结构组件和关键进度里程碑的概括性项目进度计划。参见"里程碑进度计划"。

属性抽样 Attribute Sampling: 检测质量的一种方法。

专家判断 Expert Judgment: 基于某应用领域、知识领域、学科和行业等的专业知识而做出的,关于当前活动的合理判断。这些专业知识可来自具有专业学历、知识、技能、经验或培训经历的任何小组或个人。

准确 Accuracy: 在质量管理体系中,"准确"是指对正确程度的评估。

准则/标准 Criteria: 各种标准、规则或测试,可据此做出判断或决定,或者据此评价产品、服务、成果或过程。

资金限制平衡 Funding Limit Reconciliation: 把项目资金支出计划与项目资金到位承诺进行对比,从而识别资金限制与计划支出之间的差异的过程。

资源 Resource: 完成项目所需的团队成员或任何实物。

资源分解结构 Resource Breakdown Structure: 资源依类别和类型的层级展现。

资源管理计划 Resource Management Plan: 项目管理计划的一个组成部分,描述如何获取、分配、监督和控制项目资源。

资源经理 Resource Manager: 具有管理一项或多项资源权限的个人。

资源平衡 Resource Leveling: 一种资源优化技术，对项目进度计划进行调整以优化资源分配，并可能会影响关键路径。参见"资源优化技术"和"资源平滑"。

资源平滑 Resource Smoothing: 一种资源优化技术，在不影响关键路径的情况下使用自由浮动时间和总浮动时间。参见"资源平衡"和"资源优化技术"。

资源日历 Resource Calendar: 表明每种具体资源的可用工作日或工作班次的日历。

资源需求 Resource Requirements: 工作包中的每个活动所需的资源类型和数量。

资源优化技术 Resource Optimization Technique: 根据资源的供求情况来调整活动开始和完成日期的一种技术。参见"资源平衡"和"资源平滑"。

资源直方图 Resource Histogram: 按一系列时间段显示某种资源的计划工作时间的条形图。

自下而上估算 Bottom-Up Estimating: 估算项目持续时间或成本的一种方法，通过从下到上逐层汇总WBS组件的估算而得到项目估算。

自由浮动时间 Free Float: 在不延误任何紧后活动最早开始日期或违反进度制约因素的前提下，某进度活动可以推迟的时间量。

自制或外购分析 Make-or-Buy Analysis: 收集和整理有关产品需求的数据，对包括采购产品或内部制造产品在内的多个可选方案进行分析的过程。

自制或外购决策 Make-or-Buy Decisions: 关于从外部采购或由内部制造某产品的决策。

自组织团队 Self-Organizing Teams: 团队运作无需集中管控的一种团队形式。

总浮动时间 Total Float: 在不延误项目完成日期或违反进度制约因素的前提下，进度活动可以从其最早开始日期推迟或拖延的时间量。

总价合同 Fixed-Price Contract: 规定了为确定的工作范围所需支付的费用的协议，与完成工作的实际成本或人力投入无关。

总价加激励费用合同 Fixed Price Incentive Fee Contract (FPIF): 总价合同的一种类型。买方向卖方支付事先确定的金额（由合同规定），如果卖方满足了既定的绩效标准，则还可挣到额外的金额。

总价加经济价格调整合同 Fixed Price with Economic Price Adjustment Contract (FPEPA): 总价合同的一种类型，但合同中包含了特殊条款，允许根据条件变化，如通货膨胀、某些特殊商品的成本增加（或降低），以事先确定的方式对合同价格进行最终调整。

组织分解结构 Organizational Breakdown Structure (OBS): 对项目组织的一种层级描述，展示了项目活动与执行这些活动的组织单元之间的关系。

组织过程资产 Organizational Process Assets: 执行组织所特有的并被其使用的计划、流程、政策、程序和知识库。

组织学习法 Organizational Learning: 关于个人、群体和组织如何发展知识的方法。

最晚开始日期 Late Start Date (LS): 在关键路径法中，基于进度网络逻辑、项目完成日期和进度制约因素，进度活动未完成部分可能的最晚开始时点。

最晚完成日期 Late Finish Date (LF): 在关键路径法中，基于进度网络逻辑、项目完成日期和进度制约因素，进度活动未完成部分可能的最晚完成时点。

最早开始日期 Early Start Date (ES): 在关键路径法中，基于进度网络逻辑、数据日期和进度制约因素，某进度活动未完部分可能开始的最早时点。

最早完成日期 Early Finish Date (EF): 在关键路径法中，基于进度网络逻辑、数据日期和进度制约因素，某进度活动未完部分可能完成的最早时点。

索引

A

AC。参见实际成本
ADR。参见替代争议解决方法
AON。参见活动节点法
安全，24, 45, 315
　　解决方案需求，148
　　面向X的设计，295
　　事业环境因素，78, 84, 117
　　相关方分析，512
　　需求文件，470, 480, 485, 491, 495
按时间段分配的项目预算，87, 248, 254
按需进度计划，177

B

BAC。参见完工预算
BIM。参见建筑信息模型
BOK。参见知识体系
包含时间刻度的进度网络图，218
保密
　　敏感性，371
　　信任，282, 414, 422, 433, 442
　　信息，101, 102, 383
　　政策，40
报告。参见质量报告；风险报告
　　工作绩效，26
　　项目，123, 361, 362, 388
　　最终，127–128
报告格式，182, 239, 408, 455, 525
报价，477
报价邀请书（RFQ），477, 697, 712, 719, 720
贝塔分布，245

备选方案分析，111, 119, 202, 245, 292, 325, 356, 446, 533
　　定义，698, 720
避免整体项目风险，445
变更
　　定义，699, 720
　　项目，6
　　有争议的，498
变更管理计划，88, 116, 169, 495, 525, 699, 720
变更管理计划。参见项目资源管理
变更控制。参见实施整体变更控制过程
　　程序，40
　　工具，118–119, 699, 720
　　会议，120
变更控制委员会（CCB），115, 120, 696, 699, 718, 720
变更控制系统，699, 720。参见合同变更控制系统
变更请求。参见变更请求
变更请求。参见批准的变更请求；变更管理计划；实施整体变更控制过程；变更请求
　　定义，700, 720
　　工具，119
　　类型，96, 112
　　审查已批准的变更请求，305
　　项目基准，115
　　状态跟踪，124
　　组件的要求，171, 186, 221, 229, 287, 297, 351, 358, 387, 393, 490, 500, 515, 529
　　作为输出，96, 112, 166, 170, 186, 220, 228, 269, 296, 306, 334, 343, 350, 357, 393, 447, 451, 457, 479, 489, 499, 514, 528, 535
　　作为输入，117, 301

变更日志
　　定义，699, 720
　　作为输出，529
　　作为输入，92, 124, 382, 510, 519, 525
标杆对照，143, 281, 699, 720
不确定性，398, 415
不适用范围，154
不一致
　　成本，245, 282, 283
　　工作，284
　　问题，303
　　预防，274

C

CA。参见控制账户
CCB。参见变更控制委员会
CPAF。参见成本加奖励费用合同
CPFF。参见成本加固定费用
CPI。参见成本绩效指数
CPIF。参见成本加激励费用（CPIF）合同
CPM。参见关键路径法
CQQ。参见质量成本
CV。参见成本偏差
裁剪，2
　　定义，716, 720
　　概述，28
　　项目采购管理，465
　　项目成本管理，234
　　项目范围管理，133
　　项目风险管理，400
　　项目工件，558–559
　　项目沟通管理，365
　　项目进度管理，178
　　项目相关方参与，506
　　项目整合管理，74
　　项目质量管理，276
　　项目资源管理，311
采购
　　复杂性，465
　　阶段，476
　　收尾，499
采购策略，476, 710, 720

采购档案，501
采购工作说明书，477–478, 485, 709, 720
采购关闭，499
采购管理计划，87, 125
　　定义，709, 720
　　作为输出，447, 475, 490, 500
　　作为输入，330, 484, 495
采购合同，461
采购合同，464, 494, 498, 501
采购阶段，476
采购审计，494, 709, 720
采购谈判，488
采购文档，485
　　比较，481
　　定义，709, 720
　　作为输出，499
　　作为输入，496
采购文件
　　采购合同，464, 494, 498, 501
　　定义，709, 721
　　作为输入，125, 413
采购政策，正式，471
参数，参见项目特征
参数估算，200–201, 244, 324, 708, 721
残余风险，448, 713, 721
测量，单位，182, 238
测量。参见指标；质量控制测量结果；质量测量指标
测量指标。参见质量控制测量结果；质量测量指标
　　工作绩效，109
　　项目成功，34–35
　　效益管理计划，33
测试与检查的规划，285
测试与评估文件，296, 300, 303–304, 306, 716, 721
层级图，316, 425–426
偏差，717, 721
产品
　　定义，710, 721
　　项目，4
　　最终，127
产品/服务等级，705, 722
产品版本，216

产品范围，115, 131, 710, 721
产品分析，153, 710, 721
产品路线图，215–216
产品评估。参见测试与评估文件
产品审查，166
产品生命周期
 定义，710, 721
 质量成本，245
产品未完项，131, 203
产品需求
 会议，552
 头脑风暴，142
 需求跟踪矩阵，93, 148, 280, 470
 因行业而异，140
 引导，145
常用缩写，696–697, 718–719
成本。参见实际成本
 间接，246, 261
 缺陷，274, 275, 282, 303
成本补偿合同，472, 702, 721
成本估算。参见估算成本过程
 独立，479, 485
 作为输出，246, 256, 270
 作为输入，250, 323, 412, 430
成本管理。参见项目成本管理
成本管理计划，87, 238
 定义，701, 721
 作为输出，238, 269, 447
 作为输入，241, 250, 259, 411
成本汇总，252, 701, 721
成本基准
 定义，701, 721
 作为输出，171, 186, 221, 229 254–255, 269, 297, 334, 351, 358, 447, 490, 500
 作为输入，116, 259, 412, 430, 439, 484
成本绩效测量，262
成本绩效指数（CPI），263, 696, 701, 718, 721
成本加固定费用（CPFF）合同，472, 701, 721
成本加激励费用（CPIF）合同，472, 702, 721
成本加奖励费用（CPAF）合同，472, 701, 721
成本控制。参见控制成本过程
成本偏差（CV），262, 696, 702, 718, 721

成本效益分析，111, 119, 282, 356, 446, 701, 721
成本预测，113, 269, 430, 448
成功
 项目，测量，34–35
 因素，关键，31
成功的关键因素，31
成果。参见可交付成果
 定义，713, 721
 项目，4
 最终，127
承包商，465。参见卖方；分包商
承包商会议。参见投标人会议
程序，
 采购，471
 定义，709, 721
 过程、政策，40–41
持续时间（DU或DUR），703, 722。参见最可能持续时间；乐观持续时间；悲观持续时间
持续时间估算；203。参见估算活动持续时间过程
 作为输出，221
 作为输入，208, 412, 430
冲击值，426。参见概率和影响矩阵
冲突管理，61, 80, 86, 341, 348–349, 386, 527
冲突解决。参见冲突管理
储备，713, 722。参见管理储备
储备分析，202, 245, 265, 456, 713, 722。参见应急储备
触发条件，448, 518, 717, 722
创建WBS过程，156–162, 570–571。参见工作分解结构（WBS）
 定义，717, 724
 概述，156–157
 工具与技术，158–161
 输出，161–162
 输入，157
次生风险，448, 715, 722

743

D

DfX。参见面向X的设计
DOE。参见实验设计
DU或DUR。参见持续时间
大多数同意，144
大型项目，11, 463
大众传播，374
戴明•W•爱德华兹，275
单个项目风险，397
弹回计划，439, 445, 448, 704, 722
道德，3
《道德与专业行为规范》，3
电子沟通管理，385
电子项目管理工具，385
电子邮件，78, 311, 333, 340, 361, 362, 373, 374, 375, 376, 377, 385
迭代过程，205, 209, 411
迭代活动，33
迭代计划，215
迭代计划技术，185
迭代燃尽图，226
迭代未完项，203, 226
迭代型生命周期，19, 151, 706, 722
迭代长度，182
订购周期长的产品，464
定量风险分析。参见实施定量风险分析过程
定性风险分析。参见实施定性风险分析过程
定义范围过程，150–155, 569–570
　　定义，702, 722
　　概述，150–151
　　工具与技术，153
　　输出，154–155
　　输入，152
定义活动过程，183–186, 572
　　定义，702, 722
　　概述，183
　　工具与技术，184–185
　　输出，185–186
　　输入，184
独裁型决策制定119, 144
独立成本估算，479, 485
独立估算，705, 722
独立型活动，703, 722
对话，145, 392, 527
多标准决策分析，119, 144, 534, 707, 722
多阶段项目，86
多样性
　　文化，311, 338
　　相关方，506

E

EAC预测，239, 264, 265
EAC。参见完工估算
EEF。参见事业环境因素
EF。参见最早完成日期
EMV。参见预期货币价值（EMV）
ES。参见最早开始日期
ETC。参见完工尚需估算
EV。参见挣值
EVA。参见挣值分析
EVM。参见挣值管理

F

FF。参见完成到完成
FFP。参见固定总价合同
FPEPA。参见总价加经济价格调整合同（FPEPA)
FPIF。参见总价加激励费用
FPP。参见固定总价合同
FS。参见完成到开始
发起人，29, 715, 722
发起组织，33, 715, 722
发送方-接收方沟通模型，371, 381
法规，712, 722
法律权利，512
法律要求，78, 369, 370
反馈，384, 527, 534
返工，10, 713, 722
范围，715, 722。参见产品范围；项目范围
范围变更，304, 319, 402, 472
范围管理计划，87, 137
　　定义，715, 722
　　工作范围，469, 484
　　作为输出，137, 171
　　作为输入，140, 165, 169, 180, 469, 484

范围基准。参见控制范围过程
　　定义，715, 722
　　要素，242
　　作为输出，161–162, 171, 287, 297, 447, 490
　　作为输入，116, 165, 169, 184, 188, 198, 207, 224, 242, 250, 279, 314, 322, 412, 430, 469
范围蔓延，154, 168, 182, 715, 722
范围模型。参见系统交互图
范围说明书。参见项目范围说明书
方法论，2, 707, 722
访谈，80, 85, 142, 282, 414, 432, 705, 722
非言语沟通，384
费用，704, 722
分包商，38, 462
分布式团队，311
分解，185。参见工作分解结构（WBS）
　　WBS组件，160
　　定义，702, 723
　　工作包内，158, 316
分歧，498
分析技术，698, 723
分享，机会，444
风险。参见识别风险；识别风险过程；监督风险过程；机会；项目风险管理；项目风险；威胁
　　残余，713, 721
　　层面，397
　　次要，715, 722
　　定义，713, 723
　　负面，395, 397
　　项目生命周期，549
　　整体项目，708, 737
　　正面，395, 397
风险报告
　　定义，714, 723
　　作为输出，418, 427, 448, 452, 458
　　作为输入，93, 116, 125, 291, 382, 431, 440, 450, 455
风险参数，其他风险参数评估，423–424
风险敞口，398。参见规划风险应对过程；风险报告
　　定义，714, 723
　　整体项目评估，436

风险触发条件，417, 448
风险登记册，97
　　定义，714, 723
　　内容，417
　　作为输出，113, 221, 230, 247, 256, 270, 287, 297, 306, 320, 335, 358, 387, 417, 427, 448, 452, 458, 480, 491, 501, 515, 536
　　作为输入，93, 125, 152, 199, 208, 242, 250, 280, 291, 314, 323, 355, 421, 431, 440, 450, 455, 470, 485, 496, 519, 532
风险分解结构（RBS）
　　定义，713, 723
　　风险类别，405
　　示例，406
风险分类，425, 713, 723
风险分析。参见实施定性风险分析过程；实施定量风险分析过程
风险分享，444, 714, 723
风险概率和影响
　　矩阵/评分方法，408
　　评估，423
　　问题描述，407
风险感知，420
风险管理计划，87, 405。参见规划风险管理过程
　　定义，714, 723
　　要素，405–408
　　作为输出，287, 405–408, 490, 500
　　作为输入，236, 279, 412, 430, 439, 484, 495, 518, 525
风险规避，443, 713, 723
风险减轻，443, 446, 714, 723
风险接受
　　定义，713, 723
　　主动/被动策略，443, 444, 446
风险开拓，714, 723
风险类别，405, 417, 714, 723
风险临界值
　　定义，714, 723
　　可测量，398, 407
　　商定，398, 445
　　设定，403
风险偏好，713, 723

风险上报，545, 714, 723
风险审查，714, 723
风险审计，456, 458, 713, 723
风险识别。参见识别风险过程
风险数据质量评估，423, 714, 723
风险态度，420, 518
风险提高，714, 723
风险影响。参见概率和影响矩阵
风险应对，436。参见规划风险应对过程
风险责任人，714, 723
风险转移，443, 445, 714, 723
服务
    项目，4
    最终，127
服务水平协议（SLA），78, 461, 715, 724
浮动时间，191, 210, 704, 724
负面风险，395, 397
复杂性
    采购，465
    项目，400
    整合，68

G

改进
    持续，275
    持续，276
    质量，275, 296
概括性活动，194, 217, 716, 724
概率分布，432
    变异性风险，399
    累积概率分布曲线（S曲线），433
    模拟，213
    目标里程碑，214
    影响图，436
概率和影响矩阵，425
    定义，709, 724
    评分方法，408
甘特图，217, 705, 724
赶工，215, 702, 724
高层级项目/产品描述，81, 135, 140, 152, 279, 314, 402
高层级需求，80, 81, 135, 140, 149, 402

根本原因分析（RCA），111, 292, 303, 415, 521, 533, 714, 724
跟踪矩阵，40
更新
    变更请求，96
    定义，717, 724
工会劳动/合同。参见合同
工件
    沟通，375
    项目，558–559
工具
    变更控制，118–119, 699, 720
    定义，717, 724
    进步，463
    项目管理过程，22
    信息管理，103–104
    虚拟管理，73
    知识管理，103
    自动化，73
工料合同（T&M），472, 697, 716, 719, 724
工作包，157
    定义，717, 724
    分解，158, 183, 185
    渐进明细，186
    描述，161
    详细程度，158
工作大纲（TOR），468, 469, 478
工作范围
    WBS，157, 161
    范围管理计划，469, 484
    固定总价（FFP），471
    活动清单，185
工作分解结构（WBS）。参见创建WBS过程
    WBSID，186
    成本管理计划，239
    定义，717, 724
    范围基准，242
    方法，159
    规划包，161
    计划价值，261
    数据表现，316
    样本，159–160
    作为输出，161

工作分解结构实践标准（第2版），161
《工作分解结构实践标准》（第2版），161
工作分解结构组件，717, 724
"工作跟随"，145
工作绩效报告，26
    定义，717, 724
    作为输出
    作为输入，116, 347, 382, 456
工作绩效数据，26
    定义，717, 724
    作为输出，95
    作为输入，165, 169, 225, 260, 301, 355, 390, 456, 496, 532
工作绩效信息，26, 357
    定义，717, 724
    作为输出，166, 170, 228, 305, 392, 457, 499
    作为输入，109, 535
工作说明书（SOW），462, 468, 469
    采购，477–478, 485
    定义，716, 724
公差，274, 717, 724
公司知识库，95
功能需求，118, 148
共享门户，340
供方选择标准，473–474, 478–479, 485, 715, 724
供应商。参见卖方
供应商。参见卖方
供应商会议。参见投标人会议
沟通。参见控制沟通过程；组织沟通需求；规划
    沟通管理；项目沟通管理
    成功，两部分362
    大众，374
    对话，145, 527
    非口头技能384
    非正式，341
    互动，374
    技能，363, 384, 527, 534
    跨文化，373
    领导能力，61
    渠道，45, 209, 368, 370, 383, 391, 519, 526, 533
    社交工具，364, 373
    书面沟通的5C原则，361, 362–363
    通信，388, 496, 499

项目，92, 124, 387, 390, 532
语言，365
沟通方法，374–375, 383, 700, 724
    工件，375
沟通风格，373
沟通风格评估，375, 700, 724
沟通工件和方法，375
沟通管理，技术和方法，381
沟通管理计划，87, 377
    定义，700, 724
    方法，374
    沟通形式，374
    作为输出，377, 387, 393, 490, 529, 535
    作为输入，381, 390, 484, 509, 518, 525, 532
沟通计划，333。参见计划沟通过程；项目沟通
    管理
沟通技术，340, 370, 383, 506, 700, 724。参见电子
    邮件；网络会议
    裁剪时需要考虑的因素，506
    选择的因素，370–371
沟通技术，365
沟通模型，371–373, 700, 724
    互动示例，371
    跨文化沟通，373
沟通胜任力，363
沟通需求分析，369–370, 700, 725
估算。参见类比估算；估算依据；独立估算；
    参数估算；三点估算
    定义，703, 725
    独立，705, 722
    独立成本，479
估算成本，240–247, 577–578
    定义，703, 725
    概述，240–241
    工具与技术，243–246
    输出，246–247
    输入，241–243
估算活动持续时间过程，195–204, 574–575
    定义，703, 725
    概述，195–197
    工具与技术，200–204
    输入，198–199

估算活动资源过程，320–327, 582–583
　　定义，703, 725
　　概述，320–322
　　工具与技术，324–325
　　输出，325–327
　　输入，322–324
估算依据，108, 204, 699, 725
　　作为输出，229, 230, 247, 270, 326
　　作为输入，116, 124, 208, 250, 430
固定公式法，182, 239
固定预算法，474
固定总价合同（FFP），471, 704, 725
故事板，147
关闭采购，正式，125, 499
关键绩效指标（KPI），95, 389
关键路径，209, 702, 725
关键路径法（CPM），210–211, 227, 696, 702, 718, 725
关键路径活动，702, 725
关键相关方名单，81, 314, 368, 509
关键性指标，434
观察和交谈，145, 527
观察清单，风险，423, 427, 440, 455
管理。参见冲突管理；项目组合管理；项目集管理；项目管理；项目质量管理
　　风险，399, 463
　　供应链，464
　　会议，80, 86, 386
　　领导能力，比较，64–66
　　社交媒体，385
　　团队，311
　　项目知识，73
管理层的责任，275
管理储备，202, 248, 252, 254, 256, 265, 405, 706, 725
管理沟通过程，379–388, 605–606
　　定义，706, 725
　　概述，379–381
　　工具与技术，383–386
　　输出，387–388
　　输入，381–383
管理技能，706, 725

管理团队过程，345–351, 604–605
　　定义，706, 725
　　概述，345–346
　　工具与技术，348–350
　　输出，350–351
　　输入，347–348
管理相关方参与过程，523–529, 610–611
　　定义，706, 725
　　概述，523–524
　　工具与技术，526–528
　　输出，528–529
　　输入，525–526
管理项目知识过程，98–105, 598–599
　　定义，706, 725
　　概述，98–100
　　工具与技术，102–104
　　输出，104–106
　　输入，100–102
管理要素，44–45
管理质量过程，288–297, 599–600
　　定义，706, 725
　　概述，288–290
　　工具与技术，292–296
　　输出，296–297
　　输入，290–291
规范（规格），715, 725
规格界限，715, 725。参见控制界限
规划包，161, 708, 725。参见控制账户
规划采购管理过程，466–481, 592–593
　　定义，708, 725
　　概述，466–468
　　工具与技术，472–474
　　输出，475–481
　　输入，468–472
规划成本管理过程，235–239, 577
　　定义，708, 725
　　概述，235–236
　　工具与技术，237–238
　　输出，238–239
　　输入，236–237

规划范围管理过程，134–137, 567–568
 定义，709, 726
 概述，134–135
 工具与技术，136
 输出，137
 输入，135–136
规划风险管理过程，401–408, 585
 定义，708, 726
 概述，401–402
 工具与技术，404
 输出，405–408
 输入，402–403
规划风险应对过程，437–448, 590–592
 定义，709, 726
 概述，437–439
 工具与技术，441–446
 输出，447–448
 输入，439–441
规划沟通管理，366–378
 概述，366–367
 工具与技术，369–376
 输出，377–378
 输入，368–369
规划沟通管理过程，584–585, 713
规划过程组，23, 565–594
 定义，708, 726
 概述，565–566
 过程中，566
规划进度管理过程，179–182, 571–572
 定义，709, 726
 概述，179
 工具与技术，181
 输出，181–182
 输入，180
规划相关方参与过程，516–522, 594
 定义，709, 726
 概述，516–518
 工具与技术，520–522
 输出，522
 输入，518–520

规划质量管理过程，277–287, 580–581
 定义，708, 726
 概述，277–278
 工具与技术，281–286
 输出，286–287
 输入，279–281
规划资源管理过程，312–320, 581–582
 定义，708, 726
 概述，312–313
 工具与技术，315–318
 输出，318–320
 输入，314–315
滚动式规划，160, 185, 721
过程，709, 726
过程层面，整合，67
过程分析，292
过程流向图，过程，23
过程收尾。参见收尾过程组
过程资产。参见组织过程资产
过程组。参见项目管理过程组

H

行动事项跟踪，94, 110
行业，项目经理，55
合规
 裁剪时需要考虑的因素，276
 控制型PMO 48
合同，460–461。参见协议；工料合同（T&M）
 采购，461
 采购，464, 494, 498, 501
 成本补偿，472, 702, 721
 定义，702, 721
 法律约束力，461
 工料合同，472, 697, 716, 719, 724
 关闭，41, 126, 494, 633
 管理，494
 类型，471–472
 支付类型，476
 终止条款，489
 总价合同，471, 704, 739
合同变更控制系统，701, 726,

749

合同管理系统，110, 470, 486
合同签署过程，变更，463
合同支付类型，476
合资企业，444, 445, 476
合作
    社交工具，364
    效益，311–312
核查表，302, 700, 726
核对单，85, 302, 414。参见质量核对单
核对单分析，700, 726
核实，717, 726
核实的可交付成果，165, 305, 717, 726
核心概念
    项目采购管理，460–462
    项目成本管理，233
    项目范围管理，131
    项目风险管理，397–398
    项目沟通管理，360–363
    项目进度管理，175
    项目相关方参与，504–505
    项目整合管理，72
    项目质量管理，273–275
    项目资源管理，309–310
横道图，217, 699, 726
互动沟通，374
环境，37–49, 133。参见适应型环境；敏捷环境；事业环境；事业环境因素；全球化/全球环境
    概述，37
    管理要素，44–45
    监管，465
    项目，365, 371
    组织过程资产，39–41
    组织结构类型，45–47
    组织系统，42–44
环境考虑，118, 546
缓冲参见储备
回顾会，224, 276, 305, 535。参见经验教训总结
回归分析，126, 712, 726
回收期（PBP），34, 473
会议，80, 95, 111, 127, 136, 181, 185, 238, 286, 318, 325, 342, 404
    变更控制，120

变更控制委员会，120
风险分析，426
风险审查，457
风险识别，416
    管理，80, 86, 381, 386
    回顾/经验教训总结，305
    活动持续时间，203
    类型，528
    审查已批准的变更请求，305
    项目，364
    项目管理计划，86
    项目开工，86
    与项目相关的，364, 376
    质量控制，305
混合型方法，73
混合型生命周期，19
活动
    迭代，33
    定义，698, 726
活动标识（ID），188
活动持续时间，698, 726
活动持续时间估算，698, 726。参见估算活动持续时间过程
活动节点法（AON），218, 698, 727。参见紧前关系绘图法
活动排序。参见排列活动顺序过程
活动清单
    定义，698, 727
    作为输出，185, 194
    作为输入，188, 198, 207, 322
活动属性698, 727
    作为输出，186, 194, 204, 221, 327, 573, 575, 576, 583
    作为输入，188, 198, 207, 322, 573, 576, 583
活动资源需求。参见估算活动资源过程；资源需求
获取资源过程，328–335, 601–602
    定义，698, 727
    概述，328–330
    工具与技术，332–333
    输出，333–335
    输入，330–331

I

ID。参见活动标识
IFB。参见投标邀请书
IRR。参见内部报酬率

J

JAD。参见联合应用设计或开发（JAD）会议
JIT。参见准时制
机会，397, 707, 727
　　策略，444
积极倾听，104, 363, 372, 381, 386, 534
基本规则，项目团队，320, 348, 528, 705, 727
基准，699, 727。参见成本基准；范围基准
基准进度计划。参见进度基准
激励
　　冲突管理，348
　　行为，60
　　领导能力，65, 309
　　团队技能，341
　　用户故事，145
　　员工，197
激励费用，705, 727
集中办公，340, 343, 700, 727
集中办公团队，340
计划价值（PV），261, 697, 708, 719, 727
计划-实施-检查-行动（PDCA）周期，275
计量单位，182, 238
计算机软件。参见进度计划软件；软件
技能。参见人际关系技能；团队技能
　　PMI人才三角®，56–57
　　沟通，363, 384, 534
　　管理，706, 725
　　技术项目管理，58
　　领导力，60–63
　　人际交往，386, 534, 707, 731
　　软件，53, 357
　　项目经理，52
　　影响力，341, 350, 357
　　战略和商务管理，58–60

技术
　　定义，716, 727
　　项目管理过程，22
　　信息管理，103–104
　　知识管理，103
技术。参见沟通技术；电子邮件；软件；网络会议
　　沟通，365
　　进步，78, 197
　　可用性/可靠性，370
　　相关方关系，464
　　支持，178
技术项目管理技能，58
　　PMI人才三角®，56, 57
绩效报告，175, 478, 489。参见工作绩效报告
绩效测量，规则，239
绩效测量基准（PMB），88, 621, 708, 727
　　作为输出，171, 229, 269, 620
　　作为输入，169, 224, 259
　　绩效评价，126, 344, 351
绩效评价。参见团队绩效评价
绩效审查，227, 303, 356, 498, 708, 727
假设，33, 698, 727
假设情景分析，213, 227, 717, 727
假设日志
　　定义，698, 727
　　作为输出，81, 97, 155, 194, 204, 221, 230, 247, 270, 320, 327, 358, 418, 427, 448, 458, 515
　　作为输入，108, 124, 141, 152, 188, 198, 207, 280, 323, 412, 421, 430, 495, 519
假设条件和制约因素分析，415, 521
价值。参见商业价值
价值分析。参见挣值分析（EVA）
间接成本，246, 261
监督，701, 727
监督风险过程，453–458, 628–629
　　定义，707, 727
　　概述，453–454
　　工具与技术，456–457
　　输出，457–458
　　输入，455–456

监督沟通过程，388–393, 627–628
　　定义，707, 727
　　概述，388–389
　　工具与技术，391–392
　　输出，392–393
　　输入，390–391
监督相关方参与，24, 503–506
　　裁剪时需要考虑的因素，506
　　定义，707, 727
　　概述，503–504
　　核心概念，504–505
　　敏捷/适应型环境，506
　　趋势和新兴实践，505
监督相关方参与过程，530–536, 631–632
　　定义，707, 727
　　概述，530–531
　　工具与技术，533–535
　　输出，535–536
　　输入，532–533
监管机构，550
监控过程组，23, 613–632
　　定义，707, 727
　　概述，613
　　过程中，614
监控项目工作过程，105–113, 615–616
　　定义，707, 727
　　概述，105–107
　　工具与技术，110–111
　　输出，112–113
　　输入，107–110
检查
　　定义，705, 727
　　规划，285
　　描述，166, 303, 498
　　预防，274
减轻。参见风险减轻
建模技术，209, 431
建设团队过程，336–344, 602–603
　　定义，703, 727
　　概述，336–339
　　工具与技术，340–342
　　输出，343–344
　　输入，339–340

建议书。参见"卖方建议书"
建议书评价技术，712, 728
建议邀请书（RFP），477, 697, 712, 719, 728
建筑信息模型（BIM），463
渐进明细，147, 185, 186, 565, 710, 728,
将来状态，过渡状态，6
奖励，319, 341–342
交叉培训，337
交叠的项目阶段，19, 547
交付方法，476
焦点小组，80, 85, 142, 704, 728
角色
　　定义，714, 728
　　项目经理，51
　　职责，318
角色-职责-职权表 317
阶段 参见项目阶段
阶段关口
　　定义，708, 728
　　描述，21
阶段关口，21, 545
阶段收尾，126, 127, 128。参见结束项目或阶段过程
节点，189, 435, 707, 728
结束项目或阶段过程，121–128, 634–635
　　定义，700, 728
　　概述，121–123
　　工具与技术，126–127
　　输出，127–128
　　输入，124–126
解决方案需求，148
《组织变革管理：实践指南》，6
仅凭资质的选择方法，473
紧后活动，186, 188, 190, 214
　　定义，189, 716, 728
　　多个，194
　　提前量，192
　　滞后量，193
紧急情况，700, 728
紧前关系。参见逻辑关系
　　定义，709, 728
　　内部依赖关系，192

紧前关系绘图法（PDM），189–190
    定义，709, 728
    关键路径法，210
    关系类型，190
紧前活动，194, 714
进度
    按需，177
    概述，176
    替代，有未完项，177
进度的决定因素，464
进度管理计划，87, 181。参见制定进度计划过程
    定义，715, 728
    作为输出，181–182, 229, 447
    作为输入，184, 188, 198, 207, 224, 236, 411
进度基准，87。参见基准进度计划
    定义，714, 728
    作为输出，171, 186, 217, 229, 297, 351, 358, 447, 490, 500
    作为输入，116, 224, 412, 430, 495
进度计划，714, 728。参见控制进度计划过程；主进度计划；项目进度计划；进度模型
进度计划，实践标准，175, 178, 207, 214
进度计划编制工具，715, 728
进度计划控制。参见控制进度过程
进度计划软件，38, 95, 216, 227, 357
《进度管理实践标准》，175, 178, 207, 214
进度计划制定。参见制定进度计划过程
进度绩效指数（SPI），182, 226, 233, 263, 697, 715, 719, 728
进度模型，715, 728
进度偏差（SV），262, 697, 715, 719, 728
进度数据，714, 728
    作为输出，220, 230
    作为输入，225
进度网络分析，209, 715, 728。参见逆推法；关键路径法；资源平衡
进度压缩，228, 714, 728
进度压缩技术，215
进度预测
    定义，714, 729
    作为输出，113, 228
    作为输入，108, 431

经济可行性研究，30–32, 125
经理。参见项目经理
    项目集，11, 29, 55
    项目组合，13
    职能型，53, 55, 325, 332
经验教训总结，208。参见回顾会
    裁剪时需要考虑的因素，74
    定义，706, 729
    会议，305
经验教训登记册
    定义，706, 729
    描述，104
    作为输出，97, 104, 113, 167, 171, 204, 221, 230, 247, 270, 287, 297, 306, 327, 335, 344, 351, 358, 387, 393, 418, 448, 452, 458, 480, 491, 500, 529, 536
    作为输入，92, 101, 108, 124, 141, 165, 169, 198, 208, 225, 242, 291, 300, 339, 347, 354, 382, 390, 412, 440, 450, 455, 484, 495, 525, 532
经验教训知识库
    定义，706, 729
    作为输出，128, 501
精确，程度，238
精确度，238
精益六西格玛，275
净现值（NPV），34, 473
纠正措施
    变更请求，96, 112
    定义，701, 729
矩阵图，284, 293, 707, 729
矩阵型项目环境，329
矩阵型组织，707, 729
决策技术，111, 119, 144, 153, 166, 203, 246, 283, 293, 446, 521, 534, 702, 729
    选择标准，332
    指南，349
决策树分析，435, 702, 729

K

Kaizen（持续改善）310
KPI。参见关键绩效指标
开发方法，135, 180, 400, 702, 729
开发生命周期，19, 74
开始到开始（SS），190, 697, 716, 719, 729
开始到完成（SF），190, 697, 716, 719, 729
开始日期，716, 729
开拓策略
    机会，444
    整体项目风险，445
看板体系，177
可管理性，风险，424
可行性研究，20, 30–32, 77, 125, 555
可监测性，风险，424, 426
可交付成果。参见成果
    WBS结构，160
    定义，702, 729
    核实，702, 729
    接受，166
    项目，5
    项目管理，16, 22
    作为输出，21, 95, 154
    作为输入，101, 125, 301
可视化管理工具，73
客户。参见客户声音
    成为买方，462
    外部，78
客户满意，275
客户声音（VOC），145, 717, 729
客户文化，101
客户要求，20, 273
客户要求，78, 546
控制/控制型，107, 701, 729
控制采购过程，492–501, 629–631
    定义，701, 729
    概述，492–494
    工具与技术，497–498
    输出，499–501
    输入，495–497

控制成本过程，257–270, 622–623
    定义，701, 729
    概述，257–259
    工具与技术，260–268
    输出，268–270
    输入，259–260
控制范围过程，167–171, 619–620
    定义，701, 729
    输入，169–170
    输出，170–171
    概述，167–168
    工具与技术，170
控制界限，701, 729。参见规格界限
控制进度过程，222–230, 621–622
    概述，222–224
    工具与技术，226–228
    敏捷型方法，224
    输出，228–230
    输入，224–225
控制临界值，181, 182, 239, 269
控制图，304, 701, 729
控制账户（CA），161, 239, 254, 701, 729
控制质量过程，298–306, 624–625
    定义，701, 730
    概述，298–300
    工具与技术，302–305
    输出，305–306
    输入，300–302
控制资源过程，352–358, 625–626
    定义，701, 730
    概述，352–354
    工具与技术，356–357
    输出，357–358
    输入，354–355
快速跟进，191, 215, 228, 701, 730

L

LF。参见最晚完成日期
LoE。参见支持型活动
LS。参见最晚开始日期
拉式沟通，374
乐观持续时间，201
类比估算，200, 244, 324, 698, 730
里程碑，707, 730
里程碑进度计划，707, 730。参见主进度计划
里程碑清单
    作为输出，186, 194, 480
    作为输入，92, 108, 124, 188, 198, 208, 430, 469, 495
里程碑图，218
历史信息
    定义，705, 730
    经验教训总结，41, 74
    审查，253
连通性，风险，424
联合应用设计或开发（JAD）会议，145
良好实践，2, 28
谅解备忘录（MOU），78, 461
临界值，724
领导技能，60–63, 350
    PMI人才三角®，56, 57
    办好事情，62–63
    品质，61–62
    人员，处理，60
    政治，权力，62–63
领导力，534
    风格，65
    管理，比较，64–66
领导者，品质和技能，61–62
流程图，284, 293, 704, 730
六西格玛，275
龙卷风图，434, 436, 717, 730
路径分支，194, 708, 730
路径汇聚，194, 708, 730
逻辑关系，706, 730。参见紧前关系绘图法（PDM）；紧前关系
逻辑横道图，218
逻辑数据模型，284

M

MOU。参见谅解备忘录
MSA。参见主要服务协议
买方
    采购过程，461
    卖方，460–461
    试用采购，464
    中标人，462
买卖方关系，461
卖方。参见买卖方关系；项目采购管理
    定义，715, 730
    建立合作伙伴关系，275
    买方，460–461
    条款，461
    预审合格，501
卖方绩效评估文件，501
卖方建议书
    定义，715, 730
    作为输入，486
卖方清单
    预审合格，501
    预先批准的，471
实物资源分配单，333, 354, 358, 626
媒体，选择，381
每日站会，364
蒙特卡洛分析，213–214, 399, 433, 436
蒙特卡洛模拟，214, 707, 730
面向X的设计（DfX），295
敏感性分析，434, 715, 730
敏捷发布规划，215
敏捷环境
    项目采购管理，465
    项目成本管理，234
    项目范围管理，133
    项目风险管理，400
    项目沟通管理，365
    项目进度管理，178
    项目相关方参与，506
    项目整合管理，74
    项目质量管理，276
    项目资源管理，311

敏捷型方法
 裁剪考虑因素，成本估算，234
 控制进度过程224
名义小组技术，144-145, 707, 730
模糊性风险，398, 399
模拟，213-214, 433-434, 715, 730
模拟，分析，31
目标，707, 730
募集，698, 730

N

NPV。参见净现值
内部报酬率（IRR），34, 473
内部相关方，550
内部依赖关系，192
能力
 概述，56-57
 个性，66
 管理，64
 技术项目管理技能，58
 领导技能，60-63
 领导力风格，65
 战略和商务管理技能，58-60
能力，319
逆推法，210, 699, 731

O

OBS。参见组织分解结构
OPA。参见组织过程资产（OPA）
OPM。参见组织级项目管理

P

PBO。参见项目组织（PBO）
PBP。参见回收期
PDCA。参见计划-实施-检查-行动（PDCA）周期
PDM。参见紧前关系绘图法
PDPC。参见过程决策项目集图（PDPC）
PM。参见项目经理
PMB。参见绩效测量基准
《PMBOK®指南》。参见《项目管理知识体系指南》
PMI人才三角®56-57
《PMI项目管理术语词典》，3
PMIS。参见《项目管理信息系统》

PMO。参见项目管理办公室
PV。参见计划价值
排列活动顺序，187-194, 573
 定义，715, 731
 概述，187-188
 工具与技术，189-193
 输出，194
 输入，188-189
排序，188
判断。参见专家判断
配置管理计划，88, 116, 169, 700, 731
 作为输入，484
配置管理系统，41, 700, 731
配置控制，115, 118
配置项，变更控制，118
配置项核实与审计，118
批准的变更请求，115
 进度基准，229
 质量审计，295
 作为输出，120
 作为输入，93, 300, 301, 495, 496
偏差，725
偏差分析，111, 126, 170, 262-263, 717, 731
平衡。参见资源平衡
评估，个人和团队，342
破坏性冲突，348
普遍认可，2
瀑布式开发方法，135, 185
瀑布式生命周期，19
瀑布式项目，299, 400

Q

QFD。参见质量功能展开
 启动过程组，23, 561-564
 定义，705, 731
 概述，561-562
 项目边界，562
启动项目
 背景，7-9
 过程，程序，40
气泡图，425-426
潜伏期，风险，424
强制日期，708
强制性依赖关系，191, 706, 731

亲和图, 144, 293, 698, 731
倾听技术, 386, 534。参见积极倾听
情商 (EI), 310, 349, 703, 731
趋势
    量化风险分析, 436
    项目采购管理, 463–464
    项目成本管理, 233
    项目范围管理, 132
    项目风险管理, 398–399
    项目沟通管理, 364
    项目进度管理, 177
    项目相关方参与, 505
    项目整合管理, 73
    项目质量管理, 275
    项目资源管理, 310–311
    因行业而异, 55
趋势分析, 111, 126, 170, 227, 263–265, 356, 498, 717, 731
全球化/全球环境
    国际因素, 332
    文化多样性, 338
    文化影响, 39
    虚拟团队/分布式团队, 311
缺陷
    定义, 702, 731
    直方图, 293, 304
缺陷补救, 96, 112, 702, 731
缺陷成本, 274, 275, 282, 303
确定依赖关系
    内部依赖关系, 192
    强制性依赖关系, 191
    外部依赖关系, 192
    选择性依赖关系, 191
    整合, 191–192
确认
    定义, 717, 731
    控制, 133
确认范围过程, 131, 163–167, 618–619
    定义, 717, 731
    概述, 163–164
    工具与技术, 166
    输出, 166–167
    输入, 165

R

RACI矩阵, 317, 712, 720
RACI。参见执行、负责、咨询和知情 (RACI) 矩阵
RAM。参见分配矩阵；责任分配矩阵
RBS。参见资源分解结构；风险分解结构
RCA。参见根本原因分析
RFI。参见信息邀请书
RFP。参见建议邀请书
RFQ。参见报价邀请书
燃尽图, 226
《从业者商业分析：实践指南》, 7, 33, 140
人才, 56–57
人际沟通, 374
人际关系技能, 144–145, 153
    "软技能", 53
    定义, 705, 731
    类型, 80, 104, 534, 552
    团队技能, 332–333, 341, 348–350, 357, 375–376, 386, 392, 416, 424, 432, 442, 451, 488, 527, 534
人际关系与团队技能, 705, 731
人际交往, 386, 534, 707, 731
人际交往技巧, 104, 534
人力投入, 703, 731
人力资源管理。参见项目资源管理
认知度, 319, 341–342
日历。参见项目日历；资源日历
日志, 706, 731。参见问题日志
融资, 253
软技能, 53, 357
软件。参见进度计划软件
    WBS结构, 159
    模拟, 433
    项目管理, 188, 194, 377, 385
    信息技术, 38
软件开发, 84, 252
    JAD会议, 145
    故事板, 147

S

SF。参见开始到完成
SIPOC模型，284, 285
SLA。参见服务水平协议
SME。参见主题专家
SOW。参见工作说明书
SPI。参见"进度绩效指数"
SS。参见开始到开始
SV。参见进度偏差
SWOT分析，415, 716, 720
三点估算，201, 244–245, 716, 731
三角分布，201, 245
散点图，293, 304
商业管理计划，125
商业管理技能，58–60
    PMI人才三角®，56, 57
商业环境，10
商业价值，8, 10, 148
    定义，7, 699, 731
    状态转换，6
商业论证
    定义，699, 731
    项目，30–32
    业务文档，77–78
    作为输入，125, 251, 469, 509
上报，355
    机会，444
    威胁，442
设计审查，233
社交工具，364, 374
社交媒体管理，385
审查
    产品，165
    风险，
    工作表现，227, 303, 356, 498
    设计，233
    同行，303
    文档，703, 733
    项目，364
    已批准的变更请求，305

审计，118, 276, 498
    采购，494, 709, 720
    风险，456, 458, 713, 723
    配置项核实，118
    质量，290, 294–295, 296, 712, 738
生命周期。参见迭代型生命周期；预测型生命周期；产品生命周期；项目生命周期
    迭代，19, 151, 705, 737
    迭代型，19, 706, 722
    定义，706, 731
    开发，19, 74
    属性，20
    预测型，19, 709, 736
生命周期方法，178, 311
生态影响，78
石川图，293
时差。参见浮动时间
时间管理。参见项目进度管理
时间盒，182
识别风险。参见风险登记册
    SWOT分析，415
    成本估算，246, 247
    储备分析，265
    风险分解结构，405
    风险感知，420
    清单，417
    应急储备，245
识别风险过程，409–418, 586–587
    定义，705, 731
    概述，409–411
    工具与技术，414–416
    输出，417–418
    输入，411–413
识别相关方过程，507–515, 563–564
    定义，705, 732
    概述，507–508
    工具与技术，511–514
    输出，514–515
    输入，509–510
实际成本（AC），261, 696, 698, 718, 732
实际持续时间，698, 732
实践，709, 732

实践，新兴
    项目采购管理，463–464
    项目成本管理，233
    项目范围管理，132
    项目风险管理，398–399
    项目沟通管理，364
    项目进度管理，177
    项目相关方参与，505
    项目整合管理，73
    项目质量管理，275
    项目资源管理，310–311
实施采购过程，482–491, 608–609
    定义，700, 732
    概述，482–483
    工具与技术，487–488
    输出，488–491
    输入，484–486
实施定量风险分析过程，428–436, 589–590
    定义，708, 732
    概述，428–429
    工具与技术，431–436
    输出，436
    输入，430–431
实施定性风险分析过程，419–427, 588–589
    定义，708, 732
    概述，419–421
    工具与技术，422–426
    输出，427
    输入，421–422
实施风险应对过程，449–452, 607
    定义，705, 732
    概述，449–450
    工具与技术，451
    输出，451–452
    输入，450
实施整体变更控制过程，113–120, 616–617
    定义，708, 732
    概述，113–115
    工具与技术，118–120
    输出，120
    输入，116–117
实验设计（DOE），290
士气，45, 338

市场条件，243
市场调研，473
市场需求，78
事业环境因素（EEF），37–39, 557
    定义，703, 732
    项目影响，37
    组织过程资产，557
    组织内部，38
    组织外部，39
    作为输出，335, 344, 351
    作为输入，78, 84, 93, 101, 109, 117, 135, 141, 152, 157, 180, 184, 189, 199, 209, 236–237, 243, 251, 280, 301, 315, 323, 331, 339, 348, 368, 383, 391, 403, 413, 422, 431, 441, 470, 486, 497, 510, 519, 526, 533
视频会议，340
适应型环境
    项目采购管理，465
    项目成本管理，234
    项目范围管理，133
    项目风险管理，400
    项目沟通管理，365
    项目进度管理，178
    项目相关方参与，506
    项目整合管理，74
    项目质量管理，276
    项目资源管理，311
适应型生命周期，19, 698, 732
收集需求过程，138–149, 568–569
    定义，700, 732
    概述，138–140
    工具与技术，142–147
    输出，147–149
    输入，140–141
收尾过程组，23, 633–635
    定义，700, 732
    概述，633
    输入和输出，634
收益递减规律，197
首选逻辑关系/优先逻辑关系，191。参见选择性依赖关系
书面沟通，360, 361。参见电子邮件
    5C原则，361, 362–363

输出。参见具体过程
　　定义，708, 732
　　项目管理过程，22, 555
输入。参见具体过程
　　定义，705, 732
　　项目管理过程，22, 555
属性，149
属性抽样，274, 698, 738
《术语词典》。参见《PMI项目管理术语词典》
数据。参见工作绩效数据
　　定义，702, 732
　　概述，26-27
数据表现技术，144, 284-285, 293-294, 304, 315, 316-317, 376, 392, 425-426, 512-513, 521-522, 534, 702, 732
数据分析技术，111, 119, 126, 136, 143, 153, 170, 181, 202, 213-214, 226, 238, 245, 252, 261, 282-283, 292, 303, 325, 356, 404, 415, 423, 433-436, 446, 456, 473, 487, 498, 512, 521, 533, 702, 732
数据分析技术，227, 263
数据流向图，23, 284
数据日期，698, 702, 732
数据收集技术，80, 85, 142-143, 281-282, 292, 302-303, 414, 422, 432, 442, 473, 511, 520, 702, 732
顺推法，210, 704, 732
思维导图，144, 284, 521, 707, 732
索赔，700, 732
索赔管理，498, 700, 732

T

T&M。参见工料合同
TCPI。参见完工尚需绩效指数
TOC。参见约束理论
TOR。参见工作大纲
谈判，341, 357, 488, 527
提高策略
　　机会，444
　　整体项目风险，44提前量
　　定义，192, 706, 732
　　示例，192
　　调整，228
　　滞后量，192-193, 214

替代争议解决方法（ADR），498
调查，143, 303, 511
通货膨胀，243
通货膨胀补贴，241, 246
通信，388, 496, 499
统计抽样，303, 716, 732
头脑风暴，78, 80, 85, 142, 144, 281, 414, 416, 511
头脑写作，511
投标前会议。参见投标人会议
投标人。参见卖方
投标人会议，487, 699, 733
投标邀请书（IFB），696, 705, 718, 733
投票，111, 119, 144, 534
投资回报率（ROI），15, 473
图解技术，703, 733
团队。参见集中办公团队；开发项目团队过程；
　　项目管理团队；项目团队
　　成员招募，311
　　高绩效，346
　　管理，311
　　项目经理，51
　　虚拟，311, 333, 340, 717, 736
　　自组织，310, 715, 739
团队成员的预分派，333
团队发展的塔克曼阶梯理论，338
团队管理计划，716, 733
团队技能，144-145
　　定义，705, 731
　　风险，424
　　类型，80, 104
　　人际关系技能，332-333, 341, 348-350, 357, 375-376, 386, 392, 416, 432, 442, 451, 488, 527, 534
技术绩效分析，456
团队绩效评价，339, 343, 347
团队建设，341
团队建设活动，337, 341, 342
团队评估，342
团队章程，319-320, 339, 347, 716, 733
推式沟通，374

V

VAC。参见完工偏差
VOC。参见客户声音

W

WBSID，186
WBS词典，162, 717, 720
WBS。参见工作分解结构
外部相关方，361, 550
外部依赖关系，192, 704, 733
完成百分比，708, 733
完成到开始（FS），190, 696, 704, 718, 733
完成到完成（FF），190, 696, 704, 718, 733
完成日期，210, 211, 704, 733
完工估算（EAC），264–265, 696, 703, 718, 733
完工偏差（VAC），6
完工尚需估算（ETC），696, 703, 718, 733
完工尚需绩效指数（TCPI），266, 268, 716, 733
完工预算（BAC），261, 262, 264, 430, 696, 699, 718, 733
完全计划驱动生命周期。参见预测型生命周期
网络，707, 733。参见项目进度网络图
社交工具沟通，374
网络分析。参见进度网络分析
网络会议，376, 377
网络路径，210, 707, 733。参见关键路径法（CPM）
网络逻辑，218, 707, 733
威胁，397
   策略，442–443
   定义，716, 733
未知-未知，202
文本型，角色和职责，317
文档。参见经验教训总结；采购文档；需求文件；书面沟通
   技术，125, 415, 499
   卖方绩效评估，501
   审查，703, 733
   招标文件，699, 737
文档。参见业务文档；采购文档；项目文件
   测试与评估，296, 300, 303–304, 306, 716, 721
   项目商业论证，30–32
   业务，29–30
   运营，128
   招标，477, 485, 699, 737
文化。参见组织文化
   文化多样性，338, 363
   文化意识，376, 527, 534

文件分析，126, 292, 415, 512
问卷调查，143, 303, 511, 712, 733
问题，705, 733
问题解决，295, 356
问题日志
   定义，705, 733
   作为输出，96, 113, 297, 306, 351, 358, 387, 393, 418, 427, 452, 458, 515, 529, 536
   作为输入，124, 347, 354, 382, 390, 412, 455, 510, 519, 525, 532
沃特•阿曼德•休哈特，275
物流，464

X

X，面向X的设计（DfX），295
系统。参见组织系统
系统交互图，146, 700, 733
显性知识，100, 704, 733
相对多数原则，144, 709, 733
相关方。参见识别相关方过程；管理相关方参与过程；项目相关方
   不满意的，10
   裁剪时需要考虑的因素，365
   定义，715, 734
   分类，514
   关键，34, 80, 145, 298, 407, 454, 624
   良好实践，2
   内部，550
   外部，550
   项目成功，34
   项目会议，364
   项目审查，364
相关方参与度评估矩阵，521–522, 716, 734
相关方参与计划，87, 140, 279, 522
   定义，716, 734
   作为输出，387, 393, 522, 529, 535
   作为输入，368, 381, 390, 509, 525, 532
相关方登记册
   定义，716, 734
   作为输出，155, 287, 335, 378, 514, 387, 393, 480, 491, 501, 529, 536
   作为输入，141, 280, 314, 331, 368, 382, 413, 421, 440, 470, 485, 496, 519, 525, 532

相关方分析，512, 533, 723
相关方关系
　　复杂性，506
　　技术，464
相关方期望，363
相关方识别，367, 504, 510, 514, 532
相关方需求，148
项目，4–9
　　定义，4, 542, 710, 734
　　多阶段，86
　　复杂性，461
　　界限，562
　　启动，546
　　项目组合，项目集，11–13, 543–544
　　资金需求，256
项目报告，123, 361, 362, 388
项目报告，385
项目报告，41, 79, 109, 388, 494
项目边界，562
项目采购管理，24, 459–465
　　裁剪时需要考虑的因素，465
　　定义，711, 734
　　概述，460
　　过程中，459
　　核心概念，460–462
　　敏捷/适应型环境，465
　　趋势和新兴实践，463–464
项目成本管理，24, 231–234
　　裁剪时需要考虑的因素，234
　　定义，715
　　概述，231–232
　　过程中，231
　　核心概念，233
　　敏捷/适应型环境，234
　　趋势和新兴实践，233
项目成本控制。参见控制成本过程
项目成功
　　措施，34–35
　　缺陷或，123, 504
　　收益管理，546–547
项目发起人，29

项目范围，131。参见控制范围过程；定义范围过程；核实范围过程
　　变更请求，115
　　定义，717
　　问题描述，154
项目范围管理，23, 129–133
　　裁剪时需要考虑的因素，133
　　定义，711, 734
　　概述，130
　　过程，129
　　核心概念，131
　　敏捷/适应型环境，133
　　趋势和新兴实践，132
项目范围说明书
　　定义，711, 734
　　要素，155
　　作为输出，154, 161
　　作为输入，157
项目风险
　　个体，397
　　优先级清单，436
　　整体，397, 445–446, 708, 737
项目风险敞口，评估，436
项目风险管理，24, 395–400
　　裁剪时需要考虑的因素，400
　　定义，711, 734
　　概述，396
　　过程中，395
　　核心概念，397–398
　　敏捷/适应型环境，400
　　趋势和新兴实践，398–399
项目复杂性，400
《项目复杂性管理：实践指南》，68
项目工件，裁剪，558–559
项目工作说明书。参见工作说明书
项目沟通管理，24, 359–365
　　裁剪时需要考虑的因素，365
　　定义，710, 734
　　概述，360
　　过程中，359
　　核心概念，360–363
　　敏捷/适应型环境，365
　　趋势和新兴实践，364

项目沟通要求。参见沟通需求分析
项目管理，标准，3，14，33
项目管理。参见组织级项目管理
    定义，10，710，734
    知识领域，23-25
    过程，22
    过程组，23-25
    重要性，10-11
项目管理办公室（PMO），40，48-49，711，734
项目管理标准，2-3，28
    概述，541
项目管理过程组，23，554-556
    《PMBOK指南》关键组成部分，18
    定义，711，734
    类别，23
    项目/阶段相互作用，555
    域映射，24-25，556
    知识领工作说明书（SOW），462，468，469
项目管理计划，86-89，403。参见制定项目管理计划过程
    定义，716
    基准，87
    子管理计划，87
    组件，88，116，135，165，169，279，314，368，411-412，564，568，569，570，572，573，574，575，577，578，579，580，582，583，584，585，586，588，589，591，593，594，597，599，600，601，603，604，606，607，608，610，615，617，618，619，621，623，624，626，627，629，630，632，634
    作为输出，97，105，112，120，171，186，221，229，269，287，297，306，334，343，351，358，378，387，393，447，457，490，500，515，529，535，564，572，576，581，584，591，598，599，600，602，603，605，606，607，609，611，616，617，620，622，623，625，626，628，629，631，632
    作为输入，92，100，107，116，123，135，140，152，157，165，169，180，184，188，198，207，224，236，241-242，250，259，279，290，300，314，322，330，339，347，354，368，381，390，411，421，430，439，450，455，469，484，495，509，518，525，532，568，572，621
项目管理能力发展（PMCD）框架，56

项目管理软件，188，194，377，385
项目管理团队，711，734。参见项目团队
项目管理系统，391，716
项目管理信息系统（PMIS），26，95，193，216，227，246，268，325，350，357，385，392，451，710，734
项目管理知识领域，23-25，553，711，734
项目管理知识体系，1，2，69，697，710，719，734
《项目管理知识体系指南》（《PMBOK®指南》）
    行业标准概况，1-2
    基础和框架541
    目的，2
    制定，69
    组件，17-18
项目规模，400
项目环境，365，371。参见适应型环境；敏捷环境
项目会议，364
项目集
    定义，11，710，735
    项目组合，项目，11-13，543-544
    治理，44
项目集管理
    定义，11，710，735
    项目组合，项目，11-13，543-544
    治理，44
项目集管理标准，3，14，33
项目集经理，11，29，55
项目绩效评估，342
项目阶段
    定义，20，716
    概述，20-21
    过程组，555
    阶段名称，20
项目进度管理，24，173-178
    裁剪时需要考虑的因素，178
    定义，711，735
    概述，174
    过程，173
    核心概念，175
    进度规划工作概述，176
    敏捷/适应型环境，178
    趋势和新兴实践，177

项目进度计划
  定义，711, 735
  作为输出，217–219, 230, 256, 335, 344, 378, 387, 448
  作为输入，93, 225, 242, 250, 314, 331, 339, 355, 440, 484, 519
项目进度计划演示，示例，219
项目进度模型
  进度数据，220
  进度网络分析，209
  开发，182
  目标，217
  维护，182, 208
项目进度网络图
  定义，711, 735
  描述，193–194, 218
  滞后量，193
  作为输出，194, 218
  作为输入，208
项目经理（PM）。参见能力；领导技能
  定义，711, 735
  概述，51–52
  技能，52
  角色，51–52, 66, 551
  领导力风格，65
  能力，56–66
  影响力范围，52–56
  职责，73
项目启动
  背景，7–9
  定义，710, 735
项目日历，220, 225, 710, 735
项目商业论证，30–32
项目生命周期，19, 547–549
  定义，710, 735
  适应型，19, 131, 698, 732
  项目管理计划，135
  预测型，19, 131, 714
项目收尾。参见结束项目或阶段过程
  文件，128
  项目沟通记录，92, 124, 387
  指南，41
  作为输入，390, 532
项目特征，47, 253

项目团队，711, 735。参见管理团队过程；团队；虚拟团队
  开发目标，338
  派工单，198, 208
  资源管理，319
项目团队名录，711, 735
项目团队派工单，339, 344, 347
  作为输出，351, 448, 452
  作为输入，440, 469
项目维度，178
项目文件
  项目管理计划，89, 559
  作为输出，97, 113, 120, 127, 128, 155, 162, 167, 171, 194, 204, 221, 230, 247, 256, 270, 287, 297, 306, 320, 327 335, 344, 351, 358, 378, 387, 393, 418, 427, 436, 448, 452, 458, 480, 491, 500, 515, 529, 536
  作为输入，92–93, 101, 108, 116, 124, 141, 152, 157, 165, 169, 188, 198, 207–208, 225, 242, 250, 260, 280, 291, 300, 314, 322, 331, 339, 347, 354, 368, 382, 390, 403, 412–413, 421, 430–431, 440, 450, 455, 469–470, 484–485, 495, 510, 519, 525, 532
项目相关方，550–551
  内部，550
  示例，551
  外部，550
项目需求，148
项目演示，385
项目预算的组成，255
项目章程。参见制定项目章程过程；关键相关方清单
  定义，710, 735
  管理计划，34
  要素，155
  作为输出，81
  作为输入，83, 124, 135, 140, 152, 180, 236, 279, 314, 368, 402, 468, 509, 518
项目整合管理，23。参见具体过程
  裁剪时需要考虑的因素，74
  定义，710, 735
  概述，69–71
  过程中，70
  核心概念，72
  敏捷/适应型环境，74
  趋势和新兴实践，73

项目执行。参见执行过程组
项目制约因素。参见制约因素
项目质量管理，24, 271–276。参见质量管理计划
    裁剪时需要考虑的因素，276
    定义，711, 735
    概述，271–273
    核心概念，273–275
    敏捷/适应型环境，276
    趋势和新兴实践，275
    相互关系，主要，273
项目治理
    定义，44, 710, 735
    组织治理，545
项目重要性，400
项目资金需求
    定义，710, 735
    作为输出，256
    作为输入，260
项目资源管理，24, 307–312。参见员工
    裁剪时需要考虑的因素，311
    定义，711, 735
    概述，307–309
    核心概念，309–310
    敏捷/适应型环境，311–312
    趋势和新兴实践，310–311
项目组合
    定义，11, 15, 714
    项目集，项目，11–13, 543–544
    治理，44
项目组合，11
《项目组合、项目集和项目治理：实践指南》，44
项目组合管理
    定义，15, 709, 735
    描述，15
    项目集管理，11, 12
    组织战略，16
项目组合管理，标准，3, 15, 33
项目组合管理标准，3, 33
项目组合经理，13
项目组织图，319, 711, 735
小组。参见焦点小组；项目管理过程组，
    项目，4
效益管理，项目成功，546–547
效益管理计划，33, 251, 469, 509, 699, 735

协议，460, 698, 736。参见合同；服务水平协议
    主要服务，465
    作为输出，489
    作为输入，78, 109, 125, 141, 208, 251, 355, 413, 496, 510, 519
新兴实践。参见实践，新兴
信息，705, 736。参见文档；历史信息；项目信息
    保密/敏感性，371
    工作绩效，26
    紧迫需求，370
    项目管理数据，26–27
保密/敏感性，371
信息编码/解码，371
信息编码/解码，371
信息存储和检索。参见公司知识库
信息分享程序，正式的102
信息管理系统，708。参见《项目管理信息系统》
信息系统。参见《项目管理信息系统》
信息邀请书（RFI），477, 718
形成阶段、震荡阶段、规范阶段、执行阶段、解
    散阶段，338
虚拟会议，103, 392
虚拟团队。311, 333, 340, 717, 736
需求（要求）。参见高层级需求；产品需求
    定义，712, 736
    法律，78, 369, 370
    非职能型，148
    分类，148
    过渡和就绪，148
    解决方案，148
    跨职能，145
    相关方，148
    项目，148
    业务，148
    职能型，118, 148
    质量，148, 712, 738
    组织的沟通，369, 383, 391, 520, 525, 533
需求跟踪矩阵
    定义，712, 736
    示例，149
    作为输出，148–149, 155, 167, 171, 287, 480, 491, 501
    作为输入，93, 116, 165, 169, 280, 470, 496
《需求管理：实践指南》，132

需求管理计划，87, 137, 140, 165, 169, 279, 719
    作为输出，490
    作为输入，411, 484, 495
需求文件，147–148。参见收集需求过程；合同
    定义，712, 736
    作为输出，97, 147–148, 155, 162, 167, 171, 480, 491
    作为输入，124, 152, 157, 165, 169, 280, 314, 368, 412, 470, 485, 495, 510
《需求管理：实践指南》，132
选定的卖方，488
选择性依赖关系，191, 703, 736
巡检，166, 224, 303, 498

Y

研讨会，145。参见引导式研讨会
演示，381, 384, 534
验收标准，154, 698, 736,
验收的可交付成果，166, 698, 736
业务文档，29–30
    定义，559
    商业论证，77–78
    项目管理，29–30
    项目生命周期，30
    作为输入，125, 141, 251, 469, 509
业务需求，148
一致同意，144, 725
一致性参见不一致
    成本，283
    定义，700, 736
    客户满意度，275
    政府标准，47
    质量成本，245, 274
一致性工作，284, 289
依赖关系，14, 16, 102–103
依赖关系。参见逻辑关系
    定义，702, 736
    强制性，191, 706, 731
已知风险，31, 399
"已知-未知，" 202, 245
因果图，293, 294, 304, 699, 736
音频会议，340
引导，80, 86, 104, 145, 381, 442

引导式研讨会，432
隐性知识，716, 736
影响，直接，513
影响方向，相关方分析，513
影响力范围，项目经理，52–56
影响力技能，341, 350, 357
影响量表，风险，426
影响图，436, 705, 736
应急储备，202, 245, 254, 439, 443, 700, 736。参见储备分析
应急储备成本，246
应急费用。参见储备
应急计划，72, 439, 445, 448
应急应对策略，445, 700, 736
用户故事，145
优势、劣势、机会与威胁。参见SWOT分析
有争议的变更，498
鱼骨图，293, 704, 736。参见因果图
语言，365
预测，264
预测。参见进度预测
    EAC，239, 264, 265
    成本，113
    定义，704, 736
预测方法，92, 220–221
预测型生命周期，19, 131, 714
预防措施
    变更请求，96, 112
    定义，709, 736
    检查，274
预期货币价值（EMV），435
预审合格卖方清单更新，501
预算
    按时间段分配的项目，87, 248, 254
    定义，699, 736
预先批准的卖方清单，471
原型法，147, 717
约束理论（TOC），310
运营文件，128

Z

责任分配矩阵（RAM），317
责任分配矩阵（RAM），720
增量型生命周期，19, 705, 737
战略管理，PMI人才三角®，56, 57
战略规划，185。参见组织战略
战略机会/业务需求，546
战略技能，58–60
战略项目管理技能，58–60
站会，95, 364, 535
章程。参见制定项目章程过程；项目章程；团队章程
账户编码，700, 737
招标，477。参见建议书
　中标人，462
招标文件，477, 485, 699, 737
整合，66–68。参见项目整合管理
　背景层面，67
　复杂性，68
　概述，66
　过程层面，67
　认知层面，67
整合式风险管理，399
整体变更控制。参见实施整体变更控制过程
整体项目风险，397, 708, 737
　策略，445–446
正面风险，395, 397
政策
　采购，471
　定义，709, 737
　过程，程序，40–41, 102
政府机构，487。参见监管机构
政治，领导技能，62–63
政治意识，104, 376, 386, 527, 534
挣得进度（ES），233
挣值（EV），261, 696, 703, 718, 737
挣值分析（EVA），111, 226, 261, 498
　计算，汇总表，267
挣值管理（EVM）
　成本基准，254
　定义，718, 737
　绩效测量规则，182, 239, 254
　扩大，233

《挣值管理实践标准》（第2版），239
《挣值管理实践标准》，182
挣值绩效指数，228
支持型活动（LoE），300, 325, 450, 697, 706, 719, 737
支付计划和请求，501
支付类型，合同，476
知识，706, 737。参见管理项目知识过程
　产品，管理，73
　库，41
　体系，1
　显性，100, 704, 733
　项目管理，16
　项目经理，52
　隐性，100, 716, 736
知识产权，470, 480, 483, 485, 491, 495
知识管理，133, 365
　产品，73
　工具与技术，103
　误解，100
　项目，73
知识领域，23–25, 553
　《PMBOK®指南》关键组成部分，18
　概述，23–25
　过程组，24–25, 556
　映射，24–25, 556
知识体系（BOK），1, 2, 69
执行，703, 737
执行、负责、咨询和知情（RACI）矩阵，317, 697, 712, 719–720
执行过程组，23, 595–611
　定义，704, 737
　概述，595
　过程中，596
执行整合。参见整合
执行组织，39, 40, 271, 332。参见卖方
直方图，293, 304, 705, 737
职能经理
　技能，332
　项目经理，52, 55, 325
职能型组织，704, 737
职权，698, 737。参见治理框架
职责，319, 713, 737

指导与管理项目工作过程，90–97, 597–598
　　定义，703, 737
　　概述，90–92
　　工具与技术，94–95
　　输出，95–97
　　输入，92–94
指南，采购，471
制定进度计划过程，205–221, 575–576
　　定义，703, 737
　　概述，205–207
　　工具与技术，209–216
　　输出，217–221
　　输入，207–209
制定决策
　　商业论证，31
　　有效，349
制定项目管理计划过程，82–89, 567
　　定义，703, 737
　　概述，82–83
　　工具与技术，85–89
　　输入，83–84
　　项目管理计划，86–89
制定项目章程过程，75–81, 563
　　定义，702, 737
　　概述，75–77
　　工具与技术，79–80
　　输出，81
　　输入，77–79
制定预算过程，248–256, 578–579
　　定义，702, 737
　　概述，248–249
　　工具与技术，252–253
　　输出，254–256
　　输入，250–251
制约因素，28, 39, 700, 738
质量保证，289。参见管理质量过程
质量报告，108, 124, 165, 296, 382, 495, 712, 738
质量标准。参见标准
质量参见规划质量管理过程；项目质量管理过程
　　等级，274
　　定义，712, 738

质量测量指标
　　定义，712, 73
　　作为输出，287
　　作为输入，291, 300
质量成本（COQ），245, 274, 282–283, 696, 701, 718, 738
质量改进
　　方法，296
　　计划，275
质量功能展开，145
质量管理。参见项目质量管理
质量管理计划，87, 320。参见管理质量过程；规划质量管理过程；项目质量管理
　　定义，712, 738
　　作为输出，286, 297, 447, 490
　　作为输入，135, 241, 314, 411, 469
质量管理体系，712, 738
质量核对单，292, 712, 738
质量控制测量结果，
　　定义，712, 738
　　作为输出，305
　　作为输入，124, 291
质量审计，290, 294–296, 712, 738
质量要求，148, 712, 738
质量政策，712, 738
治理，28, 465。参见组织治理；项目治理
治理框架，43–44
　　项目组合，项目集，项目，44
　　组件，43
滞后量
　　定义，193, 706, 738
　　示例，192
　　提前量，192–193, 214
　　调整，228
主动/被动风险接受策略，443–446
主进度计划，217, 707, 738
主题专家（SM），54, 55, 104。参见专家判断
　　访谈，142, 282, 414
　　头脑风暴，80, 85, 281
　　引导，145
主要服务协议（MSA），465

专家判断，58, 85, 94, 102, 110, 118, 126, 136, 142, 153, 158, 181, 184, 200, 237, 243, 252, 260, 281, 315, 324, 369, 391, 404, 414, 422, 431, 441, 451, 472, 487, 497, 511, 520, 526, 704, 738。参见主题专家（SME）
专业行为规范，3
转移。参见风险转移
准确，182, 238, 698, 738
准确度，182, 238
准则/标准，702, 738
资产。参见组织过程资产（OPA）
资金限制平衡，253, 704, 738
资金需求
    成本基准，支出，255
    项目资金，256
资源
定义，713, 738
可用性，178
数量，197
因行业而异，311
资源分解结构（RBS）
    定义，713, 738
    数据表现，316
    样本，327
    作为输出，326, 335, 358
    作为输入，101, 198, 355
资源分配。参见实物资源分配单
资源管理计划，87, 250, 318, 322
    定义，713, 738
    作为输出，334, 351, 358, 447, 535
    作为输入，368, 381, 390, 411, 439, 469, 518, 532
作为输入，368, 381, 390, 411, 439, 469, 518, 532
资源规划，217, 313, 314
资源经理，713, 738
资源平衡，207, 211, 212, 713, 739
资源平滑，211, 713, 739
资源日历，
    定义，713, 739
    作为输出，230, 334, 344, 491
    作为输入，199, 208, 225, 323, 331, 339, 440
资源需求。参见项目资源管理
    定义，713, 739
    作为输出，221, 325, 500
    作为输入，208, 242, 331, 355, 413, 431, 470

资源优化技术，211–212, 227, 713, 739
资源直方图，713, 739
子管理计划，87, 558
子计划，83, 135, 316, 479, 489, 499
自动化工具，73, 118
自下而上估算，324
    定义，699, 739
    描述，202, 244
自由浮动时间，704, 739
自制和外购决策，241
自制或外购分析，473, 476, 706, 739
自制或外购决策，473, 479, 706, 739
自组织团队，310, 715, 739
总浮动时间，191, 210, 717, 739
总价合同，471, 704, 739
总价加激励费用合同（FPIF），471, 704, 739
总价加经济价格调整合同（FPEPA），471, 704, 739
组织程序链接，182, 239
组织对沟通的要求，40, 102, 369, 383, 391, 520, 525, 533
组织分解结构（OBS），316, 697, 707, 719, 739
组织过程资产（OPA）
    定义，708, 739
    过程、政策和程序，40–41
    类别，39–40
    事业环境因素，557
    项目影响，37
    作为输出，105, 128, 335, 344, 388, 458, 481, 491, 501
    作为输入，79, 84, 94, 102, 110, 117, 136, 141, 152, 157, 170, 180, 184, 189, 199, 209, 225, 237, 243, 251, 260, 281, 291, 302, 314, 324, 331, 340, 348, 355, 369, 383, 391, 403, 413, 422, 431, 441, 450, 471–472, 486, 497, 510, 520, 526, 533
组织结构，42, 44。参见项目管理办公室
    报告关系，319, 329
    层级，45
    矩阵型组织，707, 729
    类型，45–47
    项目特征，47
    选择，因素，46
    职能型组织，707
组织结构图，370

组织结构图和职位描述，316–317
　　层级类型图，316
　　矩阵型，317
　　文本型，317
组织理论，318
组织文化，38。参见文化多样性
组织系统，42–44
　　概述，42–43
　　治理框架，43–44
组织级项目管理（OPM）
　　策略，16–17
　　定义，544
　　目的，17
　　治理框架，44
　　《组织级项目管理：实践指南》，17
组织学习，708, 739
组织战略
　　项目组合结构，12
　　专家判断，79

组织知识库，41
组织知识库。参见公司知识库
组织治理
　　框架，43–44
　　项目治理，545
最低成本法，473
最佳实践
　　标杆对照，143, 281, 399
　　选择性依赖关系，191
最可能持续时间，201
最晚开始日期（LS），210, 697, 706, 719, 739
最晚完成日期（LF），210, 697, 706, 719, 739
最早开始日期（ES），210, 696, 703, 718, 739
最早完成日期（EF），210, 696, 703, 718, 739
最终报告，127–128
最终产品，服务或成果，127
作用影响方格，相关方分析，512

反侵权盗版声明

　　电子工业出版社依法对本作品享有专有出版权。任何未经权利人书面许可，复制、销售或通过信息网络传播本作品的行为；歪曲、篡改、剽窃本作品的行为，均违反《中华人民共和国著作权法》，其行为人应承担相应的民事责任和行政责任，构成犯罪的，将被依法追究刑事责任。

　　为了维护市场秩序，保护权利人的合法权益，我社将依法查处和打击侵权盗版的单位和个人。欢迎社会各界人士积极举报侵权盗版行为，本社将奖励举报有功人员，并保证举报人的信息不被泄露。

举报电话：（010）88254396；（010）88258888
传　　真：（010）88254397
E-mail：　dbqq@phei.com.cn
通信地址：北京市万寿路173信箱
　　　　　电子工业出版社总编办公室
邮　　编：100036